Simon Blackburn

Dicionário Oxford de Filosofia

Consultoria da edição brasileira:

Danilo Marcondes
Professor-titular do Deptº de Filosofia, PUC-Rio

ZAHAR

Tradução autorizada da primeira edição inglesa, publicada em 1994
por Oxford University Press, de Oxford, Inglaterra

Grafia atualizada segundo o Acordo Ortográfico da Língua Portuguesa de 1990, que entrou em vigor no Brasil em 2009.

Título original
The Oxford Dictionary of Philosophy

Capa
Carol Sá

Tradução: Desidério Murcho, Pedro Galvão, Ana Cristina Domingues, Pedro Santos (Universidade do Algarve), Clara Joana Martins e Antônio Horta Branco (Faculdade de Ciências de Lisboa)

Revisão: Antônio Franco Alexandre (Faculdade de Letras de Lisboa), João Branquinho (Faculdade de Letras de Lisboa), M.S. Lourenço (Faculdade de Letras de Lisboa), José Trindade Santos (Faculdade de Letras de Lisboa), Maria Leonor Xavier (Faculdade de Letras de Lisboa), Fernando Ferreira (Faculdade de Ciências de Lisboa), Ana Isabel Simões (Faculdade de Ciências de Lisboa).

Coordenação: Desidério Murcho (Sociedade Portuguesa de Filosofia)

CIP-Brasil. Catalogação na fonte
Sindicato Nacional dos Editores de Livros, RJ

Blackburn, Simon
B564d Dicionário Oxford de filosofia/Simon Blackburn; consultoria da edição brasileira, Danilo Marcondes; [tradução, Desidério Murcho... et al.]. — 1ª ed. — Rio de Janeiro: Zahar, 1997.

Título original: The Oxford Dictionary of Philosophy.
Inclui apêndice e bibliografia
ISBN 978-85-7110-402-0

1. Filosofia — Dicionários. I. Título.

CDD: 103
97-1084 CDU: 1(038)

EDITORA SCHWARCZ S.A.
Praça Floriano, 19, sala 3001 — Cinelândia
20031-050 — Rio de Janeiro — RJ
Telefone: (21) 3993-7510
www.companhiadasletras.com.br
www.blogdacompanhia.com.br
facebook.com/editorazahar
instagram.com/editorazahar
twitter.com/editorazahar

DICIONÁRIO OXFORD DE FILOSOFIA

Sumário

Lista de abreviações ... *vi*
Prefácio ... *vii*
Verbetes A-Z ... 1
Apêndice: símbolos lógicos ... 417
Cronologia ... 421
Glossário inglês-português ... 433

Lista de Abreviações

a.C.	antes de Cristo	ing.	inglês
al.	alemão	it.	italiano
ár.	árabe	jap.	japonês
c.	cerca de	lat.	latim
cap.	capítulo	m.	morto em
cf.	confrontar com	n.	nascido em
chin.	chinês	org.	organizador
d.C.	depois de Cristo	par.	parágrafo
ed.	edição	pl.	plural
e.g.	lat., por exemplo	sânscr.	sânscrito
fl.	*floruit* (flor da idade)	seç.	seção
fr.	francês	séc.	século
gr.	grego	trad.	tradução
hebr.	hebraico	viz.	*videlicet* (lat., a saber)
i.e.	*id est* (lat., isto é)	vol.	volume

PREFÁCIO

A filosofia é o pensamento humano tornado autoconsciente. Seus temas são a vida, o universo e todas as coisas; pode incluir todas as categorias de pensamento religioso, artístico, científico, matemático e lógico. Este dicionário de filosofia é um registro de alguns dos termos que suscitam tal reflexão, e de outros que foram considerados úteis para sua prática.

Johnson escreve no prefácio ao seu notável *Dictionary of English Language:*

> quando a natureza das coisas é desconhecida, ou sua noção é indefinida e incerta e varia de espírito para espírito, as palavras pelas quais tais noções são transmitidas, ou tais coisas denotadas, serão ambíguas e enigmáticas.

A filosofia, por sua natureza, habita tais áreas de ambiguidade e perplexidade, lugares onde, na expressão de Russell, só encontramos fragmentos incertos de sentido. Os filósofos constroem sua reputação contestando sentidos: o sucesso consiste muitas vezes em mostrar que seus predecessores compreenderam mal as categorias de experiência, razão, demonstração, percepção, consciência, virtude ou lei. Tais discussões são intrincadas e extensas. As filosofias, como os movimentos do pensamento em geral, exigem longas formulações e resistem a definições ligeiras. Assim, o historiador das ideias A.O. Lovejoy registra que, em 1824, dois cidadãos da aldeia francesa de La Ferté-sous-Jouarre, os senhores Dupuis e Cotonet, empreenderam a tarefa de descobrir o que era o romantismo, compilando as definições dadas por eminentes autoridades. O trabalho, confessaram eles, custou-lhes doze anos de sofrimento e acabou em desilusão.* No mesmo artigo, Lovejoy afirma com segurança que é possível distinguir claramente mais de sessenta sentidos da palavra "natureza". Com exemplos tão desoladores perante nós, a brevidade pode parecer impossível e, qualquer tentativa de visão de conjunto, um insulto às abundantes complexidades.

Nenhuma explicação de dicionário pode substituir uma exploração completa. Um verbete sobre virtude ou mecânica quântica não substitui uma formação em ética ou física. O que tentei fazer foi indicar para onde se dirigem as explorações mais importantes e as questões controversas que têm atraído a reflexão. Naturalmente, isso significa que meus próprios interesses e críticas nem sempre estão disfarçados. Outros tópicos não são, por sua natureza, sujeitos a tais debates. O paradoxo de Newcomb ou o axioma da escolha, por exemplo, não são contestados de fato. Nestes casos, é possível um tratamento mais dogmático, e foi isso o que fiz.

---

* A.O. Lovejoy, *Proceedings of the Modern Language Association of America*, 34 (1924), 229.

Qualquer contato com a história da filosofia mostra o quão intimamente seus interesses se fundem com os de áreas que têm outras designações acadêmicas: literatura, física, psicologia, sociologia e teologia. Na verdade, a separação da filosofia como disciplina autônoma pode parecer um produto da administração acadêmica, e não um reflexo de uma divisão clara entre usar um conceito e pensar sobre ele. Por esse motivo senti-me livre para introduzir a terminologia de outras ciências, sempre que esta estivesse fortemente implantada na discussão filosófica. Por exemplo, ao estudar o problema ético do aborto na literatura filosófica contemporânea, é possível encontrar uma menção casual aos zigotos e à meiose, tanto quanto pode-se deparar com a doutrina do efeito duplo ou a doutrina dos atos/omissões. Alguém interessado na realidade física pode precisar saber o conteúdo do teorema de Bell, ou em que consiste a experiência de pensamento de Einstein-Podolsky-Rosen; neste, como em outros casos, tentei ajudar o leitor. Procurei, da mesma forma, ser generoso com pensadores de áreas e tradições vizinhas, se bem que um certo grau de arbitrariedade é inevitável. Addison, Blake e Pope provavelmente foram pensadores filosóficos tão significativos quanto muitos dos aqui citados, mas não fazem parte deste dicionário; Carlyle, Coleridge e Dante, no entanto, foram incluídos. Procurei incluir sobretudo os grandes cientistas cujo trabalho provocou mudanças significativas na filosofia: Boyle e Faraday, assim como Galileu, Newton, Darwin e Einstein.

Contudo, fui um tanto parcimonioso com os contemporâneos. Meu critério foi, na verdade, a possibilidade de determinado nome ocorrer como ponto de referência sem maiores explicações, tal como no caso da teoria quineana do significado, da perspectiva davidsoniana da interpretação ou da concepção dos mundos possíveis de Lewis. Isso significa que pessoas associadas a doutrinas específicas ganham verbetes, ao passo que filósofos igualmente ilustres, ou até mais, sofrem um tratamento menos detalhado — e espero que isso sirva de alento aos que ficaram desapontados por não terem sido incluídos. Devemos todos entender que novas estrelas surgem no firmamento intelectual e que as velhas desaparecem.

A maioria das convenções usadas neste dicionário dispensa explicações. Tentei projetá-lo como um divertimento para os que gostam de passear entre as páginas, como uma fonte para qualquer pessoa interessada nos grandes movimentos intelectuais, bem como um simples livro de referência. Assim, há muitas referências cruzadas; na verdade, a possibilidade de traçar influências e antecessores, muitas vezes atravessando divisões aparentes do assunto, é minha principal desculpa para ter realizado esta tarefa sozinho, em vez de me apoiar em verbetes independentes, escritos por especialistas nas diferentes áreas, que não teriam tantas referências cruzadas. A primeira menção de uma referência cruzada é assinalada com um asterisco, e os tópicos relacionados são agrupados em "*ver*" e "*ver também*". Usei as versões simplificadas normais para as transliterações do árabe, chinês, hebreu, parse e sânscrito, uma vez que acredito que todos os esquemas de transliteração são artificiais e que pela proliferação de acentos e diacríticos, serviria mais para confundir do que para ajudar o leitor. Mantive, no entanto, o circunflexo para as vogais gregas longas, tal como em *epochê* ou em *aretê*, já que esta convenção é geralmente seguida na literatura filosófica contemporânea. A ordenação alfabética é surpreendentemente enganadora, e a regra é: onde há complicações, os verbetes são ordenados pelo que ocorre antes da primeira vírgula. Assim, temos autoevidente; autointimador; autológica. Da mesma forma: contexto; contextualismo; contextualismo/formalismo....

Agradeço às muitas pessoas que me ajudaram a evitar erros: Benjamin Arnold, Julia Annas, George Boolos, Andreas Edmüller, Roderick Long, Keith Simmons e Paul Teller deram-me muitos conselhos, e recebi também a assistência de Bernard Boxill, Ned Block, Edward Craig, Daniel Dennett, Luciano Floridi, Allan Gibbard, Rosalind Hursthouse, Jay Rosenberg, Galen Strawson e Ralph Walker. Ruth Opochinsky, Robert Michels e Andrew Mills deram uma assistência preciosa à pesquisa. O gigantesco trabalho de edição foi realizado por minha mulher, Angela Blackburn, cuja paciência foi insuperável. Devo agradecimentos à MIT Press pela permissão para reproduzir o diagrama da página 70, que é adaptado do livro *Matter and Consciousness* (1984), de Paul Churchland. Nesta edição foram corrigidos alguns erros da edição original; sou grato aos colegas e alunos que me ajudaram a identificá-los. Claro que quaisquer erros que subsistam são de minha responsabilidade. Mais uma vez, só posso repetir as palavras de Johnson:

> O destino daqueles que labutam nas atividades mais baixas da vida é serem impelidos pelo medo do mal em vez de atraídos pela perspectiva do bem; de serem expostos à censura sem esperança de louvor; de se tornarem desgraçados pelo insucesso, ou punidos pela negligência, onde o sucesso não teria conhecido qualquer aplauso, nem o trabalho recompensa.
> Entre estes infelizes mortais está o autor de dicionários...

SIMON BLACKBURN
Chapel Hill, 1994

A

a dicto secundum quid ad dictum simpliciter (lat., da asserção qualificada para a não qualificada) Falácia que consiste em excluir uma qualificação necessária: "Se é sempre lícito matar na guerra, então é sempre lícito matar." Também conhecida como falácia conversa do acidente.

a dicto simpliciter ad dictum secundum quid (lat., da asserção não qualificada para a qualificada) A (suposta) falácia de argumentar a partir de um caso geral para um caso particular, sem reconhecer fatores qualificativos: "Se as pessoas não devem estacionar aqui, então não devem estacionar aqui para ajudar a combater o fogo." Existem outros argumentos mais claramente inválidos que não são generalizações e que podem ser assim classificados, como, por exemplo, "se algumas cobras são inofensivas, então algumas das cobras que estão neste saco são inofensivas". Também conhecida como falácia do acidente.

a fortiori (lat., do mais forte) Expressão usada em vez de "com tanto mais razão": se todos os cães ladram, então *a fortiori* todos os filhotes de cães ladram.

a priori/a posteriori Essencialmente, um contraste entre proposições. Uma proposição é conhecida *a priori* se puder ser conhecida sem que se tenha qualquer experiência do curso específico de acontecimentos no mundo *atual. É possível, no entanto, conceder que alguma experiência é exigida para adquirir os conceitos envolvidos numa proposição *a priori*. Uma coisa pode ser conhecida apenas *a posteriori* se não pode ser conhecida *a priori*. Essa distinção dá lugar a uma das áreas fundamentais de problemas da *epistemologia. A categoria de proposições *a priori* é muito controversa, pois não é realmente claro como o pensamento puro, sem o auxílio da experiência, pode dar de fato lugar a qualquer tipo de conhecimento, e a preocupação do *empirismo tem sido sempre a de negar que isso seja possível. As duas grandes áreas nas quais o conhecimento *a priori* parece ser possível são a matemática e a lógica, daí que os empiristas tenham sempre tentado mostrar que estas não são áreas de conhecimento real ou substancial, ou então que, apesar das aparências, o conhecimento que temos nessas áreas depende, afinal, da experiência. A primeira linha de argumentação procura mostrar que todas as proposições *a priori* são, em certo sentido, triviais, ou *analíticas, ou uma questão de notação ou de convenções linguísticas. A segunda linha de argumentação está particularmente associada a *Quine, que nega qualquer divisão significativa entre as proposições tradicionalmente pensadas como *a priori* e outras crenças profundamente enraizadas que compõem nossa concepção geral do mundo.

Outra categoria contestada é a dos conceitos *a priori*, que supostamente seriam aqueles conceitos que não poderiam ser "derivados" da experiência, mas que estariam pressupostos em todos os modos de pensamento acerca do mundo: os candidatos são o tempo, a substância, a causalidade, o número e eu. A necessidade desses conceitos e a natureza do conhecimento *a priori* substantivo, ao qual dão origem, é o tema central da *Crítica da razão pura* de *Kant.

Abbagnano, Nicola (1901-) Destacado *existencialista italiano. Nasceu em Salerno, estudou em Nápoles e lecionou em Turim. Sua "filosofia do possível" condena os outros existencialistas quer por negarem as possibilidades humanas (porque todos os nossos esforços são fúteis num universo hostil e sem sentido), quer por as exagerarem, imaginando que podemos fazer coisas que, na verdade, estão além de nossa capacidade. Nas últimas obras tendeu a adotar uma abordagem mais naturalista e científica da filosofia, embora tenha continuado a condenar o "mito da certeza", implícito em uma concepção científica complacente do mundo. A monumental *Storia della filosofia* (1946-50) em três volumes, e *Possibilità e libertà* (1956) são algumas de suas principais obras.

abdução Termo introduzido por *Peirce para qualquer processo em que se utilizam certos dados para chegar a uma conclusão mais ampla, como acontece nas inferências a favor da melhor *explicação. Peirce descreveu a abdução como um processo criativo, mas enfatizou que seus resultados estão sujeitos à apreciação racional. No entanto, ao negar que possamos avaliar os resultados da abdução em termos de probabilidades, Peirce antecipou o pessimismo posterior relativo às promessas da *teoria da confirmação.

Abelardo, Pedro (1079-1142) Filósofo escolástico francês. Abelardo nasceu perto de Nantes e teve uma vida agitada, além dos infortúnios sofridos devido ao romance que viveu em 1118 (para pormenores, *ver* Heloísa). Estudou em Chartres e em Paris, e viveu como monge e abade numa série de mosteiros. Sobreviveu a um atentado num mosteiro de Breton em 1132. Figura controversa, viu sua obra ser condenada em 1121, e seu ceticismo acerca das lendas de são Dionísio forçou-o a abandonar a Abadia de Saint-Denis. Em 1125 tornou-se abade de Saint-Gildas, tendo mais tarde voltado a Paris. Sua obra foi condenada por *Bernardo de Clairvaux, que o acusou de no esforço para provar que *Platão era cristão, conseguir apenas revelar-se a si próprio como herege. Foi de novo censurado em 1140, mas ainda assim morreu num dos mosteiros subordinados à Abadia de Cluny.

Abelardo escreveu profusamente sobre o problema dos *universais, adotando talvez um *realismo moderado, embora tenha sido por vezes chamado de *nominalista. Escreveu também comentários sobre *Porfírio e outras autoridades. O seu *Scito te ipsum* ("Conhece-te a ti mesmo") é um tratado de ética onde se defende que o pecado consiste apenas no desprezo pelos desejos de Deus; os estados mentais intencionais são, portanto, mais importantes que a ação. De acordo com isso, sua doutrina da *expiação resume-se a considerá-la unicamente um exemplo supremo que devemos seguir. Abelardo viveu numa época em que se ganhava consciência do choque entre as autoridades tradicionais; as traduções revelavam opiniões divergentes e geraram a atmosfera de debates em que ele se formou. O seu *Sic et non* ("Pró e contra") é uma coleção de contradições das escrituras e de escritos antigos, aos quais acrescentou suas próprias regras para resolver controvérsias, o que proporcionou o programa inicial do método escolástico. *O quanta qualia* ("Oh quão grandes e gloriosos são esses domingos") é um dos hinos de Abelardo.

aborto Interrupção da vida do feto, após a concepção mas antes do nascimento. Pode ser natural ou provocado, e é este último que suscita os problemas tratados pela filosofia moral. Esses questionamentos dividem os conservadores ou partidários "pró-vida", que acham que o aborto provocado deliberadamente deve ser proibido, e os liberais ou partidários "pró-escolha", que acham que esse ato deve ser permitido em vários casos. A posição liberal abrange quase todas as situações em que a mãe deseje abortar, e envolve diversas restrições, entre elas a idade do feto. Os moderados restringem os casos em que o aborto é permitido, mas não se pode dizer que todo esse debate se caracterize pela moderação. Algumas questões relevantes a apontar são: a natureza do que constitui uma pessoa e a determinação do início da vida; a extensão do direito à vida; a frágil noção de inviabilidade da vida; o modo como os direitos em conflito devem ser tratados; as questões políticas e sociais acerca de quem tem o direito de decidir e de fazer cumprir as medidas jurídicas e morais.

absolutismo Em teoria política, a posição de que não deve haver restrições aos direitos e poderes do governo.

Absoluto, o *Ver* idealismo absoluto.

abstração Suposto processo de formação de ideias que consiste em isolar o que é comum a diferentes casos; foi um processo destacado, por exemplo, por *Tomás de Aquino em sua solução moderada do problema dos *universais (*abstrahentium non est mendacium*: abstrair não é mentir). O problema é que a abstração sem restrições nos leva a supor que qualidades como a substância, a causalidade, a mudança e o número podem aplicar-se não apenas aos corpos sensíveis que originam as ideias que temos delas, mas também a um domínio espiritual (ou outro) que está além da experiência. *Locke é veementemente atacado por *Berkeley devido a este e a outros erros relacionados. *Ver também* ideias abstratas.

abstrata, ideia *Ver* ideias abstratas.

abstrato/concreto Muitas filosofias sentem-se desconfortáveis com as esferas das entidades abstratas, tais como os números e os *universais, ao contrário do que acontece com objetos empíricos e substâncias localizadas no espaço e no tempo. O *nominalismo é o programa geral que consiste em mostrar que a menção a objetos abstratos não é o que parece, sendo apenas uma maneira enganadora de falar de objetos mais comuns. Os partidários dos objetos abstratos dizem que não há nada de errado em referir-se a eles, mas não podemos cometer o erro de imaginá-los como tipos de objetos concretos especialmente grandes ou dispersos. Outra controvérsia diz respeito à questão de saber se, ao fazermos coisas como ler um jornal, apreciar um programa de computador ou ouvir uma palavra, literalmente vemos ou ouvimos objetos abstratos, que, então, seriam elementos da nossa experiência.

absurdo Qualquer crença que seja obviamente indefensável (*ver também reductio ad absurdum*). No *existencialismo, um nome para a natureza inútil ou desprovida de sentido da vida e ação humanas.

Abunaser *Ver* Al-Farabi.

ação O que um agente faz, por oposição ao que acontece a um agente (ou o que acontece na mente de um agente). Descrever os fatos que acontecem não permite, por si só, que se fale de racionalidade e intenção, que são as categorias que podemos aplicar se os concebermos como ações. A compreensão dessa diferença suscita problemas muito importantes quanto à natureza da *causalidade mental e à compreensão da *vontade e do *livre-arbítrio.

ação a distância Conceito polêmico na história da física. Na física de *Aristóteles sustenta-se que todos os movimentos exigem um motor que lhes esteja associado. Logo, não pode ocorrer uma ação à distância, já que é preciso que exista um intermediário que envolva o corpo, que se separe na sequência do seu movimento e o empurre por trás (*ver* antiperístase). Embora os movimentos naturais, como a queda livre e a atração magnética (singularmente denominada de "coito"), tenham sido reconhecidos no período pós-aristotélico, o surgimento da filosofia *corpuscular veio banir de novo as "atrações", ou ações a distância sem mediações: o argumento clássico é que "a matéria não pode agir onde não existe". Na teoria física *cartesiana também se postulou a existência de uma "matéria sutil" para preencher o espaço e fornecer o meio para a atuação da força e a propagação do movimento. Seu sucessor, o *éter, foi postulado para constituir o meio para a transmissão de forças e de influências causais entre objetos que não estão em contato direto. Até *Newton, que parecia conceber a gravidade como uma ação a distância, supôs que se deve postular um intermediário, embora não tenha conseguido formular qualquer hipótese sobre sua natureza. *Locke, tendo afirmado primeiro que os corpos interagem "manifestamente por impulsos e nada mais" (*Ensaio*, 1ª ed., II, VIII, 11), mudou de opinião na quarta edição, eliminando as palavras "e nada mais", embora o impulso tenha permanecido como "a única maneira de podermos conceber como operam os corpos". Nos *Fundamentos metafísicos da ciência da natureza*, *Kant apresenta claramente a ideia de que o modo como os corpos se afastam por repulsão não é mais natural ou inteligível que a maneira como agem a distância. Kant insiste, em particular, num aspecto que fora apenas parcialmente compreendido por Locke: qualquer concepção de átomos sólidos e materiais requer a compreensão da força que faz com que estes se agreguem numa única unidade, e tal força não pode ser compreendida como colisões elásticas. Em muitos casos, as teorias de *campo contemporâneas admitem formulações alternativas equivalentes: uma com ação a distância, a outra apenas com ação local.

ação básica Muitas ações são praticadas ao se fazer outras coisas: compro uma casa ao passar um cheque, o que faço ao assinar meu nome, o que por sua vez realizo ao escrever cada uma das letras.

Uma ação básica é aquela que faço sem nenhuma outra ação. Não deve ser identificada com a capacidade de produzir acontecimentos de forma retroativa no sistema nervoso: para que uma pessoa produza um acontecimento fisiológico, na base ou na parte superior do cérebro, é preciso fazer coisas macroscópicas como, por exemplo, cerrar os punhos ou piscar os olhos, numa condição em que essas ações tenham esse efeito no sistema nervoso. Isto quer dizer apenas, que a ordem de explicação dos acontecimentos em função das ações não é a mesma que a ordem neurofisiológica dessas ocorrências.

ação correta A descoberta da coisa correta a ser feita põe fim à discussão moral e ética quanto ao que fazer. Nem sempre encerra a discussão prática se, por exemplo, a oportunidade, o aspecto prático, o custo, são introduzidos como fatores não morais com uma voz independente.

Academia de Atenas Centro de ensino fundado por *Platão por volta de 387 a.C. Ainda que o conhecimento da sua organização seja fragmentário, supõe-se que privilegiava um método de ensino baseado em discussões e seminários. Os estudos fundamentais eram a matemática e a dialética. É comum distinguir a Academia Antiga (Platão e seus sucessores imediatos) da Nova Academia, que começa com *Arcesilau; essa distinção foi feita pela primeira vez por *Antíoco de Áscalon. À Academia Antiga pertenciam *Aristóteles, *Espeusipo, *Eudoxo, *Xenócrates e *Teeteto de Atenas. Dedicava-se, sobretudo, a temas matemáticos e cosmológicos, provenientes das últimas obras de Platão, embora também tenham surgido interesses éticos. Arcesilau faz uma ruptura radical com essa tradição, instaurando a cética Nova Academia, que se manteve em contínuo conflito com os ensinamentos dos *estoicos. O último dirigente da Academia cética foi *Fílon de Larissa, que partiu para Roma (c. 87 a.C.) quando Atenas se via ameaçada por Mitridates VI da Pérsia, acabando assim a Academia como instituição. A reabilitação de temas platônicos dogmáticos, que se seguiu a Antíoco de Áscalon (c.79 a.C.; *ver também* platonismo médio), não foi, na realidade, um mérito da Academia, mas preparou o caminho para o surgimento do *neoplatonismo.

Academia de Florença Círculo formado em torno de *Ficino entre 1462 e 1494, numa *villa* em Careggi posta à sua disposição por Cosimo de Médici. Teve uma influência intelectual crucial no Renascimento italiano; suas principais atividades eram a tradução, o estudo e a reinterpretação de textos *platônicos e *neoplatônicos.

acaso O acaso é frequentemente visto como algo irreal, um mero reflexo da ignorância humana, condenado à derrota pela intervenção da ciência determinista. Nas filosofias antiga e medieval o acaso podia ser contrastado com o desígnio divino, mas até o século XVIII o conceito tinha pouca aplicação, uma vez que, se o desígnio divino se revela em toda a criação, nada se deve somente ao acaso. A oposição igualmente antiga entre o acaso e a ciência foi eliminada depois do aparecimento da estatística e da teoria das probabilidades no século XVII. As probabilidades tornaram-se o "guia da vida", fornecendo os instrumentos para avaliar fenômenos aleatórios importantes para as companhias de seguros assim como para os jogos, descobrindo-se dessa forma conexões causais, taxas de mortalidade, de criminalidade e de matrimônio, ainda antes da investida das teorias probabilistas na física, tal como a mecânica estatística e, mais tarde, a *mecânica quântica. O problema da interpretação das probabilidades consiste em decidir se estas medem algo "real" ou se apenas refletem as crenças de pessoas sensatas diante de diferentes quantidades de dados (*ver* personalismo). A visão muito difundida de que a mecânica quântica é irredutivelmente probabilista (de tal modo que os acontecimentos quânticos não manifestam somente uma aleatoriedade superficial que cobre uma base determinista), é o principal estímulo para tentar formular teorias sobre o que "é realmente" o acaso, ou sobre como as leis fundamentais da natureza podem ter uma forma probabilista. Uma das dificuldades consiste em ver como dois universos, iguais no que diz respeito aos acontecimentos que neles ocorrem, podem mesmo assim diferir quanto à probabilidade relativa desses acontecimentos.

accidie (lat.) *Ver* acídia.

aceitação Aceitar uma proposição é a mesma coisa que acreditar nela? Apesar dessas palavras não assinalarem uma distinção geral, diversas razões levaram os filósofos a distinguir a aceitação da crença. O *paradoxo da loteria, por exemplo, pode ser analisado afirmando-se que, embora eu aceite que um bilhete qualquer não ganhará o primeiro prêmio, não posso dizer que acredito que não ganhará — evitando assim cair na armadilha de um conjunto inconsistente de crenças. Na filosofia da ciência, várias posições *antirrealistas podem nos aconselhar a aceitar uma teoria científica — por exemplo, para prever e controlar a natureza, ou então apenas como hipótese abrangente — sem que acreditemos nela. A principal dificuldade desse tipo de recomendação está em definir com exatidão o que se espera que não façamos; em outras palavras, dizer o que distingue a crença da aceitação, supostamente mais fraca e legítima. *Ver* empirismo construtivo.

acesso privilegiado A maneira especial que cada um tem de conhecer seus próprios pensamentos, intenções e sensações. Muitos filósofos de tendência *behaviorista e *funcionalista consideram importante negar a existência desse acesso privilegiado, argumentando que a maneira como conheço minha mente é, na verdade, semelhante à maneira como conheço a mente de outra pessoa (e.g., observando o que digo quando me fazem uma pergunta). Outros filósofos, no entanto, afirmam que o ato de relatar o resultado da introspecção é um tipo legítimo e específico de comportamento que merece ser levado em conta em qualquer descrição da psicologia humana. *Ver também* heterofenomenologia; privacidade (mente).

acidentalismo Teoria que afirma que o devir dos acontecimentos é imprevisível ou, no caso dos *epicuristas, que os acontecimentos mentais, especificamente, são imprevisíveis. *Ver também* caos; determinismo; libertinismo; tiquismo.

acidente Na metafísica aristotélica, um acidente é uma propriedade de alguma coisa que não faz parte da *essência da mesma: algo que esta poderia perder, ou passar a ter, sem deixar de ser a mesma coisa ou a mesma substância. Os acidentes dividem-se em *categorias: quantidade, ação (i.e., lugar na ordem causal, ou capacidade para afetar coisas ou ser afetado por elas), qualidade, espaço, tempo e relação.

acídia Estado que inibe o prazer e conduz à rejeição da vida, sendo um dos *sete pecados mortais. *Tomás de Aquino associa-o à atitude de voltar as costas para o mundo, pela depressão ou pelo ódio a si mesmo, e define-o muito bem como um torpor do espírito que impede a concentração no que há de bom (*Summa theologiae*, IIa 35.1). Muitas vezes é traduzido como preguiça, que na verdade é completamente diferente. *Ver também* apatia.

acolasia (do gr., *akolasia*: não corrigido) O vício do excesso, quando os desejos não são corrigidos pela razão. Em *Aristóteles, a pessoa moderada evita esse vício cedendo a seus desejos apenas até o ponto correto.

acolutia (do gr., *akolouthia*: que acompanha) Termo aplicado a uma experiência sensível que supostamente tem como parte de seu conteúdo o fato de se seguir a um acontecimento prévio. A existência de tais experiências explicaria por que podemos ver um acontecimento no presente como o fim de um processo cujas fases iniciais já não são perceptíveis. Em gramática, uma anacolutia (do gr., *anakolouthía*: que não acompanha) é uma frase dividida de tal modo que uma parte não se segue da outra (e.g., "O fato é, vamos embora").

acontecimento Uma mudança ou ocorrência. O debate fundamental da filosofia dos acontecimentos consiste em discutir se estes devem ser entendidos, à semelhança dos objetos, como elementos isolados suscetíveis a serem localizados no espaço e no tempo, e a serem descritos de maneiras diversas, ou se são mais como proposições ou *fatos, cuja identidade depende essencialmente dos conceitos em que estão enquadrados. No primeiro modelo torna-se mais fácil compreender como os acontecimentos podem causar coisas, e como um acontecimento (e.g., uma alteração no cérebro) pode ser idêntico a outro (e.g., ter um pensamento). O segundo modelo assemelha acontecimentos a fatos; assim, tal como o almirante não ter chegado pode ser um fato, a não chegada deste pode ser um acontecimento significativo (e de modo algum um não acontecimento) que pode ter seus próprios efeitos e causas. De forma semelhante, é possível haver acontecimentos disjuntivos (Pedro vai para a Índia ou para a China) ou quantificacionais (Maria encontra um emprego i.e., há pelo menos um emprego que é encontrado por Maria).

acontecimentos mentais Sentir, pensar, querer são exemplos de acontecimentos mentais que constituem a vida consciente de um indivíduo. Saber se acontecimentos mentais são idênticos a acontecimentos físicos complexos, ou mesmo se tal identidade tem sentido, são questões centrais para o *problema da mente-corpo. *Ver também* fisicalismo; identidade tipo-tipo; monismo anômalo.

acrasia (do gr., *akrasia*: intemperança) Fraqueza de vontade: condição em que, apesar de se saber o melhor que há a fazer, se faz outra coisa. Esse fenômeno intrigou *Platão e *Aristóteles porque a equiparação socrática entre saber que uma coisa é boa e desejá-la torna difícil entender como é possível existir a fraqueza de vontade. Filosofias menos otimistas consideram igualmente problemático compreender a existência da força de vontade.

ad hoc *Ver* hipótese *ad hoc*.

ad infinitum Lat., ao infinito.

adaptação Em biologia, uma característica de um organismo cuja função atual surgiu através da seleção natural (*ver* darwinismo). É diferente da exaptação, na qual uma certa característica de um organismo é cooptada para um uso específico; uma exaptação é uma propriedade que surgiu para um outro fim que não o corrente, ainda que através da seleção natural. Uma inaptação é uma característica que existe sem promover em nada a capacidade de sobrevivência.

adequação *Ver* completude; teoria dos modelos.

adiáforo (do gr., *adiáphoros*: indiferente) Na filosofia *estoica, as coisas em que se pode encontrar valor, como o conhecimento, o poder, o prazer e a saúde, mas não da mesma maneira em que se encontra na *virtude, que constitui a única coisa realmente boa ou "escolhida". Essa diferenciação tem uma certa relação com a distinção de *Kant entre o valor necessário e insuperável de uma vontade moralmente boa e as qualidades genuínas, porém menores, de outras coisas.

adjetivo pseudoqualificativo Um adjetivo que parece qualificar uma descrição subsequente, mas que, na verdade, funciona como algo que nega ou que deixa em aberto a questão de saber se a descrição se aplica: um papagaio falso, um suposto criminoso, uma vitória aparente.

Adorno, Theodor W. (1903-69) Sociólogo e pensador político alemão. Adorno foi um dos principais membros da *Escola de Frankfurt, partilhando sua postura geral. Os trabalhos de Adorno pertencem sobretudo à sociologia, ocupando-se especialmente das contradições e distorções impostas às pessoas pela sociedade. Sua obra de caráter geral mais conhecida é *The Authoritarian Personality* (1950), que descreve o tipo de personalidade conformista e rígida, submissa à autoridade superior mas arrogante com os inferiores. A apologia que Adorno fez do *paradoxo e da *ambiguidade também teve influência na crítica literária e cultural *pós-modernista.

advaita (sânscr., não dualidade) Doutrina da escola vedanta atribuída a *Shankara que defende a identidade entre o **brahman* e o **atman*; o mundo empírico é um dos **phenomena bene fundata* e, tal como o eu, é unicamente uma manifestação de Deus.

afasia Distúrbio ou perda total da faculdade da linguagem, em geral resultante de uma lesão localizada no hemisfério esquerdo do *cérebro. Para a tradição *cética da Antiguidade, a afasia é o silêncio desfrutado após a suspensão do juízo acerca das coisas.

afetiva A qualidade afetiva de uma experiência é a característica que a torna aprazível ou desejável, ou o inverso, ou que lhe confere um caráter emocional próprio.

afinidade eletiva Termo usado por *Weber para descrever a correspondência entre aspectos do protestantismo e do *ethos* do capitalismo. Um prepara o terreno para que o outro floresça, embora as pessoas não se deem conta dessa relação.

afirmação O que é afirmado, tal como um juízo é o que é julgado e uma proposição o que é proposto. Contudo, os três termos são usados para indicar o *conteúdo de uma elocução ou frase escrita. A distinção entre uma frase ou uma elocução e seu conteúdo introduz um problema central na teoria do significado. Por um lado, esta distinção existe, pois pode-se identificar uma frase sem se saber o que ela significa; qualquer frase dada poderia ter tido um conteúdo diferente; e frases diferentes podem partilhar o mesmo conteúdo (*ver* tradução). Por outro lado, identificar o que se diz não parece ser mais do que poder dizê-lo por palavras próprias: a mente não tem um contato "puro" com pensamentos independentes, separados de sua expressão linguística.

afirmação do antecedente Argumentar validamente que de *p*, e se *p* implica *q*, então *q*. *Ver modus ponens*.

afirmação do consequente Argumentar invalidamente que se *p* implica *q*, logo *q* implica *p*; e.g., argumentar a partir de "se ela está estudando matemática, então não está estudando inglês" e de "ela não está estudando inglês", que "ela está estudando matemática".

afirmativa, proposição *Ver* proposições afirmativas e negativas.

ágape Termo usado sobretudo pelos escritores cristãos, que significa *amor fraternal e filial, em oposição ao *eros* ou amor sexual. Na Igreja primitiva o ágape era uma festa em que os fiéis celebravam seu sentido de solidariedade.

agathon (gr., o bem) Em *Aristóteles, o modo de vida que implica o exercício das mais altas faculdades, realizando, assim, o fim ou o **telos* pessoal. Em outras filosofias, o bem é identificado com o prazer, a virtude, a ausência de desejos ou a conformidade ao dever. *Ver também* ética; *eudaimonia; summum bonum*.

agente Alguém que age. O principal problema do agir é compreender a diferença entre o que acontece em mim ou a mim, e o controle que tenho sobre estes acontecimentos, ou seja, meu ato de fazer coisas. *Ver* ação; determinismo; livre-arbítrio; vontade.

agnosticismo A ideia de que uma proposição não é conhecida e que talvez não se possa saber se é verdadeira ou falsa. O termo aplica-se particularmente às doutrinas teológicas.

Agostinho de Hipona, sto. (354-430) Um dos maiores filósofos e teólogos cristãos, e figura central na transição da filosofia pagã para a filosofia especificamente cristã. Agostinho nasceu em Tagaste, no norte da África, de pai pagão e mãe cristã (santa Mônica), estudou retórica em Cartago e lecionou em Roma e Milão. Depois de períodos sucessivos em que acreditou no *maniqueísmo, no *ceticismo e no *neoplatonismo, converteu-se ao cristianismo em 386, com 31 anos. Agostinho defendia que a teologia cristã estava prefigurada no neoplatonismo: o cristianismo teria apenas acrescentado a crença específica na encarnação e consequente salvação. O cristianismo conseguia, assim, mostrar às pessoas como deveriam viver, um aspecto em que a reflexão filosófica por si só havia falhado. Em 395 foi nomeado coadjutor do bispo Valério e um ano depois tornou-se bispo de Hipona, no norte da África. Das suas duas obras mais conhecidas, as *Confissões* foram escritas por volta de 400, e A *cidade de Deus*, motivada pela tomada de Roma por Alarico em 410, foi escrita de 413 a 427.

A filosofia de Agostinho esteve sempre a serviço de sua teologia, apesar de conter boas análises éticas e metafísicas, em particular sobre o *tempo e o *livre-arbítrio. Como bispo, lutou contra três grandes heresias: as dos maniqueus, dos donatistas e dos *pelagianos. Contra os primeiros, Agostinho argumenta que o universo é inteiramente bom, e que o mal é apenas a privação ou ausência do que é bom. O caso do mal moral é o resultado do livre-arbítrio (*ver* defesa do livre-arbítrio). O cisma donatista nasceu porque os membros da igreja africana se recusaram a aceitar um bispo que tinha sido consagrado por alguém (um *traditor* ou traidor) suficientemente vil para renegar sua bíblia durante as perseguições conduzidas pelo imperador Diocleciano. Em resposta, Agostinho formulou as doutrinas da igreja una e do poder dos sacramentos. Filosoficamente, algumas de suas doutrinas mais importantes emergem como reação à terceira controvérsia, a heresia pelagiana (uma heresia menor), contra a qual o inflexível Agostinho afirma a realidade do *pecado original como o fardo moral hereditário que todos nós carregamos, passível de cura apenas pela graça de Deus. Essa doutrina confirma a predestinação dos eleitos, uma vez que a graça é uma dádiva, e não uma conquista. Foi deixado ao *calvinismo acrescentar a predestinação dos malditos (*ver* inferno). A obra de Agostinho era muito admirada por *Wittgenstein, e suas *Confissões* forneceram a base para todas as autobiografias posteriores.

água de alcatrão Substância da mesma família da aguarrás recomendada por *Berkeley na obra *Síris* (1744) como medicamento benéfico para muitos fins, em especial "para homens do mar, senhoras e homens de vida estudiosa e sedentária". Uma das atribuições de *Berkeley como bispo era fazer o que pudesse para minorar o sofrimento dos pobres da sua diocese.

ahimsa (sânscr., não violência) Princípio ético que proíbe qualquer dano a todas as criaturas vivas, defendido por muitos hindus e budistas. Impõe o vegetarianismo e o pacifismo, e em sua forma mais pura implica que se tomem precauções insólitas, como varrer o caminho antes de o percorrer, ou filtrar os líquidos que se bebe para evitar causar danos, ainda que inadvertidamente, a alguma criatura viva. A expressão política mais famosa desse princípio foi o movimento não violento de resistência passiva de Mahatma Gandhi contra o domínio britânico na Índia.

AI Abreviatura inglesa de *inteligência artificial.

Alberto Magno (c.1200-80) O *escolástico dominante do século XIII, mestre de *Tomás de Aquino. Figura de saber enciclopédico, conhecido como *Doctor universalis*, Alberto destacou-se por sua tentativa de sintetizar a tradição cristã com as doutrinas das obras de *Platão e *Aristóteles, então recentemente descobertas. Escreveu comentários sobre Aristóteles e muitos outros, e mostrou uma simpatia especial pela abordagem empírica da natureza. Suas obras incluem a *Summa de creaturis* (trad. *Compêndio sobre as criaturas*) e a *Summa theologiae*, ou manual de teologia.

alcance *Ver* escopo.

Alcméon de Crotona (c. séc. VI a.C.) Contemporâneo de *Pitágoras, embora mais novo do que ele, Alcméon de Crotona era conhecido como médico. Supõe-se que identificou o *cérebro como a sede da *consciência, perspectiva aceita por *Platão, baseado na ideia de que a faculdade mais elevada deveria estar situada na parte superior do corpo — a cabeça — mas rejeitada por *Aristóteles, que pensava que o cérebro funcionava como um refrigerador do corpo.

aleatoriedade Informalmente, um acontecimento (tal como quando sai um determinado número em uma roleta) é aleatório se não existe maneira alguma de dizer antes o que irá acontecer. Isso pode ser reformulado em termos metafísicos, afirmando-se então que não existe nenhum fato empírico que determine previamente a sua ocorrência; ou pode ser formulado tão somente como um limite do nosso conhecimento, sem implicações para o *determinismo (*ver também* caos). O sinal matemático da existência de aleatoriedade num acontecimento é o de não existir, numa sequência infinita de ensaios, qualquer método efetivo de selecionar apenas aqueles ensaios em que o acontecimento ocorre, i.e., não existe qualquer função *recursiva que determine que membros da sequência correspondem ao acontecimento. *Ver também* permutabilidade; coletivo.

alegoria da caverna *Ver* mito da caverna.

alelo (contração de "alelomorfo": — do gr., *allélon*: um e outro + *mórphos*, forma: de outra forma) Dois ou mais *genes que podem ocorrer como alternativos e codificar versões diferentes da mesma característica hereditária (e.g., cores diferentes dos olhos). Por vezes, "alelo" refere-se às próprias características alternativas.

alético (do gr., *alêtheia*: verdade) Os modos ou modalidades aléticos são a necessidade, a contingência ou a impossibilidade de algo ser verdadeiro.

Alexander, Samuel (1859-1938) Filósofo australiano que estudou filosofia em Oxford e psicologia experimental em Freiburg. Foi professor de filosofia em Manchester de 1893 a 1924. Sua obra filosófica principal é constituída pelos dois volumes de *Space, Time, and Deity* (1920). Apesar de ser um *realista, acreditando que temos conhecimento de um mundo independente da mente, Alexander defendeu uma doutrina evolucionista do mundo, segundo a qual este se dirige para uma divindade ou um ideal irrealizado. Esta é uma doutrina mais típica do *idealismo absoluto, rival do realismo.

Alexandre de Afrodísias (fl. séc. III) Filósofo peripatético. Alexandre começou a ensinar em Atenas por volta do ano 200. Era um aristotélico, notavelmente livre de vestígios do platonismo místico e religioso típico da época (*ver* platonismo médio). Suas doutrinas incluíam a negação da realidade do tempo e da imortalidade da alma, mas é conhecido sobretudo por seus comentários sobre *Aristóteles.

Alexandria, Escola de *Ver* Escola de Alexandria.

Al-Farabi, Abu Nasr (ou Abunaser) (c.870-950) Depois de *Aristóteles, o "segundo mestre" da filosofia islâmica. Al-Farabi foi um dos primeiros filósofos a transmitir a lógica de Aristóteles ao mundo islâmico. Escreveu profusamente sobre lógica e desenvolveu a descrição aristotélica do intelecto. Também demonstrou ter influências do *neoplatonismo: a criação é uma emanação e as imagens da alma do mundo, ou *anima mundi*, tornam-se corpos no espaço. Sua obra *A cidade virtuosa* é uma versão da *República* de Platão, consistindo numa descrição da sociedade civil ideal em que todas as virtudes florescem.

álgebra de Boole A álgebra de Boole é um sistema que consiste num conjunto S e duas operações, $\cap$ e $\cup$, que respeitam os axiomas seguintes. Para todos os conjuntos a, b, c membros de S:

1 $a \cap (b \cap c) = (a \cap b) \cap c$.
Também $a \cup (b \cup c) = (a \cup b) \cup c$ (associatividade)

2 $a \cap b = b \cap a$.
Também $a \cup b = b \cup a$ (comutatividade)

3 $a \cap (b \cup c) = (a \cap b) \cup (a \cap c)$.
Também $a \cup (b \cap c) = (a \cup b) \cap (a \cup c)$ (distributividade)

4 A S pertencem dois elementos, 0 e 1, com as propriedades $a \cup 0 = a$; $a \cap 1 = a$ (identidade)

5 Para qualquer conjunto a em S existe um conjunto a' com as propriedades $a \cup a' = 1$; $a \cap a' = 0$ (complementação).

O cálculo proposicional pode ser representado como álgebra de Boole, em que $\wedge$ é representado por $\cap$, $\vee$ por $\cup$ e 1 = V, 0 = F. Os operadores booleanos são então as *funções de verdade, como $\wedge$, $\vee$ e $\neg$. Uma pesquisa booleana é a procura de elementos que satisfaçam uma condição definida com esses operadores.

Al-Ghazali, Abu Hamid Muhammad (1059-1111) Al-Ghazali era essencialmente teólogo e lecionou em Bagdá, mas em 1095, após um esgotamento, abandonou o campo acadêmico para se dedicar a uma vida de contemplação. Dava mais valor ao discernimento proporcionado pela compreensão mística das coisas do que ao atingido pela lógica ou pela razão. Sua obra *A incoerência dos filósofos* é um ataque às doutrinas *aristotélicas de *Al-Farabi e de *Avicena. De modo geral, pode-se dizer que Al-Ghazali ataca o domínio de conhecimento reivindicado pelos filósofos, especialmente por meio de uma crítica ao conhecimento da causalidade, acerca da qual defende o *ocasionalismo. A convicção de seu raciocínio foi vítima do contra-ataque de *Averróis (*A incoerência da incoerência*). Al-Ghazali também é conhecido como o autor do *Renascimento das ciências religiosas*, que teve uma influência importante no Islã sunita.

algoritmo (derivado do nome do matemático islâmico Al-Khowarizmi) Um conjunto de regras ou instruções que resultarão na solução de um problema. Um algoritmo oferece um processo de decisão, ou um método computável para resolver um problema. Apesar de um algoritmo solucionar um problema, pode não o fazer eficientemente; na teoria da computação é possível avaliar a eficiência e o comportamento dos algoritmos em várias circunstâncias, como, por exemplo, nos casos típicos e nos casos desfavoráveis. *Ver também* máquina de Turing; problema da decisão; recursivo; tese de Church.

algum *Ver* quantificador.

alienação Conceito fundamental nas obras filosóficas de *Hegel, *Feuerbach e *Marx, e também nos textos posteriores das tradições idealista e marxista. A alienação (do alemão *Entfremdung*, que também pode ser traduzido por afastamento) exprime sobretudo a ideia de algo que está separado de outra coisa ou que é estranho a essa coisa: estou alienado de mim na medida em que não posso compreender ou aceitar a mim mesmo; o pensamento está alienado da realidade, pois a reflete de forma inadequada; estou alienado de meus desejos uma vez que eles não são autenticamente meus, sendo antes impostos a mim do exterior; estou alienado dos resultados de meu trabalho porque estes se tornam *mercadorias; e posso estar alienado de minha sociedade pois em vez de fazer parte de uma unidade social que a constrói, me sinto controlado por ela. Em Hegel, o progresso para o absoluto (*ver* idealismo absoluto) consiste num crescimento da autoconsciência, que é um processo de "desalienação" por meio do qual aquilo que está separado e falsamente objetivado recupera sua unidade através da autocriação e da autoconsciência (embora as mentes finitas, agentes desse crescimento, alienem-se de si mesmas na atividade e na "objetivação" de seus produtos materiais e sociais). Em Feuerbach, pelo contrário, abandonam-se os aparatos absolutistas da alienação hegeliana e o conceito é substituído pelo de autoalienação, uma condição a ser superada pela autoconsciência que, por sua vez, é o resultado da relação apropriada com nossos produtos e atividades. No uso que Marx dá ao conceito, separa-se por vezes o seu primeiro período, hegeliano, do período dos textos posteriores, mas não restam grandes dúvidas sobre sua adesão permanente à ideia de que a natureza humana será sempre autoalienada, a menos que haja uma transformação comunista na sociedade. *Ver também* anomia; autenticidade; *Dasein*; falsa consciência.

Alighieri, Dante *Ver* Dante Alighieri.

Al-Kindi, Yaqub ibn Ishaq (m. após 866 d.C.) Primeiro filósofo islâmico importante, Al-Kindi iniciou o processo de incorporação do pensamento *neoplatônico e aristotélico ao mundo islâmico. Lecionou em Bagdá e foi responsável por traduções de *Aristóteles e *Plotino. Sua própria filosofia tendia a permitir o domínio da fé sobre a razão, e considera-se geralmente que foi ofuscado por pensadores posteriores como *Al-Farabi e *Avicena.

alma O "eu" imaterial que possui uma experiência consciente, que controla a paixão, o desejo e a ação, e que mantém uma identidade perfeita desde o nascimento (ou antes) até a morte (ou depois). Um objetivo frequente da moderna filosofia da mente é desmantelar o aglomerado de doutrinas que torna plausível pensar nesses termos. *Ver* identidade pessoal; paralogismo; teoria do feixe.

alma-mundo *Ver* pampsiquismo.

alquimia A combinação medieval de química, filosofia e sabedoria secreta que tinha como objetivo transmutar metais não preciosos em ouro (por meio da pedra filosofal) e descobrir a cura universal para a doença e a morte.

als ob (al., como se) *Ver* Vaihinger.

alternativas do dilema *Ver* dilema.

Althusser, Louis (1918-90) Marxista francês, que se destacou por rejeitar as primeiras obras de *Marx a favor de sua ênfase posterior no materialismo dialético, que ele concebe de um ponto de vista *estruturalista de acordo com o qual a combinação de estruturas e práticas políticas, econômicas, ideológicas e teóricas determinam objetivamente as forças sociais resultantes. Para Althusser, portanto, o Marx genuíno é antiempirista, anti-humanista e anti-historicista. Já na época em que foi formulada essa reinterpretação foi severamente criticada, pois excluía Marx da esfera da atividade política. A reputação de Althusser decresceu muito depois de ter assassinado a mulher (Hélène Rytmann, uma socióloga) em 1980 e ser internado num hospital psiquiátrico. Contudo, a doutrina segundo a qual o sujeito aparentemente ativo não é mais do que o ponto em que as forças sociais em conflito se encontram é, ainda hoje, muito influente. *Pour Marx* (1965) e *Lire "Le capital"* (1965) são duas de suas obras.

altruísmo Preocupação desinteressada pelo bem-estar de outro, como um fim em si. A realidade do altruísmo (*ver* egoísmo) e seu valor são algumas das questões relativas a esse conceito. Embora o altruísmo seja com frequência considerado um dos fundamentos da ética cristã, como categoria é desconhecido no pensamento grego. Foi ativamente atacado por *Nietzsche por implicar uma desvalorização ou supressão doentia do eu, apesar de não haver, de fato, indícios de que as personalidades altruístas tenham em geral um amor-próprio particularmente fraco.

alucinação Experiência que em si mesma não se distingue da percepção de algo, mas à qual falta uma causa externa apropriada. Por vezes distingue-se a alucinação da pseudoalucinação, na qual a experiência ocorre mas não é confundida com a percepção de um objeto externo. Ambas são diferentes da ilusão, que tem uma causa externa cuja natureza é erroneamente avaliada (uma miragem, portanto, é uma ilusão, e não uma alucinação). A possibilidade de alucinação é muitas vezes um ponto de partida para a distinção entre a aparência e a realidade. *Ver também* argumento da ilusão.

ambiguidade A qualidade de ter mais de um significado. A ambiguidade *lexical*, em que uma palavra tem dois significados, é o caso mais simples. Nos casos da ambiguidade *estrutural*, uma frase ou uma construção gramaticalmente complexa pode ser ambígua sem que qualquer das palavras componentes o sejam: "Todas as garotas bonitas amam um príncipe" admite, por essa razão, pelo menos três interpretações: (I) há um determinado príncipe, a quem todas amam; (II) cada garota bonita tem o seu próprio príncipe, a quem ama; (III) os príncipes, em geral, são amados por qualquer garota bonita. *Ver também* ambiguidade ato-objeto; ambiguidade sistemática; anfibolia.

ambiguidade ato-objeto A ambiguidade entre uma ação propriamente dita e o resultado dessa ação. Essa ambiguidade é visível em palavras como "observação": uma observação pode ser um processo que dura um certo tempo e que é realizado por alguém, ou pode consistir no fragmento de informação que resulta desse processo. Muitos filósofos da mente acreditam que uma ambiguidade semelhante distorce a maneira como concebemos a experiência. A experiência deve ser concebida como um processo de entrosamento com o mundo e não como a presença (ou exibição) de um objeto no teatro da mente.

ambiguidade sistemática (I) O fenômeno, observado por *Aristóteles, pelo qual os termos podem aplicar-se de formas variadas, embora relacionadas, a diferentes categorias de coisas: um lugar pode ser agradável, tal como também se pode dizer que uma pessoa é agradável. (II) Na *teoria dos tipos, *Russell teve de postular uma ambiguidade sistemática ligando os diversos *significados que as expressões teriam quando usadas em diferentes níveis da hierarquia, dado que é claro que há algo de idêntico no uso do predicado de identidade, por exemplo, quer relacione objetos num ou em outro nível.

ambiguidade tipo-espécime Quantas palavras aparecem nas obras de Shakespeare? Com essa pergunta podemos estar querendo saber quantos tipos de palavras ou, dito de outra maneira, quão vasto é o vocabulário de Shakespeare, e neste caso a resposta será vários milhares; ou talvez se deseje saber quantos espécimes desses tipos existem, ou quantas palavras existem tal como seriam contadas por um processador de texto, caso em que a resposta seria muitas mais. Um fabricante de automóveis pode produzir meia dúzia de carros num ano (tipos, equivalentes a modelos), mas muitos milhares de veículos (exemplares, espécimes). Os próprios tipos podem ser alvo de diversos critérios de individuação: os lexicógrafos precisam de princípios controversos para saber quando devem contar um tipo de palavras ou dois. *Ver* princípio de individuação.

Ambrósio, sto. (c.340-97) Santo Ambrósio foi indicado como bispo de Milão antes de ser batizado; depois da sua ordenação tornou-se um firme defensor dos privilégios da Igreja, tendo a certa altura excomungado o imperador Teodósio por causa de um massacre. Combateu a heresia ariana, escreveu sobre ética cristã (*De officiis ministrorum* deriva em certa medida de *Cícero) e foi atacado por *Hobbes.

amizade Tópico de filosofia moral muito discutido por *Platão, *Aristóteles e pelos *estoicos, mas não tanto na época moderna, até as abordagens *contextualistas e *feministas da ética o terem feito ressurgir. Na amizade, descobre-se que uma "abertura" de cada um ao outro pode ser vista como um engrandecimento do eu. Aristóteles escreve que "a pessoa excelente relaciona-se com seu amigo da mesma maneira que se relaciona consigo mesma, uma vez que um amigo é um outro eu; e assim, tal como seu próprio ser é digno de ser escolhido por si, o ser do seu amigo é de igual modo, ou de modo semelhante, digno de ser escolhido por si". A amizade, então, abre a porta para uma fuga do *egoísmo, ou seja, da crença de que o curso racional da ação constitui sempre a procura do interesse próprio, embora tal fuga exija que se descubra o que significa a expressão de Aristóteles "de igual modo, ou de modo semelhante". É interessante notar que a amizade exige sentimentos a que *Kant nega importância moral: é um assunto puramente pessoal, que exige *virtude mas que, no entanto, vai contra o requisito universalista do tratamento imparcial para todos, pois um amigo é uma pessoa que é tratada de modo diferente das outras. Um dos problemas consiste em reconciliar essas exigências aparentemente incompatíveis.

Amônio Sacas (fl.200-50) Filósofo platônico alexandrino, professor de *Plotino e de *Orígenes (não confundir com um Amônio mais antigo, que ensinou *Plutarco). Pouco se sabe de Amônio, que parece ter pertencido à corrente ocultista *neopitagórica, estando um pouco à parte da filosofia ortodoxa de seu tempo. As tentativas de reconstituir sua doutrina através dos elementos comuns encontrados em Plotino e Orígenes não foram bem-sucedidas.

amor No pensamento grego, o *eros* tem a conotação de desejo, anseio e desequilíbrio, sendo em geral de natureza sexual. Contudo, em *Platão (em especial no *Banquete* e no *Fedro*), embora o *eros* possa ser despertado tendo como objeto uma pessoa específica, rapidamente se transfere desta para a sua *beleza (uma característica que, em princípio, outra pessoa pode possuir no mesmo ou em maior grau), para finalmente ser atraído por objetos em si, imateriais, tais como a *forma de beleza. O desejo pela beleza imaterial constitui uma espécie de recordação da visão das formas (tais como as da justiça, da sabedoria e do conhecimento), que a alma pôde entrever na "planície da verdade", na sua vida anterior. A beleza física suscita a reminiscência deste estado, a *anamnese, e permite à alma começar a subir a escada de regresso à verdade espiritual. O filósofo, o poeta, o amante e o discípulo das musas (ou seja, o artista criativo) são todos inspirados pelo poder divino do *eros*, que orienta a busca apaixonada da luz puramente intelectual, verdadeiramente real, através da beleza, da sabedoria e das artes das musas. Não há muitos registros do modo como se espera que as pessoas que se julgam amadas devem reagir a esses rivais incorpóreos, embora a Beatriz de *Dante seja o principal exemplo de uma pessoa amada que inicia, e depois conduz, uma ascensão espiritual desse tipo; infelizmente, contudo, antes de conduzir Dante aos círculos mais altos do Paraíso, terá de morrer. A ideia de beleza como estímulo visível de uma ascensão espiritual foi transmitida ao mundo medieval pelo *neoplatonismo e, em especial, pela *Cidade de Deus* de santo *Agostinho.

No pensamento grego, a *philia* está mais próxima da amizade, e inclui o afeto e o desejo pelo bem do outro. Em *Aristóteles, exigem-se condições bastante severas para a *philia* recíproca e reconhecida: a familiaridade, a virtude e a igualdade. O *ágape é a contribuição cristã para as formas de afeto aqui reconhecidas, e sugere uma benevolência universal menos evidenciada, que dá pouca ou nenhuma importância à reciprocidade. *Ver também* apatia; sexo.

amor fati (lat., amor do destino) Aceitação estoica ou *fatalista do curso de acontecimentos determinado ou predeterminado.

amor platônico *Ver* Ficino.

amor-próprio A capacidade de suportar o autoexame. A expressão é de *Hume, mas o amor-próprio é uma preocupação central dos filósofos da ética que seguem a tradição *kantiana. O amor-próprio é um bem e deve, portanto, ser distinguido de sentimentos próximos como a vaidade e a presunção. É uma base a partir da qual se podem criticar as instituições que o põem em causa ou impedem a sua expressão máxima, tornando impossível a certos membros de uma comunidade possuir amor-próprio em toda a sua extensão. Na tradição kantiana está associado à posse de *direitos iguais aos dos outros e à capacidade de avaliar a consistência dos nossos padrões de vida e ações em relação aos nossos valores.

amoral O que não tem moral, ou que não tem implicações para a moral. A pessoa amoral ignora ou deplora o modo como a moral comanda a vida humana.

anáfora A anáfora é, em geral, usada para relações correferenciais, em que um elemento de uma frase toma seu significado ou referência de outro elemento. Em "Pedro disse que vai chover, mas não acredito nisso", a expressão "nisso" refere-se ao que Pedro disse. Na teoria linguística conhecida por teoria da regência e da ligação, expressões como "ele próprio" ou "uns aos outros" constituem locuções nominais que são necessariamente dependentes de um antecedente. É possível simbolizar algumas relações anafóricas através do uso de *variáveis ligadas. Fala-se de catáfora quando uma expressão tem de ser interpretada à custa de expressões que ainda estão para surgir no discurso subsequente: anáfora "avançada".

análise O processo de dividir um conceito em partes mais simples para revelar sua estrutura lógica. Em sua forma mais elementar, a análise pode realizar-se através de uma definição de dicionário ("a égua é a fêmea do cavalo"). Mas a *filosofia analítica, tal como foi praticada por *Russell, pelo *Wittgenstein da primeira fase e por *Moore, usou os êxitos da lógica do princípio do século XX para abrir caminho a um programa geral, no qual o significado ou as *condições de verdade das proposições seriam exibidos por um processo que revelaria a estrutura lógica escondida debaixo da forma de superfície das frases (*ver* atomismo lógico; forma lógica). A análise filosófica proporcionaria uma abordagem científica e objetiva dos problemas tradicionais. Tal como um matemático pode fornecer a definição de uma noção complexa, revelando sua identidade como uma sequência de operações mais simples, também o filósofo deve conseguir identificar a natureza de um conceito complexo em termos das ideias e operações simples que o constituem. Este programa de análise atingiu seu apogeu com as primeiras obras dos *positivistas lógicos, em especial as de *Carnap, apesar de ter influenciado quase toda a filosofia anglo-americana da primeira metade do século XX, e ainda uma parte significativa dela até os dias de hoje.

Embora o ideal da análise tenha produzido um efeito profundamente saudável na filosofia, por insistir na atenção rigorosa ao significado em todas as fases do ato de filosofar a confiança original no método revelou-se demasiado otimista. Em primeiro lugar, só alguns poucos conceitos interessantes admitem análises incontroversas. Em segundo lugar, é plausível que existam boas razões para isso, uma vez que os conceitos adquirem sua identidade não tanto através de sua estrutura interna, mas através do seu lugar numa teoria mais vasta, ou numa rede de doutrinas e práticas com as quais estão associados (*ver* holismo). Em terceiro lugar, à exceção do *empirismo ou da doutrina atomista (*ver* atomismo lógico), não há qualquer maneira sistemática de fixar onde deve terminar um processo de análise, nem sequer, talvez, de determinar que direção este deve tomar. Por fim, o teste para uma análise bem-sucedida, nomeadamente a exibição de uma estrutura complexa que seria de fato um *sinônimo do conceito original, é incerta em sua aplicação e, em vez de ser um árbitro imparcial das doutrinas filosóficas, será sempre contestada à luz de tais doutrinas.

analítica transcendental Na *Crítica da razão pura*, é a seção onde *Kant se ocupa dos princípios do entendimento, e onde tenta demonstrar a aplicação das *categorias aos fenômenos.

analítico/sintético Contraste originalmente introduzido por *Kant entre tipos de juízos. Um juízo analítico é aquele em que o conceito do predicado está "contido" no conceito do sujeito. "Todas as irmãs são do sexo feminino" é um exemplo. Um juízo sintético é aquele em que isso não acontece, e que portanto pode fornecer informações substanciais. A definição de Kant é apenas preliminar, uma vez que nem todos os juízos têm a forma sujeito-predicado, e que a noção de estar "contido" é apenas metafórica. Com os recursos da lógica moderna pode-se tentar chegar ao objetivo de Kant de definir uma classe de juízos que são triviais mas importantes. Assim, podemos definir um juízo como analítico se tiver a forma de uma *tautologia, ou de uma fórmula válida da lógica elementar, ou se puder ser representado como tendo essa forma por substituição de sinônimos por sinônimos. Por exemplo, se substituirmos "pessoas do sexo feminino e filhas dos mesmos pais" por "irmãs", então a frase "todas as irmãs são do sexo feminino" tem a forma "todas as pessoas que são F e G são F", o que é afinal uma fórmula válida do *cálculo de predicados.

A importância da divisão de Kant é o fato de não ficarmos filosoficamente perturbados se tudo o que puder ser conhecido **a priori* for analítico: as verdades analíticas são tão triviais que mal podem chegar a contar como conhecimento. Mas se pudermos conhecer juízos sintéticos *a priori*, a questão de saber como tal conhecimento é possível torna-se urgente. Parte do programa do *positivismo lógico consistia em mostrar que todos os juízos *a priori* são, no fundo, analíticos. A própria distinção foi questionada num dos mais famosos ensaios da filosofia moderna, o artigo "Two Dogmas of Empiricism" (1950), de *Quine, que ataca a ideia de que temos um critério razoável para a sinonímia, do qual a definição de "analítico" depende.

analogia Um aspecto a respeito do qual uma coisa é semelhante a outra. A extensão analógica de um termo é o modo como ele abrange coisas semelhantes: pessoas, rios e garrafas têm bocas. Lojas, caixas, concursos, mentalidades, estradas e livros podem todos ser ou estar abertos, mas em sentidos analógicos. A analogia está além do significado literal das palavras, mas não se identifica com a *metáfora, constituindo assim um fenômeno intrigante para a *filosofia da linguagem (*ver também* seguir uma regra). Argumentar por analogia é argumentar que, uma vez que as coisas são parecidas em alguns aspectos, provavelmente são parecidas em outros. Usos famosos desse tipo de argumentação em filosofia incluem o *argumento do desígnio e o argumento por analogia a favor da existência de *outras mentes: se outras pessoas têm um comportamento idêntico ao meu e eu tenho certos estados mentais quando tenho esse comportamento, então, por analogia, as outras pessoas também os têm. No entanto, "como posso generalizar a partir de um só caso de maneira tão irresponsável?" (*Wittgenstein). Na filosofia medieval, uma questão importante era saber se podemos fazer afirmações acerca de Deus apenas por analogia. *Ver também* Caetano; metáfora; modelos (ciência).

anamnese (do gr., *anamnêsis*: reminiscência) Em *Platão, a reminiscência do conhecimento, possivelmente obtido num estado prévio de existência. A abordagem mais famosa do tópico é no diálogo *Mênon*, e a doutrina é uma tentativa de explicar o caráter "inato", ou não aprendido, do conhecimento dos primeiros princípios. *Ver também* amor; beleza; paradoxo da aprendizagem; *tabula rasa*.

anangkê Gr., necessidade ou destino.

anarquismo Doutrina associada a *Godwin, *Bakunin, *Proudhon e outros, segundo a qual as comunidades humanas podem e devem florescer sem governo. A cooperação voluntária deveria substituir a máquina coerciva do Estado. O próprio governo corrompe os sentimentos naturais das pessoas. Os anarquistas podem diferir acerca da natureza da revolução que deve destruir o poder do Estado, mas historicamente tenderam a associar-se em defesa da oposição violenta ao Estado. Isso faz com que pareçam ser aliados da *esquerda, mas os aspectos *libertários da doutrina também são compatíveis com a *direita.

Anaxágoras de Clazomenas (c.500/499-428/427 a.C.) O primeiro filósofo que ensinou em Atenas. Foi processado, provavelmente por volta de 450 a.C., sob a acusação de impiedade e por sustentar uma teoria astronômica que incluía a ideia de que o Sol é um corpo vermelho quente, maior que o Peloponeso, de onde provém a luz da Lua. Foi exilado e morreu com todas as honras em Lâmpsaco. Sobrevivem poucos fragmentos da sua obra, e a interpretação de seu sistema filosófico suscita controvérsia. Anaxágoras atribuía um papel cosmológico fundamental ao espírito, quer como aquilo que inicia o movimento, quer como o princípio que anima as plantas e os animais. Sua doutrina mais característica é a de que "uma parte de tudo está em tudo", o que significa que, quando uma coisa muda seja para o que for, aquilo para que mudou já estava, de uma maneira imperceptível, presente nela antes da mudança. Afirmava também que todas as qualidades estão presentes em todas as coisas, embora só as preponderantes de desenvolvam. As coisas são *homoiomereiai* (coisas com partes semelhantes) em relação umas às outras. O princípio da homeomereidade foi objeto de múltiplas interpretações, mas a ideia de que a mudança é uma questão de passar para alguma coisa que já estava presente teve uma influência duradoura na metafísica da *causalidade, especialmente na biologia.

Anaxarco (c. séc. IV a.C.) Discípulo de *Demócrito e professor de *Pirro. Acompanhou Alexandre, o Grande, que muito o estimava, em suas viagens ao oriente. Supõe-se que Pirro, treinado para desconfiar ceticamente dos sentidos, não teria reconhecido Anaxarco quando este afundava num pântano.

Anaximandro de Mileto (c.610-c.547/6 a.C.) O primeiro filósofo e astrônomo grego cujo pensamento é conhecido com algum pormenor. Anaximandro construiu o primeiro modelo geométrico preciso do universo e elaborou mapas tanto da Terra como do universo. O gnômon, a haste vertical do relógio de Sol usada para determinar as horas e as estações, é uma das suas invenções. Na filosofia, Anaximandro é conhecido por sua concepção quase teológica do **apeiron*, o ilimitado, indefinido e imperecível que tudo rodeia eternamente e que é também a **archê*, ou o princípio do processo cosmológico. Esta concepção é um desenvolvimento da cosmologia de *Tales. Anaximandro entende que a tentativa de encontrar um tipo de matéria a partir da qual tudo o mais, em toda a sua diversidade, é feito, não deve terminar na água, no fogo ou em qualquer outro tipo particular de matéria, mas em algo independente tanto na estrutura como na forma: algo sobre o qual nada se possa dizer. Os mundos são produzidos a partir do *apeiron*, através de um conflito de contrários que, em si mesmo, é uma "injustiça", pela qual as coisas pagam tributo umas às outras.

Anaxímenes de Mileto (fl. c.546 a.C.) O membro mais novo da escola milésia, tendo sido, provavelmente, discípulo de *Anaximandro. Sua astronomia é relativamente ingênua, mas Anaxímenes é conhecido pela doutrina de que a única substância primária, o ar (*aêr*), produz todas as outras, tanto por se rarefazer em fogo, como por se condensar em vento, névoa, água, terra e pedra. Essa foi a primeira vez na tradição ocidental que se ofereceu um tratamento físico das diferentes substâncias em termos de modificações de uma substância básica. A respiração foi o fenômeno que impressionou Anaxímenes, porque podemos soprar ar quente (quando este está rarefeito, i.e., quando a boca está aberta) ou ar frio (quando este é comprimido ou quando se assobia). *Ver também* atomismo; matéria-prima.

Anderson, John (1893-1962) Filósofo escocês, professor em Sydney entre 1927 e 1958. Anderson foi o filósofo mais influente e ativo da Austrália em seu tempo, tanto profissionalmente como nos debates sociais e políticos da época. Defendeu uma concepção moderna do mundo, baseada no realismo científico, no materialismo, no ateísmo e no empirismo. O pensamento ético e político de Anderson se baseava numa forte preocupação pela independência. Seus ensaios foram publicados sob o título *Studies in Empirical Philosophy* (1962) e seus textos sobre educação em *Education and Inquiry* (1980).

anfibolia (do gr., *amphibolos*: fala incerta) Uma frase cuja estrutura gramatical permite diferentes interpretações, e.g., "Ela o viu com binóculos" (era ele que estava com binóculos? Ou foi ela que usou binóculos para o ver?). Para *Kant a confusão entre um objeto do entendimento *puro e a aparência é uma anfibolia transcendental.

Angst (al., temor, desespero, angústia; fr., *angoisse*) Temor resultante sobretudo da indiferença, da falta de objetivos ou de sentido no universo. *Ver também* nada.

angústia Na filosofia de *Sartre, um sentimento inevitável de profunda e total responsabilidade por nossas próprias escolhas e ações.

anima mundi (lat., alma do mundo) *Ver* pampsiquismo.

animismo *Ver* pampsiquismo.

anoético (do gr., *anoêtikos*: não apreendido, não consciente) Estados mentais pré-conscientes ou subliminares. *Ver também* noético.

anomia (do gr., *anomos*: sem lei) Um estado de caos e ruptura. O termo é particularmente associado a *Durkheim, para quem a anomia caracteriza os períodos de dissolução das normas sociais, quando a perda de autoridade tende a relaxar as obrigações morais, a produzir desejos ilimitados e a causar aumento das taxas de suicídio. A anomia descreve condições sociais, e é diferente da noção, em essência psicológica, de *alienação, embora ambas possam traduzir um estado relativamente permanente das fragmentadas sociedades modernas.

anosognosia Incapacidade de perceber uma imperfeição ou insuficiência. Normalmente tomamos como certo que, por exemplo, ver cores e ter consciência de vermos cores são coisas inseparáveis. Uma pessoa que sofre de anosognosia é incapaz de ver cores mas não tem consciência de sua incapacidade. O caso mais extremo talvez seja o da síndrome de Anton, em que o paciente nega o fato de ter ficado cego.

Anschauung (al., intuição) *Ver* intuição.

Anscombe, Gertrude Elizabeth Margaret (1919-) Filósofa inglesa. Formou-se no St. Hughis College de Oxford, onde estudou literatura clássica e filosofia (*Greats*). Anscombe graduou-se em 1941, ano em que se casou com o filósofo P.T. Geach. Tornou-se Research Fellow do Sommerville College em 1946, permanecendo como *tutor* até 1970, quando se tornou professora em Cambridge, aposentando-se em 1986. Suas obras combinam uma preocupação aristotélica com a verdadeira natureza dos fenômenos da mente e da moral, com a atenção à linguagem característica da filosofia de Oxford do pós-guerra. Entre suas obras estão *Intention* (1957) e *An Introduction to Wittgenstein's Tractatus* (1959). Sua tradução das *Investigações filosóficas* (1953) de *Wittgenstein é um marco da filosofia moderna.

Anselmo, sto. (1033/34-1109) Filósofo e teólogo medieval. Anselmo nasceu em Aosta, no norte de Itália, tornou-se beneditino e foi arcebispo de Canterbury a partir de 1093, embora tenha passado grande parte dos anos posteriores no exílio. Defendeu com firmeza os direitos da Igreja e, em teologia, os direitos da razão, que ele via como um suporte da fé e não como uma fonte de ceticismo. Seus dois principais tratados teológicos são o *Monologion* ("Monólogo") e o *Proslogion* ("Discurso"). O primeiro contém versões do *argumento cosmológico e da demonstração que parte da bondade para chegar à existência de um bem supremo. O segundo contém o famoso *argumento ontológico a favor da existência de Deus. Anselmo escreveu muitos diálogos sobre problemas específicos de lógica e teologia: *De veritate* ("Da verdade"), *De libertate arbitrii* ("Do livre-arbítrio") e *De grammatico* contêm investigações linguísticas e analíticas suficientes para justificar a afirmação de que foi o pai da filosofia *escolástica. Seu *Cur Deus homo* ("Por que Deus foi um homem?") interpreta a *expiação de Cristo como uma reparação justa à majestade ultrajada de Deus; esta é ainda hoje uma das explicações mais frequentemente adotadas na teologia cristã.

ansiedade Receio ou temor generalizados, por vezes neurótico. *Ver Angst.*

antecedente *Ver* condicional.

Antifonte (c.480-411 a.C.) Orador e *sofista ateniense. Os estudiosos têm discordado acerca do problema de saber se há dois Antifontes ou se, como geralmente se pensa, o orador é também o sofista. O Antifonte orador teve uma carreira pública notável, ocupada principalmente na redação de discursos para outras pessoas. Foi o cérebro de uma conspiração oligárquica e quando esta fracassou foi condenado à morte, embora o discurso que ele mesmo redigiu em sua defesa tenha sido considerado o melhor já feito do gênero. O Antifonte sofístico é mencionado por *Xenófanes e *Aristóteles como opositor de *Sócrates.

antilogismo Um conjunto inconsistente de frases.

antinomia Um *paradoxo. Na *Crítica da razão pura* de *Kant, as antinomias da razão pura mostram que é possível chegar, com igual exatidão, a conclusões contraditórias sobre o mundo como um todo. Cada antinomia tem uma tese e uma antítese contraditória. A primeira antinomia tem como tese que o mundo teve um começo no tempo e que é limitado no espaço, e como antítese que não teve começo algum e que não tem limites. A segunda antinomia prova simultaneamente a infinita divisibilidade do espaço e o seu contrário; a terceira prova a necessidade, mas também a impossibilidade, da liberdade humana; a quarta prova a existência de um ser necessário e a inexistência de tal ser. A solução deste conflito da razão consigo mesma é a seguinte: os princípios da razão usados nesse processo não são "constitutivos", não nos mostrando assim como o mundo é, mas "regulativos", constituindo um corpo de determinações sobre o modo como devemos pensar sobre o mundo. Quando os princípios regulativos são retirados de sua esfera adequada de uso, tal como quando teorizamos acerca do mundo como um todo, o resultado é a contradição.

antinomianismo Crença sustentada por várias seitas, mas particularmente pelos movimentos protestantes radicais dos séculos XVI e XVII, de que certos cristãos eleitos são incapazes de pecar, por fé ou por predestinação, libertando-se, assim, da obrigação de obediência a qualquer lei moral. O antinomianismo está frequentemente associado a estilos de vida e práticas sexuais não convencionais.

Antíoco de Áscalon (c.130-68 a.C.) Filósofo helenista eclético. Antíoco defendia o acordo essencial entre as escolas de filosofia opostas de seu tempo. A ruptura decisiva com *Fílon de Larissa nasceu de sua convicção de que o *ceticismo da *Academia de Atenas era uma traição às verdadeiras ideias platônicas da Academia Antiga, que podiam na verdade ser reconciliadas com o *estoicismo e com as doutrinas dos *peripatéticos. É conhecido como uma das influências de *Cícero e como fundador do *platonismo médio.

antiperístase Termo usado por *Aristóteles para a teoria do movimento que nega que haja vazio e que exista outra força além da impulsão. A intenção era eliminar da natureza as "atrações" misteriosas. Na natureza podem haver "empurrões", mas nunca "puxões". O voo de projéteis, a atração magnética e a sucção de fluidos estão entre os fenômenos que a teoria tem de explicar. Essa ideia remonta a *Empédocles e foi adotada por *Platão no *Timeu*. No século XVII, o termo passou a ser mais utilizado para outra doutrina aristotélica, segundo a qual as qualidades contrárias "se repelem", tendendo a reforçar-se mutuamente e a fugir uma da outra. O exemplo tradicional é o calor e o frio, mas *Boyle menciona a teoria de que a água forma gotas esféricas porque a liquidez, "ao fugir" da secura, tenta concentrar-se na menor área de superfície possível. *Ver também* ação a distância; campo.

antirrealismo *Ver* realismo/antirrealismo.

Antístenes (c.445-c.360 a.C.) Discípulo dedicado de *Sócrates, também considerado (e.g., por *Diógenes Laércio) uma influência importante do primeiro *cínico famoso, *Diógenes de Sinope. Partilhava grande parte da ética socrática, embora com uma forte queda pelos estados de autossuficiência que resultam do esforço e da dedicação. *Aristóteles afirma que ele defendia uma teoria da linguagem segundo a qual não existem contradições ou definições, podendo dar assim a impressão de ter sido um enérgico sacerdote provinciano, apesar de ter vivido uma vida de grande renúncia.

antissimétrica Uma *relação é antissimétrica sempre que Rxy e Ryx, então $x = y$.

antítese (do gr., *antithesis*: pôr contra) A proposição contraditória de uma tese. No *materialismo dialético, a reação a uma mudança ou a um processo. Do processo e da reação emerge uma síntese que transcende ambos.

antônimo Palavra com significado oposto: real/irreal e bom/mau são pares de antônimos.

antropocentrismo Qualquer perspectiva que aumente a importância dos seres humanos no cosmo, e.g., vendo-o como algo que foi criado para nosso benefício, é antropocêntrica. O tratamento de uma propriedade como a cor é antropocêntrica se incorporar um elemento que relacione a posse da propriedade com o estado de certo observador em certas condições.

antropomorfismo (do gr., *anthropos* + *morphe*) Representação de deuses, da natureza ou de animais como dotados de forma humana, ou de intenções e pensamentos humanos. Por vezes, trata-se explícita e assumidamente de uma metáfora, caso em que o problema consiste em compreender a natureza da mesma.

antroposofia (do gr., *anthropos* + *sophia*: sabedoria sobre o homem) Movimento cristão e ocultista associado a Rudolph Steiner (1861-1925), caracterizado por dar grande importância ao culto da natureza espiritual e ao método para ganhar a consciência espiritual de um mundo superior. Steiner fundou muitas escolas onde são aplicados métodos de ensino de ciências humanas.

apatheia (gr., não sofrimento) No *estoicismo, não ter *pathê* significa não ter sentimentos baseados em crenças erradas, que são as que implicam pensar que o objeto dos sentimentos é suficientemente importante para competir com a virtude. Assim, a *apatheia* não significa deixar de ter sentimentos, mas não ter sentimentos que levem a não se atribuir à virtude o seu devido papel.

apatia Apesar de ser a principal inimiga dos professores e treinadores esportivos, a apatia é muitas vezes recebida de braços abertos na filosofia, especialmente nos sistemas éticos que veem o desejo e os interesses mundanos como coisas baixas e sem valor. *Platão reconhece a necessidade da paixão ou *eros* mesmo no estado avançado de contemplação típico do filósofo, mas as tradições *hindu, *budista, *estoica e parte da cristã têm sempre olhado o desejo de modo reprovador. *Hobbes salienta com sagacidade que enquanto vivemos temos desejos (*ver summum bonum*) e Alexander Pope junta-se a ele energicamente: "Da apatia indolente deixem os estoicos orgulhar-se, com a sua hirta virtude; é hirta como gelo" (*Ensaio sobre o homem*, II). No entanto, tal como os estoicos e os budistas, *Kant considerava a apatia particularmente boa: a felicidade é um estado de "completa independência das inclinações e dos desejos" e esta liberdade é em si uma virtude pressuposta pelas outras virtudes. *Tomás de Aquino, contudo, reconhece a desolação envolvida na rejeição do que é bom, classificando-a como um pecado importante ou até mortal. *Ver* acídia; amor; ataraxia; autonomia/heteronomia.

apeiron (gr., ilimitado) Na filosofia grega o infinito, ou o que não tem forma, e o fluxo de opostos que precisam de *peras*, i.e., de um princípio de ordem, para se tornarem inteligíveis.

apercepção Termo introduzido por *Leibniz para designar a apreensão reflexiva que a mente tem de seus próprios estados internos. *Kant distingue a apercepção empírica, que é a consciência do eu comum e mutável, da apercepção transcendental. Esta última é a consciência imutável que unifica a experiência como algo que pertence a um sujeito, sendo por isso o fundamento essencial da própria possibilidade da experiência e do pensamento.

apetitiva Relativo aos apetites; nossa natureza apetitiva é a que diz respeito aos apetites e desejos. Na filosofia de *Leibniz, o apetitivo é o **nisus* quase psicológico que realiza o princípio da mudança nas *mônadas.

apodítico (do gr., *apodeikticos*: evidente) *Necessariamente verdadeiro, ou demonstrável, ou que admite certeza para além de qualquer dúvida.

apódose A resultante de uma *condicional.

apolíneo/dionisíaco Contraste introduzido por *Nietzsche em *O nascimento da tragédia* (1872) entre o espírito da ordem, da racionalidade e da harmonia intelectual, representado por Apolo, e o espírito da vontade de viver espontânea e extasiada, representado por Dioniso. Nos textos posteriores Apolo acabou por ser confusamente identificado com as virtudes cristãs, ao mesmo tempo que um classicista sereno como *Goethe foi estranhamente classificado como uma figura dionisíaca.

apologética Em teologia, a tentativa de mostrar que a fé pode ser comprovada pela razão, ou que pelo menos é consistente com ela. De maneira mais geral, a tentativa de defender uma doutrina.

aporia Uma perplexidade grave. O método socrático de levantar problemas sem fornecer soluções é por vezes chamado de método aporético.

aposta de Pascal Perspectiva antiga e popular (ou vulgar) de que a crença em Deus é a "melhor aposta", de acordo com a formulação clássica dos *Pensamentos* de *Pascal. Suponhamos que a argumentação metafísica não nos permite saber nada sobre as questões divinas. No entanto, podemos perguntar se será melhor que acreditemos em Deus. Se Deus existir, será obviamente melhor: infinitamente melhor, tendo em conta a perspectiva de felicidade eterna que se abre aos crentes contra a condenação eterna para os descrentes. Se Deus não existe, então não perdemos nada e podemos até mesmo ganhar já nesta vida, nos livrando dos "prazeres viperinos". Portanto, a crença é a estratégia *dominante: pode triunfar e não pode perder. A aposta é "*infini-rien*": infinito-nada.

Pascal sabia que não se pode escolher acreditar tendo em conta apenas essas considerações, mas pensava, lucidamente, que as crenças são contagiosas, e que podemos deliberadamente embotar nossa inteligência se decidirmos nos associar a pessoas que nos "passem" suas crenças. Assim, acabamos por acreditar, e o argumento mostra que essa é a estratégia mais desejável.

Os críticos deste argumento afirmam que Pascal não parece ter considerado um número suficiente de possibilidades. Pode ser que o tipo de Deus cristão em que ele estava interessado não exista, e que exista um outro que recompensa com a felicidade eterna as pessoas que são suficientemente fortes para não acreditar no tipo de Deus cristão, e a condenação para aqueles supersticiosos o bastante para o fazerem. Em outras palavras, se de fato somos metafisicamente ignorantes, a extensão de nossa ignorância abrange as recompensas e as punições associadas aos nossos estados de crença e ações. Outra característica inadequada do argumento é que, ao contrário da maioria dos argumentos a favor da crença, ele é construído sem referência à plausibilidade da verdade. Esse traço inspirou um ataque especialmente inflamado por parte de W.K. Clifford (1845-79), em *Lectures and Essays* (1879). Clifford cita *Coleridge: "Aquele que começa por amar mais o cristianismo do que a verdade, passará a amar mais a sua igreja ou seita do que o cristianismo, acabando por amar-se a si mesmo mais do a qualquer outra coisa." *Ver também* pragmatismo; vontade de acreditar.

Aquiles e a tartaruga *Ver* paradoxos de Zenão.

Aquino *Ver* Tomás de Aquino, são.

Arcesilau (c.316-242 a.C.) Fundador da Academia média de Atenas e o primeiro a rejeitar as antigas cosmologias platônicas em benefício do *ceticismo. A longa disputa entre a Academia e os *estoicos começou com seu ataque à fundamentação da razão estoica na *phantasia katalêptikê* ("percepções apreensivas"). Sua tentativa de evitar a paralisia que, segundo o contra-ataque estoico, advém da suspensão cética do juízo, pretendia apoiar-se na noção, de certa maneira de senso comum, mas provavelmente não argumentada, do que é *eulogon* ou razoável. *Ver também* Academia de Atenas; Carnéades.

archê (gr., origem) No pensamento *pré-socrático, a fonte subjacente e fundamental do ser de todas as coisas.

Arendt, Hannah (1906-75) Filósofa política. Nascida em Hannover numa família judia, Arendt estudou na tradição do existencialismo alemão de *Jaspers e *Heidegger. Em 1933 mudou-se para Paris e em 1940 para os Estados Unidos, fugindo da ocupação nazista. A primeira obra de destaque de Arendt foi *The Origins of Totalitarism* (1951), destacando-se igualmente *On Revolution* (1963) e *On Violence* (1970).

aretê (gr., a perfeição ou excelência de uma coisa) Perfeição ou virtude de uma pessoa. No pensamento de *Platão e *Aristóteles, a virtude está relacionada com a realização de uma função (*ergon*), exatamente da mesma maneira que um olho é perfeito se realiza a função que lhe é própria, a visão. Este é seu **telos* ou finalidade (*ver também* teleologia). A *aretê* é então identificada com aquilo que permite a uma pessoa viver bem ou de modo bem-sucedido, embora seja controverso se a virtude é portanto apenas um meio para uma vida bem-sucedida ou uma parte essencial da atividade de viver bem. De acordo com Aristóteles, as várias virtudes consistem em saber como alcançar um *meio-termo entre os vícios opostos do excesso e do defeito. O pensamento grego também abriu caminho para o ideal cristão segundo o qual o desenvolvimento pleno da *aretê* nos seres humanos consiste numa vida autossuficiente feita de contemplação e sabedoria. A palavra em sânscrito, *kusala*, é usada no *budismo para representar a mesma associação entre a perfeição e a arte de ser um bom ser humano.

argumento Argumentar é produzir considerações destinadas a apoiar uma conclusão. Um argumento é tanto o processo de fazer isso (e neste sentido a argumentação pode ser uma discussão acalorada ou prolongada), como seu produto, i.e., o conjunto de proposições aduzidas (as premissas), o padrão da inferência e a conclusão alcançada. Um argumento pode ser dedutivamente *válido, caso em que a conclusão se *segue das premissas, ou pode ser persuasivo de outras maneiras. A *lógica é o estudo das formas válidas e inválidas dos argumentos. *Ver também* falácias; demonstração; indução.

argumento *ad hominem* *Ver argumentum ad.*

argumento ampliativo Termo utilizado por *Peirce para denotar os argumentos cujas conclusões vão além de suas premissas (ampliando, portanto, o alcance de nossas crenças). Os argumentos indutivos e os argumentos a favor da melhor *explicação não são dedutivamente válidos, mas podem produzir conclusões críveis. Muitos raciocínios nos conduzem, de maneiras interessantes, a conclusões que vão além de nossas premissas.

argumento cosmológico Um argumento (ou família de argumentos) bastante influente a favor da existência de Deus. Suas premissas afirmam que a existência de todas as coisas naturais depende de algo; portanto, a própria totalidade dos seres dependentes tem de derivar de um ser que não depende de coisa alguma, ou seja, um ser necessariamente existente, que é Deus. Tal como o *argumento do desígnio, o argumento cosmológico foi atacado por *Hume e *Kant. O problema principal desse argumento é exigir que a noção de existência necessária faça sentido: uma vez que a resposta à questão de saber por que todas as coisas existem é a afirmação de que existe uma outra coisa similar às primeiras, levanta-se outra vez a mesma questão. Por isso, o "Deus" que põe fim à questão tem de existir necessariamente; não pode ser um ente sobre o qual se possa levantar o mesmo tipo de pergunta. O outro problema com o argumento cosmológico é que infelizmente ele não proporciona razão alguma para atribuir à divindade qualquer preocupação ou interesse por nós, nem para estabelecer uma relação entre o ser necessariamente existente que pretende derivar e os valores e aspirações humanos.

argumento da marca impressa Termo por vezes utilizado para designar o argumento de *Descartes segundo o qual nossa ideia de perfeição se relaciona com sua origem perfeita (Deus), tal como um artesão deixa no artigo executado seu selo ou sua marca.

argumento da primeira causa Um dos argumentos clássicos favoráveis à existência de Deus. Todos os acontecimentos do mundo natural têm uma causa que os antecedem. Mas isso cria uma sucessão infinita de causas que se antecedem no passado. Para terminar a sucessão, temos de postular uma causa primeira, que será a ação criadora de Deus. *Russell considerou esse argumento extremamente ruim porque a conclusão (de que há uma primeira causa) contradiz a premissa (de que todos os acontecimentos têm uma causa que os antecede). Para evitar essa crítica, o proponente do argumento tem de fazer a distinção entre os acontecimentos naturais e os acontecimentos não naturais ou sobrenaturais. Todos os do primeiro tipo exigem uma causa, mas os do segundo podem ser a sua própria causa. Deus, por exemplo, é **causa sui*. A dificuldade passa então a consistir na explicação da razão pela qual o mundo natural também não é *causa sui*. Esse argumento herda os problemas do *argumento cosmológico, do qual é uma variante.

argumento da questão em aberto Argumento usado por *Moore nos *Principia ethica* (1903) para mostrar que não podemos definir um termo valorativo de maneira que seja equivalente ao conjunto das características que usamos como critério para sua aplicação. Suponhamos que uma pessoa valoriza todas as coisas que criam felicidade, e somente essas coisas. Ainda assim, Moore procura mostrar que isso não é o que a palavra "bem" significa na boca dessa pessoa. O argumento nos diz que, mesmo que esse seja o critério dessa pessoa, ela terá que reconhecer que faz sentido perguntar se todas as coisas que criam felicidade, e só elas, são boas. Esta é uma questão substancial ou "em aberto", mas, segundo Moore, não o seria se os dois termos tivessem o mesmo significado.

argumento da reminiscência *Ver* anamnese.

argumento das mãos sujas Justificativa usada com frequência para ações incorretas, segundo a qual se não formos nós a fazê-la, alguém a fará (e ficará com a recompensa). Por exemplo, se não vendermos armas a um regime perverso, ganhando a vida assim, alguém o fará; portanto, é melhor que nós mesmos o façamos.

argumento de Diodoro Cronos O argumento de Diodoro Cronos (fl. c. séc. III a.C.) pretende mostrar que nada que não seja verdade, ou que não venha a ser, é possível. O argumento é construído encontrando-se uma inconsistência entre estas três proposições: (I) tudo que é passado é necessário; (II) o impossível não se segue do possível e (III) nem o que é, nem o que será, são possíveis. Se estas frases são inconsistentes e se as duas primeiras são verdadeiras, então segue-se a conclusão desejada; mas a lógica modal moderna não apoia esse raciocínio. O argumento de *Berkeley, segundo o qual é impossível ter uma ideia de uma árvore da qual ninguém é consciente (pois o fato de ter essa ideia faz com que seja verdade que alguém é consciente dela), é também referido como um argumento do mesmo gênero.

argumento de Frege-Church Argumento segundo o qual se um contexto admite a intersubstituibilidade **salva veritate* de termos singulares (nomes ou descrições) correferenciais, então frases com o mesmo valor de verdade são também intersubstituíveis desse modo nesse contexto. Isto justifica que se diga, em semântica, que a referência de uma frase é o seu valor de verdade e não algo mais sutilmente individualizado, como uma situação ou um estado de coisas. O argumento procede através da construção de uma descrição definida correferencial a partir de uma frase e da sua substituição por uma descrição definida contendo uma frase com o mesmo valor de verdade da primeira. Tomemos duas proposições p e q com o mesmo valor de verdade. Então, a partir de "p" obtemos "(o número x tal que $2x = 6 \wedge p) = 3$"; substituindo o termo referencial entre parênteses, temos "(o número x tal que $2x = 6 \wedge q) = 3$", de onde se obtém q. A atribuição deste argumento a Frege, baseada em algumas observações contidas em "Sobre o sentido e a referência", é duvidosa.

argumento de uma função *Ver* função (lógica).

argumento do caso paradigmático Argumento que afirma que uma vez que um termo, como por exemplo "bem", "conhecimento" ou "livre-arbítrio" é ensinado parcialmente através da referência a casos típicos, qualquer posição filosófica *cética que negue que tal termo se aplica a esses casos tem de envolver um abuso do termo. Segundo um exemplo famoso, podemos apontar para um noivo sorridente e dizer que ao escolher sua noiva ele nos ofereceu um exemplo paradigmático do *livre-arbítrio; assim, quaisquer filosofias que rejeitem a noção de livre-arbítrio estão sub-repticiamente mudando o significado da noção, sendo por isso improcedentes. Esse argumento é rejeitado por muitos filósofos porque mesmo que um termo seja ensinado através da referência a casos típicos, pode acontecer que esses casos sejam afinal selecionados por causa de um conjunto de crenças falsas. Podemos pensar que o noivo é livre, mas talvez pensemos assim por termos uma ideia de seus processos de decisão (para não falar dos da noiva) que a reflexão filosófica desacredita. Contudo, a investigação sobre o significado está parcialmente restrita pelo que dizemos sobre os casos típicos, podendo existir áreas em que uma forma limitada do argumento do caso paradigmático não seja inteiramente inútil.

argumento do desígnio Argumento segundo o qual o mundo (onde "mundo" significa todo o universo) se assemelha o bastante a uma máquina ou a uma obra de arte ou de arquitetura, para ser razoável supor a existência de um arquiteto cujo intelecto é responsável por sua ordem e complexidade. Este é declaradamente um argumento por *analogia: sustenta-se que, já que o universo é semelhante em alguns aspectos a um relógio, por exemplo, então o universo provavelmente também é, tal como o relógio, o produto de um desígnio. O argumento foi usado pelos *estoicos e teve uma grande aceitação no século XVIII, mas foi atacado de forma esmagadora por *Hume, nos

Diálogos sobre a religião natural, e por *Kant, na *Crítica da razão pura*. O argumento nos convida explicitamente a fazer uma regressão ao infinito, já que o universo *e* um arquiteto parece ser um exemplo de organização ainda mais maravilhoso, o que deve nos levar a postular um arquiteto de arquitetos. Se considerarmos natural que um arquiteto possa "existir por si" (*ver* perseidade), devemos nos questionar por que o universo também não pode "existir por si". O argumento do desígnio também suscita problemas morais: já que a natureza da divindade é evidenciada pela sua criação, não podemos atribuir a Deus mais interesse na bondade ou na justiça do que a que encontramos no curso normal das coisas (*ver também* problema do mal). A teoria da *evolução pela seleção natural veio destruir a eficácia de um dos principais exemplos, frequentemente apresentado, de desígnio na natureza: o da adaptação dos órgãos e capacidades dos animais ao seu meio ambiente.

argumento do lapso de tempo Argumento usado por *Russell (e.g., *Human Knowledge: its Scope and Limits*, 1948) e outros autores do século XX para refutar o realismo ingênuo na filosofia da percepção. Quando vemos o Sol, nosso estado perceptivo é o resultado de como o Sol era há oito minutos. O Sol pode até nem existir agora, mas mesmo assim continuamos a ver exatamente o que vemos. Por isso, o que vemos não pode ser idêntico ao Sol.

argumento do terceiro homem Argumento desenvolvido no diálogo *Parmênides* de *Platão contra a doutrina das *formas. Suponha que começamos com uma coleção de coisas grandes. Suponha em seguida que há uma certa forma que todas elas partilham: a forma de grandeza. Temos agora uma nova coleção, nomeadamente, a de todas as coisas originais mais a forma de grandeza. Assim, terá de haver uma forma ulterior que una todos os membros dessa coleção, o que nos lança numa regressão ao infinito. *Aristóteles usa o exemplo dos homens, e o argumento foi batizado a partir dele.

argumento dos graus de perfeição A quarta das *cinco vias de *Tomás de Aquino. Eis algumas de suas premissas: (I) algumas coisas são melhores e mais nobres que outras; (II) os termos comparativos descrevem diversos graus de aproximação a um superlativo; (III) aquele que for o melhor é o ser mais completo, ou o mais real; (IV) sempre que certas coisas têm uma propriedade em comum, aquela que a possui mais completamente causa essa propriedade nas outras coisas. Logo, existe algo que "causa o ser, a bondade e quaisquer outras perfeições que as coisas tenham. A isso chamamos Deus." O argumento pressupõe um conceito de *causalidade como uma espécie de dádiva de realidade. Esta ideia sobreviveu até o século XVII, mas hoje em dia já não é atraente. Além disso, a segunda premissa é claramente errada (um número pode ser maior que outro, mas não existe o maior número de todos; da mesma maneira, um automóvel pode ser melhor que outro sem que exista um automóvel perfeito). Na medida em que este argumento depende de uma associação entre valor e graus de realidade e, logo, de uma associação entre valor e causalidade, é provavelmente melhor considerá-lo uma versão do *argumento cosmológico.

argumento físico-teológico Termo usado por *Kant para denotar qualquer argumento que parte de alguns fatos sobre o mundo para tentar inferir a existência de uma divindade. O *argumento cosmológico, o *argumento do desígnio e o *argumento da primeira causa são os argumentos mais conhecidos desse tipo. *Ver também* cinco vias.

argumento henológico A quarta das *cinco vias: o *argumento dos graus de perfeição a favor da existência de Deus.

argumento moral favorável à existência de Deus (I) Argumento segundo o qual nossa capacidade para o pensamento moral exige uma explicação divina. A versão mais famosa do argumento é a de *Descartes, que sustentou que nossa concepção de perfeição implica um arquétipo ou origem perfeito. (II) Argumento que afirma que sem uma ordem e um desígnio divinos no universo não pode existir uma verdade moral. *Kant pensava que a ideia de um criador de leis justo é um pressuposto da razão moral. Na verdade, Deus é necessário para assegurar que os justos triunfarão e que os injustos sofrerão, e sem isso a razão prática perderia o sentido. O argumento enfraqueceu com as explicações *naturalistas de nossa propensão ao bom comportamento.

argumento ontológico O célebre argumento favorável à existência de Deus, proposto pela primeira vez por *Anselmo em seu *Proslogion*, cap.2. O argumento é notável por ser puramente **a priori*, e em geral é interpretado como uma tentativa de demonstrar a existência de Deus sem usar premissas contingentes. Anselmo segue *Boécio, definindo Deus como "algo maior que qualquer coisa que possa ser concebida" (*id quo maius cogitare nequit*). Assim, Deus existe no nosso entendimento, uma vez que compreendemos esse conceito. Mas se Ele existisse unicamente no entendimento, poderíamos conceber uma coisa maior, uma vez que um ser que existe na realidade é maior que um que existe somente no entendimento. Mas então podemos conceber algo maior do que aquilo maior que qualquer coisa que possa ser concebida, o que é contraditório. Logo, Deus não pode existir unicamente no entendimento, existindo assim também na realidade. O argumento foi criticado na época do próprio *Anselmo por um monge chamado Gaunilo, que contrapôs que o mesmo padrão de raciocínio provaria a existência de uma ilha perfeita (pois uma ilha perfeita que existe somente na imaginação não é obviamente tão boa como uma que exista de fato). O argumento não foi aceito por *Tomás de Aquino, mas foi retomado por *Descartes, que tornou claro o requisito de conceber a existência como parte da definição ou essência de um ser sumamente perfeito. Isso, por sua vez, abriu caminho às críticas de *Hume e em especial de *Kant, segundo as quais a existência não é uma propriedade idêntica às outras, não podendo ser adicionada ou subtraída *ad libitum*. Essa crítica tem sido, de uma maneira geral, sustentada pela lógica moderna (*ver* quantificador; variável).

Aceitando a sugestão de *Hegel, o argumento tem sido tratado por teólogos modernos, tais como *Barth, não tanto como uma demonstração com a qual podemos confrontar os descrentes, mas como uma exploração do significado profundo da crença religiosa. *Collingwood encara o argumento não como uma prova da existência de Deus a partir do *id quo maius cogitare nequit*, mas como uma demonstração de que estamos comprometidos com a crença na existência de Deus porque o concebemos dessa maneira: sua existência é um postulado metafísico, ou um pressuposto absoluto de certas formas de pensamento.

No século XX, os filósofos americanos Charles Hartshorne, Norman Malcolm e Alvin Plantinga propuseram versões *modais do argumento ontológico. Uma das versões é a seguinte: definamos algo como insuperavelmente grande se existe e perfeito em todos os *mundos possíveis. Admitamos agora que é pelo menos possível que exista um ser insuperavelmente grande. Isso significa que existe um mundo possível no qual esse ser existe. Mas se existe num mundo, existe em todos (pois do fato de tal ser existir num mundo deriva-se que ele existe e é perfeito em todos os mundos). Logo, existe necessariamente. A resposta correta a esse argumento é não permitir a concessão aparentemente razoável de que a existência de tal ser seja possível. Essa concessão é muito mais perigosa do que parece, uma vez que na lógica modal envolvida podemos derivar necessariamente p a partir de possivelmente necessariamente p.

argumento por analogia *Ver* analogia; argumento do desígnio; outras mentes.

argumento teleológico *Ver* argumento do desígnio.

argumento transcendental Em *Kant, um argumento onde se demonstra a conclusão mostrando-se que, se esta não fosse verdadeira, a própria experiência seria impossível.

argumentos contrários à existência de Deus *Ver* expiação; inferno; problema do mal.

argumentos da aceitação comum Argumentar que uma vez que algo costuma ser aceito, então é verdade. Em geral, é um argumento claramente inválido (e.g., pode ser comumente aceito que a Terra é plana quando não o é), mas é mais apelativo em casos especiais. Por exemplo, se uma sociedade costuma supor que uma certa construção linguística é gramatical, ou que um termo tem um certo significado, isso pode implicar que essa construção é gramatical, ou que a palavra tem esse significado. Não é fácil estabelecer o lugar da aceitação comum, tal como o do *senso comum, na *epistemologia. *Ver também* Herbert de Cherbury.

argumentos da ilusão Os argumentos da ilusão tomam como premissas tanto a existência, como a possibilidade das ilusões, e concluem a possibilidade da ilusão total, ou então o *ceticismo quanto ao próprio conhecimento. Assim, os sentidos às vezes nos enganam e podem fazê-lo em todas as ocasiões; logo, argumenta-se, talvez os sentidos nos enganem sempre, ou, em qualquer caso, nunca devemos confiar implicitamente neles. Em algumas de suas formas, os argumentos são sem dúvida inválidos: assim, mesmo que seja verdade que os sentidos possam nos enganar em qualquer ocasião, não se segue que possam nos enganar em todas as ocasiões. Qualquer moeda pode estar viciada, mas daqui não podemos deduzir que é possível que todas as moedas estejam viciadas, uma vez que a existência de moedas viciadas supõe a existência de moedas não viciadas. As ilusões sempre foram um ponto de partida da *epistemologia, e motivam o desejo *fundacionalista de pontos de partida indubitáveis, não contaminados por elas. *Ver também* dúvida metódica.

argumentos favoráveis à existência de Deus *Ver* aposta de Pascal; argumento cosmológico; argumento da primeira causa; argumento do desígnio; argumento dos graus de perfeição; argumento ontológico; cinco vias.

argumentum ad... A classificação tradicional das falácias do raciocínio descreve muitas delas como envolvendo um "*argumentum ad...*". Entre outras: *a. ad ignorantiam*: argumentar que uma proposição é verdadeira porque não se mostrou que é falsa, ou vice-versa; *a. ad baculum* (literalmente, argumentar com um porrete): defender uma conclusão destacando as terríveis consequências de não acreditar nela (supostamente uma falácia, mas o *pragmatismo insiste que considerações similares subjazem todos os processos de formação de crenças); *a. ad hominem*: atacar uma pessoa para tentar refutar o que ela defende (ou, menos comum, elogiar uma pessoa para apoiar o que ela defende), ou, em geral, argumentar contra a posição particular de uma pessoa de uma maneira que pode ou não ser convincente, mas que nada adianta para aqueles que não têm a mesma combinação específica de crenças que a pessoa visada; *a. ad misericordiam* (apelo à compaixão): um argumento que apela à comiseração das pessoas; *a. ad populum:* que recorre aos preconceitos das pessoas; *a. ad verecundiam:* valer-se de uma autoridade fora de sua área legítima; apelar ilicitamente à reverência e ao respeito.

Apesar de os processos de argumentação poderem cair nestes e em outros erros, é difícil separar os usos adequados e inadequados de argumentos que podem ser descritos dessas formas. Por exemplo, o apelo à compaixão, às crenças populares ou à autoridade podem, em certas circunstâncias, ter bastante legitimidade. Com a excepção do *argumentum ad hominem*, esses termos não costumam ser usados.

arianismo *Ver* heresia ariana.

Ario Dídimo (séc.I a.C.) Conhecido sobretudo como fonte da ética *estoica e *aristotélica no período helenista, e também como um dos primeiros físicos. Foi mestre do imperador romano Augusto e escreveu uma consolação à esposa deste, Lívia, quando da morte de Druso, filho de ambos.

Aristipo de Cirene (c.435-350 a.C.) Companheiro de *Sócrates, cujo neto, por parte de sua filha Arete, foi um dos fundadores da escola *cirenaica. *Diógenes Laércio deixou um retrato memorável de Aristipo como um hedonista rico, perspicaz e extravagante. O neto ficou conhecido como *matrodidactus* (ensinado pela mãe), o que sugere que Arete tinha um alto grau de formação.

Aristóteles (384-322 a.C.) Juntamente com *Platão, é o filósofo mais influente da tradição filosófica ocidental. Aristóteles nasceu em Estagira, na Macedônia, filho de Nicômaco, médico da corte do rei Macedônio Amintas II. Aos 17 anos entrou para a *Academia, em Atenas, onde permaneceu até a morte de Platão. Quando a Academia se voltou para os estudos matemáticos e especulativos, sob orientação de *Espeusipo, Aristóteles aceitou o convite de Hérmias para residir em Assos. Com a morte de Hérmias em 345 (cuja sobrinha, Pítias, desposou), Aristóteles foi para Mitilene, na ilha de Lesbos. Datam deste período muitas de suas investigações zoológicas. Entre 343/2 e 340 foi preceptor de Alexandre, o Grande, a convite do pai deste, Filipe da Macedônia. Voltou a Atenas em 335 e, nos arredores da cidade, num bosque consagrado a Apolo Lício, fundou uma escola, o Liceu (no local do *peripatos*, ou passeio coberto, que deu o nome a seus seguidores, os peripatéticos). Aqui dirigiu e organizou investigações sobre vários assuntos e fundou a primeira grande biblioteca da Antiguidade. Depois da morte de Pítias, viveu com Hérpilis, de quem teve um filho, Nicômaco. Com a morte de Alexandre, em 325, o sentimento antimacedônico em Atenas obrigou-o a retirar-se para a Cálcida, onde morreu em 322. Segundo algumas descrições, era calvo, magro, de pronúncia defeituosa e caráter sardônico.

Entre as obras conhecidas durante sua vida contam-se alguns diálogos inspirados nos de Platão, que, entretanto, se perderam. Sabe-se também que Aristóteles reuniu uma imensa coleção de observações sobre a natureza e a história durante o período em que dirigiu o Liceu, mas também estas, em sua maioria, hoje não existem mais. O *corpus* restante foi quase todo preservado na edição de Andrônico de Rodes, no século I a.C. As principais obras de interesse filosófico são (a) obras de lógica (que constituem o *Órganon*): *Categorias*; *Da interpretação* (*De interpretatione*); *Primeiros analíticos; Segundos analíticos; Tópicos*; *Refutações sofísticas* (*De sophisticis elenchis*); (b) obras de física: *Física*; *Do céu (De caelo)*; *Da geração e da corrupção*; (c) psicologia e história natural: *Da alma (De anima); Das partes dos animais* (*De partibus animalium*); *Do movimento dos animais* (*De motu animalium*); *Da geração dos animais* (*De generatione animalium*) e obras menos extensas compiladas em *Parva naturalia*; (d) ética: *Ética a Nicômaco*; *Ética a Eudemo*; *Magna moralia*; *Política*; *Retórica* e a *Poética*. Finalmente, (e) a investigação geral sobre o que existe: a *Metafísica*.

Dado o nível das investigações aristotélicas e seu lugar central na história da filosofia, a obra de Aristóteles resiste a qualquer tentativa de descrição resumida. Sua relação com Platão é complexa e os acadêmicos, de forma geral, rejeitam que a obra de Aristóteles tenha se afastado de um platonismo originalmente aceito, chegando mesmo a ver em sua metafísica tardia um retorno a Platão. É comum opor a concepção formal, espiritual e **a priori* do verdadeiro conhecimento (**noêsis*) de Platão, ao grande interesse que Aristóteles dedicava à observação pormenorizada dos fenômenos naturais, entre eles os do pensamento, da linguagem e da psicologia. Assim, enquanto Platão é o santo padroeiro das teorias *transcendentais do conhecimento e, em especial, da ética, Aristóteles defende o conhecimento do mundo plural e variado em que vivemos. Sua ética, que ele via como um ramo da história natural dos seres humanos, revela uma análise sutil (para alguns, única) das complexidades da motivação humana. Aristóteles, tal como *Kant, tinha uma paixão por categorias e, além de ter inventado o estudo da *forma lógica, pode-se afirmar que estabeleceu a divisão das ciências que usamos habitualmente, assim como as categorias que organizaram quase todo o pensamento filosófico posterior (*substância/*acidente, *ato e potência, *matéria/*forma e as diferentes categorias de *causas). A mente ordenada de Aristóteles mostrava o mesmo interesse instintivo pelo *meio-termo que sua filosofia moral glorificava: evitava todos os extremos e em geral era justo com todos os lados das divisões que separam os filósofos em campos adversários. Foi a principal figura nas filosofias árabe e medieval. Sua concepção fundamentalmente animista da natureza, como uma espécie de planta ou organismo ativo que se esforça por atingir seus fins, sua distinção entre fenômenos celestes e a natureza sublunar, e sua concepção da percepção como a partilha literal da forma com aquilo que é percebido, foram aspectos dominantes do pensamento europeu até as revoluções que acabaram por produzir a *concepção galileana do mundo, no século XVII. A reputação de Aristóteles decresceu um pouco antes dessa época, quando as tentativas de apropriação do seu pensamento por parte dos protestantes e de seus adversários católicos conduziram a uma reação contra a *escolástica. No século XX, sua importância tem sido frequentemente reafirmada e Aristóteles continua a ser uma figura central no pensamento ético e metafísico.

aritmetização *Ver* numeração de Gödel.

Arnauld, Antoine (1612-94) Teólogo e filósofo francês e possivelmente o mais notável e rigoroso pensador seiscentista depois de *Descartes. Arnauld foi *jansenista e as turbulentas controvérsias da época fizeram-no perder seu doutoramento e o forçaram a exilar-se na Bélgica em

1679. Com Pierre Nicole, foi autor de *La Logique, ou l'art de penser*, também conhecida como *A lógica de Port-Royal*. Sua outra obra filosófica importante é o *Traité des vraies et des fausses idées*, que é um ataque sistemático a *Malebranche. Arnauld discordou particularmente do *representacionalismo de Malebranche e também do ponto de vista segundo o qual "vemos todas as coisas em Deus". Por vezes parece adotar um *realismo direto no que diz respeito à percepção, embora a desconfiança cartesiana nos sentidos possa fazer sua posição parecer próxima à de *Berkeley, que também defende que percebemos diretamente o que de fato existe. O debate se acirrou: *Malebranche dedicou-se a expor as heresias de Arnauld e este conseguiu que o *Tratado da natureza e da graça*, de Malebranche, fosse incluído no índex de livros proibidos.

arquétipos (do gr., *arkhétypou*: primeiros modelos) Os modelos originais cuja natureza determina o modo como as coisas são formadas. Em *Platão, as *formas são, pelo menos algumas vezes, arquétipos. De acordo com *Jung, o inconsciente coletivo contém imagens e símbolos arquetípicos. Um éctipo é a impressão ou a cópia de um arquétipo.

arquimediana (matemática) Uma série de números é arquimediana se:

$(\forall x)(\forall y)(0 < x < y \rightarrow y < nx)$

Os números em geral são arquimedianos: dados quaisquer dois números x, y, por mais distantes que estejam, existe um certo número natural n com o qual o menor de x, y pode ser multiplicado de forma que o resultado seja maior do que o maior de x, y. A análise não standard introduz números *infinitesimais, para os quais isto não é verdade.

arrazoamento Um processo explícito de *raciocínio.

ascensão semântica *Ver* modo formal/modo material de falar.

ascético (do gr., *asketikós*: eremita, também o que exerce) Nos primeiros tempos da Igreja, aquele que pratica a autodisciplina, a abstinência e a austeridade rigorosas. A associação da excelência religiosa com a autopenitência extrema é encontrada no *jainismo e em alguns tipos de *budismo.

aseidade (do lat., *a se*: de ou por si mesmo) A característica, própria de Deus, que consiste em ser absolutamente independente das outras coisas. *Ver* perseidade.

asno de Buridan Criatura que morreu de fome entre dois fardos idênticos de feno, por não haver razão para se mover para um dos lados em vez do outro. Esse asno não é mencionado nos *Sophismata* de *Buridan, mas provavelmente foi um exemplo usado para o refutar, pois Buridan afirmava que a escolha é sempre adiada até a razão ter se decidido por um rumo de ação em vez de outro. Em *Aristóteles, no *De caelo* (295 b 32), encontra-se um exemplo semelhante, com um cão.

aspecto duplo *Ver* teoria do aspecto duplo.

assertibilidade garantida Termo introduzido por *Dewey para designar o estatuto que uma proposição adquire quando é garantida através de processos de investigação sistemáticos que corrigem a si mesmos. Dewey defendeu uma concepção resolutamente dinâmica desses processos, opondo-os à imagem estática na qual as proposições adquirem o estatuto de conhecimento através de uma relação lógica com a experiência básica. O termo também é usado em conexão com as teorias do significado em termos de "condições de assertibilidade". Estas, ao negarem que o reconhecimento das circunstâncias sob as quais uma frase é verdadeira possa ser fundamental para sua compreensão, opõem-se às teorias do significado em termos de condições de verdade. É possível haver casos em que não podemos exibir esse reconhecimento, já que as circunstâncias podem nos ultrapassar (e.g., podem ser temporalmente inalcançáveis, ou podem exigir capacidades computacionais infinitas); a compreensão é antes garantida por meio do conhecimento daquilo que garantiria a asserção da frase. Esta ideia tem afinidades com o *princípio da verificação.

assertivo O mesmo que *assertório.

assertório ou assertivo Um contexto assertório é aquele em que uma asserção é feita pelo uso de uma frase, opondo-se aos contextos em que uma frase ocorre sem que se exprima qualquer compromisso com sua verdade. Assim, uma asserção direta de "Eles estiveram aqui no último domingo" contrasta com "Se eles estiveram aqui no último domingo, então não virão hoje", uma vez que no último exemplo a frase "eles estiveram aqui no último domingo" está subordinada, não sendo asserido que eles estiveram aqui no último domingo.

assimétrica Uma *relação R é assimétrica se e sempre que de R*xy* não se verifica R*yx*.

assintótica Uma linha é assintótica em relação a uma curva se a distância entre a linha e a curva tende a zero à medida que a distância ao longo da curva tende ao infinito.

associação de ideias Padrão segundo o qual itens diferentes ocorrem conjunta ou sucessivamente na consciência. As leis dessas associações desempenhariam, no estudo dos processos conscientes, o mesmo papel que as *leis da natureza desempenham no estudo dos fenômenos naturais. A primeira tentativa de isolar as propriedades em virtude das quais as ideias se seguem umas às outras foi realizada por *Aristóteles e encontra-se na obra *De memoria et reminiscentia* (que é parte da *Parva naturalia*, constituída por diversas obras pouco extensas sobre a natureza, II. 451 b 18-20). As conexões através das quais uma ideia conduziria a outra podem ser vistas como fontes de engano (por exemplo, em *Hutcheson e, até certo ponto, em *Locke) ou como um mecanismo de construção essencial da mente humana (por exemplo, em *Hume). O associacionismo, ou a crença de que deve haver esse tipo de leis, baseando-se, por exemplo, na semelhança de ideias ou em sua contiguidade no tempo e no lugar, foi um importante elemento na filosofia de *Hartley e em especial na de *Hume. Mais tarde foi desenvolvido por *Bain, J.S. *Mill e *Condillac, mas a ascensão do *behaviorismo e de perspectivas mais sofisticadas sobre a relação entre a consciência e os processos subjacentes desacreditaram em grande parte esse objetivo.

ataraxia Estado de tranquilidade ou imperturbabilidade considerado pelos *epicuristas e pelos *estoicos como a mais elevada forma de felicidade e como o objetivo correto da vida.

Atheismusstreit *Ver* Fichte.

atitude Reação avaliativa, normalmente contrastada com a mera crença, devido à sua conexão mais direta com a motivação e o comportamento. Uma atitude é um estado cuja essência é a satisfação ou a insatisfação ativa com algo que se passa no mundo, e não a mera cognição de que alguma coisa se passa no mundo. As principais controvérsias sobre esse assunto surgem quando se pergunta se uma reação, como por exemplo a avaliação de algo como bom ou como mau, pode ser classificada mais corretamente como expressão de uma atitude ou de uma crença. *Ver* emotivismo; expressivismo; quase realismo; teoria do erro.

atitude estética Atitude de contemplação distanciada e desinteressada, embora empenhada, muitas vezes encarada como algo apropriado à compreensão do valor estético de uma obra de arte. A importância da atitude estética é enfatizada na *Crítica da faculdade do juízo* de *Kant.

atitudes proposicionais Se uma pessoa X pensa que *p*, deseja que *p*, acredita que *p*, está zangada por causa de *p* etc., então descreve-se essa pessoa como alguém que tem uma atitude proposicional em relação a *p*. O termo sugere que esses aspectos da vida mental podem ser corretamente pensados em função de uma relação com uma *proposição, o que, no entanto, não é consensual. O termo sugere que saber o que alguém sabe, deseja etc., é uma questão de identificar o objeto abstrato de seu pensamento, em vez de compreender a orientação dessa pessoa em relação a objetos mais terrenos.

ativismo Doutrina segundo a qual em certas conjunturas políticas a ação é mais necessária que a teoria. Um ativista, portanto, é aquele que se esforça para que a mudança surja.

atman No *budismo, o *atman* é o eu ou a alma, concebidos como algo subjacente ao eu empírico; no pensamento *hindu, é uma unidade eterna, identificada com o **brahman*. A doutrina budista do *anatman* (*anatta*) nega a existência do *atman*, sustentando que não existe qualquer eu permanente que possua as percepções e atributos transitórios que constituem as nossas vidas. Embora essa doutrina seja frequentemente saudada como uma precursora da *teoria do feixe, a questão não é tão simples assim, pois o budismo distingue o eu superficial, ou falso, do verdadeiro eu, que pode ser descoberto pelo exercício espiritual; no entanto, para os defensores da teoria do feixe, não há lugar para essa noção de profundidade espiritual.

ato e potência A oposição entre o que é de fato, ou realmente, o caso, e o que podia ter sido ou pode vir a ser o caso. Um dos principais problemas do pensamento *escolástico é compreender que razão poderá Deus ter tido para realizar uma determinada possibilidade em vez de alguma outra, ou até mesmo nenhuma. Os problemas de saber se este é o *melhor dos mundos possíveis, e por que há algo em vez de nada são algumas das questões suscitadas por essa concepção. *Ver também* potencialidade; princípio da razão suficiente.

ato ilocutório (força ilocutória) Termo introduzido por J.L. *Austin em seu livro *How to Do Things with Words* (1962) para denominar os atos praticados quando se produzem elocuções. Assim, ao dizer "Prometo" em circunstâncias adequadas, estou fazendo uma promessa; ao dizer "Parabéns!", estou parabenizando alguém, e assim por diante. O ato ilocutório distingue-se daquilo que a elocução provoca (sua força perlocutória): é irrelevante para o fato de ter prometido algo ou parabenizado alguém que essa pessoa acredite em minha promessa ou se sinta confortada por meus parabéns. Austin alertou os filósofos para a possibilidade de certos termos serem tratados de forma ilocutória. Por exemplo, ao dizer "sei que *p*", dou a uma pessoa a minha palavra de que *p*. É bastante possível que essa descoberta nos leve a encarar de maneira diferente os problemas tradicionais associados à definição de conhecimento, pressupondo que este é um estado especial, descrito por uma pessoa que sinceramente afirma que sabe que *p*. *Ver também* atos de fala.

ato locutório Ato de dizer. Um ato locutório é a ação linguística básica de proferir (ou escrever, ou tornar pública de qualquer outra maneira) uma sequência de palavras com sentido.

atomismo Doutrina filosófica pelo menos tão antiga quanto *Demócrito e que pode plausivelmente ser vista como uma tentativa de combinar uma convicção **a priori* acerca da natureza imutável e inalterável do mundo, com a variedade e a mutabilidade das coisas tais como as conhecemos. Neste sentido, o atomismo é a convicção de que para compreender a complexidade e a mudança num determinado nível é necessário encontrar a unidade a ela subjacente em outro nível. No atomismo grego antigo, alterações quantitativas resultam das mudanças de configurações e quantidades de átomos, que no entanto são eternos, impenetráveis, idênticos quanto à sua natureza e inalteráveis. Depois de *Aristóteles, admitiu-se a possibilidade de os átomos estarem sujeitos à mudança: o que é inalterável não tem agora necessariamente uma natureza corpuscular.

O renascimento do atomismo no século XVII deveu-se sobretudo ao surgimento da ciência empírica. *Descartes produziu a primeira alternativa séria a Demócrito e Aristóteles, identificando a matéria com a extensão, mas só distinguindo corpúsculos em termos suscetíveis de tratamento mecânico e matemático (velocidade, massa). *Leibniz foi o crítico mais persistente do atomismo do século XVII. Os átomos ofendiam o *princípio da razão suficiente, uma vez que não poderia haver nenhum motivo para que um átomo ocupasse uma determinada posição em vez de outra. Mas Leibniz defendia também, em termos menos metafísicos, que os átomos envolviam descontinuidades na natureza (i.e., que a densidade mudava de forma descontínua em seus limites); que a própria coesão dos átomos exigiria um milagre perpétuo; e que não é possível defender qualquer teoria que explique as colisões inelásticas. Seus argumentos foram ressuscitados e transformados na teoria de *campo por *Boscovitch no século seguinte. Leibniz defendeu também que o que tiver extensão é divisível, de maneira que os verdadeiros átomos, os elementos fundamentais indivisíveis, seriam coisas quase mentais, com algumas das qualidades da alma.

Os desenvolvimentos posteriores do atomismo foram obstruídos pela ausência de uma química que pudesse oferecer um critério funcional para a diferença entre elementos e compostos, o que só veio a ser desenvolvido pelos químicos Lavoisier (1743-94) e Dalton (1766-1844). A complexidade dos átomos no sentido químico é hoje confirmada pela proliferação de partículas subatômicas. O que permanece filosófica e metodologicamente interessante é saber até que ponto cada nível de complexidade deve ser compreendido através do uso do postulado da existência de constituintes idênticos e inalteráveis num nível inferior, tal como Demócrito supôs originalmente.

atomismo lógico A filosofia do *Tractatus logico-philosophicus* (1921) de *Wittgenstein e do ensaio de *Russell "The Philosophy of Logical Atomism" (1918). Ambos partilham a crença na existência de um processo de análise lógica e filosófica da linguagem que acabe por chegar a "átomos" de significado. A esses átomos correspondem elementos nos estados de coisas ou fatos; logo, o processo revela a metafísica básica implicada por nossa linguagem, ou, no caso de Wittgenstein, por todas as linguagens possíveis (uma vez que o processo de análise revela as condições para que o significado, ou a referência através de imagens, seja possível). Em Russell, a doutrina tinha um caráter *empirista geral, uma vez que ele concebia o processo como algo que terminava em elementos com os quais temos *contato direto. O otimismo sobre a possibilidade de revelar a estrutura lógica básica oculta foi transmitida ao *positivismo lógico, mas tanto Russell como Wittgenstein acabaram abandonando o projecto.

atos de fala Atos praticados ao proferir palavras. Em seu *How to Do Things with Words* (1962), J.L. *Austin classificou esses atos da seguinte maneira: há o ato *fonético*, de produzir sons, o ato *fático* de produzir uma frase gramatical e o ato *rético* de dizer algo com sentido, que, em conjunto, constituem o *ato *locutório*. Depois há o que se faz *ao* dizer qualquer coisa, como ameaçar, orar ou prometer: são os *atos *ilocutórios*. Finalmente, dizer alguma coisa pode produzir efeitos nos ouvintes, como assustá-los: são os *atos *perlocutórios*. Austin acreditava que a consideração atenta dessas distinções esclareceria ou eliminaria muitos problemas filosóficos; mas, apesar de ter se revelado útil em algumas circunstâncias, sua classificação não teve o efeito revolucionário esperado. Uma lúcida identificação anterior das diferentes funções ilocutórias da linguagem encontra-se em *Hobbes, *Natureza humana*, XIII. 6.

atos linguísticos Atos de comunicação, praticados através da fala ou de outros tipos de ação. *Ver* atos de fala.

atos/omissões *Ver* doutrina dos atos/omissões.

atos perlocutórios Ato de fala realizado apenas se certos resultados forem obtidos — como, por exemplo, persuadir, ridicularizar ou assustar alguém. Os atos perlocutórios contrastam, portanto, com os *atos locutórios e com os *atos ilocutórios, que são realizados independentemente de a elocução respectiva ter o efeito desejado, ou mesmo qualquer efeito.

atributivo Um adjetivo atributivo qualifica logicamente o substantivo a que se encontra associado e do qual não pode ser separado. Assim, uma coisa pode ser um rato grande e um mamífero pequeno (i.e., grande para o tamanho usual dos ratos, mas pequeno para o tamanho usual de um mamífero). Se o adjetivo qualificado for suprimido, podem surgir ambiguidades. É comum a afirmação de que o adjetivo "bom" é atributivo, requerendo uma qualificação adicional. Se esse ponto de vista estiver correto, então pode não fazer sentido falar simplesmente numa coisa boa ou num estado de coisas bom, o que muitas vezes é visto como um dado que anula parte da atração do *utilitarismo. *Ver também* adjetivo pseudoqualificativo.

atual Na *lógica modal, o mundo atual é o mundo tal como é, contrastando com outros *mundos possíveis, que representam maneiras como o mundo atual poderia ter sido. O principal problema é compreender como se pode caracterizar o estado atual do mundo sem fazer referência a possibilidades alternativas.

atualismo Por vezes conhecido como idealismo atual. A este respeito *ver* Gentile. O termo aplica-se também, em obras contemporâneas, à perspectiva que defende que só o mundo atual é real, sendo os outros *mundos possíveis encarados como inexistentes, apesar de se supor erroneamente que eles existem porque os idiomas modais (*ver* modalidade) são instrumentos úteis para pensar acerca do mundo real. *Ver também* realismo modal.

atualização Uma coisa é atualizada quando se torna real, ou quando passa a fazer parte do mundo *atual. Em teologia pode ser importante considerar que Deus nada tem em potência que não esteja atualizado, visto que isto implicaria uma mudança da perfeição presente para algo diferente e pior, ou uma mudança da imperfeição presente para algo melhor, não sendo qualquer uma destas hipóteses aceitável.

Aufklärung Termo alemão para *Iluminismo.

aurea mediocritas *Ver* meio-termo.

Aurélio, Marco (121-80 d.C.) Imperador romano, de 161 até sua morte. A fama filosófica de Marco Aurélio deve-se às reflexões e aforismos compilados nos doze livros das suas *Meditações*, que revelam os mais elevados princípios *estoicos, não se caracterizando no entanto por uma grande originalidade filosófica, mas antes por uma intensidade pessoal peculiar.

Aussonderungsaxiom *Ver* axioma da separação.

Austin, John (1790-1859) Filósofo do direito britânico. Austin nasceu em Londres e tornou-se advogado em 1818, após uma breve carreira no exército. Juntamente com sua mulher, Sarah Taylor, esteve intimamente associado a *Bentham e seu círculo. Quando a Universidade de Londres foi fundada, em 1826, foi-lhe oferecida a cátedra de jurisprudência, e sua primeira série de lições constituiu sua obra mais importante, *The Province of Jurisprudence Determined* (1832). Nesse ano, no entanto, abandonou a cátedra por motivos financeiros. Austin é conhecido como o primeiro e mais rigoroso defensor de uma concepção imperativista do direito. A lei é a ordem do soberano e é sustentada por sanções. O soberano é a pessoa ou a instituição a quem as pessoas têm o hábito de obedecer. Este modelo tem sido atacado de forma implacável, nomeadamente por não dar conta nem da continuidade da autoridade legal, nem do papel da lei na constituição de um quadro de referência que permita às pessoas fazer coisas. Mas ele enfoca convenientemente o problema da diferença entre a lei tal como é, e a lei tal como deveria ser (e nesse aspecto Austin era um *utilitarista), trazendo para primeiro plano o problema central e permanente da relação subjacente entre a lei e o poder político.

Austin, John Langshaw (1911-60) Filósofo da linguagem britânico. Austin estudou e lecionou em Oxford, onde trabalhou durante toda a sua vida, à exceção do período em que esteve no serviço secreto, durante a Segunda Guerra Mundial. Teve uma formação clássica e erudita, e sua tradução dos *Grundlagen der Arithmetik* de Frege constituiu a primeira e fecunda apresentação de *Frege aos filósofos de língua inglesa. Austin foi a principal figura do movimento conhecido por *filosofia linguística ou filosofia de Oxford, ou ainda filosofia da "linguagem comum", tendo sido com frequência (mas injustamente) acusado de acreditar que o método adequado da filosofia se resume à atenção tenaz às sutilezas da linguagem cotidiana. De fato, seu método era mais *aristotélico, afirmando que uma atenção cuidadosa aos conceitos e distinções expressos na linguagem é o princípio, senão o fim, da filosofia, e que algumas recomendações pouco fundamentadas sobre como *devemos* pensar acerca de algo ficam muitas vezes aquém da agilidade e sutileza com as quais pensamos *de facto* acerca disso. As principais obras ilustrativas do seu método tiveram origem em artigos e conferências e foram publicadas após sua morte. Elas incluem *Sense and Sensibilia* (1962), *How to Do Things with Words* (1962) e a coletânea *Philosophical Papers* (1961). Sua investigação pioneira sobre o funcionamento real da linguagem teve como produto a teoria dos *atos de fala, cuja terminologia em grande parte ele também introduziu — por exemplo, *ato locutório e *ato ilocutório.

autenticidade A vida é autêntica quando tem sentido e é emocionalmente apropriada. A autenticidade é contrastada, sobretudo em *Heidegger, com a inautenticidade: um estado em que a vida, destituída de objetivos e de responsabilidade, é despersonalizada e desumanizada. *Ver também* alienação.

autocausado *Ver causa sui.*

autocontradição Caso em que uma pessoa admite uma *contradição, ou premissas a partir das quais se pode derivar uma contradição.

autoderrota No raciocínio prático, uma estratégia derrota a si mesma quando segui-la interfere com a conquista dos objetivos que ela se propõe a alcançar. Assim, a estratégia de maximizar o prazer pessoal pode se autoderrotar se, ao segui-la, diminuem as chances de obter prazer pessoal. Há vários mecanismos plausíveis que tornam isso bastante provável (*ver* paradoxo do hedonismo). Pensa-se por vezes que o *utilitarismo se autoderrota, uma vez que uma sociedade de pessoas que raciocinassem de forma utilitarista poderia ser pior do que uma na qual fossem usadas outras formas de raciocínio prático.

autoengano Uma má compreensão motivada de certos fatos. Pode incluir acreditar ativamente no que não é verdade e recusar-se a reconhecer uma verdade, em circunstâncias em que, sem a motivação, a verdade seria óbvia. O problema filosófico, às vezes chamado de paradoxo do autoengano, consiste no fato de o engano normal exigir um agente que saiba a verdade e que a esconda de outro agente; assim, esse estado parece ser impossível para um único agente, porque para poder iniciar o processo de enganar a si mesmo o agente tem de saber previamente a verdade. Uma solução possível seria postular uma parte da mente que sabe a verdade e que planeia enganar outra parte da mente que não a sabe. No entanto, não está claro se é útil usar a analogia espacial de uma mente com partes, ou supor que os "subsistemas" responsáveis por um determinado estado possam ser concebidos de forma útil como "agentes" independentes que não só sabem coisas, mas também têm planos e projetos, podendo decidir fazer coisas. Não há problema algum no fato de desejos influenciarem crenças, e existem pessoas melhores que outras em acreditar no que desejam que seja verdade. As dificuldades só surgem se se conceber o processo pelo qual se chega a esse estado como um plano que o agente segue. Mas, mesmo assim, o projeto de acabar acreditando no que se sabe que é falso é coerente, já que o processo se desenrola no tempo e os meios adotados envolvem perder o conhecimento durante o mesmo. *Ver também* aposta de Pascal.

autoevidente Não é um termo filosófico muito útil, já que aquilo que é evidente por si mesmo para uma pessoa pode não o ser para outra. *Ver também a priori/a posteriori*; mito do dado.

autointimador Suposta propriedade dos estados e acontecimentos mentais, pela qual estar num estado implica saber que se está nesse estado. Estar sofrendo, ou pensar num banho, implicam aparentemente que se sabe que se está sofrendo, ou que se sabe que se está pensando num banho.

autológica Uma palavra que se aplica a si mesma: "curta" é uma palavra curta; "portuguesa" é uma palavra portuguesa. *Ver* heterológica; paradoxo de Grelling.

autômato Às vezes, uma máquina que imita o comportamento de um agente consciente, sem que ela própria o seja. Segundo essa definição, nós não somos autômatos, mas a teoria que caracteriza nossa diferença em relação aos autômatos não é óbvia (*ver* behaviorismo; funcionalismo; problema da mente-corpo). De forma mais ampla, qualquer máquina que funcione por meio de um programa pode ser considerada um autômato, e a questão de saber se isso nos inclui fica então em aberto. *Ver também* teste de Turing.

autonomia da ética A perspectiva de que a ética "é independente" i.e., sua autoridade não deriva de uma origem não ética, como uma ordem divina, os ditames da razão pura, ou os fatos da natureza.

autonomia/heteronomia A autonomia é a capacidade de autodeterminação. Um agente é autônomo quando suas ações são verdadeiramente suas. A necessidade dessa liberdade moral surge em *Rousseau e é um dos alicerces da teoria ética de *Kant, onde a autonomia da vontade é uma condição necessária da ação moral. A dificuldade desse conceito é que todos os nossos desejos, escolhas e ações são em parte causados por fatores que estão fora de nosso controle, entre eles os fatores que, inicialmente, são responsáveis por nosso caráter. Assim, pode parecer que a verdadeira autonomia é um mito; mas mesmo assim o conceito é importante, já que é plausível sustentar que só os agentes que agem de forma autônoma são responsáveis por suas ações. No entanto, essa ideia também nos conduz a areias movediças: contrasta-se com frequência a autonomia com o estado de estar "escravizado" por maus desejos, mas se só quem é autônomo pode ser responsável, segue-se de imediato que ninguém é responsável por más ações. Descrever os agentes como autônomos quando estes estão sob a influência unicamente da razão, considerá-los como tal quando eles podem se identificar com as motivações que conduzem às suas ações, ou quando conseguem agir de modo a mudar suas motivações quando não se identificam com elas, são algumas das propostas para a defesa do conceito. Os agentes são heterônomos quando sua vontade está sob o controle de outra pessoa. Vale notar que este não é um par definitivo: um agente pode não ser autônomo em função de fatores externos onde não se inclui o controle por outra pessoa, mas apenas outros tipos de coerção e compulsão.

Na ética de Kant os termos são mais específicos. A autonomia é a capacidade de saber o que a moralidade exige de nós, e não funciona como a liberdade de tentar alcançar nossos fins, mas como o poder de um agente para agir segundo regras de conduta universalmente válidas e objetivas, avalizadas apenas pela razão. A heteronomia é a condição de quem age segundo desejos, não legislados pela razão. Alguns filósofos da ética, onde se incluem muitas *feministas, questionam a importância da autonomia, vendo-a como uma fantasia que dissimula as origens sociais e pessoais de todo pensamento e toda ação. *Ver também* autenticidade; determinismo; libertinismo; livre-arbítrio.

autoridade Diz-se que uma pessoa, instituição ou organização tem autoridade quando o poder que exerce é encarado como legítimo, isto é, quando é autorizado por um sistema de *normas que aquele que o afirma aceita. A emergência de tais normas na sociedade humana é um assunto complexo, onde as convenções, os hábitos, os costumes e a tradição desempenham vários papéis diferentes. A teoria do *contrato social exemplifica um dos tipos de solução para o problema dos fundamentos da autoridade; a *utilidade evidente de alguns sistemas governados por regras é outro tipo de solução. Ainda que seja comum encontrar algum ceticismo quanto a certas afirmações sobre a autoridade, a ideia de que a organização social (e, portanto, até mesmo a comunicação) poderia existir sem ela é geralmente vista como fantasiosa.

autorrealizável Uma profecia autorrealizável é aquela que dá origem aos acontecimentos que prevê, o que acontece quando o presidente do banco central prevê uma desvalorização da moeda. *Ver também* sexo.

autorrefutação Uma elocução se autorrefuta quando mostra ser falsa no próprio ato de ser proferida, como quando alguém diz: "Não estou falando!"; "Não há palavras nesta página"; ou, o que é mais controverso, "Estou dormindo", ou "As palavras não têm significado".

autorrelativa *Ver* heterorrelativa.

avaliação (lógica) *Ver* interpretação (lógica).

Avenarius, Richard (1843-96) Filósofo alemão, professor em Zurique a partir de 1877. Sua obra mais importante, *Kritik der reinen Erfahrung* ("Crítica da experiência pura", 2 vols. 1888-90), expunha um tipo particularmente rigoroso de positivismo, conhecido como empiriocriticismo, que rejeita o dualismo da percepção e a existência do mundo exterior, a favor de um *monismo no qual todo o conhecimento e pensamento estão confinados à experiência pura. O sistema faz lembrar *Hume e, tal como este, Avenarius acrescenta várias leis do pensamento para explicar o fenômeno da cognição. Sua teoria não foi esquecida em parte por causa do ataque de *Lenin, que em sua obra *Materialismo e empiriocriticismo* (1908) condena a tendência idealista nela patente.

Averróis (ou Ibn Rushd) (1126-98) Averróis, o *aristotélico islâmico mais notável e influente, nasceu em 1126 em Córdoba e estudou direito e diversas ciências. Viveu por um período em Marrakesh e, em 1169, tornou-se juiz em Sevilha. No fim de sua vida caiu em desgraça e, embora tenha estado exilado durante um curto espaço de tempo, acabou por ser perdoado, morrendo em Marrakesh. A maior parte de suas obras são comentários sobre os textos de Aristóteles. Averróis escreveu com a intenção de salvar Aristóteles das impurezas religiosas e *neoplatônicas, especialmente das que estavam presentes nas obras de *Avicena. Em particular, enquanto para Avicena a existência é um acidente da essência (ou, em outras palavras, o *universal ou a *forma precede a coisa individual), para Averróis as substâncias individuais são o que existe primariamente, e a distinção entre elas e sua essência é produzida pela mente. Criticou também o *argumento cosmológico de Avicena, sustentando que só os argumentos físicos, como aquele em que se mostra a necessidade de um primeiro motor, podem demonstrar a existência de coisas físicas. Averróis preocupou-se sobremaneira em melhorar e ampliar o alcance da doutrina de Aristóteles sobre o intelecto e a alma, sustentando uma doutrina curiosa a favor de um intelecto passivo imaterial e universal, comum a todos, que proporciona o que há de comum e imortal nos seres humanos. Por ter defendido doutrinas estranhas ao cristianismo (como a eternidade do mundo, a ausência de uma providência individual e a imortalidade meramente coletiva), Averróis ficou associado à doutrina da *dupla verdade (em que se reconcilia a teologia e a filosofia de uma maneira ligeiramente dissimulada), embora nunca tenha aderido a esse ponto de vista. Além dos seus trinta e oito comentários sobre Aristóteles, escreveu a *Incoerência da incoerência* contra o antirracionalismo de *Al-Ghazali, um comentário sobre a *República* de *Platão, obras de medicina e tratados de religião.

Avicebrón *Ver* Ibn Gabirol.

Avicena (ou Ibn Sina), Abu Ali Al-Husayn (980-1037) *Neoplatônico e destacado filósofo islâmico. Avicena nasceu em Bucara e recebeu formação em literatura, direito, lógica, matemática e também em ciência e metafísica. Foi uma criança prodígio e por volta dos dezesseis anos era um médico talentoso. No entanto, embora já tivesse lido quarenta vezes a *Metafísica* de Aristóteles, afirmou que só acabou por compreendê-la depois de ter lido *Dos objetos da metafísica*, de *Al-Farabi. Quando a dinastia dos Sassânidas chegou ao fim, em 999, realizou diversas viagens e fez pactos com várias cortes, acabando por morrer em Isfahan. Escreveu entre cem a duzentas obras sobre diversos assuntos, sobretudo em árabe, mas também em persa. Sua principal obra filosófica, *A cura*, tornou-se conhecida na filosofia medieval ocidental através do sumário de *Algazel e de traduções latinas. Avicena representa uma versão neoplatônica do aristotelismo, uma corrente de pensamento que se considera ter sido imensamente influente na escolástica do século XIII, mas que acabou por ser eclipsada por um aristotelismo mais puro e menos agostiniano, filtrado por *Averróis, o seu congênere islâmico ocidental.

Num dos seus argumentos sobre a natureza da alma postula-se um homem desenvolvido por inteiro que começa a existir subitamente, embora esteja suspenso num espaço vazio, com os olhos cobertos e os membros separados. Este "homem voador" não teria qualquer sensação, mas mesmo assim estaria consciente de sua existência e de seu eu. Esse argumento antecipa o **cogito* de *Descartes. Avicena acreditava que o ser é um acidente da essência, e que a existência dos seres contingentes tem de ser sustentada por causas necessárias. Tal é a versão do *argumento cosmológico que foi aceita por *são Tomás de Aquino. É no domínio da teologia, onde Avicena adota a doutrina na qual se concebem as substâncias celestes como tipos de inteligência e a criação como um tipo de emanação, que o neoplatonismo transparece em sua obra.

axiarquismo Ponto de vista que sustenta que a ordem natural é governada ou explicada por valores. As coisas são como são porque é assim que devem ser. Em geral, qualquer posição que veja o desenrolar dos acontecimentos como algo que obedece a uma causalidade moral é uma espécie de axiarquismo. *Ver*, por exemplo, carma.

axiologia O estudo dos valores.

axioma *Proposição apresentada como uma a partir da qual podemos começar; uma asserção tida como fundamental, pelo menos para os fins da investigação em causa. O método axiomático consiste em definir um conjunto de proposições desse tipo, assim como os processos de *demonstração ou as *regras de inferência que são permitidas, para derivar então os *teoremas que daí resultam.

axioma da compreensão Na teoria dos conjuntos, o axioma irrestrito da compreensão afirma que a cada condição corresponde um conjunto de coisas y que obedece à condição: $y = \{x: Fx\}$. O axioma tem de ser restringido, uma vez que o *paradoxo de Russell mostra que com essa forma ele conduz à contradição. Para a solução clássica, *ver* axioma da separação.

axioma da escolha O axioma da *teoria dos conjuntos que afirma que se S é um conjunto de conjuntos *disjuntos não vazios, então existe um conjunto que contém exatamente um membro de cada membro de S. O axioma é problemático porque afirma a existência de um objeto que pode não ter maneira de ser construído, indo assim contra o construtivismo matemático. *Ver* demonstração/definição construtiva.

axioma da extensionalidade Axioma básico da *teoria dos conjuntos. Afirma que os conjuntos são idênticos se e somente se tiverem os mesmos membros.

axioma da extração *Ver* axioma da separação.

axioma da reducibilidade Axioma introduzido por *Russell e *Whitehead nos *Principia mathematica*. Nesse sistema, as funções proposicionais estão separadas em ordens, como parte da teoria ramificada dos tipos. O axioma afirma que para qualquer função em qualquer ordem existe uma função formalmente equivalente na primeira ordem. O axioma é necessário para permitir a construção da matemática elementar — em particular, para confirmar o princípio da indução matemática. Mas seu efeito, como *Ramsey notou, acaba em grande parte por anular a introdução de ordens diferentes de funções.

axioma da separação Também conhecido por *Aussonderungsaxiom*, ou axioma da extração. O princípio irrestrito da compreensão (*ver* axioma da compreensão) conduz a contradições na *teoria dos conjuntos. O axioma da separação, atribuído a Zermelo, recupera a consistência, permitindo a existência de um conjunto de objetos quando este é um subconjunto de um conjunto já existente e seus membros satisfazem uma condição: $(\exists y)(\forall x)[(x \in y) \text{ sse } (x \in z \wedge Fx)]$. Isto é, um conjunto y de objetos existe quando é extraído de um conjunto z previamente dado, sendo y um subconjunto de z cujos membros satisfazem uma certa condição F.

axioma da substituição Axioma acrescentado por A.A. Fraenkel (1891-1965) à *teoria dos conjuntos de Zermelo, que fez surgir a teoria clássica dos conjuntos conhecida por ZF. Expresso em termos de lógica de segunda ordem, o axioma afirma que qualquer *função cujo domínio seja um conjunto tem uma imagem que é também um conjunto. Isto é, se os argumentos de uma função formam um conjunto, os valores da função também formam um conjunto. Esta formulação é de segunda ordem porque quantifica sobre funções; na lógica de primeira ordem o axioma tem de ser expresso como um esquema axiomático. *Ver também* teoria dos conjuntos de Zermelo-Fraenkel.

axioma da união O axioma da *teoria dos conjuntos de Zermelo-Fraenkel que garante que, para cada conjunto S, a coleção $\{x: (\exists y)(y \in S \wedge x \in y)\}$ — a *união de S — é um conjunto.

axioma do infinito O axioma que garante a existência de conjuntos suficientes para os fins da matemática, necessário ao desenvolvimento da teoria dos conjuntos de *Russell. Na *teoria dos tipos, se existisse apenas um número finito de objetos do menor dos tipos, então existiriam apenas conjuntos finitos em qualquer nível. Para evitar isso, Russell postulou a existência de um número infinito de indivíduos ou objetos do menor dos tipos, mas o fato de esse pressuposto não ser de natureza lógica é um grave obstáculo a seu programa *logicista. Na *teoria dos conjuntos de Zermelo-Fraenkel, o axioma afirma a existência de um conjunto S que tem como membro o conjunto vazio $\varnothing$ e que, se qualquer outro conjunto R é membro de S, então a *união de R com o seu *conjunto singular, $\{R\}$, é também um membro de S: $(\exists S)[\varnothing \in S \wedge (\forall R)(R \in S \rightarrow R \cup \{R\} \in S)]$.

Ayer, Alfred Jules (1910-89) Filósofo inglês e intelectual de esquerda. Filho de pai suíço e mãe belga, Ayer estudou na Grã-Bretanha. Depois de se formar em Oxford em 1932, estudou em Viena durante um ano, antes de regressar a Oxford para lecionar. Sua exposição aos *positivistas lógicos produziu o brilhante e iconoclasta *Language, Truth and Logic* (1936) que apresentou o positivismo ao público mais vasto de língua inglesa. A essa obra seguiu-se *The Foundations of Empirical Knowledge*, em 1940. Depois da guerra, Ayer assumiu diversas cátedras no University College de Londres a partir de 1946 e em Oxford a partir de 1959. *The Problem of Knowledge* (1956) foi uma introdução à epistemologia que exerceu grande influência. Nos últimos anos, Ayer voltou-se cada vez mais para a história da filosofia, escrevendo livros sobre *Moore e *Russell, o *pragmatismo, *Hume e *Voltaire. Sua filosofia estava imbuída do empirismo de Hume e da lógica de Russell e herdou tanto os pontos fortes como os fracos desses pensadores. Ayer teve também um papel proeminente na vida política da Grã-Bretanha, escrevendo para um público mais vasto, e abraçou diversas causas liberais com elegância e humor notáveis.

B

Bachelard, Gaston (1884-1962) Filósofo da ciência francês. Bachelard era em grande parte um autodidata e foi professor de história e filosofia da ciência na Sorbonne, em Paris, de 1940 a 1955. Bachelard propõe uma visão da ciência segundo a qual esta não é concebida como um corpo total de verdades que cresce gradualmente, mas como um diálogo ativo entre a razão e a experiência, no qual os fatos científicos acabam por ser tanto uma criação da mente racional como uma das suas descobertas. A *philosophie du non* ou "filosofia do não", que contém sua concepção de progresso científico, apresenta algumas afinidades com o *falsificacionismo de *Popper, pelo menos pelo fato de que em ambas as teorias o cientista está sempre preparado para abandonar os elementos da sua estrutura quando as experiências recalcitrantes o forçam a isso, o que resulta numa consolidação crescente da teoria. No entanto, Bachelard explora em suas obras a dinâmica da imaginação a partir de uma base psicanalítica. Sua obra também influenciou *Kuhn, e sua concepção romântica do pesquisador estendeu-se a obras sobre a psicanálise, os símbolos, os sonhos e a poesia, em cujos domínios reside o ser secreto das pessoas, situado além do alcance do pensamento, das leis e dos valores humanos. *La Psychanalyse du feu* (1937) faz parte de sua extensa obra.

Bacon, Francis (1561-1626) Estadista inglês. Como filósofo da ciência, foi o primeiro exemplo notável da tendência *empirista do pensamento inglês, mas, talvez ainda mais significativamente, o profeta e protetor da revolução científica nascente. Criança precoce em uma família reputada, rapidamente se destacou no estudo do direito, ainda que não sem um incidente questionável, quando a pedido de Elizabeth I conduziu a acusação do conde de Essex, um de seus primeiros e principais patronos. Sua filosofia do direito defendia a completa submissão ao soberano, o que certamente não dificultou sua subida à posição de presidente da Câmara dos Pares (o mais alto cargo da magistratura judicial inglesa). Em 1620, no entanto, caiu em desgraça devido a um caso de suborno, vivendo o resto de seus dias no mais profundo isolamento. As obras de Bacon, que totalizam catorze volumes, incluem *The Essays* (1597) *The Advancement of Learning* (1605), *Novum Organon* (1620) e *New Atlantis* (publicado postumamente, em 1660).

Bacon foi o primeiro autor a tentar identificar os métodos adequados da ciência bem-sucedida, de modo a tornar possível que ela se tornasse um ofício ou atividade suscetível de produzir benefícios para a humanidade, em vez de uma investigação desordenada feita por um excêntrico qualquer. Embora o "método baconiano" seja por vezes identificado com a simples *indução enumerativa (a generalização de fenômenos particulares em leis experimentais), Bacon de fato apresentou uma sofisticada taxonomia dos métodos científicos, em muitos aspectos antecipando resultados posteriores, como é o caso dos *métodos de Mill; compreendeu ainda que a procura de leis é um exercício imaginativo e intelectual, mais do que mecânico e empírico. Sua obra incluiu uma longa e contínua batalha contra os falsos métodos da metafísica e contra a superstição; sua atitude quanto à religião tinha claramente alguns elementos céticos, e via o assunto no seu conjunto como pouco importante comparado com a ciência: "a investigação das causas finais, tal como uma virgem dedicada a Deus, é estéril e não produz coisa alguma". *Diderot disse que a obra de Bacon constituía um mapa daquilo que os homens tinham de aprender. Foi muitas vezes descrito como um profeta às portas da terra prometida do conhecimento científico. *Ver também* ídolos da mente; método baconiano.

Bacon, Roger (c.1214-92) Filósofo e cientista inglês, conhecido como *Doctor mirabilis* ("doutor prodigioso"). Membro da ordem dos franciscanos, Bacon iniciou sua carreira pelo estudo das obras anteriormente proibidas de *Aristóteles. No entanto, misturou sua admiração pela ciência com um interesse relativamente acrítico pela erudição *neoplatônica, astrológica e ocultista. A obra principal de Bacon, é *Opus maius* ("Obra maior"), onde analisa em pormenores os fatores que tolheram o progresso da filosofia. *Opus minus* ("Obra menor") e *Opus tertius* ("Terceira obra") são duas de suas obras menos extensas. Os escritos de Bacon revelam um poder de antecipação científica notável, sobretudo no uso que faz da matemática, nas suas investigações ópticas e na ênfase no uso correto da experiência e da linguagem. Porém, sua obra é geralmente considerada desigual em qualidade, misturando um respeito acrítico pela autoridade com genuínas intuições filosóficas e científicas. A invenção dos óculos, contudo, é atribuída a ele. Em 1277, sua obra foi condenada pela ordem franciscana por conter "novidades suspeitas", e conta-se que esteve preso durante algum tempo.

Bain, Alexander (1818-1903) Filósofo escocês. Filho autodidata de um tecelão, Bain acabou por entrar para o Marischal College em Aberdeen, tornando-se um discípulo radical de J.S. *Mill. Em 1860 foi contratado como professor de lógica e retórica em Aberdeen, e em 1876 fundou a revista *Mind.* Suas principais obras são *The Senses and the Intelect* (1855), *The Emotions and the Will* (1859) e ainda *Manual of Rhetoric* (1870). É conhecido como um *associacionista, apesar de em muitos aspectos ter rejeitado a psicologia associacionista. A sua obra mais original é provavelmente a que trata da vontade.

Bakunin, Mikhail (1814-76) Bakunin, o mais célebre anarquista do século XIX, nasceu na Rússia em uma família politicamente engajada e culta. Estudou em Moscou, onde foi influenciado pelas ideias de *Fichte e pelo "novo movimento hegeliano", que se distingue pela ênfase colocada na transformação através da destruição revolucionária, noção que, romanticamente, atraiu Bakunin durante toda a sua vida. Após ter participado de várias das revoluções da Europa de 1848-49, Bakunin esteve preso na Rússia, de onde conseguiu fugir, regressando à Europa, pelos Estados Unidos, em 1861. Em 1865 fundou uma sociedade revolucionária e anarquista em Nápoles: a Irmandade Internacional. Sua filosofia política provém em grande parte de *Proudhon, apesar de Bakunin ter renegado seu individualismo e de estar empenhado na apropriação coletiva dos meios de produção. Seus desentendimentos com *Marx surgiram por causa de sua visão profética de que colocar o poder do Estado nas mãos do povo é tão ruim quanto colocá-lo nas mãos de quaisquer outros. Os principais textos de Bakunin são sobre assuntos então correntes e de objetivo prático, como o *Apelo aos escravos* (1848) e o *Catecismo revolucionário* (1865) — o manifesto da Irmandade Internacional.

barco de Neurath Imagem criada por *Neurath em seu *Anti-Spengler* (1921), onde o corpo dos conhecimentos é comparado a um barco que tem de ser consertado no mar: "Somos como marinheiros que têm de reconstruir seu barco no mar alto, já que não podemos começá-lo de novo a partir da base..." Todas as partes podem ser substituídas, desde que do resto fique o suficiente para não afundarmos. Essa imagem se opõe à ideia de que o conhecimento deve repousar sobre fundamentos que, sendo imunes à crítica, transmitem essa imunidade a outras proposições através de uma espécie de corrente de transmissão. *Ver também* dúvida metódica; fundacionalismo.

Barthes, Roland (1915-80) Teórico da literatura e filósofo francês, cujos estudos semióticos o tornaram um dos fundadores das aplicações mais gerais do *estruturalismo. *Mythologies* (1973) e *Critique et verité* (1966) são dois dos livros que publicou.

Barth, Karl (1886-1968) Teólogo protestante, professor em Bonn e na Basileia. A negação da possibilidade de se obter qualquer conhecimento de Deus pelo uso da razão (i.e., a negação da *teologia natural), e uma ênfase renovada na degradação do pecado são algumas de suas doutrinas. Embora sua visão deste mundo seja sombria, Barth, ao contrário de outros *calvinistas, admitiu a possibilidade de redenção para todas as pessoas. Representa o movimento conhecido por teologia da crise ou teologia dialética.

batalha naval O exemplo com que *Aristóteles introduz os problemas da inevitabilidade e da necessidade no Livro IX da obra *De interpretatione*. É necessário que amanhã haja uma batalha naval ou não. Seja o que for que aconteça amanhã, agora é verdade que irá acontecer, e sempre foi verdade que irá acontecer. Logo, esse acontecimento é inevitável, é um fato que existiu desde sempre. Parece assim que a lógica pura implica uma certa *predeterminação ou *fatalismo. Uma resposta possível é não classificar as proposições sobre futuros contingentes como verdadeiras nem como falsas (*ver* lógica polivalente). Uma medida menos dramática consiste em distinguir entre "agora é verdade que acontecerá uma batalha naval" e "a ocorrência da batalha naval já está determinada" — e um bom teste às *teorias da verdade é ver se conseguem fazer tal distinção. O problema é às vezes conhecido como problema dos futuros contingentes.

Baumgarten, Alexander Gottlieb (1714-62) Especialista alemão em estética. Baumgarten nasceu em Berlim e estudou em Halle, onde se tornou professor, antes de se mudar em 1740 para Frankfurt, onde dirigiu uma cátedra. Ensinou um sistema *leibniziano modificado, muito ao estilo de *Wolff. É conhecido sobretudo por ter introduzido o termo "estética" no sentido, ainda usado por *Kant, da obtenção de conhecimento por meio dos sentidos, apesar de ter também escrito sobre a estética em sentido estrito — insistindo na "confusão" inerente à experiência particular da beleza e na importância das "representações sensíveis" como um modo de conhecimento independente da razão, mas que não lhe é inferior. Suas obras incluem os dois volumes de *Aesthetica* (1750-58).

Bayle, Pierre (1647-1706) Cético e filósofo francês. Bayle nasceu de pais protestantes no sudoeste da França, estudou em Toulouse, tornou-se católico, apostatou, fugiu para Genebra e tornou-se professor da Academia Protestante de Sedan, no norte da França, onde lecionou de 1675 até 1681, ano em que teve de fugir de novo devido à perseguição religiosa, desta vez para a Holanda. Viveu em Rotterdã durante o resto de sua vida, escrevendo e correspondendo-se com os filósofos e teólogos de seu tempo. A experiência pessoal fez dele um defensor fervoroso da tolerância religiosa e um oponente das pretensões da razão em assuntos teológicos e metafísicos. Gastou muita de sua energia a corroer o *calvinismo ortodoxo de sua época, representado pelo seu ex-professor Jurieu, sendo ostensivamente a favor de um calvinismo baseado na revelação e, talvez, de um certo *ceticismo religioso. Sua atitude revela-se no comentário citado por Gibbon: "Sou verdadeiramente um protestante, porque protesto de forma imparcial contra todos os sistemas e todas as seitas."

As atitudes críticas e céticas de Bayle adquiriram uma expressão completa na sua obra-prima, o *Dictionnaire historique et critique* (1695). Nessa obra, Bayle combina uma abordagem histórica a figuras filosóficas e religiosas (sobretudo desconhecidas e negligenciadas) com um ceticismo penetrante. O dicionário muitas vezes é mordaz e profano, e na época foi célebre por defender uma separação completa entre a religião e a moralidade, e por retratar com humor a vida imoral de muitas das pessoas importantes da Igreja. Seu conteúdo filosófico mais substancial fez do *Dicionário* uma obra de referência nas dicussões que decorreram no século XVIII sobre as dificuldades da concepção *cartesiana do mundo. Contém muitos dos argumentos que mais tarde foram desenvolvidos por *Berkeley e *Hume, e é, inquestionavelmente, a contribuição mais importante para o ceticismo desde o *Sexto Empírico. Os artigos sobre *Pirro, *Rorarius (que contém um ataque à teoria de *Leibniz sobre a harmonia preestabelecida) e *Zenão de Eléia (*ver* trilema de Bayle) são alguns de seus famosos artigos.

Beauvoir, Simone de (1908-86) Filósofa *feminista e romancista francesa. Nascida em Paris, de Beauvoir estudou na Sorbonne e ficou famosa quando escreveu o clássico estudo sobre a opressão das mulheres, *Le Deuxième sexe* (1949). Trata-se da primeira obra influente de filosofia feminista a distinguir a diferença sexual biológica das categorias masculinas e femininas impostas socialmente. Antes, Beauvoir preocupava-se com o desenvolvimento de um *existencialismo social e não solipsista, no qual a liberdade do indivíduo só é conseguida através da comunicação com outros indivíduos igualmente livres. A longa ligação de Beauvoir com *Sartre, que não costuma ser vista como exemplo dessa igualdade, culminou na obra *Les Cérémonies des adieux* (1981), um relato dos últimos anos de vida de Sartre, publicado um ano após sua morte. Entre os textos autobiográficos de Beauvoir contam-se *Mémoires d'une jeune fille rangée* (1958) e *Une morte três douce* (1964).

behaviorismo (do ing., *behaviour*: comportamento) Em psicologia, o behaviorismo, associado a *Watson e a pesquisadores como Ivan Pavlov (1849-1936), começou por ser uma perspectiva metodológica que recomendava que se evitassem a introspecção e a subjetividade (*ver* subjetivismo/objetivismo) em favor da medição científica do comportamento e suas causas. Mais tarde, particularmente com B.F. Skinner (1904-90), passou-se a identificar essa perspectiva com uma visão simplista das causas da ação humana e com a tentativa de controlar a ação através da manipulação relativamente simples de estímulos e padrões de reforço que atuam sobre os agentes. A ideia de Skinner de que seria pouco científico explicar o comportamento através dos desejos, crenças e intenções, e de que esse seria o domínio dos "mentalistas", tem perdido terreno perante o avanço das *ciências cognitivas.

Em termos filosóficos, a doutrina behaviorista defende que os estados mentais são *construções lógicas a partir de disposições comportamentais ou, em outras palavras, que descrever os aspectos mentais de alguém é uma abreviatura de uma descrição das várias disposições comportamentais que a pessoa possui. A obra mais influente a defender essa perspectiva foi *The Concept of Mind* (1949), de *Ryle, que apresentava o behaviorismo como a melhor resposta ao mito *cartesiano do "*fantasma na máquina". É discutível até que ponto *Wittgenstein pretendia defender uma doutrina behaviorista com suas *Investigações filosóficas*, escritas na mesma época. Tal como outras doutrinas *reducionistas, o behaviorismo não conseguiu oferecer análises úteis, nomeadamente devido ao *holismo do mental, isto é, devido ao fato de o modo como uma pessoa se comporta não ser uma função de uma crença ou de um desejo, mas antes de todo um conjunto ou rede de crenças e de desejos. A modificação operada para dar conta desses aspectos transforma o behaviorismo no seu sucessor moderno mais popular, o *funcionalismo.

beleza O lugar central da beleza no pensamento de *Platão comprova-se pelos diálogos *Fedro* e *Banquete*. A percepção da beleza dá origem à *anamnese, a recordação de um contato prévio com o universal, o real ou, numa palavra, com as *formas. A beleza é suscetível a manifestações cada vez mais elevadas e, uma vez apreendida, instiga o *eros* ou a paixão que compele a alma a uma ascensão espiritual, uma viagem de conhecimento combinada com *amor (*Banquete*, 210A), que culmina, por fim, numa apreensão puramente intelectual da beleza, do bem, da justiça e da sabedoria. A conexão entre a beleza física e intelectual é mediada pela noção de luz: há uma analogia intrínseca entre a luz da razão (ou Deus) e a luz do Sol, e entre a visão física e intelectual. A divinização da luz, tão antiga quanto o *zoroastrismo, é recorrente na concepção de *Heráclito do fogo como primeiro princípio, e é desenvolvida pelo *neoplatonismo, de onde passa para os medievais. Para *Plotino, a beleza não está restrita ao bem ou ao perfeito. Todo o mundo sensível é belo, porque é através da corporização das formas espirituais que a luz preenche o mundo da matéria. Para *Agostinho, a beleza tem a função de manifestar o divino: a parte não humana da criação quer tornar conhecida (*innotescere*) a natureza do divino. Na beleza, a plenitude da forma irradia de um objeto, e uma coisa é como deveria ser no mais alto grau (Agostinho relaciona as palavras latinas para forma, *forma*, e para belo, *formosa*). Toda a criação resplandesce desse modo, sendo um reflexo ou *speculum* da beleza divina. A glorificação medieval da luz e da cor, que culmina na poesia de *Dante, exibe o poder persistente dessa ideia. Hoje em dia, a beleza tornou-se um conceito contestado na *estética, no sentido em que alguns autores o veem como algo dispensável e como um obstáculo à percepção de valores estéticos mais sutis, como o sublime, o harmonioso, o gracioso, o delicado, o atraente e o elegante. Para outros autores, a beleza continua a ser um conceito central, unificador, afim do prazer dos sentidos ou da contemplação intelectual. Quase todos os tipos de coisas, (pessoas e elementos da natureza, mas também figuras geométricas e demonstrações matemáticas) podem ser belas, e experimentá-las como tal retêm as associações platônicas com o valor, o bem e a "revelação" de algo profundo, do mesmo modo que com o prazer que se sente. Descobrir como pode haver um conceito sujeito a essas restrições é o tema da *Crítica da faculdade do juízo* de *Kant.

bem Como adjetivo qualificativo de um substantivo, é amplamente aceito que a palavra inglesa "*good*" (bom/bem) é *atributiva: um bom martelo é assim qualificado em virtude de qualidades diferentes de um bom jantar. Contudo, pode-se dizer que cada um é assim classificado segundo uma certa relação com nossos desejos ou finalidades, e uma das tarefas tradicionais da *ética consiste em dizer que relação é essa. *Hobbes fez uma proposta subjetiva simples: "Qualquer que seja o objeto de qualquer apetite ou desejo do homem: é isso que ele, pela sua parte, chama o *bem*" (*Leviatã*, I.6). Mais objetivamente, "o bem" é usado para denotar o hipotético fim último a que a ação tem de aspirar: um estado por si só valioso, que é classicamente identificado com a **eudaimonia*, ou com um composto de felicidade, virtude, ausência de cuidados e sucesso. A relação entre o bem puramente privado e o bem social é assim deixada sem definição. Em economia, o bem é muitas vezes identificado com a satisfação dos desejos ou preferências, prestando-se comparativamente pouca atenção, na tradição liberal, aos objetos desses desejos, ou aos estados mentais em princípio resultantes da sua satisfação.

bem em si Aquilo que é um bem sem o ser como um meio para outro bem qualquer, ou sem depender de outro bem. *Kant sustentou que a única coisa boa em si é a *boa vontade. *Ver também summum bonum.*

bem-estar *Ver eudaimonia*; felicidade.

bem intrínseco *Ver* fim em si.

benevolência Desejo lato pelo bem dos outros, e disposição para agir de maneira a aumentar esse bem. Os filósofos morais podem ser mais ou menos otimistas acerca da intensidade e alcance desse desejo, ou de sua presença, em geral, na natureza humana. *Ver* altruísmo; egoísmo.

Benjamin, Walter (1892-1940) Importante crítico literário, membro da *escola de Frankfurt. Benjamin é conhecido por suas análises das condições materiais que regulam a produção literária e artística.

Bentham, Jeremy (1748-1832) Filósofo inglês do direito, da linguagem e da ética. Bentham nasceu em Londres e estudou direito em Oxford, assunto pelo qual adquiriu uma profunda desconfiança. Ocupou-se sobretudo dos frágeis fundamentos teóricos do direito, e dos abusos a que o mesmo dá origem. Sua primeira publicação importante, *A Fragment on Government* (1776), constituiu uma pequena parte de seu imenso *Comment* aos *Commentaries* do jurisconsulto Blackstone, a exposição clássica da teoria do direito conservadora, que era uma das principais aversões de Bentham. A principal obra teórica que Bentham publicou durante sua vida foi *Introduction to the Principles of Morals and Legislation* (1789).

Bentham foi o fundador do *utilitarismo e tornou famosa a fórmula de que o objetivo correto da ação consiste em produzir a maior felicidade para o maior número. Grande parte de sua obra foi uma tentativa de elaborar essa doutrina, mostrando como o utilitarismo poderia se desenvolver de maneira a produzir um cálculo dos prazeres (um *cálculo da felicidade ou cálculo hedonista), pelo qual os efeitos das ações poderiam ser avaliados e a estratégia correta seria identificada. O utilitarismo pretendia oferecer uma fundamentação coerente e racional das estratégias sociais e jurídicas, ao passo que ficções como os *direitos naturais, o *contrato social e o direito natural haviam servido apenas para introduzir sistemas incoerentes e indefensáveis, privilegiando um determinado conjunto de "intuições". O interesse de Bentham pelo direito incluiu uma crítica abrangente das abstrações e ficções com que o direito muitas vezes se protege, e uma compreensão penetrante do modo como as palavras impõem atitudes acerca das coisas que denotam. Defendeu uma teoria da linguagem de caráter *nominalista e *pragmático, sendo sua concepção da definição por paráfrase uma antecipação da tese de *Frege de que a unidade fundamental do significado não é a palavra individual, mas a frase em que ela ocorre.

Bentham exerceu uma enorme influência como líder de um grupo de "radicais filosóficos" que tinham interesses comuns aos seus e que incluía James e John Stuart *Mill. Fundou a *Westminster Review* como contraponto às revistas mais conservadoras da época, e foi também fundador do University College de Londres, onde seu corpo embalsamado, com uma cabeça de cera no topo, ainda é exibido em ocasiões especiais.

Berdiaeff, Nikolai (1874-1948) Pensador russo mais conhecido pelas consequências religiosas que extraiu de sua metafísica do que propriamente por seu pensamento filosófico. Berdiaeff foi forçado a abdicar de seu cargo de professor universitário em Moscou em 1922 e exerceu sua atividade em Paris até a morte. Ensinou uma doutrina de religião comunal, na qual a liberdade espiritual e criativa é atingida, idealmente, em comunhão com os outros.

Bergson, Henri (1859-1941) Filósofo e evolucionista francês. Bergson nasceu em Paris e em 1900 tornou-se professor no Collège de France, ocupando este lugar até 1921. Suas obras, fluentes e acessíveis, e com um conteúdo de notável elevação espiritual, renderam-lhe uma enorme reputação na França, assim como o prêmio Nobel de Literatura em 1927. A filosofia bergsoniana era hostil ao materialismo e ao mecanicismo mas aceitava a evolução, embora a concebesse como algo guiado por uma força criadora, ou impulso de vida original (*o *élan* vital), em vez do processo cego da seleção natural. O "dinamismo" de Bergson destaca a natureza contínua da experiência e a natureza artificial das divisões que impomos com o intelecto; o fluxo da vida torna-se o *datum* primeiro, viciado pelas filosofias partidárias do mecanicismo e do cientismo. Esse fluxo é um processo ativo de mistura, ou um tempo "puro", noção muito diferente do tempo abstrato das ciências naturais. Essa diferença é recorrente na análise bergsoniana da memória, segundo a qual esta retém a totalidade do passado no presente, sendo o cérebro uma espécie de censor que seleciona apenas as apreensões do passado que são úteis na ocasião presente. De forma análoga, as teorias das ciências naturais, que pretendem ser teorias completas da realidade, deveriam ser mais rigorosamente encaradas como reflexões parciais e limitadas acerca do modo de funcionamento da mente. Apesar do alcance da filosofia bergsoniana, o aspecto espiritual, e até poético, que caracteriza sua obra não resistiu à prova do tempo, o mesmo acontecendo à interpretação espiritual da evolução, que não resistiu aos desenvolvimentos modernos. Entre suas obras destacam-se *Matière et mémoire* (1896); *Le Rire: essai sur la signification du comique* (1900) e *L'Évolution créatrice* (1907).

Berkeley, George (1685-1753) *Idealista irlandês. Berkeley nasceu em Kilkenny, na Irlanda, e entrou no Trinity College de Dublin, em 1700. Em 1707 tornou-se membro do corpo docente do Trinity College e dois anos mais tarde publicou *An Essay Towards a New Theory of Vision* (os seus *Philosophical Commentaries* são notas dos anos anteriores a 1709, publicadas postumamente). Ao *Essay* seguiu-se a primeira parte (e única existente) de *A Treatise Concerning the Principles of Human Knowledge* (1710) e os *Three Dialogues Between Hylas and Philonous* (1713), que era uma tentativa de explicar as doutrinas da primeira obra de uma forma mais imediatamente compreensível. Berkeley mudou-se para Londres e passou parte significativa da década seguinte viajando pela França e Itália. Contudo, o fato de estar em Londres em 1715 parece refutar a história de que *Malebranche teria sido vítima de uma apoplexia em virtude de uma discussão com Berkeley. Em 1721, Berkeley publicou o *De motu* ("Do movimento"), onde ataca a filosofia do espaço de *Newton, um tópico a que regressaria muito depois com *The Analyst*, de 1734. Em 1724, Berkeley entregou-se com entusiasmo a um projeto que visava fundar uma faculdade nas Bermudas, com o objetivo de oferecer uma educação cristã aos colonos e à população indígena da América. Foi assim que partiu em 1728, acompanhado de sua mulher, acabando por chegar a Rhode Island, onde se instalou. Enquanto aí esteve, correspondeu-se com o filósofo americano Samuel *Johnson, e escreveu o *Alciphron*, que foi publicado em 1732. O apoio governamental prometido para seu projeto educativo nunca chegou a ser uma realidade, e Berkeley regressou a Londres em 1732, tornando-se bispo de Cloyne em 1734. A partir desta época suas publicações trataram unicamente do bem-estar dos membros de sua diocese, apesar de *Siris* (1744) conter discussões sobre a filosofia da natureza, como prometido no título completo (*A Chain of Philosophical Reflections and Inquiries Concerning the Virtues of Tar-Water, and Divers Other Subject Connected Together and Arising from One Another*). Morreu em Oxford.

Berkeley é conhecido por seu imaterialismo, ou aparente negação da realidade de qualquer mundo exterior, consequentemente reduzindo a realidade a um mundo de mentes com as suas próprias sensações ou "ideias". O tema da impossibilidade de existir "matéria inerte insensível" (no sentido de não ser percebida) e os méritos de um esquema baseado numa providência onisciente e onipresente que produz o mundo conceitual — o mundo das ideias no qual vivemos — atravessa toda a obra de Berkeley. O que ele via e enfatizava com grande rigor era a impossibilidade de preencher o hiato aberto pela separação *cartesiana entre a mente e a matéria. O alvo de Berkeley é a perspectiva confortável do senso comum segundo a qual a mente é inteiramente diferente da matéria, não deixando no entanto de manter um contato satisfatório com o mundo material, sobre o qual pode saber muita coisa. Para minar essa concepção, desenvolveu muitos dos argumentos do *ceticismo antigo, assim como outros argumentos presentes em Malebranche e *Bayle, mostrando que se assumirmos que a separação entre a mente e o mundo material é tão completa quanto *Descartes pensa, desaparece a esperança de conhecer ou compreender qualquer coisa do hipotético mundo exterior. Uma relação de semelhança, por exemplo, pela qual as nossas ideias possam ser tomadas como semelhantes às qualidades das coisas que as causam, é ininteligível e impossível de ser conhecida. Ao contrário do ceticismo cartesiano, que destaca a simples possibilidade de as coisas não serem como pensamos que são, Berkeley realça as inconsistências reais do esquema conceitual deixado pelo cartesianismo, em que pensadores como *Locke (e, sem dúvida, o próprio senso comum) se deixaram cair. Sua saída não é a adoção do ceticismo, que ele encara sempre com extrema repugnância, mas antes a reformulação da relação entre a mente e o mundo, de maneira que o contato seja restabelecido. Isso introduz infelizmente o idealismo subjetivista, no qual o que o sujeito apreende como mundo é apenas a relação entre os estados mentais do próprio sujeito (e também a relação obscura com os arquétipos das ideias do sujeito que estão na mente de Deus). Ao defender o seu sistema, Berkeley faz um uso brilhante dos problemas céticos que atormentam as alternativas, assim como dos problemas que enfrentam os elementos particulares do esquema conceitual a que ele se opõe: os problemas da causalidade, substância, percepção e compreensão. Apesar de seu sistema ter se mostrado insuscetível de ser aceito por qualquer outro filósofo, sua importância reside no desafio que oferece a um senso comum que espera vagamente que aquelas noções possam combinar-se de maneira satisfatória.

Berlin, Isaiah (1909-) Filósofo político e historiador britânico. Berlin nasceu na Rússia, estudou no Corpus Christi College de Oxford e foi diretor do All Souls e do New College, antes de se tornar presidente do Wolfson College de Oxford, entre 1966 e 1975. É especialmente conhecido na filosofia política pela distinção entre liberdade negativa e positiva, delineada em *Two Concepts of Liberty* (1959): embora qualquer afirmação acerca da liberdade tenha de especificar tanto o que alguém é livre para fazer (liberdade positiva) como aquilo de que se está livre ao fazê-lo (liberdade negativa), diferentes filosofias políticas dão mais importância a uma do que a outra. Assim, o *liberalismo insiste na ausência de limites legais e sociais, ao passo que as teorias *idealista e *hegeliana enfatizam que os tipos mais importantes de liberdades e oportunidades só podem existir em uma sociedade estruturada, de modo que as coerções associadas à emergência dessas sociedades podem ser um meio necessário para atingir os melhores fins. Berlin também se opôs ativamente à concepção *marxista da história — *não valorativa e *historicista —, sobretudo em *Historical Inevitability* (1954).

Bernardo, são (1090-1153) Fundador da abadia de Clairvaux, na França, e a mais poderosa força por detrás da ordem de Cister, Bernardo é conhecido na filosofia sobretudo por sua oposição a *Abelardo, apesar de também ter escrito *De gratia et libro arbitrio* ("Sobre graça e livre-arbítrio"), o que o relaciona com *Agostinho. Sua abordagem mística e não analítica dos problemas da fé é lembrada em seu título de *Doctor mellifluus* ("Doutor melífluo").

besouro na caixa Nas *Investigações filosóficas* §293, *Wittgenstein convida-nos a imaginar uma situação na qual cada um de nós tem uma caixa para o interior da qual só cada um de nós pode olhar. Podemos falar sobre uma coisa, um besouro, que descobrimos dentro da caixa, mas, defende Wittgenstein, a natureza do que está dentro da caixa não tem lugar na linguagem, isto é, é indiferente se o que cada pessoa tem dentro de sua caixa é igual ao das outras, ou diferente, ou até mesmo que a caixa esteja vazia. A natureza do que está dentro da caixa "se cancela". O exemplo e a afirmação de Wittgenstein são parte do seu ataque ao "teatro interior" ou conceito *cartesiano do acesso privilegiado de cada um de nós aos seus próprios estados mentais. Mas a analogia parece adaptar-se imperfeitamente ao objetivo de Wittgenstein, uma vez que no caso do besouro haverá semelhanças ou diferenças independentemente de as pessoas o poderem comunicar (pois é assim que o caso é especificado), o que parece estar bem de acordo com as teorias cartesianas a que Wittgenstein se opõe. Tais teorias satisfazem-se frequentemente com a natureza *inefável das ocorrências mentais privadas. No entanto, como o exemplo do besouro aparece no final do extenso tratamento que Wittgenstein dá ao argumento da *linguagem privada, pode-se defender que aí já se eliminou a possibilidade de tais teorias.

Bhagavad Gita (sânscr., *gita*: canção; *Bhagavad*: do abençoado) Poema que faz parte da epopeia indiana *Mahabharata,* no qual Krishna, que aparece como cocheiro, explica a Arjuna (o "homem comum"), a natureza e a finalidade da vida humana, e a maneira de alcançar uma vida boa e feliz.

bhakti (sânscr., veneração) A devoção devida a Deus, o abençoado (*Bhagavad*).

bicondicional Uma proposição da forma "se *p* então *q* e se *q* então *p*". Escreve-se geralmente *p* sse *q*.

bijetora, função *Ver* função

bioética O ramo da ética que investiga os problemas que derivam especificamente da prática médica e biológica, o que inclui os problemas da natureza e da distribuição do tratamento, a esfera de autoridade do paciente, do médico etc., os limites das intervenções e experiências aceitáveis (*ver* aborto; eutanásia), e a razoabilidade da pesquisa genética e das suas aplicações.

bivalência, lei da Princípio da lógica clássica segundo o qual qualquer proposição ou é verdadeira ou é falsa; ou seja, há apenas dois valores de verdade que uma proposição pode tomar. Mais do que qualquer outra das leis básicas da lógica, o estatuto e a verdade dessa lei têm-se mostrado altamente controversos, não só em virtude de problemas relacionados com a *vagueza, mas também por parecer incompatível com o construtivismo (*ver* demonstração/definição construtiva) e por causa dos problemas levantados pelos *paradoxos semânticos.

boa-ordem *Ver* relação de ordem.

Boaventura, são (c.1217/21-74) Teólogo franciscano italiano, mais tarde cognominado *Doctor seraphicus* ("Doutor seráfico"). É conhecido como um oponente do racionalismo preponderante na teologia da época e como um defensor da necessidade da revelação e do retorno à união espiritual com Deus.

Boécio, Anício Manlio Severino (c.475/480-524) Filósofo e teólogo romano. Boécio nasceu em Roma, numa família aristocrata, filho de um cônsul (e pai de dois outros), e foi também ele cônsul e ministro principal de Teodorico, o Ostrogodo, que reinou na Itália entre 493 e 526. No entanto, caiu em desgraça, esteve exilado e preso em Pavia e foi executado um ano depois. Foi na prisão que escreveu sua obra-prima, *De consolatione philosophiae* ("Da consolação da filosofia"), mas antes havia escrito extensamente sobre matemática, ciência, lógica e teologia. Traduziu, entre outros, as *Categorias*, os *Primeiros analíticos*, os *Segundos analíticos*, os *Tópicos* e as *Refutações sofísticas,* de *Aristóteles; sua tradução da *Introdução* (*Isagoge*) de *Porfírio às *Categorias* de Aristóteles, juntamente com seus próprios comentários, tornaram-se o manual de referência da lógica da Idade Média e deram origem à longa controvérsia medieval sobre a natureza dos *universais. Sua solução para o problema, tal como Porfírio o levantou, segundo a qual os universais "existem nas coisas sensíveis, mas são compreendidos independentemente do corpo", é aristotélica, embora também haja indícios de que Boécio se inclinava para um *platonismo mais arraigado.

Da consolação da filosofia, um dos livros mais influentes da Idade Média, é um diálogo entre Boécio, que escreve em prosa, e uma Filosofia personificada, que responde em verso. O livro apresenta discussões sobre a finalidade fundamental do universo, a falibilidade do acaso e a falsidade de muitos dos que prometem a felicidade de diversas formas, assim como a bondade de Deus e a compatibilidade da liberdade humana com a sua presciência. Este último aspecto levou Boécio a investigar a natureza do tempo e a natureza de

Deus. No entanto, a obra não é essencialmente cristã: Boécio inclina-se para uma espécie de *panteísmo, em que os felizes ou abençoados partilham de Deus. As clássicas serenidade e independência em relação a sectarismos e superstições associadas às circunstâncias de sua elaboração dão às *Consolações* uma autoridade moral inconfundível.

Boehme, Jacob (ou Behmen) (1575-1624) Místico alemão cuja visão de Deus como o Absoluto indiferenciado (*Ungrund*) e oposição a quaisquer afirmações formais e bíblicas da doutrina religiosa influenciaram tanto os quacres como os *românticos alemães, especialmente *Schelling.

Boltzmann, Ludwig (1844-1906) Físico e filósofo da ciência austríaco. Boltzmann procurou complementar a física com a filosofia da ciência, opondo-se às especulações *a priori* e infundadas dos filósofos, e às abordagens indiferentes à filosofia de muitos físicos. Sua ênfase na natureza hipotética e indefinidamente aberta da atividade teórica antecipa de forma notável o *falsificacionismo de *Popper, ao passo que a conexão que estabeleceu entre a direção do tempo e a entropia crescente de um universo onde alguns estados podem ser atingidos de mais maneiras que outros é ainda uma das principais contribuições para o problema da *seta do tempo.

Bolzano, Bernard (1781-1848) Filósofo moral e do conhecimento. Bolzano nasceu em Praga, de ascendência alemã e italiana, tornou-se doutor em matemática em 1804 e padre um ano depois. Em sua época foi influente como socialista e filósofo moral *utópico. Sua obra lógica baseia-se consideravelmente na existência de uma fundamentação ontológica para a ciência e para a epistemologia, que repousa numa teoria das implicações objetivas que formam a estrutura das teorias científicas.

bom selvagem *Ver* Rousseau.

Boole, álgebra de *Ver* álgebra de Boole.

Boole, George (1815-64) Lógico e matemático inglês. Boole nasceu em Lincoln, onde estudou, e foi mestre-escola até ganhar reputação como matemático, tornando-se em 1849 professor do Queen's College de Cork, na Irlanda. Seu opúsculo *The Mathematical Analysis of Logic* (1847) inaugurou a incorporação da lógica à matemática, ou a álgebra de classes. Esse projeto prosseguiu em *An Investigation of the Laws of Thought* (1854). Boole publicou também muitas obras de matemática pura e de teoria das probabilidades. Seu nome ficou associado à designação "*álgebra de Boole", e as operações algébricas que Boole pesquisou são conhecidas como operadores booleanos.

Bosanquet, Bernard (1848-1923) *Idealista absoluto inglês. Bosanquet formou-se e ensinou em Oxford, abandonando este cargo para se dedicar a obras de caridade em Londres, acabando por deter a cátedra de filosofia moral na Universidade de St. Andrews, na Escócia. Via o indivíduo como uma entidade social cuja realização implicava a absorção nas atividades sociais e culturais dos outros. A prioridade das totalidades sociais e sua necessidade para a existência plena do indivíduo singular constitui uma inversão das prioridades liberais clássicas, que Bosanquet descrevia como algo que assenta no "*pathos* e *bathos* do sentimentalismo". *Knowledge and Reality* (1885), *Logic* (1888) e *History of Aesthetics* (1892) são algumas de suas obras, além de numerosas traduções do alemão e tratados éticos e sociais.

Boscovich, Rudjer Josip (1711-87) Matemático jesuíta e cientista. Rudjer Josip Boscovich nasceu em Dubrovnik de pais italianos e sérvios, estudou em Roma e tornou-se professor de matemática no Collegium Romanum em 1740. Contribuiu consideravelmente para diversos ramos da matemática e da física, mas sua fama na filosofia é resultado de seu *Philosophiae naturalis theoria redacta ad unicam legem virium in natura existentium* ("Uma teoria da filosofia natural reduzida a uma única lei das ações existentes na natureza", 1758. Nessa obra Boscovich rejeita a teoria corpuscular que baseia a física nas ações de átomos impenetráveis, rígidos, sólidos e maciços. Em vez disso, aceitando algumas das objeções de *Leibniz a essa concepção, Boscovich desenvolve uma teoria dos *puncta*, ou pontos materiais, que interagem de acordo com uma lei de força oscilatória. A existência de um ponto material se reduz às forças que lhe estão associadas. As doutrinas de Boscovich influenciaram alguns cientistas, tais como

Michael Faraday e James Clerk Maxwell, e anteciparam as modernas teorias de *campo. *Ver também* ação a distância; corpuscularismo.

Bourbaki, Nicolas Pseudônimo de um grupo de matemáticos franceses que desde 1939 produziram, em vários volumes, um tratamento axiomático das estruturas matemáticas.

Boyle, Robert (1627-92) Cientista irlandês. Boyle, o décimo quarto filho do primeiro conde de Cork, teve uma vida independente, consagrada a assuntos científicos e acadêmicos. Foi o químico britânico mais importante de seu tempo, e o resultado de sua investigação sobre os gases é conhecido como a lei de Boyle. Foi uma figura importante na rejeição seiscentista da ênfase aristotélica nas causas finais (*ver* causas: materiais, formais, eficientes, finais), acreditando que todas as propriedades das coisas materiais podem ser explicadas pelo tamanho, forma e movimento das partículas, e pelas texturas a que suas associações dão origem. Sua obra principal foi *The Sceptical Chemist* (1661), mas escreveu profusamente não só sobre química, mas também sobre assuntos filosóficos e teológicos. Sua *General History of the Air* foi publicada em 1692. A concepção de Boyle sobre as qualidades das coisas e sobre a divisão entre as *qualidades primárias e secundárias teve uma grande influência sobre *Locke.

Bradley, Francis Herbert (1846-1924) *Idealista absoluto britânico. Estudou em Oxford e recebeu uma bolsa de estudos do Merton College que o deixou completamente disponível para estudar e escrever. Diz-se que só visitava Oxford durante as férias. Foi o principal idealista absoluto britânico, devendo muito à influência que *Green exercia em Oxford. Seus *Ethical Studies* (1876) consistem num ataque influente e polêmico ao *utilitarismo. Em grande parte, esse ataque baseia-se na ideia de que o indivíduo autossuficiente (que o utilitarismo requer) não existe: os indivíduos só adquirem sua identidade por meio da comunidade, e a realização individual consiste na contribuição para os ideais sociais, entre outros. A lógica de Bradley consistiu, igualmente, num ataque aos fundamentos do empirismo no que diz respeito à relação atomista estabelecida entre as coisas, por um lado, e as experiências e os pensamentos, por outro. Bradley rejeitou essa concepção, defendendo, antes, o contato com as propriedades gerais e com os *universais. Na imagem metafísica a que isso conduz, destaca-se a unidade e a totalidade como atributos do real; inversamente, tudo que é parcial e depende de divisões, como é o caso do pensamento, é visto como algo imperfeito e contraditório. A verdade, tal como se encontra formulada na linguagem, é sempre parcial e depende de categorias que não são adequadas ao todo harmonioso. No entanto, esses elementos autocontraditórios contribuem de algum modo para o todo harmonioso, o absoluto, que está além da categorização. Embora hoje sejam poucos os que aderem ao idealismo absoluto, o afastamento geral do empirismo e o seu *holismo, assim como o brilho e o estilo dos seus textos, continuam a fazer de Bradley o mais interessante autor de influência *hegeliana do final do século XIX. Suas batalhas contra o novo realismo de *Russell e *Moore, e sua relação complexa com o *pragmatismo marcaram momentos cruciais da história da filosofia. *Ethical Studies* (1876), *Principles of Logic* (1883) e *Appearance and Reality* (1893) são algumas de suas principais obras. Alguns dos ensaios de Bradley encontram-se reunidos em *Essays in Truth and Reality* (1914) e em *Collected Essays* (1935).

brahman Nos *Upanixades, é a base de todo o ser; aquilo em virtude do qual todas as outras coisas existem; a realidade última, que possibilita o tempo, o espaço e a ordem natural. Tal como em *Parmênides, trata-se de uma unidade eterna e imutável, que está além de qualquer limitação e, portanto, de qualquer descrição. *Ver também atman.*

Brentano, Franz (1838-1917) Filósofo e psicólogo alemão. Suas aulas nas universidades de Wurzburg e Viena podem ser vistas como a inauguração do movimento fenomenológico em filosofia. Brentano foi ordenado sacerdote em 1864, mas deixou a Igreja em 1873. Sua principal obra foi *Psychologie vom empirischen Standpunkt* (1874), que reabilita a atenção medieval ao "direcionamento" ou *intencionalidade do mental como um aspecto fundamental do pensamento e da consciência. Brentano também escreveu sobre temas teológicos e sobre filosofia moral, onde o direcionamento das emoções permite discernir seus objetos corretos e incorretos, tornando-lhe assim possível uma noção de objetividade moral.

Bridgman, Percy William (1882-1962) Físico norte-americano e vencedor do Prêmio Nobel (1946). Bridgman escreveu profusamente sobre as implicações filosóficas da física moderna. É vinculado de forma inseparável ao *operacionalismo, o ponto de vista de que os conceitos científicos se definem através de um conjunto de operações empíricas. No entanto, Bridgman modificou mais tarde essa doutrina rígida (que alguns consideram estéril), admitindo conexões indiretas entre os conceitos e a experiência. *The Logic of Modern Physics* (1927) e *The Nature of Physical Theory* (1936) são algumas de suas obras.

Broad, Charles Dunbar (1887-1971) Filósofo inglês. Estudou em Cambridge e tornou-se membro vitalício do corpo docente do Trinity College. Foi professor de filosofia moral em Cambridge de 1933 a 1953. Seus interesses incluíam quase todas as áreas da filosofia, e na sua vasta obra incluem-se estudos sobre a teoria da relatividade, ética, história da filosofia e parapsicologia. Broad mantinha um respeito tradicionalista pelos problemas centrais da filosofia moderna, e sua lúcida obra exibe uma atenção escrupulosa às diversas soluções possíveis, assim como às suas dificuldades. Essa atitude teve como resultado um ceticismo deturpado em relação às modas filosóficas, em particular às associadas à abordagem mais impressionista da segunda fase de *Wittgenstein. Uma expressão característica dessa postura foi a que tomou em relação ao problema da vida depois da morte, afirmando que o melhor era esperar para ver, ou, alternativamente, o que não é menos provável, esperar e não ver. *Mind and it's Place on Nature* (1925) e os dois volumes de *Examination of McTaggart's Philosophy* (1933-38) são algumas de suas principais obras.

Brouwer, Luitzen Egburtus Jan (1881-1966) Matemático holandês, fundador do *intuicionismo matemático. A primeira obra filosófica de Brouwer, *Leven, Kunst und Mystiek* ("Vida, arte e misticismo", de 1905) argumenta que a lógica deriva da matemática e que a matemática depende de uma intuição temporal na qual se dá uma "separação do momento vivo em duas coisas qualitativamente distintas". Esta associação kantiana entre a experiência do tempo e a da pluralidade relaciona-se, no pensamento de Brouwer, com a rejeição do ponto de vista *logicista acerca dos fundamentos da matemática e com uma alteração construtivista (*ver* demonstração/definição construtiva) da prática matemática clássica. A importância lógica dessa rejeição acabou por se separar dos elementos kantianos de seu pensamento.

Bruno, Giordano (1548-1600) Italiano talentoso como filósofo, astrólogo, poeta e mago. Teve uma carreira agitada em várias cidades europeias, dedicando-se em grande parte à promoção de um credo *hermético baseado em fontes supostamente egípcias, aliado às descobertas recentes de *Copérnico. Discute-se até que ponto os elementos mágicos e animistas de seu pensamento serão meros retrocessos ou, pelo contrário, antecipações brilhantes do pensamento de autores como *Leibniz. Foi imprudente ao deixar-se ao alcance da inquisição, que acabou por queimá-lo.

bruxaria *Ver* magia.

Buber, Martin (1878-1965) *Existencialista e pensador religioso judeu. Buber nasceu em Viena, acabou por fixar-se na Palestina e tornou-se o primeiro presidente da Academia Israelita de Ciência e Humanidades. Sua obra mais importante foi *Ich und Du* (*Eu e tu*) (1922). Na perspectiva de Buber, a religião cria relações recíprocas de diálogo entre dois sujeitos, e estas devem ser claramente distinguidas das relações que ocorrem entre sujeitos e coisas. Buber interpretou a experiência religiosa como um encontro perpétuo e um diálogo com outro sujeito pessoal, e não como um conhecimento construído à imagem de um conhecimento científico de mais uma "coisa" do universo. Essa ideia tem tido uma grande influência na teologia moderna. *Ver também* filosofia da religião.

budismo Religião fundada na Índia no século V a.C. por Sidarta Gautama (talvez 563-483 a.C.; uma data de morte alternativa, segundo fontes chinesas, é 368 a.C.), o Buda ou o Iluminado. O budismo ensina que o caminho para a salvação se faz pela fuga do **samsara*, o ciclo infinito de nascimentos e renascimentos (*ver* quatro nobres verdades; oito vias). O estado de iluminação, ou *nirvana, é um estado de libertação das paixões e frustrações da vida cotidiana, no qual se vive de forma radiante no presente e que é o resultado de seguir a Via. São reconhecidos dois tipos principais de budismo. O budismo *theravada* é encontrado sobretudo na Tailândia, Laos, Camboja e Sri Lanka. O budismo *mahayana* existe no Nepal, na China e nos países circunvizinhos. O budismo *theravada* é conservador e apresenta-se em formas simples; o budismo *mahayana* envolve rituais mais elaborados, escrituras e diversos santos (*bodhisattvas*). O despertar do próprio Buda nasceu da tomada de consciência de que nem a via da meditação nem a do ascetismo continham o segredo da consciência de um "Eu" concebido como um objeto permanente e imutável da contemplação de um iogue (ver *atman*). O budismo, por isso, atrai adeptos tanto pelo código ético como pela rejeição filosófica do desejo de nos constituirmos como um eu singular. A este respeito, o budismo é por vezes identificado como um precursor da *teoria do feixe e da *teoria da despossessão do eu. Filosoficamente, a história do budismo, tal como a do cristianismo, é feita de disputas entre diversas escolas, representativas de diferentes atitudes acerca da realidade, da mente, do ceticismo e da experiência. *Ver também* zen.

Bultmann, Rudolf (1884-1976) Pensador religioso alemão. Exerceu sua atividade sobretudo em Marburg e sofreu a influência de *Heidegger. É famoso por seu tratamento "desmitologizado" da religião, argumentando que o cristianismo não tem de estar comprometido nem com as afirmações históricas da Bíblia, nem com os mitos nela narrados. Apesar de Bultmann não o assumir, essa posição parece ter como consequência natural a redução do comprometimento religioso a uma posição meramente pessoal, alheio portanto às ambições objetivas da religião tradicional.

burguesia/proletariado A burguesia é definida por *Engels como a classe dos capitalistas, que são os patrões do trabalho assalariado e possuem os meios de produção social. Nesse sentido a classe média, que tem um trabalho intelectual e de gestão, não se inclui na burguesia. O proletariado ou classe trabalhadora é, segundo o *marxismo, a força política que destruirá o capitalismo e efetuará a transição para o socialismo. Os marxistas associados à *escola de Frankfurt lamentam o conservadorismo não revolucionário das classes trabalhadoras ocidentais, a sua absorção por uma classe média crescente e sua crença em outras formas de revolução. Em seu sentido marxista esses termos podem parecer um pouco ultrapassados, pois a sociedade mudou tanto que, de uma maneira geral, os meios de produção já não estão na posse de indivíduos, mas de empresas, fundos de pensão, etc., sendo as respectivas ações detidas por muitas entidades diferentes. No entanto, também se discute até que ponto essa mudança disfarça uma concentração de poder real nas mãos de alguns proprietários.

Buridan, asno de *Ver* asno de Buridan.

Buridan, Jean (c.1295-1358) Filósofo *escolástico francês. Buridan foi aluno de *Ockham e ensinou em Paris, de cuja universidade foi também reitor. Pouco se conhece diretamente sobre a vida de Buridan, apesar de se saber que escalou o monte Ventoux bastante tempo antes de Petrarca. Conta-se que foi atirado ao Sena dentro de um saco por ter andado divertindo-se com a rainha da França. Não foi um teólogo, mas antes um lógico, tendo pesquisado questões de lógica formal por seu interesse intrínseco, e não pelo interesse em argumentação doutrinal. Além de sua obra em filosofia e lógica, contribuiu consideravelmente para a ciência de seu tempo, e sua ética revela uma inclinação teleológica mais próxima de *Cícero e *Sêneca do que da ética mais autoritária e *deontológica de Ockham. Na lógica, suas *Consequentiae* e *Sophismata* contêm discussões de lógica modal e de paradoxos resultantes da autorreferência que ainda hoje têm um interesse considerável.

Burke, Edmund (1729-97) Pensador e político irlandês. Após ter estudado no Trinity College de Dublin, Burke viveu da escrita, em Londres, até 1766, quando se tornou deputado. Sua primeira obra importante, *Philosophical Inquiry into the Origin of Our Ideas of the Sublime and the Beautiful* (1756), mostrava uma preferência *romântica precoce pelo poder imaginativo do ilimitado e do infinito, do não dito e do desconhecido, sobre a estética da clareza e da ordem típica do século XVIII. Embora tenha apoiado tanto a revolução irlandesa como a americana, sua obra posterior *Reflections on the Revolution in France* é um magistral ataque aos perigos das abstrações políticas deslocadas da realidade, e uma defesa da preservação dos direitos, liberdades e privilégios tradicionais.

Butler, Joseph (1692-1752) Filósofo moral inglês. Butler nasceu em uma família presbiteriana, estudou em Oxford, no Oriel College, e tornou-se sacerdote da Igreja anglicana, chegando a ascender à posição de bispo de Durham, bem como à de conselheiro espiritual da rainha Caroline e de Jorge II. Sua filosofia moral é uma tentativa de fundamentar a ética num conhecimento adequado da natureza humana e, como tal, segue a tradição de *Aristóteles, *Hobbes e *Shaftesbury. Sua refutação do *egoísmo ético é um clássico do pensamento moral. Distingue cuidadosamente o amor-próprio, a benevolência e a influência da consciência moral, embora a autoridade desta última continue a ser obscura. Butler foi adequadamente descrito como "Aristóteles envolto no manto diáfano do cristianismo".

Butler, Samuel (1835-1902) Escritor e crítico inglês. Pensador assistemático que durante muito tempo discutiu e atacou a teoria da evolução de Darwin, Butler é conhecido na filosofia principalmente por seu *Erewhon* (1901), uma sátira à ética na qual o herói visita um país em que os valores estão invertidos: a doença, por exemplo, é um crime, mas o crime é tratado meramente como uma doença.

C

cabala (hebr., *qabbalah*: tradição, aquilo que é transmitido) Originalmente, no Talmude, a cabala reunia todos os livros da Bíblia exceto o Pentateuco. A partir de cerca de 1200, o termo passou a aplicar-se à tradição oral, supostamente transmitida por Moisés aos rabinos da Mishnah e do Talmude. Acumulava aspectos de cosmologia, angelologia, magia e *gnosticismo, tendo se tornado uma tradição mística e esotérica de interpretação dos livros do Antigo Testamento. O especialista nesse estudo é chamado de cabalista.

cadeia causal A sequência de acontecimentos que conduz a um certo efeito final, onde cada membro da sequência causa a ocorrência do membro seguinte. Embora a noção se aplique a casos identificáveis (o empurrão causa a queda, que causa a fratura, que causa a ida ao hospital...), não é claro que a causalidade, em geral, possa ser analisada através de cadeias lineares de acontecimentos distintos. O tempo é um dos problemas clássicos: se o acontecimento anterior precede o posterior, como pode ser causalmente eficaz após ter deixado de existir? Mas se os dois acontecimentos forem simultâneos, como a cadeia pode se prolongar em direção ao passado?

cadeia causal desviante Noção utilizada para testar e aperfeiçoar *teorias causais da percepção, da ação, do significado e da memória. Suponhamos que seja sugerido que, para me lembrar de um acontecimento é suficiente (a) tê-lo testemunhado, e (b) que este testemunho seja a causa original do meu pensamento corrente acerca dele. Então uma cadeia causal desviante poderia ser uma situação em que testemunhei o acontecimento, em virtude disso escrevi sobre ele em meu diário e, ao ler agora o diário, penso nesse acontecimento. Trata-se de fato de uma cadeia causal, mas que não basta para provar que me lembro do acontecimento: esquecer-me completamente dele é consistente com essa história. Cadeias causais desviantes mais sofisticadas incluem objetos que causam alucinações coincidentes com a aparência do objeto, pensamentos que causam espasmos que, por sua vez, causam acontecimentos que coincidem com aqueles que teriam ocorrido se os pensamentos tivessem determinado uma intenção para agir, e muitas outras.

cadeia do ser *The Great Chain of Being* é o título de um livro do filósofo e historiador das ideias norte-americano A.O. Lovejoy (1873-1962), onde se explora a noção *neoplatônica e medieval de uma hierarquia das coisas verdadeiramente existentes. Essa hierarquia parte das coisas inferiores culminando por fim em Deus, passando por todas as gradações intermédias possíveis, onde se incluem o homem e os anjos. A grande celebração literária desse tipo de hierarquia encontra-se na *Divina comédia* de *Dante. Essa noção relaciona-se com a concepção de que, se nem todas as possibilidades reais estivessem atualizadas, isso seria um defeito inexplicável do universo criado. *Ver também* princípio da plenitude; princípio da razão suficiente.

Caetano, Tomás (1468-1534) Filósofo *escolástico italiano, comentador de *Tomás de Aquino. Sua obra *De nominum analogia et de conceptum entis* é uma longa discussão do papel da analogia na teoria do conhecimento e, por conseguinte, na teologia. Essa obra antecipa as tentativas mais modernas de exploração da metáfora com o mesmo objetivo.

caixa chinesa *Ver* quarto chinês.

caixa preta *Ver* teoria da caixa preta.

cálculo da felicidade A possibilidade de computar o valor das "unidades" de felicidade, associada ao *utilitarismo de *Bentham. A felicidade, ou a finalidade da ação, deve ser medida em termos de unidades de *prazer. Estas são ordenadas por intensidade, duração e proximidade, ainda que o valor de alguns prazeres possa ser diminuído pela qualidade e quantidade prováveis de prazeres ou sofrimentos para os quais sejam um meio. Espera-se que o total forneça um quadro de referência objetivo com o qual o valor comparativo de diferentes rumos de ação possa ser medido.

cálculo de predicados O *cálculo lógico no qual as expressões incluem letras predicativas (*ver* predicado), *variáveis e *quantificadores, nomes e símbolos funcionais, assim como expressões para as *funções de verdade e as variáveis *proposicionais do *cálculo proposicional. O cálculo de predicados é o cerne da lógica moderna, e demonstrou ser capaz de formalizar os processos de raciocínio centrais da ciência e da matemática modernas. Num cálculo de predicados de primeira ordem, o domínio das variáveis são os objetos; num cálculo de ordem superior, seu domínio pode ser constituído pelos próprios predicados e funções. O cálculo de predicados de primeira ordem com identidade inclui "=" como uma expressão primitiva (indefinida); mas num cálculo de ordem superior essa expressão pode ser definida pela lei segundo a qual $x = y$ sse $(\forall F)(Fx \leftrightarrow Fy)$.

cálculo de predicados de primeira ordem *Ver* lógica de primeira ordem.

cálculo hedonista *Ver* cálculo da felicidade.

cálculo lógico Também chamado linguagem formal e sistema logístico. Um sistema no qual se fornecem regras explícitas para determinar (a) quais são as expressões do sistema; (b) que sequências de expressões contam como bem-formadas (i.e., como *fórmulas bem-formadas, ou fbf); (c) que sequências de fbf contam como *demonstrações. Um sistema pode conter *axiomas, e a fbf com que uma demonstração termina é um *teorema. Os dois cálculos mais conhecidos são o *cálculo proposicional e o *cálculo de predicados.

cálculo proposicional O *cálculo lógico cujas expressões são letras que representam frases ou proposições, sendo as operações sobre essas proposições representadas pelas constantes, de maneira a produzir outras proposições mais complexas. A *conjunção, a *disjunção, a *implicação material e a *negação (apesar de estas não terem de ser primitivas: *ver* traço de Sheffer), são algumas das operações. A lógica proposicional foi parcialmente antecipada pelos *estoicos, mas só alcançou a maturidade com as obras de *Frege, *Russell e *Wittgenstein. *Ver também* função de verdade; lógica; tautologia.

calvinismo Forma rigorosa de protestantismo que se distingue pela crença na Bíblia como critério de fé, pela negação da liberdade humana desde o pecado original e pelo destaque particular que dá à *predestinação arbitrária da salvação para uns e da condenação, para outros. O calvinismo era o credo dos huguenotes, e teve bom acolhimento na Escócia. *Ver também* afinidade eletiva; ética protestante do trabalho.

campo Conceito fundamental nas teorias da física. Um campo é definido pela distribuição de uma quantidade física (como a temperatura, a densidade da massa ou a energia potencial) em pontos diferentes do espaço. No caso particularmente importante dos campos de força (como os campos gravitacionais, elétricos e magnéticos), o valor de campo num ponto é a força que iria registrar-se numa partícula-teste caso esta fosse colocada nesse ponto. O problema filosófico consiste em determinar se um campo de força deve ser concebido como algo puramente potencial (caso em que a presença de um campo se limita a descrever a propensão das massas para se moverem em relação umas às outras), ou se deve ser entendido em termos de modificações fisicamente reais de um meio cujas propriedades resultam nesses efeitos. Em outras palavras, os campos de força são tão-somente potenciais, inteiramente caracterizados por enunciados *disposicionais ou condicionais, ou, pelo contrário, são categóricos e reais? A primeira opção parece exigir uma fé em disposições infundadas, ou em regiões do espaço que diferem unicamente quanto ao que acontece *se* um objeto nelas for colocado. O caráter legiforme dessas disposições — que é evidente, por exemplo, nas linhas de força curvas do campo magnético —

pode portanto parecer inexplicável. Para os *atomistas como *Newton, isso representaria um retorno às *enteléquias aristotélicas: afinidades quase psicológicas entre as coisas, responsáveis por seu movimento (*ver* motor imóvel). A segunda opção exige que se compreenda como as forças de atração e repulsão podem estar "alicerçadas" nas propriedades do meio.

A ideia básica de um campo está sem dúvida presente em *Leibniz, que certamente foi hostil ao atomismo newtoniano, mas sua idêntica hostilidade à *ação à distância obscurece a questão. É comum atribuir a ideia a *Boscovich e a *Kant, que influenciaram o cientista *Faraday, em cuja obra a noção física ficou estabelecida. Em seu ensaio "On the Physical Character of the Lines of Magnetic Force" (1852), Faraday sugere diversos critérios para determinar a realidade física das linhas de força. Entre esses critérios conta-se o de determinar se as linhas de força são afetadas por um meio material interveniente, se demoram para se propagar, e o de determinar a maneira como o movimento depende da natureza do objeto que está colocado na extremidade receptiva. Quanto aos campos eletromagnéticos, o próprio Faraday inclinou-se para a concepção de que as semelhanças matemáticas entre os fluxos de calor, as correntes e as linhas de força eletromagnéticas constituem dados favoráveis à realidade física do meio interveniente.

Camus, Albert (1913-60) Pensador e romancista francês nascido na Argélia. Ganhou o Prêmio Nobel de literatura em 1957. Suas obras exploram temas ligados ao *existencialismo, em particular a experiência do "absurdo" ou niilismo metafísico, e a reação moral exigida pela experiência. Entre os romances de Camus contam-se *L'Étranger* (1942) e *La Peste* (1947). Os dois principais ensaios que explicam os fundamentos filosóficos e metafísicos de seus temas são *Le Mythe de Sisyphe* (1942) e *L'Homme revolté* (1951).

canônica Uma derivação canônica em lógica é a que satisfaz um conjunto de condições impostas: assim, quando visamos mostrar um certo resultado da *teoria da demonstração, pode ser importante mostrar que, se existe uma derivação de B a partir de A, existe um tipo particular de derivação. Em termos mais gerais, a expressão pode se referir a uma derivação que espelhe a estrutura do que é demonstrado, ao contrário de uma derivação indireta que não a espelhe. Uma descrição canônica de uma frase seria a que revelasse sua estrutura básica e mostrasse como a frase é construída a partir de transformações de uma estrutura básica.

Cantor, Georg (1845-1918) Matemático alemão, fundador da *teoria dos conjuntos. Cantor nasceu em São Petersburgo, estudou em Berlim com Weierstrass e ensinou na Universidade de Halle a partir de 1872. Seu famoso argumento da *diagonalização, que demonstra que os números-reais têm uma cardinalidade diferente dos racionais, foi usado pela primeira vez num ensaio de 1874. Esse argumento provou que existem conjuntos infinitos com cardinalidades diferentes, o que constitui o resultado fundamental da moderna teoria dos conjuntos. A obra de Cantor foi extraordinariamente mal compreendida, e seus contemporâneos atacaram o uso irrestrito que fez da noção de um infinito completo. Apesar de ter problemas de saúde mental, devotou a maior parte do resto de sua vida acadêmica à defesa matemática (e filosófica) do mundo dos objetos matemáticos que ele mesmo introduzira. Foi também o primeiro estudioso a propor, e a tentar demonstrar, a *hipótese do contínuo.

cão de Crisipo *Ver* pensamento dos animais.

caos (I) Historicamente, opõe-se o caos — ou as origens desordenadas, sem forma e indiferenciadas das coisas — ao *cosmo — o universo ordenado (*ver também logos*). Esse conceito portanto, está implícito nas primeiras *cosmogonias gregas clássicas. (II) Na ciência moderna, os sistemas caóticos são aqueles em que uma pequena diferença arbitrária nas condições iniciais pode produzir grandes diferenças arbitrárias em estágios posteriores. Um exemplo comum é o da atmosfera, onde o bater de asas de uma borboleta, num determinado tempo e lugar, pode determinar se haverá ou não um furacão em outro lugar, algum tempo depois. A possibilidade da existência desses sistemas obriga à distinção entre um sistema *determinista e um sistema que é em princípio completamente previsível: os sistemas caóticos podem ser deterministas, mas não são previsíveis, pois por mais precisa que seja a medição de determinado estado em certo momento, uma variação não detectável pode ser responsável por uma diferença no resultado final.

capacidade Termo alternativo para a potencialidade das coisas (*ver* ato e potência).

capitalismo Modo de organização socioeconômica em que uma classe de empresários e empresas disponibilizam o capital com o qual as empresas produzem bens e serviços e empregam trabalhadores. Em troca, o capitalista tira lucros dos bens produzidos. O capitalismo frequentemente é visto como a encarnação da economia de mercado, podendo assim resultar na distribuição otimizada de recursos escassos, com um consequente benefício para todos. Esse otimismo é contestado indicando-se as possibilidades de *exploração inerentes ao sistema.

características consequentes *Ver* superveniência.

caráter O caráter de uma pessoa é a soma total de suas disposições para a ação (onde se inclui pensar e dizer). Uma ação não corresponde (aparentemente) ao caráter se não estiver de acordo com o padrão que a pessoa revelou até então, embora possa assim indicar um caráter mais complexo do que o exibido até esse momento. Na *ética da virtude, o caráter é o principal objeto de avaliação, sendo as ações derivadamente boas ou más, corretas ou não, na medida em que poderiam ter sido ações de uma pessoa virtuosa.

cardinalidade A cardinalidade de um conjunto é o *número cardinal que calcula o número de seus membros.

caridade, princípio de *Ver* princípio de caridade.

carisma Segundo a análise de *Weber, o líder carismático exerce o poder por meio de uma qualidade que o distingue das pessoas normais e o faz ser tratado, de uma maneira irracional, quase como sobre-humano. A liderança carismática surge apenas em períodos ou lugares onde as normas racionais e as formas de autoridade tradicionais têm fraca aceitação; o dirigente carismático preenche então o vazio. *Ver também* fascismo.

Carlyle, Thomas (1795-1881) Escritor e profeta social. Carlyle nasceu em Ecclefechan, na Escócia, mas perdeu a fé calvinista, com algum constrangimento, e foi influenciado pelo *romantismo alemão. Traduziu a obra *Wilhelm Meister's Apprenticeship*, de Goethe, em 1824, e publicou *Life of Schiller*, no ano seguinte. *Sartor Resartus* (1833-34) reflete a dívida de Carlyle para com o movimento alemão, e os temas do romantismo antidemocrático — invocando o dinâmico contra o mecânico, e a força moral, pessoal, do "homem forte e justo", em oposição às massas degeneradas e ao arrastar dos acontecimentos cotidianos — dominam a maior parte de sua difícil e rebuscada obra. Seu manuscrito da *History of the French Revolution* (1837) foi acidentalmente usado por um criado de J.S. *Mill para acender a lareira durante uma visita de Carlyle, que depois a reescreveu. Foi amigo de *Emerson e muito influenciado pelos *transcendentalistas da Nova Inglaterra. Samuel *Butler disse que só a graça de Deus podia ter permitido o casamento de Carlyle com a sra. Carlyle e assim fazer infelizes apenas duas pessoas em vez de quatro.

Carnap, Rudolf (1891-1970) *Positivista lógico alemão. Carnap deixou Viena em 1931 para se tornar professor em Praga, fugindo depois do nazismo para lecionar em Chicago em 1935. Posteriormente, exerceu sua atividade em Los Angeles de 1952 a 1961. É provável que Carnap tenha sido o mais influente dentre os filósofos que combinaram um *empirismo básico com os instrumentos lógicos fornecidos por *Frege e *Russell, e é na sua obra que os principais resultados (e dificuldades) do positivismo lógico transparecem melhor. Sua primeira obra importante foi *Der logische Aufbau der Welt* (1928). Esta obra *fenomenista procura uma redução de todos os objetos do conhecimento, gerando classes de sensações, ligadas por uma relação primitiva de recordação de semelhança (*ver* reducionismo; relação de equivalência). Esta é a base solipsista da construção do mundo exterior, embora mais tarde Carnap tenha resistido à aparente prioridade metafísica que assim é dada à experiência. Sua hostilidade à metafísica logo se transformou na perspectiva positivista típica segundo a qual as questões metafísicas são pseudoproblemas. As críticas de *Neurath mudaram os interesses de Carnap, que passou a defender a unidade das ciências, sendo os conceitos e as teses das ciências particulares passíveis de tradução para um vocabulário físico básico, cujas *proposições protocolares não descrevem a experiência, mas antes qualidades de pontos no espaço-tempo. Na obra *Logische Syntax der Sprache* (1934), Carnap procurou esclarecer as estruturas da linguagem matemática e científica (a única tarefa legítima da filosofia científica). A obra *Meaning and Necessity* (1947) contém refinamentos de suas teorias sintáticas e semânticas, e Carnap acabou por enfraquecer definitivamente a ideia original de redução em 1950, com *The Logical Foundations of Probability* — a obra mais importante da *teoria da confirmação. Suas outras obras tratam da estrutura da física e do conceito de entropia.

Ao longo de toda a sua obra, Carnap continuou a ser hostil à metafísica, acreditando que questões como a existência dos números se limitam a propor uma escolha (que pode ser decidida para qualquer dos lados) do quadro de descrições que adotamos. Carnap tem sido um alvo privilegiado dos críticos das estruturas que o positivismo tendia a impor sobre o pensamento linguístico e científico porque suas teorias foram simultaneamente desenvolvidas (e não apenas delineadas) e apresentadas de forma direta. Contudo, seu amplo campo de pensamento e sua insistência na precisão em filosofia tornaram Carnap um dos filósofos mais influentes do século XX.

Carnéades (c.214-129 a.C.) Depois de *Arcesilau, Carnéades foi o membro mais importante da Nova *Academia e um *cético destacado. Ficou famoso (especialmente pelo relato de *Cícero) devido aos discursos marcantes que fez em Roma em dois dias sucessivos (em 155 ou 156 a.C.). No primeiro deles defendia a justiça e sua natureza imutável; no segundo, atacava-a a favor da conveniência. Os romanos mais conservadores sentiram-se naturalmente chocados por se poder pensar de forma crítica sobre a justiça. A originalidade filosófica de Carnéades se baseia no conceito do plausível (*to pithanon*), que pode ser concebido com maior clareza como o que é aceitável, ou como aquilo que se deve ter em conta para agir. Para se defender da acusação de que o ceticismo conduz à completa paralisia, Carnéades definiu um tipo de raciocínio que, apesar do ceticismo, constitui uma base adequada para a ação. Nesse aspecto, a dificuldade que enfrentou antecipa a de alguns filósofos da ciência posteriores, como por exemplo *Popper: como é possível a ação baseada na opinião razoável, dada a rejeição da existência de qualquer fundamento indubitável (*ver* fundacionalismo), e de qualquer aumento da probabilidade da verdade das hipóteses através dos dados disponíveis? Carnéades rejeitou firmemente a *teologia natural, antecipando argumentos que só voltariam a entrar na tradição ocidental com *Hume e *Kant.

Carroll, Lewis *Ver* Dodgson, Charles Lutwidge.

cartesiano Adjetivo que deriva do nome latino de René *Descartes: Renatus Cartesius.

carvaka Uma das escolas não ortodoxas do pensamento hindu, caracterizada por uma reação geralmente cética e materialista aos *Vedas. A *carvaka* tem semelhanças tanto com o *ceticismo grego como com o *atomismo antigo.

caso Makropoulos Caso destacado por *Williams em *Problems of the Self* (1973). Na história de Karel Čapek (1890-1938), transformada em ópera por Janáček, Elina Makropoulos, que já foi Emilia Marty e Ellian MacGregor, tomou um elixir da vida. No momento da peça, a personagem tem 42 anos há três séculos, e a vida tornou-se completamente destituída de sentido para ela. Williams usa o exemplo para sugerir que a vida eterna não é realmente desejável, e que nós temos a sorte de ter a oportunidade de morrer. Contudo, Makropoulos é um ser imortal que vive entre os mortais uma vida em todos os outros aspectos normal, sendo necessário imaginar algo mais profundo para reconhecer que o próprio céu seria insuportável. Essa ideia é defendida por Julian Barnes em *History of the World in 10½ Chapters* (1989). *Ver também* eternidade.

Cassirer, Ernst (1874-1945) Neokantiano alemão. Abdicou do cargo de prior de Hamburgo em 1933, ensinando posteriormente em várias universidades na Inglaterra e nos Estados Unidos. Sua principal ambição era desenvolver a obra de Kant para incluir uma teoria geral da cultura. Essa tarefa envolvia uma teoria geral da simbolização, e apesar de no seu tempo Cassirer ter sido influente em outras áreas, é conhecido sobretudo por sua investigação sobre as "formas simbólicas", apresentada em *Die Philosophie der symbolischen Formen* (1923-29), sua obra mais importante.

castigo O ato de uma autoridade que deliberadamente inflige prejuízo a alguém, ou que lhe retira alguns bens, em resposta à prática de um delito. Por vezes o castigo pode ser imposto a um animal, ou, ritualmente, a uma coisa inanimada. O problema filosófico em relação ao castigo consiste no fato de este ser uma forma de causar um tipo de prejuízo, ou a privação de um bem, o que faz com que ultrapasse as fronteiras éticas normais, exigindo por isso uma justificação ética específica. Os fatores mais importantes que têm sido apontados para tal justificação são os seguintes: (I) retribuição: se uma pessoa infligiu mal a alguém, então a justiça exige a retribuição (*ver também* justiça retributiva); (II) reparação: se uma pessoa fez algum mal a outra pessoa, então tem o dever de reparar a vítima, o que se consegue através de seu castigo; (III) reforma: o mal provocado ensina o transgressor a comportar-se melhor no futuro; (IV) dissuasão: o conhecimento das penas dissuade possíveis transgressores; (V) prevenção: um transgressor que é privado de uma oportunidade (e.g., por estar preso) não pode repetir o delito. Os elementos (III) e (IV) são muitas vezes associados a (V) numa perspectiva *utilitarista indireta, na qual se argumenta que uma sociedade que tenha uma boa instituição que confira castigos tem melhores condições de vida do que uma que não a tenha. Uma ideia mais popular entre os juízes do que entre os filósofos é a de que o castigo exprime pura e simplesmente a repulsa da sociedade por certo tipo de comportamento, não precisando de qualquer outra defesa. A dificuldade é que muitas vezes os juízes sentem repulsa em relação a demasiadas coisas, como, por exemplo, o cabelo comprido, a juventude ou a pobreza.

casualismo A doutrina segundo a qual todas as coisas e acontecimentos acontecem por *acaso.

casuística (do lat., *casus*: um caso) Abordagem dos problemas éticos na qual as circunstâncias de cada caso afetam a aplicação de regras gerais. Um casuísta é aquele que distingue e dispõe na devida ordem a relevância dos diferentes casos e regras. A obra *Resolutiones morales* (1659) do "príncipe dos casuístas", o espanhol Antonio Diana (1585-1683), discute cerca de vinte mil casos. O termo é muitas vezes usado pejorativamente por aqueles que acham que a casuística implica a multiplicação de distinções duvidosas, usadas além disso para defender veredictos morais tendenciosos e inconsistentes. Como disciplina, a casuística sofreu um declínio no século XVII com a emergência das perspectivas protestante e pietista da religião e da moral. No entanto, a "*ética de situações" abre o caminho para que se volte a prestar atenção às circunstâncias particulares de cada objeto de um veredito moral.

catarse Para *Aristóteles, a depuração (ou purificação) de emoções, como a piedade e o temor, que se dá ao senti-las num contexto estético, como o do teatro. A finalidade da tragédia é atingir essa purificação. De acordo com os primeiros escritos de *Freud, uma perturbação psicológica poderia ser atenuada através de um processo de catarse, quando o acontecimento traumático original que o causara fosse reconstituído, embora mais tarde ele tenha vindo a sustentar que outros fatores repressivos podem inibir esse resultado.

categoremática *Ver* sincategoremática.

categoria funcional Classe de objetos que se relacionam entre si por partilharem as mesmas funções: facas, garfos, colheres. Uma categoria funcional é frequentemente contrastada com uma *categoria natural, embora, sobretudo em biologia, não exista qualquer razão forte para que as categorias naturais não possam ser também funcionais: polegares, rins, pestanas.

categoria natural Quem acredita em categorias naturais sustenta que a própria natureza se encontra dividida em categorias e espécies diferentes, e que nossas atribuições e classificações têm de coincidir com essas divisões: segundo uma metáfora comum, temos de procurar "talhar a natureza em suas articulações". Os opositores dessa concepção destacam a natureza histórica, teórica e mutável dos processos de taxonomia ou classificação científica, insistindo que só vemos articulações onde as talhamos.

categorial Termo usado por *Locke (*Essay*, III. 3) e ressuscitado por *Strawson (*Individuals*, p.168) para referir um substantivo ou "predicável", como "homem", "mulher", ou "tigre", que fornece um princípio para individuar e contar exemplos de coisas de um tipo. "Manteiga" e "coisa" não são categoriais porque não há qualquer princípio que permita contar manteiga (ao contrário do que acontece com porções de manteiga) nem coisas (nunca podemos distinguir quando temos uma coisa ou duas). "Vermelho" não é um categorial, mas sim um adjetivo. *Ver também* termo contável.

categorias Uma preocupação permanente da filosofia tem sido descobrir se as categorias mais gerais do pensamento — tais como o espaço, o tempo, a realidade, a existência, a necessidade, a substância, a propriedade, a mente, a matéria, os estados, os fatos e os acontecimentos — são absolutos e universais, encontrando-se em todas as maneiras de pensar, ou se de certa forma são relativos e, em princípio, mutáveis. Nas *Categorias* e nos *Tópicos*, *Aristóteles enumera dez categorias: substância, quantidade, qualidade, relação, lugar, tempo, postura, estado, ação e paixão, mas não parece estar comprometido com o caráter definitivo dessa classificação. Ele defendia que qualquer termo "não combinado" numa frase representa uma dessas categorias (*ver também* parônimo). Os outros termos são auxiliares, mais tarde batizados de expressões sincategoremáticas, i.e., expressões que juntamente com as expressões categoriais formam uma frase. As expressões sincategoremáticas incluem as preposições e os conectivos lógicos. No pensamento *escolástico a lista de Aristóteles modificou-se, passando a incluir a substância, a quantidade (a maneira como um corpo é feito de outros e pela qual deve sua extensão à deles), a ação e a paixão de um corpo (sua atividade e passividade), as qualidades devidas à disposição das partes constitutivas, as propriedades espaciais e temporais e as relações.

A paixão de *Kant pela sistematicidade conduziu-o a uma divisão quaternária com três categorias em cada divisão. Abaixo da quantidade temos a unidade, a pluralidade e a totalidade; sob a qualidade temos a realidade, a negação e a limitação; debaixo da relação temos a inerência e a subsistência, a causalidade e a dependência e a reciprocidade entre agente e paciente; embaixo da modalidade temos a possibilidade, a existência e a necessidade. Poucas pessoas acreditaram, como Kant, que esta fosse uma divisão definitiva e realizada segundo princípios. Atualmente, a lógica de *Frege nos proporciona uma perspectiva mais clara das maneiras fundamentais através das quais a informação é construída, e sua análise da linguagem sugere a divisão muito geral entre conceito e objeto, mas não oferece por si mesma uma solução para os problemas de classificação dentro dessas duas categorias. Uma nova variante foi acrescentada pelo *Tractatus logico-philosophicus* (1921) de *Wittgenstein, no qual se sugere que as categorias fundamentais de uma linguagem se deixam revelar, mas suas relações e estrutura estão entre as coisas que não podem ser ditas. O problema de encontrar uma classificação fundamental dos tipos de entidades reconhecidos por certa maneira de pensar continua sem solução. *Ver também* disposição.

causa eficiente, final, formal e material *Ver* causas: materiais, formais, eficientes, finais.

causa imanente Na teoria *escolástica, um tipo de causa que reside no interior de algo, e opõe-se à causalidade que resulta de fatores externos. *Ver também causa sui.*

causa próxima/remota *Ver* cadeia causal.

causa remota Um acontecimento que precede outro numa *cadeia causal, mas que está separado deste por outros acontecimentos.

causa sui (lat., causa de si mesma). A propriedade (problemática), possuída apenas por Deus, de ser a Sua própria causa, i.e., independente de qualquer outra coisa, contendo todavia em Si uma explicação suficiente de Seu próprio ser. *Ver também* argumento cosmológico; argumento ontológico; perseidade.

causalidade Uma das áreas centrais de problemas metafísicos. A causalidade é a relação entre dois acontecimentos que se registra quando, dada a ocorrência do primeiro, esta produz, origina, determina ou torna necessária a ocorrência do segundo; do mesmo modo, podemos dizer que, logo que o primeiro ocorre, o segundo deve também ocorrer, ou que o segundo se segue ao primeiro. No entanto, não está claro se só os acontecimentos são relacionados causalmente: *Kant apresenta o exemplo de uma bala de canhão que, estando em cima de uma almofada, causa a sua forma, o que sugere que os estados de coisas, fatos ou objetos também podem estar causalmente relacionados. De qualquer modo, o problema central é compreender o elemento de obrigatoriedade ou de determinação do futuro. *Hume pensava que os acontecimentos, em si, são "soltos e separados"; mas como podemos, neste caso, conceber o poder que alguns têm para acarretar outros? A relação não parece ser perceptível, já que a percepção só nos dá (argumentava Hume) um conhecimento das regularidades a que os objetos obedecem de fato, não nos proporcionando qualquer contato com as conexões que determinam as regularidades. É claro que nossa concepção dos objetos comuns é largamente determinada por seus poderes causais, e que todas as nossas ações se baseiam na crença de que estes poderes causais são estáveis e fidedignos. Mas, embora a investigação científica possa nos oferecer regularidades mais abrangentes, profundas e fidedignas, parece incapaz de nos aproximar do "ter de" da necessitação causal. Alguns dos exemplos particulares de enigmas suscitados pela causalidade (e que são completamente independentes do problema geral de formar uma concepção do que é a própria causalidade) são os seguintes: como devemos compreender a interação causal que ocorre entre a mente e o corpo? Como pode o presente, que existe, dever sua existência a um passado que já não existe? Como devemos compreender a estabilidade da ordem causal? A *causalidade invertida é possível? A ciência precisa do conceito de causalidade, ou será este dispensável? *Ver também* conjunção constante.

causalidade do agente Um tipo supostamente especial de causalidade em que os agentes desencadeiam, ao agir, sequências de acontecimentos, sem que esse desencadeamento seja por sua vez causalmente determinado. *Ver* determinismo; libertarismo; livre-arbítrio.

causalidade invertida De acordo com a noção comum de um acontecimento causar outro inclinamo-nos naturalmente para conceber a causa como algo anterior ao efeito. No entanto, não é claro por que a ordem causal deve concordar desse modo com a ordem temporal. A possibilidade de uma causa ser temporalmente posterior ao seu efeito suscita problemas desconcertantes, mas nenhum deles parece tornar a ideia autocontraditória, e esta tem sido apresentada como uma maneira de abordar alguns fenômenos da *mecânica quântica. *Ver também* causalidade.

causalidade mnésica (do gr., *mnêmê*: memória) Relação causal entre um acontecimento prévio e o episódio subsequente de recordá-lo. O termo foi utilizado por *Russell mas não é muito comum, porque uma tal relação pode existir sem que a causalidade seja de um tipo especial, como, por exemplo, se supomos que a *memória é executada por traços no cérebro. O que há de especial é a relação entre o *conteúdo da memória e o acontecimento prévio.

causas: materiais, formais, eficientes, finais *Aristóteles distinguiu quatro tipos de causalidade. Se, por exemplo, pensarmos em algo produzido por um agente, como uma estátua, então a causa material é a substância ou material de que a estátua é feita; a causa formal é o contorno ou plano que determina a forma do resultado; a causa eficiente é a atividade pela qual o resultado foi produzido; e a causa final é aquilo em virtude do que o resultado é produzido, i.e., o fim a que essa produção se dirige. Embora as noções possam ser suficientemente claras nesse caso, sua aplicabilidade mais ampla é duvidosa. Existem casos claros de acontecimentos que pensamos serem causados (e.g., o clarão de um relâmpago), mas que não são feitos de qualquer material, não seguem um plano, não são o resultado de qualquer ação (pelo menos de uma ação inteligente), e aparentemente não têm qualquer finalidade. É muito provável que o tratamento da natureza de Aristóteles, de forma geral *teleológico, o levou a pensar que essas categorias têm uma aplicação mais ampla do que hoje cremos.

causas/razões *Ver* razões/causas.

caverna, mito da *Ver* mito da caverna.

cérebro O cérebro contém mais de 10^{11} neurônios, cada um interligado a mais de três mil outros, o que resulta em um número superior a 10^{14} conexões. Tendo em conta que cada conexão pode ter dez diferentes "pesos" ou níveis de ativação, o números de estados cerebrais distintos possíveis é assim de 10 elevado a 10^{14}. Por comparação, estima-se em míseros 10^{87} o números de partículas elementares existentes no universo. O progresso das *neurociências no conhecimento do funcionamento cerebral reforçou a urgência de conciliar a concepção científica, segundo a qual uma pessoa é um aglomerado de células interligadas, com a concepção pessoal de um eu singular unificado e consciente, sujeito a experiências e capaz de realizar ações racionais e voluntárias. Se essa conciliação não for possível, então a concepção científica excluirá a visão pessoal (*ver* eliminativismo), ou acabaremos num tipo qualquer de *dualismo em que o mental será distinto e adicional ao físico. Entre as posições que conciliam as duas teses estão o *funcionalismo e o *fisicalismo, ambas tentando mostrar como a explicação mental de acontecimentos é um complemento consistente com sua explicação física, não havendo assim rivalidade entre elas.

cérebro dividido, fenômenos do As funções cerebrais de pacientes que tiveram os dois hemisférios do cérebro separados são bem documentadas. A técnica consiste em cortar o corpo caloso, uma técnica cirúrgica conhecida como comissurotomia cerebral. Essa técnica foi inicialmente usada para controlar diversas disfunções, entre elas a epilepsia, e é um dos principais procedimentos utilizados no estudo da localização das funções do cérebro, mostrando por exemplo a dominância do hemisfério esquerdo em relação ao comportamento linguístico. Esses estudos também forneceram dados sobre os diversos níveis de funcionamento (e das diversas formas como ele pode correr mal) subjacentes às unidades correntes da experiência consciente.

A atenção filosófica sobre esses assuntos costuma ser simplificadora, com legitimidade ou não, para poder considerar a possibilidade de duas pessoas coabitarem no mesmo corpo, ou de uma pessoa, cujas funções são mantidas por cada um dos hemisférios, ser recolocada em dois corpos diferentes. Não há proximidade entre essas *experiências mentais e os fatos, pois apesar de a operação resultar numa consciência separada nas metades direita e esquerda dos campos visuais e auditivos, fora dessas experiências mentais os sujeitos precisam unificar sua experiência, e, exceto em casos de disfunção grave, conseguem fazê-lo, tal como o resto das pessoas.

cérebro numa cuba Uma versão atualizada, introduzida por *Putnam, da experiência de pensamento de *Descartes com o gênio maligno (*ver* dúvida metódica). Somos convidados a considerar a possibilidade cética de nossa experiência ser de fato produzida por um cérebro, preservado de certa maneira (numa cuba) e estimulado eletricamente para nos fornecer a experiência ilusória de viver a vida com a qual estamos familiarizados. Uma reação possível seria negar que isso seja sequer uma simples possibilidade lógica; outra reação é argumentar que mesmo que isso seja uma possibilidade lógica, sabemos que as coisas não são assim. Um argumento controverso de *Putnam tenta mostrar que a hipótese que afirma que eu sou um cérebro numa cuba se autodestrói, uma vez que se eu fosse tal e usasse a frase "Sou um cérebro numa cuba", não estaria me referindo a cérebros e cubas, e portanto não estaria exprimindo uma apreciação de minha verdadeira situação.

certeza e dúvida Consideramos uma proposição como uma certeza quando não temos dúvidas sobre sua verdade. Podemos errar ao fazer essa apreciação, ou fazê-la de modo pouco razoável; objetivamente, uma proposição é uma certeza quando a referida ausência de dúvida é justificável. A tradição filosófica do *ceticismo nega que seja possível atingir a certeza objetiva com frequência ou sequer num único caso, tanto no que diz respeito a todas as proposições, como quanto às proposições que pertencem a famílias suspeitas (as proposições da ética, as teóricas, as proposições acerca da memória, as empíricas etc.). Uma arma cética de peso advém da possibilidade de acontecimentos perturbadores lançarem dúvidas sobre aquilo que antes eram consideradas certezas. Outras armas são a divergência entre as opiniões humanas e o fato de as fontes das nossas certezas serem falíveis (*ver* Enesidemo). As teorias *fundacionalistas do conhecimento buscam um alicerce para a certeza, sobre o qual a estrutura dos nossos sistemas de crenças possa se basear. Outros filósofos rejeitam essa metáfora, procurando apoio mútuo e coerência, em vez de alicerces ou fundamentos. *Ver também* epistemologia; verdade como coerência.

ceticismo (do gr., *skepsis*: investigação ou questionamento) Embora o ceticismo grego se concentrasse no valor da investigação e da formulação de questões, o ceticismo é hoje a negação de que o conhecimento ou sequer a crença racional sejam possíveis, quer quanto a um assunto específico (e.g., a ética), quer quanto a todos os assuntos. O ceticismo nasce classicamente da observação de que os melhores métodos de investigação numa dada área parecem não ser suscetíveis de nos proporcionar um contato com a verdade (e.g., há um hiato entre a aparência e a realidade), e menciona frequentemente os juízos contraditórios que nossos métodos de investigação produzem, com o objetivo de mostrar que as questões acerca da verdade são insolúveis. No pensamento clássico, os vários exemplos desse conflito foram sistematizados nos dez tropos de *Enesidemo. O ceticismo de *Pirro e da Nova *Academia era um sistema de argumentação e ética que se opunha ao dogmatismo e, em particular, à tendência sistematizadora dos *estoicos. Tal como nos chegou, sobretudo nos fragmentos de *Sexto Empírico, seu método consistia tipicamente em apresentar razões que levassem a considerar que uma questão era insolúvel (os céticos dedicaram-se em particular a destruir a ideia estoica de que algumas verdades eram acessíveis por apreensão direta ou **katalêpsis*). Consequentemente, o cético recomenda a *epochê* ou suspensão do juízo, defendendo em seguida um modo de vida cujo objetivo era a **ataraxia*, i.e., a tranquilidade resultante dessa suspensão do juízo. Esse processo é frequentemente ridicularizado, por exemplo nas histórias relatadas por *Diógenes Laércio, segundo as quais Pirro teve de ser impedido de caminhar em direção a precipícios, de deixar pessoas atoladas em pântanos e coisas do gênero, uma vez que seu método o fazia duvidar de que os precipícios ou os pântanos existissem (essas lendas podem ter derivado de uma má interpretação de *Aristóteles, *Metafísica*, IV, 1008 b, que argumenta que, uma vez que os céticos não fazem tais coisas, eles na verdade aceitam as doutrinas que fingem rejeitar). De fato, os céticos antigos permitiam a confiança nos "fenômenos", reservando seu ceticismo para as crenças mais teóricas — embora nem sempre seja claro o que eram para eles os fenômenos.

Tendências céticas surgiram também, no século XIV, nos escritos de Nicolau de Autrecourt (fl. 1340). Suas críticas à possibilidade de obter qualquer certeza além da informação imediata dos sentidos e dos princípios lógicos básicos — em particular, de qualquer conhecimento, seja de substâncias intelectuais, seja de substâncias materiais —, anteciparam o ceticismo posterior de *Bayle e *Hume. Este último distingue entre o ceticismo pirrônico, ou seja, excessivo, com o qual considerava impossível viver, e um ceticismo mais brando, que aceita as crenças cotidianas ou do senso comum (embora não como provenientes da razão, mas antes como resultantes do hábito) mas que, ao mesmo tempo, desconfia justificadamente do poder da razão para nos proporcionar muito mais que isso. O ceticismo moderado aproxima-se, assim, da atitude encorajada pelos céticos antigos, desde Pirro a Sexto Empírico. Embora a expressão "ceticismo cartesiano" seja algumas vezes usada, o próprio *Descartes não era um cético, usando unicamente uma hipótese cética na sua *dúvida metódica, para começar o processo de procurar por uma base segura para o conhecimento. Descartes confia numa categoria de ideias "claras e distintas", não muito diferentes da *phantasia kataleptikê* dos estoicos.

O ceticismo não deve ser confundido com o *relativismo, que é uma doutrina sobre a natureza da verdade, e que pode ter como motivação justamente a tentativa de evitar o ceticismo. Não é, também, idêntico ao *eliminativismo, que recomenda o abandono completo de uma área do saber, não porque não possamos conhecer a verdade, mas por não existirem verdades que possam ser formuladas com os termos que usamos.

céu *Ver* caso Makropoulos; eternidade; inferno; *summum bonum*.

characteristica universalis (lat., linguagem universal) A linguagem ideal, projetada por *Leibniz, na qual as relações lógicas seriam tão transparentes que, quando as pessoas a usassem, não restariam questões insolúveis, mas unicamente a necessidade de "calcular". Esse ideal tem tido altos e baixos: ganha novo fôlego quando uma nova notação (e.g., a do cálculo lógico ou da *lógica moderna) bane velhas confusões, mas perde terreno quando parece que todas as linguagens têm de refletir formas de vida possivelmente confusas, em vez de serem fontes independentes de Iluminismo racional.

chi (chin., sopro, espírito vital, força) A força vital, em particular tal como é expressa pela combinação dos princípios passivos e ativos (**yin* e *yang*). Em algumas filosofias chinesas, o *chi* tem de certa maneira o papel da *forma aristotélica, sendo o que distingue e individua as coisas particulares e o que se perde com a morte ou dissolução de uma coisa. No *confucionismo, *chi* refere-se também a tudo o que é material ou corpóreo. *Chi* opõe-se frequentemente a **li*, ou princípio.

Chomsky, Avram Noam (1928-) Linguista, filósofo e ativista político norte-americano. Chomsky nasceu na Filadélfia, estudou em Pittsburgh com o linguista Zellig Harris e ensina no Massachussets Institute of Technology desde 1955. Seu livro *Syntactic Structures* (1957) é geralmente considerado a contribuição mais significativa para a linguística teórica da segunda metade do século XX. Chomsky acredita que a rapidez com que as crianças adquirem o domínio de sua língua materna não pode ser explicada pelas teorias da aprendizagem, implicando antes o reconhecimento de que existe uma disposição inata da mente, uma gramática não aprendida, inata e universal. Essa gramática fornece os tipos de regras que a criança reconhecerá como subjacentes aos exemplos de produções linguísticas com que é confrontada. Em vocabulário de computação isso quer dizer que se a criança não viesse "equipada" com o tipo adequado de suporte lógico ou **software*, não poderia apreender a gramática de uma língua tão bem como o faz. *Cartesian Linguistics* (1966) explicita as implicações antiempiristas e racionalistas dessa ideia. Críticos como *Ryle acusam o argumento de prestar muito pouca atenção à importância da imitação e da prática no processo de aprendizagem, e de procurar preencher o vazio apenas com "nuvens de glória biológica". Além da linguística, Chomsky tornou-se conhecido por sua oposição à Guerra do Vietnã, tendo sido na época, entre os acadêmicos, o principal crítico do governo dos Estados Unidos. *Ver também* gramática gerativa; ideias inatas.

chung-shu No *confucionismo, a consciência moral e o altruísmo. *Chung* significa o desenvolvimento completo do eu virtuoso, e *shu* quer dizer a extensão dessa mente a outras. *Ver também* altruísmo; amizade; *eudaimonia.*

cibernética (do gr., *kibernêtês*: arte de governar) Ciência dos sistemas de comunicação e controle.

Cícero, Marco Túlio (106-43 a. C.) Orador e estadista romano, filosoficamente importante, em parte, como divulgador das ideias gregas em latim, mas também por ter procurado promover a unidade entre a filosofia e a *retórica. A retórica permite que o estadista, formado para a sabedoria pela filosofia, prevaleça, ganhando o consentimento dos cidadãos livres. Cícero era um eclético, que via com simpatia o *estoicismo, os *peripatéticos e o *ceticismo da *Academia, mas se opunha ao sistema de *Epicuro. Exerceu uma influência considerável sobre os pensadores do *Iluminismo e, sobretudo, sobre *Hume.

ciência cognitiva O estudo científico dos processos de consciência, pensamento e organização mental, realizado frequentemente por meio de modelos computacionais ou pela pesquisa sobre *inteligência artificial.

ciência média *Ver scientia media.*

científico, método *Ver* metodologia.

cientismo Termo pejorativo para designar a crença de que os métodos das ciências naturais ou de que as categorias e coisas reconhecidas pelas ciências naturais, constituem os únicos elementos aceitáveis em filosofia ou em qualquer outra investigação. A afirmação clássica do cientismo deve-se ao físico E. Rutherford: "Há a física e há coleções de selos." O mesmo que cientificismo.

cinco vias, as Os modos de provar a existência de Deus formulados por *Tomás de Aquino (*Summa theologiae*, Ia 3; para se compreender a importância desses argumentos para Tomás de Aquino, todo o contexto que se estende de Ia 2 a 11 é significativo). As cinco vias são: (1) o movimento só pode ser explicado se existir um primeiro motor imóvel; (2) a cadeia de causas eficientes requer uma causa primeira; (3) o caráter contingente dos seres que existem no mundo exige uma existência de outra ordem ou, em outras palavras, algo cuja existência seja necessária; (4) as gradações de valor nas coisas do mundo requerem que exista alguma coisa que tenha um valor máximo, isto é, que seja perfeita; (5) o caráter ordenado dos acontecimentos aponta para uma causa final, ou seja, um fim para o qual todas as coisas se dirigem, e a existência desse fim exige um ser que o tenha criado. Todas as vias são *argumentos físico-teológicos. A segunda é um *argumento da primeira causa, e a primeira é a sua versão *aristotélica (aceita por *Averróis), que destaca as causas do movimento como algo que carece especialmente de um ponto de partida (*ver* motor imóvel). A terceira é uma versão do *argumento cosmológico, tal como formulado por *Avicena (e rejeitado por Averróis). A quarta é um *argumento dos graus de perfeição. A quinta é uma versão do *argumento do desígnio.

cínicos (do gr., *kynikos*: como um cão) Os "filósofos cães", provavelmente assim chamados devido à alcunha de *Diógenes de Sinope, seu fundador e membro mais proeminente. Na Antiguidade, os cães eram símbolos da falta de vergonha. Para os cínicos, a vida virtuosa consistia na independência obtida através do domínio dos desejos e necessidades: a felicidade exige que nada se deseje, para que não se sinta a falta de coisa alguma. Para encorajar as pessoas a renunciar aos desejos criados pela civilização e pelas convenções, os cínicos empreenderam uma cruzada de escárnio antissocial, na esperança de mostrar, pelo seu próprio exemplo, a frivolidade das ilusões da vida social. Sobre alguns dos resultados dessa atitude *ver* Crates; Diógenes; Hipárcia.

círculo cartesiano *Ver* dúvida metódica.

Círculo de Viena *Ver* positivismo lógico.

círculo hermenêutico Os problemas que surgem no processo de interpretação quando um elemento — em um texto, por exemplo — só pode ser compreendido a partir do significado de outros elementos ou do texto completo; e, mesmo assim, a compreensão destes outros elementos, ou do texto completo, pressupõe por sua vez a compreensão do elemento original. Cada um deles só pode ser compreendido à luz dos outros. De modo semelhante, podemos defender que o passado só pode ser comprendido à luz do presente e que o presente só pode ser compreendido com referência ao passado. Este fenômeno preocupou vários pensadores alemães, desde *Schleiermacher e *Dilthey até *Heidegger e *Gadamer. Na filosofia anglo-americana, emerge um problema semelhante a partir do *holismo do significado, mas em geral não se considera que daqui nasça uma dificuldade séria: como disse *Wittgenstein, a luz nasce gradualmente sobre o todo.

círculo vicioso Uma definição é viciosamente circular quando o termo a ser definido reaparece na definição, ou quando a noção que está sendo definida é implicitamente contida na definição. A definição "'*x* é bom' significa que pensamos que *x* é bom" é um exemplo da primeira. A definição "'*x* é bom' significa que as pessoas ideais gostam de *x*" é um exemplo da segunda, uma vez que apesar de a palavra "bom" não reaparecer, parece estar oculta na noção de uma pessoa ideal (= maximamente boa). Um raciocínio é condenado como viciosamente circular quando a conclusão está escondida de modo indevido nas premissas, ou é indevidamente necessária para se chegar à conclusão a partir das premissas (*ver também* petição de princípio). É muito difícil dizer em que casos a conclusão está indevidamente escondida nas premissas, uma vez que há um sentido no qual em todos os argumentos válidos (*ver* validade) a conclusão está oculta nas premissas. Entre os casos controversos de raciocínio circular em filosofia contam-se o suposto apelo a Deus feito por *Descartes para garantir que as ideias claras e distintas, que lhe permitiram demonstrar a existência de Deus, não o enganam, assim como o uso do fato de a *indução ter funcionado bem no passado como um argumento para supor que irá funcionar bem no futuro. Para o uso específico que *Russell faz do conceito, *ver* princípio do círculo vicioso.

círculo virtuoso Um círculo virtuoso é uma definição ou um argumento cuja circularidade é irrelevante para o fim em vista. Por exemplo, na definição "*x* é aborrecido se e somente se *x* parece aborrecido à maior parte das pessoas em condições normais", o termo "aborrecido" reaparece, mas a definição pode apesar disso ter um uso restrito, dependendo dos fins para os quais a identificação for necessária. *Ver também* círculo vicioso.

cirenaicos Escola de filosofia *hedonista fundada por *Aristipo de Cirene, que atingiu seu apogeu no final do século IV a.C. A doutrina central consistia em afirmar que o objetivo ou fim da ação deve ser o prazer particular do momento, as "sensações fortes" dos prazeres físicos, que são os fatos básicos de nossa vida. A razão é cultivada unicamente com o objetivo de maximizar a concretização de tais prazeres pelo agente. A atitude cirenaica antecipou a análise mais sutil de *Epicuro, e deve ter sido um alívio em relação às inflexíveis aspirações de *Platão e *Aristóteles.

citação O dispositivo principal que indica que as palavras estão sendo mencionadas em vez de estarem sendo usadas. *Ver* uso/menção.

Cixous, Hélène (1937-) Acadêmica e feminista francesa nascida na Argélia. Em 1974, Cixous tornou-se diretora do Centre de Recherche en Études Féminines da Universidade de Paris, em Vincennes. Está particularmente associada ao uso de temas psicanalíticos na teoria literária feminista. Embora muito identificada com o movimento "*Psych et Po*" (Psicologia e Política) na Paris literária dos anos 60 e 70, Cixous acredita, ao contrário de *Kristeva, numa forma particular de escrita feminina ou bissexual, semelhante ao canto e progressista, que reflete a natureza múltipla da libido e da sexualidade feminina. Analisou o papel do mito na representação da ordem patriarcal e escreveu romances e peças de teatro. *Dedans* (1969), *Révolutions pour plus d'un Faust* (1975) e *Le Livre de Prométhéa* (1983) são algumas de suas obras.

clarividência *Ver* paranormal.

Clarke, Samuel (1675-1729) Teólogo e racionalista inglês. Clarke estudou em Cambridge e tornou-se reitor de St. James, em Westminster, onde foi um sacerdote influente. É conhecido como *teólogo natural, e apresentou sua demonstração cosmológica da existência de Deus nas *Boyle Lectures* de 1704 ("A Demonstration of the Being and Attributes of God"). Apresentou no ano seguinte sua derivação das bases da moral a partir unicamente da razão natural ("A Discourse Concerning the Unchangeability Obligations of Natural Religion"). Ambas as obras constituíram alvos adequados para os filósofos naturalistas do *Iluminismo. Clarke é conhecido sobretudo pela sua defesa de *Newton (um amigo dos seus dias de Cambridge) contra *Leibniz, tanto no que concerne ao problema da existência do espaço absoluto (*ver* teoria do espaço absoluto), como no que diz respeito à correção do apelo a uma força de gravidade. A discussão está reunida em *The Leibniz-Clarke Correspondence* (organizada por H.G. Alexander, 1956). Clarke teve a última palavra (publicando a sua quinta resposta depois da morte de Leibniz), mas Leibniz venceu a discussão. Nas *Lettres philosophiques* (1734), *Voltaire descreve Clarke como uma "verdadeira máquina de raciocinar".

classe (lógica) Termo por vezes usado como sinônimo de *conjunto; no entanto, uma classe é diferente de um conjunto na teoria clássica dos conjuntos. Uma classe de coisas pode responder a uma única condição mas não formar um conjunto, se não se observarem várias restrições, construídas para evitar os *paradoxos lógicos. Intuitivamente, isso significa que, em geral, a classe nunca pode ser tratada como uma totalidade completa, embora em algumas teorias dos conjuntos as classes sejam totalidades completas, mas demasiado grandes para serem conjuntos; o paradoxo é evitado por não se permitir que essas classes sejam membros de outros conjuntos. *Ver também* axioma da separação.

classe social Classificação que divide uma sociedade em subconjuntos, definidos em termos de status, privilégios, lugar nos processos de produção econômica, acesso ao poder e à *autoridade e, às vezes, da identificação de si mesmo que um indivíduo faz nestes termos. Numa sociedade complexa, diferentes critérios de classe podem se contradizer: por exemplo, a classe alta tradicional pode estar relativamente empobrecida.

classicismo Perspectiva estética e cultural inspirada na admiração pelo que se pensa serem as qualidades clássicas: ordem, maturidade, harmonia, equilíbrio, moderação. Os principais modelos para as obras que se esforçam por atingir essas qualidades são as obras literárias, artísticas e arquitetônicas da Grécia e Roma antigas. No século XVIII, a procura desses ideais traduziu-se em regras de decoro deduzidas da *Poética* de *Aristóteles e da *Arte poética* de Horácio. A era augustana na Inglaterra estendeu-se desde o tempo de Dryden até meados do século XVIII, e incluiu muitas tentativas autoconscientes de imitar os poetas da era de Augusto em Roma (Virgílio, Horácio, Ovídio, Propércio). Na filosofia, *Hume é, na era augustana na Grã-Bretanha, o mais assumido dos grandes filósofos. No final do século XVIII, o espírito mais idiossincrático, livre e indomável do *romantismo rebelou-se contra o que classificou como as restrições artificiais do classicismo.

Cleantes (c.331-232 a.C.) Filósofo *estoico, segundo chefe da escola estoica. Situando-se entre *Zenão de Cício, o fundador, e *Crisipo, o "segundo fundador" da escola estoica, considera-se em geral que Cleantes ocupa uma posição relativamente menor. Contudo, seu *Hino a Zeus* contém uma elaboração da física estoica, explicando o fluxo em termos de um princípio de "tensão" (*tonos*) na substância subjacente do mundo. Representa o panteísmo estoico, e a concepção de vida ideal como a que é vivida de acordo com a natureza. Ele mesmo é conhecido como uma pessoa paciente e gentil, que não merece o epíteto de "o burro".

clinamen (lat., inclinação) No *atomismo de *Epicuro, é a "guinada" dos átomos, responsável pela introdução da indeterminação num sistema que, de outra forma, seria determinista.

cócegas As cócegas são frequentemente referidas como o exemplo puro da sensação, inteiramente identificadas com as **qualia* que fornecem, e sem *conteúdo ou peso informativo sobre o mundo. Contudo, a questão é mais complicada que isso, como se torna evidente ao notarmos que não podemos fazer cócegas em nós mesmos. O psicólogo Havelock Ellis (1859-1939) pensou nessa reação como uma defesa contra investidas sexuais prematuras, mas isso não explica por que sentimos cócegas na sola dos pés. Uma explicação sobre a essência de sentirmos cócegas é "a rápida interação entre os momentos de medo nascente e o alegre reconhecimento da inocuidade". *Aristóteles refere-se misteriosamente "àqueles que não sentem cócegas se primeiro tiverem feito cócegas a alguém" (*Ética a Nicômaco*, 1150 b 22). *Ver também* riso.

Cockburn, Catherine (1679-1749) Dramaturga precoce cuja maior parte das peças foram escritas e representadas durante sua adolescência. A primeira obra filosófica de Cockburn (1702) foi uma defesa anônima de *Locke contra a acusação de materialismo feita por Thomas Burnet (1635-1715). Em 1747 publicou a defesa do sistema moral racionalista de *Clarke. Uma coletânea de suas obras em prosa foi publicada em 1751.

coerentismo *Ver* fundacionalismo.

coextensivos Dois predicados são coextensivos se se aplicam exatamente às mesmas coisas.

cogito ergo sum (lat., penso, logo existo) *Ver* dúvida metódica.

cognição Os processos cognitivos são responsáveis pelo conhecimento e pela consciência. Incluem o processamento da experiência, da percepção e da memória, assim como o pensamento declaradamente verbal.

coisa em si Para o uso *kantiano, *ver* númeno. *Ver também* ser em-si/para-si.

Coleridge, Samuel Taylor (1772-1834) Este poeta inglês é importante para a história da filosofia por ter sido um dos principais introdutores da obra de *Kant, assim como do *romantismo alemão, na Inglaterra. Coleridge visitou a Alemanha em 1798 e iniciou um período de intenso estudo e assimilação de vários pensadores, entre os quais Kant e *Schelling. Como eles, Coleridge propôs uma teoria da salvação espiritual individual muito distante do simples *Iluminismo e da confiança *utilitarista na organização social e no progresso material.

coletivismo A teoria política que vê a coletividade como a unidade fundamental da autoridade social e que se opõe geralmente tanto ao *individualismo liberal como à autoridade mais ampla do Estado. Uma coletividade é uma associação de indivíduos que se autogoverna. Uma forma absolutista de coletivismo defende que nenhuma instituição ou pessoa que faça parte da coletividade pode ter direitos que se oponham a esta. *Ver também* totalitarismo.

coletivo Termo usado pelo matemático Richard von Mises (1883-1953) em *Probability, Statistics and Truth* (1957; a primeira edição alemã data de 1928) para uma sucessão de acontecimentos que constituem um "fenômeno de massa", ou seja, uma repetição suficientemente grande de uma causa subjacente, de maneira a poder servir de base para uma atribuição de probabilidade. Um número elevado de lançamentos de uma moeda não viciada, ou uma grande quantidade de pessoas que tomam um certo remédio, ou um número elevado de moléculas num gás que se encontra num determinado estado podem oferecer a base para um juízo de probabilidade, como, por exemplo, que a probabilidade de sair cara no lançamento de uma moeda é de 0,5, ou que a probabilidade de se sofrer um ataque de coração é 0,1, ou que a probabilidade de uma colisão com outra molécula num certo período de tempo tem um certo valor. Tratado matematicamente, um coletivo pode ser entendido como uma sucessão infinita de acontecimentos, em cada um dos quais a possibilidade de ocorrer um certo atributo é idêntica. A amostra matemática é uma idealização de amostras dadas empiricamente, que na verdade têm apenas números finitos de membros. *Ver também* teoria frequencista das probabilidades.

coletivo/distributivo Tomar uma classe de coisas coletivamente é diferente de tomá-las separada ou distributivamente. Não saber qual das duas se pretende pode ser fatal. A segunda emenda à Constituição norte-americana afirma que "sendo necessária uma milícia bem ordenada para a segurança de um Estado livre, o direito dos cidadãos à posse e porte de armas não será infringido", o que infelizmente é ambíguo quanto a saber se o que está sendo criado é o direito dos cidadãos, coletivamente, à posse e porte de armas (i.e., organizando-se a si próprios militarmente, ou sustentando uma milícia), ou o direito de cada indivíduo separadamente, mas não no seio de uma organização, a acumular seu arsenal. A distinção emerge em outras áreas da filosofia política quando sabemos o que cada pessoa prefere individualmente, mas somos incapazes de construir uma só *função de bem-estar social, que nos diga o que "eles" preferem como um todo ou coletivamente. *Ver também* dilema dos prisioneiros; teorema de Arrow; vontade geral.

Collingwood, Robin George (1889-1943) Filósofo e historiador inglês. Collingwood nasceu no condado de Lake e teve uma dupla carreira como historiador e filósofo. Tornou-se membro do corpo docente do Pembroke College de Oxford em 1912 e professor de filosofia em Oxford em 1924. No início de sua carreira, Collingwood pendeu para o *idealismo, simpatizando mais com *Bradley e *Croce do que com os realistas *Russell e *Moore, cujas interpretações superficiais dos filósofos tradicionais o exasperavam em especial. Sua investigação historiográfica o fez ter um interesse especial pela atividade de compreender e interpretar o passado — uma atividade que ele considerava ser limitada a continuar a compreensão e a interpretação que fazemos de nós mesmos; estas não se processam através da formulação de teorias, mas antes da identificação empática do problema tal como se imagina que ele tenha sido posto ao sujeito, e do reviver da deliberação que se imagina ter sido tomada (*ver também* teoria da simulação; *verstehen*). Collingwood introduz temas que foram retomados pelo segundo *Wittgenstein, como quando destaca o modo como o significado das frases é dado pelos problemas e questões práticas aos quais essas frases dão resposta. Collingwood também enfatiza a ideia de que o **a priori* é uma categoria histórica duvidosa e em constante mutação, e chama atenção especialmente para a noção *hegeliana segundo a qual as pessoas se descobrem, antes de mais nada, como membros de uma comunidade e não como indivíduos autossuficientes — o que remove o *acesso privilegiado da primeira pessoa na filosofia da mente. Na última fase de sua carreira, no *Essay on Metaphysics* (1940), Collingwood defendeu uma identificação total da metafísica com a história. A metafísica passa a ser o estudo descritivo dos "pressupostos absolutos" do pensamento e da ciência de uma época específica. *Speculum Mentis* (1924), *The*

Principles of Art (1938) e *The Idea of History* (1946) são alguns dos seus títulos mais importantes.

comensurável Duas coisas são comensuráveis se puderem ser ordenadas por uma medida comum. É um problema comum saber quando isso acontece: decidir se as *utilidades ou os estados de felicidade de duas pessoas podem ser medidos e comparados, por exemplo. Na filosofia da ciência diz-se que duas teorias são comensuráveis se as asserções de uma podem ser formuladas na linguagem da outra. Quando duas teorias são incomensuráveis pode não existir um ponto de vista neutro a partir do qual se consiga uma avaliação objetiva dos méritos de uma teoria em comparação com os da outra.

compatibilismo *Ver* livre-arbítrio.

compatível Duas proposições são compatíveis se ambas podem ser verdadeiras ao mesmo tempo, i.e., se não são mutuamente inconsistentes.

competência/desempenho Distinção, colocada em destaque por *Chomsky, entre o conhecimento que temos da língua que falamos e o uso que de fato fazemos desse conhecimento. A competência pode ser caracterizada como o sistema de regras gramaticais e semânticas que identificam uma língua e, num certo sentido, guiam o locutor que sabe essa língua; o desempenho é o uso altamente variável e idiossincrático que um dado indivíduo pode então fazer desse sistema. A distinção é similar a que foi feita por *Saussure entre *langue* e *parole*. A noção de competência é por vezes ampliada para cobrir o conhecimento implícito de outras matérias convencionais mas governadas por regras, como as formas da ficção ou da poesia.

competência narrativa O sistema de conhecimentos culturais, históricos ou textuais que um leitor traz para um texto e que torna possível a compreensão deste. Esse conhecimento é por vezes encarado como a posse de um roteiro ou de um estereótipo. Por exemplo, o leitor de um romance sabe o tipo de coisas que podem acontecer quando se vai a um restaurante. Assim, se lhe for dito que num restaurante as pessoas estão sentadas, o leitor presume que elas estão sentadas à mesa e não defronte a uma parede, que estão todas à mesma mesa, que estão sentadas em cadeiras e não no colo umas das outras e assim por diante. Nas pesquisas sobre inteligência artificial, o *problema do enquadramento enfatiza a necessidade onipresente desse tipo de conhecimento.

competição perfeita Ideal econômico no qual muitos compradores perfeitamente informados adquirem bens identificados e uniformes num mercado livremente suscetível de se expandir ou retrair. Os mercados reais afastam-se desse ideal em alguns ou em todos os aspectos; é controverso até que ponto isso invalida o uso da idealização.

complemento O complemento de um *conjunto S é a classe de objetos que não são membros de S. Na teoria padrão dos conjuntos o complemento de um conjunto não pode ser ele mesmo um conjunto: só as coisas que não pertencem a ele mas que obedecem a algumas restrições podem formar um conjunto. *Ver* axioma da separação.

completude Intuitivamente, um sistema lógico é completo se tudo o que queremos derivar é derivável nele. Assim, uma formalização lógica é completa se todas as formas válidas de argumento são deriváveis no sistema; um sistema concebido para codificar o raciocínio matemático é completo se todas as verdades matemáticas podem ser nele derivadas, e assim por diante. Apesar de, explicada nesses termos, a noção parecer completamente informal, é possível defini-la com mais precisão. Um sistema de lógica é completo no sentido introduzido por *Gödel se e somente se todas as fórmulas válidas bem-formadas são teoremas do sistema. Num sentido mais nítido, um sistema é completo se, para qualquer fórmula bem-formada A, ou A é um *teorema, ou o sistema se tornaria inconsistente se A lhe fosse acrescentado como axioma. *Ver* teorema(s) de Gödel; teoria dos modelos.

complexo de Édipo Processo pelo qual, segundo a teoria psicanalítica *freudiana, a criança normal do sexo masculino se sente sexualmente atraída pela mãe e, por isso, tem ciúmes do pai e deseja secretamente matá-lo. O sentimento de culpa natural que isso provoca origina o desenvolvimento do superego, ou seja, da consciência limitadora. À consciência feminina atribui-se uma origem simétrica, por vezes denominada complexo de Electra.

compossível *Ver* incompossível.

compreensão Ter uma palavra, uma imagem ou qualquer outro objeto em mente parece ser uma coisa, mas compreendê-lo é bastante diferente. Um dos principais alvos da segunda fase da obra de *Wittgenstein foi a posição que defende que essa compreensão é concretizada pela presença de uma outra coisa, como se as palavras fossem compreendidas quando são acompanhadas por ideias, por exemplo; Wittgenstein insiste que essa presença extra tão somente suscita de novo o mesmo tipo de problema. A melhor sugestão é afirmar que a compreensão deve ser concebida como a posse de uma técnica ou habilidade, e isso é o que quer dizer a expressão "o sentido é o uso". A ideia tem afinidades com o *pragmatismo e é hostil a compreensões inefáveis e incomunicáveis. *Ver também* linguagem privada; significado; *verstehen*.

comprometimento Em algumas filosofias da mente, um comprometimento pode ser tomado como algo que funciona de um modo ligeiramente diferente de uma crença. Uma pessoa pode estar comprometida com uma proposição, no sentido de se basear nela, ou no sentido de usá-la para estruturar explicações e previsões, mas com um espírito completamente *instrumentalista, sem supor, portanto, sua verdade. (*Ver* empirismo construtivo.) Podemos também chamar de comprometimentos as opiniões morais e estéticas que se opõem às crenças por serem tomadas como expressões de atitudes. *Ver* emotivismo; projetivismo.

compulsão Necessidade irresistível de agir de determinada maneira. O principal problema filosófico e legal levantado por esse conceito consiste em distinguir a compulsão de outras formas de pressão às quais de fato não se resistiu, mas a que, num certo sentido, se poderia ter resistido. É típico do determinismo rígido afirmar que não há razão para fazer tal distinção, mas a maior parte das teorias sobre a responsabilidade e a ação a reconhecem de uma forma ou de outra. *Ver* determinismo; livre-arbítrio.

computador Qualquer mecanismo capaz de executar uma sequência de operações predefinidas. À definição das operações chama-se programa. Um computador analógico realiza cálculos pela manipulação de variáveis físicas, como a voltagem e o tempo. Um computador digital opera sobre unidades distintas quase sempre representadas como "presença-ausência" (*on-off*), que indicam se o valor de uma variável binária é 0 ou 1. Os números e a informação são então representados pelo sistema binário. Do ponto de vista filosófico, a atenção suscitada pelos computadores tem a ver com a tentativa de se determinar em que medida as operações mentais podem ser adequadamente representadas como computações. *Ver também* conexionismo; inteligência artificial; máquina de Turing; máquina de von Neumann; quarto chinês.

computável *Ver* funções computáveis.

Comte, Auguste (1798-1857) Filósofo e sociólogo francês. Comte nasceu em Montpellier, estudou na École Polytechnique e tornou-se secretário de *Saint-Simon em 1817. Após 1826 viveu do ensino da matemática e de conferências privadas. Acreditava que a sociedade humana avança através de fases: a fase teológica/militar, a científica/industrial e a de transição ou metafísica, na qual situava a Europa de sua época. Também delineou três fases (a teológica, a metafísica e a positiva) na evolução de cada ciência. Contra o racionalismo de *Descartes, acreditava que cada ciência tem seu próprio método, e que seu desenvolvimento depende do nível histórico que atingiu. Por esse motivo, Comte ainda é uma figura importante para os pensadores que colocam o estudo histórico e empírico da ciência acima das tentativas racionalistas para ditar **a priori* como devem ser as ciências. Embora Comte seja considerado o fundador do *positivismo, em suas mãos este teve menos a ver com o *empirismo do que com uma atitude positiva (ou afirmativa) perante o estudo das relações sociais: foi Comte quem inventou o termo "sociologia". Após ter elaborado os seis volumes do *Cours de philosophie positive* (1830-42), Comte teve um esgotamento nervoso, mas ainda conseguiu escrever os quatro volumes do *Système de politique positive* (1851-54). Nos últimos anos de sua vida, dedicou-se a estabelecer uma religião da humanidade, onde se incluía um calendário de santos no qual figuravam Adam *Smith e Frederico, o Grande. O papa era ele próprio.

comunicação Transmissão de informação. A filosofia da comunicação compreende, entre outras, as seguintes questões: determinar se a comunicação é essencial ao pensamento, se devemos nos contentar em tomar as palavras como meros veículos de pensamentos e ideias independentes delas, e determinar o que distingue sistemas de comunicação rudimentares, como aqueles que os animais podem possuir, de uma linguagem totalmente dotada de significado.

comunismo Sistema socioeconômico baseado na posse e produção de bens comunal, no autogoverno coletivo e, às vezes, na vida comunal. A palavra de ordem "de cada um de acordo com suas capacidades, a cada um de acordo com suas necessidades" descreve sinteticamente a extinção dos mecanismos de troca do mercado.

comunitarismo Modelo de organização política que acentua os laços de afeto e de afinidade e a consciência de objetivos e tradição comuns, em oposição à frágil moralidade dos laços contratuais existentes em um aglomerado desconexo de indivíduos. Originalmente, o contraste foi apresentado pelo sociólogo alemão F. Tönnies (1855-1936) na sua obra *Gemeinschaft und Gesellschaft* (1887).

conação (do lat., *conatiône*: esforço) Os aspectos conatos da mente são os que se relacionam com a iniciativa da ação.

conceber Ter em mente, ou formar uma ideia sobre algo.

conceito O que é compreendido por um termo, em particular um predicado. Possuir um conceito é ter a capacidade de usar um termo que o exprima ao fazer juízos; essa capacidade está relacionada com coisas como saber reconhecer quando o termo se aplica, assim como poder compreender as consequências de sua aplicação. O termo "ideia" foi inicialmente usado da mesma maneira, mas é hoje evitado devido a suas associações com as imagens mentais subjetivas, que podem ser irrelevantes para a posse de um conceito. Na *semântica de Frege, um conceito é a referência de um predicado, e não pode ser referido por um termo-sujeito. *Ver também* conceito e objeto.

conceito e objeto Distinção na filosofia da linguagem de *Frege, explorada em "Do conceito e do objeto" (1892). Frege considerava os predicados como expressões incompletas, do mesmo modo que as expressões matemáticas para funções, tal como seno... ou logaritmo... são incompletas. Os predicados se referem a conceitos, que são, eles próprios, "não saturados", não podendo ser referidos por expressões na posição de sujeito (gerando-se então o paradoxo de que o conceito de um cavalo não é um conceito). Embora Frege tenha reconhecido a natureza metafórica da noção de não saturação de um conceito, tinha a convicção correta de que uma noção desse tipo é necessária para explicar a unidade das frases e para impedir que estas sejam concebidas como meras listas de nomes.

conceitos polares Conceitos que adquirem sua identidade em parte através de uma oposição recíproca: parecer/ser, luz/escuridão, físico/mental, individual/social, masculino/feminino ou **yin/yang* são exemplos possíveis. Surgem problemas filosóficos quando se pergunta se um dos elementos do par é fundamental: Qual é o conceito central cujo espaço vazio define o outro conceito? Surgem implicações éticas, por exemplo, quando se escreve como se a masculinidade fosse central e o feminino fosse "o outro".

conceitualismo A teoria dos *universais que os vê como sombras de nossa compreensão dos conceitos. O conceitualismo situa-se entre o *nominalismo absoluto, que sustenta que não há nada de comum nos objetos exceto o fato de lhes aplicarmos as mesmas palavras, e qualquer *realismo que conceba os universais como algo que existe independentemente de nós e de nossas aptidões.

concepção agostiniana da linguagem A teoria que *Wittgenstein atribui a *Agostinho, logo no início das *Investigações filosóficas*. Segundo essa teoria, as palavras individuais nomeiam os objetos, e as frases são combinações de nomes. Wittgenstein argumenta que essa teoria não consegue diferenciar tipos de palavras e envolve uma concepção excessivamente simples do uso da linguagem.

concepção galileana do mundo No início do século XVII houve uma mudança na atitude europeia perante a natureza, na qual se substituiu a concepção aristotélica por outra que, em sua essência, se mantém até hoje. O nome de *Galileu proporciona um rótulo conveniente para essa nova concepção do mundo, embora contemporâneos como *Descartes estejam igualmente envolvidos. Algumas das mudanças essenciais são: (I) a matematização ou geometrização da física. Galileu afirmou que "a filosofia está escrita no grande livro do universo, que permanece continuamente aberto ao nosso olhar. Mas esse livro não poderá ser compreendido até que se aprenda primeiro a entender a linguagem e as letras em que é composto. Está escrito na linguagem da matemática, e seus caracteres são os triângulos, os círculos e as outras figuras geométricas"; (II) a substituição da concepção aristotélica da natureza como organismo, semelhante a uma planta, animado por um **nisus*, uma força que o conduz para uma finalidade natural. Em seu lugar surge a nova imagem mecânica: a natureza transforma-se num relógio ou numa máquina; (III) A substituição das explicações aristotélicas fragmentares por teorias gerais; (IV) a substituição de uma confiança aristotélica nos sentidos por uma concepção do mundo na qual este pode ser muito diferente da maneira como o percebemos (*ver* cor; qualidades primárias/secundárias); e (V) a correspondente ênfase na autoridade primária da observação experimental, conduzida com critérios de precisão inteiramente novos.

conclusão O resultado ou juízo a que se chegou por um processo de raciocínio.

concreção *Ver* princípio da concreção.

concreto *Ver* abstrato/concreto.

concupiscência (do lat., *concupiscere*: desejar, ansiar) Na ética teológica, a concupiscência surge em três graus: pode abranger, em primeiro lugar, todos os desejos e apetites; em segundo lugar, os desejos que não são deliberados, mas que resultam de reações espontâneas da parte apetitiva das pessoas; em terceiro, aquilo que se opõe ativamente às decisões livres e racionais. Neste último sentido, a concupiscência é uma coisa completamente má. Na heresia *pelagiana inclui-se a ideia de que a concupiscência é inocente. *Agostinho opôs-se de forma ferrenha a essa ideia, e fundou a tradição que identifica a concupiscência com a luxúria carnal e, consequentemente, como um veículo para a transmissão do *pecado original.

condição de adequação material *Ver* convenção T.

condição necessária/suficiente Se p é uma condição necessária de q, então q não pode ser verdadeira sem que p seja verdadeira. Se p é uma condição suficiente de q, então, dada a verdade de p, q também é verdadeira. Assim, saber fazer curvas bem é uma condição necessária, mas não suficiente, para dirigir bem, uma vez que uma pessoa pode saber fazer curvas bem, mas dirigir mal por outras razões. Se a distinção não for observada podem surgir confusões. Por exemplo, a afirmação de que A causa B pode ser interpretada como significando que A é por si só uma condição suficiente de B, ou apenas que é uma condição necessária de B, ou ainda, talvez, que é uma parte necessária de uma condição suficiente mais vasta. As listas de condições a observar para satisfazer certos requisitos legais e administrativos com frequência tentam dar conjuntos de condições individualmente necessárias e conjuntamente suficientes.

condicional Qualquer proposição da forma "se p então q". A condição hipotética, p, é denominada antecedente da condicional e q é denominada consequente. Conhecem-se vários tipos de condicionais. A mais fraca é a *implicação material, que nos diz apenas que não p ou q. Condicionais mais fortes incluem elementos de *modalidade, correspondendo à ideia de que "se p é verdadeira, então q tem de ser verdadeira". A linguagem comum é muito flexível em seu uso da forma condicional, e discute-se se as condicionais devem ser analisadas semanticamente (dando origem a diversos tipos de condicionais com significados diferentes), ou pragmaticamente (caso em que há um único significado básico e as diferenças observáveis resultam de *implicaturas). *Ver também* condicional contrafactual; implicação estrita; implicação material; tese de Adam.

condicional contrafactual Por vezes conhecida como condicional subjuntiva, embora os termos não sejam exatamente coincidentes. Uma contrafactual é uma condicional da forma "se *p* tivesse acontecido, *q* teria acontecido", onde a suposição de que *p* contradiz o fato sabido de que não *p*. Tais asserções no entanto são úteis: "se você tivesse fraturado o osso, o raio X teria um aspecto diferente" ou "se o reator falhasse, esta luz se acenderia" são verdades importantes, mesmo quando sabemos que o osso não está fraturado ou temos certeza que o reator não vai falhar. A capacidade de serem suportadas por contrafactuais é, sem dúvida, uma característica distintiva das leis da natureza ("se este metal fosse aquecido, se dilataria"), ao contrário das generalizações acidentalmente verdadeiras. É óbvio que as contrafactuais não podem ser representadas pela *implicação material do cálculo proposicional, uma vez que uma tal condicional é verdadeira sempre que *p* é falsa — e portanto não haveria distinção entre contrafactuais verdadeiras e falsas.

Embora o imperfeito do subjuntivo indique uma contrafactual, em muitos contextos não parece ser muito importante que usemos essa forma: "se você ficar sem água terá problemas" parece equivalente a "se você ficasse sem água teria problemas". Em outros contextos há uma grande diferença: "Se Oswald não assassinou Kennedy, alguém o fez" é claramente verdadeira, ao passo que "Se Oswald não tivesse assassinado Kennedy, alguém o teria feito" é com muita probabilidade falsa.

O tratamento moderno mais conhecido das contrafactuais foi proposto por David *Lewis, que as avalia como verdadeiras ou falsas conforme *q* seja verdadeira ou falsa nos mundos possíveis "mais parecidos" com o nosso nos quais *p* é verdadeira. A escala de semelhança de que essa teoria necessita tem-se revelado controversa, em particular porque pode precisar da suposição de uma certa noção de identidade de leis da natureza, enquanto que parte do interesse nas contrafactuais reside justamente no fato de prometerem lançar luz sobre aquela noção. É cada vez mais aceita a ideia de que classificar condicionais é uma tarefa muito problemática, e que categorizá-las como contrafactuais ou não pode ter uma utilidade muito limitada.

condicionamento De acordo com o *behaviorismo na psicologia, o condicionamento é o modo como novas conexões entre estímulo e resposta são aprendidas, formando assim o paradigma básico da aprendizagem. Apresenta-se sob duas formas. No condicionamento clássico ou pavloviano (conhecido como condicionamento de tipo S), um animal (por exemplo, um cão) passa a associar um sinal neutro com outro que já produza um resultado, tendo como consequência que o próprio estímulo, até então neutro, passa a produzir esse resultado. No caso mais famoso, após ficar associada à presença de comida na boca (o estímulo não condicionado), a campainha (o estímulo condicionado) estimula o cão a salivar (a resposta condicionada). No condicionamento instrumental ou operativo, o animal aprende a fazer algo que produz o resultado. A tese behaviorista básica consiste na afirmação de que esse tipo de associação tem suas próprias leis e pode ser estudado sem que seja preciso postular que o animal adquiriu conhecimento ou passou a ter uma expectativa acerca de algo. A tese afirma que a relação entre o estímulo e a resposta é essencialmente simples e passiva, dependendo apenas da contiguidade temporal entre o estímulo e a recompensa, e que não há necessidade de postular qualquer *cognição no animal. Essa tese não é, contudo, confirmada pela experiência: por exemplo, um animal pode ou não praticar uma ação que aprendeu a partir de um estímulo, dependendo da intensidade de seu desejo em obter o resultado provável dessa ação.

condições de felicidade Na teoria dos *atos de fala, são as condições que fazem com que uma elocução seja uma contribuição bem-sucedida para uma conversa. Entre elas incluem-se aspectos muito delicados da dinâmica da conversação, as relações entre os participantes etc. Um ato de fala pode ser infeliz mesmo sem consistir na afirmação de uma falsidade: pode ser irrelevante, grosseiro ou deliberadamente desconcertante. *Ver também* implicatura.

condições de verdade A condição de verdade de uma afirmação é a condição que o mundo tem de satisfazer para que a afirmação seja verdadeira. Conhecer essa condição é a mesma coisa que conhecer o significado da frase. Embora isso pareça proporcionar uma base sólida para o significado, algumas das nossas certezas esvaem-se quando percebemos que a condição de verdade só pode ser definida através da repetição da própria afirmação: a condição de verdade de "a neve é branca" é a de que a neve seja branca; a condição de verdade de "se Hitler tivesse invadido a Inglaterra, a Inglaterra teria se rendido" é a de que a Inglaterra teria se rendido se Hitler a tivesse invadido. É discutível se esse elemento supérfluo impede que as condições de verdade desempenhem o papel central numa teoria substantiva do significado. As teorias do significado baseadas na noção de condições de verdade opõem-se, algumas vezes, à tese segundo a qual saber o significado de uma afirmação é ser capaz de utilizá-la numa rede de inferências.

condições necessárias e suficientes *Ver* condição necessária/suficiente.

Condillac, Étienne Bonnot de (1715-80) Filósofo da mente francês. Condillac nasceu em Grenoble e, apesar de originalmente ter recebido formação eclesiástica, tornou-se um dos discípulos e intérpretes mais importantes da filosofia *empirista de *Locke e da revolução científica de *Newton (diz-se que apesar de ter usado batina até o fim da vida, só teria celebrado missa uma vez). Ao seu *Essaie sur l'origine des connaissances humaines* (1746) seguiu-se o *Traité des sensations* (1754), que tentava responder *Diderot, que o acusava de professar um *idealismo subjetivo. Nesse tratado, Condillac desenvolveu pela primeira vez uma *fenomenologia da percepção exterior, mostrando que a sensação não é uma presença inerte, mas que antes faz parte de um envolvimento ativo com o mundo exterior. É através do desenvolvimento da sensação cinestésica e tátil, e das sensações de pressão e de oposição física, que nasce o conceito de um mundo exterior. A sensação do tato é a mestra dos outros sentidos.

Condorcet, marquês de (1743-94) Matemático e sociólogo francês. Condorcet estudou sob a orientação de jesuítas e tornou-se, em 1776, secretário permanente da *Académie des Sciences*, graças à sua obra matemática. Os louvores (*éloges*) que dedicou aos membros falecidos da Academia são documentos exemplares do *Iluminismo francês. Condorcet acreditava no progresso e na possibilidade de aperfeiçoamento da humanidade, com o auxílio da aplicação dos métodos matemáticos às ciências morais e políticas. Seu *Essai sur l'application de l'analyse à la probabilité des décisions* (1785) foi um exemplo precoce de uma longa tradição francesa de tratamento matemático das ciências sociais (*ver também* Laplace; métodos da inversão; paradoxo dos eleitores; regra da sucessão). Sua outra grande obra é o otimista, e mesmo visionário, *Esquisse d'un tableau historique des progrès de l'esprit humain* (1795), muitas vezes citado como um dos alvos de *Malthus.

conectivo Na lógica formal, um conectivo é um elemento de uma frase que junta partes de tal maneira que as propriedades lógicas do todo são uma função definida das propriedades lógicas das partes. Os conectivos mais familiares são os que exprimem as *funções de verdade.

conexa *Ver* relação de ordem.

conexionismo Perspectiva segundo a qual uma das formas mais notáveis e plausíveis de modelar processos cognitivos consiste em utilizar arquiteturas computacionais de processamento distribuído em forma paralela ou conectiva. Nesse tipo de sistema, os dados de entrada (*inputs*) são introduzidos em certas células de um dado nível. Cada uma dessas células está conectada a uma camada intercalar de células, ou unidades ocultas, as quais por sua vez produzem o resultado.

Um sistema desse gênero pode ser "treinado" através do ajustamento dos fatores de ponderação que as unidades ocultas atribuem a cada sinal recebido das células anteriores. O treino é realizado pela "retropropagação de erros", isto é, se o resultado está incorreto, a rede faz o ajustamento mínimo necessário para o corrigir. Esses sistemas conseguem produzir reações diferenciadas de grande sutileza. Por exemplo, um sistema pode aceitar como dados frases escritas em português e produzir fala corretamente articulada. Os proponentes dessa perspectiva assinalam também que

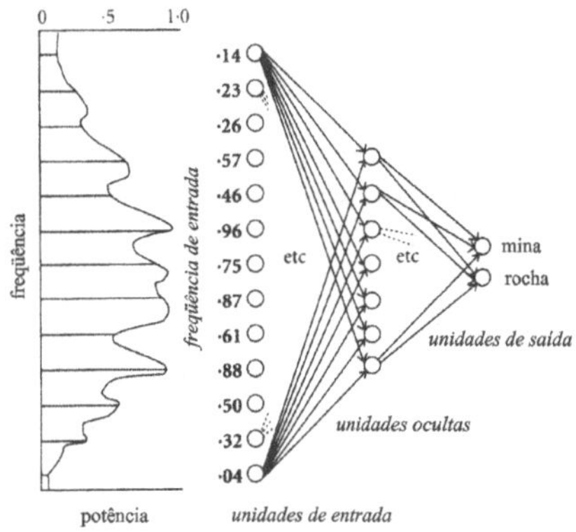

existe uma certa semelhança entre as redes e as camadas de células que constituem o *cérebro humano e que, tal como nós, mas de forma diferente do que acontece com os programas de computador convencionais, as redes perdem capacidade de forma progressiva, no sentido em que, em virtude de um defeito localizado, tendem a tornar-se menos precisas em vez de parar de funcionar. Existe atualmente alguma controvérsia sobre a questão de saber se é possível chamar as reações diferenciadas apresentadas pelas redes de reconhecimento, e em que medida as funções cognitivas que não sejam de reconhecimento (onde se incluem as capacidades linguísticas e as computacionais) podem ter um tratamento adequado através desse tipo de abordagem.

configuracionismo *Ver* Gestalt.

Confúcio (551-479 a.C.) (do chin., *K'ung fu-tzu*: venerável mestre K'ung) Confúcio nasceu em Shantung, de origem pobre, e veio a ser um dos maiores administradores de sua província natal. Em 496 a.C. começou um período de vida errante, com a intenção de convencer os vários soberanos com que se encontrava a praticarem suas doutrinas morais. Após voltar a fixar-se, tornou-se o mais célebre professor de poesia, história e filosofia moral da história chinesa. Suas máximas foram reunidas por alunos no *Lun Yü* ou *Analetos*, que formam a fonte principal para sua filosofia.

Confúcio viveu numa época de grande desordem civil, quando diversos déspotas disputavam o poder da moribunda dinastia Chou. Sua filosofia tem por objetivo a introdução de princípios morais no exercício do poder político: substituir o governo da força pelo governo da virtude. Ao cultivar a humanidade (**jen*), as pessoas tornam-se elevadas em suas vidas públicas e privadas, e quando todos os indivíduos a cultivarem, a felicidade será conquistada. Fazer isso exige observar as regras do que é apropriado (**li*) na vida social, o que faz com que o confucionismo defenda também a importância moral das formas tradicionais existentes de ordem social. *Li* é o princípio que canaliza o respeito pelos outros e pelo mundo, e que regula a natureza humana. A Via (**tao*) consiste em viver no seio da ordem social, adotando as virtudes apropriadas a filhos, mães, governantes etc.

confucionismo A filosofia prática derivada dos ensinamentos de *Confúcio, influente na China e em outros países do Extremo Oriente. O confucionismo foi a ortodoxia estatal da China até a revolução de 1911. Ensina que para encontrar a harmonia devemos praticar a piedade e o respeito, o ritual religioso e a integridade. Desenvolvido por discípulos como *Mêncio, o confucionismo enfatiza a bondade humana (e o direito de rebelião contra os que a contrariam, tais como os governantes injustos), ao mesmo tempo que sua veneração pela erudição, pelo estudo, pela poesia, pelo cerimonial e pela música o aproximam dos ideais *platônicos e *aristotélicos de contemplação e sabedoria.

conhecimento *Ver* epistemologia.

conhecimento médio *Ver scientia media.*

conhecimento por descrição *Ver* contato e descrição.

conjectura de Goldbach Conjectura feita em 1742 pelo matemático alemão Christian Goldbach, segundo a qual qualquer número ímpar maior que 2 é a soma de dois números primos. Não se sabe se isso é verdade ou não.

conjunção A conjunção de duas proposições p, q é a proposição $p \wedge q$. Esta é verdadeira se e somente se ambas, p, q, forem verdadeiras. Os medievais tentaram determinar se existem outros tipos de conjunção sujeitos a condições mais fracas, uma vez que um livro é a conjunção das asserções que contém, apesar de parecer inadequado afirmar que é completamente falso se uma delas for falsa. *Ver também* função de verdade.

conjunção constante Dois acontecimentos A e B estão constantemente conjugados se um ocorre sempre que o outro ocorre. Segundo a teoria da *causalidade como conjunção constante, muitas vezes atribuída a *Hume, essa relação traduz o significado da afirmação de que uma coisa causa outra, ou, se por causalidade quisermos expressar algo mais, a afirmação anterior é, no entanto, tudo o que se pode entender ao falarmos de causalidade.

conjuntamente suficientes *Ver* condições necessárias/suficientes.

conjunto Intuitivamente, um conjunto é uma coleção de entidades, chamadas de membros ou elementos; o próprio conjunto é considerado um objeto individual. O princípio fundamental da teoria dos conjuntos é o princípio da extensionalidade: dois conjuntos são idênticos se tiverem os mesmos membros. A união de dois conjuntos é o conjunto $A \cup B$ que tem como membros todas as coisas que fazem parte de A ou de B (ou de ambos). A interseção de A com B, $A \cap B$, é o conjunto de coisas que são membros de ambos. Dois conjuntos são disjuntos se não tiverem membros comuns. O complemento de um conjunto B num conjunto A, A - B, é o conjunto dos elementos de A que não estão em B. Um conjunto A é subconjunto de um conjunto B quando todas as coisas que pertencem a A também pertencem a B. Isso faz com que A seja um subconjunto de si próprio; um subconjunto de A que não seja idêntico a A é um subconjunto próprio de A. Todos os conjuntos são membros da hierarquia cumulativa dos conjuntos. Para obtê-la, começamos com uma lista de elementos (átomos): coisas que não sejam conjuntos (caso isso nos pareça matematicamente impuro, podemos começar com $\varnothing$, o conjunto vazio). No nível mais baixo, temos o conjunto de todas essas coisas. No nível seguinte, acrescentamos todos os conjuntos de átomos; em cada nível, temos tudo o que já havia no nível precedente mais todos os conjuntos formados a partir dessas entidades. Tomamos então a união infinita de todos esses conjuntos e continuamos "sem parar". Se começarmos com o conjunto vazio no nível mais baixo, cada nível imediatamente acima é, de fato, o *conjunto-potência do conjunto que constitui o nível precedente.

conjunto finito Intuitivamente, um *conjunto cuja contagem pára em algum ponto. Formalmente, um conjunto cujos membros podem ser colocados numa *correspondência biunívoca com os membros do conjunto de todos os números naturais menores que um número dado.

conjunto infinito (ou coleção, ou número) *Ver* numerável/não numerável.

conjunto-potência (ou conjunto das partes) O conjunto-potência de um conjunto S é o conjunto de todos os subconjuntos de S. *Ver também* teorema de Cantor.

conjunto união Conjunto de todos os membros dos membros de um conjunto. Termo alternativo para a *união de um conjunto.

conjunto unitário O conjunto unitário de x é o conjunto cujo único membro é x. O conjunto unitário não deve ser confundido com seu membro: por exemplo, o conjunto unitário do conjunto dos dias da semana tem um membro, mas este é, por sua vez, um conjunto com sete membros.

conjunto vazio O *conjunto que não tem elementos (só existe um, porque os conjuntos só são diferentes quando diferem quanto a seus elementos). A existência desse conjunto como objeto matemático é intrigante se estivermos (incorretamente) inclinados a visualizar um conjunto como uma espécie de amontoado.

conotação/denotação Par de termos associados a J.S. *Mill, que marcam em grande parte a mesma distinção que o par intensão/extensão, atualmente mais usado. A denotação de um termo singular é o objeto por ele referido; a denotação de um predicado é o conjunto de objetos que o satisfazem. A conotação é o significado abstrato, o princípio ou a condição pelos quais algo é selecionado como o que é denotado pelo termo.

consciência Possivelmente a fonte de problemas mais penetrante e provocante de toda a filosofia. Nossa própria consciência parece ser o fato mais básico com que nos confrontamos; no entanto, é quase impossível dizer o que é a consciência. A minha consciência é igual à sua? Nossa consciência é igual à dos animais? Será que as máquinas podem vir a ter consciência? É possível existir consciência incorpórea? Sejam quais forem os complexos processos biológicos e neurais que ocorrem nos bastidores, é a minha consciência que me oferece o palco para minhas experiências e pensamentos, no qual sinto meus desejos e formo minhas intenções. Mas como posso então conceber o "eu" que é o espectador desse teatro? Uma das dificuldades em pensar sobre a consciência consiste no fato de seus problemas não parecerem ser científicos; *Leibniz comentou que mesmo que pudéssemos construir uma máquina capaz de pensar e sentir, e a fizéssemos do tamanho de um moinho, para assim podermos examinar o trabalho de suas partes tão minuciosamente quanto quiséssemos, não encontraríamos a consciência (*Monadologia*, par.17), concluindo por isso que a consciência reside em objetos simples e não em objetos complexos. Mesmo que estejamos convencidos de que a consciência emerge de alguma maneira da complexidade do funcionamento do cérebro, podemos ainda assim nos sentir desconcertados por não saber como isso acontece, ou por que acontece precisamente dessa maneira.

A natureza da experiência consciente é o maior obstáculo ao *fisicalismo, ao *behaviorismo e ao *funcionalismo na filosofia da mente: segundo seus adversários, só se pode acreditar em todas essas perspectivas se se fingir estar num estado de permanente anestesia. Mas muitos filósofos estão convencidos de que podemos dividir para conquistar: podemos progredir dividindo o eu em diferentes capacidades, e reconhecer que em vez de um único eu ou observador é melhor pensar num turbilhão de atividade cerebral relativamente não direcionada, sem qualquer teatro, luzes ou, sobretudo, qualquer espectador interior.

consciência moral A consciência que os seres humanos possuem de que uma ação é moralmente prescrita ou proibida. Na tradição cristã a natureza dessa consciência e seu status como conhecimento é um problema central. Por um lado, é um pecado agir contra a nossa própria consciência; por outro, a consciência pode nos iludir, uma vez que podemos estar enganados acerca do que é prescrito ou proibido. *Tomás de Aquino explica o problema: "Se é mau tanto obedecer como desobedecer a uma consciência equivocada, parece que os homens com consciências equivocadas foram apanhados numa armadilha e não podem evitar o pecado" (*Suma teológica*, IaIIae 19. 6). A solução é distinguir os erros de consciência que são voluntários ou condenáveis dos que são involuntários: no primeiro caso somos responsáveis, no segundo, só agimos mal sem o saber. O problema da autoridade da consciência tornou-se premente com o nascimento da ética protestante, na qual esta tem o papel até então reservado à autoridade independente da Igreja. *La Mettrie e *Nietzsche, que encaravam a má consciência como uma espécie de doença, foram alguns dos críticos dessa noção.

consciência sensível *Ver* experiência.

consentimento Uma preocupação fundamental da teoria política do *liberalismo consiste em determinar o lugar do consentimento na legitimação das práticas sociais e políticas. A coerção, a exploração, a fraude, o dolo e talvez outras categorias mais gerais relativas ao tratamento das pessoas como meios implicam a ausência do consentimento de alguém. De forma inversa, transações justas ou aceitas implicam consentimento real ou virtual das partes envolvidas. Para eliminar o problema óbvio de as pessoas poderem ser limitadas pelas leis de um país sem que tenha havido um momento de consentimento efetivo, *Locke desenvolveu uma teoria do consentimento tácito. Hoje é mais comum, no entanto, o conceito de consentimento potencial, ou seja, de uma situação tal que, nas circunstâncias apropriadas, um sujeito a consentiria (ou poderia fazê-lo) racionalmente. É possível conceber toda a estrutura moral e política como uma construção sobre a ideia daquelas interações a que uma pessoa poderia racionalmente consentir, embora o desenvolvimento desse tema exija a compreensão da motivação, bem como do conhecimento, racionalidade e situação do agente. *Ver também* contratualismo; Rawls.

consequência (lógica) Uma proposição q é uma consequência lógica de outras proposições $p_1 \ldots p_n$ *quando é impossível que q seja falsa* *admitindo-se que p1...pn são verdadeiras. Ver teoria da demonstração; teoria dos modelos.*

consequencialismo A ideia de que o valor de uma ação provém inteiramente do valor de suas consequências. Opõe-se tanto à noção de que o valor de uma ação pode derivar do valor do tipo de pessoa que a realiza (corajosa, justa, moderada etc.), como à ideia de que seu valor pode ser intrínseco, pertencendo-lhe unicamente como ato de dizer a verdade, de cumprir promessas etc. A primeira é a opção explorada pela *ética da virtude e a última pela *ética deontológica. O consequencialismo precisa identificar alguns tipos de consequências cujo valor não seja derivado das ações, residindo antes, por exemplo, em estados de prazer ou de felicidade, considerados como fins para os quais as ações são meios. A oposição a essa maneira de ver a ética pode começar com a questão de saber se há estados desse tipo, que valem por si, dado que geralmente sentimos satisfação e prazer ao agir, não sendo possível separar o prazer, como um fim, da ação, como um mero meio. Os críticos também fazem notar o modo como uma parte significativa da vida ética consiste em "olhar para trás" (vendo se a ação falta à promessa, abusa do poder, trai a confiança de alguém etc.) mais do que, exclusivamente, em "olhar para a frente", como o consequencialismo implica. *Ver também* prazer; utilidade; utilitarismo.

consequente *Ver* condicional.

conservadorismo Originalmente, em *Burke, uma ideologia da prudência quanto à tentativa de nos separarmos das raízes históricas de uma sociedade, ou de mudarmos as tradições e instituições herdadas. Na sua forma "orgânica", inclui a fidelidade para com a tradição, a comunidade, as hierarquias sociais, o paternalismo benevolente e a aceitação da existência de classes baixas convenientemente subservientes. Por outro lado, pode também considerar-se que o conservadorismo implica uma ideologia **laissez-faire* própria do *individualismo sem restrições, que põe a ênfase na responsabilidade pessoal, no mercado livre, no direito e na ordem, e num papel minimalista do Estado, sem que a comunidade, a tradição ou a benevolência desempenhem um papel significativo. Essas duas linhas de pensamento não são facilmente conciliáveis, nem na teoria nem na prática.

consiliência (do ing., *consilience*) Conceito da filosofia da ciência descrito pela primeira vez por *Whewell, especialmente na obra *Philosophy of Inductive Sciences* (1840). Whewell esclareceu o processo pelo qual as inferências *indutivas "conectam" os fatos pela formação de novas ideias. Desse modo, conjuntos independentes de dados podem conectar-se para apoiar uma conclusão cuja credibilidade total se torna assim maior do que a oferecida por qualquer conjunto de dados individual. Uma boa hipótese, além de prever fatos de diversos tipos, mostra-nos que há uma unidade fundamental subjacente à diversidade. Embora Whewell tenha talvez sido demasiado otimista ao pensar que existe uma única concepção unificadora "certa" a ser encontrada em qualquer ramo da ciência, as virtudes por ele apontadas são extremamente importantes.

consistente/inconsistente Intuitivamente, um grupo de proposições é inconsistente se não puderem ser todas verdadeiras ao mesmo tempo. Na lógica formal definem-se várias outras noções. Um sistema é consistente se não implica uma fórmula e sua negação, ou se nem todas as suas *fórmulas bem-formadas são demonstráveis. *Ver também* ômega-consistente.

constante Um termo num *cálculo lógico ao qual as *interpretações atribuem um significado fixo, ao contrário de uma letra esquemática ou de uma variável.

constantes lógicas As expressões selecionadas para indicar a *forma lógica de uma frase. Uma frase tem um papel específico na inferência em virtude de uma estrutura que pode ser exibida por meio dessas expressões. As constantes lógicas básicas incluem expressões para as *funções de verdade $\wedge$, $\vee$, $\rightarrow$, $\leftrightarrow$ e $\neg$, os *quantificadores ($\exists$) e ($\forall$), e a relação de identidade =. Os parênteses, ( ), que indicam o *escopo ou alcance das funções, podem contar como constantes lógicas. Concepções mais ricas da forma lógica incluem outras constantes: a *lógica modal inclui os operadores: $\Box$ e $\Diamond$, e a lógica temporal inclui operadores que significam o passado, o presente e o futuro. *Ver* Apêndice: símbolos lógicos.

constativo Termo usado por J.L. *Austin para denotar um *ato de fala com o qual se declara que algo se verifica, em oposição à prática de outros atos.

constitutivo/regulativo Distinção utilizada por *Kant para reconciliar o conflito da razão consigo mesma (conflito ilustrado nas *antinomias da razão pura). Os princípios regulativos são *máximas do pensamento que resultam de nosso interesse numa "certa perfeição possível" do conhecimento de um objeto. Os princípios constitutivos determinam como as coisas têm de ser, e resultam da apreensão de sua natureza. Quando uma máxima, como a que nos diz que tudo deve ter uma causa, é aplicada constitutiva e universalmente, surgem as antinomias. A distinção foi retomada por J.R. Searle, filósofo norte-americano do século XX, para descrever como as regras (como as do xadrez, por exemplo) podem, além de regular uma atividade, constituí-la de fato.

construção *Ver* construção lógica; demonstração/definição construtiva.

construção lógica Mostrar que As são construções lógicas a partir de Bs é mostrar que fatos sobre As se reduzem a fatos sobre Bs, ou que tudo o que se diz com o vocabulário usado para falar de As pode ser dito de uma maneira mais básica ou fundamental através da referência apenas a Bs. Assim, direitos são construções lógicas a partir de deveres se tudo o que dissermos acerca dos direitos puder ser dito de modo mais elucidativo referindo-nos apenas a deveres. O *behaviorismo pretende mostrar que a mente é uma construção lógica a partir do comportamento, o *fenomenismo que a matéria é uma construção lógica a partir da experiência. No entanto, os modos de tradução necessários para tornar essas teorias críveis não têm, aparentemente, tido sucesso; outras maneiras de relacionar esses diferentes vocabulários têm merecido maior aceitação: *ver* holismo; reducionismo.

construtivismo *Ver* demonstração/definição construtiva.

consubstancial Feito de uma e da mesma *substância. Um conceito especialmente necessário na teologia cristã, porque garante a unidade entre as três pessoas da Santíssima Trindade. *Ver homoousion.*

contagem O processo de associar apenas um número com cada elemento de um conjunto para assim medir o conjunto. Juntamente com a *medição, a contagem é o processo pelo qual se aplica a matemática. Assim, sua objetividade é o *datum* principal de qualquer filosofia da matemática.

contato e descrição Distinção quanto à maneira como conhecemos as coisas, salientada por *Russell; veio a constituir um elemento central de sua filosofia depois da descoberta da teoria das *descrições definidas. Conhece-se uma coisa por contato quando há experiência direta dela. Conhece-se uma coisa por descrição se ela apenas puder ser descrita como algo que tem certas propriedades. Informalmente, pode dizer-se que eu conheço minha esposa e meus filhos por contato, mas que conheço alguém como "a primeira pessoa nascida no mar" apenas por descrição. No entanto, um conjunto de motivos levou Russell a restringir o domínio de coisas que podem ser conhecidas por contato, até que por fim incluiu nesse domínio apenas as experiências imediatas, talvez o meu próprio eu, e certos universais ou significados. Qualquer outra coisa é conhecida como a coisa que tem tais e tais qualidades. *Ver também* atomismo lógico.

contemplação Uma tese curiosa, comum à ética indiana, a *Platão, a *Aristóteles e a grande parte da tradição ocidental, que defende que o **summum bonum*, ou seja, o estado mental sumamente bom, reside num certo tipo de contemplação: a contemplação da *forma do bem, a reflexão sobre as virtudes. Essa ideia encontra-se também na concepção cristã da beatitude como a contemplação eterna de uma certa visão e na tese *kantiana de que o estado ideal é aquele que estiver livre do desejo e da inclinação (*ver* apatia). Filosofias menos místicas afirmam que a contemplação, sem o estímulo contínuo dos desejos, de novas ações e de novos problemas, tende a degenerar e tornar-se oca.

conteúdo O que é expresso por uma elocução ou por uma frase: a proposição ou afirmação que se faz sobre o mundo. A noção se estende a predicados ou a qualquer outro elemento subfrásico: o conteúdo de um tal elemento é aquilo que contribui para o conteúdo das frases que o contêm. A natureza do conteúdo é o tema principal da *filosofia da linguagem. *Ver também* conteúdo lato e restrito; significado.

conteúdo lato e restrito Aquilo que alguém exprime por meio de uma frase é muitas vezes uma função do meio em que está inserido. Por exemplo, a doença a que me refiro por meio de um termo como "artrite", ou o tipo de árvore a que me refiro como um "pinheiro", são definidos por critérios dos quais pouco ou nada sei. Isso torna possível imaginar-se duas pessoas inseridas em meios bastante diferentes, mas nos quais tudo parece igual para ambas (*ver* terra-gêmea). O conteúdo lato de seus pensamentos e dizeres será diferente se a situação que as rodear também for apropriadamente diferente; "situação" pode incluir, aqui, os próprios objetos que elas percebem ou as categorias químicas ou físicas de objetos no mundo que habitam, ou a história das palavras que usam, ou as decisões de certas autoridades quanto ao que conta como exemplo de um dos termos que usam. O conteúdo restrito é aquela parte do seu pensamento que permanece idêntica, através da identidade do modo como as coisas lhes aparecem, independentemente das referidas diferenças nos meios circundantes. Os partidários do conteúdo lato (que por vezes se chama vasto) podem duvidar de que haja algum conteúdo que seja, no sentido mencionado, restrito; os partidários do conteúdo restrito acreditam que essa é a noção fundamental, sendo o conteúdo lato analisável em termos do conteúdo restrito e do contexto.

contexto Em linguística, o contexto é constituído pelas partes de uma elocução que circundam uma unidade e que podem afetar tanto seu significado como sua contribuição gramatical. Numa gramática independente do contexto as regras se aplicam independentemente deste contexto; numa gramática sensível ao contexto tal coisa não acontece. Entende-se também por contexto a situação mais ampla, tanto do locutor como do meio envolvente, que pode ser relevante para se determinar a interpretação da elocução. Por vezes a expressão *cotexto* é usada para designar o contexto puramente linguístico mais restrito.

contextualismo (estética) Teoria de que uma obra de arte só pode ser compreendida no contexto das suas circunstâncias históricas ou culturais, ou à luz de outras obras produzidas pelo mesmo artista ou pela tradição circundante. A posição oposta é o *isolacionismo.

contextualismo/formalismo (ética) O formalismo é a doutrina segundo a qual a moral deve ser estruturada por um conjunto de princípios abstratos com um alto grau de generalidade. Em outras palavras, é a doutrina de que a moral deve aspirar a ser uma espécie de geometria dos direitos, deveres e bens. Os opositores dessa teoria defendem que o principal centro de atenção da ética é a situação concreta e que, portanto, o juízo ético não consiste na aplicação de regras gerais, tendo antes afinidades com o juízo estético, pois exige que se preste atenção aos pormenores dos casos individuais e produz veredictos que não podem ser ratificados por uma aplicação mecânica de regras prévias, nem automaticamente aplicados a novos casos. Uma versão extrema do formalismo é representada por *Kant; o contextualismo é representado por filósofos como *Aristóteles (*ver phronêsis*), *Tomás de Aquino e *Hegel (*ver Sittlichkeit*). Considera-se, em geral, que o juízo contextual requer virtudes, empatias, apreciações e talvez intuição e tato. O *feminismo tende a juntar-se à ala contextualista desse debate, louvando a empatia intuitiva para com os casos particulares, ao contrário da abstração e da veneração das regras, supostamente características do raciocínio prático masculino. *Ver também* casuística; ética de situações.

contíguo Literalmente, o que está a seguir ou em contato. Segundo *Hume, a contiguidade dos acontecimentos é um fator importante na interpretação causal que fazemos de sua conjunção.

continência *Ver* acrasia.

contingência *Ver* verdades necessárias/contingentes.

continuidade Em matemática, uma classe é densa ou compactamente ordenada se entre quaisquer dois membros distintos há sempre um outro que não é igual a nenhum dos dois. Uma classe é de ordenação contínua se todos os subconjuntos não vazios que têm um majorante têm um *supremo; intuitivamente, não há saltos. (Pode-se dizer que alguns textos filosóficos parecem confundir a densidade com a continuidade.) Uma *função f é contínua num ponto *c* se f(x) tende para f(c) quando x tende para c.

contínuo O contínuo linear é o conjunto de "pontos" numa linha. O grande feito da *teoria dos conjuntos de *Cantor consistiu em proporcionar um tratamento puramente matemático desse conjunto sem precisar utilizar noções não definidas como as de proximidade ou distância.

contradição *Conjunção de uma proposição com a sua *negação. A lei da não contradição afirma que nenhuma dessas conjunções pode ser verdadeira: não ($p \wedge$ não p). A demonstração padrão da inconsistência de um conjunto de proposições ou frases consiste em mostrar que delas se pode derivar uma contradição.

Nas obras de *Hegel e *Marx o termo é usado de maneira mais ampla. Uma contradição pode ser um par de características que produzem conjuntamente uma tensão instável num sistema político ou social: uma "contradição" do capitalismo pode consistir em fazer surgir expectativas nos trabalhadores às quais o sistema não pode corresponder. Para Hegel, a distância entre isso e uma contradição genuína não é tão grande quanto para outros pensadores, dada a identificação entre os sistemas de pensamento e as suas expressões históricas.

contraditória Uma posição contraditória é aquela da qual se segue uma *contradição.

contraexemplo Um contraexemplo é um exemplo que refuta uma afirmação sobre um assunto qualquer. A Suíça é um contraexemplo à afirmação de que todos os países com cidadãos armados são perigosos; no entanto, não é um contraexemplo à afirmação de que alguns países com cidadãos armados são perigosos. Grande parte da filosofia procede pela procura de contraexemplos: digamos que a afirmação de que, se alguém prometeu a outra pessoa estar num certo local a uma certa hora então ela deve estar lá, pode ser contrariada com o exemplo de uma situação em que a pessoa a quem se fez a promessa morreu nesse meio-tempo. Em alguns tratamentos lógicos constrói-se um conjunto contraexemplo combinando as premissas de um argumento com a negação da conclusão, verificando-se depois se uma contradição pode ser derivada daí. Se puder, então o argumento original era válido.

contraindução Estratégia onde se inverte a lógica normal da *indução, tomando a maneira como as coisas são na nossa experiência como um guia para saber como as coisas *não* serão além da nossa experiência. A formulação de uma estratégia contraindutiva consistente mostra-se surpreendentemente difícil. Um tomate vermelho, por exemplo, não foi amarelo, e assim a estratégia pode prever que ele virá a ser amarelo. No entanto, esse tomate também não foi azul, mas não podemos prever que ele será azul, porque é inconsistente prever que ele virá a ser simultaneamente amarelo e azul.

contraparte *Ver* teoria das contrapartes.

contrapartes incongruentes Itens espaciais que se relacionam entre si como as imagens dos espelhos, o que faz com que, apesar de terem a mesma forma, não possam ser sobrepostos de maneira a ocupar exatamente o mesmo volume de espaço. Em três dimensões, uma mão direita não pode ocupar exatamente o mesmo espaço que uma mão esquerda. Num plano bidimensional, uma letra L não pode ser colocada de maneira a ocupar com exatidão o mesmo espaço que uma letra L invertida. Da mesma forma, se existisse uma *quarta dimensão do espaço, poderíamos em princípio desaparecer das três dimensões familiares, dar uma volta, e regressar com os nossos corações no lado direito, por exemplo. *Kant (*Fundamentos metafísicos da ciência da natureza*, I, 13) introduz as contrapartes incongruentes como uma dificuldade para qualquer teoria puramente relacional do espaço. Se imaginamos um universo com um único objeto, uma única mão, por exemplo, parece razoável pensar que essa mão seria definitivamente uma mão esquerda ou uma mão direita; no entanto, as relações espaciais dos seus elementos serão iguais em ambos os casos. Logo, uma teoria relacional do espaço parece ser incapaz de dar conta da diferença, e portanto parece ser inadequada.

contrapositiva A contrapositiva de uma condicional "se *p* então *q*" é a condicional "se não *q* então não *p*". As duas formas são equivalentes. A contrapositiva de uma generalização "todos os A são B" é a frase equivalente "todos os não B são não A". Esta equivalência é explorada no *paradoxo de Hempel.

contrária Duas proposições são contrárias se somente uma delas pode ser verdadeira, mas ambas podem ser falsas. "Ele tem quarenta e tantos anos" e "ele tem cinquenta e tantos anos" são contrárias, uma vez que ele não pode ter ambas as idades, mas pode ter outra idade qualquer, caso em que ambas as frases são falsas. *Ver* quadrado da oposição.

contrato social Fundamentação do poder legal e político legítimo na ideia de contrato. Os contratos são dispositivos que criam obrigações e, assim, se pudermos ver a sociedade organizada "como se" um contrato tivesse sido celebrado entre o cidadão e o poder soberano, isso irá fundamentar a natureza das obrigações de cada um deles para com o outro. Essa forma teórica é proeminente em *Hobbes. Em *Locke e em *Rousseau a ideia se transforma em um contrato entre cidadãos (em resultado do qual o poder é conferido ao governo), em vez de um contrato entre o cidadão e o soberano. Esse aspecto também é reproduzido em autores contratualistas posteriores, como *Rawls. A teoria do contrato social tem de explicar se o contrato é concebido como algo que ocorreu de fato, se está implicado pela conformidade social ou se é meramente hipotético, pensando-se então que um corpo político legítimo é aquele que um agente, nas circunstâncias adequadas, poderia racionalmente ter escolhido por contrato. O ensaio "Do contrato social", de *Hume, é uma crítica devastadora a certos usos dessa noção, fundamentada sobretudo no fato de tanto a obrigação que devemos aos contratos como a que devemos à sociedade civil serem construções que carecem, elas mesmas, de outra base fundamental. *Ver também* contratualismo; estado de natureza; posição original; vontade geral.

contratualismo Uma abordagem contratualista dos problemas da ética pergunta que solução poderia ser acertada pelas partes contratuais, partindo de certas posições idealizadas (por exemplo, ausência de ignorância, de desigualdades de poder que permitam que uma parte force a outra a concordar com soluções injustas, ausência de ambições maliciosas). A ideia de conceber a sociedade civil, com as suas diferentes distribuições de direitos e obrigações, como se tivesse sido estabelecida por um *contrato social, deriva de *Hobbes e de *Rousseau. A utilidade de tal modelo foi questionada por *Hume, que pergunta qual a razão de se atribuir direitos e deveres como se tivesse existido um contrato, quando nenhum acontecimento histórico de estabelecimento do mesmo ocorreu; Hume também nota que a distribuição de direitos e deveres numa sociedade é por demais devida a circunstâncias contingentes para ser derivável de um modelo contratual. Posições semelhantes na ética em geral identificam a retidão como aquilo sobre o que se deveria concordar num contrato hipotético. *Ver também* consentimento; Rawls.

convenção A influente análise de David *Lewis sugere que as regularidades são estabelecidas como convenções quando resolvem *problemas de coordenação num grupo. Isso significa que é benéfico para cada membro do grupo conformar-se com a regularidade, desde que os outros membros façam o mesmo. Há várias soluções aceitáveis para esse problema. Por exemplo, é vantajoso para qualquer um de nós seguir pelo mesmo lado da estrada que os outros, mas tanto faz se estamos todos dirigindo pela direita ou pela esquerda. Uma ou outra solução pode acabar por ser estabelecida por diversas razões. É preciso notar que, nessa perspectiva, as convenções podem surgir de forma natural; não precisam ser o resultado de um acordo específico. Isso permite que se utilize tal noção na compreensão de outras coisas, como a origem da linguagem ou da sociedade política. *Ver também* convencionalismo.

convenção T Convenção ou princípio proposto por *Tarski como uma "condição de adequação material" que orienta a tarefa de dar uma definição do *predicado de verdade (daí T, de *truth*, "verdade" em inglês) para uma linguagem. Uma teoria só satisfaz o requisito se todos os exemplos do esquema "S é verdadeira se e somente se *p*" forem deriváveis nela. Neste caso, S é uma descrição de uma frase da *linguagem-objeto e *p* é a sua tradução na *metalinguagem. A ideia principal é que nossa caracterização da linguagem será incompleta a menos que possamos derivar uma tal bicondicional para todas as frases que a linguagem-objeto possa proporcionar. Se não conseguirmos dizer sob que condições uma frase seria verdadeira, então não saberemos por completo as maneiras pelas quais a linguagem-objeto pode formar frases. Tarski exprime isso dizendo que nesse caso não teríamos uma definição adequada do predicado de verdade para tal linguagem. Ele acreditava que, por causa dos *paradoxos semânticos, nenhuma linguagem pode definir seu próprio predicado de verdade. Descrever completamente a semântica de uma linguagem significa portanto ascender a uma linguagem de ordem superior, ou metalinguagem, que contém termos que são inexprimíveis na linguagem original sob pena de contradição. A convenção T tornou-se crucial para os filósofos que trabalham no projeto de *Davidson, cujo objetivo é oferecer uma descrição semanticamente correta das linguagens naturais. Permanece controversa a questão de saber se esta apropriação das ideias de Tarski é legítima: a mudança de ênfase que tem ocupado alguns filósofos é por vezes expressa dizendo-se que, enquanto Tarski tomava a tradução como garantida e procurava compreender a verdade, Davidson entende a verdade como garantida e procura compreender a tradução.

convencionalismo Teoria que concede o primado às decisões ou à livre escolha entre alternativas igualmente possíveis visando mostrar que o que parece ser objetivo ou determinado pela natureza é na verdade um artefato resultante de *convenções humanas semelhantes às convenções da etiqueta, da gramática ou do direito. Neste sentido seria possível supor que as leis morais têm mais a ver com uma convenção social do que com qualquer outra coisa imposta do exterior, ou que o que se imagina serem *necessidades inexoráveis são na realidade o reflexo das nossas convenções linguísticas. Na filosofia da ciência, o convencionalismo é a doutrina, usualmente atribuída a *Poincaré, segundo a qual o que parecem ser diferenças científicas efetivas, como por exemplo a diferença entre descrever o espaço em termos de geometria euclidiana ou em termos de geometria não euclidiana, refletem na verdade a aceitação de diferentes sistemas de convenções — no caso desse exemplo, de diferentes convenções para descrever o espaço. Por conseguinte, faz tanto sentido perguntar se a geometria euclidiana é verdadeira como perguntar se o sistema métrico é verdadeiro. Poincaré não defendeu que todas as teorias científicas são convencionais, tendo deixado espaço para leis genuinamente experimentais, e seu convencionalismo é na prática atenuado pelo reconhecimento de que a escolha de uma certa descrição é mais conveniente que a escolha de uma outra. As perspectivas *holistas mais recentes das teorias e do significado afirmam ser impossível separar o que é objetivo ou empírico daquilo que é convencional ou linguístico (*ver também* Quine). O ponto fraco do convencionalismo reside no fato de ser preciso mostrar que outras convenções alternativas, igualmente concretizáveis, poderiam ter sido adotadas, o que muitas vezes não é fácil. Por exemplo, se defendermos que uma dada norma ética, como o respeito pelas promessas e pela propriedade, é convencional, temos de conseguir mostrar que as necessidades humanas teriam sido igualmente satisfeitas por um sistema que envolvesse uma norma diferente, o que é muito difícil.

conversa A conversa de uma *relação R*xy* é a relação R' tal que R'*yx* sse R*xy*. "Filho de" é a conversa de "progenitor de". A conversa de uma condicional "se *p* então *q*" é a condicional completamente diferente "se *q* então *p*".

conversão Termo usado na teoria do *silogismo para uma transformação na qual o predicado original se torna o sujeito de uma proposição, e vice-versa. A conversão às vezes é direta (com uma proposição E ou I): "Alguns A são B" é equivalente a "alguns B são A". Mas "todos os A são B" só pode ser convertida mudando-se a quantidade, sendo assim encarada como implicando que "alguns B são A".

Conway, lady Anne Finch (1631-79) Filha de sir Henry Finch, presidente da Câmara dos Comuns. Ainda muito jovem, Anne Finch estudou *Descartes, tendo conhecido pessoalmente Henry *More através de seu irmão, que estudava em Cambridge. Aprendeu matemática, astronomia e geometria sozinha, e continuou seus estudos depois de seu casamento, em 1650, com Edward, visconde de Killulagh, posteriormente Conde de Conway. Começou a interessar-se pela *cabala e concebeu uma teoria da natureza como uma ordem mental e material integrada, na qual as mônadas individuais se desenvolviam a partir de formas inferiores para formas superiores. Em 1670 aderiu aos quacres. De 1671 a 1675 compilou sua filosofia vitalista que, em 1692, viria a ser publicada em latim e em inglês sob o título *The Principles of the Most Ancient and Modern Philosophy. Concerning God, Christ, and the Creation, that is, Concerning Spirit, and Matter in General.* Conway teve reconhecida influência no pensamento de *Leibniz, que dela deve ter adotado o termo *mônada.

Copérnico, Nicolau (1473-1543) Em *De Revolutionibus Orbium Coelestium* ("As revoluções dos orbes celestes"), obra publicada no ano da morte de Copérnico, apresentou-se, numa forma desenvolvida, a primeira teoria heliocêntrica do mundo da época moderna. O sistema é inteiramente matemático no seguinte sentido: prevê a posição observada dos corpos celestes a partir de uma geometria subjacente, mas nele não se investiga a mecânica do movimento celeste. Sua superioridade matemática e científica sobre o sistema *ptolemaico não foi tão absoluta quanto sugere a tradição: o sistema de Copérnico adere ao movimento planetário circular, e nele os planetas se movem através de quarenta e oito epiciclos e excêntricos. O sistema só se tornou significativamente mais simples que a astronomia ptolemaica após as investigações de *Kepler e *Galileu.

copresença Relação especial entre diversos pensamentos ou experiências, quando ocorrem simultaneamente num momento da consciência.

cópula Na lógica tradicional, uma proposição não contém apenas um *sujeito e um *predicado, mas também um dispositivo de ligação ou cópula (é, são, não é, não são) que os junta. Defende-se geralmente que a noção cobre muitas coisas diferentes, tais como o "é" da predicação (a chuva é molhada), da identidade (Marilyn Monroe é Norma Jean) e da composição (esta estátua é de mármore). A necessidade de uma cópula deve-se a uma imagem segundo a qual todos os outros elementos de uma proposição são "termos" completos, precisando por isso de uma "cola" qualquer que os junte numa frase. Desde *Frege é mais comum pensar no predicado de uma frase do tipo sujeito-predicado segundo o modelo de uma expressão de uma *função matemática, que não precisa de qualquer dispositivo de ligação para a conectar aos seus argumentos. Não é necessário postular tal conexão, assim como não existe conexão entre a função expoente e o 2 na expressão 22.

cor A cor é o exemplo mais proeminente de uma qualidade secundária (*ver* qualidades primárias/secundárias). A opinião filosófica sempre esteve dividida entre situar a cor (e o cheiro, o sabor e o som) no mundo físico ou encará-la como algo que "reside inteiramente no corpo sensível; de maneira que se os animais deixassem de existir, todas essas qualidades seriam abolidas e aniquiladas" (*Galileu, *Opere complete* I, vol. IV). Os *atomistas e os *epicuristas do mundo antigo defenderam esta última ideia, que voltou a ser popular com o nascimento da ciência do século XVII. Mais precisamente, podemos distinguir pelo menos cinco famílias gerais de posições filosóficas: (I) as cores das coisas são estruturas microfísicas responsáveis pelos diferentes reflexos da luz, com diferentes comprimentos de onda, das suas superfícies; (II) as cores são capacidades ou disposições que os corpos têm, em virtude dessas estruturas, para afetar a nossa experiência visual de modos específicos; (III) as cores são, mais adequadamente, qualidades da própria experiência, exibidas ou projetadas nas coisas externas; (IV) as cores são disposições complexas do sujeito da percepção, diferentemente desencadeadas por diferentes superfícies; (V) as cores devem ser identificadas com acontecimentos neurológicos complexos. As últimas duas posições são versões subjetivas das duas primeiras. Muitas dessas sugestões enfrentam problemas bem conhecidos: por exemplo, se conseguem ser consistentes ao menos com o fato de as cores serem visíveis, e se as descrevem de maneira a captar sua acessibilidade intersubjetiva. É possível encontrar ainda teorias mistas, mais intrincadas. Estudos científicos recentes sobre a cor destacaram o papel extremamente complexo de várias energias em diferentes partes do espectro eletromagnético, que tem como resultado o fato de uma coisa ser percebida com uma cor ou outra. Essas investigações, que enfatizam o papel ativo do cérebro na produção de uma experiência definida a partir do fluxo complexo, tenderam a favorecer as teorias do lado subjetivo da divisória; mas o problema está permanentemente em aberto, ao ponto de haver autores que anseiam por uma fé inocente, pré-galileana e aristotélica, segundo a qual o mundo é em si mesmo colorido, tal como nos parece. Uma dificuldade interessante de qualquer teoria das cores bem-sucedida consiste em explicar várias características necessárias das mesmas: o amarelo é uma cor luminosa; não pode haver um branco transparente, nem uma chama cinzenta.

coragem Uma ação é corajosa se constituir uma tentativa de alcançar um fim apesar de sanções, riscos, custos ou dificuldades suficientemente sérios para dissuadir a maior parte das pessoas. Do mesmo modo, um estado de espírito, como a alegria, é corajoso se for mantido apesar dessas dificuldades. Uma pessoa corajosa é aquela que consegue arriscar-se a realizar tais ações ou manter tais estados de espírito. Para *Aristóteles, a coragem depende de um juízo sensato, pois é necessário saber se o fim justifica o risco em que se incorre. Do mesmo modo, a coragem não é a ausência de medo (que pode ser um vício), mas a capacidade de sentir o grau adequado de medo. A coragem é um *meio-termo entre a insegurança e a confiança excessiva.

corolário Uma consequência direta de um *teorema.

corpo É comum opor de forma desfavorável o corpo à mente, e habitar um corpo é, nas tradições pitagórica, indiana e cristã, uma espécie de punição em comparação com a alegria absoluta da existência puramente espiritual. No entanto, a maior parte da filosofia do século XX reconhece, pelo menos em princípio, que a corporeidade é uma condição necessária da vida mental: nossos corpos não são apenas partes de um mundo exterior às nossas mentes. Um tratamento correto da natureza da percepção do nosso próprio corpo, e do lugar dos nossos corpos na percepção de outras coisas, foi tenazmente procurada pelos *fenomenólogos, particularmente por *Merleau-Ponty (*Fenomenologia da percepção*, 1962, Parte I). Nesta perspectiva, a percepção do corpo e através do corpo não é uma recepção passiva da experiência, a partir de um ponto de vista "dentro" da cabeça, mas uma síntese ativa e viva do movimento e da consciência do espaço: "a experiência do nosso próprio corpo é contrária ao processo reflexivo que separa o sujeito e o objeto".

corpo hermético *Ver* hermético, corpo.

corpuscularismo A versão do atomismo associada especialmente a *Boyle, apresentada em seu *Sceptical Chemist* (1661) e em *The Origin and Form of Qualities* (1666). Boyle sustentou que as substâncias materiais são todas compostas por pequenos corpúsculos que possuem forma, tamanho e movimentos. As diferentes propriedades das coisas materiais surgem de diferentes combinações e colisões entre corpúsculos: as propriedades químicas, como a solubilidade, são explicáveis pelas interações mecânicas que ocorrem entre corpúsculos, do mesmo modo que a capacidade de uma chave para abrir uma fechadura é explicada pela forma de ambas. Segundo a concepção de Boyle, essa ideia se opõe à teoria *aristotélica dos elementos e princípios, que ele considerava estéril e insuscetível a teste. Sua perspectiva é precursora do *atomismo químico moderno, e teve uma grande influência sobre *Locke. No entanto, Locke reconheceu a necessidade de um tipo de força diferente, capaz de garantir a coesão dos átomos. *Leibniz criticou tanto a coesão como as interações atômicas. *Ver também* ação à distância; campo.

correspondência biunívoca Dois conjuntos podem ser postos numa correspondência biunívoca quando a cada elemento de um corresponde um elemento do outro, e a elementos distintos de um correspondem elementos distintos do outro. Contar é uma operação que coloca conjuntos com n membros numa correspondência biunívoca com o conjunto dos primeiros n números naturais. Quando dois conjuntos podem ser colocados em tal correspondência, são equinuméricos.

Esta definição não faz qualquer uso dos números, abrindo assim a possibilidade de definir um número em termos de um conjunto de conjuntos equinuméricos. Está por isso na base do programa *logicista de *Frege e *Russell. *Ver também* princípio de Hume.

correferenciais Dois termos são correferenciais quando referem a mesma coisa.

correspondência, teoria da verdade como *Ver* verdade como correspondência, teoria da.

corrigível Uma proposição é corrigível quando é suscetível de correção por meio de novos dados ou de mudanças teóricas. Afirma-se com muita frequência que teoricamente todas as proposições são corrigíveis, embora algumas possam estar tão bem estabelecidas que não exista qualquer possibilidade realista de serem refutadas por novos dados.

corroboração Segundo a filosofia da ciência de *Popper, não se pode definir uma medida que nos diga até que ponto uma hipótese é confirmada pelos dados empíricos (*ver* teoria da confirmação). As hipóteses enfrentam o tribunal da experiência ao sobreviver aos esforços realizados para as falsificar. O grau de corroboração de uma hipótese pelos dados empíricos é assim uma função da severidade do teste proporcionado pelos próprios dados: o grau de corroboração é medido através do sucesso demonstrado pela hipótese ao sobreviver a esse teste. Os críticos de Popper sustentam que, neste sentido, a corroboração é uma noção vazia, porque não nos dá motivo algum para confiar na hipótese em qualquer ocasião futura. *Ver* falsificabilidade; verossimilhança.

corte de Dedekind Sabe-se, desde os gregos, que não existe qualquer quociente de dois números naturais a/b que seja igual à raiz quadrada de 2. Mas também não há um quociente máximo cujo quadrado seja menor que 2, nem um quociente mínimo cujo quadrado seja maior que 2. Em 1872, o matemático alemão Richard Dedekind mostrou que cada *número real corresponde a um "corte" como este na classe dos quocientes. Isso significa que, se nos for dado o conjunto dos números racionais, podemos definir os números reais como conjuntos de racionais: o conjunto dos racionais cujo quadrado é menor que 2 é um conjunto aberto que pode representar a raiz quadrada de 2. Alguns matemáticos (entre eles *Russell e *Whitehead) puderam assim identificar um número real com a classe de todos os quocientes menores que ele. Isso tem a desvantagem de os números racionais deixarem de ser um subconjunto dos reais, mas há outras maneiras de usar a demonstração de Dedekind de modo a manter um tratamento uniforme para os reais racionais e irracionais.

corte no tempo No pensamento físico moderno aceita-se o ponto de vista de que o tempo deve ser concebido como algo essencialmente uniforme com o espaço: é uma dimensão num *espaço-tempo uniforme. Por esse motivo, muitos autores sustentaram que os objetos comuns que permanecem no tempo devem ser vistos como tubos do espaço-tempo com quatro dimensões. As seções desses tubos são as fases sucessivas ou cortes no tempo que conjuntamente constituem esse objeto, do mesmo modo que acontecimentos sucessivos formam um processo, ou que atos sucessivos constituem uma peça de teatro. *Ver também* permanência/persistência.

coruja de Minerva Símbolo tradicional de sabedoria, muito famoso por ter sido relembrado no comentário de *Hegel do final do prefácio à *Filosofia do direito*: "quando a filosofia pinta cinzento sobre cinzento, envelheceu então uma forma de vida. A coruja de Minerva só abre suas asas com a chegada do anoitecer." Hegel quer dizer que o gênero de reflexão autoconsciente que constitui a filosofia só pode ocorrer quando um modo de vida está suficientemente maduro para estar já no fim; mas esta doutrina não leva em consideração o fato de a autoconsciência e a reflexão coexistirem com a atividade. Por exemplo, um movimento social e político ativo coexiste com a reflexão sobre as categorias com que se constrói a sua posição.

cosmo (do gr., *kosmos*: ordem) A totalidade do mundo, especialmente se for concebida como algo ordenado e regido por leis, sejam elas o destino, a fatalidade, a justiça, os mandamentos divinos ou a necessidade racional. *Ver logos.*

cosmogonia Uma teoria (religiosa, mítica ou científica) sobre a origem do universo.

cosmologia O estudo da origem e estrutura do universo.

costume Um padrão ou hábito de ação. Um costume pode existir sem qualquer justificação racional específica, mas pode ser em si a base para a ação racional, se der origem a uma norma de ação. *Ver* convenção.

Couturat, Louis (1868-1914) Matemático e historiador das ideias francês, e intérprete célebre de *Leibniz. A tese de doutoramento de Couturat defendia a existência de coleções *infinitas completas. Esse estudo conduziu a um interesse pelo trabalho de Leibniz; seu livro *La Logique de Leibniz* (1901) colocava a obra lógica de Leibniz no cerne de seu sistema metafísico. O racionalismo de Couturat e sua admiração pelo ideal de Leibniz de uma **characteristica universalis* fez com que perseguisse nos últimos anos da sua vida o objetivo de encontrar uma linguagem internacional.

Crates de Tebas (c.365-285 a.C.) *Cínico grego e o aluno mais importante de *Diógenes de Sinope. Teve uma vida errante, devotada à pobreza, sendo no entanto representado como alguém que foi respeitado e amado por todos: as pessoas escreviam-lhe mensagens de boas-vindas nas suas portas. Dada a oposição de princípio que os cínicos tinham aos usos e costumes tradicionais (*ver* Hipárcia), devemos admirar a tolerância das sociedades antigas.

Crátilo (séc.V a.C.) Filósofo grego que às vezes se pensa ter sido professor de *Platão antes de *Sócrates. É famoso por ter completado a doutrina de *Heráclito segundo a qual não podemos entrar duas vezes nas águas do mesmo rio, com a observação de que não podemos entrar nenhuma vez nas águas do mesmo rio: este está em permanente mudança e já não existe, mesmo quando entramos nele uma única vez. A ideia é que a realidade é completamente particular (um acontecimento particular, um momento do tempo, uma coisa individual que se sucede a outra). Qualquer pensamento adequado à realidade terá de conseguir imitar seu fluxo, mudando também, de modo que qualquer maneira de tentar categorizar a realidade é como tentar guardar o vento numa gaiola. O diálogo *Crátilo,* de Platão, representa-o como um defensor da doutrina da "exatidão dos nomes" das coisas, apesar de a conclusão apropriada das suas ideias ser a de que o fluxo não pode ser captado pelas palavras. Segundo *Aristóteles (*Metafísica* Γ, IV. 1010), Crátilo teria defendido que uma vez que "por causa de tudo em todos os aspectos estar em mudança e nada poder ser afirmado com exatidão", a reação correta é ficar em silêncio e agitar um dedo. A teoria das *formas de Platão pode ser parcialmente vista como uma reação ao impasse a que Crátilo teria sido conduzido.

creatio ex nihilo Criação a partir do nada: doutrina segundo a qual só foi necessário um ato livre do Criador para trazer o universo natural à existência.

credo quia absurdum est Também conhecido por *dictum* ou paradoxo de Tertuliano. Literalmente significa: acredito porque é absurdo. A própria impossibilidade de uma proposição torna-se (sobretudo na teologia) uma espécie de motivação para que se acredite nela. Só algumas proposições absurdas têm esse magnetismo.

credo quia impossibile est Forma alternativa do mencionado acima.

credo ut intelligam Acredito para compreender. A fórmula de *Anselmo implica que a inteligibilidade da doutrina cristã só pode se tornar evidente se acreditarmos nela. Essa ideia, especialmente decepcionante para os ateus, encontra ecos na doutrina associada à obra da segunda fase de *Wittgenstein, segundo a qual é necessária a imersão numa forma de vida para compreender suas estruturas específicas e seus conceitos orientadores.

crença Crer numa proposição é tomá-la como verdadeira. Os problemas filosóficos associados a esse conceito incluem os seguintes: a tentativa de esclarecer se as crenças são diferentes de outros tipos de assentimento, como a *aceitação; em que medida são possíveis graus nas crenças; compreender a forma como as crenças são controladas por fatores racionais e irracionais; e descobrir suas ligações com outras propriedades, como a posse de capacidades conceituais e linguísticas. Este último conjunto de problemas inclui a questão de saber se é correto afirmar que os animais ou as crianças que ainda não adquiriram uma linguagem têm crenças.

Crescas, Hasdai ben Abraham (c.1340-c. 1412) Filósofo e teólogo judeu. Crescas foi o primeiro pensador europeu que se opôs à cosmologia aristotélica, argumentando a favor de um cosmo de extensão infinita. Recusava o racionalismo extremo de *Maimônides, e sua ênfase no lado emocional da observância religiosa exerceu forte influência em algumas figuras do Renascimento, tais como *Ficino e *Bruno, e mais tarde sobre *Espinosa. Uma de suas obras é *A luz do Senhor*.

criação *Ver* argumento da primeira causa.

criacionismo (I) Doutrina segundo a qual uma nova alma é criada para cada pessoa: opõe-se ao *traducianismo. (II) Na filosofia da biologia, a crença de que as lacunas ou dificuldades encontradas na teoria científica da *evolução por seleção natural podem ser superadas postulando-se uma intervenção divina, criadora de novas espécies e, claro, da humanidade. Mesmo quando não depende de uma interpretação incorreta da teoria da evolução, o criacionismo não é uma doutrina científica simplesmente porque postula uma causa divina para qualquer lacuna que seja motivo de interesse: isso não conduz a qualquer previsão *falsificável, nem a uma unificação do conhecimento.

Crisipo (c.280-207 a.C.) O terceiro *estoico mais importante depois de *Cleantes, e possivelmente o filósofo mais produtivo de todos os tempos; tendo escrito 705 livros, nenhum dos quais sobreviveu (contudo, os livros antigos eram relativamente curtos; *ver também* Dewey). Crisipo foi originalmente aluno de *Arcesilau, e foi convertido ao estoicismo por Cleantes. Tinha boa reputação como lógico, e há alguns indícios de que teria dominado a ideia fundamental de uma *função de verdade, que depois ficou adormecida até o século XX. Defendeu também uma teoria cognitiva das *emoções, que pensava serem juízos sobre o valor das coisas.

Cristina Wasa (Rainha Cristina da Suécia, 1626-89) Filha de Gustavo II, Cristina herdou o reino da Suécia em 1632. Em 1652 teve um esgotamento e em 1654 abdicou do trono, o primeiro passo de um processo que a conduziu ao catolicismo e depois ao ateísmo. Suas máximas estão reunidas nos títulos *Les Sentiments héroïques* e *L'Ouvrage de loisir: les sentiments raisonnables*, que tratam principalmente de problemas éticos. Mas seus interesses acadêmicos eram muitos, absorvendo-a por completo, mesmo quando era soberana. É conhecida em filosofia, em parte, por se corresponder com *Descartes e *Grotius. Ambos a visitaram na Suécia (Grotius em 1644 e Descartes em 1650), viagens que resultaram em suas mortes, por pneumonia. A vida de Cristina após a sua abdicação do trono causou algum escândalo. Em 1656, ainda acreditando no direito divino dos monarcas (e ex-monarcas), mandou executar um dos servos. A aparente ambivalência de sua sexualidade tornou-a uma figura de interesse considerável para o *feminismo contemporâneo.

critério (I) Uma condição suficiente de qualquer outra coisa. (II) Uma condição que pode não ser suficiente para outra, mas que se vê *a priori* que oferece bons indícios a seu favor. Assim, o fato de alguém se comportar de determinada maneira pode não garantir logicamente que essa pessoa está sofrendo, mas pode ser *a priori* verdade que esse comportamento constitui um indício excelente a favor dessa ideia. O segundo uso do termo é (de forma controversa) atribuído a *Wittgenstein. Este uso ajusta-se a uma perspectiva *holista da linguagem, em que as asserções estão ligadas entre si por relações semânticas de diferentes forças, e não por relações lógicas claras.

critério de identidade *Ver* princípio de individuação.

critério de Nicod Condição que rege a confirmação de uma hipótese geral por meio de dados particulares, proposta pelo filósofo francês Jean Nicod (1893-1924) na obra *Fundamentos da geometria e da indução* (1921). Exige que um exemplo de uma generalização do tipo "todos os objetos A são objetos B" forneça indícios positivos e corroboradores da generalização; dados acerca de algo que não seja nem A nem B são irrelevantes para ela, assim como os dados de algo que seja B mas não A. Esse princípio é questionado pelo *paradoxo de Hempel, que aparentemente mostra que há circunstâncias em que algo que não é nem A nem B pode confirmar a generalização.

Croce, Benedetto (1866-1952) Filósofo e historiador italiano. Croce nasceu em Abruzzi, estudou em Roma entre 1883 (quando seus pais morreram num terremoto) e 1886, quando fixou residência em Nápoles, onde viveu o resto de sua vida. Em 1903, fundou o jornal *La Critica*, para o qual contribuiu profusamente. Após a Primeira Guerra Mundial, Croce envolveu-se na vida pública italiana, primeiro como senador e mais tarde, após 1925, como um dos principais opositores intelectuais do *fascismo. Sua oposição exprime-se abundantemente em suas obras de história e estética desse período. Em 1944, no final do fascismo, foi ministro durante um breve período.

A filosofia de Croce revela o abandono de um *realismo inicial a favor de uma preocupação *hegeliana com a natureza do espírito, tal como este é revelado pela atividade histórica e artística. Sua estética ocupa-se sobretudo com o modo pelo qual a "intuição", como estado não cognitivo e emocional, gera, apesar de tudo, uma genuína cognição ou compreensão. Esta compreensão é o objetivo da arte, que é assim radicalmente separada do mero entretenimento ou da educação (uma doutrina que teve grande influência sobre *Collingwood). A lógica compensa a estética, estudando conceitos e não intuições, que estão uns para os outros numa relação dialética reminiscente de *Kant. No entanto, Croce não aceita que os conceitos possam ser os elementos básicos de uma verdadeira ciência kantiana. A verdade não se encontra na ciência, que Croce encara com um espírito *instrumentalista e, ainda menos, nas ilusões da metafísica e da religião, mas apenas nos juízos históricos. Do mesmo modo que Hegel e *Gentile, Croce identifica a filosofia com o estudo histórico do desenvolvimento dos conceitos. Em ética, Croce manteve-se distante da perigosa noção hegeliana de Estado-nação como uma unidade orgânica responsável pelo desenvolvimento do espírito, atribuindo antes ao exercício livre e consciente da investigação histórica o mais alto estágio da compreensão. Sua filosofia é conhecida como "Filosofia do espírito". A *Estetica* (1902), a *Logica* (1905), a *Filosofia della pratica* (1909), e a *Teoria e Stòria della storiografia* (1917) constituem as expressões mais conhecidas de suas ideias.

cromossomo Corpos filiformes presentes no núcleo das células e que contêm as cadeias de ADN onde se situam os *genes. Na reprodução sexual os cromossomos se unem aos pares, e se dividem de uma forma que distribui aleatoriamente os genes nos *gametas resultantes, assegurando-se então uma diversidade hereditária na descendência assim gerada.

Crusius, Christian August (1715-75) Teólogo e filósofo alemão. Crusius foi professor de filosofia em Leipzig, e é conhecido sobretudo como um dos alvos de *Kant, em particular em seu *Sonhos de um visionário* (1766). O próprio Crusius era um *pietista, cuja oposição a *Wolff consistia na admissão de princípios morais e de outros princípios intuitivos nos fundamentos do conhecimento, sem muita consideração por suas origens e autoridade. Contudo, Crusius rejeitava também os argumentos tradicionais a favor da existência de Deus, em especial o *argumento ontológico, e destacou os limites do conhecimento humano e a impossibilidade de o sustentar com meios puramente lógicos ou matemáticos. Nestes e em outros aspectos, foi uma influência importante para Kant.

cuba, cérebro numa *Ver* cérebro numa cuba.

Cudworth, Ralph (1617-88) O principal *platônico de Cambridge. Suas obras mais importantes são *The True Intellectual System of the Universe* (1678) e *A Treatise Concerning Eternal and Immutable Morality* (publicado postumamente em 1731). A primeira, embora seja muito extensa, é apenas o primeiro terço de uma obra projetada que era ainda mais ampla. Cudworth estudou no Emmanuel College de Cambridge. Em 1645, como defensor dos puritanos, foi nomeado *Master* do Clare College de Cambridge. Abandonou este cargo em 1650, após tê-lo exercido com excentricidade, e só regressou a Cambridge em 1654, como *Master* do Christ's College. O objetivo principal da obra metafísica de Cudworth foi refutar o materialismo e o *hilozoísmo. Cudworth defendia que a mente não pode ser apenas um recipiente passivo de impactos atômicos, e que sua realidade independente é assegurada por sua atividade sobre o mundo. Cudworth desenvolveu a importância da atividade na natureza segundo uma doutrina aristotélica de "naturezas plásticas", ou de princípios diretivos internos, que conduzem a formação das coisas vivas, que contêm finalidades e que, não sendo conscientes, operam imediatamente acima da alma. Essa doutrina suscitou muitos debates. Foi discutida por *Bayle (que encontrou nela uma tendência para o ateísmo), por *Leibniz e na **Enciclopédia*.

Cudworth acreditava que a ética se encontra em verdades eternas e imutáveis, apreendidas pela razão. No entanto, na sua psicologia moral, a ênfase não é colocada no tipo de conformidade com a razão que mais tarde se associou a *Kant, mas no problema de determinar se agimos por amor ou por interesse-próprio. Damaris, lady *Masham, era filha de Cudworth.

culpa/vergonha A culpa é o sentimento desconfortável de ter agido mal e de, portanto, merecer a indignação dos outros. A vergonha é a sensação de merecer o desprezo ou desdém de outras pessoas. Embora os antropólogos e os historiadores dividam por vezes as sociedades entre as que acentuam uma dessas emoções em detrimento da outra, ambas parecem encontrar-se numa grande variedade de culturas humanas. É fácil ver a função social de cada uma delas: com a culpa, somos educados a tolerar a indignação dos outros, que, de outro modo, nos tornaria hostis; com a vergonha, interiorizamos os valores que conduzem à admiração ou à rejeição. Vale a pena notar que cada uma dessas emoções só é facilmente caracterizável em termos morais. Isso as torna pontos de partida perigosos para as análises *emotivistas da ética, embora um tratamento desse gênero, colocando a culpa no lugar central, seja apresentado na obra *Wise Choices, Apt Feelings* (1991), do filósofo norte-americano Allan Gibbard.

cultura O modo de vida de um povo, em que se incluem suas atitudes, valores, crenças, artes, ciências, modos de percepção e hábitos de pensamento e de ação. As características culturais das formas de vida são aprendidas, porém, muitas vezes são demasiado abrangentes para serem facilmente detectáveis a partir de seu interior.

Culverwel, Nathanael (c.1618-c.1651) Apesar de ter estudado no Emmanuel College, rodeado pelos *platônicos de Cambridge, Culverwel mantinha uma moderação *calvinista, e guardou distância em relação à celebração desenfreada da razão, típica dos platônicos. Sua obra principal é *An Elegant and Learned Discourse of the Light of Nature*, escrita por volta de 1646, e publicada postumamente.

Cumberland, Richard (1631-1718) Personalidade de Cambridge e protestante dedicado, de quem se conta ter caído num perigoso estado febril quando Jaime II tentou reintroduzir o catolicismo na Inglaterra. A reputação filosófica de Cumberland provém, contudo, de sua obra *De legibus naturae* ("Das leis da natureza", 1672), a primeira tentativa significativa de refutar a teoria do direito de *Hobbes, segundo a qual o direito se funda unicamente na vontade do soberano. A obra de Cumberland é difusa e assistemática, mas influenciou racionalistas posteriores como *Clarke, contendo também antecipações do *utilitarismo.

D

D'Alembert, Jean le Rond (1717-83) Matemático e filósofo francês. Apesar de ter se distinguido como matemático, D'Alembert é conhecido na filosofia como uma das maiores figuras do *Iluminismo francês. Juntamente com *Diderot, D'Alembert foi a força matriz da **Enciclopédia*. Sua própria filosofia depositava toda a confiança nas ciências naturais, apesar de, tal como *Locke, ter moderado seu *empirismo com a crença numa estrutura racional, tanto no domínio natural como no ético. Há razões para crer que D'Alembert evoluiu de um teísmo aceito a título experimental, baseado na natureza distinta da inteligência e na impossibilidade de esta emergir num universo puramente material, para uma visão do mundo atéia e materialista. Há muitos testemunhos de seu caráter virtuoso e filosófico, e *Hume confiou-lhe a conduta de sua disputa com *Rousseau.

dado, o *Ver* fundacionalismo; mito do dado; proposições protocolares.

dados dos sentidos Literalmente, aquilo que é dado pelos sentidos. Mas em resposta à pergunta "O que exatamente é dado dessa maneira?", as teorias sobre os dados dos sentidos limitam-se a postular um teatro privado na *consciência do sujeito. No caso da visão, seria uma espécie de espetáculo de imagens interno que em si mesmo representaria apenas indiretamente os aspectos do mundo exterior (*ver* representacionalismo). Essa teoria é fortemente rejeitada, pois conclui que o que vemos realmente são apenas imagens coloridas muito tênues interpostas entre a visão mental e a realidade. As modernas perspectivas da percepção tendem a rejeitar qualquer concepção dos olhos como câmeras ou lentes, responsáveis apenas pela produção de imagens privadas, destacando antes a vida ativa do sujeito no mundo como algo determinante para a experiência (para uma das primeiras versões desta perspectiva, *ver* Condillac).

daimon No *Banquete* (e também na *Apologia de Sócrates*) de *Platão, algo entre o humano e o divino, embora no pensamento grego anterior seja apenas o divino, não personificado num Deus específico. A necessidade de intermediários entre o mundo sublunar da mudança e dos fenômenos e o mundo celestial supralunar ou intemporal torna-se comum no platonismo médio e no *neoplatonismo. Um *daimon* pode também ser o eu ou um aspecto de cada um de nós; este é o uso que ainda subsiste em expressões inglesas como "*Van Gogh's artistic demon*" ("o gênio artístico de Van Gogh").

dano Conceito controverso, entre cujos casos principais se incluem as ofensas corporais e as ofensas aos interesses próprios, centrais e legítimos. O dano tem uma certa conotação de permanência, pelo que uma pessoa pode magoar-se temporariamente sem sofrer um dano (por exemplo, ao bater com o dedo do pé em algo). Dado que uma das principais razões aceitas a favor da coerção legal consiste em evitar o dano a terceiros, é muito importante determinar os limites do conceito. Causar desconforto, insultar, incomodar e ofender são alguns dos casos disputados.

Dante Alighieri (1265-1321) Poeta e filósofo italiano. Dante nasceu em Florença, e procurou as consolações da filosofia após a morte, em 1290, de sua amada Beatriz Portinari, mulher do pintor Simone de Bardi. Ativo na vida política de Florença, Dante foi enviado como embaixador à corte papal de Roma em 1301, tendo sido condenado ao exílio enquanto estava ausente. Nunca voltou a

Florença, mas morreu como um honrado hóspede de Guido da Polenta, o governador de Ravena.

A principal obra filosófica convencional de Dante é o *Banquete* (1304-08), projetada como uma série de catorze tratados, dos quais só quatro estão completos. *De Monarchia* (c.1313) contém a teoria política de Dante. Mas é a sua obra-prima, a *Divina comédia* — talvez já iniciada em 1307, e terminada imediatamente antes de sua morte — que é universalmente reconhecida como a manifestação literária das ideias morais, religiosas e filosóficas do final do século XIII, e princípio do XIV. O poema é dividido em três partes. Na primeira, o *Inferno*, Dante visita os círculos do inferno, com seus cada vez piores pecadores, os transgressores morais (a escala vai da *apatia, que só ligeiramente é danada, até a mais baixa perfídia). Os castigos não aumentam em termos de severidade a par com as faltas, mas representam uma espécie de retribuição ou perda que cada vício acarreta — por exemplo, os amantes Paolo e Francesca rodopiam sem parar, arrastados por uma tempestade. No *Purgatório*, o poeta encontra os pecadores arrependidos que esperam a redenção, e no último círculo, o paraíso terrestre, reúne-se à falecida Beatriz, que no *Paradiso* lhe mostra os círculos ascendentes de beleza e luz, culminando com a visão de Deus. No céu do Sol (luz), Dante encontra as almas de doze homens sábios: *Alberto Magno, *Tomás de Aquino, Beda o Venerável, *Boécio, *Dionísio o Pseudoareopagita, Graciano, Isidoro de Sevilha, Pedro Lombardo, Paulo Orósio, Ricardo de São Vítor, *Sigério de Brabante, e Salomão. Surpreendentemente, talvez, uma vez que a identificação da luz com a excelência espiritual, que enforma todo o poema, é de *Agostinho, é Tomás de Aquino (que pensava que a luz só podia ser metaforicamente predicada das substâncias espirituais) que o guia até este ponto. De acordo com o *neoplatonismo cristianizado de Dante, o céu do Sol está acima do céu da Lua, onde vivem os que não conseguiram cumprir os seus votos de castidade, acima do céu de Mercúrio, onde estão os que tentaram adquirir a glória através do bem, e de Vênus, onde residem os que amaram intensamente nas suas vidas. Mas está abaixo dos céus de Marte (reservado para os mártires), de Júpiter (para os príncipes justos e sábios), de Saturno (para os contemplativos e místicos), das estrelas fixas (para os santos, apóstolos e os abençoados) e bastante abaixo do céu Cristalino, ou **primum mobile*, onde Dante encontra as hierarquias angélicas, e finalmente o empíreo, onde perde Beatriz e consegue, com a ajuda da Virgem Maria e de São Bernardo, dirigir o seu olhar para a origem da luz, o amor que move o Sol e as estrelas: o próprio Deus.

O poema tem uma estrutura de alegoria moral de queda e redenção. Os antecessores filosóficos diretos de Dante são Tomás de Aquino e Agostinho, mas é também claro que o poema funde temas de *Platão, do neoplatonismo e da tradição islâmica, especialmente a de *Avicena. *Ver também* amor; beleza.

darshana (sânscr., visão) As escolas do pensamento hindu estabelecidas no período Sutra (400 a.C.-500 d.C.). Habitualmente, contam-se seis escolas ortodoxas que aceitam a autoridade dos *Vedas, e elas podem ser divididas em três pares: **nyaya* e **vaisheshika*; **samkhia* e **ioga*; **mimamsa* e **vedanta*. O primeiro elemento de cada par pode ser concebido como a codificação ou metodologia do sistema metafísico que é representado pelo segundo. Suas doutrinas características são descritas neste dicionário em verbetes separados. Há três escolas heterodoxas: *budismo, *jainismo e **carvaka*.

Darwin, Charles Robert (1809-82) Naturalista inglês. Darwin nasceu em Shrewsbury e estudou medicina, primeiro em Edimburgo, depois em Cambridge. Suas observações como naturalista atingiram a maturidade na famosa viagem do *Beagle* (1831-36). Durante os vinte anos que se seguiram, Darwin consolidou sua reputação científica, enquanto usufruía de uma vida rural com interesses científicos, criando e observando animais domésticos, especialmente pombos, e trabalhando nos pormenores da teoria da evolução. Foi só em 1858, estimulado pela leitura do ensaio *On the Tendency of Varities to Depart Indefinitely from the Original Type*, que lhe fora enviado por Alfred Russell Wallace (1823-1913), que Darwin preparou um artigo em colaboração com Wallace para ser lido na Sociedade Lineana. Seguiu-se, em 1859, *The Origin of Species by Means of Natural Selection*. A obra de Darwin é a base da biologia moderna. Proporciona, por si só, uma área fecunda para os filósofos da ciência interessados, por exemplo, na relação entre a teoria e a observação ou no lugar que a *falsificação ocupa na ciência, e o mesmo pode-se dizer em relação àqueles que se interessam pela sociologia dos *paradigmas, ou pelos vários fatores que afetam o clima em que as ideias se desenvolvem. Outro foco de atenção filosófica suscitado por Darwin surge em *The Expression of the Emotions in Men and Animals* (1872).

darwinismo Crença na teoria da *evolução por seleção natural. Em sua forma original, essa teoria partiu de uma observação de *Malthus: embora os organismos vivos produzam uma descendência muito numerosa, o número das populações adultas permanece relativamente estável. Darwin percebeu que as diferentes possibilidades de sobrevivência de descendentes diferentemente dotados podiam explicar a evolução natural das espécies. Entre os membros de uma espécie, a natureza "seleciona" aqueles que estão mais bem adaptados ao ambiente em que se encontram, tal como os criadores de animais podem selecionar as características de seu gado, controlando desse modo a evolução para o tipo de animal que desejam. Segundo a expressão de *Spencer, a natureza garante a "sobrevivência do mais apto". *A origem das espécies* foi bem-sucedida sobretudo pela organização dos dados empíricos favoráveis à teoria da evolução, e não tanto por propor um mecanismo convincente para explicar a mudança genética. O próprio Darwin continuou a procurar mecanismos adicionais, embora ainda estivesse convencido de que a seleção natural era essencial à mudança genética. Foi apenas com a descoberta posterior de que o *gene é a unidade da hereditariedade que a síntese conhecida por "neodarwinismo" se transformou na teoria ortodoxa da evolução nas ciências biológicas. *Ver também* criacionismo; ética evolucionista; sociobiologia.

darwinismo social *Ver* ética evolucionista.

Dasein (al., existência, ser-aí) Ser no mundo, condição caracterizada por *Heidegger em função das relações *afetivas com as pessoas e com os objetos circundantes. Esse modo de ser básico é erroneamente cindido, na tradição *cartesiana, num mundo interior autossuficiente, por um lado, e num mundo exterior independente, por outro, acabando ambos por não ter mais do que relações problemáticas um com o outro. *Ver* autenticidade.

datum (lat., o dado) Um dado considerado fixo para o fim em causa. O que é tomado como um *datum* pode mudar, se o mesmo acontecer à teoria e surgirem mais dados. Um *datum* seria absoluto se fosse *incorrigível, mas muitos filósofos do conhecimento tendem a desconfiar da existência de dados absolutos, pois apesar de algumas coisas poderem servir como base para certas investigações, isso não as protege de eventuais desafios. *Ver* epistemologia; princípio da verificação; proposições protocolares; *ver também* dados dos sentidos.

Davidson, Donald Herbert (1917-) Filósofo americano. Davidson nasceu em Springfield, Massachusetts, estudou em Harvard e lecionou em várias universidades antes de se tornar professor em Berkeley, em 1981. Suas obras têm exercido uma grande influência na filosofia da mente e da linguagem na segunda metade do século XX. Davidson introduziu na filosofia da mente a posição conhecida por *monismo anômalo, provocando um vigoroso debate sobre a relação entre as descrições mentais e físicas de pessoas, e sobre a possibilidade de uma explicação genuína de acontecimentos em termos de propriedades psicológicas. Davidson prosseguiu, ampliando, os estudos de *Quine sobre a linguagem, concentrando-se na *interpretação radical, argumentando que o método de interpretar uma linguagem pode ser concebido como uma construção de uma *definição de verdade ao estilo de *Tarski, na qual se torna clara a contribuição sistemática dos elementos das frases para o seu significado global. A construção se dá no contexto de uma teoria, em geral *holista, do conhecimento e do significado. Um intérprete radical pode dizer quando um sujeito toma uma frase como verdadeira, e, usando o *princípio de caridade, acaba por atribuir condições de verdade às frases individuais. Apesar de Davidson ser um defensor das doutrinas da *indeterminação da tradução radical e da *inescrutabilidade da referência, muitos filósofos acharam que sua abordagem oferece alguma esperança de identificar o significado como uma noção respeitável, mesmo no escopo de uma perspectiva em geral *extensional da linguagem. Davidson é também conhecido por rejeitar a ideia de um *esquema conceitual concebido como algo peculiar a uma linguagem, ou a uma maneira de ver o mundo, argumentando que onde para a possibilidade da tradução, para também a coerência da ideia de que há algo a traduzir. Seus artigos estão reunidos em *Essays on Actions and Events* (1980) e em *Inquiries into Truth and Interpretation* (1983).

de facto/de jure (lat., de fato/de direito) O contraste entre uma questão de fato e uma de direito. Por exemplo, a autoridade *de facto* de um criminoso sobre suas vítimas é diferente da autoridade *de jure* de uma constituição ou de um soberano. Um problema central da *filosofia do direito consiste em descobrir que tipos de fatos justificam a emergência da autoridade *de jure*.

de Finetti, Bruno (1906-85) Matemático e filósofo italiano. Nasceu em Innsbruck e formou-se em Milão; estudou muitos ramos diferentes da matemática em Milão e em Roma e, a partir de 1931, exerceu funções de atuário e administrador na Assicurazioni Generali de Trieste. Em 1961 assumiu a cadeira de matemática das probabilidades em Roma. Publicou mais de trezentos artigos matemáticos e científicos. Filosoficamente é conhecido, junto com *Ramsey, como o pioneiro da teoria subjetiva da probabilidade, desenvolvida desde então pela escola de pensamento estatístico conhecida por *personalismo. A primeira obra de de Finetti que lidava com esse tópico foi *Probabilismo: saggio critico sulla teoria della probabilità e sul valore della scienza* (1931). É conhecido no mundo de língua inglesa sobretudo por sua obra *La Prévision: ses lois logiques, ses sources subjectives* (1937) e pelos dois volumes de *Teoria della probabilità* (1970). De Finetti foi um partidário inflexível da *teoria do erro: coloca a probabilidade na mesma categoria do éter e do destino, e escreve no prefácio da sua obra de 1970: "Minha tese é só esta: a probabilidade não existe." Surpreendentemente, termina o *Probabilismo* traçando uma conexão entre a liberdade resultante de abandonar essa superstição com as estimulantes libertações do *fascismo. *Ver também* teorema da representação.

De Morgan, Augustus (1806-71) Matemático e lógico inglês. De Morgan nasceu na Índia e estudou em Cambridge, tornando-se primeiro professor de matemática da Universidade de Londres. Escreveu copiosamente sobre matemática e astronomia. *Essay on Probabilities* (1838), *Formal Logic* (1847) e *Syllabus of a Proposed System of Logic* (1860), junto com a obra informal *Budget of Paradoxes* (1872), representam sua obra sobre a lógica e o método científico. De Morgan foi um pioneiro no reconhecimento das estreitas afinidades entre a lógica e a álgebra, no reconhecimento da importância de uma doutrina da predicação e no desenvolvimento da lógica das relações.

De Morgan, leis de As equivalências (I) não (A ou B) se e somente se não A e não B, e (II) não (A e B) se e somente se não A ou não B, são conhecidas como leis de De Morgan, apesar de o próprio De Morgan ter fornecido essas equivalências na *álgebra de Boole. Cada equivalência é um *teorema do *cálculo proposicional.

de re/de dicto (lat., de uma coisa/de uma afirmação) Um contraste entre duas maneiras de interpretar frases que podem ou não ser referentes a objeto específico. O exemplo de *Quine é "quero um barco", que pode querer dizer que há um barco determinado que eu desejo ou que, por outro lado, pode ser verdadeira sem que eu tenha em mente qualquer barco específico, assinalando apenas o meu desejo de "deixar de não ter um barco". Esse contraste pode ser expresso no *cálculo de predicados como a diferença entre $(\exists x)$ (x é um barco $\wedge$ eu quero possuir x) e "eu quero o seguinte: $(\exists x)$ (x é um barco $\wedge$ eu possuo x)". A primeira frase só pode ser verdadeira se houver uma relação entre mim e um objeto específico, ao passo que a segunda apenas me relaciona com uma afirmação que eu desejo que se torne verdadeira, mas que pode ser tornada verdadeira por coisas diferentes. Existem muitos contextos que favorecem esta ambiguidade: "Joana disse que a moça mais baixa da turma era mais alta do que uma das outras" atribuiria uma contradição a Joana se fosse interpretada *de dicto*, mas deixa sua racionalidade intata se for interpretada *de re*. O exemplo de *Russell é o seguinte diálogo: "Pensava que o navio fosse maior do que na verdade é"; "Não, é exatamente do tamanho que é".

decidibilidade *Ver* problema da decisão.

dedução Processo de raciocínio no qual a conclusão é alcançada a partir de um conjunto de *premissas. Usualmente, entende-se por dedução apenas aqueles casos em que a conclusão se *segue das premissas, i.e., em que a inferência é logicamente *válida. (*Ver também* cálculo lógico; teoria da demonstração; teoria dos modelos.) Apesar de suas próprias afirmações, os métodos de Sherlock Holmes não eram tipicamente dedutivos, mas antes exercícios de *abdução.

dedução natural Um sistema de *lógica desenvolvido unicamente em função de regras de inferência. Em lugar dos axiomas há apenas regras, que dizem o que pode ser derivado a partir de qualquer pressuposição. Contudo, existem regras para "dispensar" as pressuposições, o que permite que se consiga derivar resultados a partir de nada, e estes constituem os teoremas do sistema. A regra da *demonstração condicional é uma delas. Esses sistemas são úteis por três razões: (I) conformam-se melhor do que os sistemas axiomáticos com a perspectiva segundo a qual a lógica trata da inferência, e não de um conjunto especial de "verdades lógicas"; (II) evitam a arbitrariedade de escolher um determinado conjunto de verdades lógicas como axiomas; e (III) muitas vezes são mais fáceis de manipular.

defesa do livre-arbítrio Provavelmente a tentativa mais conhecida de reconciliar a existência do mal com a bondade de Deus (*ver* problema do mal; teodiceia). O argumento afirma que os males se devem inteiramente às más escolhas livres dos seres humanos (e talvez de outros seres caídos, entre os quais se incluem, em algumas versões, os anjos caídos). Deus foi bom ao criar seres livres, mas estes foram maus ao usar erroneamente sua liberdade. Assim, Deus não é responsável pelos males do mundo que, por sua vez, não podem ser utilizados como objeção à crença em Deus. Embora seja popular, a defesa enfrenta muitos obstáculos: aparentemente exige um tratamento *libertista do *livre-arbítrio; ignora o fato óbvio de que muitos dos males que afligem o mundo humano (como a doença, o sofrimento e a fome) não foram criados por nós, ou atribui implausível e arbitrariamente esses infortúnios a seres sobrenaturais maus, como os anjos caídos; mas, o que é pior, precisa eliminar a possibilidade lógica de um Deus capaz de criar seres livres que usassem sua liberdade só para fazer o bem, mais ou menos como alguns de nós conseguimos fazer durante breves instantes. Essa defesa também tem de rejeitar a possibilidade de um Deus que, quando os agentes livres por ele criados escolhem fazer o mal, tenha o cuidado de nos afastar deles, isolando-os do resto da humanidade.

definição *Ver* análise; definição implícita.

definição circular *Ver* círculo vicioso.

definição construtiva *Ver* demonstração/definição construtiva.

definição de verdade Definição do predicado "... é verdadeira" para uma linguagem que satisfaça a *convenção T, a condição de adequação material formulada por *Tarski. A definição de verdade proporcionada pelo método de Tarski é uma definição *recursiva, que nos permite dizer para cada frase aquilo em que consiste a sua verdade, mas que não proporciona qualquer definição verbal do próprio conceito de verdade. A definição recursiva do predicado "... é verdadeira" numa dada linguagem é sempre formulada numa *metalinguagem; Tarski compromete-se, assim, com uma hierarquia de linguagens, cada uma com o seu predicado de verdade, diferente do das outras. Embora esta técnica permita evitar os paradoxos da família do *paradoxo do mentiroso, ela entra em conflito com a ideia de que, numa linguagem, se deve conseguir dizer tudo o que há para dizer, e outras abordagens têm ganho cada vez mais importância.

definição estipulativa Uma definição que, em vez de corresponder a alguma regra ou padrão prévio de uso, estipula como se deve usar um termo.

definição implícita Uma definição implícita de um termo é dada quando se oferece um certo número de princípios ou axiomas em que o termo ocorre, sem que nenhum destes contenha uma equação que identifique o termo em causa com outro termo. Assim, podemos dizer que os números são implicitamente definidos pelos *postulados de Peano; a força é implicitamente definida pelos postulados da mecânica e assim por diante. *Ver também* frase de Ramsey.

definição impredicativa Termo introduzido por *Poincaré para um tipo de definição em que um membro de um conjunto se define de tal modo que se pressupõe a existência do conjunto tomado como um todo. Poincaré acreditava que alguns paradoxos, como o *paradoxo de Russell e o *paradoxo do barbeiro, eram atribuíveis a tais definições, tendo por isso proposto que fossem banidas. Mas a matemática clássica precisa de tais definições em tantos casos que não se pode bani-las facilmente. *Ver também* princípio do círculo vicioso.

definição nominal Uma definição (de uma espécie animal ou de uma substância, por exemplo) obtida através de propriedades suficientes para a distinguir de outras espécies de animais ou de outras substâncias, mas sem fazer referência à sua estrutura interna ou "essência". Assim, uma definição de água como líquido incolor, bom para beber e tomar banho, é uma definição nominal; mas sua definição como H_2O é uma definição "real". A distinção foi tornada explícita pela primeira vez por *Locke, apesar de sua própria atitude em relação à possibilidade de encontrar definições reais das coisas, especificando as essências reais, ser ambivalente. *Ver* essencialismo.

definição ostensiva Uma definição que procede por ostensão ou, em outras palavras, que se limita a mostrar o que se pretende, tal como se pode definir ostensivamente um tom como magenta, ou o sabor do abacaxi, exibindo um exemplo. Esse tipo de definição depende de o ouvinte conseguir compreender qual é a característica que se tenciona mostrar, e de conseguir saber o grau de literalidade com que tem de tomar o exemplo. Uma ostensão direta consiste em mostrar o objeto ou característica pretendido, ao passo que na ostensão diferida se mostra algo com o objetivo de dirigir a atenção para outra coisa, e.g., mostra-se uma fotografia para indicar uma pessoa, ou um termômetro para indicar a temperatura.

definição persuasiva Termo introduzido por C.L. Stevenson (1908-79) para designar uma definição que usa uma palavra com um tom favorável ou desfavorável, propondo depois que transfiramos essa atitude para uma qualidade particular. Uma proposta para que definamos justiça, democracia, ciência ou inteligência de tal e tal maneira pode parecer neutra e analítica, quando na verdade é um convite para que privilegiemos certos arranjos ou qualidades específicos. *Ver também* eulogístico/dislogístico; falácia da definição persuasiva.

definição/raciocínio circular *Ver* círculo vicioso.

definição real Uma definição que pretende captar o que o objeto a ser definido realmente é, ao contrário da *definição nominal, que se limita a indicar propriedades suficientes para o localizar: "o ouro é o elemento de número atômico 79 (ou com o peso atômico 196.967)" pode ser uma definição real, ao contrário de "o ouro é aquela substância amarela, brilhante, pesada e valiosa da qual uma grande quantidade está guardada na Casa da Moeda". A distinção está associada a *Locke. *Ver também* essência.

definição verbal A definição de uma ou mais palavras por meio de outras. Opõe-se à *definição ostensiva, que se realiza pela indicação de um exemplo. Por vezes, usa-se o termo para designar as *definições nominais.

definições coordenadoras Termo usado pelo filósofo da ciência americano de naturalidade alemã Hans Reichenbach (1891-1953), em *The Philosophy of Space and Time* (1957), para designar a coordenação de um conceito de uma teoria física com um processo físico real. O metro, por exemplo, pode ser coordenado com uma barra padrão situada em Paris e, na geometria, uma linha reta pode ser coordenada com o percurso de um raio de luz, ou com o percurso de um raio de luz num certo tipo de espaço. Reichenbach pensava que, uma vez que não há como saber se os objetos mantêm seu tamanho quando são transportados para regiões diferentes do espaço, a suposição de que isso acontece assume o estatuto de convenção ou definição, constituindo parte do que coordena os conceitos que usamos para medir o espaço com o próprio espaço físico.

definições prescritivas *Ver* definição persuasiva.

definiendum O que se pretende definir. A expressão ou frase definidora é o *definiens*.

definiens *Ver definiendum*.

deísmo Historicamente, o termo se refere à doutrina da "religião natural", que surgiu na Inglaterra e na França entre o final do século XVII, e início do XVIII. Segundo essa doutrina, a razão (sobretudo através do *argumento do desígnio) assegura-nos a existência de Deus e todo o resto (revelação, dogma, relação sobrenatural com a divindade) é excluído. A súplica e a oração são particularmente inúteis: Deus só pode ser concebido como um "proprietário ausente". *Herbert, John Toland (1670-1722) — que influenciou *Berkeley com a obra *Christianity not Mysterious* (1696) —, Anthony Collins (1676-1729), *Shaftesbury e, sem dúvida, *Locke, foram alguns dos deístas mais destacados. A crença restante é abstrata ao ponto de desaparecer, o que é testemunhado pela afirmação de *Diderot de que um deísta é alguém que ainda não viveu tempo suficiente para se tornar ateu.

dêixis *Ver* indexical.

deliberação *Ver* escolha.

delusão Em geral, qualquer falsa opinião que uma pessoa insista em manter pode ser chamada de delusão. Na filosofia da percepção, distinguem-se as delusões (como as alucinações, por exemplo) das ilusões mais comuns (como a aparência quebrada de uma vareta na água, ou uma miragem). As miragens e as ilusões típicas são públicas e podem se repetir: são casos em que um certo tipo de estímulo origina naturalmente uma interpretação incorreta. Uma delusão, pelo contrário, é entendida como uma perturbação perceptiva pessoal.

Demétrio Lacônio (séc.II a.C.) Não foi uma figura proeminente, nem mesmo na Antiguidade, gozando no entanto da distinção pouco comum de ser um *epicurista de Esparta.

demiurgo (do gr., *demiourgos*: artífice) O intermediário que faz o mundo físico na cosmologia do *Timeu* de *Platão.

democracia (do gr., *demokratia*: governo pelo povo) No pensamento grego, é o governo pelo povo em geral (excluindo, no entanto, as mulheres e, claro, os escravos), que contrasta com o governo pelos ricos e aristocratas. Na sociedade moderna, a democracia é a soberania do povo em geral, que não se exprime diretamente através do voto sobre questões particulares, mas através de representantes. Surgem questões tais como saber se os vários mecanismos garantem que a tomada de decisões corrresponde, genuinamente, às expectativas do povo, servindo a seus interesses (*ver também* vontade geral). O problema de delimitar uma constituição democrática enfrenta essa e outras dificuldades. Os críticos sugerem que a democracia política é estéril a menos que seja acompanhada pelo poder em outras esferas, principalmente na área da economia.

Demócrito de Abdera (c.460-c.370 a.C.) Junto com *Leucipo, foi o fundador do *atomismo clássico. Conhecido por ter viajado muito, era chamado de o filósofo que ri. Existe uma lenda, narrada por Tertuliano mas negada por *Plutarco, segundo a qual Demócrito, para manter sua satisfação moral (*euthymia*, o fim último recomendado por seu sistema ético), cegou a si mesmo, para acabar com seu desejo por mulheres (*ver* Ulisses). O atomismo proposto por Demócrito e Leucipo foi uma resposta ao argumento *eleata contra o movimento. Os eleatas sustentavam que o real é uno e imóvel, já que o movimento é impossível sem espaço vazio (*ver também* paradoxos de Zenão) e a pluralidade é inviável sem um espaço vazio que separe as diferentes unidades. Ao admitir o espaço vazio, os atomistas puderam evitar a conclusão eleata, mas os átomos individuais retiveram as características que *Parmênides atribuiu a toda a realidade imutável. Estes são indivisíveis, homogêneos, sólidos e imutáveis, mas podem diferir em função do seu tamanho e forma. São infinitos em número, existem no espaço *vazio e estão em movimento eterno. Quando há átomos suficientes numa região do espaço, forma-se um vórtice, e a massa dos átomos mais pesados, situada no centro, atrai outros átomos. A velocidade do movimento incendeia essas massas e é a causa dos corpos celestes. Os conglomerados e configurações de átomos produzem o mundo da nossa experiência; este é, no entanto, apenas um entre o número infinito de mundos que as diversas configurações de átomos produzem. A alma é feita de átomos particularmente perfeitos, mas é um composto e, por esse motivo, tão perecível como o corpo. A percepção resulta dos *eidola*, eflúvios dos átomos, emitidos pela superfície dos objetos, que entram em interação com os átomos da alma.

Essa visão magnificente do universo criada por Demócrito, com seu mecanicismo e sem qualquer lugar para a finalidade ou desígnio, não foi aceita por *Platão e *Aristóteles, e só *Epicuro a abraçou com todo o entusiasmo. Ao ser redescoberta no século XVII, formou a base da ciência moderna.

demonstrabilidade *Ver* sinal de asserção.

demonstração No uso geral, um processo que produz convicção. De modo formal, um argumento dedutivamente *válido que parte de premissas verdadeiras que implicam a conclusão. Formalmente, na *teoria da demonstração, uma demonstração é uma sequência de fórmulas das quais cada membro ou é um *axioma, ou é derivado de um conjunto de membros precedentes por aplicação de uma *regra de inferência, terminando com a proposição demonstrada. O último membro de uma tal sequência é um *teorema. Nos séculos XVII e XVIII, o uso da expressão "demonstração", tal como a expressão "*prova", refere-se a uma cadeia de ideias intuitivas.

demonstração condicional *Ver* regra da demonstração condicional.

demonstração/definição construtiva Uma demonstração construtiva é aquela que nos permite dar um exemplo, ou que nos dá uma regra para encontrar um exemplo, de um objeto matemático com uma certa propriedade. Uma demonstração não construtiva pode ter como resultado sabermos que existe um exemplo, sem que no entanto tenhamos ideia de como defini-lo. O *axioma da escolha na *teoria dos conjuntos é o axioma da existência não construtivo clássico: diz-nos que certo conjunto existe, independentemente de existirem quaisquer esperanças de encontrar uma condição que defina seus elementos. De forma semelhante, a definição de uma função que toma o valor 0 se qualquer número ímpar for a soma de dois primos, e 1 se isto não for o caso, é uma definição clássica que nos permite afirmar que existe um número, 0 ou 1, que é o valor da função, apesar de não podermos saber qual deles é. A perspectiva segundo a qual tal definição é inadmissível e que a matemática deve limitar-se a demonstrações e definições construtivas é conhecida por construtivismo. O construtivismo suspeita de demonstrações de existência indiretas, porque mostrar que uma contradição se segue da negação da existência de um objeto não nos oferece necessariamente, e por si só, uma maneira de identificá-lo. O construtivismo com frequência suspeita da ideia de um conjunto infinito completo, concebido como um objeto de investigação autônomo, à semelhança de um conjunto finito.

demonstração indireta Termo por vezes usado para **reductio ad absurdum*.

Dennett, Daniel (1942-) Filósofo da mente americano. Dennett estudou em Harvard e Oxford, e hoje leciona na Tufts University. Sua concepção da compreensão que temos uns dos outros, em termos de tomar uma "postura intencional", útil para a previsão e para a explicação, tem sido muito discutida. O debate diz respeito à questão de saber se é útil tomar essa posição em relação a objetos inanimados, e se a concepção verdadeiramente faz justiça à existência real de estados mentais. Dennett tem sido também um dos maiores exemplos de como a filosofia da mente precisa estar informada sobre os resultados das ciências que a rodeiam. Algumas de suas obras são *Content and Consciousness* (1969), *Brainstorms* (1978), *Elbow Room* (1984), *The Intentional Stance* (1987) e *Consciousness Explained* (1991).

denotação O que é *denotado ou referido por um termo. *Ver* conotação/denotação.

denotar Referir. *Russell às vezes utilizava o termo de tal maneira que o que denota é aquilo a que ele chamava de complexos (algo semelhante a conceitos), e o que por eles é denotado é tudo aquilo neles incluído. *Ver* descrição definida; referência.

derivabilidade A relação entre um conjunto de premissas e uma conclusão, que ocorre quando a conclusão se *segue das primeiras, ou pode ser validamente inferida delas. Muitos filósofos identificaram isso com a impossibilidade de todas as premissas serem verdadeiras e a conclusão falsa. Outros deixaram-se impressionar decisivamente pelos paradoxos da *implicação estrita, procurando por isso uma relação mais forte que distinga os argumentos válidos dos inválidos dentro do domínio das proposições necessárias. A procura de uma noção mais forte caracteriza o campo das *lógicas relevantes.

Derrida, Jacques (1930-) *Pós-modernista francês e líder do movimento *desconstrutivista, Derrida nasceu na Argélia e foi professor de filosofia durante mais de vinte anos na École Normale Supérieure. A noção de desconstrução foi apresentada pela primeira vez na introdução à sua tradução de 1962 da *Origem da geometria* de *Husserl. Derrida privilegia os aspectos retóricos inconscientes dos textos, argumentando que a atenção aos pormenores irrelevantes muitas vezes subverte as principais doutrinas de um texto; o processo de desconstrução consiste em mostrar como a mensagem ostensiva de um autor é minada por outros aspectos da sua formulação. Em *De la gramatologie* (1967), Derrida argumenta contra o "fonocentrismo" que privilegia a linguagem falada em detrimento da escrita, imaginando que a presença do autor proporciona um ponto fixo para o significado e a intenção. Este desejo de um "centro" dá origem a oposições familiares (sujeito/objeto, aparência/realidade etc.), que precisam ser rejeitadas. Em vez delas, a possibilidade infinita de interpretar e reinterpretar abre um horizonte que se afasta, no qual o significado é infindavelmente diferido, embora o leitor, tanto quanto o autor, seja o criador de qualquer significação provisória que se acabe eventualmente por encontrar (*ver também* Gadamer). A obra de Derrida provém da tradição de Husserl e de *Heidegger, não sendo facilmente assimilável pelas pessoas habituadas à expressão linguística habitual do pensamento. *Ver também* desconstrução; *différance*; pós-estruturalismo.

Descartes, René (1596-1650) Matemático francês e pai da filosofia moderna. Descartes nasceu em La Haye, perto de Tours, e estudou no novo colégio jesuíta de La Flèche, antes de estudar direito em Poitiers. Em 1618 alistou-se, à sua própria custa, no exército holandês de Maurício de Nassau, para assim poder ter tempo para pensar. Diz-se que seu interesse pela metodologia de uma ciência unificada foi estimulado por um sonho que teria tido "num quarto aquecido" de Ulm, quando cumpria serviço no exército em 1619. Pouco se sabe de sua vida privada, a não ser que a morte em 1640 da sua filha ilegítima Francine, com cinco anos idade, foi para ele um golpe devastador. Sua primeira obra, as *Regulae ad directionem ingenii* (1628/29), nunca foi concluída. Na Holanda, entre 1628 e 1649, Descartes escreveu *Le Monde* (1634), que depois prudentemente impediu a publicação, e, em 1637, produziu o "Discurso do método" como prefácio ao tratado sobre matemática e física no qual introduziu a noção de coordenadas cartesianas. Sua obra filosófica mais conhecida, as *Meditationes de prima philosophia* (*Meditações sobre a filosofia primeira*), juntamente com objeções de contemporâneos ilustres e as respectivas respostas de Descartes (as *Objeções e respostas*), apareceram em 1641. Os autores das objeções são: do primeiro conjunto, o teólogo holandês Johan de Kater; do segundo, *Mersenne; do terceiro, *Hobbes; do quarto, *Arnauld; do quinto, *Gassendi; e do sexto conjunto, *Mersenne. A segunda edição (1642) das *Meditações* incluía um sétimo conjunto pelo jesuíta Pierre Bourdin. A penúltima obra de Descartes, os *Principia philosophiae* (*Princípios da filosofia*) de 1644, foi concebida parcialmente para ser utilizada como manual de teologia. Sua última obra foi *Les Passions de l'âme* (*As paixões da alma*), publicada em 1649. Nesse ano, Descartes visitou a corte de *Cristina da Suécia, onde contraiu pneumonia, supostamente por ter sido obrigado a quebrar seu velho hábito de se levantar tarde para dar lições às cinco da manhã. Parece que suas últimas palavras foram "Ça, mon âme, il faut partir" ("Eis, minha alma, que é tempo de partir").

A teoria do conhecimento de Descartes começa com a busca pela certeza, por um ponto de partida ou fundamento indubitável, sem cuja base o progresso não seria possível (*ver* dúvida metódica). Descartes acabou por encontrar este ponto de partida no célebre "Cogito ergo sum": Penso, logo existo." Ao localizar a certeza na minha própria consciência de mim, Descartes introduz um tom de primeira pessoa na teoria do conhecimento que dominou os séculos seguintes, apesar de vários contra-ataques a favor de pontos de partida sociais e públicos. O famoso dualismo cartesiano é a metafísica associada a esta prioridade, que consiste na separação da mente e da matéria em duas substâncias diferentes mas em interação. Descartes vê de forma rigorosa e correta que é preciso haver uma dispensação divina para assegurar a existência de quaisquer relações entre os dois domínios divididos, e, para provar que os sentidos são fidedignos, invoca uma "percepção clara e distinta" de demonstrações altamente duvidosas da existência de uma divindade benevolente. Mas isso não foi aceito por todos os filósofos: tal como *Hume comenta friamente, "recorrer à veracidade do Ser supremo para provar a veracidade dos nossos sentidos é fazer, sem dúvida, um circuito bastante inesperado".

Já no tempo de Descartes se reconhecia que sua concepção da mente como uma substância inteiramente separada da matéria levantava problemas insolúveis acerca da natureza da relação causal entre as duas (*ver* ocasionalismo). Esta separação também suscita o problema, em seus próprios termos insolúvel, das *outras mentes. A célebre recusa de Descartes em aceitar que os animais são conscientes ilustra muito bem a questão. Na sua concepção de matéria, Descartes também dá preferência à cogitação racional, em detrimento de qualquer dado dos sentidos. Uma vez que podemos conceber que a matéria de um pedaço de cera (*ver* exemplo do pedaço de cera) sobreviva às mudanças das suas qualidades sensíveis, a matéria não é um conceito *empírico, acabando antes por ser um conceito inteiramente geométrico, sendo a extensão e o movimento a sua única natureza física. Esse aspecto do pensamento de Descartes reflete-se na ideia de *Leibniz, mais tarde defendida por *Russell, de que as qualidades da experiência sensível não têm qualquer semelhança com as qualidades das coisas, de maneira que o conhecimento do mundo exterior é essencialmente um conhecimento de estruturas, e não do que preenche essas estruturas. É sobre esta base que Descartes erige uma física notável. Uma vez que a matéria é, na verdade, o mesmo que a extensão, não pode existir espaço *vazio; não havendo espaço vazio, o movimento não consiste na ocupação de um espaço previamente vazio, devendo antes ser concebido em termos de vórtices (como o movimento de um líquido).

Apesar de a estrutura da epistemologia, da teoria da mente e da matéria de Descartes ter sido várias vezes rejeitada, sua exposição implacável dos tópicos mais difíceis, juntamente com sua clareza exemplar e até sua plausibilidade inicial, contribuem para fazer dele o ponto de referência central da filosofia moderna.

descitação, teoria da verdade como *Ver* verdade como descitação, teoria da.

desconfirmação Termo invulgar para *infirmação.

desconstrução Teoria cética sobre a possibilidade do significado coerente desenvolvida pelo filósofo francês *Derrida. Não existe um ponto de referência privilegiado (a intenção de um autor ou um contato com a realidade externa, por exemplo) que dê significado a um texto. Existe apenas a oportunidade ilimitada para novos comentários ou textos (uma versão linguística da crença idealista de que não podemos escapar do mundo de nossas próprias ideias). Uma leitura desconstrutivista de um texto subverte o que é aparentemente significativo, ao descobrir nele contradições e conflitos. No entanto, visto que é impossível nos situarmos numa perspectiva significativa exterior ao texto, admite-se por vezes que a desconstrução deixa tudo como estava; suas tentativas de pensar o impensável são feitas tanto por meio de jogos de palavras e chistes como por argumentos reconhecíveis. A obscuridade aparentemente deliberada de grande parte das produções desconstrutivistas tende a escandalizar os filósofos mais tradicionais. *Ver* Derrida; *différance*; pós-estruturalismo; pós-modernismo.

descrição, conhecimento por *Ver* contato e descrição.

descrição definida Uma descrição de um objeto (hipotético) como o único portador de uma propriedade: "o menor número inteiro positivo"; "o primeiro cão que nasceu no mar"; "a pessoa mais rica do mundo". Na teoria das descrições definidas, introduzida no artigo "On Denoting" (*Mind*, 1905), *Russell analisou frases com a forma "o F é G" como frases que afirmam que existe um F, que não existem dois objetos F distintos e que qualquer objeto que seja um F também é um G. Uma definição legítima de um objeto como o

F depende portanto de existir um e não mais do que um F. Dizer que o F não existe não é dizer de algo que existe que não existe, o que seria paradoxal, mas antes que ou nenhum objeto é F, ou que mais do que um objeto é F. Russell atribuía grande importância a essa teoria, uma vez que ela mostra como podemos compreender proposições que envolvam o uso de termos vazios (termos que não se referem ou descrevem qualquer objeto), sem ter de supor a existência de um objeto misterioso que constitua a sua referência (*ver* subsistência). Assim, por exemplo, já não é um argumento a favor da existência de Deus dizer que compreendemos as asserções nas quais o termo "Deus" ocorre. Se analisarmos o termo "Deus" como uma descrição, podemos interpretar o enunciado de que Deus existe como significando algo do tipo "existe um único criador pessoal e onipotente do universo", que é inteligível independente de ser verdadeiro ou não.

Formalmente, a teoria das descrições definidas pode ser formulada nestas duas definições:

O F é G = $(\exists x)[(Fx \wedge (\forall y)(Fy \rightarrow y = x)] \wedge Gx)$
O F existe = $(\exists x)[Fx \wedge (\forall y)(Fy \rightarrow y = x)]$
Ver também contato e descrição.

descrição indefinida Uma expressão que fala de uma coisa de um certo gênero, ou de coisas que satisfazem uma certa descrição, sem exigir que uma só coisa satisfaça a descrição. A frase "um homem veio aqui esta manhã" contém a descrição indefinida "um homem". *Ver* descrição definida.

descritivismo Perspectiva que *Hare contrasta com o *prescritivismo, de acordo com a qual o significado de um termo valorativo é dado sem o elemento de ordem, aprovação ou de pressão para agir, sendo concebido unicamente como uma paráfrase das descrições naturais das coisas a que se aplica. *Comparar com* argumento da questão em aberto; falácia naturalista.

desejo *Ver* apatia; eros.

desempenho *Ver* competência/desempenho.

desencantamento Termo associado a *Weber, para designar a erradicação de valores, emoções e tradições em nome do estrito cálculo racional de meios e fins. De acordo com Weber, esse processo envolve sujeitos sociais que utilizam o conhecimento para controlar o mundo, embora seu verdadeiro efeito possa ser o cárcere asfixiante da gestão burocrática.

designador Um termo que designa. *Ver* descrição definida; designador rígido; termo singular.

designador flácido Contraste jocoso com *designador rígido. Um designador flácido é um termo como uma *descrição definida, que pode ser satisfeito por coisas diferentes em *mundos possíveis diferentes.

designador rígido Um designador rígido é aquele que denota a mesma coisa em todos os *mundos possíveis, ou em todos os mundos possíveis nos quais essa coisa existe. O termo foi introduzido por *Kripke, para referir o fato de, ao especificarmos uma possibilidade usando um *termo singular, pretendermos que os termos singulares tenham a mesma referência na situação imaginada, ou possível, do que aquela que têm no mundo *atual. No caso das *descrições definidas, isso não é necessariamente assim: em "se Hume tivesse sido inglês, a cidade em que morreu não teria sido Edimburgo", tanto "Hume" como "Edimburgo" se referem ao mesmo sempre: o filósofo Hume e a cidade de Edimburgo. Mas não podemos supor que a expressão "a cidade em que morreu" se refere à cidade na qual Hume de fato morreu, isto é, Edimburgo. A frase não está tentando dizer que se Hume tivesse sido inglês, Edimburgo não teria sido Edimburgo. Kripke usou esse raciocínio em sua influente crítica da teoria que afirma que os nomes funcionam como descrições definidas disfarçadas. Mais complexos são os casos em que desejamos avaliar uma frase num mundo no qual a referência normal não teria existido, tal como em "se sua mãe tivesse morrido quando era nova, Hume não teria existido". Neste caso não podemos pretender que o termo "Hume" tenha a referência habitual na situação possível imaginária, uma vez que *nessa* situação não existe qualquer Hume para ser referido; no entanto, intuitivamente, ainda estamos falando de Hume. A outra discussão moderna clássica é a de David

Kaplan, "Demonstratives", Parte III, in *Themes from Kaplan* (1989), org. J. Almong et al.

designar Referir ou *denotar.

desigualdade *Ver* igualdade.

desmitologizar Remover o elemento mítico; em especial, é um modo de interpretação bíblica, associado a *Bultmann, que entende os elementos míticos da Bíblia não como descrições do mundo real, mas antes como metáforas de afirmações indiretas sobre a vida humana.

destino *Ver* fatalismo.

desvalor Oposto ao valor: o grau de dano ou demérito associado a um certo resultado, ação ou traço de caráter.

determinismo Doutrina segundo a qual tudo que acontece tem uma causa. A explicação habitual dessa ideia consiste em defender que, para qualquer acontecimento, existe um estado anterior relacionado a ele de tal maneira que não poderia (sem violar uma lei da natureza) existir, sem que existisse o acontecimento. Essa é uma afirmação puramente metafísica, não implicando que tenhamos em princípio de conseguir prever o acontecimento em causa (*ver* caos). O principal interesse do determinismo tem sido a apreciação das suas implicações para o *livre-arbítrio. Contudo, apesar de a física quântica (*ver* mecânica quântica) ser essencialmente indeterminista, a ideia de que as nossas ações estão sujeitas às indeterminações quânticas dificilmente encoraja nosso sentido de responsabilidade por elas. *Ver também* dilema do determinismo; libertinismo.

determinismo (biológico) Concepção de que nossa herança genética condiciona e torna inevitável nosso desenvolvimento como pessoas com múltiplas características. Na versão mais absurda dessa concepção, postula-se a existência de entidades como, por exemplo, um gene, que predispõe as pessoas à pobreza. Essa teoria tem entre seus principais adversários os pensadores que salientam que os fatores familiares, políticos e sociais determinam aquilo que somos. *Ver também* gene; sociobiologia.

determinismo linguístico *Ver* hipótese de Sapir-Whorf.

determinismo moderado *Ver* livre-arbítrio.

Deus *Ver* filosofia da religião.

Deus, argumentos contra a existência de *Ver* expiação; inferno; problema do mal.

Deus, argumentos favoráveis à existência de *Ver* aposta de Pascal; argumento cosmológico; argumento da primeira causa; argumento do desígnio; argumento dos graus de perfeição; argumento ontológico; cinco vias.

Deus das lacunas (ou dos hiatos) Termo pejorativo que designa a tendência a postular uma ação divina de modo a suprir lacunas ou hiatos no conhecimento científico como, por exemplo, nos pormenores dos mecanismos da *evolução.

deus ex machina (lat., Deus da máquina). A expressão se refere ao artifício teatral em que se introduz uma força sobrenatural para resolver uma situação dramática. Aplica-se assim a todas as soluções artificiais, externas e **ad hoc* introduzidas para resolver os problemas.

deus sive natura (lat., Deus ou natureza). O *dictum* do panteísmo de *Espinosa: a concepção de que Deus e a natureza são intercambiáveis, ou que não existe distinção entre o criador e a criação.

dever O que se tem de fazer, ou o que nos pode ser exigido que façamos. O termo está associado ao que é *devido* a outras pessoas ou, talvez, a nós próprios. Os deveres universais seriam "devidos" às pessoas (ou seres sencientes) como tais, enquanto os deveres especiais surgem em virtude de relações específicas, tais como ser o filho de alguém ou ter feito uma promessa a uma pessoa. O dever, ou obrigação, é o conceito primitivo nas abordagens deontológicas da ética (*ver* ética deontológica), mas é construído, em outros sistemas, a partir de outras noções. No sistema de *Kant, um dever perfeito é o que deve ser cumprido, seja qual for a circunstância. Os deveres imperfeitos podem ter de dar lugar a outros mais prementes. Em outra acepção, os deveres perfeitos são os correlativos aos direitos dos outros, enquanto que os imperfeitos não são. O modo como os deveres precisam ser especificados (uma crítica frequente a Kant é a de que sua noção de dever é demasiado abstrata) é um dos problemas com que o conceito se confronta. O conceito pode também sugerir uma ideia arregimentada da vida ética, segundo a qual somos todos alistados à força numa espécie de exército moral, e pode encorajar uma concepção individualista e antagonista das relações sociais.

devir *Ver* mudança.

Dewey, John (1859-1952) Educador, reformista social e filósofo do *pragmatismo americano. Dewey nasceu em Burlington, Vermont, e teve uma carreira acadêmica relativamente apagada, até que, em 1881, ingressou em Johns Hopkins, a primeira universidade de estudos de pós-graduação da América. Foi nessa época influenciado por *Hegel, e seus textos nunca perderam o entusiasmo pelo que é dinâmico, vital e progressivo. A obra de Dewey assumiu uma tendência mais prática quando, em 1894, se tornou diretor do departamento de filosofia, psicologia e educação de Chicago. Ali permaneceu por dez anos, até se transferir para Colúmbia, onde o *Journal of Philosophy* se transformou em grande parte numa revista local para as discussões de Dewey e sobre Dewey. Sua obra como psicólogo e pensador da educação gerou uma reação contra as práticas educativas do seu tempo, excessivamente rígidas e formais. Dewey percebeu que a criança é uma criatura ativa, exploradora e inquisitiva, e por isso a tarefa da educação consiste em alimentar a experiência introduzida pelo conhecimento e pelas aptidões naturais. A enorme influência de Dewey devia-se mais à sua capacidade para elucidar o caráter progressivo dos Estados Unidos de seu tempo (nos níveis pragmático, científico e democrático), do que a uma argumentação filosófica técnica e precisa. No entanto, seu desenvolvimento do pragmatismo de *James e *Peirce ainda hoje é influente. Segundo Dewey, a investigação é um processo que corrige a si mesmo, conduzido num contexto histórico e cultural específico, e não precisa encontrar um fundamento na certeza ou no "dado". O conhecimento é apenas aquilo que se encontra garantido pela investigação. Dewey exprimiu suas ideias numa torrente de livros e artigos: a bibliografia centenária de sua obra contém mais de cento e cinquenta páginas.

dharma (sânscr., transportar ou segurar) Os fatores da existência, no *budismo. Inicialmente, era sobretudo um conceito de teoria cosmológica e não tanto um conceito ético. O *dharma* tem algumas ligações com o **logos* grego, já que significa o princípio ou lei que governa o universo, e em particular os ciclos da reencarnação. O *dharma* acabou por associar-se com os ensinamentos de Buda e com a esfera de deveres e costumes temporais (não religiosos), ampliando-se depois aos aspectos do caráter que compõem a personalidade. Tal como na ética de *Kant, relaciona-se ainda com a preocupação com os outros, concebidos como extensões de nós mesmos. Essa noção ética de *dharma* é um dos principais elementos da contribuição budista para o pensamento *hindu.

diacrônico (do gr., *diá* + *khrónos*: através do tempo) Os processos são diacrônicos, e a natureza de sua existência ao longo do tempo é algumas vezes contrastada com a natureza dos acontecimentos (instantâneos) e mesmo com a dos objetos (*ver* permanência/persistência).

diádica Uma *relação diádica é uma relação com dois termos.

diagonalização Método usado pela primeira vez por *Cantor para mostrar que não pode existir uma enumeração dos números reais. Qualquer número real pode ser escrito como um decimal infinito. Imagine-se então uma correspondência com os números naturais em que um certo real é apresentado como o primeiro, outro como o segundo, e assim por diante. Dada uma lista de reais assim estabelecida, Cantor define um outro número real que é diferente do primeiro da lista na primeira casa decimal, do segundo na segunda casa decimal e assim por diante para qualquer real da lista. Por conseguinte, se a expansão decimal do primeiro real estiver escrita como a sequência de dígitos $x_{00}\, x_{01}\, x_{02}$... e os reais estiverem dispostos por ordem

$$\begin{matrix} \mathbf{x_{00}} & x_{01} & x_{02} & x_{03} & \cdots \\ x_{10} & \mathbf{x_{11}} & x_{12} & x_{13} & \cdots \\ x_{20} & x_{21} & \mathbf{x_{22}} & x_{23} & \cdots \\ x_{30} & x_{31} & x_{32} & \mathbf{x_{33}} & \cdots \end{matrix}$$

consideramos em seguida o real da diagonal (destacado) $x_{00}\, x_{11}\, x_{22}$... e definimos um real com um número infinito de casas decimais que é diferente desse real: e.g., seja $y_{nn} = 5$ se $x_{nn} \neq 5$ e $y_{nn} = 6$ em caso contrário. Este é, então, um real que não se encontra na lista original, uma vez que é diferente do enésimo real da lista na enésima casa decimal. O argumento refuta a tese de que havíamos enumerado todos os reais. A diagonalização constitui um dos mais poderosos instrumentos da teoria dos conjuntos e da *metamatemática. Apresenta também uma forte semelhança com os argumentos do tipo do argumento do mentiroso (*ver* paradoxo do mentiroso); uma utilização explícita da diagonalização encontra-se no *paradoxo de Richard.

diagrama de Venn Um tipo de diagrama inventado por *Venn em 1881 para representar e avaliar a validade de inferências elementares da forma *silogística ou da álgebra de classes de Boole (Venn estava tentando ilustrar os métodos do próprio *Boole; *ver também* álgebra de Boole). Num diagrama de Venn para o silogismo há três círculos, correspondendo a S, M e P. As áreas sombreadas indicam as combinações que são vazias e a cruz indica as que têm membros; uma cruz sobre a fronteira entre duas classes indica que pelo menos uma delas tem um membro. Por exemplo, para ilustrar o silogismo "Alguns S são M, todos os M são P, logo alguns S são P", a primeira

(I)

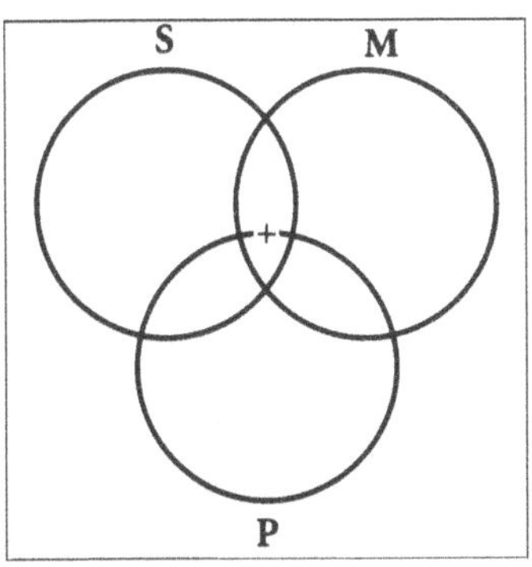

(II)

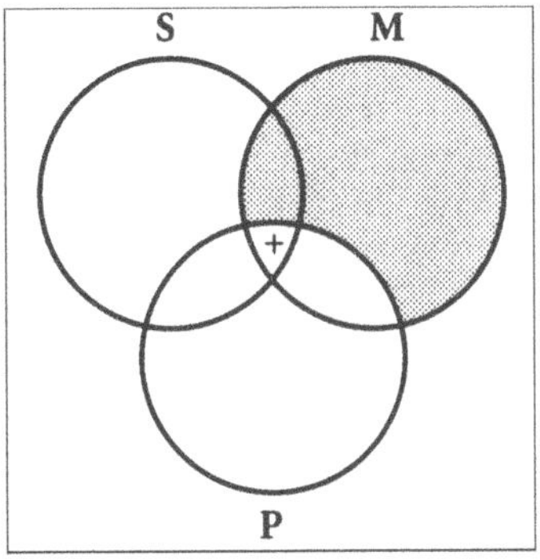

premissa é representada por (I). Aqui a cruz está entre a área de P e a área exterior a P. Contudo, a segunda premissa acrescenta o sombreado ilustrado em (II), visto que qualquer região M fora de P é vazia. Portanto, a cruz não pode ocorrer aí, tendo de ser deslocada para a área dentro de P. Isso mostra que, de fato, alguns S são P; logo, o silogismo é válido. Venn generalizou este método: para afirmações da álgebra de classes que envolvem quatro termos, podem ser desenhadas elipses; aqui, no entanto, o método torna-se dificultoso. No final do século XIX, e princípio do XX, foram inventados gráficos e barras de vários tipos para representar esses fenômenos.

dialetheia Uma contradição. A lógica da *dialetheia* estuda sistemas formais (*ver* sistema formal) que podem incluir divisões entre argumentos válidos e inválidos que envolvem contradições.

dialética (do gr., *dialektikê*: arte da conversação ou do debate) Fundamentalmente, o processo de raciocínio que leva à obtenção da verdade e do conhecimento acerca de qualquer assunto. Dos diferentes pontos de vista sobre esse processo surgem diferentes concepções de dialética. No *método socrático, a dialética é o processo de descoberta da verdade por meio de perguntas feitas com o objetivo de explicitar aquilo que já é implicitamente sabido, ou então para expor as contradições e as dificuldades da posição adotada por um oponente. Nos diálogos *platônicos do segundo período, porém, a dialética torna-se a totalidade do processo de iluminação, pelo qual o filósofo é educado de modo a atingir o conhecimento do bem supremo, a *forma do bem. Para *Aristóteles, a dialética é qualquer inferência racional baseada em premissas prováveis. Em *Kant, a dialética é a "lógica da ilusão", ou seja, o uso indevido da lógica para produzir a ilusão de uma crença sólida — sendo uma das tarefas da filosofia descobrir onde a razão ultrapassa as suas fronteiras, produzindo, assim, as ilusões da metafísica transcendental (*ver* antinomia; paralogismo). Em *Hegel, a dialética refere-se ao processo necessário que constitui o progresso, quer no pensamento, quer no mundo (que no idealismo de Hegel se identificam, embora remonte a *Heráclito a ideia de que a maneira como os processos do mundo se desenrolam espelha o modo como acontecem os processos da razão). O sistema da dialética consiste em ultrapassar a contradição entre tese e antítese por meio da síntese; a síntese, por sua vez, é contradita e o processo se repete até que se atinja a perfeição final. *Ver também* materialismo dialético.

dianoia (gr., pensamento) O conhecimento em geral. Para *Platão, um tipo de conhecimento que não chega a atingir o mais alto grau, a **noêsis*. A *dianoia* refere-se ao conhecimento de matérias matemáticas e técnicas. (*Ver também* mito da linha.) Em *Aristóteles, subdivide-se no verdadeiro conhecimento teórico, ou *technê*, e na **phronêsis*, ou sabedoria prática e moral.

dictum de omni et nullo (lat., o que é predicado do todo, é predicado da parte) Princípio de *Aristóteles segundo o qual qualquer coisa que se afirme ou negue sobre toda uma classe ou categoria pode ser afirmado ou negado quanto a qualquer uma de suas partes. O princípio supostamente valida os quatro modos da primeira figura do *silogismo, e motiva a redução das outras três figuras a esta.

***dictum* ou paradoxo de Tertuliano** *Ver credo quia absurdum est.*

Diderot, Denis (1713-84) O principal organizador da **Enciclopédia* e, juntamente com *Voltaire, a figura mais proeminente do *Iluminismo setecentista francês; teve uma carreira longa e movimentada dedicada à aquisição e divulgação do conhecimento. Diderot foi um defensor inflexível da concepção científica, moderna e secular do mundo, numa época em que o livre-pensamento ainda era perigoso na França. *Le Neveu de Rameau* (escrita na década de 1760, e publicada em alemão em 1805) e *Le Rêve de D'Alembert* (escrita em 1769, publicada em 1782) são duas das suas obras filosóficas; ambas demonstram um encantador espírito de divertida ironia, ao mesmo tempo que discutem com grande seriedade os fundamentos da ética e a natureza da criação animal, ainda que à luz da biologia especulativa de seu tempo. Diderot queimou o que julgava ser o único manuscrito de *Le Rêve de D'Alembert*, na presença de *D'Alembert, que tinha sido convidado a provocar a sua destruição pelo *saloniste* Julie de l'Espinasse, que aparece na história. Felizmente, sem que Diderot o soubesse, havia sido feita uma cópia do manuscrito.

diferença específica A característica que distingue uma *espécie de outra, dentro do mesmo *gênero.

différance Termo introduzido por *Derrida, combinando as palavras francesas que correspondem a "diferença" e a "diferimento". É usado para sugerir a ênfase *saussureana no significado como uma função de diferenças ou contrastes dentro de um sistema de termos, e também o perpétuo diferimento de qualquer ponto fixo final, ou qualquer relação privilegiada com o mundo extralinguístico que determine o significado.

dificuldade egocêntrica Problema originalmente descrito no artigo "Egocentric Predicament" (*Journal of Philosophy*, 1910) pelo filósofo americano R.B. Perry (1876-1957). O problema consiste no fato de cada um de nós estar limitado ou confinado a seu próprio mundo perceptivo. Isso tanto pode parecer altamente significativo e trágico, como tautológico.

dilema O modelo mais simples de um dilema é um argumento com a forma: "Se *p* então *q*, se não *p* então *q*, logo, em qualquer caso, *q*." Tradicionalmente, distinguem-se outras formas mais complexas de dilemas. Um dilema construtivo tem a forma: "Se *p* então *r*, se *q* então *r*, mas ou *p* ou *q*, logo *r*." Um dilema destrutivo segue o modelo: "Se *p* então *q*, e se *p* então *r*, mas ou não *q* ou não *r*, logo não *p*." As duas premissas condicionais de um dilema são chamadas de alternativas. Escapar das alternativas do dilema é negar a disjunção "*p* ou *q*"; enfrentar as alternativas é negar uma das condicionais. A noção pode ser generalizada aos trilemas, nos quais há três alternativas (*ver*, por exemplo, trilema de Bayle). Para outros dilemas *ver* dilema de Eutífron; dilema dos prisioneiros; dilemas morais.

dilema de Eutífron Dilema examinado no *Êutifron*, um dos diálogos de *Platão. As coisas piedosas são piedosas porque os deuses as amam, ou os deuses as amam porque são piedosas? O dilema suscita a questão da possibilidade de conceber os valores como resultado da escolha de uma mente qualquer, mesmo que essa mente seja divina. Na primeira opção, aquilo que é bom e tem valor é criado pela escolha dos deuses. Mesmo que isso seja inteligível, parece tornar impossível o ato de louvar os deuses, já que assim é vagamente verdadeiro que eles escolhem o que é bom. A segunda opção nos obriga a supor uma fonte de valores situada aquém ou além da própria vontade dos deuses, pela qual estes possam ser avaliados. A elegante solução de *Tomás de Aquino consiste em afirmar que o modelo do bem é a natureza de Deus, sendo por isso distinto de sua vontade, embora não distinto de si mesmo.

O dilema surge seja qual for a fonte de autoridade que se aceite. Preocupamo-nos com o que é bom porque é bom, ou nos limitamos a chamar de boas aquelas coisas com que nos preocupamos? O dilema também pode generalizar-se de forma a afetar nossa compreensão da autoridade de outras coisas, como a matemática, por exemplo, ou as *verdades necessárias. Essas verdades são necessárias porque decidimos que elas o são, ou decidimos que elas o são porque são necessárias?

dilema de Hume Nome por vezes dado ao dilema segundo o qual ou nossas ações são determinadas, caso em que não somos responsáveis por elas, ou então são o resultado de acontecimentos aleatórios, caso em que também não somos responsáveis por elas. *Ver também* dilema do determinismo; livre-arbítrio.

dilema do determinismo Supõe-se muitas vezes que, se uma ação é o fim de uma *cadeia causal, i.e., se é determinada, e se as causas se estendem no tempo até acontecimentos em relação aos quais um agente não tem qualquer responsabilidade concebível, então o agente não é responsável pela ação. O dilema acrescenta que se uma ação *não* é o fim de tal cadeia, então ou ela própria, ou uma das suas causas, ocorre aleatoriamente, uma vez que nenhum acontecimento anterior a provocou, o que faz com que, nesse caso, também ninguém seja responsável por sua ocorrência. Logo, seja o *determinismo verdadeiro ou não, mostra-se que a responsabilidade é ilusória. *Ver também* libertinismo; livre-arbítrio.

dilema dos prisioneiros Problema clássico da *teoria dos jogos. Dois prisioneiros conjuntamente acusados de um crime são mantidos separados, e a cada um é dada a opção de confessar, ou de não confessar. Se nenhum confessar, cada prisioneiro terá uma pena de dois anos. Se os dois confessarem, cada um deles é condenado a seis anos. Se o prisioneiro A confessar e B não, A é libertado e B sofre uma pena agravada em dez anos. Se o prisioneiro B confessar e A não, B é libertado e A sofre uma pena agravada em dez anos. A matriz é a seguinte:

	A confessa	A não confessa
B confessa	6 6	10 0
B não confessa	0 10	2 2

A verdade surpreendente do jogo é que, *faça o outro prisioneiro o que fizer*, qualquer um deles ganha se confessar (se A confessar, B ganha se confessar; e se A não confessar, B também ganha se confessar; o mesmo acontece com A, quer B confesse ou não). A confissão *domina a não confissão. No entanto, o resultado social quando A e B seguem esse raciocínio é o pior de todos (resultando em 12 anos de prisão ao todo); ambos teriam ficado muito melhor se não confessassem (quatro anos de prisão ao todo). Muitas situações políticas (e.g., se devemos evitar reivindicar aumentos, se devemos ser bons cidadãos e deixar de regar o jardim quando há falta de água) podem ser representadas como dilemas dos prisioneiros. A estrutura mostra que nem sempre o bem social é eficientemente favorecido quando cada pessoa age de acordo com seus interesses, mesmo que uma "mão invisível" faça com que todas as pessoas levem vantagem com o interesse pessoal desenfreado, parece existir um castigo invisível que faz com que essa vantagem diminua (*ver* Smith, Adam).

Um dilema dos prisioneiros reiterado é uma sequência finita ou infinita de situações desse gênero. Num interessante estudo (*The Evolution of Cooperation*, 1984), Robert Axelrod mostrou que uma política eficiente nestas situações é "pagar na mesma moeda": A começa por cooperar com B (não confessando), até ser confrontado com a confissão de B, altura em que A confessa, em retaliação; mas então, se B se arrepender, A volta atrás e nega a confissão, até que tudo volte a acontecer. Além de ser uma boa estratégia, "pagar na mesma moeda" tem alguma justificação moral intuitiva. Contudo, a estratégia é sensível à relação entre as recompensas e as penas que estão em jogo, e não se pode dizer que é *a* melhor estratégia em todas as circunstâncias.

dilemas morais Situações em que cada curso possível de ação viola um certo princípio moral que também é, por seu lado, obrigatório. O cerne de muitas tragédias são dilemas graves desse tipo. O conflito pode ser descrito de diferentes maneiras. Uma é que seja qual for a ação que a pessoa realize, fará algo de errado ou que não deveria fazer. Outra descrição discorda dessa apreciação, afirmando que o dilema significa que, dadas as circunstâncias, a pessoa agiu de forma correta ou, pelo menos, tão corretamente quanto qualquer outra alternativa. É importante para a fenomenologia desses casos que cada ação deixe um resíduo de culpa e de remorso, embora uma vez mais (desde que a pessoa não seja responsável por se encontrar no dilema) a racionalidade dessas emoções possa ser contestada. Qualquer moral com mais do que um princípio fundamental poderá gerar dilemas e há dilemas como o do romance *A escolha de Sofia* onde uma mãe tem de decidir qual de seus dois filhos deve sacrificar, ainda que nenhum princípio favoreça qualquer um deles. Se aceitarmos que os dilemas de princípios são reais e importantes, este fato pode então ser usado para atacar teorias como o *utilitarismo, que reconhecem apenas um princípio soberano. Por outro lado, ao lamentar a existência de dilemas e a mistura desordenada de princípios que cria muitos deles, um teórico pode usar sua ocorrência para argumentar a favor da aspiração à localização e promoção de um único princípio soberano.

Dilthey, Wilhelm (1833-1911) Filósofo, crítico literário e historiador alemão. Dilthey ensinou em muitas universidades e, em 1882, sucedeu a *Lotze na Universidade de Berlim. Dilthey é especialmente conhecido pelos seus estudos sobre a metodologia das ciências sociais, ou *Geisteswissenschaften*. Para Dilthey, estas se distinguem das ciências naturais pelo uso do método da compreensão, ou **verstehen*, pelo qual compreendemos o significado de expressões humanas, como as palavras ou as ações. Nos seus primeiros textos, a *verstehen* é concebida como o processo onde se revivem (*nacherleben*) os estados mentais dos outros, inferidos por uma *analogia que tem como base um conhecimento sobre as nossas próprias experiências. No entanto, a base psicológica e subjetiva desse processo foi posteriormente substituída: a *verstehen* deixou de ser a tentativa semicientífica de encontrar a ideia ou a modificação mental que foi a causa da expressão, e transformou-se na localização da expressão no quadro de referência objetivo do significado humano, para o qual contribuem tanto o contexto como a linguagem e o clima cultural. Todos esses elementos são "objetivações da vida", e constituem o objeto de estudo das várias ciências humanas. Nesse sentido, o processo de *verstehen* nunca está completo, já que sempre podem vir a se revelar aspectos diferentes no modo pelo qual os significados se "coligam" (*zusammenhängen*). *Einleitung in die Geisteswissenschaften* ("Introdução às ciências sociais"), de 1883, foi o primeiro volume de uma obra incompleta. Sua extensa obra sobre muitos aspectos históricos e biográficos, sobre filosofia e sobre o estudo da cultura foi reunida em *Gesammelte Schriften* ("Obras escolhidas"), que se estende por mais de 18 volumes. Dilthey teve uma grande influência nas reflexões metodológicas sobre a sociologia, particularmente através de *Weber, na *hermenêutica posterior e, mais tarde, nas discussões sobre a epistemologia da "*psicologia popular".

Ding an sich (al., coisa em si) Na metafísica *kantiana, a coisa em si existe independentemente de nós, não é filtrada pelas formas da sensibilidade; não está no tempo nem no espaço e não pode ser conhecida. *Ver* númeno.

Diógenes de Apolônia (c.V a.C.) Diógenes é conhecido sobretudo por combinar um estudo empírico minucioso, especialmente na biologia, com as especulações cosmológicas ambiciosas características dos *pré-socráticos. Acreditava que tudo era feito de diferentes combinações da mesma matéria-prima básica, *aêr*, dotada de consciência e intenções, cuja condensação e rarefação teria criado as diferentes substâncias que conhecemos.

Diógenes de Sinope (c.400-325 a.C.) Fundador da escola *cínica, Diógenes viveu em Atenas e talvez em Corinto. É possível que tenha estudado sob a orientação de *Antístenes, mas foi sua vida e influência que deram aos cínicos sua importância. Defendeu que a maneira correta de viver consiste em ter as necessidades mais simples possíveis, satisfazendo-as do modo mais direto. Em particular, tudo o que é natural é respeitável e decente, e pode portanto ser feito em público sem qualquer vergonha. As convenções contrárias a esta abertura de espírito devem ser ignoradas. Sua ética não é tanto uma ética da autossuficiência, mas antes de um autocontrole, fruto do desdém saudável pelos prazeres e sofrimentos próprios, e sobretudo da impaciência para com as convenções e hierarquias de uma sociedade presumivelmente corrupta: "Aristóteles toma o café da manhã quando o rei quer; Diógenes, quando Diógenes quer."

Diógenes Laércio (? séc.III d.C.) Biógrafo grego. Diógenes não foi um filósofo importante, mas seu livro *Vidas dos filósofos ilustres* é a principal fonte biográfica para todos os filósofos gregos e romanos até o século III d.C., período em que se presume que Diógenes viveu. Suas referências chegam a 365 livros e 250 autores, e é quanto às citações de obras perdidas que é tido como mais fidedigno. O próprio *Nietzsche, em grande medida um classicista, escreveu sobre Diógenes, afirmando que ele foi, "acidentalmente, o guardião grosseiro de um tesouro cujo valor não conheceu".

Diógenes, o Cínico *Ver* Diógenes de Sinope.

dionisíaco *Ver* apolíneo/dionisíaco.

Dionísio o Pseudoareopagita (c.500 d.C.) Também conhecido como Pseudo-Dionísio. Um teólogo místico, confusamente identificado durante a Baixa Idade Média com Dionísio, o Areopagita, cuja conversão é descrita por são Paulo (Atos 17:34). Os escritos de Pseudo-Dionísio tentam fazer a síntese entre o cristianismo e o *neoplatonismo, e a crença infundada de que datavam do tempo dos Apóstolos contribuiu para a autoridade que vieram a ter. O homem aproxima-se de Deus através do abandono da percepção e da razão, entrando numa obscuridade da qual será salvo por um "raio de divina escuridão", sendo trazido até o conhecimento do ser que, na sua unidade total, está além de qualquer descrição. A tradução feita por *Erígena no século IX proporcionou o modelo retórico para grande parte das obras místicas posteriores.

Diotima de Mantineia Sacerdotisa cujos ensinamentos sobre a beleza e o amor são relatados por *Sócrates no *Banquete*. Questiona-se com frequência se Diotima de fato existiu, apesar de existirem o que parecem ser representações suas em baixos-relevos de bronze, datados do século IV a.C., e de suas doutrinas principais diferirem muito significativamente das de *Platão.

direita (política) Ala da opinião política que defende a liberdade do indivíduo em questões econômicas e que por isso protege a distribuição de propriedade e as divisões entre classes que essa liberdade gera. A direita muitas vezes pode ser autoritária, encarando a força do direito e da ordem como algo indispensável para proteger as divisões que favorece, ou, pelo contrário, pode ampliar a proteção da liberdade até o *anarquismo. *Ver também* conservadorismo; esquerda (política); fascismo; individualismo; liberalismo.

direito natural, teoria do Perspectiva acerca do estatuto do direito e da moral particularmente associada a *Tomás de Aquino e à tradição *escolástica posterior. De modo mais abrangente, qualquer tentativa de unir a ordem moral e jurídica com a natureza do cosmo ou com a natureza dos seres humanos. Nesse sentido, encontra-se também em alguns autores protestantes, derivando, presumivelmente, de uma perspectiva platônica da ética, que já estava implícita no *estoicismo antigo. O direito está acima das atividades dos legisladores humanos e é independente destes; constitui um conjunto objetivo de princípios, cuja verdade pode ser atestada através da "luz natural" ou da razão, exprimindo (nas versões religiosas da teoria) a criação como resultado da vontade de Deus. As versões não religiosas dessa teoria introduzem as condições objetivas do progresso humano como a fonte das limitações impostas às ações e às convenções sociais julgadas permissíveis. Dentro da tradição do direito natural, têm sido defendidas diferentes perspectivas sobre a relação entre o primado da lei e a vontade de Deus: *Grotius, por exemplo, partilha a perspectiva de que o conteúdo do direito natural é independente de qualquer vontade, incluindo a de Deus, enquanto que *Pufendorf adota o ponto de vista oposto, deparando assim com os problemas de uma das alternativas do *dilema de Eutífron. Nos autores modernos, a tradição do direito natural tanto pode assumir uma forma mais forte, na qual se defende que os valores derivam de vários fatos, como uma forma mais fraca, que se limita a defender que a razão consegue discernir por si mesma os requisitos morais. Tal como na ética de *Kant, esses requisitos constituem, de forma hipotética, uma obrigação para todos os seres humanos, independentemente de seus desejos. *Ver também* imperativo categórico; natureza; sindérese.

direito positivo/teologia positiva Ramo dessas disciplinas que trata de textos e questões fatuais e históricas específicas, em vez de princípios e ideias gerais.

direitos Os direitos jurídicos existem em virtude do *direito positivo; os direitos morais são suficientemente independentes dele, de maneira que constituem uma base a partir da qual os arranjos jurídicos podem ser criticados. A análise se fundamenta, geralmente, numa distinção em quatro tipos, feita por Wesley Hohfeld (1879-1918). Uma pessoa A tem uma *exigência* sobre *x*, e contra a pessoa B, se B tem o dever de evitar interferir em que A tenha ou faça *x*, ou mesmo tem o dever de auxiliar A na obtenção de *x*. A tem um *privilégio* (ou uma *liberdade*) sobre *x*, e contra B, se B não tem qualquer exigência a que A não faça ou obtenha *x*. A tem um *poder* sobre *x* e em relação a B, se A pode tornar B *passível* de ter um certo estatuto em relação a *x* (um policial obtém o poder de entrar em minha casa quando traz um mandado de busca). A tem uma *imunidade* sobre *x* contra B, se A não está sujeita ao poder de B relativamente a *x*. As relações entre estas famílias e a natureza do fundamento em virtude do qual qualquer desses direitos é estabelecido são duas das questões daqui resultantes.

Afirma-se frequentemente que os direitos se "sobrepõem" a outras considerações práticas, o que exige que sejam apreciados não como algo que se funda apenas nos interesses de quem detém o direito, mas talvez como algo que existe em virtude de considerações mais essenciais acerca dos deveres que temos uns para com os outros. Para *Kant, o direito moral fundamental deve ser tratado como um fim em si, e só a razão justifica e fundamenta tal direito. As listas dos direitos humanos básicos que têm sido apresentadas e que qualquer constituição legítima deve respeitar são surpreendentemente semelhantes, o que sugere a existência de uma concepção comum das condições necessárias às sociedades que reconhecem aos seres humanos toda a sua dignidade. Os direitos desse núcleo comum podem ser considerados como "direitos naturais", embora o termo faça sentido apenas num contexto metafísico ou teológico em que a *natureza for concebida como algo que pode gerar imperativos morais. *Bentham ficou famoso por se ter oposto a essa ideia, defendendo que a expressão "*direitos naturais* é puro disparate: direitos naturais e imprescritíveis é um disparate retórico — um disparate pomposo" (*Anarchical Fallacies*, Art. II). A natureza, de acordo com Bentham, constitui um pano de fundo no qual podemos desejar que existam coisas como os direitos, mas eles não existem antes de a lei os criar. Contudo, o termo se mantém inabalável no centro do pensamento moral, político e jurídico, uma vez que é mais atraente ter direitos do que deveres.

direitos dos animais O ponto de vista que afirma que os animais têm direitos (por exemplo, o direito a serem bem tratados) é mais controverso do que o que afirma que devemos nos comportar bem em relação a eles. Isso porque a noção de direito implica, para alguns pensadores, a capacidade de reivindicar algo a alguém, ou a escolha consciente, ou a posse da racionalidade, ou a capacidade de fazer parte de relações recíprocas. Se estas conexões forem válidas, então os direitos serão negados não só aos animais mas também às crianças e aos deficientes mentais, e nesse caso, tanto suas necessidades como nossas obrigações em relação a eles deverão ser colocadas em outros termos. O crescente movimento em defesa dos direitos dos animais tentou identificar nossa discriminação moral contra os animais com a discriminação em termos de sexo ou raça: *ver* especismo.

direitos naturais *Ver* direitos.

discurso (do lat., *discursus*: deslocamento de um lugar para outro) Segmento contínuo de linguagem que contém mais de uma frase: conversas, narrativas, argumentos, falas. A análise do discurso consiste na descrição das normas sociais e linguísticas que regem essas produções, podendo (no caso da linguística crítica) ter particular incidência na descrição das condicionantes, sociais e políticas, das formas que os discursos podem tomar, como por exemplo, as pressuposições ocultas relativas à classe social, raça ou sexo a que os ouvintes do discurso pertencem.

disjunção exclusiva/inclusiva A disjunção de duas proposições, *p* ou *q*, é representada na lógica por $p \vee q$. Essa disjunção é avaliada como verdadeira mesmo que ambas as proposições, *p* e *q*, sejam verdadeiras, e chama-se inclusiva. Uma noção diferente, a disjunção exclusiva, é definida como verdadeira apenas quando exatamente uma das proposições, *p* ou *q*, é verdadeira, e para ser falsa basta que ambas, *p* e *q*, sejam verdadeiras. Uma questão controversa na linguagem natural é se a disjunção "ou" deve ser lida como exclusiva, ou se sua aparência exclusiva é o resultado de uma *implicatura.

disjuntamente necessárias *Ver* condições necessárias/suficientes.

disjuntos Dois conjuntos são disjuntos se não têm membros em comum.

dislogístico *Ver* eulogístico/dislogístico.

disposição Uma coisa tem a disposição de se tornar F numa situação G se, caso se desse G, essa coisa se tornasse F. Asseguramo-nos da existência de disposições, potencialidades ou capacidades através dos efeitos que surgiriam em certas circunstâncias. Contrastam-se frequentemente as propriedades disposicionais das categóricas. As segundas são concebidas como algo que está sempre presente e que subjaz às primeiras, enquanto que as disposições só se realizam ou se manifestam em certas circunstâncias. Deste modo, uma substância química é solúvel em água se se dissolve quando colocada na água, e a base categórica para essa disposição encontra-se na natureza e configuração das suas moléculas. Essa maneira de pensar está mais de acordo com uma filosofia *corpuscular ou *atomista do que com o pensamento físico moderno, que não encontra qualquer base categórica subjacente a noções como a de carga, *campo ou onda de probabilidade, noções que caracterizam as coisas de um modo fundamental mas que, aparentemente, também são disposicionais. A distinção entre propriedades categóricas e disposicionais também é ameaçada pela ideia de que até a solidez e a forma, talvez as melhores candidatas a propriedades categóricas, parecem ser suscetíveis a um tratamento disposicional: a solidez de um corpo é a sua disposição para excluir outros corpos da região do espaço que tem a sua forma. *Ver também* condicional contrafactual; *finkish.*

dispositivo semântico/sintático *Ver* representacionalismo.

dissonância cognitiva Termo introduzido pelo psicólogo americano Leon Festinger (1919-), cuja obra *Theory of Cognitive Dissonance* (1957) chamou a atenção para o modo pelo qual o impulso para reduzir a "dissonância", ou a sensação de que algo está errado num sistema de crenças, pode conduzir a estratégias inesperadas de formação ou retenção de crenças.

distanciamento estético *Ver* atitude estética.

distinção fato/valor (ou hiato) A suposta distinção entre asserções factuais, concebidas como algo isento de valores, e asserções valorativas. A distinção é frequentemente atribuída a *Hume, e a separação entre fatos e valores é um lugar-comum em muitas disciplinas acadêmicas, sobretudo na sociologia, tal como esta foi concebida por *Durkheim e *Weber. Está também de acordo com o *senso comum, na medida em que este concebe a descrição e a valoração como atividades diferentes. No entanto, critica-se duramente a distinção, sobretudo porque não reconhece que a própria percepção de qualquer coisa como "fato" pode envolver juízos de valor, tal como a seleção de certos fatos como fatos essenciais. Podemos dizer, por exemplo, que é um fato que A deve dinheiro a B, mas afirmar que esse dinheiro deve ser pago é fazer um juízo de valor. No entanto, a estrutura das organizações sociais, nas quais surgem coisas como o dinheiro e a dívida, é uma construção normativa, de maneira que quem afirma o primeiro fato aceita obviamente essa construção. Em outras áreas, como na estética, a fenomenologia sugere que o reconhecimento das características nas coisas interfere com sua valoração. *Ver também* termos densos.

distinção privado/público *Ver* privacidade (social).

distinção uso/menção *Ver* uso/menção.

distopia *Utopia negativa: um lugar onde em vez de tudo estar bem, nada está bem. O *Admirável mundo novo*, de Aldous Huxley, e *1984*, de George Orwell, são os exemplos ficcionais mais conhecidos.

distribuição *Ver* variável aleatória.

distribuído Na lógica tradicional, um termo ocorre distribuído se abrange todos os membros da classe que denota. Mas as aparências enganam: em "nem todos os homens são aposentados", "homens" não ocorre distribuído.

	SUJEITO	PREDICADO
Universal afirmativa (A)	distribuído	não distribuído
Universal negativa (E)	distribuído	distribuído
Particular afirmativa (I)	não distribuído	não distribuído
Particular negativa (O)	não distribuído	distribuído

O teste consiste em adicionar uma restrição ao termo: se isso nos fizer obter uma proposição falsa a partir de uma verdadeira, então o termo não ocorre distribuído. No nosso exemplo, sabemos que não ocorre, visto que "nem todos os homens octogenários são aposentados" pode ser falsa mesmo que a primeira seja verdadeira. *Ver* silogismo.

distributiva, justiça *Ver* justiça distributiva.

diverso Na filosofia de *Kant, o diverso é o fluxo desorganizado que se apresenta aos sentidos sem que seja objeto da experiência, uma vez que esta resulta da estruturação mental do diverso através de conceitos. A natureza do diverso não estruturado é incognoscível (transcendental).

divisibilidade infinita *Ver* infinito; paradoxos de Zenão; trilema de Bayle.

Dodgson, Charles Lutwidge (1832-98) Matemático, lógico e escritor satírico inglês, mais conhecido como Lewis Carroll. Carroll estudou em Christ Church, Oxford, onde passou toda a sua carreira como matemático. Escreveu acerca da teoria da votação e de vários problemas matemáticos e lógicos, tendo também preenchido suas obras *Alice in Wonderland* (1865) e *Alice Through the Looking Glass* (1871) e *The Hunting of the Snark* (1876) com brincadeiras sobre temas lógicos, filosóficos e semânticos. Humpty Dumpty exibe uma variante do *dilema de Eutífron em suas ideias quanto à sua autoridade sobre as suas próprias palavras, o Cavaleiro Branco mergulha profundamente no problema dos nomes, o Rei Branco toma ninguém (*ver* nada) por uma pessoa, o Snark é o objeto *tópico-neutral de uma busca (por vezes identificado com o absoluto), resultando sempre o humor de se levarem os raciocínios lógicos e filosóficos ao absurdo. O ensaio de Carroll "What the Tortoise Said to Achilles" (*Mind*, 1895), apresenta a formulação clássica da necessidade de existência de *regras de inferência, além de *axiomas, nos sistemas formais.

dogma Em geral, uma crença que se sustenta com uma certeza injustificada, sem que tenha sido colocada em questão. Na Igreja cristã, uma crença comunicada por revelação divina e estabelecida pela Igreja.

dolo Tentativa deliberada de enganar pessoas. Dá origem a problemas de definição (distinguindo-o de conceitos afins como a hipérbole, a ironia e a paródia) e a problemas de justificação. Muitas tradições morais distinguem a mentira deliberada da igualmente deliberada recusa em dizer toda a verdade, considerando-se que a primeira, por ser um ato, é pior (se os contextos forem iguais) que a segunda (*ver* doutrina dos atos/omissões). No entanto, essa distinção é difícil de manter em todos os casos, uma vez que ambas podem ter o mesmo objetivo e ser executadas pela mesma estratégia manipulatória dos pensamentos e da ação das outras pessoas. A posição absolutista acerca da mentira é defendida por *Kant: é um dever incondicional dizer a verdade, aconteça o que acontecer. Outros respondem que, apesar de isto ser aceitável num mundo perfeito, o dolo pode ser justificado se estivermos perante o mal, ou a incompetência, ou a necessidade de autodefesa em face da injustiça, ou a necessidade de promover um bem suficientemente importante. A dificuldade reside em conseguir defender uma posição que não seja absolutista e que não legitime a mentira como um mero expediente.

dominância Na *teoria da decisão, uma escolha é dominante em relação a outra se é pelo menos tão boa como ela em todos os resultados, e melhor do que ela em alguns. É o que quer dizer a expressão popular "não há nada a perder". A *aposta de Pascal pode ser entendida como uma tentativa de mostrar que acreditar em Deus é uma estratégia dominante quando o problema de decisão consiste em saber como conduzir a vida religiosa. *Ver também* dilema dos prisioneiros; paradoxo de Newcomb.

domínio O domínio de um *quantificador é o conjunto de coisas que servem como valores possíveis para sua *variável. O domínio de uma *relação é o conjunto de coisas que têm essa relação com outra coisa qualquer.

dor Exemplo muito utilizado de uma experiência que parece resistir à *redução em termos de comportamento. Ainda que a dor, sendo desagradável, desestabilizadora e por vezes aniquilante, obviamente tenha consequências comportamentais, há, no entanto, algo mais do que um comportamento, algo "que é o" sentir dor, e há uma enorme diferença entre um comportamento de dor acompanhado de dor, e o mesmo comportamento sem dor. Teorias que identificam a dor com acontecimentos neurais que a acompanham têm sido atacadas (por exemplo, por *Kripke), uma vez que a associação entre a dor e um acontecimento neural seria contingente, ao passo que uma identidade metafísica genuína deveria ser necessariamente verdadeira. *Ver também* problema da mente-corpo; *qualia*.

doutor Os doutores da Igreja medieval eram teólogos de especial mérito e santidade. Os quatro primeiros foram Gregório, o Grande, *Ambrósio, *Agostinho e Jerônimo. Na época *escolástica, os professores que mais se destacavam recebiam também epítetos doutorais: *Tomás de Aquino era o doutor angélico; *Bonaventura, o doutor seráfico; Roger *Bacon, o doutor prodigioso; *Duns Scotus, o doutor sutil; *Alberto Magno, o doutor universal e *Bernardo, o doutor melífluo.

doutrina das quatro causas *Ver* causas: material, formal, eficiente, final.

doutrina dos atos/omissões Doutrina segundo a qual existe uma diferença ética entre a opção, tomada por um agente, de intervir de modo a obter um certo resultado, e a de se abster de agir em circunstâncias nas quais se preveja que essa omissão fará com que se obtenha o mesmo resultado. Assim, suponhamos que eu desejo que o leitor morra; se eu agir de modo a fazer com que sua morte ocorra, sou um assassino; mas se eu descobrir com satisfação que o leitor está em risco de vida e me abstiver de agir para o salvar, então não estou agindo e logo, de acordo com a teoria, não sou um assassino. Os críticos dessa tese respondem que as omissões podem ser tão deliberadas e imorais quanto os atos efetivamente perpetrados: se eu for responsável por sua alimentação e não o alimentar, minha omissão é com certeza um assassinato. A questão é saber se a diferença (se é que ela existe) entre agir e abster-se de agir pode ser descrita ou definida de modo a ganhar um valor moral mais geral. *Ver também* princípio do efeito duplo; problema do trem.

doxa (gr., crença) Opinião frequentemente oposta, na filosofia clássica, ao verdadeiro conhecimento.

dualismo Qualquer teoria que postule dois gêneros de coisas num certo domínio é dualista. As teorias opostas, de acordo com as quais só há um gênero de coisas, são *monistas. O exemplo mais famoso desta oposição é o dualismo mente-corpo, que se opõe ao monismo tanto sob a forma do *idealismo (apenas mente) como, e mais frequentemente, sob a forma do *fisicalismo (apenas corpo ou matéria).

dualismo cartesiano Perspectiva segundo a qual a mente e o corpo são duas substâncias separadas. O eu está de fato ligado a um corpo específico, mas é autossuficiente e capaz de ter existência independente.

DuBois, William Edward Burghardt (1868-1963) Ativista negro e filósofo social americano. DuBois nasceu em Maryland e estudou nas universidades de Fisk, Tennessee e Harvard. Foi professor no Wilberforce College da Universidade da Pensilvânia e no Atlanta College, de 1897 a 1910, quando assumiu o cargo de diretor de pesquisa na National Association for the Advancement of Coloured Peoples, e de editor do seu jornal, *Crisis*. DuBois afirmava que os afro-americanos deveriam manter suas diferenças culturais, insistindo ao mesmo tempo na igualdade de oportunidades para sua valorização social. Ao valorizar-se socialmente, os negros poderiam superar certos efeitos dos preconceitos raciais, como a "dupla consciência", que impedem a sua verdadeira autorrealização. Foi aos poucos perdendo a fé na persuasão moral e tornou-se comunista em 1961. Morreu em Gana. *The Philadelphia Negro: A Social Study* (1899), *Soul of Black Folk* (1903) e *Colour and Democracy* (1945) são alguns de seus livros.

Duhem, Pierre Maurice Marie (1861-1916) Físico francês conhecido na filosofia por seu livro *La Théorie physique: son object, sa structure* (1906). Em sua concepção, a ciência é unicamente um instrumento para fazer cálculos: ela nos proporciona um sistema dedutivo que é sistemático, econômico e que permite fazer previsões, mas que não representa a natureza profunda da realidade (Duhem, conservador e católico, pensava que só se pode atingir uma tal representação da realidade por meio da razão e não da experiência). Duhem é também conhecido por ter enfatizado o carácter *holista da verificação e da falsificação na ciência. *Ver também* tese de Duhem.

Dummett, Michael Anthony Eardley (1925-) Filósofo da lógica e da linguagem inglês. Nasceu em Londres, estudou em Oxford e foi membro do corpo docente do All Souls College, ocupando a cátedra de lógica em Oxford, de 1979 a 1992. Dummett tem sido um dos filósofos ingleses mais influentes da segunda metade do século XX. Sua obra se concentra na filosofia da linguagem e na filosofia da matemática e ostenta uma simpatia óbvia pelos ideais verificacionistas e construtivistas (*ver* demonstração/definição construtiva, princípio da verificação). Manteve acesa, quase sozinho, a chama do *intuicionismo como algo filosoficamente interessante, ao mesmo tempo que suas influentes obras sobre filosofia da linguagem inspiraram um interesse contínuo na relação entre os dados, ou a assertibilidade, por um lado, e a verdade, por outro (*ver também* realismo/antirrealismo).

Dummett também é conhecido por sua reavaliação inflexível da tradição ocidental, encarando as obras anteriores ao aparecimento da *filosofia analítica como fatalmente deficientes por terem assumido a *epistemologia como fundamental, ao passo que a abordagem correta, que dá um papel fundacional à preocupação pela linguagem, só ganhou destaque com a obra de *Frege. Os críticos têm discutido se, sendo assim, o pensamento de Frege terá nascido "órfão de interferências externas", objetando ainda que em *Platão e *Aristóteles, na escola **nyaya* de filosofia indiana e em muitos outros, há mais do que uma preocupação passageira com o significado. Além disso, a investigação supostamente pura da linguagem no século XX tem muitas vezes mantido uma proximidade dúbia com a epistemologia e a metafísica.

As obras de Dummett incluem *Frege: Philosophy of Language* (1973), e as coletâneas de ensaios *Truth and Other Enigmas* (1978) e *The Seas of*

Language (1994). Interesses bastante diferentes encontram-se em *The Game of Tarot* (1980), onde esse jogo é explorado com o fim de desacreditar o que, segundo Dummett, são as teorias irracionais e a pseudo-história dos ocultistas, assim como em *Style and Grammar* (1993), onde se explica a maneira correta de escrever com clareza.

Duns Scotus, John (c.1266-1308) Filósofo e teólogo franciscano. Sabe-se que Duns Scotus foi ordenado em 1291, mas sua vida antes disso é em grande parte desconhecida. Ensinou em Cambridge e em Oxford, depois em Paris, onde se tornou mestre regente de teologia; morreu em Colônia. Sua morte prematura impediu a conclusão de seu comentário sobre as *Sentenças* de Pedro Lombardo. Duns Scotus foi sobretudo um metafísico preocupado com a natureza e a realidade de Deus, com as categorias trancendentais, tais como o ser, a existência, o uno, o verdadeiro e o bem, assim como com as relações entre conceitos, como o de causalidade, matéria e forma, dependência e finitude. O *princípio de individuação, que distingue um cavalo dos outros cavalos ou a mim dos outros homens, foi um dos temas sobre os quais deteve sua atenção. Duns Scotus enriqueceu as classes aristotélicas tradicionais com a *haecceitas* (*ver* ecceidade) ou "istidade": um conceito individuador que abrange um único objeto. Tinha um ponto de vista realista quanto ao problema dos *universais, e a ênfase que colocou no indivíduo único e na sua importância na metafísica e no conhecimento reflete-se na primazia que atribui à liberdade individual na sua ética, de novo como reação ao ponto de vista *fatalista sobre o problema da onipotência e presciência de Deus. Como *Anselmo, Duns Scotus identifica a liberdade com nossa capacidade de nos afastarmos do desejo e de caminharmos em direção à justiça. Foi admirado por pensadores tão diferentes como *Peirce e *Heidegger; foi cognominado o *doctor subtilis*, mas o termo inglês *dunce* (ignorante), abreviatura de "Dunsman", aplicado aos seus seguidores, reflete a baixa estima que a *escolástica viria a ter entre os humanistas e os reformadores.

dupla verdade Noção, várias vezes condenada formalmente no século XIII, segundo a qual uma coisa pode ser falsa em termos filosóficos, mas verdadeira teologicamente. Supõe-se que essa doutrina foi uma tentativa de reconciliar a metafísica aristotélica com a religião revelada, mas não se sabe se algum filósofo importante a adotou. Esse ponto de vista foi atribuído aos seguidores de *Averróis, mas este sustentou que só há uma verdade, embora existam muitos modos de chegar até ela.

duplo aspecto *Ver* teoria do aspecto duplo.

duração *Ver* tempo.

Durkheim, Émile (1858-1917) Sociólogo francês. Durkheim estudou filosofia na École Normale Supérieure de Paris e obteve seu primeiro cargo acadêmico em Bordeaux, em 1887. Deteve uma cátedra na Sorbonne desde 1902 até sua morte. Embora suas obras sejam sobre a sociologia e sua prática e não acerca de filosofia, são filosoficamente importantes devido à sua categórica hostilidade ao *individualismo metodológico. Durkheim desencadeou uma campanha a favor de um nível de análise próprio, distinto e autossuficiente, no qual os fatos sociais têm um poder e uma identidade próprios, constituindo objetos de estudo por si mesmos: "os fatos sociais devem ser explicados por outros fatos sociais". Qualquer associação de indivíduos cria o seu próprio nível factual, irredutível a um mero agregado de fatos psicológicos individuais. Sua obra mais famosa, *Le Suicide* (1897), mostra que este ato, aparentemente pessoal, psicológico e subjetivo é, na verdade, sociologicamente determinado, sendo o reflexo das pressões e correntes sociais. Durkheim acreditava também que a consciência disso criaria a base científica para uma intervenção social adequada e para o progresso das sociedades. Sua pesquisa sobre a proibição do incesto e o totemismo é algumas vezes apresentada como precursora do *estruturalismo, embora sua suposição de que algumas formas de vida humana são primitivas ou "elementares", em contraste com a nossa, tenha provocado muitas críticas. Nos últimos anos da sua vida, Durkheim estudou a religião, que considerava a mais típica manifestação da vida social; esta investigação culminou em *Les Formes élémentaires de la vie réligieuse* (1912).

dúvida cartesiana *Ver* dúvida metódica.

dúvida metódica Conhecida por vezes como dúvida hiperbólica (ou extrema) ou dúvida cartesiana. Este é o método usado por *Descartes nas duas primeiras *Meditações*, para investigar o alcance do conhecimento e o seu fundamento na razão ou na experiência. O método procura colocar o conhecimento sobre um fundamento seguro e, para esse efeito, somos convidados a suspender nossos juízos sobre qualquer proposição cuja verdade possa ser questionada, ainda que unicamente como uma possibilidade remota. Os critérios para o que pode ser aceito tornam-se aos poucos mais restritivos, à medida que somos convidados a duvidar do que nos é dado pela memória, pelos sentidos e até pela razão, porque tudo isso pode nos enganar. Esse processo acaba sendo dramatizado pela figura do gênio maligno, ou **malin génie*, cujo objetivo é nos enganar, de tal modo que nossos sentidos, lembranças e raciocínios nos conduzam sempre ao erro. O propósito, então, é encontrar um ponto de certeza que esteja a salvo do gênio maligno, o que Descartes formulou no famoso "*Cogito ergo sum*": "Penso, logo existo." É a partir dessa estreita base que o uso correto das nossas faculdades deve ser restabelecido, mas parece que, desse modo, Descartes não fica com qualquer material com que possa reconstruir o edifício do conhecimento. Descartes tem uma base, mas não tem como construir seja o que for sobre ela sem invocar princípios que não estejam a salvo do gênio maligno, e que por isso não satisfazem os critérios que, aparentemente, impôs a si mesmo. É possível afirmar que Descartes usa as "ideias claras e distintas" para demonstrar a existência de Deus, cuja benevolência justifica depois o nosso uso das ideias claras e distintas ("Deus não é enganador"): este é o célebre círculo cartesiano. A atitude do próprio Descartes perante esse problema não é muito clara: por vezes, parece estar mais interessado em construir um corpo estável de conhecimento que as nossas faculdades naturais apoiarão, e não um corpo de conhecimento que obedeça aos critérios mais severos com que começou. No segundo conjunto das *Respostas*, por exemplo, Descartes rejeita a possibilidade da "falsidade absoluta" do nosso sistema natural de crenças, defendendo nosso direito a reter "qualquer convicção tão firme que seja incapaz de ser destruída". A necessidade de adicionar uma crença natural como esta a seja o que for que a razão assevere acabou se tornando o fundamento da filosofia de *Hume, e está na base de muitas das reações à dúvida metódica no século XX. *Ver também* epistemologia naturalizada.

Dworkin, Ronald (1931-) Filósofo americano do direito. Dworkin nasceu em Worcester, Massachusetts, e estudou em Harvard e Oxford. É professor de jurisprudência em Oxford desde 1969, e na Universidade de Nova York, a partir de 1975. É conhecido por sua defesa do "realismo legal", que aqui significa o lugar integral que as considerações morais e pragmáticas têm nos processos de tomada de decisões legais, em oposição ao que ele vê como a sua exclusão pelo positivismo legal (*ver* filosofia do direito). Liberal e democrata, Dworkin baseia os direitos constitucionais num direito fundamental de todas as pessoas à igualdade de consideração e respeito. A defesa da discriminação positiva (o que pode ser difícil de compreender para aqueles que não são aceitos em escolas ou em empregos em virtude dessas estratégias, mas o "direito a ser tratado como igual" não implica um direito ao mesmo tratamento) é uma das aplicações desse direito fundamental. Por outro lado, Dworkin defende outras liberdades, tais como o direito de produzir e consumir *pornografia, contra a objeção de que sua existência revela a ausência de igualdade de consideração e respeito pelas mulheres. *Taking Rights Seriously* (1977), *A Matter of Principle* (1985), *Law's Empire* (1986) e *Life's Dominion: An Argument about Abortion, Euthanasia, and Individual Freedom* (1993) são alguns de seus livros.

E

e *Ver* conjunção.

é Costuma distinguir-se o "é" da identidade (o Everest é o Chomolungma) do "é" da predicação (João é um chato). Em inglês, *is* pode ter também uma acepção existencial (*there is a life after death*), captada em português pelo verbo *haver* (há vida depois da morte). No tratamento dado a proposições dessa complexidade no *cálculo de predicados, não existe uma notação comum a essas três acepções, e a razão pela qual uma língua como o português ou o inglês encontra um elemento comum não é de forma alguma fácil de estabelecer. Parece possível apresentar a mesma informação sem esse elemento comum: João chateia; e, em inglês, *life after death exists* (existe vida depois da morte).

ecceidade Termo usado por *Duns Scotus para designar aquilo em virtude do que um indivíduo é o indivíduo que é: sua essência individuadora que faz dele este objeto ou esta pessoa. O ecceísmo é a doutrina que sustenta que tais conceitos individuais existem. Contemporaneamente, o termo foi recuperado pelo filósofo da linguagem americano David Kaplan ("How to Russell a Frege-Church", *Journal of Philosophy*, 1975) no idioma dos *mundos possíveis: "a doutrina que sustenta que efetivamente faz sentido perguntar — sem referência a atributos ou comportamentos comuns — se *este* é o mesmo indivíduo em outro mundo possível [...] e que uma "istidade" comum pode estar subjacente a uma dessemelhança extrema, ou que istidades distintas podem estar subjacentes a uma grande semelhança". *Ver* teoria das contrapartes.

ecletismo (do gr., *eklegein*: escolher) Uma posição eclética em filosofia ou religião é a que tenta combinar os melhores aspectos de outros pontos de vista.

economismo *Ver* infraestrutura e superestrutura.

Edwards, Jonathan (1703-58) Filósofo e teólogo americano. Edwards nasceu em Connecticut, formou-se em Yale e mostrou desde cedo uma paixão por filosofia e teologia. Seu *calvinismo inflexível sobreviveu ao confronto com as obras de *Locke, e conduziu sua metafísica a um idealismo bastante parecido com o de *Berkeley, no qual o mundo cotidiano não é mais do que o conjunto de impressões que nos são oferecidas por Deus. Na ética, Edwards defendeu a ideia de que a virtude que as pessoas alcançam se deve à dádiva de Deus, e que nenhum esforço sem o auxílio de Deus pode melhorar a condição decaída da humanidade. Edwards desempenhou um papel importante no *Great Awakening*, o renascimento do espírito religioso da Nova Inglaterra de meados do século XVIII.

efeito *Ver* causalidade; lei do efeito.

efeito de Ismael A suposta capacidade de uma teoria filosófica para escapar ao destino a que condena todos os demais discursos. O efeito foi batizado pelo filósofo australiano D.C. Stove, por causa do epílogo de Ismael em *Moby Dick*: "Só eu consegui escapar para te trazer a notícia" (Jo, 1, 19). Algumas das doutrinas que requerem o efeito de Ismael para poderem ser verdadeiras exprimem-se nas seguintes proposições: "É (absolutamente) verdade que a verdade é relativa"; "é preciso pensar no fato de não existir pensamento"; e "a única imoralidade é acreditar na moral". *Ver também* perítropo.

efeito duplo, princípio do *Ver* princípio do efeito duplo.

eflúvios *Ver* teoria dos eflúvios.

ego O eu pensante e ativo; o eu concebido como organizador e sujeito contínuo da experiência, e autor da ação. Em *Kant há uma distinção entre o ego empírico, dado na autoconsciência comum, e o ego transcendental ou puro, que não pode ser conhecido, mas que tem de ser pressuposto para que nossa experiência tenha a unidade de que precisa para chegar a ser realmente experiência. Na psicologia *freudiana o ego é o eu consciente, ocupando um terreno intermédio, cercado pelas exigências indecorosas do id e a disciplina repressiva do superego. *Ver também* eu cartesiano; identidade pessoal.

egoísmo O egoísmo geralmente é visto de duas maneiras. O egoísmo psicológico é a teoria segundo a qual as pessoas são sempre motivadas pelo interesse pessoal. O egoísmo ético é a teoria de que quer as pessoas sejam ou não assim, deveriam sê-lo. Essa ideia costuma ser apresentada afirmando-se que o comportamento racional implica a tentativa de maximizar os próprios interesses. O egoísmo psicológico é habitualmente considerado como um resultado de confusões, de que são exemplos aqueles raciocínios que deduzem a partir de "todas as minhas ações implicam uma motivação que seja minha" (verdadeiro) que "um estado de mim mesmo é o objeto de todas as minhas motivações" (falso, ou, pelo menos, não demonstrado). Críticos como Joseph *Butler também destacaram que, sem outros objetos de desejo, uma vida passada no culto do prazer próprio não pode chegar a se constituir (*ver* paradoxo do hedonismo). Precisamos de algo independente para estimular o prazer. Argumenta-se muitas vezes que o egoísmo ético se autorrefuta, pois uma sociedade de egoístas funciona pior para eles próprios do que uma sociedade de altruístas (*ver* dilema dos prisioneiros). Outra objeção fundamental é a de que seria inconsistente com a natureza da confiança e da amizade que cada parte fosse motivada unicamente pelo interesse-próprio; no entanto, o egoísta ético não apresenta qualquer razão pela qual se deveria desistir desses bens em favor de uma concepção egoísta do comportamento racional. *Ver também* altruísmo; amizade.

eidola (gr., imagem) Na teoria dos *eflúvios, os intermediários que emanam dos objetos na primeira parte do processo que resulta na percepção.

eidos (gr., forma) Termo usado por *Platão para as *formas abstratas ou ideias.

eikasia (gr., faculdade de conhecer por imagens) O estágio mais baixo de conhecimento, segundo o *mito da linha de *Platão. É também o estado dos prisioneiros na alegoria ou *mito da caverna de Platão: capturados e em trevas, só veem sombras de cópias das coisas.

Einstein, Albert (1879-1955) Físico alemão que descobriu a *teoria da relatividade. Einstein nasceu em Ulm e recebeu sua formação científica em Zurique. Após uma carreira apagada como estudante, encontrou emprego em Berna na Repartição de Patentes, e foi aí que, em 1905, publicou os artigos sobre o efeito fotoelétrico, sobre o movimento browniano e sobre a teoria da relatividade restrita, artigos que formaram a base de sua reputação. Em 1916 publicou a teoria da relatividade geral. Em 1933, Einstein aceitou um cargo no Princeton Institute for Advanced Studies, ocupando-o durante o resto de sua vida. Einstein possuía interesses filosóficos profundos e enfatizou com frequência a importância do pensamento filosófico dos seus predecessores (especialmente *Hume e *Mach) para sua obra. Nos seus últimos anos, as reflexões de Einstein sobre a natureza do mundo descrito pela *mecânica quântica suscitaram uma prolongada discussão com o físico dinamarquês Niels Bohr (1885-1962). Einstein acreditava que a mecânica quântica não poderia jamais ser a última palavra sobre a natureza da realidade física. Essa convicção muitas vezes foi considerada conservadora, mas o projeto que o ocupou, a procura de uma teoria de campo que unificaria as forças físicas fundamentais então conhecidas, voltou recentemente a ocupar um lugar proeminente. Einstein acreditava que a física fundamental deve se ocupar do "mármore" do espaço, do tempo e da geometria, e não da "madeira" das proliferações arbitrárias de partículas. Essa crença voltou hoje em dia a ser encarada com simpatia por muitos físicos.

elã vital A força da vida. O termo é usado por *Bergson para denotar uma força misteriosa, ignorada pelas ciências naturais, que conduz à vida. Devido ao sucesso das ciências biológicas, essa força tem sido em geral rejeitada. *Ver* vitalismo.

eleatas É consensual que esta escola filosófica começou com *Parmênides de Eleia no século VI a.C. Os seus outros membros foram *Melisso e *Zenão, cuja defesa da doutrina de Parmênides da realidade única, indivisível e imutável é a obra mais conhecida da escola. O próprio Zenão parece ter rejeitado simultaneamente a unidade e a pluralidade.

elenchus (gr., interrogatório) *Método socrático ou dialético para descobrir a verdade através do interrogatório; daí, por vezes, o uso da expressão "método elêntico". *Ver também ignoratio elenchi.*

Élida Cidade grega do Peloponeso merecedora de fama imortal porque, em honra de *Pirro, que lá nasceu, estabeleceu uma lei que isentava todos os filósofos de impostos.

eliminação, indução por *Ver* indução eliminativa.

eliminativismo O ponto de vista de que os termos com os quais pensamos sobre um certo domínio estão tão corrompidos por erros que é preferível abandoná-los a continuar a tentar formular teorias acerca do modo como são usados. O eliminativismo deve ser distinguido do ceticismo, que defende que não podemos conhecer a verdade sobre um certo domínio; o eliminativismo alega, antes, que não há qualquer verdade a ser conhecida nos termos com os quais costumamos pensar. Um eliminativista em teologia defende simplesmente o abandono dos termos ou do discurso teológicos, incluindo as preocupações acerca dos limites do conhecimento teológico. Os eliminativistas em filosofia da mente advogam o abandono de todo um conjunto de conceitos como os de mente, *consciência, *eu e **qualia*, que se imiscuem nos problemas da mente e do corpo. Algumas vezes, justifica-se isso com o argumento de que devemos aguardar um hipotético conhecimento futuro de nós mesmos baseado nas *ciências cognitivas e mais fidedigno do que aquele que nossas descrições mentais atuais proporcionam; outras vezes, supõe-se que o *fisicalismo mostra que nenhuma descrição mental que façamos de nós mesmos pode ser verdadeira.

elitismo A perspectiva de que a formação de elites numa certa esfera é desejável e de que os estatutos e privilégios das elites merecem proteção.

Elizabeth da Boêmia (1618-80) Filha de Frederico o Eleitor Palatino e rei da Boêmia, e de Elizabeth Stuart, filha de James I da Inglaterra. Elizabeth é conhecida na filosofia por causa de sua extensa correspondência com *Descartes. Tendo se convertido muito cedo ao catolicismo, recusou depois o trono da Boêmia, e seus interesses filosóficos levaram-na a evitar o casamento. Depois da morte de Descartes, recolheu-se ao convento de Herford, na Vestfália. Suas perguntas a Descartes revelam uma inteligência filosófica sutil, particularmente quando examina a inadequação da explicação cartesiana do modo como uma substância imaterial (a mente) pode causar movimento numa substância material (o corpo).

elocuções performativas Termo introduzido por J.L. *Austin para denominar as elocuções por meio das quais um certo ato, diferente da elocução, é realizado. Os exemplos típicos são "prometo..." ou "concordo...", cuja elocução constitui, por si só, uma promessa, ou um acordo. Essas elocuções não descrevem estados anteriores de ter feito uma promessa ou um acordo, resultando antes, elas próprias, numa promessa ou num acordo. Esse fenômeno já fora detectado por *Hobbes.

emanacionismo Tentativa feita por *Plotino, e antevista por *Platão, de compreender a criação como um transbordamento, irradiando do princípio supremo, ou Deus, à semelhança de uma luz que emana de uma fonte, sem nunca a esgotar. No *neoplatonismo, essa doutrina se relaciona com o *panteísmo.

Emerson, Ralph Waldo (1803-82) Filho de um pastor unitarista, Emerson nasceu em Boston e estudou em Harvard. Embora tenha estudado bastante filosofia, não foi um pensador crítico ou sistemático, mas antes uma ponte entre muitas correntes religiosas, literárias e filosóficas do início do século XIX. Os encontros com *Coleridge e Wordsworth em 1833 e uma amizade permanente com *Carlyle fizeram com que Emerson ficasse entusiasmado com a doutrina romântica da primazia da personalidade e da reverência pelo gênio e pelo herói. A esta influência juntaram-se elementos do *idealismo absoluto, de acordo com o qual o florescimento final do espírito revelaria a unidade entre a mente e a natureza, mas Emerson também evidenciou traços *pragmatistas, enfatizando os efeitos práticos dos princípios e ideias em geral. Essa mistura inteligente, aliada ao seu discreto desdém pela civilização contemporânea, trouxe a Emerson uma grande quantidade de seguidores, a que se dirigiu por inúmeros ensaios e conferências e através da sua revista *The Dial*, o órgão do *transcendentalismo da Nova Inglaterra.

eminentemente *Ver* formal, virtual e eminentemente.

emoção As emoções humanas típicas são o amor, o desgosto, o medo, a raiva e a alegria. Cada uma delas indica um estado que envolve um certo excesso, um estado que pode desencadear determinadas ações e interferir em outras. Esses estados encontram-se associados a sentimentos característicos e apresentam expressões corporais típicas. Ao contrário dos estados de espírito ou disposições, as emoções têm um objeto: uma pessoa sofre por algo ou alguém em particular, ou sente raiva de algo ou de alguém. Diferentes teorias filosóficas tendem a destacar um ou outro desses diferentes aspectos das emoções. As teorias do excesso defendem a existência de uma reação visceral desencadeada por um certo acontecimento, que ficará disponível para ser convertida numa determinada emoção e não em outra em resultado de fatores contextuais. Pensadores como *Hume e *Kant apresentaram teorias baseadas na experiência ou **qualia* de uma emoção, mas essa perspectiva enfrenta dificuldades quando consideramos que uma emoção não é apenas uma experiência emotiva isolada, mas que é identificada também pelas suas forças motivacionais e pela função destas no desencadear de uma ação. A expressão característica da emoção foi extensivamente estudada por *Darwin, de que resultou o clássico *The Expression of the Emotions in Man and Animals* (1872). Em 1884, *James publicou o que veio a se tornar conhecido por *teoria das emoções de James-Lange, cuja tese de maior relevo é de que temos as emoções que temos em virtude das expressões corporais e do comportamento a que somos levados, e não de forma inversa: "O nosso sentir das mudanças tal como elas ocorrem *é* a emoção." Mais uma vez, não fica claro como uma teoria desse tipo poderia dar conta do lado dirigido e cognitivo das emoções que têm um objeto específico, sendo algo mais que uma mera experiência de mudanças corporais. Outras questões interessantes estão relacionadas à variação cultural da emoção e à dependência de algumas emoções, embora não de todas, da existência de modos de expressão linguística e de autointerpretação apropriados.

emoções de James-Lange *Ver* teoria das emoções de James-Lange.

emotivismo (ou teoria emotivista da ética) Teoria segundo a qual as elocuções éticas servem para exprimir estados emocionais ou *afetivos, e não para afirmar verdades ou falsidades. A teoria emotivista foi apresentada pela primeira vez no século XX por C.K. Ogden e I.A. Richards na obra *The Meaning of Meaning* (1923). A teoria de *Berkeley sobre o caráter não representativo de uma parte considerável da linguagem, a tradição *sentimentalista na teoria ética britânica e as teorias *projetivistas acerca de várias partes do discurso são algumas das suas precursoras. Foi uma maneira popular, entre os *positivistas lógicos, de lidar com o carácter não empírico e, no entanto, não lógico, da ética. A incapacidade de explicar como as asserções éticas parecem poder ser verdadeiras ou falsas, e a questão de identificar os estados característicos que supostamente exprimem são dois dos seus problemas. *Ver também* expressivismo, não cognitivismo; quase realismo.

empatia Estado de "sintonia" emocional e cognitiva com outra pessoa, atingido, especificamente, através da compreensão da situação dessa outra pessoa a partir de dentro, ou seja, do que essa situação significa para ela. A empatia pode preceder ou não a *simpatia. O papel da empatia é muito discutido, quer na nossa compreensão dos outros, quer nas nossas respostas éticas (*ver* simulação; *verstehen*). De forma menos predominante, pensa-se na empatia quando se sugere que algumas experiências *estéticas nos fazem sentir como se fizéssemos parte do objeto, como quando contraímos os músculos ao olhar para um arcobotante.

Empédocles de Agrigento (c.493-c.433 a.C.) Filósofo grego pré-socrático. Empédocles nasceu na Sicília, em Agrigento, e atingiu uma importância pessoal e religiosa notável. Foi poeta, orador, cientista, político, milagreiro e, aos seus próprios olhos, um deus. A lenda de que morreu ao se atirar no vulcão Etna testemunha a condição semidivina que procurava atingir. Em *Da natureza*, seu principal poema filosófico, substitui o Uno de *Parmênides por um universo em que as mudanças consistem na recombinação de quatro elementos básicos e permanentes (o ar, a terra, o fogo e a água), que se misturam e se separam sob a influência de duas forças: a atração (amor) e a repulsão (discórdia). O universo avança através de ciclos, de acordo com a predominância de cada uma dessas forças. Empédocles defende também a doutrina de *Pitágoras da preexistência e imortalidade da alma, e da contingência da sua existência corpórea: as almas estão condenadas ao ciclo do nascimento e do renascimento por terem perdido a graça divina. Em outro poema importante, *Purificações*, associa a cosmologia e a doutrina da alma a um sistema teológico onde o amor, princípio de organização, está presente em todo o universo. Empédocles também defendeu uma doutrina da evolução das espécies. A maneira como concilia os elementos naturais e teológicos de sua filosofia é controversa, mas a doutrina dos quatro elementos foi aceita por *Aristóteles e, mais tarde, pelos medievais.

empírico Em sentido lato, uma crença empírica é uma crença que pode ser confirmada ou desmentida pela experiência sensível. Em sentido mais restrito, o termo pode ser limitado de maneira a que a confirmação tenha de evitar o uso de uma teoria intermediária, caso em que a crença se torna teórica e não empírica. Nesse sentido, uma qualidade empírica das coisas é uma qualidade que pode ser representada na experiência sensível, constrastando com uma propriedade teórica inferida ou postulada. Uma teoria puramente empírica lida apenas com qualidades empíricas. *Ver* empirismo.

empiriocriticismo *Ver* Avenarius.

empirismo Orientação filosófica persistente que procura ligar o conhecimento à experiência. A experiência é concebida como os conteúdos sensoriais da consciência ou como qualquer coisa que se exprime numa determinada classe designada de afirmações cuja verdade possa ser verificada pelo uso dos sentidos. O empirismo nega que haja qualquer conhecimento exterior a essa classe, ou, pelo menos, exterior a tudo o que for dado por uma legítima teorização baseada nessa classe. Pode assumir a forma da negação da existência de qualquer conhecimento **a priori*, ou do conhecimento de verdades necessárias, ou de qualquer conhecimento inato ou intuitivo, ou de princípios gerais que adquiram credibilidade unicamente pelo uso da razão; opõe-se assim, sobretudo, ao *racionalismo. Um tratamento empirista dos nossos conceitos defenderá que estes dependem da experiência: "**nihil in intellectu nisi prius in sensu*" (nada há no intelecto que não tenha previamente estado nos sentidos). Alguns filósofos, como *Tomás de Aquino, defenderam esse princípio sem, no entanto, negarem que a razão possa ter acesso ao conhecimento, desde que use os materiais fornecidos pelos sentidos. Um dos principais problemas do empirismo consiste em explicar a maneira como o pensamento não se limita a derivar da experiência, fornecendo-nos antes *categorias com as quais a organizamos. A necessidade de uma tal adição (e sua legitimidade) é o tema central da *Crítica da razão pura* de *Kant. O empirismo radical, como foi adotado por *James, sustenta que as relações entre as experiências que estão implicadas na sua organização são em si mesmas objetos de observação. Entre os problemas centrais do empirismo estão: evitar a imagem de acordo com a qual nada conheço exceto minhas experiências do momento presente (*ceticismo); delimitar as bases legítimas que as teorias têm na observação; defender o ponto de vista de que a observação é, em si mesma, isenta de elementos não empíricos; descrever formas legítimas de usar a observação na construção de uma imagem do mundo; e explicar, ou invalidar, o conhecimento que aparententemente não tem qualquer base na experiência, isto é, o conhecimento matemático, lógico ou outros conhecimentos *a priori*.

empirismo construtivo Tese em filosofia da ciência associada ao filósofo canadense do século XX Bas van Fraassen (*The Scientific Image*, 1980). O empirismo construtivo divide a ciência em enunciados observacionais e enunciados teóricos. Defende que os últimos podem ser verdadeiros ou falsos em sentido estrito, mas que a atitude apropriada não é acreditar neles, mas antes aceitá-los, no melhor dos casos, como empiricamente adequados. É muitas vezes encarado como uma variante do *pragmatismo ou do *instrumentalismo, embora as versões mais ortodoxas destas posições neguem que os enunciados teóricos tenham valor de verdade. Uma teoria relacionada é defendida por *Vaihinger que, no entanto, pensa que podemos ter a certeza de que os enunciados teóricos são, de fato, falsos.

empirismo lógico *Ver* positivismo lógico.

empiristas britânicos Denominação convencionalmente atribuída ao trio formado por *Locke, *Berkeley e *Hume. Foram precedidos por outros filósofos com uma tendência *empirista, como *Ockham, Francis *Bacon e *Hobbes. Uma questão muito discutida é até que ponto Locke, em particular, foi um empirista.

en-soi *Ver* ser-em-si/para-si.

enantiomorfos (do gr., *enantios*: oposto + *morfe*: forma) *Ver* contrapartes incongruentes.

Enciclopédia A grande realização francesa do século XVIII, a *Enciclopédia*, foi planejada como uma descrição sintética dos vários ramos do conhecimento humano. As principais personalidades por detrás de tal empreendimento foram *Diderot e *D'Alembert, sendo *Holbach, *Montesquieu, *Rousseau e *Voltaire alguns dos que para ela contribuíram, por vezes coletivamente conhecidos como enciclopedistas. A obra é uma bíblia do *Iluminismo, marcadamente inserida, do ponto de vista filosófico, na tradição de *Locke e *Bayle. Seu tom humanista e anticlerical conduziu à sua supressão por decreto real em 1759.

Enesidemo de Cnosso (séc. I a.C.) Filósofo cético, defensor do *pirronismo, conhecido sobretudo pela sua influência sobre *Sexto Empírico e através da apreciação de *Diógenes Laércio sobre seu ensino. Enesidemo era radical, e rompeu com a *Academia para regressar ao ceticismo mais puro de Pirro. É conhecido principalmente pelos dez tropos (*tropoi*), onde se apresentam concepções inconsistentes, mas igualmente defensáveis, sobre questões de fato. Esses tropos foram depois canonizados por Sexto Empírico, que fez deles o fundamento do *ceticismo helênico. Os tropos são: (I) os diferentes modos de percepção das coisas pelos animais; (II) as percepções diferentes de pessoas diferentes; (III) o fato de sentidos diferentes nos darem juízos divergentes; (IV) o fato de circunstâncias diferentes, como a embriaguez e a sobriedade, afetarem a percepção; (V) as diferenças suscitadas pela distância e pela perspectiva; (VI) o fato de o meio envolvente (o ar, ou a constituição do globo ocular) afetar a percepção; (VII) o fato de as substâncias poderem ter uma certa aparência quando estão combinadas, e outra aparência quando estão disseminadas ou combinadas de maneiras diferentes; (VIII) a influência determinante da relação específica entre quem percebe e o que é percebido; (IX) o fato de os mesmos acontecimentos terem, para agentes perceptivos diferentes, uma importância e uma capacidade diferentes para causar surpresa; (X) o fato de as diferenças entre as pessoas nos impedirem de pensar que temos percepção das leis morais universais. Um conjunto diferente de oito *tropoi* coloca obstáculos céticos semelhantes ao conhecimento das relações causais. Quase todas as versões do ceticismo e do *relativismo repousam em uma ou outra versão de um ou mais dos dez tropos.

Engels, Friedrich (1820-95) Filósofo social alemão e colaborador de *Marx. Engels nasceu na Renância, filho de prósperos proprietários industriais, e já possuía boas credenciais liberais quando chegou a Manchester em 1842, em parte como agente da firma da família. Nos anos seguintes, seus textos atraíram a aprovação de Marx, e a afinidade foi confirmada pela fervorosa obra *Lage der Arbeitenden Klasse in England* (1845). Colaborou com Marx no *Manifesto do Partido Comunista* (1848). Geralmente, atribui-se a Engels a formação dos dois componentes filosóficos do marxismo: o *materialismo histórico e o *materialismo dialético. O *Anti-Dühring* (1878) é sua obra filosófica mais elaborada, e consiste numa resposta materialista à obra de Eugen Dühring, um dos rivais de Marx na procura de influência nos círculos socialistas alemães. Outra obra tardia, *A origem da família, da propriedade privada e do Estado* (1884) consiste num ataque comunista e feminista à subordinação da mulher na família patriarcal. Engels foi quem mais apoiou financeiramente Marx e sua família, além de ter sido o organizador das obras de Marx, razão pela qual a tarefa de separar suas respectivas contribuições para a doutrina marxista é desanimadora.

enigma da indução, novo *Ver* paradoxo de Goodman.

enquadramento *Ver* problema do enquadramento.

ens realissimum (lat., o ser mais real) Termo para designar Deus que reflete a crença de que a realidade, assim como a bondade, se apresenta em graus, e de que tem de existir uma entidade limite, essencialmente real.

enteléquia (do gr., *entelechia*: ter perfeição) Em *Aristóteles, a realização da potência de uma coisa, ou o modo de ser de uma coisa cuja *essência é realizada por completo em oposição ao modo de ser apenas potencial. Posteriormente, a enteléquia foi tratada como o espírito formador que dá vida a algo; às vezes é também o poder ativo que provoca o movimento nas coisas materiais.

entidade Uma coisa real. O realismo das entidades é a expressão associada ao filósofo canadense contemporâneo Ian Hacking, segundo o qual a questão do *realismo científico não diz respeito à verdade ou falsidade das teorias científicas, mas antes à existência real das coisas que os cientistas manipulam.

entimema Argumento em que uma das premissas não é formulada explicitamente.

entrincheiramento Um predicado está entrincheirado se, historicamente, tem sido usado para formular previsões verdadeiras. *Goodman argumentou que esta é a única propriedade que separa os predicados "projetáveis", bem-comportados, dos predicados malcomportados, mas sintaticamente simples, que podem ser definidos. *Ver* paradoxo de Goodman.

entropia Propriedade de um sistema termodinâmico isolado (isto é, considerado em função de trocas de calor e outras formas de energia), correspondente ao grau em que as partículas do sistema estão aleatoriamente dispostas. A entropia é a medida da desordem no sistema. A segunda *lei da termodinâmica afirma que a entropia sempre aumenta.

enumeração, indução por *Ver* indução enumerativa.

enumeração simples *Ver* indução enumerativa.

enumerável *Ver* numerável/não numerável.

Epicteto (c.55-135 d.C.) O mais influente professor de *estoicismo de seu tempo, Epicteto nasceu escravo na Ásia Menor. Ganhou a liberdade por volta do ano 68, mas foi banido de Roma por Diocleciano, por volta de 90. Foi manco durante quase toda a vida. Sabe-se que era extremamente popular e respeitado e viveu com muita simplicidade, de acordo com a doutrina estoica. Seus ensinamentos, ou *Discursos*, só sobreviveram através de notas tomadas por seu aluno Flávio Arriano. Neles encontram-se uma ênfase na submissão, humildade e caridade, mas também na capacidade e dever de uma pessoa moldar seu caráter, num esforço para conquistar o autodomínio e a independência face às circunstâncias externas.

epicurismo No sentido corrente, um modo de vida baseado no prazer dos sentidos. No entanto, esta não é a recomendação de *Epicuro, que defendeu apenas a busca dos prazeres que podem ser controlados ou usufruídos com moderação: os prazeres da amizade, da paz e da contemplação estética. De modo mais rigoroso, o epicurismo designa qualquer filosofia que combine as doutrinas centrais de Epicuro.

Epicuro (341-270 a.C.) Filósofo grego. Epicuro nasceu na ilha de Samos, mas foi para Atenas em 307/6 a.C., onde fundou uma comunidade isolada chamada o "jardim". Suas doutrinas são conhecidas sobretudo através da exposição de *Diógenes Laércio e pelo poema de *Lucrécio, *De rerum natura*, que se pensa ser uma representação fiel de seu pensamento. Acreditava na metafísica *atomista de *Leucipo e *Demócrito, aceitando, em particular, o espaço vazio, um número infinito de átomos e o número infinito de mundos que suas variadas combinações produzem. Tinha também uma doutrina da sobrevivência dos mais aptos para explicar a evolução das espécies sem apelo às causas finais de *Aristóteles (*ver* causas: materiais, formais, eficientes, finais). Contudo, há espaço para os deuses, ainda que não tenham qualquer preocupação por este cosmo, não tendo em especial qualquer papel, quer como causas primeiras, quer como algo que proporciona finalidade à existência. O *livre-arbítrio é permitido pelo "desvio" ou **clinamen* dos átomos em seus percursos. Outra doutrina interessante é a da *prolepsis,* que é o modo como a experiência se torna geral, ao permitir-nos antecipar o tipo de objeto a que os termos se referem (a *prolepsis* é portanto uma solução, ou talvez um rótulo, para a dificuldade, que mais tarde confundiu os *empiristas britânicos, e que consiste em saber como as palavras adquirem um significado geral).

O objetivo de toda filosofia é, contudo, o de nos permitir viver bem, o que não é o mesmo que viver na prisão hedonista que a palavra "epicurismo" sugere hoje em dia, após séculos de propaganda contra seu sistema. Pelo contrário, é necessária sabedoria prática, adquirida através da filosofia, para atingir a vida agradável, que consiste numa preponderância dos prazeres *catastemáticos*, suscetíveis a prolongamento indefinido, sobre os meramente *cinemáticos*, ou seja, os prazeres sensoriais voláteis. Os prazeres *catastemáticos* podem variar, mas não aumentar, de maneira que quem vive durante mais tempo não obtém, por isso, mais prazer do que quem vive menos tempo, o que é importante para a atitude epicurista perante a morte. Tal como em outras filosofias éticas gregas, a *ataraxia constitui o ponto mais alto dos prazeres *catastemáticos*, e exige a compreensão dos limites da vida, a supressão do medo da morte, o cultivo da amizade e a eliminação dos desejos desnecessários e dos falsos prazeres.

epifania A manifestação da presença de Deus no mundo. Uma revelação mística ou espiritual.

epifenomenismo Posição segundo a qual um certo aspecto de uma situação acontece em virtude de outros, não tendo em si mesmo poderes causais. Na filosofia da mente, isso significa que apesar de os acontecimentos mentais, estados de consciência e experiências existirem, não têm em si mesmos poderes causais, nem produzem efeitos no mundo físico. Recorre-se, por vezes, à analogia do apito de uma máquina a vapor, que produz o som (o que corresponde à experiência), mas não contribui para mover a maquinaria. O epifenomenismo é uma solução drástica para as sérias dificuldades de conciliar a existência da mente com o fato de, segundo a física, um acontecimento físico só poder ser causado por outro acontecimento físico. Um epifenomenista pode aceitar a causalidade unidirecional, através da qual acontecimentos físicos produzem acontecimentos mentais, ou pode preferir uma certa espécie de paralelismo, evitando tanto a causalidade entre a mente e o corpo, como entre o corpo e a mente (*ver* ocasionalismo). Mas se os acontecimentos mentais não têm relações causais, então não fica claro como eles podem ser objetos da memória, ou mesmo da consciência, o que constitui um dos principais problemas do epifenomenismo. *Ver também* base e superestrutura.

epifenômeno Produto acidental de um processo, que não tem efeitos próprios. *Ver* epifenomenismo.

Epimênides Supõe-se que Epimênides de Creta teria dito que todos os cretenses são mentirosos. Se ele disse a verdade, então o que ele disse é falso e vice-versa. *Ver* paradoxo do mentiroso.

epistêmico Relativo à *epistemologia.

epistemologia (do gr., *epistêmê*: conhecimento) Teoria do conhecimento. Algumas de suas questões centrais são: a origem do conhecimento; o lugar da experiência e da razão na gênese do conhecimento; a relação entre o conhecimento e a certeza, e entre o conhecimento e a impossibilidade do erro; a possibilidade do *ceticismo universal; e as formas de conhecimento que emergem das novas conceitualizações do mundo. Todos esses tópicos se relacionam com outros temas centrais da filosofia, tais como a natureza da verdade e a natureza da experiência e do significado. É possível imaginar a epistemologia como dominada por duas metáforas rivais. Uma delas é a de um edifício ou pirâmide, construído sobre fundamentos. Nessa concepção, a tarefa do filósofo consiste em descrever fundamentos especialmente seguros, e em identificar métodos seguros de construção, para assim poder mostrar-se a solidez do edifício resultante. Essa metáfora favorece uma versão da ideia do "dado" como uma base do conhecimento e, como método de construção, uma teoria da confirmação e da inferência racionalmente defensável (*ver também* fundacionalismo; proposições protocolares). A outra metáfora é a de um barco ou aeroplano que não tem fundamentos mas cuja força advém da estabilidade dada pelas partes inter-relacionadas. Isso rejeita a ideia de uma base no "dado", favorece ideias de coerência e *holismo, mas tem mais dificuldade em se livrar do *ceticismo.

O problema de definir o conhecimento em termos de uma conjunção entre a crença verdadeira e uma relação especialmente favorecida entre o agente e os fatos começou com *Platão, que no *Teeteto* defende que o conhecimento é a crença verdadeira juntamente com um *logos*. Para as dificuldades *ver* exemplos de Gettier. Para outros tópicos *ver* empirismo; epistemologia naturalizada; feminismo; fiabilismo; proposições protocolares; racionalismo; relativismo; teoria da confirmação.

epistemologia naturalizada Termo introduzido por *Quine para o projeto de estudar os processos reais de formação do conhecimento dos seres humanos, sem que se tenha a aspiração de certificar a racionalidade desses processos, sua resistência ao *ceticismo ou sua adequação para produzir a verdade. A epistemologia naturalizada tem assim de combinar-se com a psicologia da aprendizagem e com o estudo dos episódios de história da ciência. Nesse projeto, diminui-se o alcance daquele tipo de reflexão "externa" ou filosófica, que pode resultar no ceticismo ou na sua refutação. Embora o termo seja moderno, *Aristóteles, *Hume e J.S. *Mill foram alguns dos expoentes importantes dessa perspectiva. *Ver também* epistemologia; metodologia.

epochê Gr., a suspensão da crença, que constitui um dos objetivos dos argumentos céticos. *Ver também* pôr entre parênteses.

equação pessoal A correção necessária para dar conta das diferenças individuais nos tempos de resposta, especialmente no domínio da astronomia. Alguns observadores relatarão um acontecimento antes de outros, devido a um elemento de antecipação cujos efeitos podem variar. Por analogia, o termo abrange qualquer fator pessoal na produção de juízos, para o qual se deve introduzir uma compensação.

equilíbrio de Nash Na *teoria dos jogos, um resultado ou conjunto de estratégias está em equilíbrio de Nash se produzir um resultado tal que nenhum jogador possa, ao abandoná-lo unilateralmente, melhorar sua situação. Um jogo pode permitir vários equilíbrios de Nash. No *dilema dos prisioneiros, a estratégia em que cada um deles engana o outro é, infelizmente, um equilíbrio de Nash, ao passo que o resultado preferível em termos sociais, que consiste em cada um cooperar com o outro, não é. *Ver também* princípio de Pareto.

equilíbrio reflexivo Estado em que todos os pensamentos sobre um assunto se ajustam, em que não há elementos desnecessários ou recalcitrantes que não sejam coerentes com a posição tomada no seu todo. Esse termo está associado a *Goodman e foi divulgado com a obra de *Rawls. Este último sugeriu que o método correto da ética deveria consistir em tentar alcançar o equilíbrio reflexivo, testando as teorias através do confronto com juízos acerca de casos particulares, mas testando, igualmente, os juízos acerca de casos particulares através do confronto com as teorias, até alcançar o equilíbrio. *Ver também* barco de Neurath; verdade como coerência.

equivalência, relação de *Ver* relação de equivalência.

equivalentes Que têm o mesmo valor. Duas proposições *p*, *q*, são equivalentes quando *p* é verdadeira se e somente se *q* é verdadeira. *Ver também* relação de equivalência.

equivocar Fazer uma asserção que pode ser interpretada de mais de uma maneira, com o objetivo de explorar essa ambiguidade.

Er, mito de *Ver* mito de Er.

Erasmo, Desidério (c.1466/9-1536) Um dos primeiros e maiores *humanistas do Renascimento do norte. Erasmo estudou na Holanda, possivelmente em Deventer, e entrou no priorado agostiniano de Steyn, perto de Gouda, em 1487. Foi ordenado em 1492. Estudou teologia em Paris por algum tempo. Uma viagem à Inglaterra em 1499 colocou-o em contato com Thomas *More e outros humanistas. Teve uma vida de estudioso viajante, e publicou coletâneas de provérbios clássicos, assim como seu *Elogio da loucura* (1509). Em 1516 publicou uma nova edição grega, mais rigorosa, do Novo Testamento. Apesar de suas sátiras à prática religiosa e às complexidades da teologia *escolástica, juntamente com sua preferência pelas crenças primitivas mais simples da Igreja terem feito dele uma inspiração para o novo movimento da Reforma, Erasmo não acreditava muito que os poderes dos homens pudessem, sem auxílio, forjar novas utopias. Afastou-se da arena política e, em 1524 rompeu com *Lutero, na sua obra *De libero arbitrio* ("Do livre-arbítrio"). A moderação, e o ceticismo moderado de Erasmo, não tinham lugar nas cisões cada vez mais profundas da Igreja, mas seus estudos clássicos e suas opiniões foram muito influentes nos séculos seguintes. Morreu na Basileia, quando se preparava para regressar à Holanda.

erastianismo Doutrina segundo a qual o Estado tem a supremacia sobre a Igreja em assuntos eclesiásticos. Batizada em nome do teólogo suíço Thomas Erastus (1524-83).

Erígena, João Escoto (c.810-c.877) Também conhecido por João Escoto, Erígena nasceu na Irlanda, tendo atingido um notável grau de erudição e chegando a ensinar na corte de Carlos, o Calvo. Foi importante como tradutor e divulgador do pensamento grego, tendo traduzido a obra de *Dionísio o Pseudoareopagita e de outros autores e também, talvez, o mais importante pensador do mundo cristão entre *Agostinho e *Anselmo. Defendeu a realidade do *livre-arbítrio (*pelagianismo) contra o monge Gottschalk; mas sua confiança na razão foi condenada por dois concílios, embora ele próprio tivesse escapado à censura. Sua maior obra é *De divisione naturae* ("Da divisão da natureza"), na qual revela uma tendência acentuada para o *panteísmo e para o *neoplatonismo: Deus é a única realidade, imutável e universal, da qual a criação participa, e está além das categorias humanas, sendo cognoscível apenas pelo que não é. Os seres criados são revelações ou manifestações do princípio divino, e seu objetivo é serem reassimilados por Deus. Erígena distinguiu-se por insistir numa reconciliação entre a razão e a teologia cristã. A teologia resultante é de uma ortodoxia duvidosa, embora certamente tenha influenciado cristãos neoplatônicos posteriores, como *Dante.

erística (gr., conflito) Raciocínio que não tem por objetivo a verdade, mas a vitória sobre um oponente, ou fazer prevalecer uma posição pior.

eros (Gr.) *Ver* amor.

erotemática (do gr., *erôtêsis*: interrogatório) Relativo a perguntas. A lógica erotemática estuda a lógica e a pragmática das perguntas e respostas.

erro categorial Noção proeminente na obra de *Ryle. Um erro categorial surge quando coisas ou fatos de um tipo são apresentados como se pertencessem a outro tipo. Uma pessoa cometeria um erro categorial se, depois de lhe serem mostrados todos os regimentos e batalhões, quisesse que lhe fosse mostrado o exército. Ryle acreditava que a teoria *cartesiana da mente dependia do erro categorial da *reificação de acontecimentos mentais, em vez de ver as descrições mentais unicamente como um tipo de descrição de pessoas e das suas disposições. Quando concebemos crenças como coisas que estão na mente, números como objetos espaciais muito grandes, Deus como uma pessoa ou o tempo como algo que passa, podemos estar cometendo erros categoriais.

escatologia (do gr., *eschatos*: o último) A formação de ideias sobre o fim da vida ou sobre o fim do mundo e, na teologia cristã, sobre a ressurreição e o juízo final.

escola de Alexandria Escola *platônica, misturada com elementos cristãos, que floresceu em Alexandria durantes os dois séculos anteriores à tomada da cidade pelos árabes, em 642. Seu membro mais famoso foi *Hipácia.

Escola de Frankfurt Escola crítica marxista surgida em Frankfurt nos anos 20 e 30 e sediada no Instituto de Investigação Social, fundado em 1923. Seus principais membros foram, na filosofia, Max Horkheimer (diretor, de 1931 a 1958), *Adorno, *Marcuse e *Benjamin. Numa fase posterior, seu representante mais significativo tem sido *Habermas. A perspectiva da Escola de Frankfurt é algumas vezes conhecida como *teoria crítica. Seu objetivo era proporcionar uma versão do marxismo depurada de *positivismo e de *materialismo, que desse o devido valor à influência da superestrutura — ou seja, da cultura e da imagem que as pessoas fazem de si próprias — como um fator de mudança social. A Escola de Frankfurt confrontou-se com duas situações: a degeneração do marxismo soviético no stalinismo e o fracasso do comunismo na tentativa de inspirar as classes trabalhadoras do Ocidente. Em resposta, combinou uma preocupação *kantiana com as condições de possibilidade da razão e do conhecimento, com uma ênfase *hegeliana no condicionamento histórico de todo o pensamento; esses elementos levaram a uma atitude cética quanto às ideologias dominantes, vistas como distorções intelectuais geradas por desigualdades sociais concretas, que as dissimulam. A Escola de Frankfurt enfatizou as interações entre a estética, a psicanálise e a cultura popular no reforço de uma atitude, preponderante no Ocidente, de aceitação despersonalizada do *status quo* ("o sistema"), com o correspondente fetichismo da *mercadoria, o *fascismo e o nacionalismo. Dado o fato de a maior parte dos indivíduos estarem à mercê dessas forças, não há motivos para prever a inevitabilidade de uma revolução, como no marxismo clássico, e assim o papel de uma liderança iluminada na luta pela emancipação adquire uma maior importância. Do mesmo modo, uma vez que se enfatiza a necessidade da transformação através de uma compreensão das coisas cada vez maior, a psicanálise proporciona um modelo de emancipação, visto que nos dá a esperança de, ao ganharmos consciência dos aspectos ocultos de nossas psicologias, adquirirmos a capacidade de vencê-los. A escola exerceu grande influência na nova esquerda e em outros movimentos radicais dos anos 60.

escola de Marburgo Escola *neokantiana que se ocupou sobretudo dos pressupostos das ciências naturais. Hermann Cohen (1842-1918), Paul Natorp (1854-1924) e *Cassirer são alguns de seus membros.

escola Jônica *Pré-socráticos da Jônia, também conhecidos como milésios: *Tales, *Anaximandro e *Anaxímenes. *Ver* escola milésia.

escola megárica Escola filosófica que, do final do século V ao início do século III a.C., esteve centrada em Mégara, perto de Atenas, tendo recebido a influência tanto de *Sócrates como dos *eleatas. Os megáricos eram famosos por suas discussões lógicas sutis. *Euclides foi o fundador da escola e Fílon de Mégara o mais notável dos seus membros.

escola milésia Os primeiros *pré-socráticos eram cidadãos de Mileto, um porto comercial onde as influências orientais e egípcias podiam se misturar ao pensamento grego. O resultado foi uma cosmologia especulativa e ousada, assim como a convicção de que as explicações racionais têm de começar com a identificação da substância primeira e única, identificada por Tales (tal como nos mitos babilônicos) com a água. Os outros filósofos milésios são *Anaximandro e *Anaxímenes.

escola peripatética Escola fundada por *Aristóteles em Atenas, em 335 a.C. Supõe-se que foi assim denominada por causa do *peripatos*, ou passeio coberto no jardim do Liceu, onde Aristóteles lecionava. Além de Aristóteles, seus membros mais importantes foram *Teofrasto, Eudemo de Rodes e *Estratão de Lâmpsaco.

escolástica A filosofia ensinada nas escolas e nos locais de instrução teológica da Igreja durante o período medieval. Aproximadamente do século

XI ao XVI, do tempo de *Abelardo ao de *Suárez, a escolástica foi a perspectiva filosófica dominante na Europa. Combinava doutrina religiosa, o estudo dos Padres da Igreja e uma investigação filosófica e lógica baseada sobretudo em *Aristóteles e, até certo ponto, em temas de *Platão. *Tomás de Aquino, *Buridan, *Duns Scotus e *Ockham foram alguns dos escolásticos mais proeminentes.

escolha O problema filosófico consiste em saber se a escolha é um processo em que diferentes desejos, pressões e atitudes combatem entre si, resultando numa decisão ou numa ação, ou se há, além disso, um "eu" que arbitra o conflito em nome de desejos mais elevados, da razão ou da moralidade. A tentativa de acrescentar esse elemento extra à concepção mais passiva (frequentemente atribuída a *Hume) é típica da ética *kantiana e é um alvo privilegiado não apenas da obra de Hume mas também de muitas obras feministas e pós-modernistas. *Ver também* livre-arbítrio, paradoxo de Newcomb; volição, vontade.

escopo Intuitivamente, o escopo de um *operador é a parte de uma expressão sobre a qual ele tem efeito. O escopo de "+" em "(3 + 5) × 7" é a soma entre parênteses, enquanto o escopo de "×" é toda a expressão. Num sistema formal, o escopo de um operador é a menor *fórmula bem-formada em que o mesmo ocorre. Ambiguidades de escopo surgem quando há indicação insuficiente do escopo de um operador, o que significa que uma expressão pode ser avaliada de duas maneiras diferentes; por exemplo, (3 + 5 × 7) tanto pode se referir a 56 como a 38.

Em um *cálculo lógico, as regras de formação impedem ambiguidades de escopo, comuns na linguagem natural. Em "O presidente da República foi dirigente estudantil", a ambiguidade pode ser representada como o resultado do escopo relativo da descrição definida ("O presidente da República") e do operador temporal: foi verdade que o presidente da República (dessa altura) era um dirigente estudantil, versus: tome-se o (presente) presidente da República; é verdade que ele foi um dirigente estudantil. *Ver também de re/de dicto.*

Esopo (séc.VI a.C.) Contador grego de fábulas, ou seja, histórias com fins morais ou satíricos. A vida de Esopo é, ela mesma, uma fábula: supõe-se tradicionalmente que foi corcunda e feio (o que pode ser um sinal de classificação racial estereotipada), escravo do filósofo Xanto de Samos e que teria obtido a libertação apenas para cair nas mãos dos cidadãos de Delfos que, ávidos por proteger a reputação de seu oráculo, atiraram Esopo de um penhasco. Xanto e sua mulher são retratados como pessoas particularmente propensas a perder a dignidade na presença de Esopo, que é assim um símbolo do papel subversivo da sabedoria popular, em contraste com a chamada alta cultura e a filosofia. Suas fábulas foram especialmente populares no último período do Renascimento, atraindo os comentários de filósofos como *Valla, *Erasmo e *Lessing.

espaço Alguns dos problemas clássicos são os seguintes: o espaço é real ou é um tipo de construção mental, um artefato próprio do nosso tipo de percepção e pensamento? O espaço é "substantivo" ou puramente "relacional"? Segundo o substantivismo, o espaço é algo objetivo que engloba os pontos ou regiões em que as coisas se localizam. A essa tese opõe-se o relacionismo, que afirma que a única coisa que há de real no espaço são as relações espaciais (e temporais) que ocorrem entre os objetos físicos. Na famosa correspondência com *Leibniz, que defendia o relacionismo, *Clarke, falando em nome de *Newton, defendeu o substantivismo, num debate que continua até hoje. Existe também o problema de saber se as medidas espaciais e temporais são objetivas, ou se nelas está presente algum elemento *convencional.

espaço-tempo A estrutura que resulta de se conceber o espaço e o tempo conjuntamente, como uma entidade tetradimensional. Os pontos no espaço-tempo são chamados de acontecimentos. Na *teoria da relatividade, cada acontecimento no espaço-tempo está associado a um cone de luz do passado (o conjunto dos acontecimentos passados que podem tê-lo influenciado) e a um cone de luz do futuro (o conjunto dos acontecimentos futuros que pode vir a influenciar), estando a possibilidade da influência em questão limitada pela velocidade da luz. As regiões situadas fora dos cones de luz de um acontecimento são "algures". *D'Alembert, no seu artigo "Dimension" para a **Enciclopédia*, foi talvez o primeiro a conceber o tempo como uma quarta dimensão, mas não pôde prever a característica física central do conceito: tal como a massa e a energia, também o espaço e o tempo podem ser convertidos entre si, na teoria da relatividade; o que há de invariante na relação entre dois acontecimentos não é sua distância espacial, nem seu intervalo temporal, mas sua "distância" no espaço-tempo.

espécie Qualquer classe de indivíduos que tenham propriedades em comum e que sejam classificados pelo mesmo substantivo. Em biologia, a espécie é a classe abaixo do gênero, abrangendo os organismos capazes de se reproduzir entre si. Os nomes biológicos, como *homo sapiens*, são compostos pelo nome do gênero mais lato (*homo*) a que se acrescenta uma qualificação distintiva (*sapiens*). *Ver per genus et differentiam.* A "realidade" das espécies é um dos aspectos do problema dos *universais: *ver também* categorias naturais.

espécime-reflexiva Termo usado por *Reichenbach para designar aquilo a que mais correntemente se chama expressões *indexicais, i.e., expressões cuja interpretação exige que se saiba quem é o locutor, lugar, tempo ou contexto de elocução. A ideia é a de que estes índices podem, por sua vez, ser referidos por meio da própria elocução-espécime: "tenho frio" fica "o locutor desta elocução-espécime tem frio"; "aqui está frio" fica "está frio onde isto está sendo dito", e assim por diante.

especismo Por analogia com o *racismo ou com o *sexismo, o ponto de vista incorreto que consiste em recusar o respeito pelas vidas, pela dignidade e pelos direitos ou necessidades dos animais.

espectador imparcial Conceito central do sistema ético de Adam *Smith. O espectador imparcial é uma "voz interior" imaginária, cuja aprovação ou desaprovação constitui a consciência que temos da natureza da nossa própria conduta. Smith procura dar uma explicação para a voz da consciência que não se afaste totalmente da tradição *sentimentalista e *naturalista da filosofia moral escocesa. A consciência não é uma força misteriosa ou inexplicável, uma vez que "a jurisdição do homem interior se funda integralmente no desejo de merecer a aprovação e na aversão a merecer a desaprovação" que está na base do nosso "pavor de possuir as qualidades, assim como de levar a cabo as ações, que odiamos e desdenhamos nas outras pessoas" (*Theory of the Moral Sentiments*, III. 2. 33).

espectro invertido A possibilidade aparente de duas pessoas partilharem seu vocabulário e suas distinções de cores, embora as cores que uma vê sejam sistematicamente diferentes das que a outra vê. A partir do momento em que se admite essa possibilidade, parece não haver dados que possam sustentar a questão de saber se vemos as cores da mesma maneira. Muitos filósofos da mente consideraram importante negar que isso seja uma possibilidade real.

Espeusipo (c.407-399 a.C.) Sobrinho e sucessor de *Platão como diretor da *Academia, de 347 a 339. Sob a orientação de Espeusipo, a Academia se voltou para os estudos matemáticos abstratos, equacionando a filosofia com a matemática, o que provavelmente conduziu ao abandono de *Aristóteles.

Espinosa, Baruch de (1632-77). Racionalista judeu e holandês. Baruch, ou Benedictus de Espinosa, nasceu em Amsterdã numa ilustre família judia, exilada da Espanha, que vivia na relativa liberdade religiosa da Holanda. Ingressou na escola judaica e tornou-se conhecedor da obra dos teólogos árabes e judeus. O rabino Manasseh ben Israel, na época uma figura liberal conhecida, foi um de seus professores. No entanto, o contato com movimentos cristãos dissidentes e com o pensamento científico e filosófico de *Descartes fez com que Espinosa se distanciasse da vida ortodoxa, e em 1656 foi julgado por heresia, expulso da sinagoga e amaldiçoado com a abrangente "excomunhão com que Josué excomungou Jericó", na qual uma das cláusulas pede que o condenado seja amaldiçoado com todas as maldições do firmamento.

Durante um curto período de tempo, Espinosa esteve exilado de Amsterdã, mas regressou e recomeçou sua vida, sustentando-se polindo lentes e dando aulas. Durante esse período escreveu o *Pequeno tratado sobre Deus, o homem e o seu bem-estar* (foi escrito em latim, mas sobreviveu em holandês, trad. em 1883). Em 1660, mudou-se para o interior e começou a redigir os *Renati*

Descartes principiorum philosophiae (1663), uma exposição geometricamente estruturada do sistema filosófico de Descartes. Vivendo então em Voorburg, Espinosa conheceu Jan de Witt, o principal foco de oposição à Casa de Orange. Isso o levou a escrever, em 1670, o *Tractatus theologico-politicus*, uma obra que, por sua defesa da tolerância e da paz, foi condenada pela Igreja Reformada em 1673 e banida no ano seguinte. Nessa época, Espinosa se mudou para Haia onde viveu com grande frugalidade numa pequena pensão, trabalhando na *Ética* e numa gramática de hebreu. Em 1672, participou de uma pequena missão diplomática ao exército francês invasor, mas no seu regresso esteve sob suspeita de espionagem e por pouco não foi assassinado pela população, tal como acontecera antes a de Witt. Sendo já uma figura conhecida, recusou ofertas para vários cargos e viveu seus últimos anos no mesmo estado de frugalidade, escrevendo e correspondendo-se. Abandonou sua intenção inicial de publicar a *Ética*, acreditando que isso só iria gerar controvérsia e rancor. A obra *Tractatus de intellectus emendatione*, publicada no ano de sua morte, foi seu último trabalho. Morreu com tuberculose, possivelmente originada pelo seu ofício de polidor de lentes. Existem ainda inúmeros testemunhos de sua simplicidade, virtude, simpatia e coragem.

Os temas centrais da *Ética* são desenvolvidos nas quatro partes da obra. Estas dizem respeito a Deus, à natureza e origem da mente, à natureza das emoções, à servidão humana e à força das emoções. Sua teoria começa pela aceitação de um pressuposto básico do racionalismo: a natureza do mundo é transparente ao intelecto, de tal modo que as relações de dependência entre as ideias refletem as relações de dependência entre acontecimentos e estados de coisas na natureza, sendo talvez idênticas a essas relações. A substância é concebida como algo autossuficiente, de onde se segue o *argumento ontológico a favor da existência de Deus, que é visto como o único ser necessário que, no entanto, não é distinto do mundo (porque existe uma única substância: qualquer outra substância deveria sua existência a Deus e, logo, não seria autossuficiente). Deus é imanente ao mundo e as coisas individuais são modos ou modificações de Deus: a única realidade é "Deus ou a natureza", **deus sive natura*. Este Deus está, naturalmente, longe do Deus da simples fé religiosa mas, embora o comentário cristalino de Espinosa ("quem ama Deus não pode esperar que em troca Deus o ame") tenha mais tarde influenciado muitos pensadores, no seu tempo, a acusação de ateísmo pairou constantemente sobre ele.

O *monismo de Espinosa estende-se à mente e à matéria: cada uma delas é uma característica diferente da essência da única realidade eterna, uma maneira diferente de apreciar racionalmente essa essência. Como Descartes, Espinosa acreditou que é o intelecto, e não os sentidos, que revela a natureza essencial das coisas. Uma ideia completa e adequada de Deus nos mostra que ele tem dois atributos: pode ser concebido tanto à luz da extensão como do pensamento. Em outras palavras, Deus (a realidade) pode ser concebido dessas duas maneiras incomensuráveis, e cada uma delas revela-nos um atributo ou parte da sua essência (um problema que se coloca à interpretação de Espinosa é o de Deus ter supostamente uma quantidade infinita de atributos, apesar de só se conseguirem encontrar esses dois). O entendimento tem o objetivo de aumentar o nosso conhecimento de Deus (ou do universo), descobrindo como este constitui um sistema fechado, autossuficiente e completamente unificado, onde tudo o que acontece é necessário e nada poderia ser de outra maneira. Tendo essa metafísica como pano de fundo, Espinosa enfrenta o problema de dar sentido à natureza do eu individual e à atividade humana. Esse é o assunto dos últimos dois livros da *Ética*. Para Espinosa, o pensamento é uma consciência do corpo. O mesmo modo é concebido sob o atributo da extensão e do pensamento, de maneira que o corpo e a mente não estão relacionados causalmente, sendo antes expressões paralelas da única realidade. Neste sistema intoxicado com Deus (como lhe chamou o poeta romântico alemão Friedrich Hardenberg), o erro e o mal têm de ser explicados, e Espinosa identifica cada um dos casos com a privação. O erro é a falta de ideias adequadas, e os males são apenas ausências ou privações que "não exprimem qualquer essência". (Esta perspectiva do problema do mal recebeu, mais tarde, uma atenção crítica especial por parte de *Hume.) Os sentidos oferecem-nos apenas modificações do nosso corpo, mas não nos dão qualquer conhecimento, e a maior parte das nossas noções são confusas e não têm as marcas de uma adequação final. Podemos encontrar essas condições na versão de Espinosa das ideias claras e distintas de Descartes: concepções da essência formal de Deus que estão inextricavelmente unidas à sua própria demonstração; tal como os teoremas da matemática, não podem ser compreendidas sem que se veja que são verdadeiras.

Num mundo rígido e determinista como esse, pode parecer que não há espaço para o *livre-arbítrio humano, mas Espinosa o encontra, abstraindo-o da dimensão do tempo. A liberdade transforma-se na capacidade de ver o mundo à luz da eternidade, sem a escravidão das emoções e dos desejos, que resultam da ignorância das causas que nos determinam. O agir e a atividade são o resultado da cognição adequada. Em outras palavras, deixa de ser verdade que somos controlados pelas coisas, e passa a ser verdade que as controlamos, na medida em que, nos nossos pensamentos, o curso dos acontecimentos é representado tal como depois eles virão a se concretizar. (Esta identificação da liberdade com a unidade da razão e da realidade desempenhou, posteriormente, um papel importante na filosofia de *Kant.) Para que se avance em direção a essa adequação, as emoções devem ser compreendidas, e o objetivo da tentativa sutil de Espinosa de apresentar uma "geometria das emoções" foi mostrar que a maior parte daquilo que nos conduz é desconhecido para nós, mas que quando compreendemos as nossas motivações adquirimos controle sobre elas, e as corrigimos ou melhoramos (esta ideia foi aclamada como a verdade fundamental de que depende a *psicanálise). No fim, a verdadeira religião, a verdadeira ciência e a verdadeira filosofia são idênticas, e cada uma delas consiste no amor intelectual a Deus.

Em seus textos políticos, Espinosa esboça as implicações de seu sistema para a teoria do governo. A função do Estado não é tentar limitar o exercício da razão, mas a de proporcionar as condições em que esse exercício possa florescer: é necessária uma democracia constitucional que, no escopo da lei, proporcione um fórum para a razão e para a liberdade de opinião.

O método e o sistema de Espinosa permaneceram amplamente desconsiderados durante a ascensão posterior dos ideais *empiristas e *Iluministas, e durante o declínio que o argumento ontológico conheceu nas mãos de Hume e Kant. Foi redescoberto pelos idealistas alemães e, na verdade, o *idealismo absoluto é corretamente encarado como uma adição de um elemento temporal, ou de uma capacidade para a autorrealização dinâmica, aos atributos do Deus de Espinosa, cuja essência é também o mundo espacialmente extenso e a própria razão.

espírito (do lat., *spiritus*: sopro, vida, alma, mente) Quando descrevemos respostas, comportamentos, pessoas etc. como espirituosas, caracterizamo-las unicamente como cheias de vida ou animadas. É um pequeno passo, mas talvez fatal em termos filosóficos, conceber em seguida o espírito como aquilo que as anima: o princípio ou a origem imaterial de onde provém a animação. O espírito de alguém torna-se a alma, a mente ou o ego, enquanto que o princípio a partir do qual todos os acontecimentos naturais emanam se torna o princípio animador do cosmo, isto é, o espírito do mundo. A noção de **Geist* é a de um espírito que é sopro de vida, e em *Hegel o nível mais alto do espírito, distinto do espírito individual e do espírito social ou político, é o espírito absoluto, para cuja realização se dirige a história mundial. *Ver também* idealismo absoluto.

espírito santo Na teologia cristã, é o terceiro elemento consubstancial da Santíssima Trindade, geralmente simbolizado por uma pomba. Sua existência substancial distinta foi negada, por exemplo, pelos pneumatômacos (adversários do espírito) do século IV, denunciados por santo Atanásio.

espiritualismo No sentido contemporâneo, não é uma versão da doutrina de que o *espírito é a substância essencial do mundo (*ver* idealismo absoluto), mas a crença de que os espíritos dos mortos se comunicam com os dos vivos, geralmente por meio de um médium.

espontaneidade/indiferença O contraste é usado por *Locke e depois por *Hume em suas discussões sobre o *livre-arbítrio. A liberdade de espontaneidade é a liberdade para fazer uma certa coisa que escolhemos, e opõe-se à coerção e à incapacidade. Deve distinguir-se da liberdade de indiferença, um conceito duvidoso que implica a ausência de causalidade ou necessidade, desejavelmente acompanhada de responsabilidade. *Ver* libertismo.

esquema Em muitos *cálculos lógicos, os axiomas e as regras são apresentados como formas ou esquemas, com a condição de que qualquer uma das suas infinitas substituições seja um axioma. A regra de inferência **modus ponens*, por exemplo, pode ser apresentada como A; A → B; logo, B, onde A e B podem ser substituídos por qualquer fórmula bem-formada do cálculo. As asserções que intuitivamente se percebe dizerem respeito a todas as funções, todas as propriedades etc., como o quinto *postulado de Peano, ou, na teoria dos conjuntos, o *axioma da separação e o *axioma da substituição, são representadas por esquemas axiomáticos na lógica de primeira ordem.

esquema conceitual O sistema geral de conceitos com os quais organizamos nossos pensamentos e percepções. Os elementos mais proeminentes do nosso esquema conceitual cotidiano incluem as relações espaciais e temporais entre acontecimentos e objetos permanentes, as relações causais, as outras pessoas, as elocuções com significado proferidas por outras pessoas etc. Ver o mundo como contendo tais coisas é partilhar exatamente essa parte de nosso esquema conceitual. Um argumento controverso de *Davidson defende que não conseguiríamos sequer interpretar o discurso com origem num esquema conceitual diferente como algo com significado; Davidson argumenta ousadamente que uma vez que a *tradução procede de acordo com um *princípio de caridade, e uma vez que tem de ser possível que um tradutor onisciente nos compreenda, podemos ter a certeza de que a maioria das crenças formadas no quadro conceitual do senso comum são verdadeiras. *Ver também* hipótese de Sapir-Whorf.

esquerda (política) De modo muito geral, qualquer posição política a favor dos pobres, dos oprimidos e dos desprivilegiados, contra o poder, a propriedade e os privilégios conferidos seletivamente por interesses de classe e estabelecidos por instituições econômicas e sociais. *Ver também* anarquismo; coletivismo; direita (política); marxismo; socialismo.

esse est percipi (lat., ser é ser percebido) O princípio fundamental do *idealismo subjetivo de *Berkeley.

essência (do lat., *esse*: ser) O elemento básico ou primário do ser de uma coisa; a natureza da coisa, ou aquilo sem o qual ela não poderia ser o que é. Uma coisa não pode perder sua essência sem deixar de existir, e a natureza essencial de uma categoria natural, tal como a água ou o ouro, é aquela propriedade sem a qual não há qualquer espécime da categoria. *Locke contrastava as essências reais, que tinham aproximadamente esse sentido, com as *definições nominais fornecidas por uma descrição das propriedades comuns de uma coisa. Ao longo de toda a filosofia grega e escolástica, e de parte da filosofia moderna, houve muitas propostas para encontrar as essências das coisas, e também ideias sobre como seria a ciência se realmente conhecêssemos tais essências. A distinção entre propriedades essenciais e acidentais é rejeitada pelas perspectivas *holistas da ciência, como a defendida por *Quine. *Ver também* ecceidade; essencialismo; qüididade.

essencialismo Doutrina segundo a qual se pode distinguir entre aquelas propriedades de uma coisa, ou tipo de coisa, que lhe são essenciais, e as que lhe são meramente *acidentais. As propriedades essenciais são as que uma coisa não pode perder sem deixar de existir. Assim, uma pessoa que usa um chapéu pode tirá-lo, ou poderia não ter usado chapéu, mas essa mesma pessoa não pode deixar de ocupar espaço, e não podemos postular uma situação possível na qual essa pessoa não esteja ocupando espaço. Se concordarmos com isso (note-se que não é imune à controvérsia, o que ilustra a dificuldade do essencialismo), ocupar espaço é uma propriedade essencial das pessoas, mas usar chapéu é uma propriedade acidental. O problema principal é localizar os fundamentos dessa distinção intuitiva. Uma sugestão é que essa intuição nasce unicamente da maneira como descrevemos as coisas, tendo portanto uma origem linguística ou até mesmo *convencional. Em oposição a isso (a essência nominal), está a ideia de *Locke segundo a qual as próprias coisas têm uma natureza subjacente (uma essência real) que fundamenta e explica suas demais propriedades.

"Essencialismo" é um termo usado nas obras feministas para denotar a ideia de que o sexo feminino (ou masculino) tem uma natureza essencial (e.g., criar e cuidar dos filhos *versus* ser agressivo e egoísta), que se opõe à noção de que as diferenças entre os sexos se devem a uma variedade de características acidentais ou contingentes que emergem de forças sociais. *Ver também* determinismo (biológico).

estágio temporal *Ver* corte no tempo.

estado de natureza O estado dos seres humanos fora da sociedade civil, utilizado por filósofos como *Hobbes, *Locke e *Rousseau para elucidar o que é explicado pela natureza, em oposição ao que é explicado pela convenção, e o que é justificado por cada uma delas. Para *Hobbes, o estado de natureza é uma guerra de todos contra todos, e a vida do homem é "solitária, pobre, sórdida, bruta e curta". A sociedade se justifica como remédio para esse terrível estado (*ver também* contrato social). Outros filósofos, como Rousseau, foram mais otimistas, defendendo a concepção de uma nobre anarquia onde relações de tipo familiar cumprem por si sós a coesão social a que as sociedades modernas acrescentam a coerção legal. A noção é integralmente rejeitada como instrumento analítico por *Hegel e por *Marx, uma vez que foi a própria sociedade que criou a natureza dos seres humanos e sua capacidade para a ação racional. A *sociobiologia confirma a ideia de que herdamos naturalmente uma rede de características para a vida em sociedade.

Estagirita, o Descrição às vezes utilizada para se referir a *Aristóteles, que nasceu em Estagira.

estênica (do gr., *sthenos*: força) Adjetivo utilizado pelo dr. John Brown, em meados do século XVIII, para as doenças caracterizadas por uma energia nervosa excessiva, e aplicado por *Kant às emoções estimulantes e intensas.

estereótipo Em algumas teorias *semânticas, supõe-se que os termos gerais funcionam através de uma conexão inicial com um estereótipo (às vezes um protótipo) ou exemplo típico de uma classe, do qual outros exemplos podem diferir de várias maneiras e em vários graus, até um ponto em que já não são abrangidos pelo termo. Em contextos éticos e políticos, usar estereótipos é presumir que algumas características supostamente aplicáveis a exemplos típicos de uma classe se aplicam a todos os seus membros.

estética O estudo dos sentimentos, conceitos e juízos resultantes de nossa apreciação das artes, ou da classe mais geral de objetos considerados tocantes, belos ou sublimes. A estética se preocupa com problemas tais como: O que é uma obra de arte? O que torna uma obra de arte bem-sucedida? Pode a arte ser um veículo da verdade? A arte é a expressão ou comunicação dos sentimentos do artista? Ou será que ela funciona por provocação, simbolização ou catarse de sentimentos? Qual é a diferença entre comprender uma obra de arte e não o conseguir fazer? Por que tiramos prazer estético do inesperado, como acontece com as tragédias ou com o horror de algumas cenas naturais? Por que coisas de tipos muito diferentes podem parecer igualmente belas? A percepção da *beleza tem alguma relação com a virtude moral, ou com a apreensão de algo universal ou essencial, e a educação e a prática estéticas estão associadas a essas capacidades? Qual é o papel da imaginação na produção e na apreciação da arte? Os juízos estéticos podem ser aperfeiçoados e treinados? E, nesse caso, eles têm algum tipo de objetividade?

A origem clássica de muitas dessas questões encontra-se em *Platão. Os diálogos *Íon*, *Banquete* e *Fedro* preocupam-se essencialmente com o lugar da beleza na ordem das coisas. Esta preocupação vem à tona em muitos outros contextos, entre eles a famosa rejeição da presença dos artistas na república ideal de Platão (*ver* mimese). A discussão de *Aristóteles, na *Poética*, centra-se na natureza da tragédia e deu origem à ideia de *catarse, ou purificação das emoções, como o efeito mais profundo resultante de se assistir à representação de tragédias. No período moderno, a estética tornou-se um tópico autônomo com a obra de *Baumgarten, *Lessing, *Hutcheson, *Hume e, sobretudo, *Kant. Na *Crítica da faculdade do juízo*, Kant aborda o problema de saber como são possíveis os juízos de beleza, já que não são passíveis de demonstração ou de qualquer redução a regras e estão tão intimamente relacionados com a expressão do prazer do sujeito. Sua solução se baseia na consciência de que há uma harmonia entre o entendimento e a imaginação e que, uma vez que essa harmonia pode ser apreendida por qualquer ser racional, os juízos de gosto podem ser partilhados pelos outros, atingindo assim a sua necessária objetividade.

esteticismo Doutrina associada a escritores e artistas do final do século XIX, entre eles Walter Pater, James McNeill Whistler e, especialmente, Oscar Wilde. Sustenta que a apreciação da arte e da beleza é a finalidade mais elevada da vida humana e, sobretudo, que a busca de tal experiência não é constrangida por considerações morais triviais. A arte em si não deve servir a projetos morais ou políticos ulteriores. O "Movimento Estético" foi uma reação útil contra a arte didática, religiosa e moral da época, e ajudou artistas e críticos a se concentrarem nas qualidades formais e internas das obras de arte. O movimento teve seu lado exagerado, parodiado por Gilbert e Sullivan na ópera *Patience* (1881).

estoicismo Filosofia lógica, física e moral unificada, batizada em nome do *stoa poikilê*, o pórtico pintado de Atenas, local onde a doutrina estoica era ensinada. O primeiro estoico conhecido foi *Zenão de Cício, que fundou a escola por volta de 300 a.C. *Cleantes de Assos e *Crisipo de Soles foram alguns dos primeiros estoicos. Os estoicos do período intermediário, entre os quais se contavam *Panécio de Rodes e Posidônio de Apameia (c.135-c.51 a.C.), foram responsáveis pela introdução do estoicismo no mundo romano, onde teve um efeito considerável. O estoicismo do último período foi romano, e *Epicteto, *Sêneca e o imperador Marco *Aurélio foram alguns dos seus membros mais ilustres. Como defensores de um sistema filosófico, travaram batalhas contínuas, em especial contra os filósofos céticos da *Academia.

A epistemologia estoica baseava-se na *phantasia kataleptikê* ou percepção apreensiva. Para que possa ser verídica, uma percepção tem de obedecer a certas condições (clareza, assentimento comum, probabilidade e sistema), que foram atacadas de diversas maneiras pelos seus oponentes, os céticos. Segundo a cosmologia dos estoicos, firmemente determinista e ordenada, o curso eterno das coisas passa por ciclos criativos regressivos (*ver* eterno retorno), obedecendo ao princípio criativo ou **logos spermatikos*. As demonstrações estoicas da existência de Deus centravam-se em versões do *argumento do desígnio (daí o nome de Cleantes nos *Diálogos sobre a religião natural* de Hume).

O ponto crucial da filosofia estoica era uma ética do consolo através da identificação com a ordem moral imparcial e inevitável do universo. É uma ética da serenidade autossuficiente e benevolente, em que a paz do homem sábio o deixa indiferente à pobreza, à dor e à morte, assemelhando-se assim à paz espiritual de Deus. Tal força de caráter e indiferença podem parecer sublimes, mas também soam como pura insensibilidade. Como Adam *Smith afirma, "É natural que os acontecimentos que afetam de forma imediata esse pequeno departamento no qual nós mesmos somos responsáveis por alguma gestão e direção [...] sejam aqueles que mais nos interessam, e aqueles que primariamente excitam os nossos desejos e aversões, esperanças e receios, alegrias e tristezas" (*Teoria dos sentimentos morais*, VII 2.1). Ao estar acima de tudo isso, o estoico é também menos humano, e a procura da indiferença estoica torna-se uma celebração da *apatia (*ver também* moral centrada sobre o agente). Contudo, o tipo de ética grega, geralmente individualista, acaba por ser amenizada no estoicismo pela necessidade de reconhecer a chama criativa de cada indivíduo, o que dá ao estoico o dever de promover uma ordem política e civil que espelhe a ordem do cosmo criado.

Estrangeiro eleata Personagem dos diálogos platônicos *Sofista* e *Político* que personifica os problemas que *Parmênides e os *eleatas tiveram com o não-ser e com a possibilidade de dizer o que é falso.

Estratão de Lâmpsaco (fl. 269 a.C.) Diretor da escola *peripatética após *Teofrasto. Defendeu uma teoria limitada do vazio, segundo a qual este é uma espécie de porosidade no espaço. Argumentou também contra a teleologia universal dos *estoicos, apesar de não se saber até que ponto rejeitou o pensamento teleológico aristotélico em biologia.

estrutura profunda/de superfície *Ver* gramática gerativa.

estruturalismo Movimento intelectual sediado na França que atingiu seu apogeu na década de 1960. A característica comum às teses estruturalistas é a crença de que os fenômenos da vida humana não são inteligíveis exceto se considerados em suas inter-relações. Estas constituem uma estrutura, e por detrás das variações locais nos fenômenos de superfície agem leis constantes que regem a estrutura abstrata. Assim, os mitos, as obras de arte ou as práticas matrimoniais superficialmente diferentes entre si podem revelar-se representativos de um mesmo padrão estrutural. O estruturalismo teve sua origem na obra linguística de *Saussure, que defendia uma das versões da doutrina estruturalista, segundo a qual todos os sistemas de signos são linguísticos por natureza. Um dos sucessos iniciais da investigação estruturalista em linguística foi a descoberta de que as unidades fonéticas (fonemas) ganham a sua identidade por meio de uma rede de relações (oposição, diferença) entre sons e não por meio da simples natureza física de um dado som. Em linguística, o estruturalismo teve influência não só na fonética (fonologia) mas também na semântica, tendo sido adotado pela escola de Praga e pela escola de linguística preponderante nos Estados Unidos na primeira metade do século XX. (E. Sapir, L. Bloomfield). Embora a perspectiva de *Chomsky seja, nesse sentido mais amplo, estruturalista, sua oposição à escola de Bloomfield residiu no fato de considerar que seus adeptos davam demasiada atenção à estrutura superficial em detrimento da estrutura profunda (*ver* gramática gerativa).

Em antropologia, o principal autor estruturalista foi *Lévi-Strauss, cuja obra *Les Structures élémentaires de la parenté* (1949) procura mostrar como uma uma grande variedade de práticas institucionais e parentais podem ser identificadas com estruturas básicas da comunicação, concebidas como padrões fundamentais do funcionamento da mente, e das quais a variedade superficial é derivada. Abordagens estruturalistas em outras áreas podem ser encontradas nas teorias psicanalíticas de *Lacan e no marxismo de *Althusser. *Ver também* pós-estruturalismo.

éter O éter "luminoso", postulado pelos físicos do século XIX, era o meio que permeava todo o espaço e onde existiam as ondas eletromagnéticas. *Ver* ação a distância.

eternidade Totalidade do tempo, concebida como algo que não tem princípio nem fim. O principal debate filosófico consiste em determinar se devemos opor a eternidade ao tempo, imaginando-a não como uma quantidade especialmente longa de tempo, mas como algo que envolve uma espécie de intemporalidade. Nesse sentido, os objetos eternos, como os números, possuem uma existência intemporal. *Plotino e a tradição *neoplatônica insistiram numa interpretação atemporal da existência de Deus. *Boécio fez uma distinção entre a perpetuidade e a eternidade: "Porque o nosso 'agora', tal como vai decorrendo, cria o tempo e a perpetuidade, enquanto que o 'agora' Divino fica sem se mover, permanecendo parado, e cria a eternidade" (*De trinitate*, 4.II). Essa intemporalidade não pode ser descrita, mas sua apreensão é o objetivo da contemplação mística.

eterno retorno A imagem dos ciclos em função dos quais o universo volta a seguir exatamente o mesmo curso de acontecimentos é comum a muitas religiões, e foi tema de grande parte do pensamento grego, entre eles o dos *estoicos. Geralmente se concebe o retorno em termos de acontecimentos que se repetem de forma cíclica no tempo linear do senso comum, mas também se considerou a possibilidade de o próprio tempo ser cíclico. Eudemo de Rodes, um discípulo de *Aristóteles, percebeu que se existisse um tempo cíclico, os acontecimentos "posteriores" seriam numericamente idênticos aos anteriores e, assim, tudo acabaria por acontecer uma só vez, o que é uma contradição. *Plotino e *Orígenes defenderam uma doutrina do retorno. Em 1882, *Nietzsche adotou a noção do eterno retorno e explorou-a nas notas que formam *A vontade de poder*. Não está claro se para Nietzsche o ciclo era cientificamente demonstrável, mas este nos fornece o teste definitivo para o êxito na vida: se conseguirmos imprimir o estilo certo às nossas ações, podemos comprovar com prazer seu retorno.

ética (do gr., *ethos*: caráter) Estudo dos conceitos envolvidos no raciocínio prático: o bem, a ação correta, o dever, a obrigação, a virtude, a liberdade, a racionalidade, a escolha. É também o estudo de segunda ordem das características objetivas, subjetivas, relativas ou céticas que as afirmações feitas nesses termos possam apresentar. Para o gênero de problemas encontrados, *ver* cada um dos termos acima mencionados. Para uma possível distinção entre ética e moral, *ver* moral.

ética aplicada Disciplina que aplica a *ética a problemas práticos reais, tais como o *aborto, a *eutanásia, o tratamento dos animais (*ver* pensamento dos animais) ou outros problemas legais, políticos, sociais e do meio ambiente. *Ver também* bioética; ética da gestão. Em inglês, os especialistas em ética prática às vezes são chamados de *ethicists*.

ética da gestão Ramo da ética que analisa os problemas e dilemas criados pelas práticas de gestão, como, por exemplo, as responsabilidades sociais da empresa, os limites adequados à competição aceitável, o equilíbrio entre as obrigações incompatíveis para com os acionistas e os clientes, e a extensão e limites da lealdade empresarial.

ética da virtude Teoria ética que entende a noção de virtude como primária, em vez de uma perspectiva do "bem" pelo qual agimos, ou do dever, do direito ou da razão, tomados como a origem das regras da ação. O paradigma da ética da virtude é geralmente a obra de *Aristóteles (sobretudo a *Ética a Nicômaco*), embora se possam introduzir outras virtudes que ele não admitia. A um nível superficial, a ética da virtude parece estabelecer relações mais ou menos pacíficas com as éticas de *Hume e *Kant, e com as tradições *tomista e *utilitarista. Mas a diferença teórica básica continua a ser o fato de, para estes pensadores, as virtudes serem derivadas, valorizadas pelos fins que servem ou pelos deveres que nos permitem cumprir, enquanto que para a ética da virtude a direção da explicação deve ser invertida, sendo a virtude que proporciona o conceito através do qual clarificamos a felicidade, o dever e a razão prática. Na verdade, isso faz com que Aristóteles, para quem o conceito de **eudaimonia* era fundamental, seja apenas um precursor impuro da ética da virtude. O problema principal dessa perspectiva consiste em explicar como pensam os agentes virtuosos — quando consideram que ação praticar — sem admitir que o façam em termos de deveres, ou de consequências, que assim readquirem uma certa prioridade.

ética de situações O ponto de vista segundo o qual os juízos éticos se aplicam a situações globalmente consideradas — à semelhança do que acontece nos juízos estéticos, que se formam em resposta a obras de arte tomadas no seu todo. Qualquer tentativa para abstrair das situações certos aspectos em virtude dos quais estas merecem um juízo, para depois argumentar sobre novos casos à luz desses aspectos, é potencialmente enganadora, porque um aspecto que numa situação contribui para o seu valor pode ser irrelevante em outra situação, tal como uma determinada mancha colorida pode ser exatamente aquilo de que um quadro precisa, embora não seja apropriada para outro quadro. A dificuldade principal que este ponto de vista enfrenta é o fato de a ética não ser um assunto onde apenas se responde a situações existentes; a ética é essencialmente uma questão prática, onde as opções futuras têm de ser avaliadas à luz de diferentes aspectos. *Ver também* contextualismo.

ética deontológica A ética baseada na noção de dever, na retidão ou em direitos, contrastando com os sistemas éticos baseados na ideia de atingir um certo estado de coisas (*ver* consequencialismo), ou nas qualidades de caráter necessárias para viver bem (*ver* ética da virtude). O principal sistema deontológico é o de *Kant.

ética do meio ambiente Em geral, a ética lida com os problemas suscitados pelos desejos e necessidades humanos: a obtenção de felicidade ou a distribuição de bens. Quando se pensa especificamente acerca do meio ambiente, o problema central consiste na atribuição de valor independente a coisas como a preservação das espécies ou a proteção da vida selvagem. Essa proteção pode ser defendida como um meio para garantir as necessidades humanas básicas, encarando os animais, por exemplo, como uma fonte futura de medicamentos ou de outros benefícios. No entanto, muitos filósofos desejariam reivindicar um valor absoluto e não *utilitarista para a existência de locais e seres selvagens; seu valor é precisamente sua independência em relação à vida humana: "eles nos reduzem à nossa importância relativa". Não conseguir apreciar isso não é apenas uma incapacidade estética, mas também uma falta de humildade e de respeito: é uma incapacidade moral. O problema consiste em conseguir exprimir esse valor e usá-lo contra os argumentos utilitaristas que defendem a urbanização de áreas naturais e a exterminação das espécies de forma um tanto arbitrária. *Ver também* natureza; sublime.

ética evolucionista No século XIX, a tentativa de fundamentar os raciocínios éticos no que se supõe serem fatos da evolução. Esse movimento está especialmente associado a *Spencer. Sua premissa consiste em assumir que os elementos mais recentes num processo evolutivo são melhores que os anteriores. A aplicação desse princípio exige que se veja a sociedade ocidental, o capitalismo do *laissez-faire* ou qualquer outro objeto positivamente avaliado como formas sociais mais evoluídas que outras, mais "primitivas". Nem o princípio nem suas aplicações inspiram muito respeito. O "*darwinismo social", uma versão da ética evolucionista, enfatiza a luta pela seleção natural e conclui que deveríamos glorificar e auxiliar essa luta, em geral pelo estímulo às relações competitivas e agressivas entre as pessoas na sociedade ou entre as próprias sociedades. Mais recentemente, a relação entre a evolução e a ética tem sido repensada à luz de descobertas biológicas relativas ao altruísmo e à seleção parental. *Ver também* sociobiologia.

ética feminista *Ver* feminismo.

ética médica *Ver* bioética.

ética naturalista *Ver* naturalismo ético.

ética protestante do trabalho Conjunto de valores que *Weber relacionou à ascensão do capitalismo moderno e da sociedade industrial. Essa ética consiste em cumprir nossos deveres para com Deus com zelo, trabalho árduo e moderação nos gastos, resultando na acumulação de bens que funciona como um sinal reconfortante (mas não como causa, porque o resultado final é predestinado) de uma possível salvação. Essa combinação de atitudes tem uma *afinidade eletiva com a disciplina exigida para a produção industrial.

etiologia (gr., descrição de uma causa) A atribuição de causas e, consequentemente, da cadeia de causas que conduziu a um acontecimento, em especial em medicina.

etnometodologia O estudo do conhecimento social comum, em particular no que diz respeito à compreensão dos outros e à variedade de circunstâncias em que pode ocorrer.

eu O "eu" indefinível e ilusório que revela uma inquietante tendência a desaparecer sempre que tentamos alcançá-lo pela introspecção. *Ver* dualismo cartesiano; identidade pessoal; teoria do feixe.

eu cartesiano O eu concebido como *Descartes o apresenta nas duas primeiras *Meditações*: consciente apenas dos seus pensamentos e sujeito à existência incorpórea, este eu não se situa no espaço, nem entre outras pessoas — é o "eu" puro que somos tentados a imaginar como a coisa simples e única que constitui nossa identidade essencial. A opinião de Descartes de que podia guardar esta pepita de ouro enquanto duvidava de todo o resto foi atacada por *Lichtenberg e por *Kant, e pela maior parte dos filósofos da mente posteriores. *Ver também atman*; Avicena; teoria do feixe.

eu e tu Noção introduzida por *Feuerbach, mas desenvolvida especialmente pelo pensador religioso *Buber, na qual se enfatiza o diálogo interpessoal entre Deus e o homem. A concepção desse diálogo opõe-se tanto ao propósito religioso de uma união mística com Deus como à ideia de qualquer conhecimento impessoal ou objetivo de Deus. Para muitos pensadores religiosos, como *Espinosa e *Kant, a noção de tal diálogo seria semelhante à perversão da religião conhecida por teurgia. *Ver* filosofia da religião.

Euclides (fl. c. 300 a.C.) Geômetra grego. Euclides, um dos maiores matemáticos, viveu sob o regime de Ptolomeu I e lecionou em Alexandria. Os seus *Elementos* contêm treze livros: seis sobre geometria dos planos, três sobre a teoria dos números, um sobre os irracionais e três sobre a geometria dos sólidos. A geometria euclidiana é o melhor exemplo do método *axiomático puro e, como tal, teve uma influência filosófica incalculável, como paradigma da certeza racional. Não teve qualquer rival até o século XIX, quando se compreendeu que o quinto axioma do sistema de Euclides (que afirma que as linhas paralelas nunca se encontram) pode ser negado sem inconsistência, o que conduziu à geometria esférica de Riemann. Atribui-se ao matemático Eudoxo o quinto capítulo dos *Elementos* de Euclides, que contém um desenvolvimento preciso dos números reais, uma investigação que nunca foi apreciada até ter sido redescoberta no século XIX. *Ver também* geometria.

eudaimonia (gr., felicidade, bem-estar, sucesso) Objetivo principal de todos os sistemas de ética antiga; para *Aristóteles, era a "melhor, mais nobre e mais agradável coisa do mundo". A *eudaimonia* é um conceito aberto que precisa de maiores especificações, e diferentes teorias éticas as fornecem de forma diversa. Aristóteles a concebia como o exercício ativo dos poderes da alma (virtuosa) em conformidade com a razão. Geralmente, traduz-se *eudaimonia* por felicidade ou bem-estar, mas o termo tem alguma semelhança com "sucesso", pois além de viver bem, quer dizer sair-se bem. Por exemplo, a *eudaimonia* pode diminuir por causa de acontecimentos que se deem após a morte do sujeito, e não é um estado que as crianças possam ter. É um estado completo e autossuficiente, um fim a ser atingido exclusivamente por si mesmo, incluindo desse modo todos os outros fins que são procurados por si mesmos. Abrange assim o prazer, mas vai mais além. No Livro X da *Ética a Nicômaco*, Aristóteles exalta a vida dedicada ao estudo como a realização essencial da *eudaimonia*. *Ver também summum bonum*.

eudemonismo Ética baseada na noção aristotélica de **eudaimonia*, ou felicidade humana. Embora próxima da *ética da virtude, essa abordagem distingue-se daquela quando é eliminada a identificação grega entre a ação virtuosa e a felicidade. O eudemonismo pode também variar conforme as noções do que é, de fato, a felicidade. Assim, os *cirenaicos acentuam o prazer sensual; os *estoicos salientam o desapego em relação a bens mundanos, como a riqueza e a amizade; *Tomás de Aquino dá mais atenção à felicidade como contemplação eterna de Deus e assim por diante.

eulogístico/dislogístico Distinção, usada por *Bentham, entre o modo favorável de exprimir algo e o modo desfavorável de exprimir a mesma coisa: "Qual é a diferença entre o *luxo* que o mundo condena e a *prosperidade* que o mundo admira?"

eutanásia ativa/passiva A eutanásia é a ação de causar diretamente a morte rápida e indolor a uma pessoa, ou de não a evitar, num caso em que o agente tem a possibilidade de intervir. Em geral, pensa-se que a eutanásia deve ser realizada apenas com a intenção de aliviar o sofrimento e quando a morte é vista como o melhor bem, ou o menor mal, para o paciente. A eutanásia ativa significa agir para provocar a morte. A eutanásia passiva significa não a evitar (*ver* doutrina dos atos/omissões). Embora seja mais comum que os códigos médicos permitam adotar a opção passiva do que a intervenção ativa para causar a morte, há problemas em fazer tal distinção em casos específicos. Há também a possibilidade desagradável de a suspensão de tratamento condenar o paciente a uma morte lenta e dolorosa, que uma intervenção ativa evitaria. A eutanásia é algo que muitas pessoas desejariam para si próprias se a vida se tornasse insuportável; no entanto, é frequentemente combatida. Um conjunto de preocupações relaciona-se com a possibilidade de se gerar um ambiente em que os idosos sejam encorajados a se resignar à morte, sentindo-se culpados por resistir. A eutanásia também é combatida com o curioso argumento do respeito pela vida. Em muitos sistemas legislativos seria ilegal proporcionar uma morte indolor a uma pessoa em sofrimento, ainda que se um gato ou um cão estivesse em situação idêntica fosse ilegal não o fazer.

evolução Em biologia, a transformação genética de populações ao longo do tempo, resultante da variação genética e do subsequente impacto ambiental sobre as taxas de sucesso reprodutivo. *Ver também* darwinismo.

evolucionismo Doutrina desacreditada do final do século XIX, e início do século XX que associa as mudanças evolutivas a uma concepção progressiva da mudança social, a atitudes positivas perante a competição e a guerra e à justificação das desigualdades de poder. *Ver também* ética evolucionista; evolução.

exaptação *Ver* evolução.

exclusiva/exaustiva Muitas vezes é útil dividir um conjunto em alternativas mutuamente exclusivas e conjuntamente exaustivas, i.e., alternativas tais que nenhum objeto pertence a mais do que uma, e todos os objetos pertencem a pelo menos uma.

exemplo da galinha malhada Exemplo usado para criar problemas às teorias que analisam a percepção em termos de *dados dos sentidos. Se a percepção for concebida como algo que produz uma "imagem" mental interna do mundo exterior, então a imagem interna de uma galinha malhada deveria conter um número ou uma configuração definidos de manchas, tal como uma fotografia.

Mas, segundo o argumento, a experiência não implica uma precisão desse tipo.

exemplo do pedaço de cera Exemplo que *Descartes usa na segunda *Meditação* para mostrar o que é essencial aos corpos. Ao aproximarmos o pedaço de cera do fogo, este tem suas propriedades sensíveis alteradas, mas permanece a mesma substância. A única propriedade que permanece ao longo de todas as outras mudanças é a extensão, confirmando-se assim ser esta a única propriedade essencial da matéria.

exemplos de Gettier A partir do *Teeteto* de *Platão, estabeleceu-se a tradição de definir o conhecimento como crença verdadeira acrescida de um **logos* ou razão. Na sua formulação mais familiar, diz-se que o conhecimento é a crença verdadeira justificada. Em 1963, o filósofo norte-americano Ernest Gettier apresentou um conjunto de *contraexemplos a esta fórmula. Nos casos que ele apresenta, temos uma crença que é verdadeira, cujo agente está justificado em tê-la. Mas a verdade da crença não tem a relação apropriada com essa justificação, de modo que é de certo modo acidental, ou uma questão de sorte, que a crença seja verdadeira. Por exemplo, eu vejo aquilo que razoável e justificadamente considero ser o acontecimento em que o leitor recebe uma garrafa de uísque e, nessa base, acredito que o leitor bebe uísque. A verdade é que o leitor realmente bebe uísque, mas acontece que naquela ocasião estava de fato recebendo uma dose para fins terapêuticos. Num caso como esse, a minha crença é verdadeira e justificada, mas eu não *sei* dessa maneira que o leitor bebe uísque, uma vez que tal verdade se relaciona apenas de maneira acidental com os dados a mim disponíveis. Contraexemplos como esse deram origem a um prolongado debate sobre que tipos de condições poderão alternativamente proporcionar um tratamento melhor do conhecimento, ou se todas as sugestões que possam ser apresentadas enfrentarão problemas semelhantes. *Ver também* princípio da recusa de lemas falsos.

existência Para a questão de saber por que há algo e não nada, *ver* ser. O tratamento moderno da existência na *teoria da quantificação exprime-se, por vezes, dizendo que a existência não é um predicado. A ideia é que o próprio quantificador existencial é um *operador que se aplica a um predicado, para indicar que a propriedade expressa pelo predicado é exemplificada. A existência é assim tratada como uma propriedade de segunda ordem, ou uma propriedade de propriedades. Nesse aspecto ela é como o número, pois quando dizemos que há três coisas de um certo tipo, não estamos descrevendo as coisas (como faríamos se disséssemos que há coisas vermelhas desse tipo), mas antes atribuindo uma propriedade ao próprio tipo. O paralelo com os números é explorado por *Frege na máxima de que uma afirmação de existência é meramente a negação do número zero. Um dos problemas dessa explicação surge em frases como "Isto existe", em que uma certa coisa particular é indicada. Tal frase parece exprimir uma verdade contingente (pois isto podia não ter existido) e, no entanto, nenhum outro predicado está envolvido. "Isto existe" é portanto diferente de "Existem tigres mansos", em que se diz de uma propriedade que é exemplificada, uma vez que a palavra "isto" não localiza uma propriedade, mas somente um indivíduo. Os *mundos possíveis parecem poder diferir uns dos outros quanto à presença ou ausência de indivíduos, e não meramente quanto à distribuição das exemplificações de propriedades.

existência precede a essência, a Mote central do *existencialismo, indicando que uma pessoa não tem qualquer natureza ou conjunto de escolhas predeterminados, sendo sempre livre para fazer opções renovadas e, assim, se reconstituir como uma pessoa diferente.

existencial, implicação *Ver* implicação existencial.

existencial, quantificador *Ver* quantificador; variável.

existencialismo Designação vaga de várias tendências filosóficas que enfatizam alguns temas comuns, como o indivíduo, a experiência da escolha e a ausência de uma compreensão racional do universo — com o consequente temor ou sentimento do *absurdo da vida humana. Essa combinação sugere um tom e um estado de espírito emocionais, em vez de um conjunto de teses dedutivamente relacionadas entre si; o existencialismo de fato atingiu seu apogeu na Europa com o desencanto que se seguiu à Segunda Guerra Mundial. No entanto, o primeiro pensador importante a trazer à luz esses temas foi *Kierkegaard, cuja obra é, em geral, considerada fundadora do existencialismo. As obras existencialistas, por um lado, reagem contra o ponto de vista de que o universo é um sistema fechado, coerente e inteligível; e, por outro, veem a contingência daí resultante como um motivo de consternação. Perante um universo indiferente, somos de novo postos face a face com a nossa própria liberdade. Agir com *autenticidade é, então, agir à luz do horizonte de possibilidades que o mundo oferece. Diferentes autores, ainda que unidos na importância que dão a estes temas, formularam sistemas éticos e metafísicos muito diferentes. Em *Heidegger, o existencialismo transforma-se numa *ontologia escolástica; em *Sartre, numa exploração dramática de momentos de escolha e tensão; com os teólogos *Barth, *Tillich e *Bultmann, é um instrumento de reinvenção das relações entre as pessoas e Deus. O existencialismo nunca criou raízes fora do continente europeu, e muitos filósofos manifestaram dúvidas quanto a certas preocupações existencialistas, como a relativa ao *ser e ao não-ser ou ainda quanto ao tom *libertista de suas análises do *livre-arbítrio.

exotéricas O oposto de esotéricas: opiniões próprias para os não iniciados.

experiência Juntamente com a *consciência, a experiência é o principal domínio da filosofia da mente. É fácil conceber a experiência como um fluxo de eventos privados, conhecidos apenas por seu possuidor, e que tem, no melhor dos casos, relações problemáticas com quaisquer outros acontecimentos, tais como os eventos do mundo exterior ou fluxos semelhantes em outros possuidores. O fluxo de acontecimentos constitui a vida consciente do possuidor. Nesse modelo há uma completa separação entre a mente e o mundo que, uma vez traçada, e apesar do enorme esforço filosófico, se torna impossível de superar: o *idealismo e o *ceticismo são resultados frequentes. O propósito de grande parte da filosofia recente é, portanto, articular uma concepção menos problemática de experiência, tornando-a objetivamente acessível, de tal forma que os fatos relativos à maneira como um sujeito tem experiência do mundo sejam, em princípio, tão cognoscíveis quanto os fatos relacionados a como o mesmo sujeito faz a digestão. Um primeiro passo neste sentido pode ser salientar que as experiências têm conteúdos: é o próprio mundo que por elas nos é representado como algo que é desta ou daquela maneira, e o modo como concebemos o mundo é publicamente manifestado por nossas palavras e nosso comportamento. Minha própria relação com minha experiência envolve a memória, o reconhecimento e a descrição, todos estes decorrentes de capacidades que são da mesma forma exercitadas em relações interpessoais. Recentemente, tem-se destacado também o modo pelo qual a experiência deve ser concebida como uma "construção", ou resultado final do funcionamento de muitos subsistemas cognitivos (apesar de *Kant já estar familiarizado com essa ideia, visto que pensava que a experiência era em si mesma sintetizada por várias operações mentais ativas). Saber até que ponto essas estratégias minam a distinção entre a maneira como as coisas são vistas "a partir de dentro" e o modo como são na realidade é alvo de intensos debates. Também é amplamente reconhecido que tais desenvolvimentos tendem a tornar menos clara a linha entre a experiência e a teoria, dificultando, assim, a formulação de doutrinas tradicionais como o *empirismo.

experiência científica Uma manipulação controlada de acontecimentos, projetada para produzir observações que confirmem ou invalidem uma ou mais teorias ou hipóteses rivais. Fazer uma experiência é colocar questões à natureza, opondo-se o método experimental à aceitação passiva de todas as observações que venham a ocorrer. O método é característico das ciências naturais modernas. No entanto, uma disciplina como a história pode ser conduzida com maior ou menor objetividade e sucesso mesmo que não possa se utilizar do método experimental. *Ver também* experência mental; infirmação; teoria da confirmação.

experiência crucial Experiência realizada para escolher com exatidão uma entre duas hipóteses rivais sobre um assunto qualquer. A observação de Eddington da curvatura dos raios de luz pelo Sol durante o eclipse de 1919 (conduzida para defender de maneira definitiva a *teoria da relatividade geral contra a mecânica *newtoniana), e a observação do peso adquirido durante a combustão (realizada para confirmar a teoria de que a combustão é uma oxidação, contrariando a tese de que esta consiste numa perda de flogisto), são alguns dos exemplos mais famosos. Na prática, antes de estas experiências poderem desempenhar um papel decisivo, é preciso muita preparação e um acordo sobre o que deve contar como uma hipótese **ad hoc*. Desse modo, o desacordo racional sobre se uma ou outra hipótese rival foi realmente refutada, além de ser possível em teoria, acontece com frequência também na prática.

experiência de pensamento Numa experiência de pensamento, em vez de produzirmos uma sequência de acontecimentos, como numa experiência científica normal, somos convidados a imaginá-los. Poderemos então "ver" que se segue um certo resultado, ou que uma certa descrição é apropriada, ou que nossa incapacidade de descrever a situação pode ter algum significado. As experiências de pensamento desempenharam um papel fundamental no desenvolvimento da física. Por exemplo: provavelmente, *Galileu nunca deixou cair duas bolas de pesos diferentes da torre inclinada de Pisa para refutar a perspectiva de *Aristóteles segundo a qual um corpo pesado cai mais depressa que um mais leve. Ele apenas sugeriu que imaginássemos um corpo pesado com a forma de um halter, em que a haste de ligação vai ficando gradualmente mais fina até se quebrar. Esse objeto é um só corpo pesado até o último instante, passando depois a ser dois corpos leves; mas é implausível que esse corte final altere de forma drástica a velocidade. A *experiência de pensamento de Einstein-Podolsky-Rosen é outro exemplo famoso. Na filosofia da *identidade pessoal, nossa capacidade aparente de nos imaginar sobrevivendo a mudanças drásticas de corpo, cérebro e mente é uma fonte permanente de dificuldades (*ver* cérebro dividido, fenômenos do; teletransporte). Não há um consenso geral quanto à verdadeira função da experiência de pensamento, seja como substituta de experiências reais, seja como dispositivo fidedigno para discernir possibilidades. As experiências de pensamento de que não se gosta são às vezes chamadas *sondas da intuição.

experiência de pensamento de Einstein-Podolsky-Rosen Experiência de pensamento apresentada por esses três autores em 1935 na *Physical Review*, no artigo "Can Quantum-Mechanical Description of Physical Reality be Considered Complete?". Imaginemos dois sistemas quânticos 1 e 2 que interagem por um breve período e depois são separados, ficando sem qualquer tipo de contato físico. Então, a medição da propriedade P no sistema 1 conduzirá a um certo valor definido, p_1, no sistema 1. Correspondentemente, podemos calcular o valor p_2 de P no sistema 2. De igual modo, se medirmos uma propriedade Q que resulte num valor q_1 em 1, podemos calcular o valor q_2 em 2. Assim, é possível atribuir grandezas diferentes às propriedades de 2 a partir de medições que não afetam 2. No entanto, se considerarmos pares de variáveis conjugadas (*ver* princípio da incerteza de Heisenberg), como a posição e a velocidade de uma partícula, isso faz com que a existência de estados do sistema 2 dependa do processo de medição escolhido para 1, embora não exista qualquer comunicação entre os dois. A atribuição de uma determinada natureza prévia a 2, que possa ser revelada por uma medição em 1, contradiz o princípio da incerteza de Heisenberg, desde que consideremos que este se aplica à própria realidade, e não a incertezas nas medições. A polêmica conclusão do artigo é que a descrição da realidade física da mecânica quântica não é completa. *Ver também* teorema de Bell.

experiência religiosa Qualquer experiência que tenha como conteúdo a presença de algo divino ou transcendente. Os crentes religiosos podem relatar experiências como estar na presença de Deus ou de Cristo, ou em que conseguem compreender a ordem divina, imutável e eterna do universo. Muitas *epistemologias têm sido hostis a essas pretensões, argumentando que tais conteúdos têm de ser inferidos a partir de uma experiência, em vez de serem admitidos a partir dela, e que as experiências desse gênero estão pura e simplesmente sendo interpretadas de acordo com os desejos do próprio sujeito; os relatos de experiências religiosas, não tendo qualquer valor cognitivo independente, deveriam antes ser um assunto de análise psicológica ou sociológica. Na filosofia contemporânea existe uma espécie de interesse renovado pela experiência religiosa. Alguns filósofos sustentam que toda experiência é subordinada a teorias, caso em que um relato de uma experiência com um conteúdo religioso pode, apesar de sua natureza sobrenatural, ser tão justificado quanto um relato de qualquer outro tipo. Os filósofos contrários a essa defesa chamam atenção para o fato de que as teorias que surgem com as experiências religiosas parecem não ser passíveis de teste e possuir apenas uma importância emocional duvidosa.

experimentum crucis *Ver* experiência crucial.

expiação Na teologia cristã, a morte sacrifical de Cristo, como um tipo de punição pelos pecados da humanidade. Diversas teorias tentam explicar qual sentido há em um Deus perfeito ter conduzido um sacrifício desse tipo. Entre essas teorias contam-se as seguintes: (I) a ideia de que o acontecimento é o pagamento de uma espécie de um resgate exigido pelas forças do mal. No entanto, como o Filho se reuniu ao Pai, as forças do mal parecem ter sido enganadas, o que é incompatível com a justiça. (II) A teoria da satisfação (*Anselmo). O sacrifício repõe a honra de Deus, insultada pelo pecado. No entanto, o funcionamento dessa reposição permanece obscuro, especialmente porque o insulto continua. (III) A teoria da aceitação (*Duns Scotus). Deus decide aceitar livremente esse acontecimento como uma retribuição das nossas obrigações perante ele. Mas, sendo assim, por que não decidiu antes aceitar livremente qualquer coisa menos traumática, como o sacrifício de uma ovelha? (IV) Jesus sofreu no nosso lugar. No entanto, a moralidade do uso de substitutos ou de bodes expiatórios não é muito edificante. (V) A mensagem ética ou exemplo (*Abelardo). Jesus veio para nos dar o exemplo de uma vida perfeita. Parece estranho, no entanto, que a mensagem tenha sido entregue num espaço e num tempo específicos, especialmente quando só existiam meios muito frágeis para registar o acontecimento. O assunto não se torna de modo algum mais simples à luz da doutrina da identidade do Filho com o Pai (*ver homoousion*; *homoiousion*) e a teologia continua a enfrentar esse problema.

explanação De uma maneira geral, é um sinônimo de *explicação. Mais especificamente, a explanação de um conceito é o processo de revelar sua natureza sem dar uma definição explícita. Isso pode ser feito, por exemplo, através da descrição da sua função, ou através da sua localização no mapa intelectual.

explanans/explanandum *Ver* explicação.

explicação Dado que grande parte de nossa vida, tanto na atividade intelectual como fora dela, está relacionada à procura de explicações, seria desejável possuir um conceito do que deve ser entendido como uma boa explicação e do que distingue esta de uma má explicação. Sob a influência de perspectivas da estrutura da ciência na linha do *positivismo lógico, admitiu-se que esse critério deveria ser encontrado numa certa relação lógica entre o *explanans* (o que dá a explicação) e o *explanandum* (o que está sendo explicado). Essa perspectiva culminou no modelo da cobertura por leis, segundo o qual um acontecimento é explicado quando está subordinado a uma *lei da natureza, ou seja, sua ocorrência é dedutível dessa lei e de um conjunto de condições iniciais. As próprias leis seriam explicadas por serem deduzidas de leis de ordem mais elevada ou mais geral, da mesma maneira que as leis de Kepler do movimento dos planetas são dedutíveis das leis de Newton do movimento. O modelo da lei geral pode ser adaptado para dar conta do conceito de explicação nos casos em que se mostra que algo é provável dada uma lei estatística. Os problemas acerca das leis gerais incluem a questão de saber se as leis são necessárias para a explicação (todos os dias explicamos acontecimentos sem citar de forma explícita qualquer lei); se são suficientes (afirmar que é um exemplo de um tipo de coisa que acontece sempre pode não bastar para explicar um acontecimento); e se uma relação exclusivamente lógica é adequada para captar o que exigimos de uma explicação. Essa exigência pode incluir, por exemplo, que seja possível "intuir" o que está acontecendo, que a explicação se baseie em coisas que nos sejam familiares ou que não nos surpreendam, ou que possamos fornecer um modelo do que está se passando; mas nenhuma dessas noções é captada em termos de uma abordagem exclusivamente lógica. Por conseguinte, a investigação recente tem destacado a importância dos elementos contextuais e pragmáticos numa explicação, de tal forma que o que pode ser tomado como uma boa explicação num certo conjunto de circunstâncias, pode não ser tomado como tal em outras.

O argumento a favor da melhor explicação é o ponto de vista segundo o qual, desde que possamos selecionar a melhor explicação de um acontecimento a partir de um conjunto de explicações alternativas, existe legitimidade para aceitar essa explicação, ou mesmo para acreditar nela. Esse princípio precisa ser ajustado porque às vezes não é sensato ignorar a improbabilidade antecedente de uma hipótese que explique os dados melhor do que outras hipóteses concorrentes: e.g., no caso de uma moeda, a melhor explicação para ter saído cara 530 vezes em mil lançamentos pode ser a de que ela estava viciada de modo a que a probabilidade de sair cara fosse 0,53, mas pode ser mais sensato supor que não estava viciada, ou que é melhor suspender o juízo.

explicação funcional Explicação de um fenômeno que utiliza como exemplo as propriedades funcionais dos elementos que o constituem, em vez de seus papéis físicos e mecânicos. Uma explicação do comportamento de um computador que cite o suporte lógico (**software*) que está sendo utilizado é uma explicação funcional. *Ver também* função biológica.

explicação histórica A questão central consiste em determinar se as *explicações da história têm tipicamente a mesma forma que as das ciências naturais. Os *positivistas lógicos foram alguns dos principais proponentes da concepção de que não há qualquer diferença essencial entre os dois tipos de explicação. Para eles, todas as explicações legítimas estão de acordo com o padrão que supunham estar presente nas ciências naturais, enquanto que na concepção oposta se sublinham as diferenças características da investigação histórica, que incluem o fato de os acontecimentos históricos serem particulares e datados. Além disso, ao contrário dos acontecimentos repetíveis da ciência, os acontecimentos históricos são complexos de interações humanas incapazes de se repetir (*ver* métodos idiográficos/nomotéticos). Esses acontecimentos também dependem da intenção e da motivação humanas e, embora as diferentes escolas de historiadores não concordem sobre a importância da ação humana individual para certas explicações sociais e políticas, resta também a questão de determinar se as explicações apoiadas na motivação e na intenção têm a mesma forma das explicações científicas (*ver* funcionalismo; simulação; *verstehen*). *Dilthey e *Collingwood são os proponentes mais célebres da concepção de que as explicações históricas têm uma natureza distinta.

exploração Originalmente o termo não tinha conotações morais, referindo-se apenas à utilização ou ao desenvolvimento dos recursos. Na filosofia moral e política atual, aplica-se de forma específica às relações sociais e econômicas injustas, nas quais uma classe pode abusar do trabalho de outras. Caracterizar uma relação como exploradora, portanto, pressupõe um veredicto moral negativo quanto à sua justiça.

exportação Um *operador é exportado de um lugar numa frase se for reposicionado de tal modo que o resto da frase fique dentro do seu escopo. Algumas vezes isso dá origem a uma frase equivalente à original, outras não. "Quando vêm aqui, eles muitas vezes jantam" é equivalente a "muitas vezes, quando eles vêm aqui, jantam", na qual "muitas vezes" foi exportado. Mas "quando eles jantam, ficam incrivelmente enjoados" não é equivalente a "incrivelmente, quando eles jantam ficam enjoados". A exportação ilícita pode com muita facilidade dar origem a *falácias. *Ver também* escopo.

expressão Uma elocução exprime um pensamento, um grito exprime sofrimento ou dor, um poema pode exprimir nostalgia ou energia. A teoria mais simples seria de que qualquer ação que torne público ou comunique um estado mental está, dessa maneira, expressando-o. Contudo, um mero sinal não parece exprimir o que sinaliza, e uma simples afirmação ("Sinto nostalgia dos anos 60") não exprime nostalgia da mesma maneira que um poema. Aparentemente, a expressão implica a ideia de que a ação é um meio adequado ou bem-sucedido para veicular o que é expresso. As palavras, ou outras ações, deveriam de alguma maneira adequar-se aos estados que exprimem. O problema está em compreender esta ideia de adequação.

Em estética, é bastante popular a opinião de que uma obra de arte obtém seu efeito ao exprimir os sentimentos de seu autor. A ideia de que o seu valor advém daí foi apresentada de forma convincente por *Croce e *Collingwood e, provavelmente, muitos artistas acham que isso é verdade; mas ela suscita o problema da existência e da natureza de tais sentimentos antes de tomarem forma em palavras, pinturas ou qualquer outro meio escolhido. Em *The Principles of Art* (1938), Collingwood insistiu na ideia de que a verdadeira atividade artística tem lugar "na cabeça", antes de qualquer coisa se materializar efetivamente no meio escolhido pelo artista. A criação de uma obra de arte é assim apenas um ato artesanal, que se segue ao momento realmente criativo. Essa teoria é uma manifestação do *romantismo, em que o artista passa a ser destacado como uma pessoa de sensibilidade e sentimentos extraordinários, mais do que uma pessoa com capacidades particulares. Esta perspectiva pode ser vista como uma defesa expressionista da arte, que se caracteriza pelo uso do exagero e da distorção para assim produzir efeitos emocionais. No entanto, exige uma confiança excessiva na noção de uma determinada (e interessante) vida interior com propriedades próprias, que existe independentemente de qualquer exteriorização real. Para que a expressão conserve um lugar central na estética, é necessário procurar uma conexão mais íntima entre o que é expresso e a natureza da obra. Assim, uma peça musical exprime sentimentos não apenas porque alguém que tinha esses sentimentos achou que essa seria uma boa peça para escrever, mas também porque tal sentimento é uma resposta apropriada e congruente com a obra. Assim, os sentimentos reais do artista já não são o mais importante, e o sucesso de uma obra não depende de sua relação com um episódio prévio desse tipo, em que o artista tenha se sentido triste ou feliz. O problema para a estética continua a ser o de compreender por que certos sons podem ser tristes ou alegres, ou por que determinadas linhas ou cores numa pintura podem ser enérgicas ou graciosas.

expressão denotativa Termo com que *Russell introduziu seu famoso ensaio "On Denoting" (*Mind*, 1905): expressões denotativas incluem *descrições definidas e indefinidas (um homem, algum homem, qualquer homem, o atual presidente do Brasil...), independente de existir algo que seja efetivamente denotado por elas. Na teoria das descrições definidas, e na lógica canônica moderna, a forma das frases que contêm tais expressões é dada através de *quantificadores.

expressivismo Termo usado para se referir às teorias do discurso ético que contrastam as frases da ética com expressões de crença. Estas teorias situam a função primária das frases da ética na expressão de atitudes, emoções ou outros estados ligados à ação, ou na emissão de ordens, ou no estímulo sobre a ação (*ver* prescritivismo). O termo mais antigo que cobre grande parte da mesma noção é "emotivismo", mas a doutrina por ele denotada ficou associada a ideias ingênuas sobre os estados expressos pela mente e as consequências da teoria quanto a noções como as de verdade e objetividade. *Ver também* projetivismo; quase-realismo.

êxtase (do gr., *ekstasis*: estar fora) Estado em que a experiência sensível normal é suspensa e o sujeito, de forma prazerosa, se torna consciente de coisas mais elevadas, embora aquilo de que tem consciência não costume ser comunicável.

extensão/intensão A extensão de um predicado é a classe dos objetos que ele descreve: a extensão de "vermelho" é a classe das coisas vermelhas. A intensão é o princípio pelo qual os objetos são escolhidos ou, em outras palavras, a condição que um objeto tem de satisfazer para ser corretamente descrito pelo predicado. Dois predicados ("... é um animal racional", "... é um bípede sem penas") podem identificar uma mesma classe, mas o fazem por meio de uma condição diferente. Se essas noções forem aplicadas a outro tipo de expressões, então a extensão de uma frase é seu valor de verdade, e sua intensão é um pensamento ou proposição; e a extensão de um termo singular é o objeto por ele referido, se ele referir algo, e sua intensão é o conceito por meio do qual o objeto é selecionado. Um predicado ou qualquer outro termo ocorre num contexto extensional, numa frase, se puder ser substituído por outro predicado ou termo com a mesma extensão sem que o valor de verdade da frase sofra alteração: se João é um animal racional, e substituirmos "é um animal racional" pelo predicado coextensivo "é um bípede sem penas", então João é um bípede sem penas. Outros contextos, como "Maria acredita que João é um animal racional", podem não permitir a substituição, sendo denominados contextos intensionais.

exteriorização Um *ato de fala concebido como a expressão de um estado mental e não como a descrição de algo. *Wittgenstein considerou elocuções como "sinto dores" ou "quero ir almoçar" não como algo que descreve estados mentais interiores, mas como formas de comportamento sintomáticas desses estados.

externalismo (I) Na filosofia da mente e da linguagem, a perspectiva segundo a qual o que é pensado, dito, ou objeto de uma experiência, depende essencialmente de aspectos do mundo exteriores à mente do sujeito. Esse ponto de vista não diz apenas que tais estados mentais são tipicamente causados por fatores externos, mas também que eles não poderiam existir da forma como existem sem que o sujeito esteja imerso num mundo exterior de um certo tipo. Opõe-se, portanto, à separação *cartesiana entre o físico e o mental. Sugeriram-se vários fatores externos como sendo aqueles de que o conteúdo mental depende: o uso dos especialistas, as normas linguísticas da comunidade e as relações causais gerais do sujeito. (*Ver também* conteúdo lato e restrito; terra-gêmea.) (II) Na teoria do conhecimento, o externalismo é a perspectiva segundo a qual uma pessoa pode conhecer algo em virtude de estar adequadamente situada em relação ao objeto, sem que essa relação pertença (em qualquer sentido) ao seu campo de ação. Essa perspectiva permite que se conheça sem que se esteja justificado em acreditar que se conhece. *Ver também* fiabilismo.

externas, relações *Ver* relações internas/externas.

F

fa (chin.) Lei, castigo, costume, disciplina, dever. Também, especificamente, a Lei ensinada por Buda. *Ver* budismo.

facticidade A questão da facticidade de um comprometimento consiste em saber se ele é suscetível de ser verdadeiro por pretender estabelecer um fato, em oposição à posse de outra função qualquer. *Ver também* expressivismo; projetivismo; suscetível de verdade.

factivo (verbo) Uma construção em que o uso de um verbo pressupõe a verdade da respectiva oração subordinada: "Lembro-me que estivemos lá em janeiro"; "Ele percebeu que foi apanhado com a boca na botija". *Ver também* termo factivo.

falácia Qualquer erro de raciocínio. Um raciocínio pode falhar de muitas maneiras, e uma grande variedade de falácias foram identificadas e nomeadas. A divisão principal é entre falácias formais, nas quais algo pretende ser um raciocínio dedutivamente válido quando não o é, e as falácias informais, nas quais se comete um outro erro qualquer. Tais erros podem incluir a introdução de irrelevâncias, a incapacidade de distinguir termos, a falta de clareza, a precisão mal colocada etc. Muitas das falácias que receberam uma designação são, neste dicionário, referidas por seus nomes: *ver argumentum ad*...; círculo vicioso; falácia do apostador; falácia dos quatro termos; ignoratio elenchi.

falácia conversa do acidente Ver a dicto secundum quid ad dictum simpliciter.

falácia da definição Insistência ilícita em definir um termo de maneira a favorecer a nossa posição numa discussão. Deste modo, um *libertário pode insistir em definir "imposto" como "roubo estatal", e um opositor do aborto pode insistir em definir "feto" como "pessoa que ainda não nasceu". O termo também pode ser usado para designar a falácia, supostamente socrática, de imaginar que um termo nada significa a não ser que possa ser definido (ver paradoxo socrático).

falácia da inversão dos quantificadores Falácia baseada na inversão da ordem de dois *quantificadores. Sua forma habitual consiste em passar de uma frase da forma "todos os x têm uma certa relação com um y" para uma frase da forma "há um y que tem uma certa relação com todos os x". Um exemplo facilmente detectável é a inferência que parte de "todas as pessoas têm uma mãe" para concluir que "há alguém que é mãe de todas as pessoas". Exemplos mais sutis consistem em usar os dois significados diferentes que podem ser dados a frases como "há sempre um pressuposto em toda investigação". Significa isto, que todas as investigações têm um pressuposto possivelmente diferente, ou que há um único pressuposto comum a todas elas? O mesmo acontece com "há algo que dá sentido a todas as nossas atividades", que torna menos evidente a transição falaciosa de "todas as atividades têm um sentido", que é provavelmente verdadeira, para "há um desígnio comum a todas as nossas atividades", que é provavelmente falsa. A falácia é óbvia na teoria da quantificação, onde é representada como a inferência de $(\forall x)(\exists y)(Rxy)$ para $(\exists y)(\forall x)(Rxy)$.

falácia das várias perguntas Falácia dos advogados que consiste em inferir que uma pessoa é culpada se não se conseguir dar uma resposta claramente afirmativa ou negativa, quando, na verdade, a pergunta não permite tal tipo de resposta. O exemplo clássico é "Já parou de bater na sua mulher?", perante a qual uma pessoa inocente não pode dar uma resposta com uma só palavra (sim ou não). Esta pergunta esconde na verdade duas outras (Alguma vez bateu na sua mulher? Bate hoje em dia na sua mulher?), e a inocência implica responder "não" a ambas. Infelizmente, uma vez que, em geral, falamos de parar de fazer coisas que fizemos antes, responder apenas "não" à primeira pergunta arrasta uma forte *implicatura, segundo a qual a pessoa costumava bater na sua mulher, não tendo agora parado de o fazer. Por isso, a pessoa não deseja dizer (apenas) que não, mas também não dizer "sim".

falácia de Monte Carlo *Ver* falácia do apostador.

falácia do acidente *Ver a dicto simpliciter ad dictum secundum quid.*

falácia do apostador Conhecida também por falácia de Monte Carlo. Consiste (I) no erro de supor que os resultados de um sistema como uma mesa de roleta continuarão a exibir qualquer regularidade que recentemente tenha vindo a registrar-se (e.g., o vermelho "está sempre saindo"); ou (II) no erro converso de se supor que uma regularidade oposta deve estar prestes a surgir (pela "lei das médias"). Na verdade, num sistema de jogo que não esteja viciado, a probabilidade de qualquer resultado permanece exatamente a mesma em cada ocasião: a roleta não tem memória. É importante ressaltar que, se não se sabe que um sistema tem estas características, pode não existir qualquer falácia. Se apostarmos num cavalo ou num estado meteorológico, pode ser bastante razoável supor que uma sequência de vitórias ou de dias chuvosos aumente as probabilidades da ocorrência de outras vitórias ou dias chuvosos.

falácia do efêmero Erro cometido por um ser transitório que acredita na imutabilidade das coisas. A falácia é assim denominada em *O sonho de D'Alembert* de *Diderot, onde se reproduz o exemplo da rosa, de Fontenelle, que disse que, tanto quanto as rosas conseguem se lembrar, nunca morreu nenhum jardineiro.

falácia do espantalho *Ver* homem de palha.

falácia do homem de palha *Ver* homem de palha.

falácia do mascarado Falácia supostamente cometida por *Descartes ao imaginar que, uma vez que pode saber coisas acerca de sua mente que não pode saber sobre seu corpo, sua mente não pode ser idêntica ao seu corpo. Esse raciocínio, de acordo com seus opositores, é como argumentar que uma vez que posso saber quem é meu pai sem saber quem é o homem mascarado que tenho perante mim, o mascarado não pode ser meu pai. É duvidoso que Descartes tenha cometido erro tão superficial.

falácia do médio ambíguo Um erro num *silogismo devido a uma *ambiguidade no *termo médio: e.g., "todos os padres são ministros; todos os ministros são políticos; logo, todos os padres são políticos".

falácia do médio não distribuído Se um argumento é um *silogismo, mas o termo médio não ocorre *distribuído, o raciocínio não é válido: "Todas as pessoas são mamíferos" e "Alguns mamíferos são gatos"; logo, nada se conclui.

falácia dos quatro termos Falácia que resulta de o termo médio de um *silogismo ter um sentido diferente em cada uma das duas premissas (o silogismo, então, tem na verdade quatro termos em vez de apenas três, como é exigido). Por exemplo: "Todos os homens são lobos, todos os lobos vivem no ártico, logo todos os homens vivem no ártico."

falácia genética O pretenso erro de argumentar que algo deve ser rejeitado devido a suas origens suspeitas. De forma mais geral, qualquer erro que consista em inferir algo sobre a natureza de um tópico a partir de uma proposição sobre suas origens. Na realidade, tal raciocínio é frequentemente bastante apropriado, como quando se usa a marca de um automóvel como um indicador de sua qualidade provável.

falácia intencional Na estética, é o suposto erro de sustentar que a intenção do autor ao realizar uma obra forma uma base autorizada para a crítica e interpretação dessa obra. Faz-se notar com frequência (especialmente no *desconstrutivismo) que, mesmo quando temos acesso às intenções do autor através de uma declaração direta, essa declaração é apenas um ato de autointerpretação realizado pelo autor, que para nós só pode ser outro texto, ele próprio passível de crítica e reinterpretação.

falácia naturalista Suposta falácia, identificada por *Moore nos *Principia ethica* (1903), que consiste em associar um conceito ético com um conceito "natural", ou com uma descrição das características das coisas que as tornam, de modo hipotético, boas ou más. Assim, se formos *utilitaristas, dizer que uma ação é boa significa exatamente o mesmo que dizer que essa ação gera mais felicidade que uma ação rival. É quase certo que essa identidade de significado é incorreta, mas estudos posteriores não confirmaram se os opositores de Moore, particularmente J.S. *Mill, a fizeram realmente ou se cometeram qualquer erro de raciocínio baseado nela. *Ver também* argumento da questão em aberto.

falácia patética Projetar ou transferir emoções e sentimentos humanos em coisas ou para coisas que não os têm, apesar de poderem induzir emoções em nós. Cometemos a falácia quando falamos do mar em fúria ou de um pôr do sol melancólico, mas, devido à *ambiguidade sistemática, as descrições podem ser apropriadas, e nesse caso não se comete nenhuma falácia.

falácia socrática *Ver* paradoxo socrático.

falácias da composição/divisão A falácia da composição argumenta que porque algo é verdade em relação aos membros de um grupo ou coleção, é verdade também em relação ao grupo como um todo. Por exemplo, na obra *Utilitarismo*, J.S. *Mill parece afirmar que uma vez que cada pessoa deseja apenas sua própria felicidade, as pessoas como um todo desejam a felicidade comum. (A conclusão correta tem de ser que ninguém deseja a felicidade comum — a premissa do argumento diz-nos justamente que cada pessoa deseja apenas a sua própria felicidade.) A falácia da divisão é a falácia-conversa, que consiste em afirmar que se algo é verdade em relação a um grupo, então também é verdade em relação aos indivíduos a ele pertencentes: "Uma vez que a equipe é excelente, seus atletas também têm de ser excelentes." *Ver também* coletivo/distributivo.

falibilismo Doutrina de *Peirce, segundo a qual não é necessário que nossas crenças sejam corretas ou estejam alicerçadas na certeza. Podemos, justificadamente, ficar satisfeitos com nossas crenças, mesmo que exista a possibilidade de novos dados nos forçarem a rever a nossa opinião. Na verdade, como estamos sempre nessa posição, seremos conduzidos ao *ceticismo se não a aceitarmos. O falibilismo é, assim, uma posição que se situa entre o dogmatismo e o ceticismo.

falsa consciência A incapacidade de ver as coisas como elas realmente são, sobretudo as relações sociais e de exploração. O termo ocorre na obra tardia de *Engels, mas o fenômeno está implícito na perspectiva de *Feuerbach do impulso religioso. O estado de falsa consciência pode ser o resultado inevitável de uma maneira de viver, e caracteriza o tipo genérico e crônico de servidão em que não há sequer uma percepção de sua própria situação. Pode assim coexistir com uma espécie de contentamento ilusório. Sua cura é a "conscientização". Nos últimos textos de *Marx, esse conceito substitui em certa medida o de *alienação.

falsidade *Ver* verdade, valor de verdade.

falsídica Antônimo pouco usual de *verídica. Uma experiência falsídica é aquela que representa as coisas como elas não são.

falsificabilidade Propriedade que um enunciado ou uma teoria têm de serem refutados pela experiência. Na filosofia da ciência de *Popper, a falsificabilidade é o grande mérito de uma teoria científica genuína, enquanto que as pseudociências (especialmente a *psicanálise e o *materialismo histórico) não são falsificáveis. Segundo Popper, uma teoria científica deve ser ousada e conjectural, e deve ir além dos dados empíricos disponíveis, desde que seja refutável. Se tudo o que pode acontecer for compatível com a teoria, então ela deixa de ser uma teoria científica e é, por exemplo, uma ideologia ou uma questão de fé. *Ver também* falsificação.

falsificação Noção essencial na filosofia da ciência de *Popper, apesar de ter sido antecipada por *Whewell e *Peirce. Na sua *Logik der Forschung* (1934), Popper sustentou que o mérito central da ciência (que nisto se opõe à pseudociência) não é o de colocar hipóteses que são corroboradas pelos dados empíricos em numerosos casos, mas o de propor hipóteses que possam ser refutadas por esses dados: essas hipóteses são seriamente confrontadas com testes e refutações, caso não estejam de acordo com a experiência. Deste modo, o método científico não é a indução mecânica (onde se fazem generalizações a partir de dados acumulados), mas a formação de conjecturas ousadas que depois são submetidas a testes rigorosos: um método de conjecturas e refutações. Um cientista não erra ao propor uma conjectura interessante que é posteriormente refutada, mas cometeria um erro se apresentasse uma conjectura que não permitisse qualquer refutação, ou se continuasse a sustentá-la perante dados empíricos que a refutem.

Essa ideia de Popper foi acolhida com entusiasmo pelos cientistas, mas os filósofos da ciência nela encontraram lacunas e simplificações excessivas. Em primeiro lugar, ao eliminar completamente a *indução e a confirmação, Popper parece não nos dizer nada sobre a questão de saber em que medida será racional, na prática, confiar nas teorias científicas (porque o fato de uma teoria ter sobrevivido até então aos testes não nos dá qualquer indicação sobre sua *verossimilhança). Em segundo lugar, a verdadeira imagem da aceitação e rejeição das hipóteses científicas é mais complexa do que Popper sugere: o que um cientista vê como uma refutação pode ser visto por outro como uma anomalia, o que depende, por exemplo, da existência de explicações alternativas, ou do estágio do programa de investigação em cujo contexto a hipótese foi formulada. Isso torna difusa a diferença que há entre um cientista que esteja bastante comprometido com o enquadramento geral de uma teoria, tal como a física newtoniana ou a física relativista, e os marxistas ou freudianos, cujas pretensões pseudocientíficas foram um dos alvos de Popper. *Ver também* problema da demarcação; teoria da confirmação; verossimilhança.

falsificação (estética) Um modo penetrante de levantar alguns problemas de *estética é perguntar por que as falsificações e as imitações, por melhores que sejam, são tipicamente muito menos valiosas que os originais. A diferença pode parecer, por um lado, um subproduto presunçoso e insignificante do mercado da arte ou, por outro, uma manifestação da crença de que uma obra produzida por um artista superior há de ter, de alguma maneira, uma importância maior que uma obra de um artista inferior, independentemente da semelhança que possam apresentar aos nossos olhos.

Fanon, Frantz (1925-61) Teorizador do colonialismo e psicólogo francês. Fanon nasceu na Martinica francesa e estudou medicina e psiquiatria na França após a Segunda Guerra Mundial. Sua obra *Peau noire, masques blancs* (1952) analisa o efeito deformador do colonialismo nos povos negro e branco. Sua obra mais conhecida, *Les Damnés de la terre* (1961) legitima a *violência necessária para ultrapassar a violência estrutural e instituída própria do colonialismo, e teve uma enorme influência na emergência do radicalismo negro das décadas seguintes.

fantasia Em geral, um sinônimo de imaginação. *Coleridge distinguiu a fantasia, que envolve uma mera capacidade de recombinar experiências, da imaginação, que pode inventar e criar.

fantasma na máquina Epíteto depreciativo introduzido por *Ryle para designar a natureza da pessoa segundo o *dualismo cartesiano.

Faraday, Michael (1791-1867) Cientista inglês. Faraday, filho de um ferreiro, era aprendiz de encadernador quando, em 1812, chamou a atenção de sir Humphrey Davy. Sua descoberta das "linhas de força" eletromagnéticas e sua concepção do átomo como um simples centro de forças abriram o caminho para a teoria de *campo, cuja origem se deve a ideias de *Kant e, especialmente, de *Boscovich.

fascismo (do lat., *fasces*: o feixe de varas e o machado conduzido diante dos cônsules romanos como insígnia de autoridade) O amálgama um tanto desconexo de aspirações e influências cristalizadas nos governos de Mussolini na Itália, de Hitler na Alemanha e de Franco na Espanha, na primeira metade do século XX. Alguns de seus elementos são: o nacionalismo; a hostilidade aos ideais de igualdade; o ódio às minorias, aos degenerados e aos dissidentes; o elitismo; a oposição aos ideais do *liberalismo e, em particular, à liberdade de expressão; o culto a um líder *carismático ou **Übermensch*; a crença no destino da raça e o amor ao simbolismo político, de que são exemplo os uniformes e outros símbolos militaristas. Essa "mistura", no seu conjunto, é movida pela crença na regeneração por meio da atividade física e da luta.

fatalismo Doutrina de que a ação humana não tem influência sobre os acontecimentos. "Ou a bala me vai matar ou não; se vai, então não vale a pena tomar precauções, pois matar-me-á de qualquer maneira; se não vai, então não vale a pena tomar precauções, pois não vai matar-me; assim, em nenhum dos casos há motivo para tomar precauções." O dilema ignora a possibilidade altamente provável de o fato de a bala o matar ou não depender de tomar ou não precauções. O fatalismo é erroneamente confundido com o *determinismo, que, por só si, não implica que a ação humana seja ineficaz.

fático *Ver* ato de fala.

fato *Wittgenstein escreveu que o mundo é a totalidade dos fatos, e não das coisas. Mas apesar de os fatos terem uma agradável aura de solidez que os opõe a coisas como valores ou teorias, acabam por se revelar itens demasiado traiçoeiros para que se possa construir algo a partir deles. Os fatos parecem ter os mesmos contornos das frases: é um fato que os cães ladram e as pedras afundam. Pode ser também um fato que as crianças têm direitos ou que o Sol e a chuva fazem o arco-íris. O pensamento atual tem encarado com simpatia uma perspectiva *minimalista da noção. A favor dela aponta-se, em primeiro lugar, que dizer que "é um fato que *p*" é o mesmo que dizer que "é verdade que *p*", e que ambas se reduzem simplesmente a "*p*". Mas se queremos saber o que faz com que *p*, podemos nunca vir a encontrar uma resposta universal. Um tipo de coisa (cães que ladram) faz com que seja verdade que os cães ladram; outro tipo de coisa (pedras que afundam) faz com que seja verdade que as pedras afundam, e assim por diante, para qualquer frase que queiramos exibir. Isso não é uma rejeição da categoria dos fatos a favor de um qualquer tipo de *relativismo ou de *ceticismo, uma vez que é completamente consistente com a admissão de que, em muitos casos de *p*, nós sabemos que *p*, e que não pode haver duas perspectivas contraditórias igualmente verdadeiras sobre *p*, etc. No entanto, rejeita-se assim que essas asserções ganhem seja o que for por se exprimirem em termos de fatos, exceto talvez força retórica. Uma tentativa para construir uma teoria mais substantiva sobre os fatos em geral precisa enfrentar questões como as de saber se há fatos negativos, assim como fatos positivos, se há fatos gerais, tal como há fatos particulares, se há fatos sobre valores, assim como há fatos sobre o mundo físico, se há fatos *disposicionais e categóricos etc. Essa tentativa também precisa de princípios para contar fatos: o fato de que tenho uma irmã é um fato ou dois, uma vez que duas pessoas foram os pais de minha irmã, e as mesmas duas pessoas foram os meus pais? A última filosofia sistemática de fatos conhecida foi o *Tractatus logico-philosophicus* de Wittgenstein, que dependia fortemente de uma concepção de fatos atômicos ou básicos, concebidos como estruturas logicamente simples e independentes, existentes num espaço lógico. Mas Wittgenstein repudiou esta metafísica em sua obra posterior.

fato bruto Os fatos brutos ou básicos são aqueles que, supostamente, se obtêm de forma independente de outros fatos. Os fatos *supervenientes, pelo contrário, só se obtêm devido à obtenção de outros fatos. Não há nenhuma lista consensual de fatos (absolutamente) brutos, embora seja possível dizer que alguns fatos são brutos em relação a outros.

fbf Abreviatura de *fórmula bem-formada.

fé A convicção, resultante de um ato voluntário da vontade, na verdade de uma doutrina. Segundo os *fideístas, que, aliás, são crentes, esse ato pode ser louvável (e a recusa em realizá-lo pode ser um erro ou até um *pecado); segundo outros, pode ser igualmente pecaminoso ignorar o que a razão (que é em si uma dádiva divina) nos oferece, quando esta nos ordena a suspensão do juízo.

fé, má/boa *Ver* má-fé.

fealdade Menos discutido em *estética do que a *beleza, este tópico, no entanto, merece atenção. Primeiro, tem implicações éticas e políticas, pois estar rodeado de fealdade é, evidentemente, um mal ou ofensa merecedor de reparação ética e política. Em segundo lugar, é importante que possa existir um "desvalor" estético ou, em outras palavras, que o gênero de contemplação característico da tomada de atitude estética em relação a um objeto não seja a sua própria recompensa, mas que possa, em vez disso, ser às vezes o prelúdio da aversão ou do desencanto.

fechado Um *conjunto é fechado em relação a uma operação se o próprio resultado de aplicar essa operação a um membro do conjunto é um membro do conjunto.

feixe, teoria do *Ver* teoria do feixe.

felicidade Todas as teorias éticas atribuem alguma importância à felicidade humana. Diferem, no entanto, em primeiro lugar, na concepção do que é a felicidade, em segundo nas perspectivas sobre a maneira de conciliar a felicidade pessoal de um agente com a felicidade geral ou de a trocar por ela, e em terceiro sobre o problema de saber se é necessário admitir algum outro fim para a ação humana. A doutrina mais simples afirma que a felicidade é em si bastante simples, consistindo, por exemplo, em ocasiões de prazer, e que, na verdade, os agentes apenas procuram, ou devem procurar, a sua própria felicidade, não havendo outro fim possível ou desejável para a ação (*ver* hedonismo). Os *cirenaicos possivelmente sustentaram uma doutrina desse tipo. A complexidade surge com as concepções mais sutis sobre a natureza da felicidade (*ver*, por exemplo, cálculo da felicidade; epicurismo; estoicismo), e com uma maior preocupação em incorporar o bem dos outros nos fins de cada um (*ver*, por exemplo, altruísmo; amizade; dilema dos prisioneiros). Por fim, as teorias éticas que não são de natureza *consequencialista podem reconhecer como eticamente importantes outras características da ação, além daquelas que resultam do objetivo de maximizar a felicidade, seja ela pessoal ou social.

feminismo A abordagem da vida social, da filosofia e da *ética que se propõe a corrigir os preconceitos que levam à subordinação das mulheres ou ao desrespeito pela especificidade da experiência das mulheres. A ética feminista contemporânea é sensível ao preconceito de *gênero (feminino/masculino) que pode estar implícito nas teorias filosóficas (por exemplo, as listas de virtudes feitas pelos filósofos podem ser tipicamente "viris" ou culturalmente masculinas) e nas estruturas sociais e legais, assim como em procedimentos políticos e na cultura em geral. Uma afirmação controversa (e de muita influência, feita na obra de Carol Gilligan, *In a Different Voice: Psychological Theory and Women's Development*, 1982) é a de que as mulheres lidam com o raciocínio prático a partir de uma perspectiva diferente da dos homens. A diferença inclui a ênfase atribuída à comunidade, ao afeto e aos laços com os indivíduos na sua particularidade, em vez da imparcialidade abstrata. É controverso se isso constitui, de fato, uma diferença e, em caso afirmativo, se resulta de diferenças inatas à psicologia masculina e feminina ou se a diferença de valores reflete o modo como os homens e as mulheres foram ensinados a formar diferentes aspirações e ideais. Embora a ética feminista se dedique muitas vezes a problemas que afetam particularmente às mulheres, as ideias fundamentais podem ou não estar relacionadas com problemas práticos específicos ou com relações hostis com os homens e com ideias pessimistas acerca do *sexo — que caracterizam, em termos populares, o movimento.

A epistemologia feminista pergunta se diferentes maneiras de conhecer, com diferentes critérios de justificação e diferentes destaques dados à lógica e à imaginação, por exemplo, caracterizam as tentativas masculina e feminina de compreender o mundo. Essas interrogações levam em conta a existência de uma autoimagem "masculina", em si mesma o retrato socialmente variável, e potencialmente distorcido, de como o pensamento e a ação devem ser. Um alvo especial de grande parte da epistemologia feminista é a concepção da racionalidade *kantiana ou *Iluminista, que é vista como um mecanismo para reivindicar domínio e controle, e para recusar reconhecer perspectivas divergentes sobre a vida e a natureza e relações diferentes relativas a elas. Apesar de terem defendido ideias extremas, tal como a de que a lógica é um dispositivo patriarcal e fálico para coagir outras pessoas, ainda é pouco claro se as diferenças entre as capacidades e a formação individuais contam tanto quanto o gênero para a explicação do modo como as pessoas adquirem conhecimento. Uma vez mais identifica-se um espectro de preocupações, desde as muito teóricas às relativamente práticas. Nesta última área, dá-se particular atenção aos preconceitos institucionais que constituem um obstáculo para a existência de oportunidades iguais na ciência e em outras áreas de pesquisa acadêmicas, ou às ideologias que tornam difícil que as mulheres encarem a si mesmas como participantes importantes no avanço das várias disciplinas. Contudo, para as feministas mais radicais, essas preocupações exibem apenas a vontade de as mulheres terem para si o mesmo poder e os direitos sobre os outros que os homens têm reivindicado, sem se confrontarem com o problema real, que consiste em saber como viver sem esses poderes e direitos assimétricos. *Ver também* essencialismo.

fenomenismo Filosofia da percepção que desenvolve a ideia segundo a qual, como diz J.S. *Mill, "os objetos são as possibilidades permanentes da percepção". Habitar um mundo de objetos externos e independentes é, segundo essa abordagem, ser o sujeito de experiências bem organizadas, tanto reais como possíveis. Adotada por *Russell, essa perspectiva resultou num programa de tradução das elocuções sobre os objetos físicos e suas localizações, para elocuções sobre experiências possíveis (*ver* construção lógica). Mas considera-se em geral que a tentativa falhou, e a prioridade que essa perspectiva confere à experiência foi muito criticada. Na filosofia contemporânea é mais comum encarar a própria experiência como uma construção elaborada a partir do modo como o mundo realmente é, do que o contrário.

fenômeno Algo que se mostra, revela ou manifesta na experiência. Na metafísica *kantiana, os fenômenos são os objetos e os acontecimentos da forma como aparecem à nossa experiência, opondo-se aos objetos e aos acontecimentos tal como são em si (*númenos). Segundo a tese central de Kant, os primeiros são moldados pela natureza das nossas faculdades cognitivas: é por nossa causa que as coisas surgem no espaço e no tempo, causalmente conectadas. Em geral, os aspectos fenomênicos das coisas são os aspectos que se mostram a si mesmos, e não os aspectos teóricos que são inferidos ou postulados para explicá-los. "Salvar os fenômenos" é teorizar de maneira a fazer justiça aos aspectos fenomênicos do assunto em causa: muitas vezes, os filósofos se acusam mutuamente por proporem teorias simplistas das coisas, que não dão conta de um ou outro aspecto dos fenômenos. *Ver também* fenomenologia.

fenomenologia Termo que surgiu no século XVIII, nas obras de Johann Heinrich Lambert (1728-77) e de *Kant, para denotar a descrição da consciência e da experiência, abstraindo de considerações sobre seu conteúdo intencional (*ver* intencionalidade). Em *Hegel, a fenomenologia é, em vez disso, a investigação histórica da evolução da autoconsciência, que se desenvolve a partir da experiência sensorial elementar, até alcançar processos de pensamento completamente racionais e livres, capazes de engendrar conhecimento. No século XX o termo está associado à obra e à escola de *Husserl. Seguindo as ideias de *Brentano, Husserl percebeu que a intencionalidade era a marca característica da consciência, e viu nela um conceito suscetível de ultrapassar o *dualismo tradicional da mente-corpo. O estudo da consciência, portanto, diz respeito a dois aspectos: uma experiência consciente pode ser vista como um elemento do fluxo da consciência, mas também como algo que representa um aspecto ou "perfil" de um objeto. Apesar da rejeição do dualismo por Husserl, sua crença na existência de algo que permanece depois da **epochê*, ou suspensão dos conteúdos da experiência, o associa à prioridade dada às experiências elementares na doutrina paralela do *fenomenismo, e a fenomenologia acabou por sofrer, em parte, com a superação dessa abordagem aos problemas da experiência e da realidade. Contudo, fenomenólogos mais recentes, como *Merleau-Ponty, fazem plena justiça à natureza mundo-envolvente da experiência.

fenótipo As características físicas e fisiológicas gerais de um organismo, produzidas pela interação de seus genes com o ambiente. Contrasta-se com o genótipo, que é a constituição genética de um organismo. O genótipo pode incluir genes recessivos, isto é, genes que não se manifestam, não tendo por isso qualquer efeito no fenótipo.

ferradura Nome inicialmente dado ao símbolo que representa a *função de verdade da *implicação material, que em alguns sistemas se escreve $p \supset q$.

Feuerbach, Ludwig Andreas (1804-72) Filósofo e antropólogo alemão. Feuerbach nasceu em Landshut, na Bavária, e estudou filosofia e teologia em Heidelberg e Berlim. Teve uma carreira meramente esporádica no ensino, e viveu sobretudo dos rendimentos obtidos através do que sua mulher possuía de uma fábrica de louças. Seus textos filosóficos foram marcados pela percepção de que o sistema de *Hegel não conseguira manter-se livre de elementos racionalistas e religiosos deformados. Deste modo, esse sistema não é mais que uma fase da verdadeira emergência da autoconsciência numa "filosofia do futuro", humanista e científica. A carreira agitada de Feuerbach resultou de sua convicção de que a religião é um "sonho da mente humana", ou uma projeção compreensível mas deturpadora das nossas necessidades emocionais: "Cristo é o amor da humanidade a si mesma incorporado numa imagem." Na verdade, essa perspectiva cética e antropológica da religião é semelhante em espírito às de *Hume e de *Voltaire, mas mostrou-se mais explosiva na atmosfera religiosa e absolutista de meados do século XIX. Feuerbach opôs-se a qualquer construção de sistemas filosóficos, defendendo um estudo empírico do modo como as pessoas reagem entre si e ao mundo. Seu aforismo "o homem é aquilo que come" transformou-se numa divisa política útil para os radicais posteriores. Eticamente, Feuerbach acreditava que as relações humanas requerem um espírito íntimo e comunitário, no qual se dissolvam as divisões entre o "eu" e o "tu". Seus primeiros textos incluem muitas contribuições para o *Hallesche Jahrbücher* (do qual foi um dos editores), que teve uma influência decisiva no desenvolvimento do *hegelianismo de esquerda, secular e político. A obra mais importante de Feuerbach foi *Das Wesen des Christentums* (1846) traduzida para o inglês em 1854 pela novelista e estudiosa George Eliot como *The Essence of Christianity*, que ficou mais impressionada com a descrição apaixonada que Feuerbach faz do amor sagrado e espontâneo, que se sacrifica e se basta a si mesmo, do que com o seu humanismo. Nas *Teses sobre Feuerbach*, *Marx combina o apreço pela superação dialética de Hegel que Feuerbach conseguiu com o reconhecimento de que o próprio Feuerbach, no entanto, não foi capaz de analisar apropriadamente a autoconsciência e suas projeções religiosas em termos de forças econômicas e sociais fundamentais. *Engels disse de Feuerbach que sua metade inferior era *materialista, mas que sua metade superior era *idealista.

Feyerabend, Paul (1924-94) Filósofo da ciência austríaco. Feyerabend nasceu em Viena, em cuja universidade estudou, e, sob a influência de *Popper, tornou-se filósofo da ciência. Ao longo de sua carreira lecionou em várias universidades, atingindo o posto de professor emérito em Berkeley. Tornou-se conhecido por seu ceticismo quanto à racionalidade da ciência. Defendia que o sucesso dos cientistas é atingido em consequência de fatores políticos, da retórica e da propaganda, não se devendo ao progresso que nos proporcionam no conhecimento objetivo do mundo. *Against Method* (1975) e *Farewell to Reason* (1987) são dois dos seus livros.

fiabilismo O ponto de vista *epistemológico que defende que um sujeito pode conhecer uma proposição *p* se (I) *p* é verdadeira; (II) o sujeito acredita em *p*; e (III) a crença em *p* é o resultado de um processo fidedigno de formação de crenças. A terceira condição é uma alternativa ao requisito tradicional de que o sujeito deve ter uma justificação para acreditar em *p*, já que um sujeito pode de fato estar seguindo um método fidedigno sem que, no entanto, a suposição de que isse acontece seja justificada, e vice-versa. Por essa razão, diz-se por vezes que o fiabilismo é uma perspectiva externalista do conhecimento: as relações relevantes para o conhecimento podem estar "fora" da consciência do sujeito. A sugestão, tal como se apresenta, está aberta a contraexemplos: uma crença pode ser o resultado de um processo em geral fidedigno, mas que funcionou mal numa certa ocasião; se este fosse o caso, embora a definição fosse satisfeita, relutaríamos em atribuir conhecimento ao sujeito (*ver também* exemplos de Gettier). O fiabilismo procura modificações apropriadas para evitar o problema sem abandonar a abordagem geral.

ficção lógica *Russell chamou ficções lógicas às coisas que se mostram ser *construções lógicas a partir de outras coisas; um exemplo é o modo como se mostra que "o homem comum" é uma ficção lógica quando descobrimos como traduzir afirmações que contêm o termo para outras que nem de longe aparentam referir-se a uma tal entidade. O uso da expressão com essa acepção é um pouco confuso, uma vez que, ao contrário das ficções, as construções lógicas existem de fato. Por exemplo, mostrar que os *números são construções lógicas a partir de conjuntos não consiste exatamente em mostrar que os números não existem, mas antes em mostrar o que significa dizer que existem.

ficcionalismo *Ver* Vaihinger.

Fichte, Johann Gottleib (1762-1814) *Idealista alemão. Formado em teologia e depois em filosofia em Iena, Fichte tornou-se conhecido em parte porque seu primeiro livro, publicado anonimamente em Königsberg, foi atribuído a *Kant. Tratava-se do seu *Versuch einer Kritik aller Offenbaurung* (1712) uma celebração do domínio soberano da lei moral, que lhe conquistou uma cátedra em Iena. Sua combinação de moralismo rigoroso, apoio à revolução francesa e um desprezo *espinosista pela religião revelada, conduziu ao tipo de controvérsia que Fichte parecia atrair: tentou insensatamente suprimir as sociedades estudantis e dar aulas aos domingos, indispondo-se assim com o clero local. A crença de Fichte de que Deus é idêntico à ordem moral do mundo, ainda que isso seja por sua vez a base de toda a cognição e a "única realidade objetiva absolutamente válida", não parecia muito diferente do ateísmo. Em 1799, a *Atheismusstreit*, a disputa acadêmica sobre essa questão, envolveu muitos pensadores alemães da época e culminou no afastamento efetivo de Fichte de Iena.

Metafisicamente, Fichte foi o primeiro a se despojar do elemento transcendental da filosofia de Kant, argumentando que só a consciência é o fundamento para explicar a experiência, e que toda consciência que se dirige a qualquer outra coisa tem como sua origem a consciência dirigida para si mesma. Isso foi combinado com a concepção de Kant da vida moral como uma procura infinita de um fim inatingível, de maneira que a existência se transforma no esforço insaciável do ego, que vê o mundo exterior como um obstáculo ao seu próprio desenvolvimento. Esse idealismo dinâmico e ativo, junto à elevação da autoconsciência, foi o ponto de partida para *Hegel, e pode ser encarado como uma primeira transição da filosofia de Kant para o *idealismo absoluto. A obra de Fichte é bem exemplificada em *Bestimmung des Menschen* (1800) os seus *Reden an die Deutsche Nation* (1807-08) são por vezes citados como uma das primeiras expressões do totalitarismo nacionalista.

Ficino, Marsílio (1433-99) Principal representante do *platonismo e do *neoplatonismo na Florença renascentista, e também o fundador e diretor da *Academia de Florença. Em 1484 foi publicada sua tradução integral dos diálogos de *Platão. Os comentários e as traduções de Ficino influenciaram a interpretação de Platão e de *Plotino até o século XIX, quando se começou a desemaranhar as influências que o próprio Ficino recebera de outras fontes. Diz-se que seus comentários ao *Banquete* de Platão são a fonte da expressão corrente "amor platônico", com o sentido de um amor que não procura expressão *sexual, contentando-se antes unicamente com a apreciação das *formas que o ser amado exemplifica.

fideísmo Visão pessimista sobre o papel da razão no conhecimento das coisas divinas que enfatiza, ao contrário, o mérito dos atos de *fé.

fides quaerens intellectum (lat.) A fé procura compreender.

figura *Ver* silogismo.

Filmer, Robert (1588-1653) Filmer é conhecido sobretudo como o alvo da obra *Two Treatises of Government* de *Locke. Era um nobre rural de Kent, cuja obra *Patriarcha* (1630) fundamenta a obrigação política para com o Estado na sua autoridade conferida por Deus, descendo até a realeza a partir da soberania patriarcal que Adão transmitira à sua família. Apesar de Locke descrever a doutrina como um "palavreado sem sentido", representou para ele um objeto importante de reflexão.

Filodemo de Gadara (c.110- c.40 a.C.) Filósofo um tanto mundano, que usufruiu do mecenato da rica família romana dos Pisões. Ensinou uma filosofia *epicurista e escreveu uma refinada poesia de amor homossexual. Filosoficamente, é importante graças à sua estética, que continha uma primeira versão da doutrina da arte pela arte. A *villa* onde alojou sua biblioteca foi reconstruída em Malibu, como museu J. Paul Getty, e seus papiros são uma fonte importante e permanente do pensamento helenístico.

Filolau de Crotona (meados do séc.V a.C.) Personagem obscura, conhecida sobretudo a partir de alguns fragmentos controversos, e de menções por parte de *Platão e *Aristóteles. É considerado um divulgador importante da cosmologia e da matemática *pitagórica no continente grego.

Fílon de Alexandria (c.20 a.C.-50 d.C.) Filósofo helenista. Fílon era membro de uma importante família judia de Alexandria, e deu início às tradições islâmica, judaica e posteriormente cristã, de reconciliar as Escrituras com os ensinamentos dos filósofos gregos clássicos. De forma mais precisa, Fílon de Alexandria acreditava que os primeiros livros do Antigo Testamento, quando corretamente interpretados, eram alegorias que ocultavam, nas suas histórias de casos humanos vulgares, verdades filosóficas essenciais. Seu princípio orientador era o de que Moisés era um grande filósofo do *platonismo médio.

Fílon de Larissa (160-c.80 a.C.) Último dos líderes incontestes da *Academia de Atenas. Estudou com um aluno de *Carnéades, sucedendo depois a Clitômaco na direção da Academia, em 110-109 a.C. Por volta de 88 a.C., deixou Atenas e partiu para Roma, o que provocou o fim da Academia. Defendia as doutrinas céticas de Carnéades, modificadas pela admissão do *to pithanon*, ou das coisas que merecem alguma confiança enquanto fundamentos para a ação (*ver* ceticismo). Sua afirmação de que esse ceticismo representava o verdadeiro legado de *Platão fez com que *Antíoco abandonasse a Academia, abandono este que veio a originar o *platonismo médio. O aluno e discípulo mais conhecido de Fílon foi *Cícero.

Fílon judeu *Ver* Fílon de Alexandria.

filosofia (gr., amor ao conhecimento ou à sabedoria) O estudo das características mais gerais e abstratas do mundo, e das categorias com que pensamos: mente, matéria, razão, demonstração, verdade etc. Em filosofia, são os próprios conceitos através dos quais compreendemos o mundo que se tornam tópico de investigação. A filosofia de uma disciplina, como a filosofia da história, da física ou do direito, não procura resolver problemas históricos, físicos ou legais, mas antes estudar os conceitos que estruturam o pensamento em tais disciplinas, e tornar claros os seus fundamentos e pressupostos. Nesse sentido, a filosofia é o que acontece quando uma prática se torna autoconsciente. A fronteira entre esse tipo de reflexão de "segunda ordem", e a maneira como se pratica a própria disciplina de primeira ordem, não é sempre clara: os problemas filosóficos podem ser dominados pelos avanços de uma disciplina, mas a maneira de conduzir uma disciplina também pode ser influenciada pela reflexão filosófica (*ver também* coruja de Minerva). Em épocas diferentes houve maior ou menor otimismo quanto à possibilidade de existir uma filosofia pura ou "primeira", que parta de um ponto de vista **a priori* a partir do qual as outras práticas intelectuais possam ser apreciadas e sujeitas à avaliação lógica e a um juízo sobre a sua correção (*ver* metodologia). O espírito da filosofia do final do século XX é hostil a tal possibilidade, e prefere ver a reflexão filosófica como uma atividade que se situa na continuidade da melhor prática de qualquer campo de investigação intelectual.

filosofia analítica Filosofia que entende o processo de *análise como essencial para o método e o progresso filosóficos. A ideia comum aos filósofos analíticos era que a forma de superfície de uma linguagem pode esconder uma estrutura lógica profunda, o que por sua vez pode nos enganar quanto a essa estrutura. Isso poderia ser revelado por um processo que resolveria por si só os problemas filosóficos, ou que, alternativamente, mostraria que estes são o resultado das formas de superfície enganadoras da linguagem comum. A confiança no método da análise foi sustentada pelos êxitos iniciais de *Frege e *Russell na redução da matemática à lógica, e pelos *insights* possibilitados pela teoria das *descrições definidas. *Moore e *Carnap foram alguns dos praticantes de filosofia analítica. Sobre as razões pelas quais a confiança inicial fracassou, *ver* análise.

filosofia da arte A filosofia da arte distingue-se do tópico mais amplo da *estética por confinar sua atenção apenas à apreciação estética de obras de arte produzidas deliberadamente. Um de seus principais problemas consiste, então, em definir as características que distinguem estas obras do entretenimento, do artesanato e das obras produzidas com outros objetivos, ou então das coisas que se encontram na natureza. Embora esta possa parecer uma investigação inútil, o conceito continua a ter uma grande importância política e moral, por exemplo para a distinção entre o erotismo e a *pornografia.

filosofia da biologia Como uma ciência específica, a biologia suscita o problema filosófico geral de saber de que forma suas explicações se relacionam com as da química subjacente, ou até com as da física fundamental. A biologia também levanta questões delicadas por si só; uma delas é a de determinar se as teorias taxonômicas (ou princípios de classificação dos seres vivos em espécies e famílias) refletem diferenças reais ou se, pelo contrário, são reflexos de convenções. Outro foco de interesse filosófico reside na noção de *função biológica. A noção de função de um órgão tem por vezes sido rejeitada por ser ainda um vestígio da noção aristotélica de causa final (*ver* causas: materiais, formais, eficientes, finais). No entanto, muitos autores hoje estão otimistas quanto à possibilidade de definir essa noção através de uma característica biológica que seja responsável pelos diferentes êxitos evolutivos dos organismos que o possuem. O reducionismo biológico, ou a tentativa de explicar em termos biológicos certos fenômenos psicológicos, sociais e culturais é outra questão controversa. *Ver também* evolução; sociobiologia.

filosofia da ciência A investigação de problemas que surgem da reflexão sobre a ciência e a prática científica, como por exemplo: o que diferencia os métodos científicos? Haverá uma linha de demarcação clara entre as ciências e as outras disciplinas? Onde devemos situar a investigação histórica, econômica e sociológica? As teorias científicas são prováveis, ou apenas conjecturas provisórias? Podem ser verificadas? Podem ser *falsificadas? O que distingue uma boa de uma má *explicação? Pode haver uma ciência unificada, capaz de abarcar todas as ciências específicas? Na maior parte do século XX, essas questões foram colocadas num contexto lógico e altamente abstrato. No entanto, muitos autores interessam-se hoje por uma perspectiva mais histórica, contextual e até sociológica. Nessa abordagem, os métodos e os êxitos da ciência de um tempo específico são apreciados não tanto em termos de princípios lógicos e processos universais, mas em função dos métodos que estavam disponíveis, de *paradigmas e também do contexto social.

Além das questões gerais de *metodologia, existem problemas específicos que dizem respeito às ciências particulares, e que dão origem a filosofias especializadas, como a *filosofia da biologia, a *filosofia da física e a *filosofia da matemática.

filosofia da economia As questões básicas da economia se confundem com as da filosofia política e da ética. Talvez a preocupação mais fundamental consista em saber se podemos comparar e medir diferentes níveis de bem-estar em termos econômicos, dado que as fontes de valor são diversas e só parcialmente estão relacionadas com a atividade econômica. Entre outros problemas está a dificuldade de construir uma *função de bem-estar social e de compreender o conceito de agente econômico livre que realiza escolhas no mercado. *Ver também* ética protestante do trabalho; Marx; Smith; teoria do valor-trabalho.

filosofia da física *Aristóteles distinguiu sete significados na palavra grega *physis*, acabando por se fixar em sua acepção como a essência das coisas que possuem uma fonte de movimento própria. Para Aristóteles, o mundo é um conjunto de coisas que se movem e se desenvolvem por si mesmas, e a *physis* é o princípio de crescimento e de mudança. Esse ponto de vista torna fácil conceber as coisas como possuidoras de um **nisus*, um princípio que lhes é inerente, e pelo qual são levadas a realizar potencialidades, ou a transformar-se naquilo que faz parte da sua natureza (*ver* motor imóvel). Esta foi a concepção *teleológica da natureza que o Renascimento e a revolução científica do século XVII suplantaram (*ver* concepção galileana do mundo). Com a emergência da física como disciplina autônoma, a reflexão se voltou para a tentativa de interpretar os resultados da ciência, os seus pressupostos e métodos. Neste domínio, existem questões sobre a natureza das experiências científicas, a distinção entre a teoria e a observação, a justificação e os métodos da *indução, a natureza das *explicações e o papel que a *falsificabilidade desempenha na ciência. O interesse crescente por modelos altamente abstratos da estrutura lógica da ciência física foi abandonado a favor de um interesse mais histórico e empírico pela dinâmica das mudanças nas teorias e pela natureza dos programas de investigação. Outro problema proeminente consiste em compreender se as descrições físicas constituem apenas um entre diversos tipos de descrições que podemos produzir sobre o mundo, e de avaliar a autoridade peculiar que tais descrições têm ou não.

Embora a natureza do *espaço, do *tempo e de grandezas físicas como a força e a massa tenham sempre suscitado reflexão filosófica (*ver*, por exemplo, ação a distância; paradoxos de Zenão), o surgimento da *teoria da relatividade e da *mecânica quântica criou um domínio ainda mais rico de questões conceituais fundamentais. A natureza peculiar do tempo e a assimetria aparente do tempo e do espaço tornam-se extremamente intrigantes se a realidade subjacente for concebida como um campo unificado de espaço-tempo. Os problemas criados pela *experiência de pensamento de Einstein-Podolsky-Rosen, ou pelo exemplo do *gato de Schrödinger, convidam-nos a perguntar se o mundo que a mecânica quântica nos revela é apenas estranho, ou se é tão ininteligível que é preferível ver a teoria com um espírito unicamente *instrumentalista (*ver também* interpretação de Copenhague).

filosofia da história Reflexão sobre a natureza da história ou sobre o pensamento histórico. A expressão foi usada no século XVIII (e.g., por *Voltaire) para se referir ao pensamento histórico crítico, que se opõe à mera coleção e repetição de histórias sobre o passado. Em *Hegel, ela adquire o significado de história universal ou mundial. No *Iluminismo, acreditava-se que a era da superstição e da barbárie seria progressivamente substituída pela ciência, pela razão e pela compreensão, atribuindo-se à história uma linha evolutiva de caráter moral. Sob a influência de *Herder, *Kant levou esta ideia mais longe, de tal modo que a filosofia da história se converteu na procura de um sistema grandioso sobre o desdobramento da evolução da natureza humana, testemunhado em fases sucessivas (o progresso da racionalidade ou do Espírito). Essa filosofia da história essencialmente especulativa encontrou um complemento extrakantiano em *Fichte, para quem a associação da mudança temporal com a implicação lógica introduz a noção de que os próprios conceitos são o instrumento dinâmico da mudança histórica. Essa ideia só é imediatamente inteligível no quadro do *idealismo absoluto, onde o mundo da natureza e do pensamento acabam por se identificar. A obra de Herder, Kant, Fichte e *Schelling foi sintetizada por Hegel: a história tem um enredo. Este consiste no desenvolvimento moral do homem, concebido como algo que é equivalente à liberdade no Estado; esta liberdade, por sua vez, é formada pelo desenvolvimento da autoconsciência do espírito, um processo de desenvolvimento lógico ou intelectual onde sucessivamente se atingem e se superam vários momentos necessários na vida de um conceito. O método de Hegel atinge seu ponto máximo quando o assunto é a história das ideias, quando a evolução do pensamento avança a par com as oposições lógicas, e cuja resolução é apresentada pelos diversos sistemas de pensamento.

Com *Marx e *Engels emerge um tipo de história bastante diferente, baseado na estrutura progressiva de Hegel, mas que remete à realização do objetivo da história para um futuro onde surgirão as condições políticas para a liberdade, sendo assim os fatores políticos e econômicos, e não a "razão", o motor da história. Embora se tenha continuado a escrever história especulativa generalista (*O declínio do Ocidente*, de *Spengler, 1918, é um exemplo tardio notável), no final do século XIX a especulação generalista desse tipo foi suplantada por um interesse mais crítico pela natureza da compreensão histórica e, em particular, pela comparação entre os métodos das ciências naturais e os do historiador. Para autores como Windelband e *Dilthey é importante mostrar que, por um lado, as ciências humanas, como a história, são objetivas e legítimas, mas que, por outro, estas diferem de algum modo da investigação do cientista. Já que seu assunto é o pensamento e as ações passadas dos seres humanos, é necessária uma capacidade para reviver esse pensamento passado, conhecendo as deliberações dos agentes do passado como se estas pertencessem ao próprio historiador. *Collingwood foi o autor britânico mais influente nessa área; *A ideia de história* (1946) contém uma ampla defesa da abordagem da **verstehen* (*ver também* teoria da simulação). O problema da forma das explicações históricas, e o fato de as leis gerais aparentemente terem um lugar menor, ou mesmo nenhum, nas ciências humanas, são também proeminentes no pensamento sobre a natureza distinta de nossa compreensão histórica dos outros e de nós mesmos.

filosofia da linguagem Nome dado à tentativa geral de compreender os componentes de uma linguagem efetivamente usada, a relação que o locutor discernente tem com seus elementos e a relação que estes têm com o mundo. A disciplina abrange portanto a divisão tradicional da *semiótica em *sintaxe, *semântica e *pragmática. A filosofia da linguagem tem, assim, pontos de contato com a filosofia da mente, visto que precisa de uma explicação das características de nosso entendimento que nos permitem usar a linguagem. Tem também pontos em comum com a investigação metafísica da verdade e com a relação entre signo e objeto. Grande parte da produção filosófica, especialmente no século XX, tem sido guiada pela crença de que a filosofia da linguagem é a base fundamental de todos os problemas filosóficos, na medida em que a linguagem é o exercício característico da mente e o modo pelo qual damos forma às nossas crenças metafísicas. Os problemas da *forma lógica e da justificação da distinção entre sintaxe e semântica, bem como o problema de compreender o número e a natureza de relações especificamente semânticas como as de *significado, *referência, *predicação e *quantificação, são alguns dos tópicos específicos da disciplina. A pragmática inclui a teoria dos *atos de fala, enquanto os problemas de *seguir uma regra e da *indeterminação da tradução são tratados na filosofia da pragmática e na filosofia da semântica.

filosofia da matemática A filosofia da matemática procura explicar a natureza dos fatos e das entidades matemáticas, e a maneira pela qual temos conhecimento de ambos. A filosofia moderna da matemática começou com os estudos dos fundamentos realizados por *Cantor, R. Dedekind e K.T.W. Weirstrass no final do século XIX, tendo recebido um impulso decisivo com os estudos de *Frege e *Russell sobre as relações entre os números, os conjuntos e a lógica. O programa *logicista na filosofia da matemática, que culminou com a grandiosa obra *Principia mathematica* (1910-13), de Russell e *Whitehead, procurava reduzir a matemática à lógica, no sentido de provar que toda a matemática podia ser representada num sistema cujos axiomas fossem puramente lógicos. Pensa-se, em geral, que o programa falhou por ter sido forçado a admitir a existência de conjuntos, sujeitos aos seus próprios axiomas particulares, cujo estatuto lógico não era de forma alguma claro. No princípio do século XX, o lugar da *teoria dos conjuntos na matemática estava razoavelmente bem estabelecido, mas as contradições da teoria ingênua dos conjuntos, assim como a pura dimensão da hierarquia transfinita completa dividiram os matemáticos em vários campos, refletindo diferentes filosofias da matemática. O *realismo ou o *platonismo integrais tomam os objetos matemáticos como reais, como objetos de estudo independentes, acerca dos quais podem ser feitas descobertas (e erros). O construtivismo (*ver* demonstração/definição construtiva) defende que somos nós mesmos que construímos aquilo de que falamos. O *formalismo assimila a matemática ao processo puramente sintático de seguir processos demonstrativos, sem que se levante qualquer questão acerca da interpretação dos *teoremas demonstrados. O calcanhar de Aquiles do formalismo sempre foi a aplicação da matemática nas nossas melhores descrições do mundo, de maneira que o realismo e o construtivismo emergiram como as principais ideologias concorrentes. Essa divisão tem consequências matemáticas. Para o realista não há problema em admitir coleções infinitas completas, quer tenhamos ou não um método efetivo de especificar seus membros. Mas para o construtivista isso é inadmissível.

Completamente diferente é o debate moderno sobre a epistemologia da matemática, que tem sido influenciado pelo afastamento geral da categoria do conhecimento **a priori*. Para substituí-la tem-se sugerido (I) o *convencionalismo geral, associado a *Wittgenstein; (II) a ideia de que os objetos *abstratos, tais como os conjuntos, não são afinal tão perigosos, sendo até, na verdade, perceptíveis, e (III) a ideia de que o êxito da ciência, para o qual a matemática tem tido um papel indispensável, constitui um argumento a favor da verdade da matemática.

filosofia da mente A filosofia da mente procura responder a questões como: A mente é distinta da matéria? É possível definir em que consiste ser consciente? Podemos fornecer razões de princípio para decidir se outras criaturas são conscientes, ou se é possível construir máquinas que sejam conscientes? O que é o pensamento, o sentimento, a experiência, a memória? Será útil dividir as funções mentais, separando a memória da inteligência, ou a racionalidade do sentimento, ou será que as funções mentais formam um todo integrado? As filosofias da mente dominantes na tradição ocidental atual incluem variações do *fisicalismo e do *funcionalismo. Para tópicos específicos *ver também* cognição; emoção; linguagem; memória; problema da mente-corpo.

filosofia da religião Tentativa de compreender os conceitos envolvidos nas crenças religiosas: *existência, *necessidade, destino, criação, *pecado, *justiça, perdão, redenção, Deus. Até o século XX, a história do pensamento filosófico ocidental encontrava-se intimamente associada às tentativas de esclarecer certos aspectos do paganismo, do judaísmo e do cristianismo, enquanto que em tradições como o *hinduísmo, o *budismo ou o *taoísmo, há uma distinção ainda menor entre a investigação filosófica e a religiosa. O problema clássico de conceber um objeto apropriado para a crença religiosa consiste em compreender se podemos lhe atribuir algum termo: Fará sentido dizer que esse objeto cria e conhece coisas, que deseja certos acontecimentos, que é bom ou providencial, que é uma ou muitas coisas? Na teologia da *via negativa* afirma-se que Deus só pode ser conhecido quando negamos que os termos vulgares possam ser-lhe aplicados; outra sugestão influente é a de que os termos vulgares só se lhe aplicam metaforicamente, não existindo qualquer esperança de eliminar essas metáforas. Mas mesmo que se chegue a uma descrição do Ser Supremo, continuamos com o problema de encontrar um motivo para se supor que exista algo correspondente a essa descrição. A época medieval foi a mais fértil em pretensas demonstrações da existência de Deus, como as *cinco vias de *Tomás de Aquino, ou o argumento de *Anselmo. Essas provas deixaram de ter ampla aceitação desde o século XVIII, embora ainda convençam muitas pessoas e alguns filósofos.

De uma maneira geral, até os filósofos religiosos (ou talvez estes em especial) têm sido cautelosos em relação às manifestações populares da religião. *Kant, um simpatizante da fé religiosa, distinguiu várias perversões dessa fé: a teosofia (uso de concepções transcendentais que confundem a razão), a demonologia (favorecimento de representações antropomórficas do Ser Supremo), a teurgia (ilusão fanática de que esse ser pode nos comunicar sentimentos ou de que podemos exercer influência sobre Ele) e a idolatria, ou a delusão supersticiosa de que podemos nos tornar aceitáveis perante o Ser Supremo através de outros meios que não o de ter a lei moral no coração (*Crítica da faculdade do juízo*, II. 28). No entanto, essas tendências para o contato arrebatado têm se tornado cada vez mais importantes na teologia moderna (*ver*, por exemplo, Buber; Tillich).

Desde *Feuerbach há uma tendência crescente na filosofia da religião em se concentrar nas dimensões sociais e antropológicas da crença religiosa (*ver também* jogo de linguagem; magia), ou para a conceber como uma manifestação de várias necessidades psicológicas explicáveis. Outra reação consiste numa fuga para o elogio do comprometimento existencial puramente subjetivo (*ver também* existencialismo; *Kierkegaard). No entanto, o *argumento ontológico continua a atrair a atenção, e as tendências antifundacionalistas (ver fundacionalismo) da *epistemologia moderna não são inteiramente hostis às pretensões cognitivas que se baseiam na *experiência religiosa.

filosofia de Oxford *Ver* filosofia linguística.

filosofia do direito A filosofia do direito preocupa-se com questões acerca da natureza do direito e dos conceitos que estruturam sua prática. Alguns de seus tópicos são: a definição de direito ou, se uma definição estrita se mostrar improdutiva, descrições ou modelos do direito que lancem luz sobre os casos difíceis e marginais, como o direito internacional, o direito primitivo e a lei imoral ou injusta. Alguns dos conceitos que devem ser analisados são, por exemplo, os de direito e dever jurídicos, de ato jurídico e do lugar de conceitos como o de intenção e de responsabilidade, e a natureza dos raciocínios e decisões jurídicos.

Considerado estritamente em termos empíricos, o direito pode parecer um sistema de coerção: o fato mais notável da situação de se ter um dever jurídico de fazer X consiste em o seu incumprimento ter como resultado penas diversas. Visto dessa maneira, o direito é encarado como uma sequência de previsões acerca do que os juízes irão fazer e de que acontecimentos se seguirão à realização de vários tipos de ação. Nas obras de direito realistas, "direito" transforma-se num termo com o qual descrevemos, uns aos outros, os prognósticos que fazemos quanto ao comportamento dos vários magistrados. Uma das dificuldades desse tipo de realismo é não conseguir tratar satisfatoriamente os processos de raciocínio dos próprios magistrados, nem do modo como estes concebem a si próprios como pessoas guiadas por uma estrutura de direitos e deveres (de modo semelhante, se o fato de dizer que uma bola foi fora constitui uma previsão sobre o que o árbitro de tênis irá fazer, este não pode, por sua vez, se referir ao fato de a bola estar fora como justificação da sua decisão).

Em termos normativos, o direito é um sistema de regras que justifica as exigências de conformidade, e a ideia de dever jurídico é a de estar sujeito a uma regra, haja ou não probabilidades de incorrer em quaisquer sanções em caso de falta ao dever. Os atos jurídicos, como por exemplo dizer, em circunstâncias apropriadas, coisas como "Aceito" ou "Declaro...", criam um tipo de relação normativa diferente entre as pessoas, como acontece com o casamento ou o acordo contratual; a existência dessas relações não é, do ponto de vista normativo, o mesmo que a probabilidade de várias consequências se seguirem a várias ações. Da mesma maneira, uma regra de gramática não é apenas a previsão da probabilidade que várias formas de palavras têm de serem ou não compreendidas.

A tradição proveniente de *Bentham e de John *Austin, conhecida como positivismo legal, reconhece a existência de uma separação nítida entre o direito tal como é, e o direito tal como deveria ser. Bentham criticou seus predecessores, especialmente o jurista setecentista Blackstone, pelo "espírito de quietismo servil", visível na assunção de que o direito real representa uma estrutura de direitos e deveres outorgada por Deus. Ao separar o direito tal como é do direito tal como deveria ser, Bentham pensava abrir o caminho à crítica *utilitarista tanto do conteúdo como da estrutura decadente do direito inglês. Considera-se, por vezes, que o positivismo legal inclui outros elementos: a afirmação associada a Austin de que as leis são ordens do soberano, a ideia de que o estudo dos conceitos jurídicos deve ser distinguido das investigações históricas das origens das leis, da investigação sociológica do seu efeito ou da crítica moral do funcionamento do direito; a afirmação de que o direito é um sistema solidificado e fechado (na jurisprudência alemã, um *Begriffshimmel* ou conceito-incólume) com uma estrutura lógica determinada, da qual se podem derivar os veredictos sem referência a questões pragmáticas, sociais e morais mais amplas; e mesmo a perspectiva de que os próprios juízos morais são de natureza *não cognitiva, e que, por essa razão, não fazem parte da essência da prática jurídica. A crítica a uma concepção que inclua algum desses elementos (ou todos) caracteriza-se, em geral, por enfatizar a conexão que existe entre um sistema jurídico e as circunstâncias sociais e morais mais latas em que é aplicado. O raciocínio judicial, por exemplo, não é, e talvez não deva ser, uma aplicação formalista e autossuficiente de leis determinadas, conduzida de um modo definido; trata-se antes um exercício de raciocínio prático que é, ou deve ser, profusamente aberto aos fatos morais, políticos e sociais. O problema de saber se estes argumentos abalam a distinção positivista entre o direito tal como é e o direito tal como deve ser, permanece em aberto. Algumas das questões que não pertencem estritamente à filosofia do direito mas à filosofia política são a do âmbito do direito, da natureza e justificação do *castigo, e a da justificação do poder legislativo e coercivo do Estado. Entre estas preocupações mais latas inclui-se a avaliação da crítica marxista ao direito como instrumento de opressão, que reflete necessariamente as ideias e, portanto, os interesses sectários da classe política dominante.

filosofia do organismo Denominação da filosofia da natureza adotada por *Whitehead.

filosofia linguística Designação não muito satisfatória do método filosófico que consiste em tomar a linguagem, e não aquilo sobre o que a linguagem fala diretamente, como o dado primitivo. Em vez de estudar os números, ou o espaço e o tempo, ou a mente, o filósofo caracteriza-se, segundo essa perspectiva, por estudar a linguagem da matemática, da física ou da psicologia. A ideia-chave é que só através de uma apreciação correta do papel e dos objetivos dessa linguagem podemos vir a ter uma melhor concepção daquilo de que a linguagem fala, evitando assim as simplificações e as distorções que temos a tendência de trazer para os assuntos que discutimos. Compreendemos um assunto analisando as ideias que defendemos sobre ele, e o único acesso que temos a essas ideias é feito através da observação do que dizemos. Nesta acepção lata da expressão, quase toda a investigação filosófica do século XX (e muita da anterior) foi ou é, de uma forma ou de outra, de orientação linguística; e a história da filosofia contém avisos constantes contra o modo como podemos ser iludidos por aquilo a que *Berkeley chama de "a neblina e o véu das palavras". Filósofos como *Leibniz, *Locke, Alexander *Johnson e *Wittgenstein tomaram a dissipação dessa neblina como sua tarefa principal. (*Ver também* modo formal/modo material de falar.)

A expressão é algumas vezes usada para designar, em particular, uma preocupação possivelmente excessiva com as características do uso linguístico cotidiano, típica de alguns filósofos de Oxford do pós-guerra, e por vezes chamada filosofia de Oxford. J.L. *Austin e *Ryle eram dois dos praticantes dessa corrente.

filosofia moral *Ver* ética.

filosofia social Tentativa de compreender e listar as categorias básicas com que concebemos os aspectos sociais da vida humana. O anarquismo, a autoridade, a classe (social), a exploração, o holismo, o individualismo, a filosofia do direito, o liberalismo, o marxismo, o poder (social), a propriedade e os direitos são alguns dos tópicos que recebem tratamentos independentes neste dicionário.

filósofo-rei Segundo *Platão (*República*, livro V), o único personagem capaz de governar uma sociedade justa é o que tiver uma paixão pela verdade, tendo ainda atingido a sabedoria superior ou o conhecimento do Bem: o filósofo. *Ver também* guardiães.

fim em si Algo que é desejado, procurado ou valorizado unicamente em função de si, e não como um meio para qualquer outra coisa. *Ver também summum bonum*; vontade boa.

finitismo Na filosofia da matemática, a perspectiva de que os únicos números legítimos são finitos: "Deus criou os números inteiros, o resto é obra do homem" (L. Kronecker). Na matemática, a restrição aos métodos finitistas era defendida por David Hilbert. O finitismo partilha com o construtivismo (*ver* demonstração/definição construtiva) a perspectiva de que não podemos asseverar a existência de um objeto matemático sem indicar como construí-lo, mas acrescenta o princípio segundo o qual nunca devemos lidar com o conjunto de todos os objetos de uma totalidade infinita. Quando um teorema resulta verdadeiro para todos os membros de um tal conjunto, isso significa unicamente que se pode repetir o argumento para qualquer membro particular do conjunto.

finkish (ing., capcioso) Termo introduzido pelo filósofo canadense contemporâneo C.B. Martin para descrever certas capacidades que têm o hábito inquietante de ficarem inoperantes precisamente quando surge a ocasião para se manifestarem. Assim, de forma intuitiva, um copo pode ser frágil, mas pode estar também protegido por um anjo da guarda, que intervém e o salva no exato instante em que um acidente estava prestes a quebrá-lo. Assim, jamais surge qualquer manifestação típica de fragilidade. A possibilidade de propriedades *finkish* (ou situações *finkish*) lança dúvidas sobre a plausibilidade da identificação de uma certa propriedade *disposicional de um objeto com o fato de ser verdade que, dadas certas situações, se segue a manifestação normal dessa propriedade.

fins e meios O fim de uma ação é aquilo em função do qual ela é realizada; o meio é a maneira apropriada para atingir o fim. A distinção surge em conexão com diversos princípios morais (não devemos fazer mal em função do bem; quem quer o fim quer os meios; as pessoas devem ser sempre tratadas como fins e nunca unicamente como meios), mas sua aplicação nem sempre é clara. Podemos nós, por exemplo, tratar uma pessoa como um simples meio se esta quiser ser assim tratada, correspondendo assim à sua vontade? *Ver* *também* princípio do efeito duplo; raciocínio instrumental.

fisicalismo Tese de que o mundo real nada mais é do que o mundo físico. Essa doutrina pode abranger, ainda que não necessariamente, a tese de que tudo o que pode ser dito e é verdade pode ser dito na linguagem da física. O fisicalismo opõe-se tanto às *ontologias que incluem objetos abstratos, tais como possibilidades, universais ou números, como aos acontecimentos e estados mentais na medida em que forem concebidos como entidades independentes das coisas, acontecimentos e estados físicos. Apesar dessa doutrina ser amplamente adotada, não há consenso sobre a melhor forma de lidar com as exigências dos seus proponentes. Também não está de todo claro quão abrangente uma ontologia física pode se permitir ser, pois apesar de a física não se referir a muitos dos objetos e acontecimentos cotidianos, tais como cadeiras, mesas, dinheiro ou cores, admitir a existência de tais coisas deveria ser consistente com a ideologia fisicalista. Alguns filósofos acreditam que a imprecisão daquilo que se classifica como físico e daquilo que se classifica como algo que incorpora tais coisas numa ontologia física fazem com que a doutrina seja destituída de sentido. Outros acreditam que se trata de uma posição metafísica substantiva. Uma maneira comum de conceber a doutrina é em termos de *superveniência. Apesar de se admitir a existência de descrições legítimas de coisas que não as referem em termos físicos, defende-se que as verdades sobre elas são supervenientes em relação aos fatos físicos básicos. Contudo, a superveniência tem os seus próprios problemas.

fluxo da consciência Em *Principles of Psychology*, I. 9.239, *James escreveu: "A consciência... não aparece a si mesma cortada em pedaços... as metáforas que a descrevem de forma mais natural são a do 'rio' ou a do 'fluxo'."

fluxo, doutrina do Perspectiva atribuída a *Heráclito, segundo a qual tudo flui: tudo está em mudança, nada permanece.

Fodor, Jerry (1935-) Filósofo da mente norte-americano. Fodor nasceu em Nova York, estudou nas universidades de Colúmbia e Princeton e leciona na Universidade de Rutgers e na City University de Nova York. É conhecido por defender um firme *realismo quanto à natureza do funcionamento da mente. Levando bastante a sério a analogia entre o pensamento e a computação, Fodor acredita que as representações mentais devem ser concebidas como estados individuais com estrutura e identidade próprias, como fórmulas transformadas por processos computacionais ou de pensamento. Contrasta-se frequentemente os seus pontos de vista com os dos *holistas, como *Davidson, ou os dos *instrumentalistas, como *Dennett. De sua obra fazem parte *The Language of Thought* (1975), *The Modularity of Mind* (1983), *Psychosemantics* (1987) e *The Elm and the Expert* (1994).

fonética O estudo das características dos sons humanos, em especial dos sons usados na fala. Embora a fonética seja provavelmente a área da linguística menos interessante para um filósofo, a descoberta de que os sons individuais com significado não podem ser definidos fisicamente, existindo antes em contexto e sendo apenas definíveis por contraste com outros sons, deu um enorme ímpeto ao *estruturalismo e às suas aplicações a várias áreas. O fonema é a unidade mínima no sistema de sons de uma língua.

fonocentrismo Crença de que a oralidade é uma atividade linguística mais fundamental que a escrita; foi atacada pelo *desconstrutivismo. *Derrida supõe que essa crença implica a ideia de que a presença do locutor, em contraste com a ausência do escritor, representa uma espécie de garantia do significado, quando, na verdade, o significado nunca está garantido. Derrida conclui assim que a escrita é, de fato, anterior à fala. A natureza paradoxal dessa consequência parece indicar que as implicações descobertas por Derrida têm algo de fantasioso: é possível aceitar a prioridade histórica ou biológica da oralidade sem que haja uma visão simplista de sua interpretação.

força ilocutória *Ver* ato ilocutório.

forense Pertencente ou relacionado aos tribunais. Assim, uma procuração forense é uma procuração para ser usada num tribunal. No *Essay*, livro II.27, *Locke descreve "pessoa" como um termo forense, querendo dizer com isso que só faz sentido descrever alguém como uma pessoa, ou descobrir que a mesma pessoa esteve presente em duas ocasiões diferentes, em função, essencialmente, da atribuição de responsabilidades. Desse modo, se se descobre que um octogenário é a mesma pessoa que o prisioneiro com vinte anos de sessenta anos atrás, então, e só então, se pode considerá-lo responsável pelos crimes deste último.

forma de vida Termo associado às últimas obras de *Wittgenstein. Uma forma de vida é o que dois grupos têm de partilhar para que suas linguagens possam ser mutuamente compreensíveis.

forma gramatical Representação do modo como uma sequência de palavras se torna uma frase bem-formada de uma linguagem. Numa linguagem formal ou artificial a gramática é estabelecida por meio de *regras de formação, mas as regras de formação das linguagens naturais são suficientemente complexas para tornar sua formalização uma tarefa arriscada.

forma lógica A forma lógica de uma frase é a estrutura, partilhável com outras frases, responsável pelo seu papel nas inferências. Isto é, a sua forma lógica determina a maneira pela qual ela pode ser validamente deduzida a partir de outras frases, e o modo como outras frases podem ser deduzidas validamente de conjuntos de premissas que a incluam. É óbvio que há algo de comum nos argumentos "Todos os homens são mortais/Sócrates é um homem/Logo, Sócrates é mortal" e "Todos os cavalos dão coices/Eclipse é um cavalo/Logo, Eclipse dá coices". Esta forma comum pode ser revelada se nos abstrairmos dos diferentes assuntos e virmos que ambos os argumentos têm a forma "Todos os F são G; a é F; *logo*, a é G". Os "símbolos" da lógica simbólica apenas representam essas formas comuns e os métodos de combinar elementos para formar frases. Uma questão frequentemente controversa é a de saber até que ponto é possível a redução às formas simples, e até que ponto é frutífero continuar a procurar as estruturas ocultas para revelar formas lógicas semelhantes debaixo das diversidades superficiais da linguagem comum.

forma normal Uma *fórmula bem-formada do *cálculo proposicional está em forma normal conjuntiva quando é da forma $A \wedge B \wedge \ldots$ onde cada A, B... é uma fórmula consistindo numa disjunção de proposições atômicas ou negações de proposições atômicas (e.g., $p \vee q \vee \neg r \ldots$). *Na forma normal disjuntiva, trata-se de uma disjunção de conjunções sujeitas à mesma condição.*

forma normal de Skolem Uma fórmula está em forma normal de Skolem se estiver em *forma normal prenexa, e se os quantificadores existenciais se encontram todos em primeiro lugar. Há um processo efetivo que produz, para qualquer fórmula, uma fórmula em forma normal de Skolem que é válida se, e somente se, a original for válida.

forma normal prenexa Uma *fórmula bem-formada do *cálculo de predicados está em forma normal prenexa se os *quantificadores se encontram todos em primeiro lugar e todas as outras constantes lógicas estão no âmbito de todos os quantificadores.

forma substancial No pensamento de *Aristóteles, é a estrutura ou natureza que é imposta à *materia-prima indiferenciada para fazer os diferentes tipos de substâncias do mundo. *Ver também* hilemorfismo; matéria.

formal, virtual e eminentemente Na terminologia *escolástica, um efeito está contido formalmente numa causa quando a mesma natureza presente na causa está presente também no efeito: o fogo causa o calor, e o calor está presente no fogo. Um efeito está virtualmente contido numa causa quando isso não acontece, como no caso em que um vaso ou uma estátua é causado por um artista. Um efeito está eminentemente contido numa causa quando esta é mais perfeita que o efeito: Deus contém eminentemente as perfeições de sua criação. Essas distinções fazem parte da concepção segundo a qual a causalidade é, em sua essência, uma questão de transferir algo, semelhante à passagem do bastão numa corrida de revezamento.

formalismo legal *Ver* filosofia do direito.

formalismo lógico (I) Termo alternativo para um *cálculo lógico. (II) Na filosofia da matemática, um formalista defende que os enunciados matemáticos devem ser vistos como sucessões não-interpretadas de símbolos. A matemática tem uma sintaxe, mas não tem semântica. O formalismo só é útil por nos dar a possibilidade de passar de observações para outras conclusões empíricas, mas não introduz qualquer conteúdo por si mesmo. Essa posição é amplamente encarada como inadequada para o uso dos números nos processos empíricos de contar e medir. Um formalismo modificado pode defender que alguns enunciados numéricos (por exemplo, os que envolvem apenas números finitos e classes finitas de números finitos) são interpretáveis, enquanto que o resto da matemática clássica é uma espécie de *caixa preta, ou uma máquina puramente formal que nos conduz de alguns enunciados interpretáveis para outros. Um dos exemplos seria o uso dos números imaginários em cálculos destinados a conduzir-nos a números concretos úteis, mas em que os próprios imaginários não são encarados como algo que corresponda a quaisquer grandezas físicas.

formas A teoria das formas é provavelmente a mais típica e a mais contestada das doutrinas de *Platão. Como antecessoras tem a concepção *pitagórica de forma como o elemento crucial da natureza física, mas também a doutrina cética associada a *Crátilo (que *Aristóteles disse ter sido um dos mestres de Platão), segundo a qual na confusão agitada do mundo sensível nada é fixo, e, portanto, o pensamento não tem em que se apoiar, nada podendo assim ser dito. Para escapar a esse impasse, Platão tenta mostrar que há uma maneira de as formas das coisas serem inteligíveis, apesar de serem características abstratas partilhadas por elas. As coisas adquirem sua natureza por meio da "imitação" das formas (as quais são então concebidas como transcendentais e, de alguma maneira, independentes do mundo sensível), ou então por "participarem" delas (caso em que são imanentes, presentes nas coisas e talvez menos misteriosas). Esse raciocínio é ilustrado por exemplos geométricos e éticos. O prato moldado pelo oleiro não é em si mesmo perfeitamente redondo, sendo a perfeita "redondeza" um ideal; pode não ser encontrada no mundo, mas é algo de que as coisas redondas se aproximam, desempenhando um papel importante em tornar inteligível o mundo em que essas coisas existem. Do mesmo modo, as instituições humanas existentes podem apenas se aproximar do ideal de justiça, mas esse ideal (ou a forma correspondente) proporciona uma dimensão inteligível de descrição e de discussão. É claro que fazer uso dela implica ter o conhecimento especial do geômetra, no caso da redondeza, ou do pensador que atingiu o saber daquilo em que consiste a justiça, no caso da ética. O conhecimento das formas torna-se assim um ideal do qual os filósofos tentam se aproximar (*ver* mito da linha). É esse raciocínio que leva Platão a repetir a distinção *eleata entre o mundo real, no caso o mundo das formas, acessível apenas ao intelecto, e o mundo enganador da percepção instável e da mera *doxa*, ou crença. O próprio mundo das formas é imutável, pois a mudança implica uma evolução que tende à realização da forma. Mas enquanto *Parmênides concebe o mundo real e eterno como uma espécie de mundo físico, em Platão ele se torna completamente não físico.

O aspecto transcendental do pensamento de Platão é visível sobretudo no *Banquete*, no *Fédon* e na *República*. O problema da interpretação dos diálogos é, no entanto, agravado pela questão de saber se a voz de Sócrates é também a de Platão (de acordo com Aristóteles, *Metafísica* M, XIII, 1078 b, Sócrates não defendia que os universais existiam separadamente, mas havia outros, i.e., Platão, que o faziam). Num dos últimos diálogos, *Parmênides*, Platão enfrenta sem rodeios os problemas resultantes da concepção das formas tanto como transcedentes às coisas particulares (*ver* argumento do terceiro homem), assim como algo de que as coisas particulares participam, sendo portanto divisível. Aquilo que Platão procura é, portanto, uma compatibilização entre a ideia de que os universais estão presentes nas coisas particulares e a ideia de que são apenas imitadas por elas. *Ver também* conceitualismo; nominalismo; universais.

formas de argumentos Dois argumentos podem ser da mesma forma apesar de seus componentes se relacionarem a coisas diferentes. "Todos os homens são mortais/Sócrates é um homem/Logo, Sócrates é mortal" tem a mesma forma que "Todos os cães são gulosos/Pluto é um cão/Logo, Pluto é guloso". A *lógica é a ciência que isola essas formas e que sistematiza as que são *válidas e as que não são.

fórmula bem-formada Em termos muito gerais, uma fórmula pode ser concebida, na teoria lógica, como qualquer sucessão de símbolos que pertençam ao léxico da teoria. Uma fórmula bem-formada (abreviada como fbf) é aquela que obedece às regras de formação do sistema. Uma vez que as outras sucessões não costumam ser relevantes, as fórmulas bem-formadas são muitas vezes referidas simplesmente como fórmulas.

fórmula de Barcan Tese fundamental na *lógica modal quantificada, formulada pela primeira vez pela filósofa americana do século XX Ruth Barcan Marcus. Em sua forma original, era o *esquema que afirma que $\Diamond(\exists x)Ax$ implica estritamente $(\exists x)\Diamond Ax$ (de modo informal: se, possivelmente, alguma coisa é um A, então alguma coisa é possivelmente um A). Adicionar esse esquema a uma lógica modal canônica é equivalente a adicionar $\Diamond(\exists x)Ax \rightarrow (\exists x)\Diamond Ax$ ou $(\forall x)\Box Fx \rightarrow \Box(\forall)Fx$, e qualquer uma dessas fórmulas pode ser chamada de fórmula de Barcan. Informalmente, a última significa que se tudo é necessariamente F, então, necessariamente, tudo é F. A fórmula tem sido criticada com base na ideia de que, quando consideramos *mundos possíveis com objetos diferentes dos do mundo atual, a antecedente da fórmula pode ser uma verdade no mundo atual e a consequente falsa. Por exemplo, pode ser possível que existam animais de uma espécie completamente diferente de todos os organismos vivos atuais, mas não ser no entanto possível que qualquer dos organismos vivos atuais fosse de uma espécie diferente.

fórmula fechada (ou frase) Uma fórmula na qual todas as *variáveis estão ligadas. Ver variável ligada.

fórmula/frase atômica Tecnicamente, uma fórmula atômica é aquela em que não ocorrem *constantes lógicas. Uma frase atômica é uma fórmula atômica sem *variáveis livres. Intuitivamente, é o tipo de frase com base na qual se pode construir complexidades lógicas: uma frase que contenha um nome e um predicado *monádico (Luís ronca), ou um certo número de nomes e um predicado relacional (Luís ama Maria).

foronomia Termo usado por *Kant na *Fundamentação metafísica das ciências naturais* (1786) para o estudo dos movimentos dos corpos, sem se considerarem forças nem a natureza dos próprios corpos; cinemática.

Foucault, Michel (1926-84) Historiador e filósofo francês. Nasceu em Poitiers, formou-se na École Normale Supérieure, em Paris, deu aulas na Alemanha, na Suécia e na Argélia e regeu várias cadeiras nas universidades de Clermont-Ferrand e de Vincennes, até ser nomeado professor de história dos sistemas de pensamento no Collège de France, em Paris. Sua obra bastante diversificada — entre a história, a filosofia, a psicanálise e a linguística — foi extraordinariamente influente, levantando novas questões quanto ao caráter histórico das categorias da experiência social. Foucault interessava-se em especial pela utilização da razão e da ciência como instrumentos de *poder, em domínios como a criminologia e a medicina. Sua primeira obra, *Folie et déraison* (1961), fazia um levantamento das atitudes ocidentais em relação à loucura, e teve uma influência determinante no diagnóstico daquilo que, apesar de poder parecer constituir um avanço progressista e humano no tratamento, constituía afinal um aspecto do aumento do controle social e político. Na verdade, sua percepção das relações sociais como relações essencialmente de poder, em geral imbuídas de uma dose apreciável de sadismo, levou a afirmar-se que Foucault tinha substituído a distinção entre sujeito e objeto pela de sujeito e abjeto. Por vezes, esse entusiasmo se refletia de forma sinistra na própria vida de Foucault, contribuindo para sua morte, tendo sido uma das primeiras vítimas de AIDS. *Les Mots et les choses* (1966) *L'Archeologie du savoir* (1969), *Surveiller et punir* (1975) e os três volumes da *Histoire de la sexualité* (1976-88), cujos volumes finais foram terminados pouco antes de sua morte, são algumas de suas obras posteriores.

Foucher, Simon (1644-96) Crítico francês do *cartesianismo. Nasceu em Dijon, estudou na Sorbonne e foi cônego da catedral de Dijon, embora tenha vivido sempre em Paris. Era amigo de *Leibniz, cujas respostas às questões de Foucher constituem algumas das melhores propostas de sua filosofia. Foucher era um cético e um dos principais críticos seiscentistas de *Descartes e de

*Malebranche. Suas críticas ao primeiro foram divulgadas, com admiração, por *Bayle, em seu verbete do *Dicionário* sobre Pirro: "Se os objetos dos nossos sentidos parecem coloridos, quentes, frios, perfumados, e no entanto não o são, por que não poderão então parecer extensos e com forma, em repouso e em movimento, embora não o sejam?" Talvez tenha sido um dos primeiros filósofos a perceber que, ao separar a mente do mundo, como o faz a teoria cartesiana, temos como resultado problemas insolúveis de interação causal e de conhecimento, abrindo caminho ao ceticismo de Bayle e ao *idealismo de *Berkeley. *Dissertation sur la recherche de la vérité* (1673) foi sua principal obra.

Franklin, Benjamin (1706-90) Embora Franklin tenha se destacado por sua atividade como cientista e homem de Estado, sua filosofia política e moral sem pretensões, em especial do modo exposto em *Poor Richard's Almanack* (1733-58), tem sido extremamente influente como expressão de uma *ética da virtude acessível e democrática.

frase Em termos muito gerais, a unidade de comunicação: a menor unidade cuja produção constitui uma mensagem, como uma asserção, uma ordem ou uma pergunta. Em face de fatores de variação como a *fonética ou a pronúncia, o reconhecimento de dois *atos de fala como elementos que constituem a produção de uma mesma frase já é uma questão de interpretação, a qual é habitualmente automática para os que falam a mesma língua materna. Em termos gramaticais, uma frase é a unidade cuja estrutura é estabelecida a partir de outras características reconhecidas de uma linguagem. A primazia da frase em grande parte da *filosofia analítica encontra-se condensada no *dictum* de *Frege de que as palavras só têm significado no contexto de uma frase. A interpretação menos controversa dessa máxima é a de que uma palavra ter significado consiste unicamente em contribuir de forma sistemática para o significado de frases completas em que se encontra inserida. Uma palavra não é algo que contenha sua própria "projeção" para partes do mundo; pelo contrário, a presença de uma palavra (ou, melhor, de um *morfema) é uma característica de uma frase, uma característica que desempenha um papel na determinação do seu significado, e cuja variação determina sistematicamente o significado de frases relacionadas. Uma extensão mais radical desta linha de pensamento sugere que é apenas no contexto de uma teoria inteira, ou visão do mundo, ou linguagem, que uma frase particular significa alguma coisa. Na terminologia de *Dummett, dar primazia às palavras é o "atomismo" semântico, a frases, o "molecularismo", e a algo maior, o "holismo". *Ver também* tese de Duhem.

frase aberta Frase que contém *variáveis livres, i.e., uma expressão que não é ela mesma interpretável como verdadeira ou falsa, mas que exige a adição de um ou mais *quantificadores para se tornar uma *frase fechada. "x ama y" é uma frase aberta; "$(\exists x)(\forall y)$ x ama y" é uma frase fechada, que afirma que existe pelo menos alguém que ama todas as pessoas. Uma frase aberta com n variáveis livres pode ser vista como um *predicado n-ário.

frase atômica *Ver* fórmula/frase atômica.

frase de Ramsey Frase gerada quando se reúnem todas as frases enunciadas numa teoria científica que usam um certo termo (e.g., "quark"), e se substitui esse termo por uma variável, para depois se quantificar existencialmente o resultado. Em vez de dizer que os quarks têm tais e tais propriedades, a frase de Ramsey diz que existe algo que tem essas propriedades. Se o processo for repetido para todos os termos teóricos de um certo grupo, a frase nos fornece a estrutura "*tópico-neutral" da teoria, mas deixamos de estar comprometidos com a ideia de que sabemos o que denotam os termos assim tratados. Deixa-se em aberto, portanto, a possibilidade de identificar o item teórico que melhor se ajusta à descrição oferecida, seja ele qual for.

frase de redução Estratégia proposta por *Carnap para lidar com frases de uma teoria científica cuja forma lógica não é facilmente dada através do *cálculo de predicados. A frase "x é solúvel na água" não pode ser definida como "x é colocado na água $\rightarrow$ x se dissolve", porque no cálculo de predicados "$\rightarrow$" é a *implicação material, e a consequência seria que todas as coisas que não fossem colocadas na água são solúveis. A solução de Carnap foi definir "solúvel" apenas quando colocado na água: se algo é colocado na água, então é solúvel se e somente se se dissolve: (($\forall x$) (x é colocado na água $\rightarrow$ (x é solúvel $\leftrightarrow$ x se dissolve))). A frase de redução não define a solubilidade para outras coisas.

frase fechada Frase na qual todas as *variáveis estão ligadas. *Ver* variável ligada.

frástico/nêustico Segundo a análise de *Hare em *The Language of Morals* (1952), o aspecto frástico de uma frase é o que é comum a diferentes modos: em "a porta está fechada", "feche a porta", "a porta está fechada?" e "quem me dera que a porta estivesse fechada!", podemos isolar o conteúdo comum que é "a porta estar fechada", ao qual são adicionados os vários nêusticos ou indicadores de modo, que assinalam a asserção indicativa, imperativa, e assim por diante.

Frege, Gottlob (1848-1925) Matemático e filósofo da matemática alemão. Frege nasceu na pequena cidade de Wismar, na Pomerânia, e ingressou na Universidade de Iena aos vinte e um anos. Obteve o doutoramento em Göttingen e trabalhou durante quase toda a sua vida no departamento de matemática da Universidade de Iena. Sua primeira obra importante, o *Begriffsschrift* ("escrita conceitual"), é também o primeiro exemplo de um sistema formal na acepção que essa expressão tem na lógica moderna. Nela, Frege empreende a tarefa de construir um sistema formal no qual possam ser feitas demonstrações matemáticas. Foi sua descoberta da representação correta da generalidade, com a introdução das noções de *quantificador e de *variável, que lhe permitiu atingir seu objetivo com sucesso. Com essa notação, Frege pôde representar frases que envolvem múltipla generalidade (como as da forma "para cada número pequeno e, existe um número n tal que..."), das quais depende a validade de grande parte dos raciocínios matemáticos. A obra *Begriffsschrift* contém também os elementos básicos do *cálculo proposicional, incluindo uma apresentação informal da noção de uma *função de verdade, e é universalmente reconhecida como a obra que fundou a lógica moderna. Em 1884, Frege publicou os *Grundlagen der Arithmetik* (traduzido em 1959 para inglês como *The Foundations of Arithmetics*, por J. L. *Austin). Nesta obra, Frege faz um ataque brilhante a teorias rivais acerca do estatuto da aritmética, e apresenta depois a sua própria teoria, analisando os conceitos básicos da matemática de tal maneira que a redução da aritmética a operações que são de caráter essencialmente lógico se torna verossímil. O primeiro volume dos *Grundgesetze der Arithmetik* (1893) formaliza a teoria matemática dos *Grundlagen*, uma tarefa cuja realização tornou necessário formular a primeira teoria formal das classes; essa teoria foi depois exibida como inconsistente através do *paradoxo de Russell. O volume II dos *Grundgesetze*, que tem como objeto principal a teoria dos números reais, foi publicado em 1903. A reação do próprio Frege ao paradoxo de Russell, após um período inicial de compreensível consternação, foi de modificar um dos seus axiomas; veio a verificar-se, porém, que o resultado não era aceitável; e foi apenas com o estudo de Zermelo que o conceito moderno da teoria dos conjuntos adquiriu uma formulação satisfatória.

A excelência de Frege como lógico é igualada por seu profundo interesse pelos conceitos semânticos básicos envolvidos nos fundamentos lógicos de sua obra. Num conjunto de artigos, forjou os conceitos e distinções básicos que têm dominado a investigação filosófica subsequente da lógica e da linguagem. O sentido (**Sinn*) e a *referência, os *conceitos, as *funções e os objetos, a *identidade, a *negação, a asserção, o *verdadeiro/falso e a natureza do pensamento são alguns dos temas desses artigos. Embora suas relações com o ambiente filosófico de seu tempo estejam sujeitas a debate, o fato de ter se interessado por esses temas e o modo como os investigou fazem de Frege o fundador da *filosofia analítica. No entanto, seu empenho na defesa de uma objetividade intemporal do pensamento e de seu conteúdo deu origem a acusações de *platonismo; seus próprios pontos de vista acerca dos objetos matemáticos o afligiram durante toda a vida.

frequência, probabilidade como *Ver* teoria frequencista das probabilidades.

Freud, Sigmund (1856-1939) Austríaco fundador da psicanálise. Freud nasceu em Freiburg e estudou em Viena. Começou trabalhando em biologia e em neurologia clínica; foi só depois do seu estudo com Charcot, em Paris, que voltou sua atenção para a hipnose. Em Viena colaborou com

Breuer, impulsionador de um método que consistia em fazer o doente reviver as experiências de tensão responsáveis por suas neuroses. Foi Freud, no entanto, que postulou a existência de um processo ativo de repressão que precisava ser confrontado e desarmado, ampliando também o âmbito das experiências a ter em conta, e concentrando-se nas experiências traumáticas da infância recuperadas pela memória ou pela imaginação. Apesar da influência da psicanálise como quadro teórico para o pensamento psicológico e social, o tratamento que Freud deu a seus casos mais famosos tem suscitado dúvidas crescentes, tendo-se mostrado que ele próprio inventou grande parte das cenas que se pensava que seus doentes tivessem recordado ou fantasiado. Contudo, seu modelo de dinâmica da mente (*ver* ego) exerceu e ainda exerce grande influência sobre muitos filósofos e, claro, na cultura em geral.

fulguração Súbito clarão mental. Para *Leibniz, as *mônadas são a fulguração de Deus.

função (lógica) Na lógica e na matemática, uma função, também conhecida como uma aplicação, é uma *relação que associa membros de uma classe X com um certo membro y de outra classe Y. A associação escreve-se $y = f(x)$. Chama-se domínio da função à classe X, e chama-se a Y o conjunto de chegada. Assim, "o pai de x" é uma função cujo domínio inclui todas as pessoas, e cujo conjunto de chegada é a classe dos pais. Mas a relação "filho de x" não é uma função, porque uma pessoa pode ter mais de um filho. "Seno de x" é uma função de ângulos para números reais; a medida do perímetro de um círculo, πx, é a função do seu diâmetro x; e assim por diante. As funções podem tomar sequências $<x_1 \ldots x_n>$ como argumentos, caso em que podem ser encaradas como algo que associa um único membro de Y com qualquer *n-tuplo ordenado como argumento. Dada a equação $y = f(x_1 \ldots x_n)$, chamam-se a $x_1 \ldots x_n$ as variáveis independentes, ou argumentos da função, e a y a variável dependente ou valor. As funções podem ser de muitos para um, e isso quer dizer que diferentes membros de X podem tomar o mesmo valor de Y como seu valor, ou de um para um (injetiva), quando a membros distintos de X correspondem membros distintos de Y. Chama-se também uma aplicação de X para Y a uma função com um domínio X e um conjunto de chegada Y, o que se representa como $f{:}X \rightarrow Y$. Se a função é tal que

(I) se $x, y \in X$ e $f(x) = f(y)$ então $x = y$,

então a função é uma injeção de X para Y. Se além disso

(II) se $y \in Y$, então $(\exists x)(x \in X \wedge y = f(x))$

então a função é uma bijeção de X para Y. Uma bijeção é também conhecida como uma correspondência biunívoca. Uma bijeção é simultaneamente uma injeção e uma sobrejeção, ao passo que uma sobrejeção é qualquer função cujo domínio é X e cuja imagem é todo o Y. Uma vez que as funções são relações, uma função pode ser definida como um conjunto de *pares ordenados $<x, y>$, em que x é um membro de X e y de Y.

Um dos *insights* lógicos de *Frege foi a ideia de que um conceito é análogo a uma função, e um predicado análogo à expressão de uma função (um funtor). Tal como "a raiz quadrada de x" nos leva de um número para outro, também "x é um filósofo" se refere a uma função que nos leva de pessoas para valores de verdade; e a frase é verdadeira para os valores de x que são filósofos, e falsa nos outros.

função biológica Em biologia, define-se frequentemente a função de uma característica de um organismo como o papel que esta desempenha, ao qual se deve a *evolução e o sucesso genético do organismo. Assim, embora o cérebro pese sobre os ombros, essa não é a sua função, porque não é por isso que as entidades com *cérebros são bem-sucedidas. Um dos problemas centrais consiste em saber qual a unidade biológica cuja *adaptação está em questão: as pessoas, os seus *genes, aglomerados de genes ou acervos de genes? Pode-se dizer que uma pessoa é uma maneira de um gene fazer outro gene, tal como um estudioso é uma maneira de uma biblioteca fazer outra biblioteca. Também existem dificuldades em distinguir os papéis fortuitos que uma adaptação pode vir a servir, a partir de sua função propriamente dita.

função de bem-estar social Uma função de bem-estar social é uma *função entre o conjunto dos votos ou preferências dos indivíduos numa sociedade e os votos ou preferências da sociedade como um todo. Leva-nos dos modos como os indivíduos separadamente hierarquizam as alternativas para o modo como a sociedade o faz. As dificuldades em estabelecer tal função são exibidas pelo *paradoxo dos eleitores e pelo *teorema de Arrow.

função de representação Uma *função que aplica objetos de um domínio para objetos de outro domínio. O dispositivo de *numeração de Gödel, por exemplo, associa cada fórmula de um sistema a um número particular. Uma maneira radical de defender a tese da *inescrutabilidade da referência é argumentar que nenhum dado pode determinar se uma pessoa está se referindo a um objeto, ou à sua imagem por uma função de representação; tanto podemos interpretar alguém como se estivesse se referindo a uma fórmula, como ao seu número de *Gödel. Quando há sol, uma função de representação é a relação "sombra de", que aplica uma pessoa na sua sombra; o defensor da inescrutabilidade afirma que não podemos saber se uma elocução como "aquela pessoa é alta" significa que a pessoa é alta, ou que a sombra da pessoa é comprida.

função de verdade Uma função de verdade de proposições ou frases é uma *função que produz um *valor de verdade determinado, dependendo dos valores de verdade dessas proposições ou frases. Assim, $(p \wedge q)$ é uma combinação cujo valor de verdade é verdadeiro quando p é verdadeira e q é verdadeira, sendo falso em todos os outros casos. $\neg p$ é uma função de verdade de p, falsa quando p é verdadeira e verdadeira quando p é falsa. O modo como o valor do todo é determinado pelas combinações de valores das partes constituintes é ilustrado por uma tabela de verdade. O cálculo proposicional é o tratamento canônico das combinações de funções de verdade. As suas constantes — ∧, /, ¬, Æ é — são funtores de verdade, i.e., expressões que representam funções de verdade.

p	q	$p \wedge q$	$p \vee q$	$p \rightarrow q$	$p \leftrightarrow q$
V	V	V	V	V	V
V	F	F	V	F	F
F	V	F	V	V	F
F	F	F	F	V	V

função frásica Um predicado pode ser concebido como uma *função de um termo singular para uma frase, podendo assim ser chamado uma função frásica. Além disso, os conectivos *verofuncionais são por vezes concebidos como funções de frases para frases, apesar de ser melhor concebê-los como funções de conjuntos de *valores de verdade para outros valores de verdade, uma vez que é assim que os avaliamos nas *interpretações do *cálculo proposicional. *Ver também* função proposicional.

função proposicional Conceito introduzido por *Frege para referir uma *função que toma nomes como argumentos, e que tem como valor uma proposição. A ideia é que "x ama y" é uma função proposicional, que tem como valor a proposição "João ama Maria", em relação a esses dois argumentos (por essa ordem). Uma função proposicional é, portanto, mais ou menos equivalente a uma propriedade ou relação. Nos *Principia mathematica*, *Russell e *Whitehead tomam as funções proposicionais como funções fundamentais, uma vez que se pode tomar a teoria das descrições como um indício favorável à ideia segundo a qual outras expressões que denotam funções são símbolos incompletos.

funcionalismo Na filosofia da mente, o funcionalismo é o sucessor moderno do *behaviorismo. Seus primeiros defensores foram *Putnam e *Sellars, e seu princípio orientador é o de que podemos definir os estados mentais através de um tríplice de relações: o que tipicamente os causa, que efeitos têm em outros estados mentais, e quais os seus efeitos no comportamento. A definição não precisa assumir a forma de uma simples análise, mas se conseguíssemos escrever a totalidade dos axiomas, postulados ou truísmos que governam nossas teorias acerca de quais coisas são capazes de causar (por exemplo) um estado de crença, quais os efeitos que isso teria sobre uma diversidade de outros estados mentais, e quais os efeitos que ele provavelmente teria sobre o comportamento, então teríamos feito tudo o que é necessário para transformar a noção de estado numa noção teórica adequada. Seria implicitamente definido por aquelas teses (*ver* definição implícita). Compara-se frequentemente o funcionalismo às descrições de um computador, visto que segundo o funcionalismo as descrições mentais correspondem à descrição de uma máquina em termos de suporte lógico (**software*), descrição essa que omite o suporte físico (**hardware*) subjacente ou a "realização" do programa que a máquina está executando. Uma das principais vantagens da teoria é o fato de o funcionalismo se harmonizar com o modo como conhecemos estados mentais, os nossos e os alheios (pois este conhecimento é acerca dos efeitos desses estados no comportamento e em outros estados mentais). Tal como ocorreu com o behaviorismo, a acusação dos críticos consiste em notar que itens estruturalmente complexos que não possuem estados mentais podem, no entanto, imitar as funções indicadas. De acordo com essa crítica, o funcionalismo é por demais generoso, incluindo demasiadas coisas no domínio das coisas possuidoras de mentes. Pergunta-se, igualmente, se o funcionalismo não será demasiado limitado ao ver semelhanças mentais quando há apenas semelhanças causais, quando, de fato, as nossas práticas cotidianas de interpretação nos permitem atribuir pensamentos e desejos a pessoas cuja estrutura causal pode ser muito diferente da nossa. Pode então parecer que as crenças e os desejos podem ser "variavelmente realizados" (*ver* realização variável) em diferentes arquiteturas causais, tal como o podem ser em estados neurofisiológicos diferentes. *Ver também* fisicalismo; funcionalismo homuncular; teste de Turing.

funcionalismo homuncular Um sistema inteligente, ou a mente, pode proveitosamente ser concebido como o resultado de um número de subsistemas que executam tarefas mais simples, coordenados entre si. Os subsistemas podem ser encarados como homúnculos, ou pequenos agentes relativamente estúpidos. O arquétipo do funcionalismo homuncular é um computador digital, em que uma bateria de interruptores capazes de fornecer uma única resposta (ligado ou desligado) pode resultar numa máquina que consegue jogar xadrez, escrever dicionários etc.

funções computáveis Intuitivamente, qualquer *função para a qual existe um processo efetivo ou *algoritmo para calcular a solução. Em termos matemáticos, uma função cujo valor pode ser computável por uma *máquina de Turing.

fundacionalismo O ponto de vista *epistemológico segundo o qual o conhecimento deve ser concebido como uma estrutura que se ergue a partir de fundamentos certos e seguros. Esses fundamentos encontram-se numa combinação da experiência com a razão, embora a este respeito as diferentes escolas filosóficas (*empirismo, *racionalismo) destaquem o papel de uma ou outra. O fundacionalismo está associado aos antigos *estoicos e, na época moderna, a *Descartes, que descobriu os seus fundamentos nas ideias "claras e distintas" da razão. Opõe-se principalmente ao coerentismo, que nos diz que um conjunto de proposições pode ser conhecido sem que esteja fundado na certeza, vendo-se antes como essas proposições se reforçam mutuamente: podemos saber que um problema de palavras cruzadas foi corretamente solucionado mesmo que cada resposta, considerada por si mesma, nos deixe na incerteza. *Ver também* verdade como coerência; barco de Neurath; proposições protocolares.

fundamentum divisionis (lat., fundamento da divisão) O princípio de acordo com o qual um gênero é dividido em espécies. *Ver per genus et differentiam.*

futuro *Ver* séries-a; tempo.

futurologia A atividade de prever o estado do mundo num tempo futuro através de extrapolações realizadas a partir de tendências presentes. Dadas as complexidades dos fatores sociais, políticos, econômicos, tecnológicos e naturais, trata-se sobretudo de uma pseudociência. *Ver* caos.

futuros contingentes Proposições contingentes sobre o que será o caso. *Ver* batalha naval; verdades necessárias/contingentes.

fuzzy logic (ing.) *Ver* lógica difusa/conjuntos difusos.

G

Gadamer, Hans-Georg (1900-) Filósofo alemão. Nasceu em Marburgo e foi aluno de *Heidegger. Começou a lecionar na Universidade de Marburgo, assumindo posteriormente cátedras em Leipzig, Frankfurt e Heidelberg. Gadamer é famoso por sua investigação sobre a teoria da interpretação e por defender o que veio a ser conhecido como a "teoria da resposta do leitor". De acordo com essa teoria, o significado de um texto nunca é determinado apenas por fatos acerca do autor e de seu público original; é, de igual modo, determinado pela situação histórica do intérprete. A metáfora mais usada nesse contexto é a da "fusão de horizontes", que surge quando o autor, historicamente situado, e o leitor, também historicamente situado, conseguem partilhar um significado. Abre-se, assim, a possibilidade de uma reinterpretação e de uma reavaliação constantes, à medida que diferentes significados forem sendo projetados para a obra em causa. Essa ideia é, aliás, um elemento fundamental do *pós-modernismo. A obra mais influente de Gadamer é *Warheit und Methode. Grundzüge einer philosophischen Hermeneutik* (1960) trad. ing. *Truth and Method* (1975).

Gaia *Ver* pampsiquismo.

Galeno de Pérgamo (c.129-179 d.C.) Famoso médico e anatomista grego, embora também tenha escrito filosofia. A influência de Galeno no pensamento e na medicina medieval só foi superada pela de *Aristóteles, graças não tanto a uma doutrina filosófica subjacente, mas antes por ser exemplo da excelência na ciência empírica, combinada com o que na época era entendido como uma fé religiosa ardente. Hoje em dia, no entanto, sua filosofia voltou a merecer o interesse acadêmico. *Ver também* quatro humores.

galileana do mundo, concepção *Ver* concepção galileana do mundo.

Galileu Galilei (1564-1642) Cientista italiano. Embora o mérito de Galileu pertença mais à história da física e da astronomia do que à filosofia, sua concepção tardia da filosofia e da metodologia da ciência tem sido muito debatida, sobretudo a que deriva do *Diálogo sobre os dois grandes sistemas do mundo* (1632) e dos *Diálogos sobre as duas novas ciências* (1638). Galileu sustenta, de forma incontestável, que a ciência baseada na observação, que se opõe à autoridade tradicional e à especulação filosófica, é a verdadeira fonte do conhecimento do mundo físico. Defende também uma modéstia cautelosa sobre o nosso conhecimento da natureza, em oposição às certezas dogmáticas de muito do pensamento medieval tardio. No entanto, os papéis relativos desempenhados na ciência pela matemática, pelo raciocínio *a priori*, pela observação pura e pela construção de modelos não são assim tão claros, e Galileu tem sido visto tanto como um exemplo de racionalismo platônico como de naturalismo aristotélico. A distinção entre *qualidades primárias e secundárias e a relatividade do movimento são algumas das doutrinas particulares que o tornaram conhecido na filosofia. A concepção do mundo associada à ciência moderna é frequentemente referida como a *concepção galileana do mundo.

gameta Célula reprodutora individual masculina ou feminina (espermatozoide ou óvulo), capaz de se unir a outra célula individual idêntica, do sexo oposto, para assim formar um *zigoto. Cada gameta contém um *cromossomo único (haploide); o cromossomo duplo (diploide) do zigoto resultante contém a informação genética que programa o crescimento do novo indivíduo.

Gassendi, Pierre (1592-1655) Filósofo e matemático francês. Gassendi nasceu na Provence, recebeu formação religiosa e lecionou em Digne e em Aix antes de ser eleito em 1645 para a cadeira de matemática do Colégio Real de França, em Paris. Sua primeira obra (*Exercitationes paradoxicae adversus Aristoteleos*, 1624) desenvolve o "ceticismo brando" que caracteriza em geral suas concepções filosóficas. Gassendi tinha um profundo respeito pelo *ceticismo antigo, e suas objeções às *Meditações* de *Descartes (reunidas no quinto conjunto de objeções) desfecham um ataque fulminante ao papel fundacionalista das "ideias claras e distintas" na obra de Descartes. Estas objeções foram mais tarde expandidas, formando a *Disquisitio metaphysica* (1644). No entanto, juntamente com seu ceticismo, Gassendi reservou um lugar para o conhecimento e a investigação científicos genuínos, e cultivou um atomismo muito próximo de *Epicuro e bastante sintonizado com a ciência materialista emergente do século XVII. Entre as obras de Gassendi coligidas na póstuma *Opera omnia,* de 1658, encontram-se os três volumes de comentários sobre Epicuro.

gato de Schrödinger Animal famoso inventado em 1935 pelo físico austríaco Erwin Schrödinger (1887-1961) numa *experiência de pensamento que revela a estranha natureza do mundo da *mecânica quântica. Imagine-se um gato fechado numa caixa que contém uma cápsula de cianeto que se quebrará se um contador Geiger detectar uma partícula que resulte do decaimento de um átomo de uma substância radioativa que se encontra na caixa, existindo uma probabilidade de 50% de que esse acontecimento ocorra dentro de uma hora. Caso contrário, o gato permanecerá vivo. O problema reside na forma como se descreve o estado em que o sistema se encontra antes da observação. A função de onda que descreve o sistema é uma "sobreposição" de estados próprios correspondentes ao estado "gato vivo" e ao estado "gato morto", e por isso "contém partes iguais do gato vivo e do gato morto". Quando abrirmos a caixa para ver, encontraremos um gato vivo ou um gato morto, mas se é apenas quando observamos que o colapso do pacote de ondas acontece, a mecânica quântica nos força a dizer que antes de o vermos não era verdade que o gato estava morto e que também não era verdade que estava vivo. A experiência de pensamento torna explícita a dificuldade de conceber as indeterminações quânticas quando estas são transportadas para o mundo familiar dos objetos cotidianos.

Geist (al., espírito, alma) Qualidade que anima a mente. O *Zeitgeist* é o espírito do tempo (*ver* romantismo). *Geisteswissenschaften* são as ciências humanas ou mentais. O termo surge em alguns textos de *Hegel e também na influente edição alemã da *Lógica* de J.S. *Mill, traduzida por Schiel, onde corresponde às ciências morais. O termo está especialmente associado aos últimos estudos de *Dilthey.

gene "Unidade de hereditariedade" que controla a transmissão de características hereditárias de pais para filhos, controlando a estrutura das proteínas e de outros materiais genéticos. O termo foi introduzido por W.L. Johannsen, em 1909, como abreviatura de "pangene". É interessante que, na época, o termo foi deliberadamente restringido a uma noção apenas funcional: "Não acarreta quaisquer hipóteses; traduz apenas o fato evidente de que, em qualquer caso, muitas características do organismo estão especificadas nos gametas através de condições, bases e determinantes especiais..." Hoje em dia, os genes são identificados com segmentos de ADN ou de ARN. Algumas formas simplistas de *determinismo biológico pressupõem que as características arbitrárias de um organismo (por exemplo, a pobreza, ou a criminalidade) são geneticamente especificadas.

gene egoísta Título do livro publicado em 1976 pelo biólogo inglês Richard Dawkins, onde se propõe o ponto de vista segundo o qual "somos máquinas de sobrevivência — veículos robóticos cegamente programados para preservar as moléculas egoístas conhecidas como genes". *Ver também* função biológica; gene.

generalização Um comentário que se faz sobre todas as coisas, ou as mais típicas, de um certo tipo. Em filosofia, o termo não tem o ar pejorativo que por vezes lhe está associado em contextos comuns. *Ver* leis da natureza; quantificador.

gênero Uma classe de coisas que partilham a mesma propriedade, mas que se dividem em subclasses ou espécies diferentes. O *genus summum* é o gênero mais inclusivo, que não funciona como espécie de uma outra categoria mais geral. Definir *per genus et differentiam* é indicar o gênero e a espécie diferenciadores a que uma coisa pertence.

gênero (feminino/masculino) A distinção entre sexo e gênero é atribuída à antropóloga Margaret Mead (*Sex and Temperament in Three Primitive Societies*, 1935). O sexo é a categoria biológica, enquanto que o gênero é a expressão culturalmente determinada da diferença sexual: é o modo masculino como os homens devem se comportar e o modo feminino como as mulheres devem se comportar. *Beauvoir sublinha que, neste sistema, a mulher é o Outro, ou seja, o tipo de pessoa cujas características são descritas em oposição à *norma masculina. Um dos principais objetivos de grande parte do pensamento *feminista é exibir as assimetrias de poder dissimuladas nas diferenças de gênero, e contribuir para uma sociedade em que a polarização baseada no mesmo seja abolida.

generoleto *Ver* leto.

generosidade Uma virtude curiosamente diferente da virtude cristã da caridade, porque ao passo que a última é uma resposta às carências e deficiências dos outros, a generosidade pode ser apenas um exercício de abundância, um excesso de boa vontade ou benevolência. *Aristóteles toma-a como o meio-termo correto entre a prodigalidade e a avareza, mas podemos defender que se pode ser *excessivamente* generoso, de maneira que, embora nesse caso haja algo errado, essa pessoa não perdeu no entanto o título de generosa.

gênio maligno *Ver* dúvida metódica.

genoma O genoma é todo o conteúdo de ADN de um organismo. Uma grande parte do genoma é feito de sequências de ADN que não são *genes, isto é, que não contribuem para determinar o *fenótipo.

genótipo A constituição genética de um organismo. *Ver* fenótipo.

Gentile, Giovanni (1875-1944) Filósofo italiano. Gentile nasceu na Sicília e foi educador antes de se tornar professor de história da filosofia em Palermo, em 1906. Ensinou em Pisa, foi ministro da educação no governo de Mussolini em 1922, e em 1924 tornou-se o primeiro presidente do Instituto de Cultura Nacional Fascista. Seu apoio ao *fascismo italiano e, depois, ao fascismo alemão, foi o motivo de seu assassinato por comunistas italianos no final da Segunda Guerra Mundial. Filosoficamente, Gentile é hoje em dia identificado com a "teoria do espírito como ato puro" (às vezes também conhecido por idealismo atual, ou atualismo), uma forma de *idealismo com antecedentes históricos tanto em *Berkeley como em *Kant. Gentile, contudo, não se satisfez com uma base não analisada do conhecimento na experiência ou na sensação, tendo pelo contrário concebido a sensação como um ato de autoconstituição ou autoafirmação. Esse ato é ao mesmo tempo uma descoberta do eu como um participante numa linguagem e num mundo social, definido segundo normas e valores. O aspecto social do pensamento de Gentile tornou-se muito facilmente parte de uma apologia do estado orgânico fascista, mas, estirpado dessa associação, como por exemplo nas mãos de discípulos como *Collingwood, representa uma valiosa insistência no lugar da linguagem e da comunicação na constituição de nossa identidade como pessoas que pensam. Na Itália, o idealismo atual de Gentile influenciou o pensamento cristão e de esquerda, ou pelo menos o seu espírito.

Gentzen, Gerhard (1909-45) Matemático alemão que demonstrou a consistência da aritmética clássica em 1936, apoiando-se, no entanto, na *indução transfinita. Gentzen é também responsável pelo primeiro tratamento da lógica formal através da *dedução natural.

geometria Embora os egípcios e os pitagóricos conhecessem várias leis sobre linhas e ângulos, o tratamento sistemático da geometria pelo método axiomático iniciou-se com os *Elementos* de *Euclides. A partir de um pequeno número de *axiomas explícitos, de postulados e de definições, Euclides deduziu *teoremas sobre várias figuras geometricamente interessantes. Até o século XIX, sua obra permaneceu como um exemplo supremo do exercício da razão, que deveria servir de modelo para todos os outros empreendimentos intelectuais. Através de critérios de um rigor formal crescente, reconheceu-se que a obra de Euclides contém falhas, mas ofereceram-se versões inteiramente formalizadas de sua geometria. Na axiomatização de David Hilbert, por exemplo, existem seis termos primitivos, enquanto que na de E.V. Huntington só existem dois: "esfera" e "inclui".

Na obra de *Kant, a geometria euclidiana figura como exemplo supremo de uma construção sintética *a priori*, na qual se representa a maneira como a mente, devido à sua estrutura intrínseca, tem de pensar o espaço. No entanto, pouco depois de Kant ter exposto sua concepção, surgiram as geometrias não euclidianas. Costuma-se atribuir a primeira geometria não euclidiana séria ao matemático russo N.I. Lobachevsky, que a elaborou na década de 1820, embora estas geometrias já tivessem sido prenunciadas pelo matemático K.F. Gauss (1777-1855). No quinto axioma de Euclides, o axioma das paralelas, declara-se que se pode traçar uma só linha reta que não cruze outra reta a partir de qualquer ponto que não se situe na segunda; mas na geometria de Lobachevsky é possível traçar diversas linhas desse tipo. Mais tarde, G.F.B. Riemann (1822-66) compreendeu que a geometria bidimensional que seria encontrada por pessoas circunscritas à superfície de uma esfera seria diferente da de pessoas que vivessem num plano: π, por exemplo, seria menor, já que o diâmetro de um círculo, traçado numa esfera, é maior quando comparado com a circunferência.

Na figura, BCB, a circunferência do círculo, é menor que $2\pi AB$, onde AB é o raio. Generalizando, Riemann chegou à ideia de uma geometria onde não existem linhas retas que não cruzem uma dada linha reta, tal como numa esfera todas as geodésicas (a distância mais curta entre dois pontos) se cruzam.

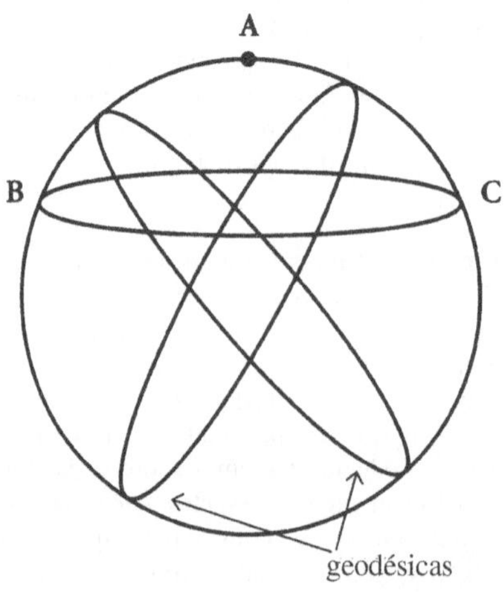

Abriu-se, assim, o caminho para separar o problema da natureza matemática da geometria puramente formal do problema de sua aplicação física. Em 1854, Riemann mostrou que o espaço de qualquer curvatura pode ser descrito por um conjunto de números conhecido como seu tensor métrico. Dez números, por exemplo, são suficientes para descrever o ponto de qualquer entidade tetradimensional. Aplicar a geometria significa encontrar *definições coordenadoras que correlacionem as noções da geometria (especialmente as de linha reta e de distância idêntica) com fenômenos físicos, como o percurso de um raio de luz, ou o tamanho de uma barra em tempos e lugares diferentes. Há alguma controvérsia sobre o estatuto dessas definições. Alguns, como *Poincaré, as encaram simplesmente como *convenções, enquanto que outros as veem como verdades *empíricas importantes. Com a ascensão geral do *holismo na filosofia da ciência, o problema desse estatuto perdeu alguma importância, reconhecendo-se simplesmente que a coordenação desempenha um papel fundamental na física. *Ver também* espaço-tempo; teoria da relatividade.

gerações futuras O problema ético de pensar sobre nossas responsabilidades para com as gerações futuras é agravado pelo fato de sermos nós que criamos essas gerações e de podermos determinar, em princípio, quantas vidas haverá. A questão de saber se mais vidas são preferíveis a menos vidas, se vale a pena todos viverem e como equilibrar a competição resultante entre quantidade e qualidade, são algumas das questões levantadas. O *utilitarismo "total" soma a utilidade que se imagina que cada vida tem; o utilitarismo "médio" vê a utilidade média. Ambos têm seus problemas. Outras questões acerca de pessoas não existentes surgem quando perguntamos que tipo de dever é violado se escolhermos ter uma criança deficiente, agora, em vez de uma criança normal, um pouco depois. Aparentemente, ninguém é lesado pela primeira decisão (pois a criança deficiente não existe na outra alternativa); no entanto, isso nos parece desumano e errado. Os argumentos nessa área têm sua melhor expressão em *Reasons and Persons*, de *Parfit.

Gersônides (Levi ben Gerson, 1288-1344) O judeu aristotélico mais importante depois de *Maimônides. Sua principal obra, *As guerras do Senhor*, trata de problemas que ele considera não terem sido resolvidos por Maimônides, tendendo a um aristotelismo mais estrito, colocando-se frequentemente contra Maimônides e a favor de *Averróis. Gersônides foi também astrônomo e uma autoridade em exegese bíblica.

Gestalt (al., configuração) Teoria da percepção que se desenvolveu em oposição ao modelo "atomista" clássico dos empiristas britânicos e seus seguidores, como J.S. *Mill e o cientista alemão H.L.F. von Helmholtz. Numa perspectiva atomista, os padrões visuais formam-se a partir de um mosaico de sensações independentes umas das outras. Mas fenômenos como a ambiguidade da "figura-fundo" ou a famosa ambiguidade do *pato-coelho, mostram que apreender uma figura de uma maneira ou de outra está muito além de ter uma experiência neutra, explicando-a depois como o resultado de uma coisa ou de outra: a interpretação modifica a própria experiência. Essa qualidade *Gestalt* está acima e além de quaisquer determinações na exibição das sensações individuais. A escola de psicologia *Gestalt* original foi fundada em 1910 por Max Wertheimer, Kurt Koffka e Wolfgang Köhler. Embora tanto a explicação dos efeitos *Gestalt* em termos de "campos" cerebrais, como a tentativa de isolar leis que determinem o modo como os estímulos acabam por ser percebidos tenham sido postos de lado, tem prosperado a ideia básica de que os processos cognitivos de nível superior (recordações, interpretações) são responsáveis pela natureza da experiência. A *Gestalt* é filosoficamente importante por desfazer o "*mito do dado", uma vez que prova que nem mesmo a percepção direta de objetos tridimensionais no espaço é "dada".

Geulincx, Arnold (1624-69) Geulincx nasceu em Antuérpia, e estudou e ensinou em Lovaina, até que em 1658 foi retirada a regência de sua cadeira. Após deixar Lovaina estabeleceu-se em Leiden, tornando-se calvinista. É conhecido sobretudo pelo seu *ocasionalismo, ou seja, a negação de uma relação causal entre a mente e o corpo, e por usar a imagem dos dois relógios síncronos, mais tarde tornada famosa por *Leibniz, para ilustrar sua doutrina (*ver* harmonia preestabelecida). No entanto, Geulincx exige a intervenção constante de Deus, ao passo que para Leibniz a harmonia é o resultado da natureza preestabelecida das substâncias em causa. Geulincx produziu também uma vasta obra sobre ética.

Glanvill, Joseph (1636-80) Filósofo inglês. Glanvill, patrocinador da Royal Society, estudou em Oxford e é conhecido principalmente por sua obra *The Vanity of Dogmatizing* (1661; a obra contém a história que inspirou "The Scholar Gipsy", o poema de Matthew Arnold). Glanvill propõe uma distinção, mais tarde associada a *Locke, entre um ideal de ciência, no qual as relações causais e as naturezas das coisas podem ser vistas como são, através de uma intuição de tipo divino, e o melhor que as pessoas reais conseguem fazer: traçar uma espécie de mapa da maneira como as coisas nos parecem. A análise de Glanvill da causalidade e do alcance da ciência contém antecipações notáveis de *Hume, mas foi minada pela suposição de que, antes do pecado original, poderemos talvez ter atingido, à semelhança dos anjos, uma intuição intelectual que hoje não conseguimos alcançar; para o espírito exigente de Hume, esse ideal é incoerente. Glanvill também escreveu as *Philosophical Considerations Touching Witches and Witchcraft* (1666, reeditado como *A Blow at Modern Sadducism*, 1668), que reflete um estudo extenso conduzido no escopo do que mais tarde recebeu o nome de investigação psíquica. *Ver também* saduceísmo.

glossolalia Capacidade de falar várias línguas, atribuída a algumas pessoas em certos grupos religiosos.

gnose (do gr., *gnosis*: conhecimento) A raiz encontra-se em *agnosticismo, *gnosticismo, diagnóstico, prognóstico e gnosiologia (um termo obsoleto para epistemologia). Nos textos teológicos, que se referem frequentemente às pretensões do gnosticismo a esse conhecimento, a gnose é o conhecimento superior das coisas espirituais.

gnosiologia *Ver* epistemologia; gnose.

gnosticismo Doutrina partilhada por várias seitas que ganhou destaque por volta do século II, na qual se combinam elementos cristãos e pagãos. Atribui-se uma importância central à "gnose", um conhecimento revelado, mas secreto, sobre Deus e sua natureza, que permite que aqueles que o possuem atinjam a salvação. O gnosticismo retira do pensamento pagão o conceito de um *demiurgo, ou um deus subordinado, que dirige o mundo diretamente. O mundo material é associado, tal como no *maniqueísmo, ao mal, mas em alguns homens existe um elemento espiritual que, através do conhecimento e dos rituais associados, pode ser salvo do mal e atingir um estado espiritual mais elevado. Cristo nunca esteve de fato num corpo, nem morreu, estando em vez disso remotamente relacionado com o que apareceu aos discípulos. No *platonismo médio estão presentes alguns elementos gnósticos, que ajudaram a alimentar a concepção de que havia uma *aurea catena* secreta, ou seja, uma cadeia dourada de doutrinas platônicas escondidas, que se estendia da cosmologia positiva de Platão aos iniciados da época. Foram descobertos vários textos gnósticos dos primeiros quatro séculos no Egito, e a crença persistiu, sob várias formas, ao longo da Idade Média.

gnothi se auton (gr., conhece-te a ti mesmo) Inscrição localizada no templo de Delfos; profunda censura àqueles que pensam que podem atingir a sabedoria sem esse componente.

Gödel, Kurt (1906-78) Lógico matemático. Gödel nasceu na Tchecoslováquia, filho de pais de língua alemã, e estudou matemática na Universidade de Viena, onde também entrou em contato com o Círculo de Viena (*ver* positivismo lógico). Seus revolucionários resultados de 1931 constituíram sua *Habilitationsschrift* (tese pós-doutoral) em 1932 (*ver* teoremas de Gödel). Em 1938, Gödel emigrou da Áustria para os Estados Unidos, tendo trabalhado depois no Institute for Advanced Studies, em Princeton. As realizações de Gödel são praticamente sinônimas das da lógica matemática de meados do século XX. Entre elas contam-se a demonstração da completude do *cálculo de predicados de primeira ordem, e os resultados revolucionários geralmente referidos como os teoremas de Gödel. Demonstrou também que nenhum sistema pode mostrar sua própria consistência, pondo efetivamente fim ao *programa de Hilbert, apesar de a demonstração de *Gentzen (segundo a qual se a indução transfinita for permitida, poderemos demonstrar a consistência da aritmética) ter constituído uma espécie de consolação para o próprio Hilbert. A partir de 1943, Gödel dedicou-se sobretudo à filosofia, interessando-se não apenas pela filosofia da matemática, mas também pela filosofia da relatividade generalizada e pela cosmologia. Suas opiniões filosóficas eram diametralmente opostas às do Círculo de Viena, manifestando uma tendência platônica que incluía elementos religiosos abstratos. Nos anos que se seguiram, Gödel não escapou a algumas excentricidades. *Einstein conta que na tarde de sua entrevista para a obtenção da cidadania americana, Gödel chamou Morgenstern, um especialista em *teoria dos jogos, para lhe explicar que tinha descoberto um problema lógico na Constituição dos Estados Unidos: uma interpretação não canônica que permitiria que uma ditadura fosse criada sem que isso fosse inconsistente segundo a própria constituição. Após um período de doença, acabou por morrer de fome, com medo de ser envenenado. A extensa obra de Gödel sobre os fundamentos da lógica e da matemática está publicada em *Kurt Gödel: Collected Works*, vol.I, *Publications 1929-1936* (1986), vol.II, *Publications 1938-1974* (1990) e vol.III, *Unpublished Essays and Lectures* (1995).

Godwin, William (1756-1836) Escritor e reformador social inglês. Godwin teve uma carreira longa como escritor, mas praticamente anônima, embora seu período áureo tenha sido a década de noventa do século XVIII, quando se tornou famoso como um defensor de destaque do radicalismo e do *anarquismo. Sua principal obra foi *Enquiry Concerning Political Justice* (1793). Godwin foi um *utilitarista, acreditando que todos os governos e todo o aparato de coerção legal corrompem e pervertem a natureza humana. Era casado com Mary *Wollstonecraft e foi o pai de Mary Shelley, a autora de *Frankenstein*.

Goethe, Johann Wolfgang von (1749-1832) Literato alemão. Como filósofo, este grande escritor é interessante principalmente pela influência que exerceu sobre outros, em especial *Schiller e *Schelling. Goethe, por sua vez, foi influenciado pelo panteísmo de *Espinosa, pelo pampsiquismo de *Leibniz e pela filosofia moral de *Kant, mas confessou que lhe faltava o "órgão apropriado para a filosofia". Sua conhecida falta de rigor pode ser exemplificada por sua observação de que "somos panteístas quando estudamos a natureza, politeístas quando escrevemos poesia, monoteístas na nossa moral". Contudo, seu estudo sobre as *cores, inspirado por uma reação temperamental à teoria do espectro de *Newton, de índole puramente matemática, foi redescoberto e reavaliado à luz de investigações recentes.

Goodman, Nelson (1906-) Filósofo norte-americano. Goodman nasceu em Massachussetts, estudou em Harvard, e foi negociante de arte em Boston de 1929 a 1941, ensinando na Pensilvânia e em Brandeis antes de se tornar professor em Harvard em 1968. Goodman está associado a um *nominalismo extremo, ou seja, uma desconfiança em relação a qualquer apelo a uma noção de semelhança entre duas coisas, quando isto é concebido como algo independente das nossas propensões linguísticas para lhes aplicar o mesmo termo. A sua primeira obra, *The Structure of Appearance* (1951), é um desenvolvimento do programa reducionista do *Aufbau* de *Carnap. Nas suas obras mais recentes tem expresso o que parece ser um *idealismo radical, expondo a ideia de que existem tantas "versões" ou "mundos" quantas as narrativas humanas e as criações artísticas. As obras mais importantes de Goodman, além da referida, são *Fact, Fiction and Forecast* (1954), *Languages of Art* (1969) e *Ways of Worldmaking* (1978). *Ver também* paradoxo de Goodman.

Górgias de Leontinos (c.483-376 a. C.) Górgias, que foi sobretudo um professor de *retórica, é geralmente incluído na classe dos *sofistas. Foi a Atenas em 427 a.C. como embaixador de sua cidade natal siciliana, e seu característico estilo antitético teve uma influência literária considerável. Em termos filosóficos, interessou-se seriamente pela ciência de seu tempo, e escreveu um tratado, *Sobre o que não é, ou da natureza*, do qual só se conhecem resumos. Continha um desenvolvimento dos argumentos *eleatas contra o movimento e a favor da unidade para demonstrar a impossibilidade da existência da natureza; é tema de debate acadêmico determinar se Górgias acreditava nesse resultado (se é que, na verdade, é possível acreditar nele), ou se o tratado era um exercício de retórica. O seu *Elogio de Helena* é a primeira abordagem clara do problema do *livre-arbítrio.

gosto Geralmente, o sentido do gosto suscita menor interesse filosófico do que os sentidos do tato, da visão e da audição, visto que parece nos dar meras sensações e muito poucas coisas que possam passar por conhecimento do mundo. Os juízos de gosto são juízos estéticos; dão voz às reações que o sujeito supõe adequadas a um determinado objeto de contemplação estética: que é belo, elegante, harmonioso, sublime etc., ou insípido, sentimental, excessivamente dramático, sem sentido. O problema da objetividade ou não desse tipo de juízos, a maneira de os cultivar, e sua relação com coisas como a aprovação moral, foram os aspectos mais desenvolvidos pela *estética do século XVIII, em obras como a *Investigação acerca das origens das nossas ideias de beleza e de virtude* (1725) de *Hutcheson, o ensaio de *Hume, "Do cânone do gosto" (1757) e a *Crítica da faculdade do juízo*, de *Kant (1790).

gramática Os modos sistemáticos pelos quais as frases de uma língua podem ser construídas. A gramática costuma ser estudada de forma independente da *fonética e da *semântica. Seus dois ramos são a sintaxe, ou a forma como as palavras se agrupam em frases, e a morfologia, que envolve o reconhecimento de partes sintaticamente significativas das palavras. Uma gramática que visa encontrar categorias e regras aplicáveis a todas as línguas é uma gramática universal. A gramática pode ser abordada de diversas maneiras: uma gramática formal visa produzir um processo de demonstração ou *algoritmo que separe as frases bem-formadas de uma língua de outras sequências de palavras. Os diferentes níveis de complexidade desses algoritmos definem a hierarquia de estruturas abstratas para as línguas, descrita originalmente por *Chomsky. Uma gramática descritiva descreve usos efetivos de uma língua, enquanto uma gramática prescritiva define os usos corretos e incorretos. *Ver também* gramática gerativa.

gramática categorial Um tipo de gramática formal que trabalha com um número fixo de categorias básicas, como a de frase e a de substantivo ou sintagma nominal. Uma gramática categorial pode servir de base a regras mais poderosas, como as da *gramática de Montague.

gramática de Montague Tipo de linguagem formal proposto pelo lógico Richard Montague no seu estudo pioneiro "The Proper Treatment of Quantification in English" (1974). Uma gramática de Montague baseia-se numa *linguagem de primeira ordem à qual se juntam instrumentos lógicos poderosos para a construção e avaliação de frases. Essa linguagem formal inclui os seguintes elementos: (I) a lógica de predicados de primeira ordem; (II) os operadores *modais; (III) operadores temporais; (IV) a abstração lâmbda (*ver* notação lâmbda); (V) operadores que geram as intensões e as *extensões de predicados. Montague construiu uma estrutura baseada na teoria dos tipos, permitindo no entanto a *quantificação sobre qualquer tipo de expressão. Essa linguagem é chamada LI (linguagem intensional). À LI é dado um modelo, em termos de indivíduos, valores de verdade, coordenadas de mundos possíveis e instantes de tempo (índices), e funções de todos estes elementos. A LI permite-nos fornecer uma interpretação indireta de qualquer frase de uma linguagem natural: primeiro, faz-se corresponder a frase a uma tradução em LI e, em seguida, fornece-se a interpretação dessa frase de LI. O ideal de Montague era uma tradução completa da linguagem natural para a linguagem formal interpretada assim gerada.

gramática gerativa A teoria das estruturas linguísticas inicialmente proposta em *Syntactic Structures* (1957), de *Chomsky. Da mesma maneira que a física estuda as formas dos processos fisicamente possíveis, também a linguística estuda a forma das línguas possíveis. Isso definiria os limites das línguas através da separação entre os tipos de processos que nela podem ocorrer e os que não podem. O resultado seria uma gramática universal, da qual as línguas particulares seriam derivadas como sendo, de fato, maneiras diferentes de fazer a mesma coisa. As variações de vocabulário e dos princípios que regem a ordem das palavras seriam identificadas como diferentes aplicações das mesmas regras subjacentes. O conhecimento tácito desta gramática universal é pré-programado, um patrimônio biológico inato de uma criança normal. O argumento com o qual Chomsky defendeu a existência de tal patrimônio é conhecido como o argumento da "pobreza do estímulo": argumenta-se que o processo de aprendizagem de uma língua é tão rápido e resulta de um conjunto tão escasso de "dados" que tem de se concluir que a criança possui uma propensão inata para aprender a gramática que as outras pessoas dominam. Até que ponto esse argumento encara a criança como um teorizador ou como um "pequeno linguista" tem sido muito debatido (*ver também* linguagem do pensamento). No modelo original de Chomsky, as línguas consistem em regras sintagmáticas e transformações. As regras sintagmáticas representam as partes constituintes gramaticalmente básicas da frase (e.g., uma frase pode ser um sintagma nominal + um sintagma verbal). As regras transformacionais mudam as relações (como na transformação ativa/passiva), e determinam o modo como frases complexas podem ser formadas a partir de outras mais simples. Esta última função foi transferida para as regras sintagmáticas em sua obra posterior *Aspects of the Theory of Syntax* (1965), que introduziu o que ficou conhecido como a teoria "standard". Aqui, as regras sintagmáticas cumprem o papel de definir a estrutura profunda de uma frase, da qual se considera que sua estrutura de superfície é derivada por meio de transformações possivelmente reiteradas. A ideia de estrutura profunda tem algumas semelhanças com a de estrutura lógica de uma frase, concebida como a representação da frase que revela suas propriedades inferenciais. A noção não sobreviveu na semântica gerativa (uma das sucessoras da teoria "standard" de Chomsky), na qual regras transformacionais projetam representações semânticas em estruturas de superfície. A introdução da *semântica tem sido frequentemente considerada um aperfeiçoamento necessário à perspectiva puramente sintática e gramatical da teoria inicial de Chomsky.

Depois da teoria "standard" veio a teoria "standard" ampliada e, por fim, a teoria da regência e ligação, ambas mantendo um ponto de vista abstrato e matemático quanto à descoberta de princípios linguísticos do mais alto grau de generalidade. Do ponto de vista filosófico, os pontos de maior interesse são a possibilidade de os princípios gramaticais complexos serem inatos e a relação entre a sintaxe e a semântica implícita na ideia de uma gramática gerativa. Em geral, os filósofos de inclinação formal têm estado mais interessados na possibilidade de detectar estruturas semânticas escondidas do que nos problemas mais puramente gramaticais da linguística.

gramática profunda e de superfície *Ver* gramática gerativa.

gramática universal *Ver* gramática gerativa.

Gramsci, Antonio (1891-1937) Comunista e pensador social italiano. Gramsci nasceu na Sardenha e estudou em Turim, tornando-se um dos mais célebres intérpretes de *Marx do século XX. Gramsci, um dos principais fundadores e primeiro secretário geral do partido comunista italiano, esteve preso de 1926 até sua morte. O seu (póstumo) *Cadernos do cárcere*, escrito entre 1929 e 1935, é sua principal obra, na qual propõe um marxismo humanista, enfatizando a necessidade de uma autoconsciência transformada ou de uma "batalha de ideias" na sociedade antes de a revolução ocorrer. Afastam-se, assim, o fatalismo histórico e o materialismo do marxismo ortodoxo. *Ver também* hegemonia.

grandeza *Ver* medição.

grandeza intensiva A medida de uma qualidade, como a dureza, em que não há qualquer processo físico de adição para produzir uma medida superior da qualidade através da combinação de quaisquer quantidades dadas. Essas grandezas contrastam com as grandezas extensivas (como o comprimento, ou o volume), em que isso pode ser feito.

gratidão A gratidão costuma ser tratada como um *dever, mas um dever especialmente interessante, dado que não consiste numa ação, mas em ter um certo sentimento. Embora o conceito envolva a ideia do pagamento de uma dívida, a gratidão não é apenas a retribuição justa da mesma, pois o benfeitor não pode exigir gratidão do mesmo modo que um credor pode exigir pagamento. Além disso, devemos sentir gratidão por coisas que não podemos de modo algum pagar, tais como a vida (ou, diz *Aristóteles, a preparação filosófica). É necessário honrar ou ter um sentimento de amor pelo benfeitor, e a falta desse sentimento constitui uma falha tão severa que é, nas palavras de *Hume, "de todos os crimes que os seres humanos são capazes de cometer, o mais horrendo e antinatural".

Green, Thomas Hill (1836-82) *Idealista absoluto inglês. Green nasceu em Yorkshire e estudou em Oxford. Foi *tutor* no Balliol College, e em 1878 tornou-se professor de filosofia moral em Oxford. Sua introdução à edição das obras de *Hume (que dirigiu em colaboração com T.H. Grose) constitui um ataque muito importante ao *empirismo tradicional, mas Green é conhecido sobretudo por sua obra *Prolegomena to Ethics*, publicada um ano após sua morte. Nesse livro, Green argumenta que as "paixões" empiristas são estímulos inadequados para a ação, que, pelo contrário, resultam da busca consciente de um bem. Este é um primeiro exemplo de uma linha de crítica ainda atual às teorias *emotivistas humeanas da ética, mas para Green os estímulos para a ação rapidamente se identificam com a imersão num todo maior, produzido por uma mente absoluta, que vela, ela própria, pela bondade, pela verdade e pela beleza. A "escola de Green" foi um elemento influente no ambiente filosófico de Oxford até depois da Primeira Guerra Mundial.

Grice, Paul (1913-88) Filósofo da linguagem inglês. Formado em Oxford, Grice tornou-se membro do corpo docente do St. John's College de Oxford, em 1939. Em 1967, emigrou para ocupar uma cátedra em Berkeley, aposentando-se em 1980. Introduziu o importante conceito de *implicatura na filosofia da linguagem, argumentando que nem tudo que é dito constitui um indício direto para o significado de um termo — visto que há muitos fatores que podem determinar a adequação dos comentários, independente do fato de serem ou não realmente verdadeiros. Essa tese pôs em causa a excessiva atenção dada às sutilezas da conversação como indicadores fidedignos de significado — uma metodologia típica da *filosofia linguística. Numa série de ensaios de grande precisão, Grice introduziu também um ponto de vista sobre o conceito de significado de uma frase que identifica este com um complexo de intenções com o qual ela é proferida. O psicológico é assim usado para explicar o semântico, e a questão de saber se esta é a prioridade correta provocou posteriormente uma polêmica considerável. *Studies in the Way of Words* (1989) e *The Conception of Value* (1991) foram publicados após a morte de Grice.

Grosseteste, Robert (c.1168-1253) Filósofo medieval inglês. Grosseteste nasceu em Suffolk, e ganhou reputação em medicina, tornando-se aquele que foi talvez o primeiro reitor da Universidade de Oxford, após ter estudado em Paris. Ensinou os franciscanos em Oxford, e tornou-se bispo de Lincoln em 1235. Representou uma tradição *agostiniana, filtrada por *Avicena e *Anselmo, contrastando com a influência predominantemente aristotélica das escolas de Paris. Grosseteste tinha interesses científicos; interessava-se sobretudo pela natureza da luz — um assunto que pensava ter de ser estudado com métodos essencialmente matemáticos. De acordo com a tradição platônica, pensava que a natureza ou a forma do corpo é ela mesma luz, uma vez que só a luz se difunde instantaneamente em todas as direções, sendo portanto suscetível de preencher o espaço. Entre 1215 e 1235 redigiu várias obras sobre esse tema, entre elas *De luce* ("Da luz"). Grosseteste foi um dos primeiros pensadores ocidentais a perceber que, para se atingir os fins da ciência, a observação e a memória têm de ser complementadas pelo cuidado em isolar os fatos relevantes. Seus interesses científicos influenciaram especialmente Roger *Bacon. Escreveu também sobre a ética de *Aristóteles, e traduziu obras de *Dionísio o Pseudoareopagita e são João Damasceno.

Grotius, Hugo (1583-1645) Filósofo do direito holandês. Grotius é o pai do direito internacional moderno, e desenvolveu muitos dos elementos constituintes das tentativas posteriores de estabelecer uma ordem internacional. Nasceu em Delft, viveu durante a Guerra dos Trinta Anos e em 1625 escreveu sua obra-prima, *As leis da guerra e da paz* (*De Jure Belli ac Pacis*), após fugir da prisão para se exilar na França. Grotius é um defensor da teoria do *direito natural, mas de um direito fundado na razão, e não na ordem divina: "o direito natural é tão imutável que nem o próprio Deus pode alterá-lo" (*ver* dilema de Eutífron). Grotius transformou o interesse pessoal e o instinto de sobrevivência em fundamento da moral, um direito natural cuja proteção constitui a razão de ser da sociedade civil. Nisto foi altamente influente na teoria política seiscentista, sobretudo em *Hobbes. *Pacta sunt servanda* (os tratados existem para ser respeitados), constitui o fundamento das relações entre os Estados. A partir dessa ideia, de seu respeito *estoico pela razão e de sua experiência como diplomata, Grotius derivou um corpo substancial de preceitos e princípios. Como *Descartes, contraiu pneumonia na corte de *Cristina Wasa, e morreu quando regressava à Holanda.

guardiães Os guardiães são, na *República* de *Platão, uma combinação de protetores e governantes do Estado. Seu temperamento e educação são o tema de um grande excerto do fim do livro II dessa obra. Assumem os papéis militar, de administração pública e de governo, sendo uma espécie de cães de guarda contra os inimigos do Estado, embora sensatos e afáveis para com os cidadãos. Para manter esses padrões de comportamento, os guardiães devem levar uma vida monástica e de disciplina militar, não necessitando de dinheiro nem de família (representando, assim, a imparcialidade exigida a alguém que é a última instância da autoridade política e moral). Dividem-se em filósofos-reis, que representam a virtude da sabedoria, e auxiliares ou executivos, cuja virtude principal é obedecer sempre às determinações dos sábios. A justa organização do Estado é não só um tema a que Platão dá importância por si mesmo, mas também um modelo para a boa hierarquia de funções do indivíduo particular. À pergunta "quem guarda os guardiães?" ("*quis custodiet ipsos custodes*?", posta por Juvenal no contexto ligeiramente diferente da discussão sobre como defender uma esposa das tentações), Platão responde com a educação e a virtude dos próprios guardiães; hoje em dia, a esperança é que através do controle público e do equilíbrio de forças se consiga o mesmo.

guerra justa Doutrina segundo a qual um Estado pode entrar em guerra, de forma justa, por razões muito precisas que são, principalmente, as relativas à legítima defesa e à libertação de um Estado. O problema de decidir se se pode ampliar o conceito de legítima defesa de forma a incluir não apenas a defesa contra ataques reais, mas também contra ameaças ou ameaças que se suspeita virem a ser feitas, e a questão de saber se é admissível fazer ataques-surpresa, são alguns dos problemas dessa doutrina. Além de teorizar sobre quando é justo entrar em guerra (*jus ad bellum*), a teoria da guerra justa inclui princípios acerca do modo como a guerra deve ser conduzida (*jus in bello*), excluindo geralmente a violência gratuita, os assassinatos por motivo ideológico, a guerra contra civis etc.; no entanto, hoje em dia colocam-se sérias dificuldades a uma distinção entre as partes de uma população que participam na guerra e as inocentes, cuja atividade é para ela irrelevante.

Guilherme de Ockham *Ver* Ockham, Guilherme de.

guru (sânsc., professor) Pode incluir pais, professores universitários, professores de artes ou ofícios, além dos guias espirituais, o que é mais comum. Qualquer um deles merece total confiança e obediência, mesmo quando não são compreendidos.

H

Habermas, Jürgen (1929-) Habermas nasceu em Düsseldorf, estudou em Bonn e em Marburgo, após o que exerceu sua atividade no Instituto de Investigação Social tornando-se, por fim, professor de filosofia em Frankfurt. É, atualmente, o representante mais importante da *Escola de Frankfurt, e é conhecido por seu estudo persistente dos problemas da natureza da comunicação e da autoconsciência e de seu papel causal na ação social. Habermas distingue três interesses cognitivos comuns aos seres humanos: o interesse técnico em conhecer e controlar o mundo à nossa volta, o interesse em conseguirmos entender uns aos outros e em colaborarmos em atividades comuns e, por fim, o interesse em eliminar distorções na compreensão de nós mesmos, sendo este último o que dá origem às ciências críticas. Esses interesses distintos são um obstáculo ao determinismo econômico do marxismo tradicional (*ver também* infraestrutura e superestrutura). *Theorie und Praxis. Sozialphilosophische Studien* (1963), *Theorie des kommunikativen Handelns* (1981) e *Der philosophishe Diskurs der Moderne* (1985) são algumas de suas obras.

Hamann, Johann Georg (1730-88) Teólogo e filósofo alemão. Hamann foi um pioneiro do espírito antirracionalista e antiIluminista representado pelo movimento **Sturm und Drang* da cultura alemã, tendo sido venerado por autores como *Herder. Hamann enfatizava a pessoa total, atacando a dissociação *Iluminista entre razão e paixão e entre teoria e ação. Em muitos aspectos, contudo, seu desconforto com os ideais seculares defendidos pelo Iluminismo é semelhante ao do inglês Samuel *Johnson, e não deriva de um *romantismo "tempestuoso" à maneira de Byron, mas antes de uma piedade conservadora, religiosa e intimista, típica do século XVII. Viveu, tal como *Kant, em Königsberg, e era conhecido como o Mago do Norte. A edição padrão de suas obras é a *Sämtliche Werke* (1949-57), organizada por Joseph Nadler.

hamartia Termo usado por *Aristóteles para denotar o erro fatal que acabará por conduzir a figura central de uma tragédia à catástrofe.

Hamilton, William (1788-1856) Filósofo e lógico escocês, que a partir de 1836 regeu a cadeira de lógica e metafísica em Edimburgo. Defendia que a percepção nos dá uma relação direta ou imediata com seus objetos, apesar de estar kantianamente "condicionada" pelo meio e pela natureza do sujeito cognitivo. Da realidade última ou incondicionada nada podemos saber. Tal como *Kant, Hamilton usa esse resultado para mostrar nossa incapacidade de conhecer a natureza do espaço e do tempo. Na lógica, Hamilton era famoso por sua doutrina da "quantificação do predicado", que foi motivo de uma disputa acrimoniosa com *De Morgan. Sua obra mais importante é constituída pelos quatro volumes das *Lectures of Metaphysics and Logic* (1859-60). *Examination of Sir William Hamilton's Philosophy* (1865) é uma das obras mais importantes de J.S. *Mill.

hardware/software (ing., suporte físico/suporte lógico) Distinção comum nas ciências da computação entre a engenharia e os circuitos que compõem de fato um computador e o programa ou conjunto de instruções por ele executados. Essa distinção é frequentemente usada na filosofia da mente, ilustrando o fato de podermos conceber a descrição psicológica de pessoas como análoga a uma descrição de software, descrevendo o "programa" que essas pessoas seguem, sem referência à configuração neurofisiológica particular que permite que funcionem: o hardware, ou, com algum humor, o *wetware* ("suporte úmido"). A distinção torna-se mais problemática quando o hardware da máquina é permanentemente modificado para poder executar um determinado conjunto de comandos, como acontece com certos sistemas *conexionistas. *Ver também* funcionalismo.

Hare, Richard Mervyn (1919-) Filósofo moral inglês, professor de filosofia moral em Oxford e depois na Universidade da Flórida. O primeiro livro de Hare, *The Language of Morals* (1952), fez do *prescritivismo uma das principais teorias sobre a natureza dos juízos morais. Suas análises da noção de louvor e de *universalizabilidade em ética continuam a ser marcos na aplicação da filosofia da linguagem à teoria moral. Nas obras seguintes (especialmente *Freedom and Reason*, 1963, e *Moral Thinking: its Levels, Method, and Point*, 1981), Hare tentou mostrar que os argumentos éticos podem ser garantidos pela razão, visto que os conceitos morais obedecem a uma lógica forte o bastante para mostrar que uma certa forma de *utilitarismo é verdadeira. O utilitarismo de Hare procura equilibrar as virtudes de ambas as versões, diretas e indiretas (ou orientadas pelas regras), da doutrina. A perspectiva resultante (com "dois níveis") já mostrou ser controversa: seus críticos afirmam que o agente moral fica numa posição instável, sem saber se deve deliberar à maneira de um "arcanjo" suscetível de raciocínio utilitarista, ou antes de uma maneira mais cotidiana, intuitiva e centrada sobre o agente (*ver* moral centrada sobre o agente).

harmonia das esferas Doutrina, cuja autoria é com frequência atribuída a *Pitágoras, que combina a matemática, a música e a astronomia. A ideia básica é que os corpos celestes têm de produzir música, por se tratar de grandes corpos em movimento. A perfeição do mundo celeste implica que essa música seja harmoniosa; só não a ouvimos porque está sempre presente. A matemática da harmonia foi uma descoberta fundamental com um enorme significado para os pitagóricos.

harmonia preestabelecida Doutrina proposta por *Leibniz para explicar o fato de o mundo da experiência não ser caótico, apesar de cada *mônada, sem ter qualquer relação com qualquer outra, se transformar apenas em virtude da sua própria natureza interna. A solução consiste em afirmar que, tal como dois relógios podem apresentar constantemente a mesma hora sem interação e sem uma interferência perpétua que mantenha a conexão entre eles, mas apenas porque cada um se encontra corretamente construído, da mesma forma um Deus criador pode assegurar, desde o início, a harmonia da transformação de cada mônada com a transformação das outras. A doutrina foi criticada por *Foucher como uma versão do *ocasionalismo.

Hart, Herbert Lionel Adolphus (1907-92) Filósofo do direito inglês. Hart começou sua carreira como advogado. Tornou-se membro do corpo docente e *tutor* de filosofia do New College de Oxford (1945-52), e depois professor de jurisprudência em Oxford (1952-68) e diretor do Brasenose College (1973-8). Foi o mais influente filósofo do direito de seu tempo, e sua obra-prima *The Concept of Law* (1961) influenciou decisivamente toda uma geração de estudiosos de jurisprudência. Essa obra aplica as técnicas da *filosofia linguística na defesa sofisticada da ideia de que o direito consiste essencialmente num sistema de regras presente nas práticas sociais, uma versão do *positivismo legal. Hart também produziu, com A.M. Honoré, a obra *Causation in the Law* (1959), um estudo da causalidade nas questões de responsabilidade civil e criminal. Liberal em suas ideias políticas, Hart tornou-se bastante conhecido do público leigo por meio de um debate com lord Devlin acerca do relatório Wolfenden sobre a função do direito na esfera do comportamento sexual, onde sua obra *The Morality of the Criminal Law* (1965) continua a ser uma defesa clássica da posição liberal acerca dos limites do direito nas questões morais. *Punishment and Responsibility* (1968), *Essays on Bentham: Jurisprudence and Political Theory* (1982) e *Essays in Jurisprudence and Philosophy* (1983) são algumas de suas outras obras.

Hartley, David (1705-57) Físico e filósofo inglês. Hartley é conhecido principalmente por ter fundado a psicologia *associacionista. *Observations of Man: his Frame, his Duty, and his Expectations* (1749) é uma tentativa *naturalista de fornecer uma teoria integrada da natureza humana. Hartley acreditava que a tarefa da educação era trazer à superfície uma associação entre o prazer privado e o exercício da benevolência e da virtude públicas. Na pessoa adequadamente ajustada há uma "escala de prazeres", onde a benevolência ocupa o lugar mais alto, em virtude de sua associação com vários outros tipos de prazeres. O pensamento de Hartley teve grande influência sobre a geração posterior de *utilitaristas, tais como James *Mill.

hata-ioga Sistema de disciplina e treino físico e mental habitualmente conhecido como ioga. É uma parte do sistema de filosofia *ioga mas não lhe é idêntico.

Hayek, Friedrich (1899-1992) Economista austríaco. Nasceu e estudou em Viena e ensinou em Londres e Chicago antes de regressar a seu país de origem em 1962. Numa sucessão de análises econômicas, e em obras mais populares (como em *The Road to Serfdom,* 1944), propôs um individualismo econômico de um extremo **laissez-faire*, aliado à crença política de que qualquer coisa que tenha a natureza da ação do Estado ou da ação colectiva (como os sindicatos) destrói a liberdade e prepara o caminho para o totalitarismo. Exerceu uma influência notável na direita econômica e política da Grã-Bretanha dos anos 80.

hedonismo Busca do *prazer próprio como um fim em si. Em ética, é a perspectiva de que essa busca é a própria finalidade de toda ação. Uma vez que há concepções diversas de prazer, há, correspondentemente, diferentes variedades de hedonismo. A menos que o prazer próprio possa, de alguma maneira, ser identificado com o dos outros (*ver* amizade), o hedonismo se opõe ao cuidado desinteressado pelos outros, geralmente considerado como um elemento essencial da moral, embora haja várias maneiras de tentar conciliar a busca do prazer egoísta com um certo grau de preocupação pelas outras pessoas.

Hegel, Georg Wilhelm Friedrich (1770-1831) Filósofo alemão. Natural de Stuttgart, Hegel estudou em Tübingen, onde foi contemporâneo, entre outros, de *Schelling e do poeta Hölderlin. Depois de ter sido preceptor, foi para Iena em 1801 como *Privatdozent* de filosofia, posto que conseguiu com sua tese *De orbitis planetarium* ("Acerca das órbitas dos planetas"; a falsa opinião de que Hegel pensava poder demonstrar **a priori* que há sete planetas é baseada numa interpretação errada do último capítulo desta obra). Em Iena, colaborou com Schelling na edição do *Kritisches Journal der Philosophie* (para o qual escreveu muitos artigos) e produziu sua primeira grande obra, a *Phänomenologie des Geistes* (1807). Foi promovido a catedrático em 1805, quando foi forçado a abandonar Iena devido às guerras napoleônicas. Nessa época tornou-se diretor de um jornal e a partir de 1807 foi, durante oito anos, diretor do *Gymnasium* de Nuremberg. Nesse período, publicou os dois volumes de *Wissenschaft der Logik* (1812-16). Em 1816, tornou-se professor de filosofia em Heidelberg, onde escreveu a *Enzyklopädie der philosophischen Wissenschaften im Grundrisse.* Dois anos depois, sucedia a *Fichte como professor em Berlim e iniciava-se a época em que foi mais famoso e influente. Suas obras *Naturrecht und Staatswissenshaft im Grundrisse* e *Grundlinien der Philosophie des Rechts* foram publicadas em 1821, e muitas das notas de suas aulas foram posteriormente reunidas. A edição padrão das obras de Hegel (editada em Stuttgart, 1927-30) é composta de vinte volumes. Hegel atraiu para Berlim muitos estudantes estrangeiros e exerceu uma influência única na filosofia alemã do século XIX. Foi também o filosófo que mais influenciou *Marx e *Engels e a filosofia inglesa da fase do *idealismo absoluto; e apesar de sua reputação no mundo anglo-americano ter passado por períodos de menor brilho, continua a ser um ponto de referência para muitos pensadores.

O fundamento do sistema ou visão do mundo de Hegel é a noção de liberdade, concebida não como a simples permissão para satisfazer preferências, mas como a rara situação em que se vive com autoconsciência e se é membro de uma comunidade ou Estado racionalmente organizado (e isso não significa, como diz *Popper, entre outros, que Hegel defenda o estado totalitário ou a doutrina do "poder da força", visto que ele exige de um estado racional a satisfação de condições muito rigorosas, incluindo o consentimento da consciência racional dos seus membros). Surpreendentemente, a história pode ser vista como um progresso em direção à liberdade; aqui Hegel segue o espírito de sua época (*ver* romantismo), dando voz à confiança no caráter progressivo e à intencionalidade da aparente confusão caleidoscópica que é a história, mas proporcionando, ao mesmo tempo, um modelo perigosamente inebriante para os movimentos sociais e políticos que se orgulham de estar do lado do futuro. Para Hegel, tal progresso é uma condição exigida por uma teoria do conhecimento adequada; ele nutre admiração pelo *ceticismo como um movimento que respeita a liberdade da razão mas, a partir da reação kantiana ao ceticismo, descreve na *Phänomenologie* o desenvolvimento de todas as formas possíveis de consciência, até se tornar possível a consciência não apenas dos fenômenos mas da realidade em si, identificada quer com o conhecimento do absoluto quer com o "momento" em que o "espírito" finalmente atinge o conhecimento de si. Embora esse fim desejado nunca seja referido senão em termos muito vagos, a *Phänomenologie* contém análises brilhantes da fragilidade da autoconsciência e, em especial, do modo como ela depende do reconhecimento dos outros. Assim, a emergência do "espírito" individual, que contrasta com a pluralidade de uma multiplicidade de espíritos, é justificada pela natureza social da autoconsciência. A ideia de Hegel de que para ter valor para mim próprio tenho de ter valor para os outros, fundamentou, provavelmente, sua filosofia social posterior (*ver* alienação; moral do senhor e do escravo). Além de sua filosofia social e política, um dos legados mais importantes de Hegel foi sua concepção da lógica (*ver* dialética; materialismo dialético). Sua atitude quanto à lógica tem alguma complexidade, devido à identificação entre a história, por um lado, e o pensamento ou espírito, por outro, o que tem como consequência que a desarmonia ou as "contradições" do mundo sejam um exemplo das contradições do pensamento. Aquilo que o próprio Hegel pensava da ideia de que os acontecimentos reais podem conter contradições e, de algum modo, portanto, tornar as contradições verdadeiras, tem sido objeto de muita discussão.

hegelianismo É difícil traçar a história da influência de *Hegel devido à existência de elementos conflitantes em seu sistema. Até os *Pensamentos acerca da morte e da imortalidade* (1830), de *Feurbach, a bandeira foi transportada pelos "velhos hegelianos", que puseram a ênfase nos elementos cristãos e conservadores de suas obras. Depois de Feurbach e, sobretudo, depois da *Vida de Cristo* (1835) de D.F. Strauss, foi dado mais destaque à recusa da religião pessoal. Na filosofia política, os "novos hegelianos", entre eles o jovem *Marx, descobriram na *dialética de Hegel o instrumento de que precisavam para atacar a ordem social burguesa, religiosa e monárquica, agora caracterizada como nada mais que um momento no desenvolvimento progressivo da história. Como escola filosófica, o hegelianismo foi importado para a Grã-Bretanha com a publicação de *The Secret of Hegel*, de J.H. Stirling, em 1865 e, transformada em *idealismo absoluto, tornou-se parte integrante das correntes filosóficas que dominavam a academia britânica, até ser combatida por *Russell e *Moore, em Cambridge, e por autores como J. Cook-Wilson e H.H. Prichard, em Oxford, no princípio do século XX.

hegemonia Termo associado sobretudo a *Gramsci, para quem denota o controle dissimulado de todas as posições de poder ou influência institucional pelos membros de uma única classe. A hegemonia de uma classe pode adiar indefinidamente a revolução; infiltrar e enfraquecer as estruturas que ela ocupa constitui, portanto, uma atividade revolucionária importante.

Heidegger, Martin (1889-1976) Existencialista e crítico social alemão. Heidegger é provavelmente o filósofo menos consensual do século XX, sendo para muitos filósofos ("continentais") um líder e uma figura marcante e, para outros ("analíticos"), um exemplo típico de metafísica sem sentido ou então um apologista do nazismo. Heidegger nasceu em Baden e estudou em Freiburg, formando-se na tradição fenomenológica de *Husserl. Tornou-se *Privatdozent* em Freiburg em 1915, professor em Marburgo em 1923, e em Freiburg, em 1928. Seu trabalho mais importante, *Sein und Zeit* (1927) abre caminho à procura do ser que caracteriza suas obras. A humanidade moderna perdeu a "proximidade e o abrigo" do ser; já não nos sentimos à vontade no mundo como o homem primitivo se sentia; a verdade já não nos é revelada; o pensamento está separado do ser e apenas uns poucos privilegiados podem ter alguma esperança de recuperar a unidade com o ser. Muitos desses temas, em especial a crença na possibilidade de escapar da metafísica e voltar a uma comunhão autêntica com a natureza independente, eram lugar-comum do *romantismo alemão, mas a maneira como foram reformulados por Heidegger cativou a imaginação do século XX. Embora *Aristóteles faça da ciência do ser o ápice de toda investigação e o objeto da metafísica, é um tanto difícil dizer qualquer coisa acerca do ser propriamente dito, de modo que o que o substitui é a consciência que as pessoas têm do seu lugar no mundo ou do que o mundo é para elas (o seu **Dasein*), que se torna então o assunto a investigar. Liberdade, existência no mundo, inautenticidade, angústia, culpa e destino tornam-se, portanto, os temas principais. Contudo, antes de se tornarem os tópicos básicos do *existencialismo, tiveram uma concretização política mais sinistra: em 1933, Heidegger ascendia a reitor da Universidade de Freiburg, e seu conhecido *Rektorsrede*, ou discurso de posse, "O papel da universidade no novo Reich", era uma exortação a que a Alemanha caminhasse para o reino primordial das forças do ser, com o partido nazista na vanguarda.

Nas suas últimas obras, Heidegger inclinou-se para uma espécie de fatalismo histórico, sendo algumas vezes visto como um herdeiro da tradição de *Dilthey. A influência constante de Heidegger deve-se pelo menos em parte à sua crítica da modernidade e da democracia, que ele associa a uma falta de respeito pela natureza, considerada independentemente dos usos que a humanidade lhe dá. Todavia, ele tem sido também identificado (em particular por *Rorty) como um proponente do *pragmatismo e, o que é ainda mais extraordinário, muitos intelectuais franceses consideraram-no um profeta da esquerda. Quando Heidegger escreve que "de um ponto de vista metafísico, a Rússia e a América são iguais; o mesmo triste frenesi tecnológico, a mesma regulamentação sem restrições do homem comum" (*Introdução à metafísica*, 1953), é fácil esquecer que seu desprezo pela cultura de massas típica da era industrial nasce de um elitismo nacionalista e conservador, e não de quaisquer ilusões igualitárias ou de esquerda.

Heisenberg, princípio da incerteza de *Ver* princípio da incerteza de Heisenberg.

Heloísa (1101-64) Filósofa e escritora francesa. Formada no convento beneditino de Argenteuil e desde cedo intelectualmente famosa, Heloísa teve como preceptor *Abelardo, que a seduziu (ao que parece, com alguma violência), engravidando-a. Casou com Abelardo, secretamente e contra sua vontade, regressando à casa de seu tio, Fulbert, com a criança, Astrolábio. Quando Fulbert tornou público o casamento, Abelardo obrigou Heloísa a entrar para um convento. Furioso com o desmentido de Abelardo, Fulbert mandou castrá-lo (a compaixão pelo destino de Abelardo tende a mascarar o fato de ele ter agido de modo vil e desprezível em toda essa situação). Heloísa tornou-se abadessa e prioresa de um convento de freiras, a casa de Paracleto. *Problemata Heloissae* é uma das obras de destaque de Heloísa, e é constituída por um conjunto de questões filosóficas dirigidas a Abelardo. A correspondência entre os dois parece ter começado após Abelardo ter escrito a *Historia calamitatum Abaelardi*. Essas cartas foram publicadas em 1616 e manifestam tanto a profunda aprendizagem moral de Heloísa como sua paixão por Abelardo; contudo, e infelizmente, há suspeitas de que tenham sido forjadas por Abelardo.

Helvétius, Claude-Adrien (1715-71) Um dos impulsionadores da **Enciclopédia*, Helvétius defendeu uma teoria da motivação humana fundada na sensação, de acordo com a qual somos levados a agir apenas pelo amor ao interesse pessoal e pelo desejo de evitar a dor. É especialmente conhecido pela obra *De l'esprit* (1758), que influenciou *Bentham e a teoria *utilitarista posterior.

Hempel, Carl Gustav (1905-) Filósofo da ciência. Hempel nasceu em Orianenburg, na Alemanha, e foi para os Estados Unidos na década de trinta. A partir de 1939, lecionou em Nova York, Yale, Princeton e Pittsburgh. Seu estudo sobre a natureza das *explicações e sobre a estrutura das teorias científicas foi o ponto de partida de todas as investigações posteriores sobre esses assuntos. *Fundamentals of Concept Formation in Empirical Science* (1952) e *Aspects of Scientific Explanation* (1970) são alguns de seus livros.

Heráclito de Éfeso (m. após 480 a.C.) Tanto sua vida como sua obra são obscuras e encontram-se encobertas por lendas posteriores e reelaborações de seus pontos de vista. O único livro que se sabe ter sido escrito por Heráclito se perdeu, provavelmente já na alta Antiguidade, embora tenha sido muito citado e discutido. A ideia que regulou sua filosofia foi a de um *logos* (lei ou princípio) que governa todas as coisas: este *logos* é suscetível de ser ouvido ou escutado pelas pessoas, unifica os opostos e está de algum modo associado ao fogo, que tem primazia entre os quatro elementos que Heráclito distingue: fogo, ar (fôlego, aquilo de que a alma é composta), terra e água. Embora seja conhecido principalmente pela doutrina do "fluxo" de todas as coisas, e pela afirmação famosa de que não podemos entrar duas vezes no mesmo rio porque novas águas estão sempre fluindo, Heráclito estava provavelmente mais interessado nos processos equilibrados e uniformes. As implicações mais extremas da doutrina do fluxo (e.g., a impossibilidade de categorizar verdadeiramente as coisas) não parecem consistentes com sua epistemologia geral e com sua concepção do significado; o desenvolvimento destas coube a seu discípulo *Crátilo. O primado do *logos* eterno e divino, e o contraste entre o mundo instável da aparência e a ordem que está por detrás dele exerceram uma enorme influência em *Platão, e mais tarde nos *estoicos.

Herbert of Cherbury, Edward (1583-1648) Herbert é conhecido como um dos alvos do ataque de *Locke às ideias inatas (*Essay*, Livro I. 3, 15). Defendia que a verdade das *notitae communes*, ou noções comuns, pode ser vista unicamente pela razão inata, que nos foi concedida pela providência divina. Entre essas noções estão as cinco que Locke critica: a crença de que existe um Deus, que Ele deve ser adorado, que isso deve ser conseguido pela observância do culto e da piedade, que o pecado requer o arrependimento e que nos serão concedidos castigos e recompensas na vida futura (*De veritate*, "Da verdade", 1624). *De causis errorum* ("Da causa dos erros", 1645), uma das primeiras tentativas em religião comparada da era moderna e a obra póstuma *De religione gentilium* ("Da religião dos gentios", 1663), são algumas das outras obras de Herbert. É conhecido como o pai do *deísmo.

Herder, Johann Gottfried von (1744-1803) Filósofo e historiador alemão, muito influente no *romantismo alemão. Herder começou estudando medicina, mas, já na Universidade de Königsberg, mudou para teologia, tendo conhecido *Kant e *Hamann. Após várias viagens, estabeleceu-se como *Generalsuperintendent* do clero em Weimar. Publicou sem cessar, sendo suas obras mais importantes *Abhandlung Über der Ursprung der Sprache* (1772) e *Ideen zur Philosophie der Geschichte der Menschheit* (em quatro partes, 1784-91). A obra de Herder, tal como a de *Vico, é marcada por uma profundidade histórica que o levou a se afastar dos postulados *Iluministas acerca de uma natureza humana uniforme (embora em evolução), e também pelo destaque da influência constante da história na formação da linguagem humana e da arte. Herder atacou também a *psicologia das faculdades, em moda na época, defendendo que as distinções comuns entre razão, vontade, desejo, afeição e assim por diante não faziam sentido. Pelo contrário, a pessoa é uma unidade singular (habitada por um espírito ou força vital, *Kraft*) que raciocina, quer e deseja. Herder foi também um dos primeiros filósofos a identificar a capacidade de raciocinar com a capacidade de usar a linguagem, e a identificar o pensamento com um discurso interior.

heresia ariana Doutrina que nega a verdadeira divindade de Cristo, batizada em nome do padre Alexandrino Ario (c.250-c.336). O arianismo afirma que o Filho não era nem eterno nem da mesma natureza que Deus, mas sim um instrumento dependente, criado para a redenção do mundo. Em 325, o Concílio Geral de Niceia, sob o papado de Atanásio, definiu a doutrina da coeternidade e coigualdade de Deus com o Filho. Essa doutrina de **homoousion* exige que tenhamos uma certa confiança na nossa capacidade de discernir se uma coisa tem uma ou duas substâncias.

hermenêutica Método de interpretação, primeiro, dos textos e, depois, do universo social, histórico e psicológico. Os problemas que levanta eram familiares a *Vico, mas aprofundaram-se com a exegese bíblica de *Schleiermacher. Com a designação de **verstehen*, *Weber e *Dilthey constrastaram o método da interpretação com o método científico objetivo. Sua subjetividade inevitável é o tópico das principais obras de *Gadamer.

hermético, corpo Coleção de textos datados dos três primeiros séculos depois de Cristo, composta por fragmentos de magia, religião e, tangencialmente, filosofia. Traduzida por *Ficino, teve uma influência desmedida no pensamento renascentista, em parte por ter sido atribuída de forma errônea a um autor egípcio antigo (supostamente anterior a *Platão), "Hermes Trismegisto".

hermetismo Adesão a ensinamentos *herméticos.

heterodoxo Que não é ortodoxo.

heterofenomenologia (gr., outro + fenomenologia) Termo introduzido por *Dennett em "Beyond Belief" (1982) para descrever a investigação da consciência que aceita como dados admissíveis os relatos feitos por nós e por outros acerca de como é um determinado estado. Os relatos *introspectivos não são automaticamente rejeitados, como nas metodologias influenciadas pelo *behaviorismo, porque a produção desses relatos fornece uma identificação intencional dos estados mentais (isto é, mostra o que nós pensamos que eles são), e isso pode ser estudado independentemente desses estados existirem de fato.

heterológica Palavra que não se aplica a si mesma. Assim, "longa" não é uma palavra longa; "antediluviana" não é uma palavra antediluviana. *Ver* paradoxo de Grelling.

heteronomia *Ver* autonomia/heteronomia.

heterorrelativa Ter como objeto um certo estado de outra pessoa. A benevolência e sensibilidade são virtudes heterorrelativas. A prudência e a temperança, que, podendo beneficiar outros, não têm isso como objetivo, são virtudes autorrelativas.

heurística Processo, como o da tentativa e erro, para resolver um problema para o qual não há *algoritmo. A heurística de um problema é um método ou regra para tentar chegar a uma conclusão.

hiato ser/dever *Ver* lei de Hume.

hierarquia de Chomsky Uma série de classes de linguagens ordenadas de forma crescente segundo a complexidade e a abrangência. As linguagens mais simples são as de estados finitos, seguidas das independentes do *contexto, das sensíveis ao contexto, das recursivas e das numeravelmente recursivas. Essas designações se referem ao tipo de *gramática formal (e, por consequência, ao tipo de programa computacional) necessário para gerar as frases da linguagem correspondente.

hierarquia do ser *Ver* cadeia do ser, princípio da plenitude.

hilemorfismo Doutrina que afirma que tudo é uma combinação de matéria (*matéria-prima) e forma. A doutrina foi defendida por *Tomás de Aquino, que possivelmente acreditava, erroneamente, que esta era *aristotélica, e foi desenvolvida de forma cada vez mais sutil e confiante na escolástica tardia. Foi alvo adequado dos proponentes da revolução nas ciências naturais do século XVII, tais como *Boyle e *Locke.

hilozoísmo Doutrina segundo a qual toda a matéria é dotada de vida.

hinduísmo Principal tradição religiosa da Índia, centrada nos textos sagrados dos *Vedas. Filosoficamente, o pensamento indiano divide-se em vários **darshanas* ou escolas, revelando uma enorme variedade de abordagens e interesses. **Atman*, **brahman*, *carma, **moksha* e **samsara* são alguns dos conceitos fundamentais do pensamento indiano.

Hipácia (c.370-415) Filósofa *neoplatônica, matemática, astrônoma e autora de comentários sobre os matemáticos Diofanto e Apolônio. Estudou sob a orientação de Plutarco o Novo, viveu em Alexandria e foi uma professora influente, tornando-se diretora da academia de seu pai. A fonte de conhecimento sobre sua vida é a coleção de cartas de um dos seus alunos, Sinésio de Cirene. Foi assassinada quando Cirilo, o patriarca de Alexandria, fez com que uma multidão cristã a arrastasse para uma igreja, onde seus monges a escoriaram com conchas de ostra. De acordo com o historiador Gibbon, o acontecimento chocou até mesmo a opinião cristã contemporânea. Cirilo foi mais tarde canonizado.

Hipárcia Mulher de *Crates, o *Cínico, com quem escolheu se casar apesar da pobreza e da vida pouco convencional que ele lhe proporcionava. Foi uma fonte de especulação porque, uma vez que os Cínicos insistiam que nada do que era natural era vergonhoso, diz-se que ela e Crates teriam copulado em público. *Agostinho (*Cidade de Deus*, XIV. 20) achava que eles só fingiram fazê-lo, protegidos pela capa dos cínicos, mas este ceticismo injustificado foi devidamente criticado por *Bayle.

Hípaso de Metaponto (século VI a.C.) Membro da escola de *Pitágoras a quem se atribui a descoberta dos números irracionais. Segundo uma lenda, a descoberta foi realizada durante uma viagem, e Hípaso foi castigado pelos deuses com um naufrágio, ou foi lançado à água pelos outros pitagóricos.

Hípias (c.485-415 a.C.) Hípias, cidadão de *Élida, foi um erudito e professor, e é representado por *Platão como um *sofista destacado. Foi um matemático notável, que provavelmente descobriu a quadratriz, a primeira curva reconhecida pela matemática grega além do círculo. Filosoficamente, parece ter defendido um empirismo antiplatônico, talvez similar ao ponto de vista posterior de *Aristóteles. Sabe-se que se interessou pela antítese entre a natureza e a convenção.

Hipócrates (c. séc.V a.C.) Médico grego, contemporâneo de *Sócrates. Pouco se sabe a seu respeito exceto que era baixo, que viajava muito e que provavelmente morreu em Larissa. O *Corpus Hippocraticum*, ou coleção de escritos aos quais seu nome foi associado, não contém de fato parte alguma que possa ser atribuída a ele com toda certeza. Sua fama como o médico ideal e como o primeiro a tratar o corpo como um organismo coeso deve-se a *Platão (*Fedro*, 270 a), devendo-se-lhe, também, a posterior e sempre crescente atribuição de sabedoria médica a Hipócrates. O juramento de Hipócrates, que obriga os médicos a curar e a não fazer o mal, é possivelmente de origem *pitagórica.

hipóstase (do gr., *hypostasis*: que está na base) A *substância básica que sustenta os atributos; matéria sem forma. Conceito sujeito a críticas fatais constantes, e à ressurreição também constante.

hipótese Proposição apresentada como uma suposição e não como uma afirmação. Pode-se apresentar uma hipótese para discussão ou para que seja testada, possivelmente como um prelúdio à sua aceitação ou rejeição.

hipótese *ad hoc* Hipótese adotada com a única finalidade de salvar uma teoria de dificuldades ou da refutação, sem que haja qualquer motivo racional independente dessa finalidade.

hipótese de Sapir-Whorf Também conhecida como tese do determinismo linguístico, toma a designação a partir do nome dos linguistas Edward Sapir (1884-1939) e Benjamim Lee Whorf (1897-1941). É a perspectiva segundo a qual a língua que as pessoas falam determina a maneira como percebem o mundo. Esse ponto de vista tem uma longa história de partidários, inclusive Aristóteles (*Retórica*, Livro III). É tema central em *Vico (*Princípios de uma nova ciência*) e doutrina de *Humboldt. Se é verdade que muitos filósofos aceitam que a percepção está "teoricamente subordinada" e que as teorias que são passíveis de formulação são condicionadas pelos conceitos que temos disponíveis, já é mais difícil determinar exatamente que conceitos se encontram disponíveis a partir dos fenômenos de superfície da linguagem. O próprio Sapir concebeu o determinismo linguístico de uma forma relativamente *a priori*, ao passo que seu discípulo Whorf reuniu dados de muitas línguas indígenas da América relativos a divergências linguísticas e conceituais. Categorias que podem ser bastante diferentes incluem as de tempo, causalidade e de eu. Deve-se notar que alguns exemplos superficiais de diversidade que são citados com frequência na realidade são espúrios. Não é verdade, por exemplo, que as línguas indo-aleutas tenham um grande número de palavras para diferentes variedades de neve.

hipótese do contínuo A hipótese proposta por *Cantor segundo a qual não existe qualquer conjunto com uma *cardinalidade maior que a dos números naturais mas menor que a do conjunto de todos os subconjuntos do conjunto dos números naturais (i.e., o *conjunto-potência desse conjunto). A hipótese do contínuo generalizada é de que a cardinalidade do conjunto-potência de qualquer conjunto infinito é a cardinalidade seguinte à cardinalidade do próprio conjunto. *Gödel demonstrou em 1938 que a hipótese do contínuo é consistente com a teoria clássica dos conjuntos; e o matemático americano Paul Cohen demonstrou, em 1963, que sua negação também o é, i.e., que a hipótese é independente dos outros axiomas.

hipotética Uma proposição é hipotética quando sustenta que algo se verifica sob a hipótese de outra coisa se verificar, i.e., dado que outra coisa se verifica, ou se se supuser que outra coisa se verifica. O termo mais comum é *condicional.

hipotético-dedutivo *Ver* método hipotético-dedutivo.

historicismo Na obra de *Popper (*The Open Society and its Enemies,* 1945 e *The Poverty of Historicism,* 1957), o historicismo é qualquer crença no caráter necessário dos processos históricos, ou seja, qualquer crença segundo a qual esses processos são governados por leis, imunes à escolha e à ação humanas. Popper atacou de um modo influente essa crença (tal como a encontrou em *Hegel, *Marx e seus seguidores), tanto por mascarar uma ideologia *totalitária, como por não ser científica em si mesma, já que é compatível com qualquer curso de acontecimentos. Num sentido mais lato, o historicismo pode se referir a outras posições. Uma delas consiste na concepção geral de que os períodos históricos devem ser compreendidos "nos seus próprios termos" e não nos termos de hoje, embora não seja muito clara a maneira de fugir às categorias de hoje. Outra concepção afirma que compreender um fenômeno social é conseguir traçar sua gênese e seu desenvolvimento; não existe qualquer compreensão de um fenômeno, como a democracia ou o liberalismo (ou talvez até a linguagem), se o abordarmos tal como é agora, abstraído de sua história.

Hobbes, Thomas (1588-1679) Filósofo, matemático e linguista inglês. Hobbes nasceu numa família clerical financeiramente arruinada, em Malmesbury, Wiltshire. Gostava de gracejar sobre o fato de sua mãe ter entrado em trabalho de parto ao ouvir rumores da aproximação da Armada Invencível, "de modo que o medo e eu nascemos gêmeos". Rapidamente se destacou na escola, adquirindo reputação como linguista e como poeta e tradutor fluente. Depois de Oxford, foi trabalhar para William Cavendish, conde de Devonshire e, exceto por um breve período, manteve-se como secretário, preceptor e conselheiro geral da família durante o resto de sua carreira. Seu serviço incluía várias *Grand Tours*, durante as quais conheceu os intelectuais europeus mais importantes de seu tempo. Ele e seu patrono nutriam um interesse especial pelos enredados assuntos políticos de Veneza, e foi por meio dessa literatura política que Hobbes entrou em contato com as atitudes céticas face à moral política (*ver* Maquiavel), os compromissos pouco aconselháveis da religião e do patriotismo, e a necessidade de as pessoas zelarem pelos seus interesses, excluindo os dos outros. Hobbes foi apanhado pela agitação que precedeu a Guerra Civil na situação de porta-voz dos partidários da realeza de Devonshire, e fugiu para a França em 1640, onde ficou até 1651. Durante esse período, publicou o pequeno *Elements of Law*, em parte como uma espécie de instruções para uso dos seus patronos em defesa do soberano, mas também como uma exposição geral (e muito acessível) de sua filosofia. Esteve também ocupado com um tratado mais importante que veio a ser conhecido como *Elements of Philosophy.* A parte III desse tratado foi publicada sob o título *O cidadão* (*De cive*), em 1642. O tratado *De corpore* (*Da matéria* apareceu em 1656 e o *De homine* (*Do homem*), em 1658. O tratado *Natureza humana* surgiu em 1650 e sua obra mais famosa, *Leviatã*, foi publicada em 1651 (o título é uma referência a Jó 41, em que o poder aterrorizante do monstro do mar é descrito: uma metáfora ao poder absoluto do Estado de Hobbes).

No seu tempo, *Leviatã* foi um choque para os amigos de Hobbes (que dele esperavam uma defesa da realeza inglesa contra a revolução puritana), principalmente devido a seu ataque à Igreja anglicana e ao seu apoio à liberdade religiosa, fora do controle estatal e eclesiástico. Esta era precisamente a doutrina que estava associada aos partidários de Cromwell. Daí em diante, Hobbes passou a ser "o anticristo de Malmesbury", um símbolo do ateísmo, do *egoísmo e da heresia, e apesar de sua defesa da independência da vida religiosa estar, de fato, em harmonia com Cromwell, Hobbes viveu em sério perigo de perseguição após a restauração do reino de Carlos II. Nos últimos anos de sua longa vida, Hobbes ocupou-se sobretudo de traduções; passou a velhice na casa dos Devonshire, em Hardwick, tendo supostamente comentado: "Passei 91 anos à procura de um buraco para sair deste mundo, e por fim o encontrei."

Na sua obra dedicada à física, Hobbes partilhou a concepção *cartesiana geral típica de sua época, mas com diversas variações. Sua (primeira) teoria da luz foi presciente, postulando uma origem pulsante para a luz, ao contrário da conexão mecânica entre o olho e seu objeto, postulada por *Descartes. Acreditava que "sejam quais forem os acidentes e as qualidades que nossos sentidos nos fazem pensar que existem no mundo, eles não estão lá; são apenas aparências e ilusões" (*Elements of Law*, I. 2. 10). A causa real dessas aparências são "movimentos" externos. Hobbes não deu crédito ao recurso cartesiano à divindade como fundamento do conhecimento da natureza. Sua simpatia geral pelo problema *solipsista ou cético conduziu-o à interessante posição de que as palavras e o raciocínio (ambos disponíveis para a pessoa cuja vida é toda um sonho) são essencialmente independentes: a relação com o mundo exterior não é relevante para o seu significado (*ver* conteúdo lato e restrito). Hobbes tomava o sistema axiomático independente da geometria euclidiana, que sempre o inspirara e a que se dedicou como passatempo, como o paradigma da ciência. Parte do seu descontentamento pela instituição científica nascente do seu tempo devia-se ao uso da linguagem técnica, e Hobbes é o primeiro dos filósofos britânicos a prestar atenção no encantamento das palavras e a desconfiar dele: "As palavras são contabilistas dos homens sábios — estes mais não fazem do que calcular através delas; mas são a perdição dos tolos" (*Leviatã*). Seu realismo acerca do poder da sociedade civil e seu pessimismo quanto aos sistemas filosóficos e da "razão correta" implicam aquilo que se considera habitualmente como um *pragmatismo moderno, ou mesmo como a doutrina *pós-modernista segundo a qual, em matéria linguística, a razão está do lado da força. Sustentou, por exemplo, que "dado o nascimento de uma criança estranha e deformada, não será decidido por Aristóteles, ou pelos filósofos, se a mesma é um Homem ou não, mas pelas Leis" (*Elements of Law*, II. 10. 8.), o que, se fosse verdade, tiraria o emprego de muitos pensadores em áreas como a bioética. Sua experiência em controvérsias políticas e religiosas também lhe causou uma prudente desconfiança em relação ao poder retórico das palavras ocas.

Os escritos políticos e éticos de Hobbes determinaram grande parte da produção teórica seguinte. Na ética, sua filosofia mecanicista levou-o a identificar o juízo de que uma coisa é boa com o puro prazer pessoal sentido ao contemplá-la (uma sugestão mais tarde aprofundada por *Hume). Seguiu *Grotius ao tomar o desejo universal pela sobrevivência como origem de um direito fundamental. Ao imaginarmos as pessoas fora de toda ordem social ou civil, vemos a emergência dessa ordem como um dispositivo para a sobrevivência, um modo de evitar a "guerra de todos contra todos", que constitui o *estado de natureza, "e a vida humana sórdida, solitária, bruta e curta" (*Leviatã*, cap. 13). A solução consiste em escolher um soberano e trocar a liberdade pessoal pela segurança pessoal. A doutrina do poder absoluto do soberano que essa solução parece implicar deu bastante trabalho a Hobbes (e a seus comentadores). A outra dificuldade famosa da doutrina consiste em saber como as pessoas podem celebrar um contrato umas com as outras (ou fazer uma promessa), de maneira a elevarem-se do estado de natureza à sociedade civil, pois o próprio Hobbes vê claramente que a primeira pessoa a fazer uma promessa para depois pôr de lado os seus próprios interesses a fim de cumpri-la "não faz mais que trair-se a si próprio junto do seu inimigo" (cap.14).

A importância de Hobbes persiste até nossos dias, em parte por ter adotado uma metafísica rigorosamente minimalista (*materialismo), pela sua ética (uma espécie de egoísmo) e por sua impaciência quanto às teorias que não enfrentam essas verdades fundamentais com firmeza, fazendo dele o modelo permanente dos filósofos céticos e pragmáticos.

Holbach, Paul-Henri Thiry, barão de (1723-89) Intelectual francês, alemão de nascimento. Paul Heinrich Dietrich recebeu o nome e a nacionalidade francesa do tio materno, que tinha feito fortuna em Paris. Durante muitos anos, o salão de Holbach em Paris foi o principal ponto de encontro de muitos dos pensadores do *Iluminismo francês. Filosoficamente, era um materialista ateu inabalável, e não poupou esforços para demonstrar que isso era compatível com uma vida de virtude e altruísmo. Sua obra filosófica mais importante foi *Le Système de la nature* (1770).

holismo Qualquer doutrina que destaque a prioridade de um todo sobre suas partes. Na filosofia da linguagem, essa tese se transforma na afirmação de que o significado de uma palavra ou frase individual só pode ser compreendido através de suas relações com um corpo de linguagem indefinidamente mais vasto, tal como toda uma teoria, ou mesmo toda uma linguagem ou forma de vida. De forma semelhante, na filosofia da mente afirma-se que só é possível identificar um estado mental por meio de suas relações com outros estados mentais. Num holismo moderado podemos admitir que, além dessas relações, também contam outras coisas; num holismo extremo sustenta-se que nada temos além de uma rede de relações. Numa concepção holista da ciência afirma-se que a experiência só confirma ou desmente vastos corpos de doutrina: a experiência só colide com as periferias das teorias, e deixa-nos alguma margem de manobra para os reajustamentos que torna necessários. *Ver* tese de Duhem.

holismo metodológico *Ver* individualismo.

homem de palha Argumentar contra um homem de palha é interpretar a posição de alguém de uma forma injustamente fraca, argumentando contra uma posição que ninguém defende, ou contra uma posição que é provável que ninguém defenda.

homem magnânimo O caráter majestoso retratado no livro IV da *Ética a Nicômaco* de *Aristóteles. O homem magnânimo goza de uma posição distinta, merece o melhor, é "um extremo quanto à grandeza das suas pretensões, mas uma média quanto à sua justeza", é perfeitamente virtuoso, satisfaz-se ao conferir benefícios mas sente-se envergonhado ao recebê-los, não é humilde nem vaidoso. A combinação envolve um orgulho apropriado, ou grandeza de alma. Com o seu passo lento, voz profunda e discurso equilibrado, não é um modelo para todas as pessoas, mas representa a sólida intuição de Aristóteles segundo a qual os objetivos que as pessoas têm na vida incluem o reflexo de si próprias no olhar aprovador dos outros.

homeomereidade *Ver* Anaxágoras.

homoiousion (gr., de substância semelhante) De essência ou substância semelhante, mas não idêntica. Meio-termo sutil entre a crença de que os membros da Santíssima Trindade são uma só substância (**homoousion*) e a crença de que são várias.

homológica Uma palavra que se aplica a si própria. *Ver* autológica; paradoxo de Grelling.

homônimas Palavras com a mesma pronúncia ou ortografia mas com significados diferentes. A heteronímia é, em termos gramaticais, uma homonímia parcial, tal como quando as palavras têm a mesma pronúncia, mas ortografia diferente ("ora", "hora"). Estes são também casos de homofonia ou identidade de pronúncia, mas a heteronímia também ocorre quando as palavras têm a mesma ortografia mas pronúncias diferentes ("estou com sede!", "onde é a sede da empresa?"). A homonímia é uma das preocupações centrais de *Aristóteles, que reconhece que falamos de diversas maneiras daquilo que é bom, ou daquilo em que consistem o amor e a honra (e.g., *Ética a Nicômaco*, 1118b, 1125b). A homonímia também se aplica aos casos em que pessoas diferentes têm nomes idênticos: diz *Diógenes Laércio que um certo Demétrio da Magnésia escreveu um tratado intitulado *Dos homens com o mesmo nome*.

homoousion (*homousion*) (gr., de uma só substância) Termo utilizado por santo *Agostinho, exprimindo a identidade de substância dos membros da Santíssima Trindade. Doutrina principal do credo atanásio, construída para refutar a *heresia ariana. Não confundir com **homoiousion*.

homossexualidade Relações sexuais entre pessoas do mesmo sexo. A questão de saber se as práticas homossexuais têm relevância legal levanta problemas sobre os limites adequados do direito e o modo como se pode fazer uma distinção entre o público e o *privado. A homossexualidade também tem sido um ponto de partida para a discussão da relação entre o direito e a moral e entre a moral e a *natureza; e, quando se aceita que a homossexualidade não é um tema moral, é utilizada para questionar a relação entre o direito e as preferências ou preconceitos das maiorias.

homúnculo Pessoa pequena. Uma má ideia na filosofia da mente é explicar a ação, a inteligência ou a experiência de uma pessoa como se "dentro da cabeça" houvesse um agente menor, uma coisa inteligente ou um sujeito de experiência. A regressão óbvia é, no entanto, evitada pelo *funcionalismo homuncular, que decompõe funções complexas em funções mais simples.

hsü (chin., vácuo) No pensamento *taoísta e *neoconfucionista é a serenidade absoluta, a pureza da mente, a libertação dos desejos egoístas. *Ver também* apatia; ataraxia.

humanismo Em geral, qualquer filosofia que enfatize o bem-estar e a dignidade humana, e que seja otimista quanto aos poderes do entendimento humano *per se*. Em particular, o movimento característico do Renascimento, que esteve aliado ao estudo renovado das literaturas grega e romana: uma redescoberta da unidade dos seres humanos e da natureza, e uma celebração renovada dos prazeres da vida, dados como perdidos no mundo medieval. O humanismo, nesse sentido renascentista, era bastante consistente com a crença religiosa, supondo-se que Deus havia nos colocado aqui precisamente para aprofundar as coisas que os humanistas achavam importantes. Mais tarde, o termo acabou por se tornar apropriado aos movimentos sociais e políticos antirreligiosos. Atualmente, final do século XX, o termo tem sido por vezes usado num sentido pejorativo pelos autores *pós-modernistas e sobretudo pelas *feministas, aplicando-se a filosofias como as de *Sartre, que se apoiam na possibilidade do eu único autônomo, autoconsciente e racional; filosofias que são vistas como insensíveis à natureza sempre fragmentada, irregular e historicamente condicionada da personalidade e da motivação.

Humboldt, Wilhelm von (1767-1835) Erudito e filósofo da linguagem alemão. Irmão mais velho do explorador Alexander, Wilhelm von Humboldt nasceu em Potsdam e estudou em Frankfurt e Göttingen. Combinou os interesses de erudição geral típicos de sua época com uma atenção especial pela filosofia política. Até 1819, foi funcionário público na Prússia. Suas obras completas (sete volumes, 1841-52) abrangem uma grande diversidade de temas, mas sua importância filosófica reside essencialmente no papel que atribuiu à linguagem, não como um mero meio de transmissão do pensamento para o exterior, mas como um repositório do espírito e algo cuja "forma interior" determina, por si mesma, que tipos de pensamentos podem ser compreendidos. *Ver também* hipótese de Sapir-Whorf.

Hume, David (1711-76) Filósofo, historiador e ensaísta escocês. Hume é o *naturalista mais influente e completo da filosofia moderna, e uma figura essencial do *Iluminismo. Segundo filho de um pequeno proprietário rural escocês, Hume frequentou a Universidade de Edimburgo. Em 1734 refugiou-se na pequena cidade de La Flèche, em Anjou, para escrever e estudar (é possível que o fato de aí se encontrar o colégio jesuíta em que *Descartes e *Mersenne tinham sido educados tenha influenciado essa decisão). Regressou em 1739, para supervisionar a impressão do *Treatise of Human Nature*, sua primeira e maior obra filosófica. Hume adotou então uma vida de ensaísta, vivendo a maior parte do tempo em Edimburgo, embora tenha sido — estranhamente — adjunto do general James St. Clair (um parente distante), entre 1746 e 1748. Em 1742 tinha produzido *Essays Moral and Political*, que reúne desde exercícios leves no estilo de Joseph Addison, a densos e importantes artigos sobre a natureza da ética, da política e da economia. Seguiram-se *An Enquiry Concerning Human Understanding* (1748) e *An Enquiry Concerning the Principles of Morals* (1751). Essas obras são normalmente consideradas tentativas de apresentar a filosofia do *Tratado* de um modo mais acessível, embora a segunda *Investigação*, em particular, contenha diferenças notáveis, pelo menos de ênfase. Na década seguinte, Hume iniciou a publicação da obra pela qual foi mais conhecido durante sua vida, a *History of England* (em seis volumes, 1754-62; foi posteriormente ampliada por Smollett). Durante este período sua reputação foi crescendo, até se tornar reconhecido como um dos principais literatos da Grã-Bretanha. Em 1763 foi nomeado Secretário do Embaixador e depois encarregado de negócios em Paris, e durante este período gozou de fama e adulação sem precedentes, na qualidade de um dos principais arquitetos do Iluminismo. Não conseguiu, no entanto, ganhar a mão da amante de Louis-François de Bourbon, príncipe de Conti, a condessa de Boufflers, por quem nutria uma grande atração romântica — insucesso que talvez se deva ao fato de, nas palavras de *Diderot, Hume ter começado nesta época a parecer-se com "*un gros Bernardin bien nourri*" (um monge bernardino gordo e bem nutrido). Em 1766, Hume acompanhou *Rousseau à Inglaterra, mas a viagem acabou com queixas paranoicas de perseguição por parte de Rousseau, das quais Hume se defendeu com dignidade. Devido à sua "abundante cautela", protelou a publicação de sua última obra filosófica de carácter cético, *Dialogues*

Concerning Natural Religion, que foi publicada postumamente pelo seu sobrinho. Adam *Smith, sobre Hume, escreveu que em geral, sempre o considerou, "quer no tempo da sua vida, quer depois da sua morte, tão próximo da ideia de um homem completamente sábio e virtuoso, quanto a natureza das fraquezas humanas o poderá talvez permitir".

O objetivo confesso do *Tratado* era aplicar o método experimental ao estudo da mente humana. Hume acreditava que o sucesso das ciências naturais, que culminava na mecânica newtoniana, residia na descoberta de princípios simples que nos permitiriam discernir a ordem no caos aparente dos sistemas naturais. Os acontecimentos da natureza são, em si mesmos, "irregulares e separados", e a arte do cientista consiste em detectar os padrões em que se inserem. Do mesmo modo, os acontecimentos isolados da mente, tais como o surgimento de ideias, impressões e paixões, devem ser vistos como acontecimentos naturais, ordenados por princípios a descobrir empiricamente. Os primeiros componentes da mente são as "percepções" individuais ou impressões, e as ideias; estas são para Hume, como para os empiristas anteriores, como *Berkeley, versões fracas ou confusas das impressões — são as componentes do pensamento, e Hume foi o primeiro filósofo moderno a explorar a dificuldade em explicar como podemos com base nesse caleidoscópio privado, atingir uma concepção de nós mesmos como habitantes de um mundo público constituído por objetos independentes, com extensão espacial e regulados por leis causais. O naturalismo resoluto de Hume rejeita qualquer modelo no qual a experiência sensível nos permita atingir uma tal concepção através do raciocínio; pelo contrário, ela é apenas o resultado do "hábito", e a razão não pode nem auxiliar nem contrariar o processo. Da mesma maneira, as paixões, nas quais Hume inclui quaisquer pressões sobre o poder de escolha (incluindo pressões éticas) estão fora da influência da razão, surgindo e desaparecendo também segundo padrões detectáveis.

Hume foi o primeiro empirista moderno a recusar a ajuda tanto dos princípios **a priori* do raciocínio como de qualquer outra ideologia que garanta a harmonia entre as nossas percepções e o mundo. Seu gênio residiu no rigor com que reconstruiu os andaimes do pensamento corrente a partir dessa base tão frágil. Assim, a conexão causal entre acontecimentos é algo de que não temos qualquer impressão e, logo, qualquer ideia; desse modo, a teoria humeana da causalidade nos vê como seres que projetam para os acontecimentos a sua própria tendência para inferir um acontecimento a partir do outro (*ver* projectivismo). A mente, sede de minhas percepções, é algo que em si mesma nunca me é dada na percepção, de modo que uma teoria humeana do eu a encara como uma ficção proveniente da imaginação (*ver* identidade pessoal; teoria do feixe). A teoria humeana da ética vê o pensamento moral como a expressão de sentimentos que sofrem uma evolução devido à nossa necessidade de cooperar em sociedade se quisermos satisfazer nossas necessidades naturais. Embora Hume seja muitas vezes apelidado de cético nestas e em outras áreas, é apenas acerca do poder da razão que ele é cético, e não quanto à adequação dos processos naturais de formação de crenças — contra os quais, de qualquer modo, é inútil argumentar.

Nas *Investigações*, Hume desvaloriza os fundamentos originais de sua filosofia a favor de uma apresentação mais acessível da maneira como nos quer fazer pensar acerca da formação de crenças teóricas e do raciocínio prático. Seu ceticismo quanto à razão não o fez deixar de distinguir os processos de formação de crenças corretos dos incorretos, embora seu direito a fazer essa distinção tenha sido questionado. Na seção X, sobre os milagres (na primeira *Investigação*), ele mostra com satisfação que não faz sentido dar crédito aos relatos de *milagres feitos por seres humanos: a falsidade de um testemunho desse tipo, devida a "loucura ou desonestidade", seria um acontecimento natural menos miraculoso e mais provável do que aquele que relata. Sua atitude cética quer quanto à *teologia natural, quer quanto à teologia revelada, culminou no sistemático ataque ao *argumento do desígnio nos *Diálogos* póstumos.

A inteligência prodigiosa de Hume proporcionou-lhe uma influência incalculável: quase todos os estudos antropológicos, sociológicos e comparativos encontram uma raiz em sua obra, ao passo que a tentativa de escapar ao seu *empirismo radical motivou muitos filósofos, desde *Kant até os nossos dias.

humor *Ver* riso.

humores, quatro *Ver* quatro humores.

Husserl, Edmund Gustav Albert (1859-1938) Matemático alemão e principal fundador da *fenomenologia. Estudou em Leipzig e em Berlim, tendo descoberto a filosofia ao frequentar as aulas de *Brentano em Viena. Ensinou em Halle, Göttingen e Freiburg. De Brentano, herdou o ponto de vista de que o principal problema ao tentar compreender o pensamento é explicar o modo como um conteúdo intencional pode pertencer ao fenômeno mental que o exibe. Os fenômenos mentais são alicerçados nos dados dos sentidos, mas ao passo que para Brentano não há distinção nítida entre as "intuições" (*Anschauungen*) e os conceitos (*Begriffe*), Husserl reinstaura esta divisão kantiana. O que distingue essa maneira de pensar é o caráter imanente do conteúdo, que existe no próprio ato mental, tornando secundário ou irrelevante tudo que é exterior à natureza intrínseca do estado mental. Em sua primeira obra, *Sobre o conceito de número* (1887, reformulado sob o título *Philosophie der Arithmetik*, 1891), Husserl aplica a psicologia de Brentano ao problema do nosso conhecimento da aritmética, tentando encontrar uma descrição empirista aceitável do processo de abstração através do qual apreendemos as propriedades numéricas dos agregados. *Frege achava que a mistura de elementos subjetivos e objetivos produzia, nessa obra, um "nevoeiro impenetrável", mas é possível que não tenha dado atenção suficiente aos objetivos de Husserl, predominantemente psicológicos. O problema de reconciliar a natureza subjetiva ou psicológica da vida mental com seu conteúdo objetivo e lógico ocupou Husserl a partir de então, e o resultado imediato desse interesse foram as gigantescas *Logische Untersuchungen* (3 vols., 1900-13). Husserl acabou abandonando sua tentativa de conciliar uma perspectiva ao mesmo tempo subjetiva e naturalista do conhecimento, abandonando o naturalismo em favor de uma variante do *idealismo transcendental. É difícil apreender o caráter preciso dessa mudança, devido à sua tendência para os neologismos impenetráveis (*ver noema*), mas o "*pôr entre parênteses" as questões exteriores, pelo qual é bem conhecido, pressupõe como ponto de partida um ego *cartesiano solipsista e independente do corpo, considerando-se desnecessário que o sujeito pensante seja corpóreo ou que esteja rodeado de outros sujeitos pensantes. Quando publicou as *Meditações cartesianas*, porém, tinha começado a orientar seus interesses principais para o indivíduo corpóreo, rodeado de outros indivíduos, em vez do eu cartesiano incorpóreo, agora de novo remetido para uma posição fundamental. Ainda não está muito claro em que medida esta (desejável) reorientação destrói o programa fenomenológico da perspectiva original de Husserl, mas os fenomenólogos posteriores, como *Merleau-Ponty, exploraram com bons resultados a perspectiva resultante dessa reorientação.

Hutcheson, Francis (1694-1746) Filósofo moral e político. Hutcheson nasceu na região do Ulster e estudou em Glasgow como presbiteriano, mas voltou para Dublin onde exerceu sua atividade até 1740, quando foi nomeado professor de filosofia moral em Glasgow. Seus principais interesses filosóficos foram a ética e a estética. Na obra *Inquiry into the Origins of our Ideas of Beauty and Virtue* (1725), Hutcheson desenvolve uma *teoria do "sentido moral", de acordo com a qual conceber uma ação como virtuosa consiste, na verdade, em ficar satisfeito com ela de um modo muito específico. As ideias "agradáveis ou desagradáveis" que formamos acerca das ações constituem nossa aprovação ou desaprovação moral. O sentido moral é um dom inato e orienta-se para a aprovação daquelas ações que beneficiam os seres humanos. Hutcheson é, portanto, um dos primeiros *utilitaristas, e de fato esteve em risco de ser acusado pelo presbitério de Glasgow por ensinar a "doutrina falsa e perigosa de que o padrão da bondade moral é a promoção da felicidade dos outros". O *princípio da maior felicidade, lema dos utilitaristas do século XIX, encontra-se, pela primeira vez, na sua obra. Em sua teoria política, Hutcheson defende a soberania do povo e o direito de rebelião contra a autoridade política que não tenha em vista a sua felicidade. Foi uma influência teórica muito importante para a revolução americana e o autor favorito tanto de Thomas Jefferson como de John Adams, o segundo presidente dos Estados Unidos (1796-1800). Além de *Origins*, Hutcheson escreveu *A Short Introduction to Moral Philosophy* (1747) e *A System of Moral Philosophy*, publicados postumamente em dois volumes, em 1755.

hylê (*hylas*) (gr., matéria) O substrato das coisas materiais, que *Aristóteles pensava precisar de uma *forma para fazer uma coisa. *Berkeley chamou o defensor do materialismo nos *Três diálogos* de Hylas.

I

i ching Antigo sistema divinatório chinês. O sistema é composto por oito blocos de linhas curtas ou longas, formando 64 hexagramas que podem ser combinados resultando em 11.520 situações diferentes, utilizadas para fazer previsões de forma análoga à astrologia.

IA *Ver* inteligência artificial.

Ibn Daud, Abraão ben David Hallevi (c.1110-80) O primeiro aristotélico judeu. Ibn Daud procurou, tal como *Tomás de Aquino no século seguinte, reconciliar a filosofia com a religião revelada. Sua obra mais importante é *A fé exaltada*, escrita em árabe, mas da qual só sobreviveu a tradução hebraica. Ibn Daud defendia um conjunto de ideias racionalistas e heterodoxas, entre elas a limitação da onisciência divina para assim deixar espaço ao *livre-arbítrio. Exaltou também a *via negativa*, ou seja, a crença de que Deus só pode ser descrito em termos do que não é.

Ibn Gabirol, Salomão (c.1022-c.1057-70) Também conhecido como Avicebrón, foi o primeiro filósofo judeu espanhol, e um importante poeta hebraico, cujas ideias místicas influenciaram a *cabala. Ibn Gabirol defendeu um *neoplatonismo que mais tarde viria a ser um dos alvos de *Tomás de Aquino. Sua obra mais importante é a *Fonte de vida*, escrita em árabe, mas só conhecida através da tradução latina.

Ibn Khaldun, Abd al-Rahman (1336-1406) Historiador islâmico conhecido na filosofia sobretudo por causa de sua versão simples da concepção cíclica da história (*ver* eterno retorno). Acreditava que num período de cerca de 120 anos um povo completaria um ciclo que começava no primitivismo, passava pela vida nômade e acabava na civilização, que finalmente desapareceria, começando assim um novo ciclo.

Ibn Rushd *Ver* Averróis.

Ibn Sina *Ver* Avicena.

ícone Na acepção mais geral, um signo ou símbolo. Mais especificamente, esse termo é por vezes reservado para os signos que se assemelham ao objeto que representam: imagens, diagramas e palavras onomatopaicas. As propriedades icônicas de uma mensagem são aquelas que se assemelham a propriedades daquilo de que a mensagem fala: a ordem temporal da narração, por exemplo, reproduz tipicamente a ordem temporal dos acontecimentos, como no "*veni, vidi, vici*" ("Vim, vi e venci") de César.

idade da razão *Ver* Iluminismo.

idade do ouro Mito sobre a condição humana original, cuja primeira referência se encontra em *Os trabalhos e os dias*, de Hesíodo. É identificada com a época de Cronos, antes do reinado de Zeus (época de Saturno, na mitologia romana). Imperavam a justiça e a honestidade, não havia necessidade de trabalhar, não existia velhice, dor ou miséria. A idade do ouro tem óbvias afinidades com o Paraíso bíblico, e é um forte símbolo do *romantismo.

idealismo Qualquer doutrina que sustente que a natureza da realidade é fundamentalmente mental. Os limites de tal doutrina não estão traçados de forma definitiva: por exemplo, a concepção cristã tradicional de que Deus é uma causa subjacente, mais real que a criação, pode ainda ser classificada como uma forma de idealismo. A doutrina de *Leibniz que afirma que as substâncias simples (a partir das quais todas as coisas são constituídas) são elas próprias seres perceptivos e apetitivos (*mônadas), sendo o espaço e o tempo relações entre estas coisas, é uma outra versão tradicional dessa ideia. Entre as formas mais importantes de idealismo incluem-se o idealismo subjetivo (ou seja, a posição mais precisamente denominada *imaterialista, associada a *Berkeley, de acordo com a qual existir é ser percebido), o *idealismo transcendental e o *idealismo absoluto. O idealismo opõe-se à crença *naturalista de que a própria mente pode ser integralmente compreendida como um produto de processos naturais. A manifestação moderna mais comum do idealismo é a perspectiva do idealismo linguístico, segundo a qual "criamos" o mundo que habitamos ao empregar categorias linguísticas e sociais cuja existência não é independente da mente. A dificuldade consiste em dar uma forma literal a essa perspectiva que não entre em conflito com o fato óbvio de que não criamos mundos, mas sim que estamos em um.

idealismo absoluto Versão oitocentista do *idealismo na qual o mundo se identifica com o pensamento objetivo ou absoluto, e não com o fluxo pessoal da experiência, como no idealismo subjetivo. A doutrina deriva de várias antecessoras, entre elas o Uno de *Parmênides, a tradição teológica de um ser necessário, incondicionado e imutável, responsável pelo mundo contingente e mutável, a fecunda crença de *Espinosa de que há apenas um mundo caracterizado por fatos e coisas, por um lado, e por ideias, por outro, o *idealismo transcendental de *Kant e a emergência da ação e da vontade como os fatores decisivos para o desenvolvimento histórico. Outras influências incluem a concepção dinâmica da natureza como uma unidade orgânica cuja finalidade é a perfeição, a crença de que esse processo se espelha na educação espiritual dos indivíduos e a convicção, partilhada por vários pensadores alemães do final do século XVIII, de que o pensamento comum impõe categorias e distinções que estão ausentes da imersão original e inocente do gênero humano na natureza, e que devem ser transcendidas quando essa unidade ideal for retomada.

A referência ao absoluto aparece pela primeira vez na obra de *Schelling, *System des transzendentalen Idealismus*, de 1800. A ideia de um Espírito permeando todas as coisas era então parte integral do movimento *romântico, influenciando profundamente poetas metafísicos como Shelley e *Coleridge. *Hegel acusou o absoluto de Shelling de ser, como o número de Kant, incognoscível; nas suas mãos, o absoluto tornou-se o ser que se manifesta gradualmente no progresso da história humana, uma definição que tem sido usada para explicar várias coisas, entre elas a autoconsciência humana comum. A elevação idealista da autoconsciência, encontrada pela primeira vez em *Fichte, sem dúvida encoraja essa identificação. Mas a autoconsciência humana não pode ser o único ingrediente do absoluto, uma vez que Hegel também defendeu a doutrina de que o meramente finito não é real. À exceção de Fichte, poucos filósofos ficaram satisfeitos com a ideia de que a consciência humana é o espírito responsável por todo o cosmo. *Green disse que Wordsworth contemplou "o texto aberto do mundo; do mundo, no entanto, como algo que foi escrito, do princípio ao fim, por um espírito autoconsciente e autodeterminado" (*Works*, III. 119), sendo tal espírito transcendente à mente humana. Em qualquer dos casos, o ponto culminante da história é aquele em que "a mente conhece a mente", ou em que a liberdade autoconsciente e última é alcançada. Hegel insiste também no *holismo, no sentido em que uma mente suscetível de conhecer qualquer verdade tem também de ter a capacidade de conhecer toda a verdade, uma vez que a verdade parcial e dividida está morta ou não existe.

O mais influente defensor do idealismo absoluto na Grã-Bretanha foi *Bradley, que de fato se recusava a ser classificado como idealista, mas cuja obra *Appearence and Reality* argumenta que as aparências comuns são contraditórias, e que para reconciliar a contradição temos de transcendê-las, apelando para um nível superior de realidade, no qual a harmonia, a liberdade, a verdade e o conhecimento são características do uno absoluto. Uma parte essencial do argumento de Bradley era a preferência, enunciada muito antes por *Leibniz, por propriedades categóricas, *monádicas, em detrimento das relações. Preocupou-se especialmente com a relação entre o que é conhecido e a mente que conhece. As consolações do progresso e da unidade com o universo provocaram o veredicto não completamente hostil de *James de que o absoluto é o antídoto contra o medo cósmico, e o patrono do descanso moral. O idealismo absoluto foi um dos alvos principais dos *realistas, dos *pragmatistas e de *Russell e *Moore em muitas das suas obras do começo do século XX, embora tenha continuado a ter influência nos vinte anos seguintes.

idealismo crítico Termo usado, às vezes, para designar a filosofia de *Kant, mas, em especial, a filosofia do filósofo francês Léon Brunschvicg (1869-1944), que adotou a ênfase histórica de *Hegel, vendo a história como um "progresso da consciência".

idealismo subjetivo *Ver* idealismo.

idealismo transcendental Termo usado por *Kant para caracterizar um aspecto de sua filosofia. Kant tenta combinar o *realismo empírico, preservando a independência e a realidade habituais dos objetos do mundo, com o *idealismo transcendental, que admite que, num certo sentido, os objetos só têm suas propriedades habituais (sua posição espacial e temporal e seus poderes causais) porque nossas mentes estão estruturadas de modo a impôr essas categorias à multiplicidade empírica.

ideia (gr., *eidos*: forma visível) Noção que vai de um extremo (quando denota uma presença subjetiva e interna à mente, concebida como representando alguma coisa sobre o mundo exterior) a outro (quando representa uma forma ou conceito eterno e imutável: o conceito de uma série numérica ou de justiça, por exemplo, entendidos como objetos independentes que podem ser investigados e talvez mesmo conhecidos). Esses dois extremos não correspondem a significados diferentes do termo, apesar de originarem muitos problemas de interpretação; no entanto, eles delimitam entre si uma zona de problemas filosóficos. Por um lado, as ideias são aquilo através do qual pensamos ou, na formulação de *Locke, aquilo de que a mente se ocupa quando pensa. Vistas desse modo, as ideias parecem ser constitutivamente transitórias, fugidias, instáveis e privadas. Por outro lado, as ideias proporcionam uma maneira de exprimir o pensamento objetivo. São componentes essenciais da compreensão, e qualquer proposição inteligível que seja verdadeira tem de poder ser compreendida. A teoria das *formas de *Platão celebra a existência objetiva e intemporal das ideias como conceitos e, nas suas obras, as ideias são *reificadas ao ponto de serem os únicos componentes do mundo real, constituído por modelos separados e perfeitos, do qual o mundo empírico é apenas um parente pobre. Esta doutrina, claramente expressa no *Timeu*, abriu caminho à concepção *neoplatônica das ideias como pensamentos de Deus. Aos poucos, o conceito de ideia veio a perder essa conotação com um outro mundo, até que a partir de *Descartes as ideias passaram a ser identificadas com aquilo que está na mente de qualquer ser pensante.

Combinada com uma tendência para o sensorial, de acordo com a qual aquilo que está na mente pode ser concebido como algo parecido com imagens, e com a crença de que o pensamento é analisável como uma manipulação de imagens, a concepção cartesiana foi desenvolvida por *Locke, *Berkeley e *Hume, resultando numa teoria geral do entendimento como um domínio das imagens, embora todos eles tivessem consciência das deficiências que mais tarde foram consideradas fatais para essa doutrina (*ver* abstração). Os defeitos da teoria foram expostos por *Kant, que percebeu que o entendimento tem de ser concebido mais como um conjunto de regras e princípios reguladores do que como qualquer tipo de cópia daquilo que é dado na experiência. Kant reconheceu também o perigo da posição oposta (representada por *Leibniz), que não estabelecia qualquer relação entre os elementos do entendimento e os da experiência (*Crítica da razão pura*, A270).

Ultimamente, tornou-se mais comum ver as ideias, ou os conceitos, como algo que depende das estruturas sociais e sobretudo linguísticas, em vez de os entender como criações independentes de uma mente individual. Mas a tensão entre o aspecto subjetivo e objetivo da questão permanece — sendo visível, por exemplo, nos debates sobre a possibilidade do conhecimento objetivo, a *indeterminação da tradução e a identidade entre os pensamentos que as pessoas têm num dado momento com os que têm em outro.

ideia complexa Uma das doutrinas dos *empiristas defende que a mente recebe suas matérias-primas através da percepção. Podemos construir novas ideias pela imaginação e pelo pensamento, mas apenas por meio da recombinação de elementos previamente dados. Assim, essas ideias novas seriam complexas, e os elementos básicos que as constituem seriam ideias simples.

ideias abstratas Conceito que foi motivo de disputa entre *Locke e *Berkeley. Locke chamou atenção para o problema do modo como uma ideia particular, por exemplo a ideia de uma pessoa ou de uma vaca, pode vir a representar precisamente a classe de coisas que é suposto representar, ou seja, pessoas ou vacas em geral. Sua solução consistiu em postular um processo de *abstração da classe geral que vai eliminando as qualidades particulares de seus exemplares até obter uma ideia com o grau adequado de generalidade — e.g., uma ideia que abranja todas e apenas as pessoas ou todas e apenas as vacas. Berkeley reagiu com veemência a essa análise, argumentando que todas as ideias são, pelo contrário, perfeitamente particulares, tornando-se gerais apenas pelo uso que fazemos delas. Sua animosidade deveu-se em parte ao fato de acreditar que a doutrina da abstração permitia a Locke viver na ilusão de que podemos compreender coisas que na verdade são ininteligíveis: objetos sem cor, causas inanimadas ou qualidades das coisas consideradas independentemente dos efeitos sensoriais que têm em nós.

ideias claras e distintas Termo usado por *Descartes para assinalar a qualidade particularmente transparente das ideias nas quais podemos nos apoiar, mesmo quando nos entregamos à *dúvida metódica. A natureza dessa qualidade não é ela mesma tornada clara e distinta por Descartes, mas há algumas razões para vê-la como característica daquelas ideias que não podemos pura e simplesmente imaginar serem falsas, tendo por isso de aceitá-las nessa base, e não como ideias que têm garantida uma conexão qualquer mais íntima com a verdade.

ideias inatas Ideias com as quais nascemos e que não são, portanto, produto da experiência. A controvérsia acerca de sua existência foi um dos grandes elementos para a rejeição de *Locke da filosofia de *Descartes, tendo Locke, por sua vez, sido atacado por *Leibniz. Tratava-se da questão de saber se a mente estaria equipada com conceitos altamente gerais — como Deus, a liberdade, a imortalidade e a substância —, podendo nesse caso saber-se **a priori* que são aplicáveis ao mundo, fornecendo assim um conhecimento claro e distinto, ao contrário de qualquer conhecimento que possa ser certificado pela experiência. Foi assim que este se tornou tema central de discussão entre os racionalistas e os seus oponentes, os empiristas. A conexão entre o caráter inato das ideias enquanto tal e o direito de pensar que estas ideias fornecem um tipo particular de conhecimento foi questionada por *Hume, mas a necessidade de categorias *a priori* do entendimento, através das quais a experiência é organizada, foi uma vez mais defendida por *Kant. A ideia segundo a qual as crianças nascem com uma *gramática universal, permitindo-lhes alcançar o feito notável de aprender uma primeira língua, foi defendida no século XX por *Chomsky.

ideias simples/complexas *Ver* ideias complexas.

identidade Todos concordamos com Joseph *Butler quando este afirma que as coisas são o que são e nada mais. A dificuldade é saber quando temos uma coisa e não duas. Uma regra que nos permite determinar isso é um *princípio de individuação, ou seja, um critério de identidade para coisas do tipo em questão. Em lógica, a identidade pode ser introduzida como uma expressão relacional primitiva, ou ser definida através da *identidade dos indiscerníveis. *Ver também* identidade pessoal.

identidade dos indiscerníveis Princípio associado a *Leibniz, segundo o qual se A e B têm exatamente as mesmas propriedades, então são idênticos. Para o princípio oposto: *ver* indiscernibilidade dos idênticos.

identidade espécime-espécime *Ver* identidade tipo-tipo.

identidade pessoal O problema consiste em saber o que faz a identidade do indivíduo num instante de tempo, ou ao longo do tempo. Tomando o último problema em primeiro lugar: todos podemos nos imaginar como tendo sido bastante diferentes, ou como tendo nos tornado bastante diferentes, o que de fato acontecerá no curso normal da vida. O que permite minha sobrevivência a uma mudança? Que eu ainda seja eu após uma mudança? Não parece necessário que tenha de reter o corpo que tenho agora, uma vez que posso imaginar o transplante de meu cérebro para outro corpo, e posso conceber que outra pessoa se apodera de meu corpo, tal como nos casos de personalidade múltipla. Mas também posso imaginar mudanças no meu cérebro, tanto no que diz respeito à sua matéria como ao seu funcionamento, enquanto continuo a ser eu que penso e que tenho experiências, talvez melhor ou pior do que antes. Minha psicologia pode mudar; logo, sua continuidade parece estar conectada com minha própria sobrevivência apenas contingentemente. Logo, visto a partir do meu interior, não parece existir nada de tangível que me faça sobreviver a uma sequência qualquer de mudanças. O problema da identidade num instante de tempo é semelhante: parece possível que mais de uma pessoa (ou personalidades) possam partilhar o mesmo corpo e o mesmo cérebro; logo, fica a questão de saber o que constitui a unidade da experiência e do pensamento que cada um de nós usufrui na vida normal. Os problemas da identidade pessoal foram pela primeira vez destacados na época moderna por *Locke, que reconhecia que a solução proposta por *Descartes, segundo a qual a identidade de uma pessoa consiste na identidade da substância mental subjacente, era incapaz de fornecer qualquer critério que pudesse ser usado no mundo empírico comum, no que se refere, por exemplo, à atribuição justa de responsabilidade pelas ações do passado. A solução de Locke baseia-se na unidade da consciência, e em particular na presença da memória de ações do passado; essa solução tem sido acusada de ser (I) circular, já que a memória pressupõe a identidade, ou (II) insuficientemente consonante com a prática normal, uma vez que as pessoas se esquecem do que elas próprias fizeram. A unidade do eu não conseguiu sobreviver ao escrutínio de *Hume, cuja teoria de que a unidade era uma espécie de ficção (talvez como a de nação ou de uma associação, cuja existência ao longo do tempo não é um fenômeno do tipo "tudo ou nada") foi uma das poucas partes de sua filosofia com a qual se declarou insatisfeito. O princípio de organização por detrás da unidade da consciência foi um elemento central na reação de *Kant ao *atomismo das sensações dos empiristas. Na filosofia contemporânea há herdeiros de todas essas maneiras de enfrentar o problema.

identidade qualitativa Duas coisas são qualitativamente idênticas se partilham todas as suas propriedades, e numericamente idênticas se não são afinal duas, mas apenas uma. De acordo com a *identidade dos indiscerníveis, não há duas coisas distintas que cheguem a partilhar todas as suas propriedades, apesar de poderem partilhar muitas, tais como as qualidades da forma e da constituição.

identidade relativa Doutrina defendida por Peter Geach, filósofo inglês do século XX, de acordo com a qual a frase de identidade "$a = b$" precisa ser interpretada como "*a* é o mesmo F que *b*", em que F é um termo que designa um gênero, ou seja, um *categorial. A motivação mais óbvia dessa ideia é poder haver diferentes escolhas de termos categoriais produzindo frases de identidade diferentes, com valores de verdade diferentes. Assim, se *a* denota uma estátua num certo momento, e *b* uma estátua num momento posterior, pode ser que *a* seja a mesma massa de barro que *b*, apesar de não ser a mesma estátua. Contudo, também pode acontecer que a escolha de categorial esteja preconcebida no significado dos nomes *a* e *b*, caso em que tal discrepância não pode ocorrer, apesar de os categoriais continuarem a desempenhar um papel importante na avaliação de frases de identidade.

identidade tipo-tipo Variante da *teoria identitativa da mente na qual se supõe que acontecimentos mentais podem ser identificados com acontecimentos físicos, de tal maneira que a cada tipo do primeiro corresponda um tipo do segundo. Atribui-se a *Davidson a constatação de que não existe qualquer razão *a priori* para esperar que isso seja verdade, o que não impede que cada acontecimento mental seja idêntico a um acontecimento físico. A *realização variável do mental pelo físico parece fazer com que isso seja uma possibilidade real. No entanto, o tema é delicado, uma vez que há diferentes maneiras de caracterizar os tipos ou gêneros de acontecimentos em questão. Uma teoria identitativa que rejeite as correlações tipo-tipo é uma teoria identitativa espécime-espécime. *Ver também* ambiguidade tipo-espécime.

identidade, teoria causal da Teoria de que a relação que unifica estados sucessivos de maneira a serem estados de uma única coisa é a sua ligação causal, pela qual os estados posteriores são efeitos dos anteriores.

identitativa da predicação, teoria *Ver* teoria identitativa da predicação.

ideologia Qualquer sistema abrangente de crenças, categorias e maneiras de pensar que possa constituir o fundamento de projetos de ação política e social: uma ideologia é um *esquema conceitual com uma aplicação prática. De forma pejorativa, a ideologia de outra pessoa pode ser considerada como óculos que distorcem e mascaram o *status quo* real (*ver* falsa consciência). As promessas de que a filosofia política e a moral podem estar isentas de conteúdo ideológico tendem a ser vãs, uma vez que os programas de ação supostamente depurados e puros dependem, por exemplo, de perspectivas particulares acerca da *natureza humana, do que conta como progresso humano e das condições sob as quais se pode encontrá-lo.

idioleto *Ver* leto.

ídolos da mente Os quatro ídolos que Francis *Bacon distingue são os ídolos da tribo, da caverna, do mercado e do teatro. Nesse sentido, os ídolos são **eidola*, imagens transitórias das coisas que, por isso, Bacon considera errôneas. (I) Os ídolos da tribo são tendências gerais para o engano, inerentes à nossa natureza como seres humanos. Entre eles contam-se a confiança acrítica na percepção sensorial e as tendências a generalizar excessivamente ou a tirar conclusões precipitadas, ignorando evidências do contrário. (II) Os ídolos da caverna são distorções que surgem de nossa perspectiva particular (a metáfora é a do *mito da caverna de Platão). Estes podem ser evitados recordando-se que tudo aquilo a que nossa mente se "apega e no qual se demora com uma satisfação peculiar deve ser aceito com suspeita". (III) Os ídolos do mercado são erros que surgem durante a comunicação com os outros: equívocos originários do uso indevido das palavras. (IV) Os ídolos do teatro são os erros introduzidos por teorias: os esquemas abstratos do aristotelismo e a introdução de noções teológicas na ciência. Bacon comparou nesse caso os sistemas filosóficos e religiosos com as representações teatrais, e por isso fantásticas, do mundo.

ignoratio elenchi Erro ou *falácia que consiste em argumentar a favor de uma conclusão que não se relaciona com o tópico em discussão, sendo por isso irrelevante.

igualdade Em filosofia social, um ideal básico mas controverso. Para *Aristóteles, a igualdade de tratamento é dependente do fato dos sujeitos serem iguais "nos aspectos relevantes". As respostas ao problema de saber quais aspectos são relevantes vão desde as perspectivas igualitárias extremas, nas quais virtualmente nada escapa à igualdade de tratamento, até as elitistas, nas quais muitas coisas escapam. A ética kantiana reconhece como fundamento de toda moralidade o igual direito de todos os seres humanos a serem tratados como fins em si mesmos; mas a aplicação desse ideal é controversa, uma vez que não está claro o que conta como um desvio do respeito pelas pessoas como fins em si mesmas (às vezes elas podem obviamente ser tratadas como meios, como quando alguém é colocado de quarentena para evitar a propagação de uma infecção, mas não devem ser tratadas tão somente como meios, ou talvez como meios em si mesmos). Na teoria política, a questão é saber se as igualdades de situação social, política e econômica são possíveis, e se a tentativa de criá-las não infringe outros valores, como a liberdade, ou se chega mesmo a abalar muitas das condições econômicas e culturais de uma sociedade estável.

igualitarismo Doutrina segundo a qual a vida moral e política deveria ter por objetivo respeitar e desenvolver a *igualdade entre as pessoas.

ilícito maior Falácia cometida quando um *silogismo tem um termo maior distribuído na conclusão, mas não na premissa. "Todos os herbívoros são mortais/Nenhum leão é herbívoro/Logo, nenhum leão é mortal."

ilícito menor Falácia cometida num *silogismo quando o termo menor ocorre *distribuído na conclusão, mas não na premissa. "Todos os leões rugem/Todos os leões são animais/Logo, todos os animais rugem."

ilocutório *Ver* ato ilocutório.

Iluminismo Período do pensamento europeu caracterizado pela ênfase na experiência e na razão, pela desconfiança em relação à religião e às autoridades tradicionais, e pela emergência gradual do ideal das sociedades liberais, seculares e democráticas. Na Inglaterra do século XVII, o movimento já pode ser apreciado nos textos de Francis *Bacon e de *Hobbes, assim como, na França, na obra de *Descartes, através da nova ênfase na independência da razão. No entanto, foi só no século XVIII que se deu o completo florescimento do Iluminismo, especialmente na França (*ver Enciclopédia*), na Escócia (*ver* Hume, Smith) e na Alemanha, onde a filosofia crítica de *Kant foi ao mesmo tempo uma espécie de apogeu e o primeiro presságio do período *romântico que se seguiu. Embora seja difícil encontrar doutrinas positivas comuns a todos esses pensadores, o Iluminismo está associado a uma concepção materialista dos seres humanos, a um otimismo quanto a seu progresso por meio da educação e a uma perspectiva em geral *utilitarista da sociedade e da ética. No entanto, a Constituição dos Estados Unidos, que não é um documento utilitarista (baseando-se antes numa ética de *direitos naturais), é frequentemente apontada como um texto que incorpora de forma concreta os ideais Iluministas. *Ver também* otimismo e pessimismo; perfectibilidade.

ilusão de Müller-Lyer Ilusão visual em que as setas que apontam para fora nos extremos de uma linha diminuem seu comprimento aparente, aumentando-o quando apontam para dentro, em comparação com uma linha neutra do mesmo comprimento.

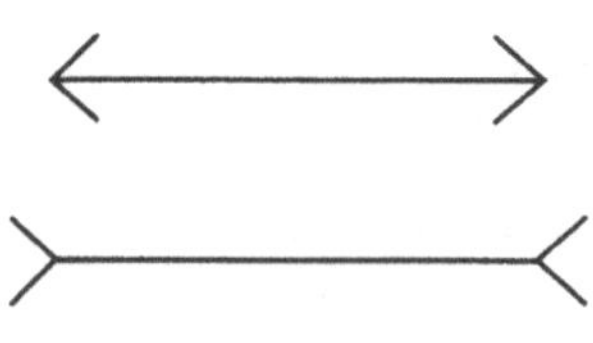

imagem A natureza, a importância e mesmo a existência das imagens mentais é motivo de controvérsia entre psicólogos e filósofos. Por um lado, parece evidente que as pessoas normais usufruem de uma vida interior medianamente rica, na qual se podem evocar cenas, melodias, sabores e cheiros presentes na memória para criar e apreciar novas versões. O estado mental que assim se obtém é de certa maneira semelhante ao estado mental em que se vê, ouve e saboreia as coisas originais, mas é também bastante diferente. As imagens são tipicamente "tênues" e pouco nítidas, mas imaginar um tigre não é a mesma coisa que ver um tigre apenas porque a imagem é tênue e pouco nítida, pois então seria parecido com ver um tigre com pouca luz ou no meio do nevoeiro. Além disso, um tigre imaginado, ao contrário de qualquer tigre real, não precisa ter um número definido de riscas ou de garras. Assim, não é unicamente uma "representação interna" de um tigre. As imagens visuais são diferentes de representações ou imagens materiais ainda em outros aspectos: não são passíveis de exame minucioso e as manipulações que suportam enquanto as retemos são limitadas. A opinião de que as imagens desempenham um papel fundamental no pensamento foi atacada por *Wittgenstein, e um de seus argumentos era que se concebermos as imagens como presenças internas que servem para explicar, por exemplo, as capacidades de reconhecimento e classificação, então temos igualmente de inquirir como elas próprias são reconhecidas e classificadas. A natureza obscura das imagens levou alguns filósofos a considerá-las um acessório inútil dos processos cognitivos de representação subjacentes, não fazendo parte, portanto, desse mecanismo. No entanto, é provável que a evolução favoreça os animais com capacidade de produzir simulações "remotas" da experiência de várias situações, talvez para ensaiar estratégias de sucesso. A hostilidade às imagens também dificulta a avaliação de seu papel central na vida criativa, especialmente dos pensadores não linguísticos, como os artistas plásticos, os atores ou os músicos. *Ver também* ideia.

imagem dos dois relógios Imagem utilizada por *Leibniz para ilustrar o princípio da *harmonia preestabelecida.

imagem manifesta Termo introduzido por *Sellars em artigos reunidos em sua obra *Science, Perception, and Reality* (1963), designando a forma habitual de concebermos a nós mesmos no mundo, como pessoas com percepções e como agentes, entre pessoas semelhantes, habitando um espaço único com objetos coloridos tridimensionais. A imagem manifesta se opõe à imagem científica, que lida com o comportamento de aglomerados de partículas físicas postuladas pela teoria científica. O que Sellars denominou de "filosofia perene", de *Platão em diante, aceita a realidade dos elementos e aspectos da imagem manifesta, mas a comparação e reconciliação de suas posições com as da imagem científica (que na realidade funciona como árbitro "do que é, que é, e do que não é, que não é"), também é um problema perene. Há oposições semelhantes em toda a filosofia. *Ver também* cor; eliminativismo; intencionalidade; qualidades primárias/secundárias.

imagem residual Imagem vista depois que um estímulo visual prolongado ou intenso é interrompido. As imagens residuais são com frequência citadas como exemplos de coisas puramente "mentais" e que, no entanto, são coloridas, refutando a afirmação de que só as extensões espaciais podem ter cor. As imagens residuais, causadas pelo decréscimo temporário da sensibilidade dos receptores estimulados, têm a cor complementar em relação à da luz original.

imagens eidéticas (gr., *eidos*: forma, aparência) Normalmente as imagens são uma frágil fonte de conhecimento. As imagens visuais são vagas e não podem ser examinadas (nem ladeadas ou inspecionadas) como as imagens reais. No entanto, algumas pessoas, sobretudo as crianças, têm a capacidade de formar imagens aparentemente mais vivas, estáveis e informativas, exibindo muitas vezes a capacidade de recordar por completo uma imagem após uma breve exposição a uma cena. Essas imagens são conhecidas como imagens eidéticas.

imaginação Especificamente, é a capacidade de reviver ou, em especial, de criar *imagens mentais. Em termos mais genéricos, no entanto, trata-se da habilidade de criar e ensaiar situações possíveis, de combinar conhecimentos de forma pouco comum ou de inventar *experiências mentais. *Coleridge foi o primeiro teorizador da estética a distinguir entre a possibilidade de um uso disciplinado e criativo da imaginação e a atividade inútil da fantasia. A imaginação está envolvida em qualquer ensaio flexível de respostas a um problema, sendo erroneamente concebida como oposta à razão. Tem também uma relação interessante com a forma como se decide se uma situação antevista será de fato possível. Aparentemente, conseguimos imaginar que fomos Napoleão, mas não que o espaço é esférico; no entanto, uma reflexão mais aprofundada deve nos levar a pensar que a primeira suposição é impossível, mas que a segunda é sem dúvida possível.

imanente Que atua dentro de uma coisa ou pessoa; que não é externo ou *transcendental.

imaterialismo A negação do *materialismo.

imortalidade Condição de estar excluído da morte ou da destruição, ou de viver para sempre. A imortalidade pessoal implica que após nossa morte (tal como é identificada pelas outras pessoas) possamos ter experiências, possivelmente após um intervalo, e viver outra vida, continuando a fazê-lo para sempre. A doutrina pode envolver apenas a sobrevivência de nossa "*alma", concebida como uma substância imaterial pensante, contingente e temporariamente ligada a nosso corpo atual; ou pode implicar a ressurreição do próprio corpo. Na tradição platônica, a primeira é possível. Mas para *Aristóteles, a alma é a forma do corpo, e não pode existir sem ele, como uma substância separada, tal como um sorriso não pode existir sem o rosto que sorri. Os argumentos metafísicos (e.g., que a alma é simples, não podendo, portanto, decompor-se), os argumentos morais (e.g., que a moralidade pressupõe a imortalidade, para que os justos possam triunfar e os pecadores serem castigados) e os argumentos empíricos (e.g., que há casos de pessoas que têm experiências com os espíritos dos mortos, ou com fantasmas) são alguns dos argumentos favoráveis à imortalidade da alma, nenhum deles é muito respeitado pelos filósofos contemporâneos. O primeiro tipo de argumento foi atacado por *Hume e, em especial, por *Kant no Livro II da Dialética transcendental da *Crítica da razão pura*. Os argumentos do segundo tipo, os morais, parecem-se mais com a expressão de um desejo do que com argumentos, apesar de o próprio Kant ter sustentado uma versão altamente sutil. Os do terceiro tipo são vítimas da desconfiança geral em relação à *parapsicologia. A revelação especial ou a fé continuam a ser as fontes mais fortes da crença na imortalidade, e a convicção de que é incoerente postular a separação da mente e do corpo continua a ser a resposta filosófica mais forte. Presta-se menos atenção à questão de saber por que a imortalidade aparentemente é desejável (*ver* caso de Makropoulos).

Na tradição platônica e *neoplatônica, a imortalidade é por vezes repensada como "atemporal". Em vez de viver para sempre, o objetivo é viver completamente fora do tempo (*ver* eternidade); a coerência desse ideal, contudo, não é evidente, apesar de ser com frequência reafirmado por místicos e praticantes da meditação. Deve-se notar que, ao passo que as questões discutidas se aplicam à imortalidade pessoal, a imortalidade, ou pelo menos a existência permanente de algumas características pessoais, pode muito bem ocorrer. A obra, a fama ou a notoriedade, ou ainda os genes de alguém, podem sobreviver nas mentes e nos corpos de outras pessoas. *Ver também* sentido da vida.

imóvel, motor *Ver* motor imóvel.

imparcialidade Virtude fundamental, associada à justiça e à equidade. Uma distribuição dos benefícios e das obrigações é feita imparcialmente se nenhuma consideração a influencia exceto as que determinam o que é devido a cada indivíduo. Perspectivas diferentes quanto ao *merecimento farão essa avaliação de maneira diferente. Uma das dificuldades na aplicação desse conceito é que na vida real as exigências das pessoas com quem se está intimamente relacionado, como os amigos e a família, contrariam a imparcialidade estrita, fazendo com que esta pareça mais uma parte da moral pública do que da virtude privada.

imperativo Modo frásico típico com o qual se fazem pedidos ou se dão ordens. Entre os problemas da filosofia da linguagem postos pelo imperativo incluem-se o de saber se a necessidade de fazer pedidos ou de dar ordens é tão básica quanto a de comunicar informação (os sistemas de linguagem animal podem muitas vezes ser interpretados das duas maneiras), e o de compreender a relação entre as ordens e outros usos linguísticos reguladores da ação, como o discurso ético. A teoria ética conhecida por *prescritivismo identifica, de fato, as duas funções. Outra questão consiste em saber se há uma lógica do imperativo. "Leve aquele fardo!" segue-se aparentemente de "Carregue o barco e leve aquele fardo!", de um modo semelhante ao que faz com que "Está chovendo" se siga de "Está ventando e está chovendo". É mais difícil, contudo, dizer como se poderia incluir outras estruturas: será que "Feche a porta ou feche a janela!" se segue de "Feche a janela!", por exemplo? O modo habitual de se construir uma lógica imperativa é em termos da possibilidade de se satisfazer uma ordem sem se satisfazer outra, o que a torna uma variante da lógica dedutiva vulgar.

imperativo categórico/hipotético Par contrastado na ética *kantiana. Um imperativo hipotético contém uma ordem que só encontra seu lugar perante um desejo ou projeto anteriormente dado: "Se quiser parecer inteligente, fique calado." A imposição de ficar calado só se aplica àqueles que têm o desejo ou a inclinação antecedente; se não desejarmos parecer inteligentes, o conselho ou infunção fica desativado. Não podemos evitar um imperativo categórico dessa maneira, porque este exige algo que se aplica a todas as pessoas, sejam quais forem suas inclinações. Esse imperativo pode ser representado em, por exemplo, "Diga a verdade!" (quer se queira ou não dizer a verdade). A distinção nem sempre é assinalada pela presença ou ausência de uma forma condicional ou hipotética: a expressão "se você gosta de beber, não vá trabalhar como *barman*" pode ser concebida como uma injunção absoluta que se aplica a todas as pessoas, embora só seja ativada no caso daquelas que têm o desejo enunciado.

Na *Fundamentação da metafísica dos costumes* (1785), Kant discute cinco formas do imperativo categórico: (I) a fórmula da lei universal: "age segundo uma *máxima tal que possas querer ao mesmo tempo que ela se torne uma lei universal"; (II) a fórmula da lei da natureza: "age como se a máxima de tua ação pudesse se tornar, segundo tua vontade, uma lei universal da natureza"; (III) a fórmula do fim em si: "age de tal maneira que uses a humanidade, tanto na tua pessoa como na de qualquer outro, sempre e simultaneamente como um fim e nunca apenas como um meio"; (IV) a fórmula da autonomia, onde se apresenta "a ideia da vontade de todo ser racional concebida como vontade legisladora universal"; (V) a fórmula do Reino dos Fins, que nos oferece um modelo para a união sistemática de seres racionais diferentes sob leis comuns.

Um tema fundamental no estudo da ética kantiana é entender essas expressões da exigência inescapável e obrigatória do imperativo categórico, e compreender se, em algum nível mais profundo, elas são equivalentes. Os usos que o próprio Kant fez da noção nem sempre são convincentes (*ver*, e.g., sexo). Uma das origens da confusão que surge quando se relaciona a ética kantiana com teorias como o *expressivismo é o fato de ser fácil (porém errado) supor que a natureza categórica do imperativo significa que este não pode ser a expressão de um sentimento, devendo antes derivar de algo "incondicionado" ou "necessário", como a voz da razão.

implicação estrita Na *lógica modal de C.I. Lewis, se não é possível que *p* e não *q*, então diz-se que *p* implica estritamente *q*. *Ver também* paradoxo da implicação estrita.

implicação existencial As implicações de uma proposição relativas àquilo que existe. Se uma proposição implica a existência de algo, então tem uma implicação existencial. Deve-se notar que no *cálculo de predicados a *quantificação universal $(\forall x)(Fx \rightarrow Gx)$ não tem implicação existencial, porque é verdadeira quando nada é F.

implicação formal Em um *cálculo lógico, uma proposição A implica formalmente outra proposição B se existe uma *demonstração que comece com A como premissa e que termine com B.

implicação lógica *Ver* demonstração; derivabilidade; lógica.

implicação material A *função de verdade binária definida como falsa se *p* for verdadeira e *q* falsa e como verdadeira nos outros três casos. Representa-se normalmente por $p \rightarrow q$. O primeiro lógico a distinguir as quatro maneiras pelas quais os valores de verdade podem ser associados com duas proposições (VV, VF, FV, FF) e a sugerir a identificação de "se p então q" com a proposição que é verdadeira em todos os casos exceto no segundo, foi provavelmente Fílon de Mégara, no século IV a.C. *Ver também* paradoxos da implicação material.

implicatura Termo introduzido por *Grice para designar as implicações de uma elocução que vão além do que é estritamente implicado por seu conteúdo. Assim, se me perguntarem o que penso sobre meu novo colega e eu responder "Parece que ele não comete erros de ortografia", então, embora daquilo que eu digo não se siga nada sobre suas capacidades filosóficas, o fato de dizê-lo implica que eu tenho uma má opinião quanto às mesmas. Uma conversa pode depender em grande parte de implicaturas, como quando se deprecia alguém precisamente por meio de um elogio demasiado fraco. As concepções sobre os significados dos termos resultam muitas vezes de se classificar as implicações das elocuções em que os termos ocorrem como implicaturas, ou como implicações lógicas genuínas, daquilo que é dito. As implicaturas podem ser divididas em dois tipos: implicaturas conversacionais do tipo exemplificado, e implicaturas convencionais, uma categoria mais sutil. Neste caso, um termo pode ter o mesmo conteúdo que outro, mas seu uso pode, por convenção, veicular uma implicatura. Assim, um ponto de vista possível da relação entre as frases "ele é pobre e honesto" e "ele é pobre mas honesto" consiste em notar que ambas têm o mesmo conteúdo (são verdadeiras exatamente nas mesmas condições), porém, por causa do significado do termo "mas", a segunda tem implicaturas que a primeira não possui (ou seja, que a combinação da pobreza com a honestidade é surpreendente ou significativa).

impossibilidade Uma proposição é impossível se não pudesse ter sido verdadeira. Para alguns dos tópicos relacionados, *ver* mundos possíveis; necessidade.

inalienável Usado especialmente no contexto dos direitos: um direito inalienável é o que não pode ser limitado, suspenso ou mesmo (o que é mais grave e controverso) aquele a que não podemos abdicar de forma espontânea. O direito à integridade física, à vida ou a não ser propriedade de ninguém são exemplos possíveis, ao contrário do direito a coisas que imponham aos outros exigências potencialmente ilimitadas, como o direito a ter férias ou à saúde e a uma vida condigna.

inautenticidade *Ver* autenticidade.

incerteza de Heisenberg, princípio da *Ver* princípio da incerteza de Heisenberg.

incoerente Na teoria das *probabilidades, um conjunto de atribuições de probabilidade é incoerente se deixa seu possuidor sujeito a um *livro holandês; ou, o que é equivalente, se transgride os axiomas clássicos da teoria das probabilidades. *Ver* teorema da representação.

incomensurável *Ver* comensurável.

incompatibilista Termo para designar quem acredita que o *livre-arbítrio é incompatível com o *determinismo.

incompossível Mutuamente exclusivo. A definição e o exemplo de Ambrose Bierce em *The Devil's Dictionary* são insuperáveis: "Duas coisas são incompossíveis quando o mundo do ser tem espaço suficiente para uma delas, mas não para ambas — como acontece com a poesia de Walt Whitman e a piedade de Deus pelo homem."

inconsciente A ideia de que o *cérebro está constantemente processando informações das quais não temos consciência tem ampla aceitação nas ciências do cérebro e do comportamento (*ver* visão cega). Também é comum a visão de que as pessoas têm crenças e desejos que não conseguem representar para si mesmas sem algum tipo de auxílio. Essas constatações enfrentam o problema metodológico de distinguir entre a revelação de crenças e desejos inconscientes genuínos e a atribuição gratuita dos mesmos a partir do comportamento de uma pessoa. As teorias que tratam com mais detalhes da forma que esse auxílio deve tomar e do conteúdo chocante que muitas vezes se supõe que os desejos e crenças inconscientes possuem são controversas. *Ver* Freud; psicanálise.

inconsciente coletivo Termo da psicologia de *Jung para os aspectos herdados da experiência passada da espécie humana, sedimentados e preservados no inconsciente de cada um de nós sob a forma de *arquétipos, ou figuras simbólicas e mitos. Estes determinam a forma do que imaginamos e sonhamos, e em períodos de crise podem reaparecer com grande intensidade emocional para indicar nossos destinos.

inconsistente *Ver* consistente/inconsistente.

incorrigível Uma proposição é incorrigível se não puder ser corrigida, isto é, se não for possível que a crença nessa proposição venha a se revelar errada. Embora tenham sido propostos muitos exemplos possíveis (que vão de relatos introspectivos na primeira pessoa a axiomas lógicos básicos), é amplamente aceito que uma proposição só poderia atingir esse estatuto se não dissesse coisa alguma. Qualquer proposição com um conteúdo real envolveria a colocação de uma situação particular sob uma certa regra de descrição, mas a possibilidade de uma aplicação errada dessa regra está sempre presente. Sendo assim, a procura de pontos de partida incorrigíveis na teoria do conhecimento é uma ilusão. *Ver* epistemologia; fundacionalismo.

independente A questão da independência de um *axioma em relação a outros é com frequência muito importante. Isso pode ser investigado numa *teoria dos modelos, procurando-se um modelo para o conjunto que consiste nos outros axiomas e na negação do axioma em questão. A independência do *axioma da escolha em relação ao resto da teoria clássica dos conjuntos, e da *hipótese do contínuo quanto ao restante da teoria dos conjuntos em conjunção com o axioma da escolha são alguns dos resultados de independência mais importantes.

indeterminação da tradução Doutrina de *Quine, exposta no cap.2 de *Word and Object*, segundo a qual a totalidade do comportamento dos sujeitos deixa indeterminada qual das traduções do que dizem é a correta. Visto que nada mais há do que a totalidade do comportamento para fixar uma interpretação como sendo a verdadeira, a própria noção de interpretação correta completamente determinada, ou, de forma equivalente, a noção de que aquilo que se diz tem um único significado, cai por terra. Quine defendeu sua tese "a partir de baixo", apontando o fato de se poder atribuir diferentes interpretações aos termos individuais usados por alguém, de forma consistente com seu comportamento linguístico que nos é dado observar, notando ainda que tais interpretações podem se ramificar e contagiar toda a linguagem (*ver* inescrutabilidade da referência). Quine argumentou também "a partir de cima", afirmando que se duas teorias diferentes se adequam à totalidade da experiência, a questão de saber qual delas é efetivamente sustentada por um sujeito deixa de fazer sentido. Em diferentes ocasiões foi dada mais importância a um ou a outro desses argumentos, mas ambos foram alvos de crítica. Talvez a implicação mais perturbadora deste ponto de vista seja a de que, no nosso próprio caso, o significado dos termos se torna indeterminado, não existindo assim uma verdade factual quanto a saber se usamos a palavra "gato" para nos referir a gatos ou para fazer algo completamente diferente. Isso parece ser difícil de conciliar com a compreensão que temos de nós mesmos como seres capazes de pensar. Quine acredita que se pode evitar tal conclusão catastrófica através do que chama "aquiescência" na nossa linguagem natural, mas também aqui os críticos questionaram a resolução da dificuldade. A doutrina da indeterminação da tradução tem sido, no entanto, bastante influente; constitui o centro de muitos debates acerca da realidade de estados psicológicos e pode-se dizer que representa a versão da tradição analítica de uma certa desconfiança generalizada quanto à determinação do significado, característica do *pós-modernismo.

indeterminismo Concepção segundo a qual alguns acontecimentos não têm causas: eles apenas acontecem, e não há nada no estado prévio do mundo que os explique. Segundo a *mecânica quântica, os acontecimentos quânticos têm essa propriedade. *Ver também* determinismo.

indexical Expressão cuja referência numa ocasião depende do contexto: ou de quem a profere, ou de quando ou onde é proferida, ou do objeto a que se faz referência quando da elocução. Os termos "eu", "você", "aqui", "há", "agora", "naquela época", "isto" e "aquilo" são indexicais.

indicativo O modo padrão de frases usadas para fazer asserções ou veicular informação; opõe-se aos modos *imperativo e exortativo ("se ao menos fôssemos livres!") e, às vezes, ao modo condicional.

indiscernibilidade dos idênticos Princípio segundo o qual se A é idêntico a B, então todas as propriedades que A tem, B também tem, e todas as propriedades que B tem, A também tem. Conhecido por vezes como lei de *Leibniz.

individuação *Ver* princípio de individuação.

individualismo Perspectiva segundo a qual o indivíduo é a unidade básica da análise política, e os todos sociais são meras *construções lógicas, ou maneiras de falar acerca de um certo número desses indivíduos e das relações entre eles. Em consequência, os fatos sociais devem ser estudados através das ações e intenções dos indivíduos (individualismo metodológico). Esta abordagem foi o alvo principal de muitos sociólogos, como *Durkheim. Para o individualismo liberal, o indivíduo é o detentor primário de *direitos, sendo as atividades do Estado confinadas à proteção desses direitos. O individualismo é muitas vezes acusado de dissociar o indivíduo "livre" da matriz de relações sociais e das normas que, de fato, tornam possíveis a ação, a liberdade e até a consciência de si. É assim atacado pelas teorias que sustentam que os indivíduos não podem ser compreendidos independentemente dos fatores linguísticos, morais, legais e sociais que dão forma às suas naturezas: estas perspectivas são versões do *holismo, e a metodologia associada que insiste nos todos sociais como a base da descrição individual é o holismo metodológico. *Marx expressou essa posição na sexta das *Teses sobre Feuerbach*: "a essência do homem não é uma abstração inerente a cada indivíduo particular. A natureza real do homem é a totalidade das relações sociais". Politicamente, o individualismo está associado à *direita (a primeira-ministra britânica Margaret Thatcher, numa frase famosa, disse que não existe sociedade, apenas indivíduos), enquanto o holismo no seu extremo tende a se manifestar em doutrinas como o *coletivismo e o *totalitarismo.

Na *filosofia da linguagem existe uma divisão semelhante, relativa ao problema de saber se as propriedades das palavras individuais são anteriores às propriedades de entidades linguísticas mais latas, como acontece com as *frases e as coleções de crenças ou teorias, ou se, pelo contrário, derivam delas.

indivíduo Coisas que contam como uma só para um dado efeito. O que conta como um indivíduo depende, portanto, do tipo de coisa sendo contada: um livro individual pode ser composto por muitas palavras e as palavras individuais são compostas por muitas letras. *Ver também* categorial; princípio de individuação.

indubitável Aquilo de que não se pode duvidar. Trata-se de uma categoria mais fraca do que a de *incorrigível, porque podemos de fato não estar em condições de duvidar de proposições que podem vir a se revelar falsas através de possibilidades suficientemente bizarras. Afirmar que devemos duvidar daquilo que não é incorrigível é tomar um caminho que conduz diretamente ao *ceticismo.

indução Termo usado sobretudo para designar qualquer processo de raciocínio que nos conduza de premissas empíricas a conclusões empíricas, que apesar de serem apoiadas pelas premissas não são dedutivamente *deriváveis delas. Os argumentos indutivos são, assim, um gênero de *argumento ampliativo, onde algo que está além do conteúdo das premissas é apoiado por elas ou inferido como provável. No entanto, a indução diferencia-se em geral dos argumentos das explicações teóricas, que partilham este caráter ampliativo, mas que se confinam a inferências onde a conclusão envolve as mesmas propriedades ou relações que as premissas. O exemplo típico é o da indução por simples enumeração, onde de premissas que nos dizem que de Fa, Fb, Fc... (onde a, b e c são do mesmo gênero G) se infere que os G exteriores à amostra, assim como os G futuros, serão F, ou se infere até que todos os G são F. Se esta, aquela e outra pessoa mentem para as crianças, estas podem muito bem inferir que todas as pessoas são mentirosas. Inferências diferentes, mas com traços comuns, são aquelas em que, do fato de um objeto possuir uma certa propriedade no passado, se infere que esse objeto irá possuir no futuro a mesma propriedade, ou em que da constância de um certo padrão com caráter de lei natural em acontecimentos e estados de coisas se infere sua constância futura: todos os objetos que conhecemos se atraem uns aos outros com uma força inversamente proporcional ao quadrado da distância que os separa, por isso talvez todos os objetos sejam assim e venham sempre a ser assim.

A base racional de qualquer inferência desse tipo foi questionada por *Hume, que acreditava que a indução pressupunha uma crença na *uniformidade da natureza, mas que tal crença não era racionalmente defensável, refletindo apenas um hábito ou costume da mente. Assim, Hume não foi cético em relação à aceitabilidade dos processos indutivos, mas o foi em relação ao papel que a razão desempenha tanto em explicá-los como em justificá-los. O problema da indução consiste na tentativa de responder a Hume e de mostrar que há algo que nos compele de forma racional a aceitar essas inferências. É amplamente aceito que em qualquer defesa racional da indução é preciso distinguir as propriedades adequadas (muitas vezes chamadas propriedades projetáveis), para as quais a inferência é plausível, das propriedades inadequadas, para as quais a inferência não é plausível (*ver* paradoxo de Goodman). Reconhece-se também que os hábitos indutivos reais são mais complexos que os da simples enumeração, e que o senso comum e a ciência prestam atenção a outros fatores: as variações interiores à amostra que contém os dados, a aplicação de crenças auxiliares sobre a ordem da natureza, entre outros (*ver* métodos de Mill). No entanto, o problema fundamental permanece, porque qualquer experiência nos mostra apenas acontecimentos que ocorrem numa parte muito restrita da vasta ordem espacial e temporal a que dizem respeito muitas das coisas em que acreditamos. *Ver também* confirmação; explicação; falsificação; vindicação.

indução eliminativa Na indução eliminativa, conjecturam-se algumas hipóteses possíveis relativas a um estado de coisas. As hipóteses rivais vão sendo progressivamente eliminadas através de novos dados empíricos. Esse processo é uma idealização, porque na prática não costuma ser possível encontrar um conjunto finito de teorias iniciais. *Ver* métodos de Mill; princípio da variação limitada independente.

indução enumerativa Método de raciocínio no qual se enumeram casos em que se obteve uma regularidade qualquer, prevendo-se a repetição da mesma unicamente a partir dessa base enumerativa. Esse método em geral é desfavorecido face a maneiras mais teóricas de raciocinar, ou a abordagens em que se consideram variações nas circunstâncias e possíveis explicações causais. *Ver* indução eliminativa; métodos de Mill.

indução matemática Princípio que estabelece que uma propriedade se verifica para todos os números positivos caso ela (I) se verifique para o número 1 e (II) quando se verificar para um número qualquer, verifica-se também para o seu sucessor.

indução, novo enigma da *Ver* paradoxo de Goodman.

indução transfinita Esquema de demonstração que corresponde à *indução matemática transposta para o transfinito, i.e., definida sobre ordens que podem ser maiores que a ordem usual do conjunto de todos os números naturais. *Gentzen mostrou que se essa operação for permitida (o que envolve um abrandamento dos métodos finitários das teorias sujeitas ao *teorema de Gödel da incompletude da aritmética), podemos demonstrar a consistência e a completude da aritmética. No entanto, os resultados de *Gödel aplicam-se por sua vez à matemática dos transfinitos. *Ver também* finitismo.

inefável O que é próprio de uma experiência e não pode ser comunicado. Pensa-se às vezes que as sensações precisas dos **qualia* particulares da experiência são inefáveis. Os outros exemplos de interesse filosófico são os estados mentais atingidos em *êxtase místico, que são por vezes sentidos como algo que revela de uma maneira especial a verdadeira natureza do mundo, mas que também são incomunicáveis. Contudo, a noção de um conteúdo incomunicável é geralmente encarada com muita suspeita, baseada na ideia de que os conteúdos genuínos envolvem o reconhecimento de algo; e isto exige a aplicação de regras; mas as regras têm de ser públicas e comunicáveis. *Ver também* linguagem privada; seguir uma regra, considerações sobre.

inescrutabilidade da referência A teoria defendida por *Quine segundo a qual nenhum dado empírico relevante para a interpretação das elocuções de um locutor pode servir para decidir entre diversas maneiras alternativas e incompatíveis de atribuir referentes às palavras usadas; assim, não há fato algum que consista em as palavras terem uma certa *referência. Embora esta teoria seja semelhante à da *indeterminação da tradução, não lhe é idêntica. Em primeiro lugar, a inescrutabilidade da referência pode ser compatível com o fato de as diferentes interpretações do que o locutor diz terem todas o mesmo valor de verdade, ao passo que Quine presume frequentemente que a indeterminação implica que as diferentes interpretações não sejam equivalentes (em qualquer sentido do termo), de tal modo que o que é dito pode ser verdadeiro segundo uma interpretação e falso segundo outra. Em segundo lugar, a tradução pode ser indeterminada mesmo que a referência seja escrutinável se, por exemplo, o objetivo da tradução correta for o de fixar mais do que as referências dos termos. No entanto, "inescrutabilidade" não é o melhor termo para designar a teoria de Quine, visto que sugere algo real mas incognoscível, ao passo que segundo a tese de Quine os termos não têm qualquer referência única real. Numa obra recente — *Pursuit of Truth*, de 1990 —, Quine prefere o título "indeterminação da referência". *Ver também* função de representação.

inevitabilidade *Ver* fatalismo.

inferência Processo de passar da aceitação (possivelmente provisória) de algumas proposições para a aceitação de outras. O objetivo da *lógica e da *epistemologia clássica é codificar tipos de inferências e fornecer princípios para separar as boas das más inferências. *Ver também* regra de inferência.

inferência a favor da melhor explicação *Ver* explicação.

inferência estatística *Ver* métodos da inversão.

inferência imediata Em lógica, uma inferência imediata é aquela realizada com uma única aplicação de uma única *regra de inferência.

inferência indutiva (estatística) *Ver* métodos da inversão.

inferno Lugar ou estado reservado aos pecadores impenitentes após a morte, onde sofrerão pela separação de Deus e outros castigos tradicionais. O inferno foi concebido por uma divindade benevolente, o que parece surpreendente: *Russell acreditava que nenhuma pessoa verdadeiramente boa poderia ter inventado essa doutrina. No século XX há uma tendência crescente a se transformar o inferno num assunto pessoal. *Sartre afirmou que o inferno são os outros; T.S. Eliot, que o inferno somos nós próprios. *Ver também* problema do mal.

infima species Na lógica tradicional, os termos são ordenados de acordo com seu grau de generalidade. Por ordem decrescente, temos séries como: coisa, corpo, organismo, animal, cavalo. A *infima species* é o limite inferior desse processo. Pode não ser óbvia a razão pela qual tem de existir tal limite, uma vez que o processo de subdivisão pode continuar *ad infinitum*. Contudo, a ideia é que, depois de um certo ponto, as qualificações posteriores só acrescentam *acidentes, e não propriedades *essenciais ou essências, ao passo que uma espécie genuína é discriminada pelo que é essencial.

infinitesimal Tanto o infinitamente grande como seu inverso, o infinitamente pequeno, causam vertigens. As primeiras explorações filosóficas que transformaram a perplexidade em algo mais palpável foram os *paradoxos de Zenão. O desenvolvimento do cálculo no século XVIII levou a que se tomassem em consideração grandezas que se modificavam durante intervalos de tempo "indefinidamente" menores e a reação favorável a *Zenão veio de *Berkeley, que viu nos infinitesimais daí resultantes ("os fantasmas desaparecidos de quantidades que foram eliminadas") algo que era tratado inconsistentemente, umas vezes como quantidade finita, outras como nada, consoante as necessidades da argumentação. Só no século XIX é que K.T.W. Weierstrass (1815-97), forneceu um tratamento rigoroso da noção de limite; este requer apenas números finitos, eliminando assim os infinitesimais dos fundamentos da matemática. No entanto, o matemático Abraham Robinson (1918-74) desenvolveu uma análise não standard consistente: nela os infinitesimais têm a perturbadora propriedade de, apesar de não serem nada (pois são alguma coisa), nenhuma soma de *n* infinitesimais é maior do que qualquer número finito, pelo que a sequência de números que os contém não é *arquimediana.

infinito O ilimitado, aquilo que se estende além de qualquer fronteira fixada. A exploração dessa noção remonta pelo menos a *Zenão de Eleia e sua abordagem matemática começou com Eudoxo de Cnido (séc. IV a.C.). A noção matemática veio a ser desenvolvida posteriormente, no século XIX, por *Cantor e K.T.W. Weierstrass (1815-97). Na filosofia do *espaço e do *tempo surgem problemas com o infinitamente pequeno (*ver* paradoxos de Zenão, trilema de Bayle) e com o infinitamente grande, dada a natureza ilimitada que intuitivamente parecem possuir. *Kant defendeu nas antinomias que era impossível encarar de forma consistente o espaço e o tempo como finitos ou infinitos, o que constitui o elemento fundamental de sua teoria *idealista do espaço e do tempo imposta à natureza desconhecida (*númeno) pelas formas dos nossos sentidos. Do ponto de vista filosófico, há uma distinção a fazer entre pensadores como *Cantor, que admitem a existência de infinitos reais completos, e pensadores como *Aristóteles ou o matemático Leopold Krönecker (1823-91), que rejeitam essa noção a favor de infinitos meramente "potenciais".

infirmação Certos dados infirmam uma teoria se lhe colocam uma dificuldade particular, ou se diminuem sua probabilidade ou aceitabilidade.

infraestrutura e superestrutura Metáfora usada por *Marx e *Engels para caracterizar a relação existente entre a organização econômica da sociedade, que constitui sua infraestrutura, e a organização cultural e a consciência da mesma, que constitui sua superestrutura. A totalidade das relações de produção da vida material "condiciona o processo da vida social, política e espiritual" (Marx, prefácio de *Crítica da economia política*). O modo como a infraestrutura determina a superestrutura tem sido motivo de muito debate, no qual Engels e alguns dos autores que lhe seguiram pretendem distanciar-se das implicações reducionistas e mecanicistas que a metáfora pode sugerir. Também já foi apontado que as relações que ocorrem na produção não são meramente econômicas, uma vez que ela envolve relações políticas e ideológicas. Por vezes, chama-se economismo à concepção de que todo poder causal se encontra centrado na infraestrutura, e que a superestrutura é um mero *epifenômeno. Esses problemas são surpreendentemente semelhantes àqueles que surgem quando se concebe o mental como *superveniente em relação ao físico, discutindo-se depois se isso retira todo o poder causal às propriedades mentais.

instinto (do lat., *instinctus*: impulso ou inclinação) Esse termo sugere um comportamento determinado de forma inata, impermeável às alterações circunstanciais e fora do controle da deliberação e da razão. O ponto de vista de que os animais conseguem realizar tarefas complexas naturalmente, e não através da razão, era comum a *Aristóteles e aos *estoicos; e o caráter invariável de seus hábitos foi usado para defender essa posição já por *Avicena. *Hume propôs uma continuidade entre a razão animal e a razão humana, no que foi seguido por *sensacionistas como o naturalista Erasmo Darwin (1731-1802). A teoria da *evolução deu origem a várias perspectivas acerca da emergência do comportamento estereotipado e a ideia de que os fatores inatos que determinam o comportamento são estimulados por características ambientais específicas é um princípio fundamental da etologia. Neste sentido, pode-se dizer que os seres humanos são sociais por instinto e, aliás, que raciocinam por instinto também. *Ver também* pensamento dos animais.

instrumentalismo Concepção segundo a qual uma teoria científica deve ser vista como um instrumento para produzir novas previsões ou técnicas para controlar acontecimentos, sem que seja em si mesma literalmente verdadeira ou falsa. O exemplo mais famoso dessa posição é a de Andreas Osiander (1498-1552), que em seu prefácio a *De revolutionibus orbium coelestium* sustentou que a teoria heliocêntrica do sistema solar de *Copérnico deve ser aceita como um instrumento para prever eclipses e marés, não devendo no entanto ser entendida como verdadeira (pois assim estaria em conflito potencial com as doutrinas da Igreja). O instrumentalismo diminui as dificuldades relativas ao nosso direito de confiar nas teorias científicas, já que é mais fácil imaginar que temos o direito de adotar uma teoria como instrumento do que supor que temos o direito de aceitá-la como verdadeira. Uma reação tentadora aos conflitos teóricos profundos, tais como o da dualidade aparentemente incompatível entre as ondas e as partículas na *mecânica quântica, é sugerir que cada ponto de vista serve como um instrumento que tem o seu próprio alcance, colocando-se de lado a necessidade de conciliar esses pontos de vista. Também é tentador assumir uma atitude instrumentalista (conhecida por vezes como *heurística) perante dispositivos como os *conjuntos, os *números ou os *mundos possíveis, que parecem facilitar nosso pensamento de maneiras importantes, mas que aparentemente não merecem lugar em nossas *ontologias.

Um problema difícil na filosofia da mente e da linguagem é saber o que distingue uma crença verdadeira de algo que se aceita com um espírito puramente instrumentalista; os filósofos de tendência *pragmatista, embora simpatizem com o instrumentalismo, são especialmente inclinados a negar que essa distinção seja real, já que na sua filosofia todas as crenças consistem tão somente na aceitação do sistema que se julga ser mais útil.

insuficiente, princípio da razão *Ver* princípio da indiferença.

integridade Em sua versão mais simples, é um sinônimo de honestidade. Mas a integridade frequentemente é relacionada com a noção mais complexa de uma totalidade ou harmonia do eu, associada a uma concepção adequada de si mesmo como alguém cuja vida perderia a unidade, ou seria violada, se fizesse certas coisas. Já foi defendida em especial por *Williams, a visão de que o *utilitarismo não pode dar sentido à série de considerações a que essa ideia dá origem, embora outros tenham afirmado que o objetivo de viver a vida como um bom utilitarista oferece os seus próprios padrões de integridade.

inteligência Em termos gerais, a capacidade de lidar flexível e eficazmente com problemas práticos e teóricos. Uma vez que a habilidade que as pessoas têm para fazer isso varia conforme o problema em causa, é questionável se existe um nível de abstração útil em que uma coisa, a inteligência, possa ser concebida como algo que se manifesta igualmente em todos os seus usos bem-sucedidos, quer sejam lógicos, teóricos, práticos, matemáticos, linguísticos etc. Também já não se acredita muito que os testes de inteligência meçam realmente uma capacidade tão geral, acreditando-se antes que medem a capacidade de uma pessoa fazer testes de inteligência, com frequência de tipos muito específicos e marcados por fortes peculiaridades culturais. Quanto a saber se só os seres humanos têm inteligência, *ver* instinto; pensamento dos animais.

inteligência artificial (IA) A ciência de fazer máquinas que podem realizar o tipo de coisas que os seres humanos fazem. Tópicos de pesquisa nessa área incluem o reconhecimento da fala, o reconhecimento visual e a capacidade de resolver problemas e jogar jogos. Construir um modelo de um fenômeno psicológico num computador é uma maneira de mostrar como esse fenômeno é possível num mundo físico, e também de revelar as complexidades envolvidas em tarefas aparentemente simples. Um conceito central a grande parte das pesquisas em IA é o da representação, existindo programas projetados para construir, adaptar e ligar representações que intervêm na produção de respostas inteligentes. Essas pesquisas têm sido responsáveis por um abandono considerável do *behaviorismo dogmático, segundo o qual a ideia de manipulações mentais era encarada como não-científica, uma vez que é exatamente o armazenamento e a manipulação de representações do mundo que se exige nos problemas que a IA procura resolver. A IA forte é a tese filosófica de que os computadores programados de forma apropriada têm mentes exatamente no mesmo sentido que nós. A IA fraca é a crença metodológica de que a melhor maneira de explorar a mente é proceder como se a tese forte fosse verdadeira, sem comentar o legado do *dualismo que conduziu ao desconforto em relação à tese forte. *Ver também* conexionismo; problema do enquadramento; quarto chinês; teste de Turing.

intemperança *Ver* acrasia.

intenção Ter uma intenção é estar num estado mental favoravelmente orientado para concretizar (ou manter, ou evitar) um determinado estado de coisas. Essa noção herda, portanto, todos os problemas da *intencionalidade. Um dos problemas específicos consiste em caracterizar a diferença entre fazer algo acidentalmente e fazê-lo de forma intencional. Sugerir que essa diferença consiste na existência de um ato mental ou de uma *volição anterior não é uma solução muito feliz, visto que é possível fazer automaticamente o que é, apesar de tudo, intencional, como pôr um pé à frente do outro enquanto se caminha, por exemplo. De modo oposto, a menos que a formação de uma volição seja intencional, suscitando assim as mesmas questões, sua presença pode não ser intencional, ou estar além de nosso controle. As intenções são mais minuciosamente individualizadas do que os movimentos: um conjunto de movimentos tanto pode ser a resposta a um problema como o começo de uma guerra; no entanto, um pode ser intencional e o outro não.

intencionalidade Qualidade de estar dirigido para algo, ou de "ser" acerca de algo, qualidade esta que é possuída por muitos, se não todos, os estados conscientes. O termo foi usado na *escolástica e recuperado por *Brentano, no século XIX. Nossos pensamentos, crenças, anseios, sonhos e desejos são acerca de coisas. Do mesmo modo, as palavras que usamos para exprimir essas crenças, e outros estados mentais, são sobre coisas. O problema da intencionalidade é compreender em que consiste a relação que se verifica entre um estado mental, ou sua expressão, e as coisas acerca das quais esse estado mental se constitui como tal. Essa relação tem algumas peculiaridades: em primeiro lugar, se tenho uma certa relação com uma cadeira por estar sentado nela, por exemplo, então tanto ela como eu temos de existir. No entanto, ainda que normalmente pensemos em coisas que existem, às vezes (apesar de este modo de pôr a questão suscite problemas) temos crenças, esperanças e medos a propósito de coisas que não existem, como quando as crianças esperam Papai Noel, ou um adulto teme Zeus. Em segundo lugar, se eu me sentar numa cadeira, e essa cadeira for a mais velha antiguidade do Brasil, então estou sentado na mais velha antiguidade do Brasil. Mas se pretendo evitar o homem louco do machado, e o homem louco do machado na verdade for o meu amável carteiro, não pretendo, assim, evitar meu amável carteiro (*ver também* extensional/intensional; referencialmente opaco/transparente). As relações intencionais parecem depender de como o objeto é especificado, ou, na formulação de *Frege, do modo de apresentação do objeto. Essa característica torna-as bastante diferentes das relações cuja lógica podemos compreender pelo *cálculo de predicados, e foi justamente essa peculiaridade que levou alguns filósofos, em especial *Quine, a considerá-las impróprias para serem usadas numa ciência séria (*ver* eliminativismo). Mais difundida é a opinião de que, uma vez que o conceito de intencionalidade é indispensável, temos de declarar que a ciência séria é incapaz de lidar com a característica central da mente, ou, alternativamente, temos de explicar como a ciência séria poderá abranger a intencionalidade. Uma forma de tratar o problema é a sugestão de que, uma vez que as formas linguísticas pelas quais comunicamos medos e crenças têm uma dupla faceta, envolvendo tanto os objetos a que se referem como o modo de apresentação sob o qual são pensados, poderemos, então, ver a mente como algo que é em essência dirigido, ou orientado, para coisas existentes e extensionalmente relacionado com elas. A intencionalidade torna-se, assim, uma característica da linguagem, e não uma peculiaridade metafísica ou ontológica do mundo mental.

intensão *Ver* extensão/intensão.

inter finitum et finitum non est proportio Expressão latina: entre o finito e o infinito não há proporção.

interacionismo Perspectiva segundo a qual há uma interação entre o corpo e a mente, o que efetivamente parece ser verdade. Posições contrárias são, por exemplo, o *epifenomenismo, o *ocasionalismo e o *paralelismo.

interacionismo reflexivo Doutrina de que os acontecimentos físicos causam os acontecimentos mentais, e vice-versa.

interesses As coisas de que uma pessoa precisa, ou que conduzem ao seu desenvolvimento e sucesso. Os principais exemplos de coisas contrárias aos interesses de uma pessoa são as que lhe causam *dano ou a prejudicam. O conceito herda, assim, os problemas relativos à compreensão do que produz sucesso na vida (*ver eudaimonia*). As pessoas podem não desejar ou valorizar aquilo de que precisam; assim, seus interesses reais podem não se revelar em suas escolhas e preferências imediatas. Diferentes perspectivas políticas defendem diferentes tratamentos dessa divergência, em especial no que diz respeito ao grau em que permitem intervenções *paternalistas.

interpretação (lógica) Informalmente, uma interpretação de um sistema lógico atribui significado ou valor semântico às fórmulas e a seus elementos. De maneira menos informal, se considerarmos uma linguagem cujos termos não lógicos incluem nomes, símbolos funcionais, letras predicativas e letras proposicionais, então uma interpretação de uma linguagem especifica o seguinte: (I) um domínio, ou um universo de discurso. Este domínio é um conjunto não vazio, e forma o domínio de variação de quaisquer variáveis que ocorram em quaisquer das frases da linguagem. (II) Para cada nome da linguagem, um objeto do domínio que é a sua referência ou denotação. (III) Para cada símbolo funcional, uma *função que atribui um valor no domínio a cada sequência de argumentos no domínio. (IV) Para cada letra predicativa, uma propriedade ou relação, especificando que sequências de objetos no domínio satisfazem a propriedade ou têm essa relação uns com os outros. (V) Para cada letra proposicional, um valor de verdade. Às *constantes lógicas, tais como as que exprimem *funções de verdade e *quantificadores, serão atribuídos seus significados canônicos através de regras, tais como as tabelas de verdade, que especificam como se avaliam as fórmulas que as contêm. *Ver também* teoria dos modelos.

interpretação de Copenhague Interpretação *antirrealista da *mecânica quântica, liderada pelo físico Niels Bohr (1885-1962), que desenvolveu sua investigação em Copenhague. Esta interpretação foi tema de um longo debate com *Einstein. Segundo Bohr, não existe qualquer realidade quântica profunda, i.e., não existe qualquer mundo de elétrons e fótons. Existe apenas a descrição do mundo através desses termos: a mecânica quântica nos oferece um formalismo que podemos usar para prever e manipular certos acontecimentos descritos nas linguagens habituais ou na linguagem da física clássica. Não faz sentido e não é correto postular uma realidade quântica que corresponda a essa descrição. Certos problemas, como a dualidade onda-partícula ou o *gato de Schrödinger, sugerem que não existe realidade alguma subjacente a nossas observações.

interpretação radical Processo de interpretar uma língua estrangeira sem recorrer ao conhecimento linguístico existente ou à ajuda de bilíngues. O termo é por vezes usado como se se aplicasse a qualquer processo de compreensão de uma língua estrangeira; isso, no entanto, é um erro, dado que a compreensão não exige uma interpretação em termos de um meio previamente compreendido. *Ver também* indeterminação da tradução.

intersecção A intersecção de dois conjuntos, representada como $A \cap B$ por exemplo, é o conjunto de coisas que pertencem aos dois conjuntos simultaneamente. A noção é generalizável à intersecção de um único conjunto A, $\cap A$, que é constituída pelo conjunto de coisas que são membros de cada um dos conjuntos que pertencem a A. $x \in \cap A$ se e somente se x pertence a todos os membros de A.

intersubjetividade Uma propriedade intersubjetiva é aquela sobre a qual a opinião de diferentes sujeitos coincide ou pode coincidir. Se isso acontecer unicamente porque os sujeitos têm uma natureza em comum, pode-se supor que essa propriedade não é totalmente objetiva. Assim, os gostos estéticos podem ser intersubjetivos, uma vez que respondemos às coisas de forma semelhante, mas não objetivos, se isso acontecer devido a uma coincidência acidental de gostos, e não por causa da natureza do objeto. *Ver* qualidades primárias/secundárias; relativismo; subjetivismo/objetivismo.

introspecção Olhar para dentro da própria mente para ver o que se pensa ou se sente. A ideia de que esse processo é semelhante ao da percepção, exceto por ser voltado para o interior, é rejeitada pela maior parte dos filósofos da mente contemporâneos. Em vez de conceber esse processo como uma percepção do que se pensa ou se sente, deveríamos (talvez de modo mais correto) encará-lo como uma tentativa de saber o que dizer, ou de ensaiar uma narrativa que poderia tornar-se pública: "Como sei o que penso até ouvir o que digo?" A introspecção foi especialmente atacada pelo *behaviorismo, em psicologia, mas esta oposição pode ter sido fruto de uma má compreensão, visto que relatar nossa própria vida mental é em si mesmo um comportamento, que pode ser estudado com tanta objetividade quanto qualquer outro. *Ver* heterofenomenologia.

intuição Consciência imediata tanto da verdade de uma dada proposição como de um objeto de apreensão, como por exemplo um conceito. Afirma-se que o conhecimento da passagem do tempo ou da natureza inefável de Deus também são intuições. A noção é frequentemente encarada com suspeita por poder não ser mais que o nome do lugar onde acaba a compreensão filosófica da origem do nosso conhecimento. Na filosofia de *Kant, a intuição (*Anschauung*) tem uma forma empírica, que cobre a apreensão sensível das coisas e que, como intuição pura, estrutura a sensação em experiência das coisas no espaço e no tempo.

intuicionismo (ética) Posição associada a *Moore, que identifica as proposições éticas da seguinte maneira: elas são objetivamente verdadeiras ou falsas, diferem em conteúdo de qualquer juízo, empírico ou de outro gênero, e são conhecidas através de uma capacidade especial de "intuição". Os críticos afirmam que o termo nada explica, podendo funcionar como um mero disfarce para paixões e preconceitos.

intuicionismo (matemática) Corrente de filosofia da matemática fundada por *Brouwer, embora antecipada em alguns aspectos pelas teorias construtivistas (*ver* demonstração/definição construtiva) dos matemáticos Leopold Kröenecker (1823-91), *Poincaré e Félix Borel (1871-1956). Reagindo contra o *platonismo matemático, o intuicionismo defende que o objeto da matemática são as construções mentais dos matemáticos, concebidas como processos reais com uma existência temporal. No pensamento de Brouwer, relacionam-se com a apreciação do tempo e de sua divisão. Foi com o desenvolvimento da *lógica intuicionista que o intuicionismo se impôs como um sério rival da matemática clássica.

inválido Um argumento é inválido quando a conclusão não se segue das premissas. *Ver* derivabilidade; validade.

inventio medii (lat., encontrar o meio ou o médio) Na lógica tradicional, nome para um método inventado por Pedro Tartareto por volta de 1480, por meio do qual se pode encontrar o termo médio de um *silogismo. É às vezes chamado de a **pons asinorum*, ou a ponte dos asnos da lógica.

inversão Na lógica tradicional, produzir a *obversa de uma proposição.

ioga Escola hindu que em associação com a escola **samkhya* constitui o método prático para alcançar a compreensão do eu. A *ioga* é a disciplina férrea necessária para o sujeito puro reconhecer a si mesmo e se separar da realidade empírica com a qual por vezes se confunde. Os responsáveis pelas "flutuações da substância mental" são os vários tipos de envolvimento com o ego, com os desejos e com as aversões, e estas só podem ser ultrapassadas pelo treino. A *ioga* inclui coibições morais e imperativos espirituais, além dos conhecidos exercícios (*asanas*), concebidos para desviar a consciência dos sentidos, concentrar a mente e, em última instância, alcançar a meditação, em que o eu é compreendido de modo transparente e completo (*samadhi*).

Irigaray, Luce (1939-) Autora feminista belga cuja obra explora a construção da diferença sexual na filosofia ocidental e na psicanálise. Irigaray estudou em Louvain e lecionou em Bruxelas e Paris. Seus primeiros estudos em linguística tratavam dos efeitos destruidores da doença mental sobre a capacidade de falar. Mas, desde sua ligação à escola freudiana de *Lacan, Irigaray tem se interessado sobretudo pela repressão da alegria e sexualidade femininas, a *jouissance féminine*, e pela distorção de sua natureza orgânica pelas categorias masculinas. É célebre por associar a diferença da voz e do modo de experiência femininos às naturezas corporeamente diferentes do homem e da mulher. O corpo feminino é visto como o limiar da mente feminina, com a sua alegre sabedoria e fé: "além das oposições clássicas entre o amor e o ódio, entre o líquido e o gelo, repousa este limiar perpetuamente *entreaberto*, que consiste nos *lábios*, estranhos às dicotomias" ("The Politics of Difference"). Para algumas pensadoras feministas essas declarações sugerem um *essencialismo. *Speculum de l'autre femme* (1974) *Ce sexe qui n'en est pas un* (1977) e *Éthiques de la différence sexuelle* (1984) são algumas de suas obras.

irrealismo Designação surgida no final da década de 1980 que se aplica tanto às posições daqueles para quem os debates tradicionais *realismo/antirrealismo são mal concebidos, como àquelas que, opondo-se ao realismo, não querem se comprometer com o *idealismo, o *relativismo, o *reducionismo ou outras opções antirrealistas. *Ver também* minimalismo.

irreflexiva Uma relação é irreflexiva se nada está nessa relação consigo mesmo: $\neg(\exists x)Rxx$. Nada é maior que si mesmo, de maneira que "maior que" é uma relação irreflexiva.

isolacionismo Em estética, a perspectiva de que uma obra de arte deve ser tomada de forma isolada, compreendida inteiramente em seus próprios termos e sem referência a fatores externos, como seu lugar numa certa tradição, as circunstâncias sociais em que foi produzida e a vida ou intenções do artista (*ver* falácia intencional). Essa perspectiva está associada à ênfase na pura forma estética exaltada pelos críticos ingleses Roger Fry (1866-1934) e Clive Bell (1881-1965). A posição oposta é o *contextualismo.

isoleto *Ver* leto.

isomórfico Um sistema é isomórfico a outro se existe uma *correspondência biunívoca que associe as propriedades do primeiro com as propriedades do segundo. Dizer que existe um isomorfismo entre dois sistemas é, portanto, dizer que eles têm a mesma estrutura. A *medição é o processo de encontrar um isomorfismo entre as grandezas reais e as relações na série dos números.

J

jainismo Um dos três *darshanas* ou ramos heterodoxos do hinduísmo. O jainismo remonta a Vardhamana, um sucessor de vinte e três "barqueiros" ou professores que ajudavam os fiéis a atravessar as águas que conduzem à libertação do ciclo da existência. Sua prática exige uma vida monástica de extrema austeridade; por exemplo, uma das seitas é a *digambara* ou "em pelo", que eram talvez como os gimnosofistas (do gr., *gymnós*: nudez + *sophistés*: sabedoria), que praticavam nudismo e que foram descritos pelos companheiros de Alexandre quando da conquista da Índia do norte. Buda praticava o ascetismo jaina antes de perceber que este não continha a chave do que ele procurava: a libertação radiosa das inquietações do mundo. *Ver* budismo.

James-Lange, teoria das emoções de *Ver* teoria das emoções de James-Lange.

James, William (1842-1910) Psicólogo e filósofo norte-americano. James nasceu em uma rica família nova-iorquina, rodeado desde cedo por uma vida familiar de caráter humanitário, literário e acadêmico (seu pai era teólogo e seu irmão era o romancista Henry James). James passou alguns anos na Europa e já tinha começado sua formação de artista quando entrou na escola médica de Harvard em 1863. Viajou ainda pela Europa e pelo Brasil antes de completar sua formação em medicina em 1869, após o que deu aulas de psicologia e filosofia. A primeira obra importante de James é constituída pelos dois volumes dos *Principles of Psychology* (1890), um trabalho que faz justiça ao estudo científico e laboratorial da psicologia experimental, e à importância de uma sólida fenomenologia da experiência. As carências emocionais do próprio James deram-lhe um interesse permanente nos problemas da religião, liberdade e ética; a popularidade desses temas, assim como seu estilo lúcido e acessível, fizeram de James o mais influente filósofo americano do princípio do século XX. Suas *Gifford Lectures* de 1901-02 foram publicadas com o título *The Varieties of Religious Experience: A Study in Human Nature*, que são universalmente consideradas como o mais importante estudo americano sobre a religião (no entanto, *ver* Santayana).

A filosofia do *pragmatismo, da qual, juntamente com *Peirce, James foi o fundador, tornou-se um centro de oposição ao *idealismo absoluto. Seus traços característicos não são, todavia, fáceis de destrinçar em James, que acreditava que as filosofias tanto exprimem vastas reações sentimentais como rigorosos teoremas intelectuais; assim, a exatidão não é em si uma virtude especial, e quem procurar refutar um filósofo detendo-se na tentativa de refutação de algumas das suas asserções é como quem mergulha uma vareta nas águas de um rio para tentar desviá-lo de seu curso. Essa perspectiva serve em larga medida de desculpa ao estilo aforístico e exagerado, cultivado por seu autor. Fórmulas como "a verdade é apenas o que é vantajoso para o nosso pensamento, tal como o bem é apenas o que é vantajoso para o nosso comportamento" (*Pragmatism: A New Name for some Old Ways of Thinking*, 1907, p.222) provocaram ataques imediatos, e muitos dos ensaios de James (reunidos em *The Meaning of Truth*, 1909) procuram suavizar a doutrina e responder aos seus atacantes. Parte do problema é que, apesar de James ser em muitos aspectos um humanista e um empirista, queria também preservar o lugar da crença religiosa, que deveria ser mantida caso "funcionasse", apesar do fato de o que ele entendia aqui por "funcionar" não ser a possibilidade de corroborar ou integrar tal crença com o resto de nossa visão de mundo, mas antes a obtenção de benefícios emocionais. A filosofia tardia de James incluía também um "empirismo radical", no qual os fluxos da experiência tanto constituem as mentes, se forem encarados de certa forma, como os objetos do mundo exterior, se forem encarados de outra forma (*ver também* monismo neutro). Além das mencionadas, suas obras mais importantes são *The Will to Believe* (1897) e *Essays in Radical Empiricism* (1912).

jansenismo Corrente cristã que obedece às doutrinas do teólogo alemão Cornelius Otto Jansen (1585-1638). Seu princípio fundamental afirma que sem a intervenção da graça divina é impossível obedecer às ordens de Deus. A própria graça é irrecusável quando nos é oferecida, o que resulta num determinismo teológico. O jansenismo foi condenado como herético pelo papa Inocêncio X, e é importante na história da filosofia devido à lógica de *Port-Royal e à influência do líder jansenista *Arnauld.

Jaspers, Karl (1883-1969) Teólogo existencialista alemão. Jaspers nasceu em Oldenberg, na Alemanha, e primeiro estudou medicina. De 1921 a 1937 foi professor de filosofia em Heidelberg, mas foi depois afastado pelos nazistas; e embora tivesse sido readmitido em 1945, acabou por se fixar em Basel. Jaspers foi sobretudo um psicólogo e um teólogo, centrando sua atenção no caráter psicológico dos encontros com Deus e tomando de *Kierkegaard e *Nietzsche uma noção de filosofia que a vê não como uma investigação racional do mundo, mas como uma luta privada e vivencial. Embora partilhasse a preocupação *existencialista em relação à morte, à culpa e à **Angst*, Jaspers foi um pouco mais otimista acerca das perspectivas da existência humana do que alguns dos seus contemporâneos. Suas numerosas obras incluem os três volumes de *Philosophie* (1932).

jen Etimologicamente, um termo chinês que se refere ao homem em sociedade. No *confucionismo, *jen* é o princípio da humanidade comum, ou seja, as qualidades morais, como a benevolência, que caracterizam a humanidade.

Jevons, William Stanley (1835-82) Economista político e lógico britânico. Jevons estudou em Londres e lecionou em Manchester e Londres. É autor de diversas obras sobre lógica, e em 1870 apresentou um "piano lógico" (um computador mecânico primitivo) na Royal Society. Não foi um lógico original importante, mas sua obra sobre a filosofia da ciência, e em particular sobre a natureza do *método hipotético-dedutivo, é ainda digna de ser revisitada.

jogo da imitação *Ver* teste de Turing.

jogo de linguagem Padrão de atividades e práticas associado a uma família específica de expressões linguísticas. Essa noção está relacionada às teses da obra tardia de *Wittgenstein e encoraja-nos a conceber o uso da linguagem como uma prática autossuficiente governada por regras, como um jogo. Uma comparação como essa permite-nos evitar teorias simplistas acerca daquilo que conseguimos fazer por meio da linguagem. A noção de jogo de linguagem também tem afinidades incômodas com um certo tipo de *relativismo, visto que nada há de exterior aos jogos pelo qual valha a pena jogá-los; não têm objetivo que não esteja contido neles mesmos ou na satisfação que proporcionam aos participantes. Aparentemente, a consequência preocupante disso é que se, por exemplo, se considera que o jogo de linguagem religioso vale a pena, então isso parece resolver a questão do valor ou mesmo da verdade das asserções que se fazem ao jogá-lo. *Ver também* pragmatismo.

Johnson, Alexander Bryan (1786-1867) Filósofo da linguagem norte-americano. Natural da Inglaterra, Johnson emigrou para os Estados Unidos em 1801 e teve uma bem-sucedida carreira como banqueiro. Seus interesses filosóficos concentraram-se na linguagem, cuja incompreensão ele considerava responsável por intermináveis confusões e erros. De um modo que faz lembrar *Berkeley, distinguiu o significado "sensível" dos termos, intimamente ligado às experiências a que se referem, do mero significado "verbal". O significado sensível de uma frase é dado por aquilo a que se chamaria hoje de suas condições de verificação ou de assertibilidade. A convicção de Johnson de que atribuímos erroneamente um significado adicional às frases antecipa a polêmica iniciada pelos *positivistas lógicos sobre o mesmo assunto. A principal obra de Johnson foi *Treatise on Language* (1836). Sua observação de que "não podemos exemplificar com palavras que há um limite para sua aplicabilidade, tal como um pintor não pode demonstrar com cores que há fenômenos que as cores não podem representar" antecipa de forma supreendente a distinção (mais famosa) de *Wittgenstein entre o que pode ser mostrado e o que pode ser dito.

Johnson, Samuel (1696-1772) Filósofo norte-americano. Mais uma figura sintomática do que um filósofo importante por si mesmo, Johnson nasceu um Connecticut e lecionou em Yale. Foi importante para a fundação das universidades da Pensilvânia e de Colúmbia. Sua carreira mostra uma evolução gradual a partir do *calvinismo estrito da Nova Inglaterra, por força do contato com *Locke, *Newton e, sobretudo, *Berkeley, do qual Johnson se tornou amigo durante a visita daquele a Rhode Island. Johnson tornou-se um *imaterialista entusiasta e um defensor do livre-arbítrio, suavizando a rígida doutrina da *predestinação ao ponto de entrar para a Igreja anglicana. *Ver também* princípio da plenitude.

Johnson, Samuel (1709-84) Famoso literato inglês, autor do *Dictionary of the English Language*, que não devemos confundir com o filósofo americano de mesmo nome. Foi o Johnson inglês quem respondeu a *Berkeley com um pontapé numa pedra, dizendo "refuto-o *assim*", revelando dessa forma uma completa incompreensão do pensamento de Berkeley. As capacidades analíticas de Johnson na filosofia ("sabemos que o nosso arbítrio é livre, e é tudo o que há a dizer") não igualavam a intensidade de suas batalhas morais e religiosas. Sua convicção de que o descrente *Hume não poderia ter morrido tranquilo é um exemplo pouco atraente de alguém que projeta nos outros o seu próprio medo da extinção. Contudo, sua definição de lexicógrafo como um escravo inofensivo é uma consolação para seus muitos seguidores.

Johnson, William Ernest (1858-1931) Lógico de Cambridge. Johnson nasceu e se formou em Cambridge, e sua principal atividade era o ensino da matemática, até se tornar membro do corpo docente do King's College de Cambridge, em 1902. Teve uma influência pessoal e intelectual considerável na geração seguinte de Cambridge, que incluía *Broad, *Keynes e o empirista e filósofo da matemática R.B. Braithwaite. Sua obra mais importante, *Logic*, foi coligida em três volumes na última década de sua vida, mas não conseguiu um grande impacto.

jônios *Ver* escola Jônica.

juízo Em ocasiões diferentes, os filósofos têm exprimido sua preocupação com a natureza do juízo em termos diferentes: a investigação pode ser chamada de teoria do conteúdo, da crença, das proposições, da representação, do sentido etc., dependendo a escolha do aspecto da questão que é tomado como predominante. O problema central consiste em compreender a capacidade da mente para formar, alimentar e afirmar juízos, que não são simplesmente sucessões de palavras, mas itens que intrinsecamente representam estados de coisas, ou maneiras como o mundo é ou poderia ser. Afirmar um juízo é assim a produção de uma declaração verdadeira ou falsa. Essa capacidade tem sido explicada defendendo-se que a mente tem em si mesma *ideias, ou que tem a capacidade de apreender *universais, ou que tem em si mesma representações internas (*ver* representacionalismo), ou então considerando-se que tal capacidade é de natureza essencialmente linguística, ou como resultado da atividade de resolução de problemas, que partilhamos com os animais (*ver* pensamento dos animais); mas não existe um amplo consenso sobre esse tópico.

Jung, Carl Gustav (1875-1961) Psicanalista. Jung nasceu em Kesswil, na Suíça, obteve sua licenciatura em medicina na Basileia e estudou depois com o psiquiatra suíço Eugen Bleuler (1857-1939). Conheceu *Freud em 1907, com quem estudou até 1912. A investigação posterior de Jung centrou-se no processo de "individuação", através do qual uma pessoa, ao se desenvolver, faz uma viagem recheada de mitos, arquétipos e símbolos até chegar ao destino final, que pode ser uma totalidade e uma integração religiosas (*ver* inconsciente coletivo). Jung não foi um filósofo sistemático, mas sua visão religiosa e espiritual em geral e seu interesse pela religião oriental em particular têm exercido grande influência na filosofia.

jurisprudência *Ver* filosofia do direito.

just so story (ing.) Explicacão de natureza reconhecidamente especulativa, formulada de maneira a produzir os resultados que se pretendiam, mas destituída de qualquer justificação independente. Essa expressão é aplicada, sobretudo e de modo um tanto agressivo, às explicações da *sociobiologia. Sua origem está nas explicações das *Just So Stories* (1902), de Rudyard Kipling, como a que explica como o leopardo ganhou suas manchas.

justa, guerra *Ver* guerra justa.

justiça como equidade *Ver* posição original; princípio da diferença.

justiça corretiva *Ver* justiça retributiva.

justiça distributiva O problema consiste em estabelecer os princípios que especificam a justa distribuição dos benefícios e das obrigações: a situação em que todos recebem o que lhes é devido. Um dos pressupostos consensuais é afirmar que as pessoas devem ser tratadas equitativamente, a menos que existam razões para a desigualdade; mas a partir daí levantam-se vários problemas, entre os quais se contam o tipo de razões que justificam o abandono da igualdade, o papel do Estado na retificação da desigualdade e a relação entre um sistema distributivo e a maximização do bem-estar. *Ver também* princípio da diferença.

justiça processual Elemento da justiça relativo à aplicação das leis, mais do que ao conteúdo das próprias leis. Mesmo que uma lei injusta seja aplicada pode existir justiça processual, apesar de o resultado ser injusto. Paralelamente, um processo irregular pode ser processualmente injusto, mas chegar a um resultado certo numa dada ocasião.

justiça retributiva (retificadora) A ideia de procurar compensar uma injustiça mediante a retificação da situação, ou pela recuperação da igualdade a que a injustiça pusera fim. O princípio "olho por olho, dente por dente" resume-a de modo muito simples. O conceito de retificação sugere que se tire do agressor e que se dê à parte lesada, enquanto o de retribuição admite que isso é, por vezes, impossível (por exemplo, se a vítima morreu), mas contempla a ideia de que uma ofensa pode "exigir" castigo, e que a ordem moral está desequilibrada enquanto este não for administrado. Uma ideia como essa é claramente difícil de reconciliar com as morais *consequencialistas e antecipativas, uma vez que não faz referência às vantagens adquiridas com a retribuição, vendo-a apenas como um fim em si. *Ver também* castigo.

K

kabbalah *Ver* cabala.

kalam (ár., discurso) Na filosofia islâmica, o processo de aduzir demonstrações filosóficas para justificar os elementos de doutrina religiosa. Tem no Islã um papel paralelo ao que a filosofia escolástica desempenhou no desenvolvimento do cristianismo. Os praticantes do *kalam* eram conhecidos como *mutakallimun*.

Kant, Immanuel (1724-1804) Filósofo alemão, fundador da filosofia crítica. Filho de um seleiro, Kant nasceu e estudou em Königsberg (Kaliningrado), na Prússia oriental. Depois de terminar a universidade, foi preceptor durante alguns anos, mas ao alcançar o grau de mestre, em 1755, começou a ensinar várias matérias como *Privatdozent*. As primeiras obras de Kant tratam de física e astronomia: sua *Allgemeine Naturgeschichte und Theorie des Himmels* (1755) previa a existência do planeta Urano, descoberto por Herschel em 1881. Em 1770 foi nomeado para a cadeira de lógica e metafísica em Königsberg. Foi depois disso que entrou no seu aclamado período "crítico". Sua vida era de uma regularidade caricatural: nunca deixou Königsberg e nunca se casou.

O cenário intelectual no qual Kant começou sua carreira era em grande parte dominado por *Leibniz, se bem que filtrado por *Wolff, que tinha erigido um sistema ordenado e metódico a partir do pensamento daquele. Wolff acreditava que o *princípio da razão suficiente, assim como grande parte da metafísica resultante, poderiam ser conhecidos *a priori*, apesar do status desse conhecimento ter sido, já nessa época, questionado por homens como *Crusius. Contudo, achava-se em geral que a "intuição" nos fornecia conhecimento e que além disso era garantida por Deus, o que parecia bem razoável. Em sua obra pré-crítica *Sonhos de um visionário* (*Träume eines Geistersehers*, 1766), a mais hostil à metafísica de todas as suas obras, Kant trata as especulações de Crusius e Wolff, tal como as imagens espirituais de *Swedenborg, como algo que gira em volta de nada. O primeiro passo em direção à filosofia crítica foi a *Dissertação de 1770* (título latino: *De mundi sensibilis atque intelligibilis forma et principiis*), na qual Kant revela pela primeira vez a sua ideia de que só podemos ter conhecimento *a priori* do espaço e do tempo porque estes são formas impostas à experiência pela nossa própria mente (*ver* revolução copernicana). O espaço é um "esquema, assegurando por uma lei constante da natureza da mente a coordenação de todo e qualquer sentido externo". A *Dissertação* prenuncia temas que seriam aprofundados ao longo dos dez anos seguintes: a origem subjetiva do esquema do espaço e do tempo, a distinção que ela cria entre as coisas tal como são em si e tal como são para nós, e a distinção entre experiência e pensamento.

A *Crítica da razão pura* (*Kritik der reinen Vernuft*, 1781, conhecida como a primeira *Crítica*) expande esses temas de maneira a abranger todas as *categorias usadas no pensamento. Seu objetivo é "assegurar à razão as pretensões a que tem direito, e afastar quaisquer pretensões sem fundamento, não através de decretos despóticos, mas de acordo com as suas próprias leis eternas e inalteráveis" (prefácio à primeira edição). Em resposta à sua questão orientadora (como é possível o conhecimento sintético *a priori*?), a primeira parte da obra isola categorias legítimas e fornece-lhes uma "dedução transcendental", garantindo sua aplicabilidade objetiva ao mostrar que sem elas a própria experiência é impossível. Um dos passos centrais de Kant é argumentar que a unidade da consciência pressupõe uma experiência organizada segundo leis universais e necessárias. É esta parte de sua obra que constitui a tentativa de resposta ao ceticismo indutivo e à subjetividade da causalidade, ambos deixados por *Hume. (A famosa observação de Kant de que foi Hume quem o despertou de seu sono dogmático aparece em 1783 nos *Prolegômenos a toda a metafísica futura*, mas na verdade a influência de Hume sobre a primeira *Crítica* é bastante pequena.) Uma vez estabelecidas a origem e a autoridade legítimas da razão, Kant se volta, na seção da primeira *Crítica* intitulada "Dialética", para os casos em que as pretensões da razão tornam-se incontroláveis, produzindo assim a metafísica dogmática que procura estabelecer doutrinas sobre a natureza do eu, a constituição do espaço e do tempo como uma ordem independente e a possibilidade de conhecer de Deus.

A primeira *Crítica* é uma preparação para o problema da razão prática, sobre o qual deteve depois sua atenção. Uma vez lançados os fundamentos para uma filosofia crítica, Kant produziu a *Fundamentação da metafísica dos costumes* (*Grundlegung zur Metaphysik der Sitten*, 1785) e a *Crítica da razão prática* (*Kritik der praktischen Vernunft*, 1788, conhecida como a segunda *Crítica*). Kant afirmou que "duas coisas inspiram à mente uma admiração e um temor tanto maiores quanto mais vezes e mais detidamente refletimos sobre elas: o céu estrelado acima de nós, e a lei moral dentro de nós" (conclusão da segunda *Crítica*; pode-se encontrar uma fórmula idêntica em são João Crisóstomo, que deriva por sua vez do Salmo 19). Sua ética é baseada, sem quaisquer compromissos, na procura de um único princípio supremo da moralidade, um princípio, além disso, com autoridade racional, conduzindo as paixões, em vez de se deixar conduzir por elas, e a si sujeitando todas as criaturas racionais. A origem de todas as ações encontra-se num princípio subjetivo, ou máxima, e o valor moral de um indivíduo depende inteiramente da máxima da sua ação consistir no respeito pela lei e no dever de obedecer ao *imperativo categórico. As aplicações que o próprio Kant faz desse teste proíbem a mentira, o suicídio, a revolta contra a ordem política estabelecida, o sexo solitário e a venda do nosso próprio cabelo para fazer perucas, mas a questão de saber até que ponto se consegue separar sua ética de sua matriz luterana é controversa. A restrição do valor moral a um tipo específico de preocupação como o dever, efetuada por Kant, parece frequentemente denegrir as virtudes humanas normais, tais como a benevolência, mas os comentadores tentam encontrar um Kant mais humano por detrás da ética severa e rigorosa do respeito pela lei (*ver* apatia). A associação da liberdade com a capacidade de autocontrole e autolegislação, e a necessidade prática de pensar em termos de um Deus justo que sustenta a ordem moral são alguns dos outros componentes contestados de seu sistema ético.

A terceira *Crítica*, a *Crítica da faculdade de julgar* (*Kritik der Urteilskraft*, 1790) confronta a dificuldade de tornar objetivos os juízos estéticos, quando eles não são feitos de acordo com uma regra, mas em resposta ao prazer subjetivo. Kant relaciona nosso direito de exigir o acordo das outras pessoas em tais questões com uma concepção *teleológica da natureza, orientada por fins, uma ideia partilhada pelo *romantismo deste período, e ao qual ele emprestou a sua enorme autoridade (*ver também* estética). A preocupação de Kant com as bases da metafísica e do conhecimento não tinha no entanto desaparecido, uma vez que foi nessa época que ele produziu os *Fundamentos metafísicos da ciência da natureza* (*Metaphysishe Anfangsgründe der Naturwissenschaft*, 1786). Essa obra trata da natureza do movimento, da matéria e da massa, e expõe uma espécie de teoria de *campo que acabaria por exercer alguma influência na física do século XIX. *A religião nos limites da simples razão* (*Die Religion innerhalb der Grenzen der bloßen Vernunft*, 1793) com a qual Kant acabaria por ter problemas com a censura religiosa repressiva de Frederico Guilherme II da Prússia, a *Paz perpétua* (*Zum ewigen Frieden*, 1795) e *Die Metaphysic der Sitten*, 1797 (trad. geralmente como *A metafísica dos costumes*, mas que muitas vezes aparece em duas partes distintas: *Princípios metafísicos do direito* e *Princípios metafísicos da virtude*), são algumas de suas últimas obras.

Apesar da dificuldade notória de ler Kant, tornada mais aguda por sua tendência para a sistematização escolástica e para a terminologia obscura, seu lugar como o maior filósofo dos últimos três séculos é inquestionável. Foi ele que rompeu pela primeira vez e decisivamente com o *empirismo sensacionista que prevalecia no século XVIII, mas sem no entanto se refugiar num racionalismo indefensável. Apesar de sua confiança no *a priori e na estrutura do seu *idealismo terem sido amplamente rejeitados, não estaremos exagerando se dissermos que toda a epistemologia, metafísica e até a ética modernas foram implicitamente afetadas pela estrutura criada por Kant.

karma (sânscr., ato) Nas filosofias budista e hindu, é a lei universal de causa e efeito, aplicada aos atos das pessoas. Um ato (deliberado) bom ou mau conduz o destino de uma pessoa no respectivo sentido. O pleno aperfeiçoamento pode durar mais que uma vida, prendendo o agente ao ciclo de renascimentos, ou **samsara*; só as ilusões e os atos destituídos de desejos não trazem quaisquer consequências para o *karma*.

katalêpsis (gr., apoderar-se, tomar posse) Segundo o pensamento *estoico, as verdades essenciais eram apreendidas por *katalêpsis*, no sentido em que eram intuídas ou "dadas". Essa doutrina foi muito atacada pelos *céticos.

kátharsis Gr., *catarse.

Kelsen, Hans (1881-1973) Jurista e filósofo do direito austríaco. Kelsen é conhecido pelo mais inflexível desenvolvimento de uma teoria do direito "positivista", i.e., uma teoria que exclui rigorosamente de sua análise quaisquer considerações éticas, políticas ou históricas e identifica a essência da ordem legal com a "letra da lei", ou lei promulgada. Um sistema de direito é baseado numa *Grundnorm*, ou norma fundamental, da qual se segue a validade de outros enunciados legais do sistema. A norma fundamental pode ser a de que certos ditames ou proposições particulares, de que são exemplo as do soberano, têm de ser obedecidas. A *Grundnorm* só pode ser alterada por meio de uma revolução política. A teoria tornou-se conhecida sobretudo através da obra *Allgemeine Staatslehre* (1925), que apresenta sua versão mais desenvolvida.

Kepler, Johannes (1571-1630) Kepler, o fundador da astronomia moderna, nasceu perto de Stuttgart. Começou sua carreira como assistente do astrônomo dinamarquês Tycho Brahe (1546-1601), de quem herdou o respeito pelas observações exatas e precisas. Afirmou ter sido a ligeira discrepância entre a posição efetiva de Marte e sua posição prevista (oito minutos de arco) que lhe apontou o caminho para uma reforma completa da astronomia. O próprio Kepler aceitava muitas crenças *pitagóricas, ocultas e místicas, mas suas leis do movimento planetário são as primeiras leis científicas e matemáticas da astronomia da época moderna, estabelecendo que: (I) os planetas viajam em órbitas elípticas, e o Sol ocupa um dos focos da elipse; (II) o raio que une o Sol a cada um dos planetas varre áreas iguais em tempos iguais; (III) os quadrados dos períodos de revolução de quaisquer dois planetas estão entre si como o cubo do valor médio de suas distâncias respectivas ao Sol.

Keynes, John Maynard (1883-1946) Filósofo e economista inglês. Embora seja conhecido sobretudo como economista, Keynes produziu um clássico da filosofia, o *Treatise on Probability* (1921), onde desenvolveu a teoria das probabilidades e a *teoria da confirmação que têm por base uma relação lógica e objetiva de graus de implicação entre as proposições. Embora as investigações posteriores não tenham sido simpáticas a essa noção, a exploração que Keynes fez das suas possibilidades continua a ser, junto com a obra de *Carnap, o melhor tratamento da teoria da confirmação. Em particular, Keynes compreendeu que, para que a indução aumente as probabilidades das generalizações à medida que a informação vai eliminando progressivamente as falsificações potenciais, deve-se supor um "*princípio de variedade independente limitada", que proporcione a estrutura necessária para que a probabilidade aumente.

Kierkegaard, Søren Aabye (1813-55) Filósofo e teólogo dinamarquês, geralmente considerado o primeiro *existencialista. Filho de estudiosos pietistas, Kierkegaard inscreveu-se na Universidade de Copenhague em 1830, então sob a influência de *Hegel. Rebelou-se contra a tendência de Hegel para a elaboração sistemática e contra as formalidades da Igreja luterana dinamarquesa típicas de seu meio. Completou seus estudos religiosos após um período de hedonismo moderado e, escapando por pouco do casamento, viveu daí em diante uma vida de reclusão estudiosa. Kierkegaard rejeitou completamente o sistema hegeliano como tentativa de colocar o homem no lugar de Deus, tentativa essa que ignorava o ponto de vista parcial, subjetivo e limitado, a partir do qual se realizam todos os juízos humanos. Foi assim levado a destacar o primado da vontade e da livre escolha que não é restringida por causas ou razões: onde intervêm as ações e os juízos humanos não existe objetividade, barreiras externas ou autoridade. De acordo com esse credo, suas obras apresentam muitos pontos de vista e são aparentemente contraditórias. Algumas foram publicadas sob pseudônimo, de tal modo que o próprio Kierkegaard pôde atacá-las em obras posteriores. Sua influência expandiu-se no século XX, sobretudo entre os pensadores interessados nos problemas da escolha ética e religiosa, especialmente os existencialistas. *Enten-eller* (1843; trad. *Temor e tremor*, 1959), *Afsluttende Uvidenskabelig Efterskrift* (1846) e *Sygdomen Til Døden* (1849; trad. *O desespero humano: doença até a morte,* 1936), são algumas de suas obras.

koan (jap., literalmente, documento oficial ou anúncio público; juízo final de verdade ou falsidade) Os *koan* são histórias, frequentemente sob a forma de perguntas e respostas, apresentadas na prática do budismo *zen como problemas para meditação, embora sua resolução não deva ser feita por processos lineares ou racionais. O problema mais conhecido é o do barulho que uma só mão faz ao bater palmas. O *mu-koan* é a resposta *mu* (que significa nada), dada pelo mestre Joshu quando lhe perguntaram se um cão tem a natureza de Buda. Outro *koan* é esta troca de palavras: "Que é Buda?" — "Um quilo e meio de linho."

Kripke, Saul Aaron (1940-) Filósofo e lógico norte-americano. Nasceu em Nova York e estudou em Harvard e Oxford. Kripke cedo ganhou reputação como um prodígio em lógica, especialmente pelos estudos realizados sobre a completude dos sistemas de lógica modal. Os três ensaios clássicos são "A Completeness Theorem in Modal Logic" (1959, *Journal of Symbolic Logic*), "Semantical Analysis of Modal Logic" (1963, *Zeitschrift für Mathematishe Logik und Grundlagen der Mathematik*) e "Semantical Considerations on Modal Logic" (1963, *Acta Philosophica Fennica*). Em *Naming and Necessity* (1980), Kripke ofereceu o tratamento clássico moderno do tópico da referência, clarificando a distinção entre nomes e *descrições definidas e abrindo o caminho para muitas tentativas posteriores de compreender a noção de referência em termos de uma conexão causal entre o uso de um termo e um episódio original de atribuir um nome a um sujeito. Seu *Wittgenstein on Rules and Private Language* (1983) também se mostrou seminal, pondo as considerações sobre *seguir uma regra no centro dos estudos de *Wittgenstein, e defendendo que o argumento da *linguagem privada é uma de suas aplicações. Kripke escreveu também artigos influentes sobre a teoria da verdade e sobre a solução dos *paradoxos semânticos.

Kristeva, Julia (1941-) *Feminista. Nascida na Bulgária, Kristeva chegou a Paris em 1965 e tornou-se um dos membros mais importantes do grupo de pensadores ativistas de esquerda conhecidos como *Tel Quel*. Desde 1974 trabalha como professora de linguística na Universidade de Paris e como psicanalista. Juntamente com *Irigaray e *Cixous, Kristeva tem sido a mais influente das feministas francesas, cujo pensamento foi moldado pela psicanálise, bem como pelo marxismo, pela filosofia e pela literatura. Da mesma maneira que sua origem búlgara a impediu de seguir o maoísmo com o mesmo entusiasmo de muitos intelectuais parisienses do final dos anos 60, também a sua experiência com a psicanálise a afastou das declarações *pós-modernas mais extremas acerca da morte do sujeito e da inexistência de sentido, de amor e de outras categorias humanas. Sua obra tem se concentrado sobre o equílibrio entre uma ordem "semiótica", pré-edipiana, rítmica e sensual e o sistema convencional ou "simbólico", constituído por proposições e representações. Ao contrário de Cixous e Irigaray, não apela a um *determinismo biológico (uma perspectiva sobre o que é intrínseca ou essencialmente feminino) na sua maneira de ver a feminilidade e a produção literária das mulheres. Quando trabalham como artistas marginais e *avant-garde*, os homens, como o poeta Mallarmé, também podem veicular a irrupção da ordem semiótica na simbólica. *La Révolution de langage poétique* (1974) e *Histoires d'amour* (1983) são algumas de suas obras.

Kropotkin, Peter (1842-1921) Nobre russo, principal defensor do anarcocomunismo. Kropotkin acreditava que a teoria da evolução de *Darwin, corretamente aplicada, demonstrava que os seres humanos são criaturas sociais que se desenvolvem melhor em comunidades pequenas ligadas pelo auxílio mútuo e por associações voluntárias (*ver* altruísmo). O Estado centralizado, com seu aparelho coercivo, constitui um passo atrás, um obstáculo à realização desse ideal. Das obras de Kropotkin fazem parte *Mutual Aid* (1897) e *Fields, Factories and Workshops* (1901). Viveu na Inglaterra durante muito tempo, mas morreu na Rússia.

Kuhn, Thomas Samuel (1922-1996) Filósofo da ciência norte-americano. Kuhn nasceu em Ohio e estudou física em Harvard antes de seu livro *The Structure of Scientific Revolutions* (1962) se tornar uma das mais influentes obras modernas de história e filosofia da ciência. Como Alexandre Koyré (1892-1964) e os autores franceses *Bachelard e Jean Cavaillès (1903-44), Kuhn sublinhou que a história da ciência não é uma acumulação progressiva e uniforme de dados e teorias bem-sucedidas, sendo antes o resultado de rupturas, passos em falso e limitações da imaginação que refletem muitas variáveis diferentes. Segundo essa perspectiva, durante os períodos normais a ciência opera dentro de um quadro de suposições conhecido por *paradigma, mas nos períodos excepcionais e revolucionários um paradigma velho fracassa e, após um período de competição, é substituído por um novo. O processo se assemelha a uma mudança *gestalt, que a muitos filósofos pareceu ter implicações inquietantes para a racionalidade e objetividade da ciência. *The Copernican Revolution* (1957) e *Sources for the History of Quantum Physics* (1967) são algumas das outras obras de Kuhn.

L

La Mettrie, Julien Offroy de (1709-51) Materialista francês. Inicialmente, La Mettrie fez carreira como médico e serviu como cirurgião militar, de 1743 a 1745, durante a Guerra de Sucessão da Áustria. Em 1745, publicou *Histoire naturelle de l'âme,* cujas tendências materialistas causaram tal alvoroço que ele teve de fugir para a Holanda. No entanto, La Mettrie manteve-se imperturbável e, em 1748, produziu sua obra mais influente, *L'Homme machine*, cujos ateísmo e materialismo chocaram até os holandeses. Frederico, o Grande, da Prússia, convidou-o a se instalar em Berlim, onde La Mettrie continuou a afrontar a ortodoxia *dualista e devota, com *L'Homme plante* (1748), *Le Système d'Epicure* (1750) e *Discours sur le bonheur* (1750). Embora suas opiniões fossem escandalosas, após sua morte prematura (segundo seus inimigos, causada por seus excessos hedonistas) foi Frederico quem compôs seu elogio fúnebre. O materialismo de La Mettrie baseia-se firmemente na física, química, anatomia e fisiologia de seu tempo. No entanto, por defender com fervor que as funções mentais dependem dos estados do *cérebro e do sistema nervoso central, e pela sua corajosa abordagem científica à dinâmica do movimento e da motivação, é considerado o primeiro exemplo assumido da perspectiva biomédica *funcionalista e *fisicalista — perspectiva hoje dominante no estudo da natureza dos seres humanos. Em ética, La Mettrie via a felicidade como o objetivo natural de cada organismo, tal como a saúde, daí extraindo o corolário, um século antes de *Nietzsche, de que a má consciência, enquanto inimiga primordial da felicidade, é apenas uma doença que precisa ser tratada.

Lacan, Jacques (1901-1981) Psicanalista e intelectual francês. Lacan foi diretor da École Freudienne de Paris, desde 1963, mas sua influência deveu-se mais à série de seminários que deu na Universidade de Paris, a partir de 1953, que influenciaram decisivamente o pensamento francês da época. Empenhou-se na reinterpretação de Freud à luz do método estrutural da linguística, introduzido por *Saussure. A linguagem passa a ser vista como uma manifestação das estruturas presentes no inconsciente. O tema principal é constituído pela criança que ao longo do processo de crescimento abandonará o estádio narcisista de absorção na mãe, tornando-se consciente da perda e da diferença, à medida que assume sua posição numa rede de papéis sociais e linguísticos. As repressões que esse processo implica criam todo um mundo de desejos insaciáveis. A obra de Lacan é célebre por sua obscuridade, reproduzindo a natureza inconstante dos sonhos e, presume-se, do inconsciente; tal como a de *Derrida, que lhe é posterior, está cheia de jogos de palavras, trocadilhos e lacunas que desafiam a razão. Além dos *Écrits*, as transcrições de seus seminários vêm sendo pouco a pouco publicadas.

laissez-faire (fr., deixar fazer) No pensamento econômico e social, a doutrina do não intervencionismo do governo no funcionamento dos mercados. Essa doutrina é erroneamente atribuída a Adam *Smith, que na verdade defendeu uma intervenção qualificada para a ação social em áreas em que o mercado falha, de maneira a assegurar, por exemplo, a educação dos pobres.

lamarckismo Doutrina segundo a qual os organismos podem herdar características adquiridas pelos seus progenitores (isto é, características que estes adquiriram durante sua vida, e não aquelas com que foram geneticamente dotados). Na verdade, o ponto de vista do botânico e zoólogo francês Jean-Baptiste de Lamarck (1744-1829) era ligeiramente diferente. Lamarck sustentou que é o desejo (*besoin*) de mudança que causa modificações num organismo, que depois são transmitidos a seus descendentes. Esse ponto de vista é desacreditado pela teoria da evolução, que aderiu firmemente ao mecanismo da variação genética aleatória seguida de seleção natural.

langue/parole (fr., língua/fala) Distinção, que se deve a *Saussure, entre a língua tal como é usada, *parole*, e a língua como sistema, *langue*. *Ver* competência/desempenho.

Lao-tsé (c. séc. VI a.C.) Lendário fundador do *taoísmo, cujos ensinamentos estão contidos no *Tratado sobre o caminho e o seu poder* (*Tao Te Ching*). Enquanto o *confucionismo representa o desenvolvimento social das potencialidades humanas, Lao-tsé representa a unidade com o universo, conseguida por meio de uma vida simples, não sofisticada, com desejos mínimos e uma máxima incorporação à natureza. A vida e a identidade de Lao-tsé são um tanto obscuras, e há alguma controvérsia sobre se ele viveu no século VI ou dois ou três séculos depois. Pensa-se que nasceu em Ch'u, na província de Hunan.

Laplace, Pierre Simon de (1749-1827) Matemático francês, conhecido em parte na filosofia pelas suas contribuições para a teoria das probabilidades, e também por seu *determinismo estrito. Laplace demonstrou a estabilidade mecânica do sistema solar a partir da mecânica newtoniana, eliminando assim a necessidade de qualquer regulação por intervenção divina, o que suscitou sua célebre resposta a Napoleão sobre Deus: "*Je n'ai pas besoin de cette hypothèse*" (Não preciso dessa hipótese). Seu determinismo é apresentado frequentemente através da figura de uma inteligência sobre-humana que conhece todo o estado da natureza num certo momento e que assim pode calcular a linha da sua evolução ao longo dos períodos seguintes. Laplace, no entanto, aceitou que os seres humanos terão de se contentar com probabilidades. Seu *Essai philosophique sur les probabilités* (1814) é famoso não só por sua originalidade matemática, mas também pela confiança com que Laplace aplica os *métodos da inversão para atribuir probabilidades a coisas como o nascimento do Sol ou a correção de um veredicto de um júri de uma certa dimensão. Sua confiança na *regra da sucessão e no *princípio da indiferença foi posteriormente criticada.

lealdade É interessante do ponto de vista ético porque, embora a lealdade para com um amigo, a família ou outro grupo seja uma *virtude, não deixa de ser conflitante com a *imparcialidade necessária à justiça ou a um altruísmo universal generalizado. *Ver também* amizade; gratidão.

leto Variedade de uma língua com uma certa base numa comunidade. Um *acroleto* é uma variedade associada ao prestígio (por exemplo, o inglês da BBC); um *basileto* é o oposto; um *dialeto* é uma variação regional, e um *generoleto* é uma diferença de discurso com base no gênero sexual do locutor ou do ouvinte. Um *idioleto* é um dialeto pessoal. Em filosofia da mente e da linguagem, é importante não conceber uma linguagem pública e partilhada simplesmente como um certo número de idioletos coincidentes, mas antes como algo prévio, de onde derivam os idioletos.

legalismo Respeito excessivo pela letra da lei e pelas formas e instituições legais, em detrimento de considerações morais e sociais mais latas.

legiforme *Ver* leis da natureza.

lei da bivalência *Ver* bivalência, lei da.

lei da contiguidade Em *Leibniz, o princípio de que não existem mudanças descontínuas na natureza: *natura non facit saltum*, a natureza não dá saltos. Leibniz pôde usar esse princípio para criticar o sistema mecânico de *Descartes, que implicaria tais saltos em algumas circunstâncias, e para criticar o *atomismo de sua época, que implicava mudanças descontínuas de densidade nas fronteiras de cada átomo. *Ver também* ação à distância.

lei da não contradição *Ver* não contradição, lei da.

lei da parcimônia *Ver* parcimônia, lei da.

lei de Hume Designação do ponto de vista polêmico segundo o qual é impossível derivar um "deve" de um "é" ou, em outras palavras, de que não existe, do ponto de vista lógico, uma ponte que ligue o fato ao valor. A formulação do próprio *Hume está no *Tratado da natureza humana*, III 1.1., onde ele escreve que parece "de todo inconcebível que esta outra relação [deve] possa ser derivada de outras que são inteiramente diferentes dela". A "lei" surge, na verdade, como observação marginal a outra discussão.

lei de Leibniz *Ver* indiscernibilidade dos idênticos.

lei de Peirce *Teorema do *cálculo proposicional que afirma que

$$[(p \rightarrow q) \rightarrow p] \rightarrow p.$$

lei do efeito Teoria formulada pelo psicólogo E.L. Thorndike (1874-1949) segundo a qual as ações que conduzem imediatamente ao prazer são relembradas e repetidas até se sedimentarem como hábitos, ao passo que as ações que conduzem à dor são suprimidas ou evitadas. Nota-se que a lei explica as ações em função do passado, e não do prazer ou da dor esperados. Apesar de a teoria ter defendido com veemência que a aprendizagem é essencialmente uma questão de *condicionamento, tendo por isso sido afetada pelo eclipse do *behaviorismo, pensa-se em geral que a lei do efeito afirma qualquer coisa de essencial quanto à natureza da dor e do prazer: nomeadamente, a função que desempenham no controle da aprendizagem. As redes neurais, ou sistemas artificiais de processamento paralelo distribuído, que são treinados através da "retropropagação do erro", são regidas por uma versão da lei do efeito; *ver* conexionismo.

lei do terceiro excluído *Ver* terceiro excluído, lei do.

lei dos grandes números *Ver* teorema de Bernoulli.

lei moral Algumas teorias da ética veem o tema em termos de um certo número de leis (como os Dez Mandamentos). Essas leis podem ter o estatuto de éditos de um legislador divino ou de verdades da razão, cognoscíveis **a priori*. Outras perspectivas sobre a ética (e.g., *eudemonismo, *ética de situações, *ética da virtude) costumam evitar tanto quanto possível os princípios gerais, considerando-os, na melhor das hipóteses, regras empíricas que frequentemente escondem a grande complexidade do raciocínio prático. Para a noção de *Kant de lei moral, *ver* imperativo categórico.

Leibniz, Gottfried Wilhelm (1646-1716) Filósofo, matemático e erudito alemão. Leibniz nasceu em Leipzig, onde começou a frequentar a universidade com quinze anos de idade, tendo apresentado uma tese para a obtenção do grau de doutor em direito aos vinte. Em 1667 entrou para o serviço do eleitor de Mainz, onde permaneceu até 1672, tendo estado em grande parte envolvido na intervenção política escrita. Viajou para Paris em 1672, em parte para tentar persuadir Luís XIV a expulsar os turcos do Egito (e assim afastar sua atenção da Alemanha, plano que não teve sucesso). Visitou a Inglaterra em 1673 e de novo em 1676, quando completou sua descoberta do cálculo diferencial. Nesse ano viajou para Amsterdã, onde conheceu *Espinosa e tornou-se bibliotecário do duque de Brunswick, em Hannover, cargo que manteve até falecer. De 1680 a 1697 trabalhou em seu sistema filosófico. Leibniz foi o mais erudito dos filósofos modernos, com uma obra que contém contribuições para a matemática, a jurisprudência e a história, assim como para a filosofia. Correspondeu-se com todos os grandes sábios de sua época e foi o fundador da Academia de Berlim.

O sistema filosófico leibniziano da maturidade é intrincado e singular, tendo por base um número restrito de princípios muito gerais. A pedra angular de seu pensamento consiste na convicção de que a cada indivíduo corresponde um noção completa, conhecida apenas por Deus, da qual são dedutíveis todas as propriedades do indivíduo em cada momento de sua história. O fato de Deus criar um indivíduo que se conforme a tal conceito é contingente, mas a ação de Deus nesse sentido explica-se pelo *princípio da razão suficiente, pelo qual Deus tem de tornar real precisamente essa possibilidade e não outra, para que este seja o melhor dos mundos possíveis (tese que foi ridicularizada por *Voltaire em *Candide*). O fato de cada uma das propriedades de um dado indivíduo ser dedutível do conceito completo deste último deve-se à existência de uma correlação ontológica do conceito completo, ou, por outras palavras, de uma modificação da substância do indivíduo que está em correspondência com cada uma das verdades acerca desse indivíduo. Por outro lado, isso está relacionado ao ponto de vista de Leibniz segundo o qual as relações, entre elas as relações causais entre indivíduos diferentes, são meros **phenomena bene fundata* ou construções da mente sobre o que no fundo são fatos monádicos, não relacionais. Leibniz, no entanto, era totalmente hostil ao atomismo do século XVII, pelo que, no seu sistema da maturidade, os indivíduos acabam por ser as *mônadas: unidades individuais não físicas, "sem janelas", ou seja, independentes de outras coisas, cada uma delas evoluindo de uma forma que é completamente dependente de sua natureza intrínseca mas sendo suscetível de percepções que "exprimem" a natureza da realidade exterior. Podemos afirmar que neste ponto Leibniz assume uma concepção *aristotélica da natureza como algo que, em essência, luta para realizar sua potência. Naturalmente não é fácil num sistema como esse, encontrar lugar para o espaço (que Leibniz considerava ser relacional), a substância corpórea, a matéria (a qual, de novo, era concebida como um *phenomenon bene fundatum*) ou o livre-arbítrio. Junto com os sistemas de *Descartes e de Espinosa, o de Leibniz é o terceiro dos grandes sistemas racionalistas do século XVII e, em muitos aspectos, o mais invulgar. As maiores obras de Leibniz, nenhuma delas contendo uma apresentação do estado final de seu sistema, são *Discurso de metafísica* (1685), *O novo sistema* (1695), *Teodiceia* (1710) e *Monadologia* (c.1713). Sua correspondência com *Arnauld, Jean Bernoulli, Burcher de Volder, Bartholemew des Bosses e *Clarke foi publicada em diversos volumes, assim como sua polêmica com *Bayle e os *Nouveaux Essais*, que contêm sua reação ao *Ensaio* de *Locke.

Leibniz, lei de *Ver* indiscernibilidade dos idênticos.

leis da natureza Um dos conceitos mais polêmicos da filosofia da ciência. A expressão sugere uma ordem ou imposição de um criador de leis, e para muitos pensadores, pelo menos até o século XVIII, descobrir as leis da natureza seria descobrir como Deus havia determinado o desenrolar dos acontecimentos. Sem essa base, a noção de lei da natureza aparentemente desaparece, deixando-nos apenas uma concepção da natureza como uma sucessão de acontecimentos diferentes que se limitam a revelar certos padrões e regularidades: "nada mais senão uma coisa a seguir a outra". A isso pode-se acrescentar a ideia de que a mente humana, ao contemplar regularidades nos acontecimentos, seleciona aquelas em que pode confiar e adota-as como premissas fixas, de modo a agir e a fazer previsões: a essas regularidades chamamos leis. Essa é, na verdade, a perspectiva de *Hume, que suscita o problema de saber exatamente que regularidades são "legiformes" ou suscetíveis de serem selecionadas para essa condição. Entre as sugestões contam-se as regularidades que são universais, simples, que têm o tipo certo de vocabulário, ou que se ajustam de várias maneiras às nossas outras crenças. Os *realistas em relação às leis da natureza insistem que nenhuma dessas perspectivas é suficiente, e exigem uma concepção mais sólida ou substancial, na qual as leis da natureza surjam como características reais do mundo, como uma espécie de cola estabilizadora ou camisa de força que garanta que os acontecimentos naturais não ocorrem apenas como os encontramos, mas antes que *têm* de ocorrer assim. O problema do realismo acerca das leis da natureza consiste em esclarecer essa necessidade, já que ela transcende aparentemente a experiência, porque os métodos das ciências naturais só parecem conseguir mostrar como as coisas acontecem, e não como são ou por que razão as coisas têm de acontecer tal como as encontramos.

leis de De Morgan *Ver* De Morgan, leis de.

leis do movimento de Newton As leis do movimento de Newton declaram que: (I) qualquer corpo preserva seu estado de repouso, ou de movimento uniforme em linha reta, exceto quando é compelido a mudar de estado através de forças que sejam sobre ele exercidas; (II) a taxa de variação do momento linear é proporcional à força aplicada, e ocorre na direção na qual essa força atua; (III) para qualquer ação existe uma reação de igual intensidade e de sentido oposto.

leis do pensamento A *lógica é erroneamente descrita como uma investigação das leis do pensamento. Na verdade ela procura descobrir como os pensamentos, no sentido de uma combinação de proposições sustentadas numa certa ocasião, têm de ser estruturados para se conformarem a exigências de consistência. A lógica não lida com os processos diacrônicos pelos quais um pensamento se sucede a outro. As leis do pensamento, nesse sentido, não são conhecidas, e nem se sabe se tais leis existem, não porque a mente esteja no domínio do *caos, mas porque as descrições mentais podem não ser próprias para ser incorporadas em leis. *Ver* monismo anômalo.

leis naturais *Ver* leis da natureza.

leis psicofísicas Leis que relacionam estados psíquicos ou mentais com estados físicos. A existência de tais leis foi negada, de forma convincente, por *Davidson, que argumentou que as descrições de acontecimentos mentais são intrinsecamente inapropriadas para ocorrerem em leis genuínas (*ver* monismo anômalo). A ideia é de que as atribuições mentais resultam de uma ampla variedade de fatores contextuais e outros, o que as torna inadequadas para terem correlações precisas com descrições físicas, sejam elas de comportamentos ou da neurofisiologia subjacente. Juntamente com muitos outros filósofos da mente, Davidson aceita a *superveniência do mental sobre o físico, e a questão de saber se se pode ter superveniência sem conexões legiformes tem sido motivo de vigoroso debate.

lema Conclusão intermediária numa *demonstração, que marca um ponto importante com vista à conclusão.

lema de Zorn Proposição da teoria dos conjutos equivalente ao *axioma da escolha. Chamemos a um conjunto A uma cadeia se para quaisquer dois membros B e C ou B é um subconjunto de C ou C é um subconjunto de B. Considere-se agora um conjunto D com a propriedade de que para toda a cadeia E que seja um subconjunto de D, a união de E ser um membro de D. O lema afirma que D contém um membro que é maximal, i.e., que não é um subconjunto de qualquer outro conjunto de D.

Lenin, Vladimir Ilyich (1870-1924) Líder revolucionário e principal arquiteto do sucesso da revolução bolchevique russa de 1917. Na filosofia, Lenin contribuiu para o *marxismo com algumas ideias, entre as quais a ênfase colocada no papel de uma vanguarda revolucionária profissional, escolhida entre os intelectuais, o absolutismo moral que permite que tudo seja sacrificado em nome da revolução e a associação do imperialismo com o *capitalismo, que em parte explicava por que a Rússia, que não era uma economia capitalista desenvolvida, podia ainda assim estar na vanguarda da revolução. Algumas das obras influentes de Lenin são *O desenvolvimento do capitalismo na Rússia* (1899), *Que fazer?* (1902) e *Imperialismo, fase superior do capitalismo* (1916). O seu anterior *Materialismo e empiriocriticismo* (1909) é um ataque ao que Lenin via como o idealismo subjetivo dos pensadores russos influenciados por *Avenarius e *Mach.

Lessing, Gotthold Ephram (1729-81) Dramaturgo e crítico alemão. Lessing não é conhecido por qualquer filosofia de primeira categoria, mas exerceu uma forte influência no pensamento alemão de seu tempo. Seu *Laokoön* (1766) expõe a ideia de que apesar de os ideais clássicos da harmonia nobre e estática serem bons para os fins da pintura, a poesia trata da ação e da paixão. Sua conversão, já perto do fim da vida, à filosofia do então chocante *Espinosa, é descrita por F.H. Jacobi em 1785, tendo precipitado o *Pantheismusstreit*, ou disputa sobre o panteísmo, na qual *Mendelssohn tentou defender o falecido da acusação de que era alvo.

Leucipo de Mileto (fl. 450-420 a.C.) Atomista grego. Pouco se sabe sobre a vida de Leucipo, que, no entanto, é considerado por *Aristóteles como o fundador do atomismo grego. São-lhe atribuídas duas obras: *Do espírito* e *O grande sistema do mundo*, mas quase nada se sabe sobre o que continham. Não é possível distinguir suas doutrinas das de *Demócrito, cujos textos mais extensos formam a base do que se sabe sobre o sistema que partilhava com Leucipo. Para uma panorâmica geral, *ver* atomismo; Demócrito de Abdera.

Leviatã *Ver* Hobbes.

Lévi-Strauss, Claude (1908-) Antropólogo e estruturalista francês. Formado em direito, Lévi-

Strauss doutorou-se em filosofia pela Sorbonne. Foi escolhido por uma universidade francesa para uma missão no Brasil, exercendo sua atividade como professor em São Paulo de 1935 a 1938. A partir daí conduziu várias expedições ao Mato Grosso e à Amazônia. Posteriormente lecionou nos Estados Unidos, até lhe ser concedida a cadeira de antropologia social no Collège de France, aposentando-se em 1982. Lévi-Strauss é o mais importante antropólogo estruturalista. Aprendeu com *Saussure a importância de estudar a infraestrutura inconsciente dos fenômenos humanos, e a ver os elementos de um sistema apenas através de seu significado posicional, ou seja, das relações com outros elementos. Parte de sua tese de doutoramento está em *Les Structures élémentaires de la parenté* (1949), onde se demonstra a semelhança formal entre os sistemas de parentesco e os sistemas fonéticos estudados por Saussurre. Algumas de suas obras tardias são *La Pensée sauvage*, (1966) onde Lévi-Strauss se opõe à doutrina da "mentalidade primitiva" de *Lévy-Bruhl, e *Tristes tropiques* (1955).

Lévy-Bruhl, Lucien (1875-1913) Filósofo e antropólogo social francês, conhecido por ter enfatizado a necessidade de uma investigação empírica dos métodos e categorias de pensamento das diferentes sociedades, e por ter interpretado os resultados à luz do conceito de uma mentalidade primitiva "pré-lógica". *Les Fonctions mentales dans les sociétés inférieures* (1910) e *La Mentalité primitive* (1922) são algumas de suas obras.

Lewis, Clarence Irving (1883-1964) Lógico e filósofo norte-americano. Após um breve período como professor na Califórnia, Lewis lecionou em Harvard desde 1920 até se aposentar. Embora tenha escrito profusamente acerca da maior parte dos principais temas filosóficos, é conhecido sobretudo como crítico do caráter *extensional da lógica moderna e como o fundador da *lógica modal. As suas duas demonstrações independentes de que de uma contradição tudo se segue constituem ainda hoje o principal problema para o desenvolvimento de uma *lógica relevante, usando uma noção de *derivabilidade mais forte que a de *implicação estrita. *A Survey of Symbolic Logic* (1918) e *Mind and the World-Order* (1929) são algumas das suas obras.

Lewis, David (1941-) Filósofo norte-americano. Nasceu em Oberlin, Ohio, e estudou em Swarthmore, em Oxford (um ano) e em Harvard, onde se doutorou em 1967. Foi professor da Universidade da Califórnia em Los Angeles de 1966 a 1970, lecionando em Princeton desde então. Lewis tem feito contribuições importantes num domínio muito vasto de tópicos e é provavelmente o mais influente metafísico contemporâneo da tradição analítica. Seu primeiro livro, *Convention: a Philosophical Study* (1969), reabilitou a noção de *convenção, então encarada com grande suspeita quer pelos filósofos da linguagem quer pelos teorizadores políticos. *Counterfactuals* (1973) introduziu a hoje clássica análise em termos de mundos possíveis desse tipo de frase. Lewis é conhecido por seu *realismo sem concessões sobre os mundos possíveis, que desempenham um papel fundamental em suas teorias; grande parte da discussão atual diz respeito a como obter as vantagens proporcionadas pelas suas análises sem os respectivos custos metafísicos. Tais tentativas são rebatidas em *The Plurality of Worlds* (1986). Em seus *Collected Papers* (2 vols., 1983, 1986), Lewis aborda muitos outros assuntos. Seu livro *Parts of Classes* (1991) explora um ponto de vista *merológico acerca da teoria de conjuntos.

lexema Uma palavra, entendida como um verbete de um dicionário. Diferentes sequências de letras podem constituir diferentes formas do mesmo lexema ("preenche", "preencheu", "preencher"). De modo inverso, sequências idênticas de letras ("banco", instituição, "banco", apoio para sentar) podem ser formas de lexemas diferentes, já que são habitualmente tomadas como palavras diferentes, i.e., como palavras com sentidos diferentes, nos dicionários. Contudo, os princípios lexicográficos através dos quais se consideram as palavras como iguais ou diferentes não são rígidos nem estabelecidos de forma definitiva.

lexical Um léxico é um dicionário, e lexical tem a ver tanto com os dicionários como com os termos que estes contêm. Uma *ambiguidade lexical é uma ambiguidade em um termo, em oposição a uma ambiguidade estrutural, que resulta da existência de duas estruturas possíveis diferentes para uma frase.

li No pensamento chinês, *li* significa, originalmente, sacrifício religioso. Em sentido derivado: regras de boas maneiras, decência, decoro. O *li* também desempenha o papel de uma lei superior ou lei natural, que se aproxima do **logos* grego. *Ver também chi.*

liberalismo Ideologia política centrada no indivíduo (*ver* individualismo), sendo este considerado um detentor de direitos contra o governo, entre eles os direitos de igualdade de respeito, liberdade de expressão e de ação, e liberdade religiosa e ideológica. O liberalismo é atacado pela *esquerda como a ideologia do livre mercado, sem defesa contra a acumulação de riqueza e de poder nas mãos de poucos, e por não proceder a uma análise da natureza social e política das pessoas. É atacado pela *direita por não ser sensível o bastante ao valor dos costumes e instituições estabelecidos, nem à necessidade de uma estrutura e coação sociais para a constituição da matriz das liberdades individuais.

liberdade Embora a proteção das liberdades do sujeito seja um dos objetivos (e motivo de orgulho) principais de quase todas as constituições, há menos consenso sobre o que se inclui entre essas liberdades, ou acerca de saber quando a liberdade (boa) se transforma em licenciosidade (má). O problema consiste em definir uma classe de ações que se encontrem fora da jurisdição própria da lei, i.e., aquelas que se tem o direito de realizar (*ver* direitos, privacidade (social)). O valor da liberdade depende, na tradição kantiana, do valor da autolegislação racional ou *autonomia e, nas filosofias políticas *coletivistas, da natureza do contexto social, mais do que dos direitos individuais.

liberdade de expressão As constituições liberais aceitam alguns princípios de proteção da liberdade de expressão, mas seu âmbito e razão de ser são controversos. A expressão pode assumir várias formas: expor pinturas, exibir *slogans* políticos ou queimar bandeiras, por exemplo. Por outro lado, certas formas de expressão (gritar "fogo" num teatro lotado, ordenar ou encorajar uma pessoa a usar violência sobre outra) não merecem aparentemente qualquer proteção legal especial. O principal argumento positivo a favor de uma proteção especial da liberdade de expressão é o de que essa proteção gera benefícios próprios, seja através da descoberta da verdade e do erro, seja como componente essencial da tomada de decisões políticas fundamentada. Um argumento negativo é o de que os danos causados pelo uso livre da capacidade de expressão são, de alguma maneira, menos significativos que os causados por outras ações ("paus e pedras podem quebrar-me os ossos, mas as palavras nunca hão de me ferir"). Ou, se o dano existir realmente, pode ser que o ouvinte tenha alguma responsabilidade, por exemplo por estar predisposto a ter um tipo de sensibilidade especial. Isso, no entanto, é discutível. Um argumento de princípio favorável à liberdade de expressão é o de que silenciar alguém constitui uma violação específica de sua dignidade e do respeito que é devido a um agente livre. Um argumento pragmático a favor do princípio é o de que a expressão é uma área na qual os Estados são particularmente tentados a cometer intrusões totalitárias.

liberdade positiva/negativa Em sentido restrito, ou negativo, a liberdade é considerada como ausência de coerção. "A liberdade", disse *Hobbes, "é o silêncio da lei." Em sentido positivo, a liberdade é a situação de libertação de forças sociais e culturais, entendidas como impedimentos da realização pessoal plena. Passar a ser livre é, portanto, um desafio que só pode ser vencido através da transformação pessoal, no pensamento *romântico e individualista, ou da transformação social como, por exemplo, para *Hegel.

libertarismo Em política, os libertários defendem a maximização dos direitos individuais, em especial aqueles relacionados ao funcionamento do livre mercado, e a minimização do papel do Estado. Na perspectiva libertária, o exercício do poder do Estado com fins positivos, tais como a atenuação de desvantagens sociais através de programas de segurança social, constitui uma infração aos direitos de outros ("os impostos são trabalhos forçados"). O Estado fica confinado ao papel de "vigia", que mantém a ordem e providencia apenas aqueles serviços públicos que não resultam espontaneamente do livre mercado. O texto mais influente do libertarismo moderno é *Anarchy, State, and Utopia* (1974) do filósofo norte-americano Robert Nozick.

libertinismo Perspectiva que procura proteger a realidade do *livre-arbítrio humano pela suposição de que uma escolha livre não é causalmente determinada, mas também não é aleatória (*ver* dilema do determinismo); é antes necessário conceber uma intervenção racional e responsável no curso das coisas. Em alguns desenvolvimentos, postula-se uma categoria especial de *causalidade do agente, mas sua relação com o funcionamento neurofisiológico do corpo e do cérebro, ou na verdade com qualquer perspectiva moderadamente naturalista de nós mesmos, tende a ser instável, e é com frequência ridicularizada por ser um desejo de proteger a fantasia de um agente situado completamente fora da esfera da natureza.

licencioso Em contraste com a pessoa que sofre de *acrasia, que tem um conflito interior e sucumbe à tentação, descreve-se a pessoa licenciosa como não tendo qualquer conflito entre o desejo torpe e as exigências de uma condição pessoal elevada ou da razão: estas últimas não se fazem ouvir. Ser licencioso é portanto mais divertido do que sofrer de acrasia.

Liceu Nome da escola fundada por *Aristóteles em Atenas, num passeio coberto ou ginásio, consagrado a Apolo Liceu (nome que provém de *lykeios*, relativo a lobo, ou de liciano, i.e., originário de Lícia, ou ainda de *lykê*, luz). Seus membros eram os *peripatéticos.

Lichtenberg, Georg Cristoph (1742-99) Cientista e filósofo alemão. Lichtenberg nasceu perto de Darmstadt, sendo o décimo sétimo filho de um pastor protestante. Sofreu, desde a infância, de um desvio da coluna vertebral. Frequentou a Universidade de Göttingen desde 1763 e, exceto pelas curtas viagens que fez (entre elas visitas à Inglaterra), lá permaneceu durante o resto de sua vida, ensinando sobretudo matemática e física. Sua reputação filosófica deve-se a seus aforismos, que foi reunindo em cadernos ao longo de sua vida adulta. O mais famoso é, provavelmente, seu comentário sobre o **cogito* de Descartes, explorado de forma admirável por empiristas posteriores como *Mach: "Deveríamos dizer 'pensa' tal como dizemos 'troveja'. Dizer até mesmo *cogito* já é demasiado, se o traduzirmos por 'eu penso'. Presumir o 'eu', postulá-lo, é uma necessidade prática." Lichtenberg defendia a doutrina, bastante atual, de que a tarefa da filosofia não é resolver controvérsias como a que existe entre o *realismo e o idealismo, mas antes permitir-nos ir além delas. Escreveu igualmente que sua obra filosófica consistia em corrigir o uso da linguagem. Sabe-se que *Wittgenstein admirava suas obras, tendo adotado um estilo aforístico semelhante. Algumas dessas obras estão reunidas em *The Lichtenberg Reader* (1959).

língua/fala *Ver langue/parole.*

linguagem artificial *Ver* sistema formal.

linguagem comum A linguagem usada no cotidiano. A filosofia da linguagem comum era uma variedade da *filosofia linguística que concedia especial atenção às sutilezas do uso cotidiano da linguagem, presumindo que os erros em filosofia surgem frequentemente em virtude de se ignorar distinções inscritas nesse uso.

linguagem de primeira ordem Linguagem na qual os *quantificadores contêm apenas variáveis que tomam valores sobre indivíduos (e não, em particular, sobre propriedades desses indivíduos), e em que as *funções só têm como seus argumentos variáveis individuais ou constantes. Numa linguagem de segunda ordem, as variáveis dos quantificadores podem tomar valores sobre funções e propriedades, e numa linguagem de ordem superior a essa podem tomar valores sobre propriedades de propriedades.

linguagem do pensamento, hipótese da Hipótese associada especialmente a *Fodor, segundo a qual os processos mentais ocorrem numa linguagem diferente da nossa linguagem materna habitual, mas que é subjacente a esta e explica nossa competência como usuários dessa linguagem. A ideia é um desenvolvimento da noção de *Chomsky de uma gramática universal inata. É uma maneira de fazer a analogia entre o funcionamento do cérebro, ou da mente, e o de um computador comum, visto que os programas de computador são conjuntos linguisticamente complexos de instruções cuja execução explica o comportamento observável do computador. Como explicação da competência linguística e da maneira como se costuma aprender uma língua, essa hipótese não teve aceitação universal. Aparentemente, ela não faz mais do que explicar os poderes representacionais normais utilizando faculdades inatas do mesmo tipo, e sugere a imagem de uma criança que está a aprender como traduzir a linguagem que a rodeia para uma linguagem inata cujos poderes específicos são um dado biológico misterioso. *Ver também* teoria-teoria.

linguagem formal *Ver* cálculo lógico; sistema formal.

linguagem logicamente perfeita Uma linguagem na qual a forma de cada frase exibe corretamente a sua *forma lógica; uma linguagem, portanto, na qual a forma de superfície das frases representa o seu poder inferencial.

linguagem logicamente privada *Ver* linguagem privada.

linguagem natural Qualquer linguagem efetivamente falada, em oposição às linguagens artificiais, cuja sintaxe e regras são estabelecidas para fins teóricos.

linguagem-objeto *Ver* metalinguagem.

linguagem privada Nas *Investigações filosóficas*, §258, *Wittgenstein nos convida a imaginar uma pessoa que escreve um diário, registrando um tipo particular de sensação, ao qual ela pretende dar um certo nome. Wittgenstein afirma que enquanto a sensação for concebida como puramente privada, sem qualquer conexão com comportamentos ou sintomas de sua ocorrência, o processo é uma pantomima, uma vez que o autor não consegue fornecer a si mesmo uma compreensão determinada do que está fazendo. Não há qualquer distinção entre estar realmente certo, ao registrar uma ocorrência ostensiva, e parecer que se está certo. O argumento faz parte de um ataque à maneira *cartesiana de conceber a mente como um teatro interno, cujo espectáculo é conhecido de uma maneira privilegiada e única pelo seu dono.

Uma maneira de pensar na estratégia de Wittgenstein é vê-la como a sugestão de que da mesma forma que as outras pessoas e suas mentes se tornam um problema para o cartesianismo, também as nossas mentes do passado devem tornar-se um problema para nós. "Vê-te sempre livre da ideia de um objeto privado desta maneira: assume que ele muda de forma constante, mas que não notas a mudança porque a memória te ilude constantemente." (*Investigações filosóficas*, parte II, XI). A natureza vã dessa hipótese mostra que é ilusório supor a existência de algo acerca do qual podemos estar certos ou errados. Apesar de o argumento ter sido muito influente e amplamente aceito, os críticos têm discordado sobre a questão de saber se ele possui uma premissa verificacionista (*ver* princípio da verificação) e, caso a tenha, se isso diminui sua força. Também há alguma incerteza sobre a possibilidade desse argumento conduzir a uma perspectiva *behaviorista da mente. *Ver também* espectro invertido; funcionalismo; *qualia*.

litigiosa Disputável. Uma questão é litigiosa quando é ainda objeto de disputa.

livre-arbítrio O problema consiste em reconciliar a consciência cotidiana de nós mesmos como agentes, com a melhor teoria que a ciência oferece sobre nós. O *determinismo é uma parte do problema; pode-se definir como a doutrina segundo a qual tudo o que acontece tem uma causa. De uma maneira mais precisa, para qualquer acontecimento *a*, há um estado qualquer anterior da natureza, *N*, e uma lei da natureza, *L*, tal que, dada *L*, *a* se seguirá a *N*. No entanto, se isso é verdade para todos os acontecimentos, é verdade para acontecimentos como uma ação ou uma escolha minhas. Assim, a minha ação e a minha escolha são determinadas por algum estado anterior *N* e pelas leis da natureza *L*. Uma vez que o determinismo é universal, o próprio estado *N* é determinado, e assim regressivamente até chegarmos a acontecimentos em relação aos quais eu não tenho, é óbvio, qualquer responsabilidade (como os acontecimentos anteriores ao meu nascimento, por exemplo). Logo, nenhum acontecimento pode ser voluntário ou livre, se com isso queremos dizer que esse acontecimento ocorre unicamente em função de minha vontade, podendo eu ter feito outra coisa. Se o determinismo for verdadeiro, existem estados e leis antecedentes que determinam esses acontecimentos; como é possível, então, afirmar que eu sou seu autor, ou que sou responsável por eles? As reações a esse problema classificam-se em geral como: (I) Determinismo radical. Essa posição aceita o conflito, e nega que tenhamos verdadeira liberdade ou responsabilidade. (II) Determinismo moderado ou compatibilismo. As reações deste último tipo afirmam que tudo que podemos desejar de uma noção de liberdade é completamente compatível com o determinismo. Em particular, mesmo que nossas ações sejam causadas, muitas vezes é verdade que poderíamos ter feito outra coisa *se* o tivéssemos escolhido, o que pode ser suficiente para que possamos ser responsabilizados ou acusados se o que fizemos era inaceitável (o fato de os acontecimentos anteriores terem causado nossas escolhas é tido como irrelevante nessa opção). (III) *Libertinismo. Esta posição defende que o compatibilismo é apenas uma fuga, e que há uma noção mais substantiva e real de liberdade que pode ainda ser preservada face ao determinismo (ou ao *indeterminismo). Em *Kant, enquanto o eu empírico ou fenomênico é determinado e não é livre, o eu numênico ou racional tem capacidade para agir racional e livremente. Mas uma vez que o eu numênico existe fora das categorias do espaço e do tempo, essa liberdade aparentemente tem um valor duvidoso. Outras respostas libertinistas incluem a sugestão de que o problema está mal colocado, afirmando-se por vezes que não se consegue uma boa definição de determinismo; outras vezes postula-se uma categoria especial de atos de volição incausados; ou sugere-se, ainda, que há duas maneiras independentes mas consistentes de ver um agente, a saber, a científica e a humanista, e que só a confusão entre as duas faz o problema parecer premente. Nenhuma dessas respostas conseguiu uma aceitação geral. É um erro confundir o determinismo com o *fatalismo. *Ver também* dilema do determinismo.

livro holandês Um conjunto de crenças a que sejam atribuídos diversos graus de confiança está sujeito a um livro holandês se alguém que seja forçado a apostar de acordo com esses vários graus de confiança perde em qualquer circunstância. Por exemplo, se confio em *p* mas também em não *p*, então, para corresponder a essa confiança, eu deveria aceitar de outra pessoa uma aposta pequena em troca de um pagamento alto se não *p*, exprimindo assim minha confianca em *p*, e, do mesmo modo, aceitar uma aposta pequena em troca de um pagamento alto se *p*, exprimindo assim minha confiança em não *p*. Perderia, portanto, em qualquer caso. Um livro holandês parcial é algumas vezes definido como uma combinação de apostas em que a pessoa pode perder mas não pode ganhar. Para os *personalistas na linha de *de Finetti e *Ramsey, evitar um livro holandês é o essencial da noção de coerência, do qual dependem os princípios lógicos e matemáticos que regem os juízos probabilísticos. Um dos problemas na exploração dessa perspectiva é a tentativa de ampliar a aplicação da noção de coerência a situações dinâmicas, nas quais novos dados levam a que se tenha de fazer ajustamentos nos graus de confiança que se tinha antes. *Ver* probabilidade condicional.

localidade (física) *Ver* teorema de Bell.

Locke, John (1632-1704) Filósofo inglês. Locke nasceu em Wrington, Somerset, e estudou em Oxford, onde parecia destinado a seguir uma carreira em medicina. Em 1666 conheceu Anthony Ashely-Cooper — mais tarde conde de Shaftesbury —, que se tornou seu amigo e patrono. Em 1668, Locke supervisionou uma importante operação de remoção de uma fístula do fígado de Shaftesbury; os "espirituosos" da época acharam muito divertido que o fígado de Shaftesbury precisasse de um tampão de prata para o resto da vida. De 1675 a 1679 Locke viveu na França, onde estudou a obra de *Descartes e de *Gassendi. Shaftesbury, empenhado até então na oposição parlamentar aos Stuart, fugiu para a Holanda em 1681; Locke seguiu o mesmo caminho em 1683, voltando à Inglaterra depois da ascensão ao trono de Guilherme de Orange, em 1688. No ano seguinte foram publicadas suas principais obras filosóficas, o *Essay Concerning Human Understanding* e *Two Treatises of Government*, assim como a *Letter on Toleration*, estas duas anonimamente. Nos últimos anos de vida, Locke viu publicados *Some Thoughts Concerning Education* (1693) e *The Reasonableness of Christianity* (1695). O governo chegou a atribuir-lhe funções administrativas menores; viveu o resto da vida pacatamente em casa de Damaris (lady *Masham), em Essex.

Embora Locke tenha fama como a figura principal do *empirismo britânico, sua filosofia é mais complexa do que essa classificação deixa transparecer. O *Essay* recusa um lugar às "ideias inatas" na explicação dos fundamentos do conhecimento e é, nesse sentido, uma obra *antirracionalista.

Reserva para a experiência, e para as ideias que provêm da sensação e da reflexão, o papel de alicerces do entendimento humano. Contudo, Locke admite a possibilidade de sabermos que algumas das nossas ideias (as das *qualidades primárias) nos proporcionam uma representação adequada do mundo que nos rodeia. Mas o poder de conhecer deriva do Deus onisciente; e "nosso conhecimento de que existe um DEUS é mais certo do que o de que exista qualquer outra coisa fora de nós" (*Essay*, IV. 10). Embora Locke seja considerado o primeiro filósofo inglês da revolução científica, aliado de *Boyle e *Newton e preparando-lhes o caminho, ele próprio tinha dúvidas sobre se a filosofia natural que eles praticavam poderia algum dia aspirar à condição de ciência, entendida por ele como uma atividade suscetível de nos proporcionar uma apreensão das essências reais das coisas que fosse racional, adequada e próxima da de Deus (*Essay*, III. 26). A tarefa da epistemologia científica é explicitar o que sabemos, quais são as várias fontes do conhecimento, qual é seu uso adequado e, sobretudo, quais são os limites e as capacidades duvidosas de nossas mentes. Foi através desse tema que Locke relacionou sua epistemologia com a defesa da tolerância religiosa. Essa doutrina radical, bem como suas teorias sobre o conceito de propriedade e sobre a relação entre governo e consentimento constituem seu legado permanente à filosofia política.

O traço característico de Locke reside na grande atenção que dedicou aos fenômenos concretos da vida mental, mas sua filosofia situa-se num equilíbrio precário entre o empirismo radical de seguidores como *Berkeley e *Hume e o universo teológico (característico do clima intelectual em que viveu) de confiança na razão como fundamento dos ditames da religião cristã. Seu ponto de vista de que a religião e a moral eram tão susceptíveis de *prova e demonstração quanto a matemática identifica-o como uma figura pré-*iluminista, mesmo se sua insistência na primazia das ideias abriu caminho a rupturas mais radicais com o referido clima intelectual.

lógica Ciência geral da inferência. A lógica dedutiva, na qual a conclusão se *segue de um conjunto de premissas, distingue-se da lógica indutiva, que estuda a maneira como as premissas podem sustentar uma conclusão sem no entanto a implicar. Na lógica dedutiva, a conclusão não pode ser falsa se as premissas são verdadeiras. O objetivo da lógica é tornar explícitas as regras através das quais as inferências podem se realizar, e não estudar os processos de raciocínio que as pessoas usam de fato, e que podem conformar-se ou não a essas regras. No caso da lógica dedutiva, se perguntarmos por que temos de obedecer às regras, a maneira mais geral de responder é dizer que se não o fizermos nos contradizemos (ou, estritamente falando, corremos o risco de nos contradizermos. Uma pessoa que não tire uma conclusão que se segue de um conjunto de premissas não tem de estar se contradizendo; pode pura e simplemente não se dar conta de algo. Contudo, essa pessoa não está protegida contra a possibilidade de juntar a conclusão contraditória ao seu conjunto de crenças.) Não existe uma resposta igualmente simples no caso da lógica indutiva, que é em geral uma questão menos sólida, mas o objetivo é encontrar uma forma de raciocínio tal que qualquer pessoa que falhe em conformar-se a ela terá crenças improváveis. *Aristóteles é em geral reconhecido como o primeiro grande lógico, e a lógica aristotélica ou tradicional (*ver* silogismo) estendeu seu domínio até o século XIX. Ao longo do século XX tornou-se cada vez mais evidente que se tinha feito um excelente trabalho nessa tradição; mas o raciocínio silogístico é agora geralmente encarado como um caso limitado e especial das formas de raciocínio que podem ser representadas no *cálculo proposicional e no *cálculo de predicados, que são o cerne da lógica moderna. Suas noções centrais (*quantificadores, *variáveis e *funções) foram criadas por *Frege, matemático alemão reconhecido como o pai da lógica moderna, apesar do tratamento de um sistema de lógica como uma estrutura matemática abstrata, a álgebra, ter sido introduzido pela primeira vez por *Boole (*ver* álgebra de Boole). Chama-se, assim, lógica matemática à lógica moderna por duas razões: primeiro, a própria lógica é um objeto de estudo da matemática; segundo, as formas introduzidas por Frege proporcionaram uma linguagem suscetível de representar todo o raciocínio matemático. Isso era algo que a lógica tradicional era completamente incapaz de fazer. O cálculo proposicional e de predicados estudam maneiras de combinar proposições com os conectivos que exprimem *funções de verdade, e de combinar informação sobre a quantidade de vezes que os predicados são satisfeitos. Essas operações muito gerais podem ocorrer em qualquer discurso, desde a matemática à discussão dos resultados do futebol. As lógicas mais específicas estudam tópicos particulares como o tempo, a possibilidade e a obrigação. Existem assim *lógicas deônticas, *lógicas modais, lógicas temporais etc. Para outras noções associadas ao estudo da lógica, *ver* cálculo lógico; constantes lógicas; forma lógica; função de verdade; interpretação; quantificador; teoria da demonstração; teoria dos modelos; variável.

lógica de ordem superior Uma lógica na qual se permite que as *variáveis dos *quantificadores tomem valores sobre propriedades e funções, assim como sobre indivíduos. *Ver também* linguagem de primeira ordem.

lógica de primeira ordem O estudo da inferência nas *linguagens de primeira ordem.

lógica deôntica Um *cálculo lógico criado pela adição dos operadores "Op" (é obrigatório que p) e "Pp" (é permissível que p) a um sistema básico, tal como o *cálculo proposicional, acompanhados de regras de inferência próprias. Uma lógica deôntica estudará então inferências entre proposições com essa forma, dizendo por exemplo se $Op \wedge p \rightarrow q$ deriva Oq ou se $Op \rightarrow \neg O \neg p$. *Princípios como esses mostraram-se controversos, não havendo um sistema "clássico" de lógica deôntica. Ver também paradoxo do assassínio delicado.*

lógica difusa/conjuntos difusos A variante da *teoria dos conjuntos e da lógica que reconhece graus de aplicabilidade dos predicados. Assim, apesar de a lógica clássica tomar a frase "este quarto está quente" ou como verdadeira ou como falsa, dizer que está bastante perto da verdade, ou que é mais verdadeira que a frase "o quarto está frio", pode representar melhor a maneira como de fato raciocinamos (ou como deveríamos raciocinar). Na lógica difusa, uma proposição e sua negação partilham uma quantidade determinada de mérito (representada por 1): se a frase "o quarto está quente" estiver bastante perto da verdade (e.g., em grau 1-n), a frase "o quarto está frio" está razoavelmente perto de ser falsa (em grau n). A lógica difusa tem muitas aplicações na *inteligência artificial e na concepção de sistemas que controlam acontecimentos reais, que precisam ser sensíveis a alterações graduais em características importantes. O primeiro tratamento matemático do assunto foi apresentado no ensaio "Fuzzy Sets", *Information and Control* (1965), por L.A. Zadeh.

lógica indutiva *Ver* confirmação.

lógica intuicionista Sistema de lógica desenvolvido inicialmente por A. Heyting (n. 1898) para formalizar os raciocínios permitidos pelo *intuicionismo matemático. Esse sistema é construído de maneira tal que $p \vee \neg p$ não é um teorema, e a *regra de inferência de $\neg\neg$p para p não é permitida (esse sistema pode ser obtido a partir dos tratamentos clássicos da lógica proposicional em termos de *dedução natural, abandonando precisamente essa regra, desde que seja acrescentada a regra que permite que se siga qualquer coisa de uma contradição). Note-se que o intuicionismo não afirma a negação de $p \vee \neg p$. Pelo contrário, sua negação dupla, $\neg\neg(p \vee \neg p)$, é ela própria um teorema da lógica intuicionista. Outra propriedade importante é não ser possível mostrar que $(\exists x)\neg Fx$ a partir de $\neg(\forall)Fx$. Isso está de acordo com os instintos construtivistas (*ver* demonstração/definição construtiva) que estão por detrás do intuicionismo, uma vez que as premissas não nos dão maneira alguma de construir um exemplo de uma coisa que não seja um F. *Gödel mostrou que a lógica intuicionista pode ser aplicada na *lógica modal S4 através de várias traduções, das quais as seguintes são um exemplo. v é uma variável proposicional; A, B são quaisquer fórmulas bem-formadas da lógica intuicionista; e Trad(α) é a tradução de qualquer fórmula em S4:

$$\mathrm{Trad}(v) = \Box\, v$$
$$\mathrm{Trad}(A \vee B) = \mathrm{TradA} \vee \mathrm{TradB}$$
$$\mathrm{Trad}(A \wedge B) = \mathrm{TradA} \wedge \mathrm{TradB}$$
$$\mathrm{Trad}(A \rightarrow B) = \mathrm{TradA} \rightarrow \mathrm{TradB}$$
$$\mathrm{Trad}\, \neg A = \neg\Diamond \mathrm{TradA}$$

Isto sugere que Heyting se deixou conduzir pelo pensamento de que afirmar uma frase é equivalente a afirmar que essa frase pode ser construída ou demonstrada. Negar uma frase seria assim negar a possibilidade de construí-la, ou afirmar que se pode derivar uma contradição da afirmação de que essa frase foi construída. Contudo, apesar de essas equivalências poderem ajudar os lógicos clássicos a compreender o intuicionismo, em termos filosóficos os intuicionistas não aceitam que a lógica modal clássica seja fundamental, nem que tal explicação em termos clássicos seja apropriada. Uma propriedade interessante da lógica intuicionista consiste em não se poder fornecer *tabelas de verdade finitas para os conectivos ou conectores.

lógica livre Qualquer lógica que difira da lógica clássica pelo fato de não pressupor que os nomes usados se refiram realmente a algo. Assim, de Fa não tem de se seguir que $(\exists x)(Fx)$, tal como numa linguagem natural não se segue do fato de Pégaso ser um cavalo alado que existe uma coisa que seja um cavalo alado (apesar de alternativamente se poder dizer que no sentido em que Pégaso é um cavalo alado, existem cavalos alados: i.e., interpretar ambos os enunciados como expressões implicitamente governadas por um operador tal como "nos mitos diz-se que...").

lógica matemática Termo que designa a *lógica formal moderna, em particular os *cálculos lógicos suficientemente poderosos para exprimir a matemática clássica.

lógica modal Lógica que estuda as noções de necessidade e possibilidade. A lógica modal teve muita importância historicamente, sobretudo à luz de várias doutrinas a respeito das propriedades necessárias da divindade, mas não foi um tópico central da lógica moderna em seu período de ouro, no princípio do século XX. Foi, no entanto, reavivada por C.I. *Lewis, através da adição a um *cálculo proposicional ou a um *cálculo de predicados de dois operadores, $\Box$ e $\Diamond$ (que por vezes se escrevem como N e M), que significam, respectivamente, necessariamente e possivelmente. Desejam afirmar-se teses como $p \rightarrow \Diamond p$ e $\Box p \rightarrow p$. As teses controversas incluem $\Box p \rightarrow \Box\Box p$ (se uma proposição é necessária, é necessariamente necessária, característica do sistema conhecido como S5). A *teoria dos modelos clássica para a lógica modal, desenvolvida por *Kripke e pelo lógico finlandês Stig Kanger, envolve a avaliação de proposições não como verdadeiras ou falsas *simpliciter*, mas como verdadeiras ou falsas em *mundos possíveis, correspondendo então a necessidade à verdade em todos os mundos, e a possibilidade à verdade em pelo menos um mundo.

lógica multiespécie Uma lógica na qual as *variáveis tomam valores em diferentes domínios. No *cálculo de predicados clássico uma proposição como "Todo F é G" é representada como querendo dizer: tome-se qualquer objeto; se esse objeto for um F, é também um G. Na lógica multiespécie a representação será: tome-se qualquer objeto F; esse objeto é também um G. Isso está, possivelmente, mais de acordo com a linguagem natural, e conforma-se melhor às formas *silogísticas tradicionais do que o cálculo de predicados.

lógica pliotética A lógica dos quantificadores que exprimem pluralidade, como "muitos" e "poucos".

lógica plurativa *Ver* lógica pliotética.

lógica polivalente Uma lógica que reconhece mais do que os dois *valores de verdade clássicos de verdade e falsidade. Valores intermediários podem ser motivados pelas exigências da *vagueza, para evitar *paradoxos lógicos ou para evitar a ideia de que as proposições futuras contingentes são determinadamente verdadeiras ou falsas, pensando-se por vezes que isto conduz ao *fatalismo. O sistema original com três valores de verdade deve-se ao lógico polonês Jan Lukaziewicz. *Ver também* batalha naval; lógica difusa.

lógica simbólica Termo genérico, não muito usado atualmente, para denominar a *lógica formal. Em geral, o estudo da *forma lógica requer o uso de letras predicativas e de letras para variáveis ("símbolos") que ocorrem onde os termos de um tipo específico poderiam ocorrer em frases das linguagens naturais.

lógica tradicional *Ver* lógica; silogismo.

logicamente próprio, nome *Ver* nome logicamente próprio.

logicamente válida *Ver* válida.

lógicas relevantes Lógicas que exploram as propriedades de relações de implicação mais fortes do que a *implicação estrita. C.I. *Lewis mostrou que tudo se segue de uma contradição, se se adotar a noção clássica de *derivabilidade, e que uma tautologia se segue de qualquer proposição arbitrária. Alguns lógicos, considerando inaceitáveis esses resultados, procuraram definir relações de derivabilidade mais fortes (isto é, mais restritivas) do que a implicação estrita, de modo a preservar a distinção entre boas e más maneiras de argumentar, mesmo na presença de contradições e tautologias.

logicismo Abordagem à filosofia da matemática que teve como pioneiros *Frege e *Russell. De acordo com o logicismo, as verdades da matemática são verdades lógicas, dedutíveis através de leis lógicas a partir de *axiomas lógicos básicos. O programa para mostrar isso começou com a demonstração brilhante de Frege de que as verdades elementares da atividade de contar (e.g., "aqui há duas maçãs") podem ser formalizadas usando-se unicamente os *quantificadores e a identidade. Não é necessária nenhuma menção irredutível a números. O maior feito do logicismo foram os *Principia mathematica* (1912), de Russell e *Whitehead. O problema do programa foi que a complexidade necessária para evitar *paradoxos conduziu à tradução da matemática em termos de *teoria dos conjuntos, com suas próprias estruturas e axiomas, em vez de conduzir a algo reconhecível como "puramente" lógico.

logocentrismo Termo usado nas obras *pós-modernistas para criticar aquilo que se pensa ser uma confiança excessiva na estabilidade do significado, ou uma preocupação exagerada com as distinções conceituais, com a validade das inferências, com o uso cuidadoso da razão ou com outros instrumentos tradicionais para separar a verdade da falsidade — ou até mesmo uma confiança excessiva nas próprias noções de verdade e falsidade.

logomaquia (gr., *logos* + *machê*: batalha) Uma disputa puramente verbal.

logos (gr., asserção, princípio, lei, razão, proporção) Em *Heráclito, o princípio cósmico que confere ordem e racionalidade ao mundo, de forma análoga a como a razão humana ordena a ação humana. Em *Platão e *Aristóteles, o **nous* desempenha uma função semelhante. No *estoicismo, a razão seminal (*logos spermatikos*) é a fonte cósmica da ordem; seus aspectos são o destino, a providência e a natureza. Os *logoi* subordinados aparentemente desempenham a função das *formas de Platão. O *logos* tem ainda uma outra perspectiva: permite-nos apreender os princípios e as formas, i.e., é um aspecto da nossa razão. Essa teoria se combina à doutrina cristã para dar origem à ideia de que o *logos* é o instrumento de Deus no desenvolvimento (redenção) do mundo. Esta noção está presente na ideia posterior de *leis da natureza, se forem concebidas como princípios independentes, reguladores do curso natural dos acontecimentos, existindo no entanto além desse mundo temporal que regulam.

Lotze, Rudolf Hermann (1817-81) Idealista, lógico e metafísico alemão. Lotze estudou em Leipzig e em 1844 tornou-se professor em Göttingen, onde permaneceu até o último ano da sua vida, quando regeu brevemente uma cadeira em Berlim. Sua filosofia misturava o idealismo com o *empirismo e, em contraste com os sistemas monolíticos de sua época, soube abarcar as pluralidades do universo, apesar de só encontrar a inteligibilidade última na atividade do espírito e em suas relações com Deus (*ver* pampsiquismo). *Logik* (1874) e *Metaphysik* (1879) são as principais obras de Lotze; ambas foram traduzidas para o inglês por *Bosanquet num único volume intitulado *Lotze's System of Philosophy* (1884).

Lucrécio (Titus Lucretius Carus, 99/94-55/51 a.C.) *Epicurista romano. Pouco se sabe da vida de Lucrécio. A única obra sua que sobreviveu é o poema filosófico *De rerum natura* (*Da natureza das coisas*), que expõe a filosofia *atomista de Epicuro. O poema contém seis livros: (1) introduz o atomismo básico de *Demócrito, rejeitando as concepções rivais de *Empédocles, *Heráclito e *Anaxágoras; (2) introduz a distinção entre *qualidades primárias e secundárias das coisas, assim como a doutrina da criação e destruição contínua dos mundos; (3) explica a natureza composta e perecível da alma, e o disparate que é temer a morte; (4) oferece a teoria epicurista da percepção e das paixões, incluindo a famosa condenação do amor; (5) trata do progresso dos acontecimentos do mundo natural; e (6) discute os acontecimentos naturais prodigiosos e raros, tais como os terremotos e as pragas. O poema é merecidamente famoso pelo conforto moral que oferece, assim como por sua cosmologia, e seu vigoroso poder literário é muitas vezes comparado ao de Virgílio.

Lull, Ramón (ou Llull, c.1232-1316) Filósofo e cruzado franciscano espanhol. A vida de Ramón Lull foi uma tentativa incessante de converter os pagãos muçulmanos e judeus. Foi com este fim que escreveu a sua "Arte", publicada na *Ars magna* (c.1274) e na *Ars generalis ultima* (1308). Trata-se de uma elaboração de *neoplatonismo, contendo uma tentativa rigorosa de identificar as categorias ("dignidades") que constituem os princípios absolutos de Deus. Estes dividem-se em tríades compostas de agente, paciente e ação. Ramón Lull acreditava, tal como os pensadores judeus e muçulmanos da sua época, no conhecimento numérico e geométrico secreto, através do qual os eleitos poderiam compreender a natureza do cosmo. A arte das combinações é, deste modo, considerada uma primeira tentativa de construir uma *linguagem logicamente perfeita, na qual se pudessem exprimir demonstrações da justeza do cristianismo. Seu ponto de vista pode ter influenciado a ambição posterior de *Leibniz de desenvolver uma **characteristica universalis*. Ramón Lull morreu combatendo os infiéis no norte da África.

Lukács, György (1885-1971) Filósofo *marxista húngaro. Lukács foi ministro do governo húngaro por um breve período em 1919 e depois em 1956, embora tenha estado exilado durante anos na Rússia. Lukács viu no marxismo a maneira de superar a dualidade entre sujeito e objeto que é inerente ao pensamento ocidental: a experiência da classe trabalhadora pode transformar-se tanto no sujeito como no objeto da história, atingindo-se assim a harmonia e a totalidade necessárias (essa ideia depende de um quadro de referência *hegeliano). Os véus da ideologia capitalista, em especial o fetichismo da *mercadoria, também seriam, então, transcendidos. Lukács escreveu profusamente sobre teoria da literatura e também sobre Marx. *Die Seele und die Formen* (1911) e *Geschichte und Klassen-bewusstsein* (1923) são algumas de suas obras.

luta de classes *Marx escreveu no *Manifesto do Partido Comunista* que "a história de todas as sociedades até agora existentes é a história da luta de classes". Mas a afirmação tem de ser restringida ao ser aplicada a sociedades em que havia evoluções graduais de estatuto, mais do que classes claramente definidas pelas suas diferentes relações com os modos de produção econômica. Uma questão fundamental para o marxismo moderno consiste em saber se no desenvolvimento das sociedades capitalistas há uma intensificação gradual da luta de classes, ou se o *embourgeoisement* das classes trabalhadoras debilita seu papel revolucionário. *Ver também* burguesia/proletariado.

luxúria *Ver* amor; sexo.

luz Embora na física a luz seja uma onda eletromagnética que no domínio do visível tem um comprimento muito específico (entre 390 e 740 nanômetros: um nanômetro é 10^{-9} metros), o fato de ser essa a energia que ilumina o mundo para nós é evidentemente contingente no que diz respeito à natureza dos nossos sentidos e quanto à adaptação dos mesmos ao ambiente. A luz pode assim herdar os problemas das qualidades secundárias (*ver* qualidades primárias/secundárias) e, tal como o fato de as árvores serem verdes pode parecer dever-se tanto à nossa estrutura como à natureza não humana, também o fato de haver luz ou escuridão pode parecer desconcertantemente antropocêntrico ou subjetivo. *Descartes levantou esse problema ao perguntar se "não poderia a natureza ter também estabelecido um sinal que nos faria ter a sensação de luz, ainda que esse sinal nada contivesse em si mesmo que fosse semelhante a essa sensação?" (*Le Monde*). A luz tem sido associada ao princípio criador original e primordial em muitas tradições religiosas e filosóficas, entre elas o *zoroastrismo e o *neoplatonismo.

M

má-fé Condição de vida destacada por *Sartre na qual afastamos nosso olhar dos fatos, opções ou escolhas que, de algum modo, sabemos estarem presentes.

Mach, Ernst (1838-1916) Físico e filósofo austríaco. Mach nasceu em Turas, estudou em Viena e regeu cadeiras de matemática (em Graz), de física (em Praga) e mais tarde de história e teoria das ciências indutivas (em Viena). Mach é geralmente considerado o principal precursor do *positivismo lógico. Sua filosofia costuma ser interpretada como um empirismo radical: a mente só conhece as suas próprias sensações, e as teorias são apenas instrumentos para prever como irão elas ocorrer. Sua filosofia foi atacada por *Lenin, que viu nela um tipo de *idealismo subjetivo e, ironicamente, a crença de que a *teoria da relatividade teria sido inspirada em Mach impediu sua aceitação na União Soviética. No entanto, o empirismo de Mach encontra-se aliado a uma insistência renovada na importância de uma análise lógica da estrutura das teorias científicas. A obra mais importante onde essa combinação é desenvolvida é provavelmente *Die Mechanik in ihrer Entwicklung historischkritisch dargestellt* (1883). *Beiträge zur Analyse der Empfindungen* (1906) é outro dos tratados centrais de Mach. *Einstein prestou-lhe sua homenagem: "Posso dizer sem hesitar que o estudo de Mach e de *Hume foi, direta e indiretamente, uma grande ajuda em meu trabalho..." (obituário, *Physikalische Zeitschrift*, 1916).

macrocosmo e microcosmo O macrocosmo é o mundo como um todo, sendo o microcosmo uma pequena parte dele, muitas vezes a humanidade, considerada como um modelo seu. Desse modo, o universo pode ser visto como um grande organismo vivo (*ver* pampsiquismo). Essa ideia foi central para muitos pensadores gregos, especialmente para *Pitágoras e *Platão, assim como para o *neoplatonismo posterior. Em *Leibniz as mônadas são microcosmos do mundo, já que cada uma delas reflete todo o universo.

madhyamika (sânscr., caminho do meio) Uma das escolas de filosofia budista. O caminho do meio dá ênfase ao vazio (**shunyata*) das coisas, e à forma como a verdade está além de todas as dicotomias e oposições. No entanto, também concede algum valor ao conhecimento relativo ou fenomênico das coisas. O caminho do meio é semelhante, em alguns aspectos, à conjunção *kantiana da natureza incognoscível do *númeno com a possibilidade da ciência do fenomênico. A escola foi fundada por *Nagarjuna, e teve um longo percurso filosófico.

magia As questões filosóficas levantadas pela prática da magia e da bruxaria em muitas culturas dizem respeito à natureza da racionalidade e à natureza da interpretação. A interpretação mais simples das práticas mágicas diz que se trata de má ciência: representam tentativas para controlar acontecimentos por meios inadequados. Só uma "mentalidade primitiva", inferior ao pensamento científico ocidental, poderia ignorar essa inadequação (*Ver* Lévy-Bruhl). O problema é que se uma interpretação de uma prática tem de supor uma irracionalidade generalizada, ela vai de encontro ao *princípio de humanidade e torna necessária uma compreensão menos preconceituosa e com mais empatia. Uma alternativa, de que E.E. Evans-Pritchard foi pioneiro em *Witchcraft, Oracles, and Magic among the Azande* (1937), destaca a função da crença na magia como base da ordem social, diluindo as tensões e as agressões e servindo como válvula de escape para a inveja e o ciúme. A magia, tal como outras práticas religiosas, passa a ser vista como não racional, em vez de irracional, e com uma função social simbólica. O próprio Evans-Pritchard acreditava que os azande explicavam os acontecimentos em dois níveis distintos, um que estava de acordo com as normas ocidentais da razão e outro que não estava; mantém-se assim em aberto a questão de saber se este segundo nível implica a irracionalidade. O filósofo britânico Peter Winch dá uma resposta completamente *relativista, em *The Idea of a Social Science* (1958), onde argumenta que a própria realidade é uma construção social, e que as concepções ocidentais de racionalidade não gozam de um status privilegiado em relação a qualquer outra maneira de ver o mundo.

Mago do Norte *Ver* Hamann.

maiêutica *Ver* método maiêutico.

Maimônides (Moisés ben Maimon, 1135-1240) O maior filósofo judeu do mundo medieval, Maimônides nasceu em Córdoba, Espanha, e formou-se em estudos rabínicos e bíblicos, assim como em filosofia e ciência. Com a conquista de Córdoba pelos almóadas em 1148 sua família fugiu para o norte da África, para a Palestina, e acabou finalmente por se fixar no Egito. Maimônides vivia de sua prática médica, tornando-se o patriarca reverenciado dos judeus egípcios. Maimônides escreveu copiosamente, estabelecendo-se como uma autoridade sobre a lei judaica, mas como filósofo é conhecido sobretudo por seu *Guia dos indecisos*, escrito primeiro em árabe e traduzido posteriormente para o hebraico e para o latim. Obedecendo à doutrina rabínica segundo a qual certas questões estão reservadas apenas a alguns, a obra de Maimônides tem uma forma enigmática, tendo sido interpretada de diversas maneiras. Trata-se de um guia para os que acreditam no Velho Testamento, mas que ficam indecisos quanto ao significado de muitos termos bíblicos. Isso conduz Maimônides a uma discussão sobre a natureza dos atributos divinos. Defende, juntamente com *Avicena, uma distinção entre a existência e a essência, mas acrescenta uma doutrina que o distingue, a saber, que nenhuma essência positiva pode ser atribuída a Deus, que portanto só é conhecido de forma negativa. Contudo, estabelece a existência, a unidade e a natureza incorpórea de Deus, demonstrando sua existência com os *argumentos físico-teológicos habituais (e defendeu aparentemente que o *argumento cosmológico de Avicena era na verdade um argumento físico).

maior felicidade *Ver* princípio da maior felicidade.

mal *Ver* problema do mal.

Malebranche, Nicolas (1638-1715) Filósofo *cartesiano francês. Nasceu em Paris e estudou filosofia e teologia na Sorbonne. Profundamente impressionado pela filosofia de *Descartes, produziu em 1674 e 1675 os dois volumes de *De la recherche de la vérité* ("Da procura da verdade"). Nessa obra Malebranche expõe e desenvolve muitas das teses de Descartes, mas sua originalidade é visível sobretudo em duas áreas. Herdou o ponto de vista cartesiano de que a sensação pura não tem poder representativo, mas acrescentou-lhe a doutrina segundo a qual o conhecimento dos objetos requer outras *ideias representativas que sejam, por assim dizer, substitutas dos objetos externos. Elas são, então, arquétipos ou ideias dos objetos tal como existem na mente de Deus, de modo que "vemos todas as coisas em Deus". *Berkeley (*Três diálogos*, II. 43) tem o cuidado de se demarcar de Malebranche, cuja doutrina poderia ser interpretada como próxima das suas próprias teses. Esse tópico foi motivo de um violento debate que Malebranche manteve com *Arnauld. A outra doutrina, pela qual Malebranche é conhecido, é a recusa em atribuir eficácia causal aos corpos. Tal como os *ocasionalistas islâmicos (de que *Al-Ghazali é um exemplo), Malebranche reserva o poder causal a Deus. Nesta recusa da causalidade empírica, bem como em suas ideias sobre a natureza da alma, sua filosofia tem muitos elementos comuns com a de *Hume, que se refere a ele sempre respeitosamente. Malebranche defende seu sistema também na obra posterior *Entretiens sur la métaphysique et sur la religion* (1688).

malin génie (fr., demônio ou gênio maligno) Expressão francesa habitual para designar o "mauvais génie", introduzido na primeira das *Meditações* de *Descartes. *Ver* dúvida metódica.

Malthus, Thomas Robert (1766-1834) Pensador social inglês. Embora pertença sobretudo à história da ciência, seu *Essay on Populations* (1798) foi filosoficamente influente por ter enfraquecido a crença *Iluminista nas possibilidades ilimitadas do progresso e *perfeição humanos: o "princípio da população", uma tendência natural para as populações se expandirem geometricamente e, logo, mais depressa que os recursos (que estão limitados à área disponível), parecia prometer, pelo contrário, um panorama horrível de fome e epidemias. O princípio foi, e ainda é, um argumento desconfortável contra as tentativas de combater a pobreza através da oferta de comida e de outros recursos, já que essas políticas se limitam a renovar os mesmos problemas nas gerações seguintes, que serão ainda mais numerosas.

mandamentos divinos Há teorias éticas que fundamentam a natureza das exigências éticas no fato de estas representarem os mandamentos divinos. O problema filosófico clássico que se põe a essa teoria, além do acesso precário que temos a tais mandamentos, é o *dilema de Eutífron. O problema social gerado por essa perspectiva é o de, em períodos de declínio da fé, as pessoas também se tornarem incapazes de dar importância a preocupações morais: "Se Deus morreu, tudo é permitido."

Mandeville, Bernard (c.1670-1733) Médico e filósofo moral holandês. Mandeville nasceu em Roterdã numa distinta família de médicos e fixou-se na Grã-Bretanha pouco depois de concluir sua formação universitária em 1691. É conhecido pela obra *The Fables of the Bees; or Private Vices, Public Benefits* (a obra evoluiu a partir de um poema publicado em 1705 até chegar à sua forma final na 6.ª edição, em 1729). Mandeville analisa o modo como os vícios privados, de que são exemplos a vaidade, a luxúria e a atração pela moda e pela mudança, dão origem a benefícios públicos, como a indústria e o emprego. O vício é o comportamento que por si só promove a atividade econômica rentável. As implicações sarcásticas ou mesmo cínicas dessa obra provocaram objeções tanto da parte de *Berkeley como de *Hutcheson, mas influenciou claramente Adam *Smith e antecipa a doutrina do consumo conspícuo, tornada famosa por *Veblen.

maniqueísmo Doutrina segundo a qual o mundo não é governado por um único Ser perfeito, mas por um equilíbrio de forças do bem e do mal. A doutrina eleva o demônio, como personificação do mal, a uma posição de poder comparável à de Deus. Resulta do *zoroastrismo, e foi defendida pelos maniqueus, seguidores do professor persa Manes ou Maniqueu. O maniqueísmo floresceu entre os séculos III e V d.C.

Mannheim, Karl (1893-1947) Sociólogo alemão. Mannheim nasceu em Budapeste e formou-se em Heidelberg antes de se tornar professor de sociologia em Frankfurt. Em 1933 deixou a Alemanha, lecionando em Londres até 1946. Sua obra principal, *Ideologie und Utopie* (1929), foi influente por ter inaugurado a sociologia do conhecimento, a tentativa de relacionar todos os modos de pensamento com as forças econômicas e culturais que rodearam sua ocorrência (*ver* infra-estrutura e superestrutura). Suas próprias tentativas para mostrar como o conhecimento objetivo é possível, apesar da matriz de interesses que lhe dão sua forma, não encontrou aceitação geral.

mansos e duros de espírito Distinção feita por *James que achou ser esclarecedor classificar os filósofos segundo uma dessas duas qualificações (*Pragmatism*, cap. 1). Os mansos de espírito são os racionalistas (que se guiam por "princípios"), os intelectualistas, os idealistas, os otimistas, os religiosos, os partidários do livre-arbítrio, os monistas e os dogmáticos. Os duros de espírito são os empiristas (que se guiam pelos "fatos"), os sensacionistas, os materialistas, os pessimistas, os irreligiosos, os fatalistas, os pluralistas e os céticos. Tal como *Nietzsche, James acreditava que mesmo as construções intelectuais e racionais, como se pretende que sejam os sistemas filosóficos, são expressões do temperamento individual.

mantra Conjunto de sílabas poderoso e pregnante repetido em cânticos de devoção. O mais famoso é *Om Mani Padme Hum* (sânscr., "Om, joia do Lótus, hum"), o principal mantra do *budismo tibetano.

mão invisível *Ver* Smith, Adam.

maoísmo Batizado em nome do líder revolucionário chinês Mao Tsé-Tung (ou Zedong, 1893-1976), o maoísmo é a aplicação da teoria e prática *marxistas ao contexto, não do proletariado urbano, mas da classe camponesa chinesa. Em alguns setores ocidentais, especialmente no final da década de 1960, o maoísmo foi visto, de uma forma otimista, como o supremo ideal político de caráter igualitário e comunitário.

mãos sujas *Ver* argumento das mãos sujas.

Maquiavel, Niccoló (1469-1527) Filósofo político florentino e figura fundamental na filosofia política posterior. Suas obras *O príncipe* (1512/13) e os *Discursos* (c.1516) trouxeram um novo realismo ao estudo da política. Maquiavel defendeu o ponto vista chocante segundo o qual, embora se espere que o príncipe ou o governante constituam as encarnações da virtude e da honra, os governantes de sucesso, face ao modo como o mundo é, são apenas aqueles que agem sem consideração pela moralidade convencional. Por ter encarado as organizações políticas como entidades orgânicas sujeitas às suas próprias leis de desenvolvimento, que têm sua origem e que desaparecem de formas que nada têm a ver com uma ordem moral independente, Maquiavel pode também ser visto como o primeiro sociólogo.

máquina de Darwin Modelo que concebe o *cérebro como um instrumento flexível, no qual a função dos grupos de neurônios é selecionada através da pressão exercida sobre o organismo para que este se adapte ao mundo circundante. Essas funções incluem o reconhecimento de regularidades no ambiente externo e no corpo do agente, e a iniciação de rotinas de resposta apropriadas.

máquina de Turing Instrumento matemático usado pelo matemático inglês Alan Turing (1912-54) para tornar precisa a noção de *algoritmo ou computação efetiva. Uma máquina de Turing é um computador com uma fita potentialmente infinita em ambas as direções, dividida em casas ou seções separadas que são lidas uma de cada vez. Os símbolos que se encontram nas casas pertencem a um alfabeto finito. As instruções para a máquina são conjuntos de quíntuplos ordenados: q_i, s_i, s_k, M, q_j. q_i é o estado em que a máquina se encontra num dado momento; s_i é o símbolo que ela lê na casa em que a cabeça de leitura se encontra; s_k um símbolo que substitui o anterior; M é a instrução para a cabeça se mover uma casa para a direita, uma casa para esquerda ou ficar no mesmo local, e q_j, o estado do momento seguinte. Uma função f(x) é computável a Turing se, quando uma representação do argumento x é colocada na fita, a máquina para numa representação do valor f(x). A classe das funções computáveis a Turing é idêntica à classe das *funções recursivas gerais (*ver também* tese de Church).

máquina de von Neumann Assim chamada a partir do nome do matemático John von Neumann (1903-57), uma máquina de von Neumann é um computador construído em termos de (I) uma unidade de controle, uma unidade aritmética ou lógica, uma memória e meios de entrada (*input*) e de saída (*output*); (II) um meio de guardar programas na memória; e (III) um método pelo qual a unidade de controle lê sequencialmente e leva a efeito instruções do programa. Uma máquina não-von Neumann é uma arquitetura sem alguns ou sem nenhum desses elementos: os exemplos mais discutidos em filosofia são as redes que implementam um processamento paralelo distribuído (*ver* conexionismo).

Marcel, Gabriel (1889-1973) *Existencialista cristão francês. Embora suas meditações sobre os conceitos centrais da vida cristã tivessem um tom marcadamente existencialista, Marcel não apreciava ser visto como tal após sua conversão ao catolicismo. Sua ênfase na natureza pessoal do "mistério", contrastando com a natureza exterior dos meros problemas, exerceu alguma influência nos círculos religiosos. *The Mystery of Being* (1951) — transcrição de suas "*Gifford Lectures*" de Aberdeen — e *The Existentialist Background to Human Dignity* (1963) — transcrição de suas "*William James Lectures*" de Harvard — são duas de suas obras.

Marcuse, Herbert (1898-1979) Pensador político e social. Marcuse nasceu em Berlim e fez parte da *escola de Frankfurt. Suas primeiras obras constituíam uma síntese do *marxismo, da *fenomenologia e do *existencialismo. Em 1934, fugiu da Alemanha nazista para os Estados Unidos e começou a lecionar na Universidade de Colúmbia, tendo depois desempenhado funções no Departamento de Serviços Estratégicos e no Departamento de Investigação dos Serviços Secretos. Ocupou cargos acadêmicos em Brandeis (1954) e em San Diego (1965). Sua primeira obra em inglês, *Razão e revolução* (1941), é uma introdução a Hegel e a Marx, enquanto que *Eros e civilização* (1955) associa Freud à causa que consistia em projetar uma sociedade não repressiva. A fama de Marcuse se baseia em grande parte no fato de ter sido elevado a "fundador da nova esquerda", quando seu livro *O homem unidimensional* (1964) se tornou a bíblia dos movimentos estudantis radicais dos anos 60. Tal como outros analistas da escola de Frankfurt e autores como *Gramsci, Marcuse argumentou que os trabalhadores na sociedade moderna estão entorpecidos pelos produtos de seu próprio trabalho e que, portanto, a revolução tem de vir dos que estão fora do sistema, como acontece com os estudantes, os intelectuais e as minorias.

Maritain, Jacques (1882-1973) Filósofo *tomista francês, influente sobretudo durante os anos em que lecionou no Institut Catholique de Paris, a partir de 1914. Inicialmente protestante, Maritain estudou na Sorbonne. Ele e sua mulher se converteram ao catolicismo em 1906, em parte devido à influência de *Bergson. De 1945 a 1948, Maritain foi embaixador francês no Vaticano. Em suas obras, tentou defender um "realismo" aristotélico e tomista, contra o subjetivismo preponderante na filosofia desde *Descartes. Isso acarretou o reconhecimento da existência de vários modos de conhecimento, sendo Maritain, justamente, conhecido por sua investigação acerca do conhecimento não conceitual — como o que ocorre em momentos de misticismo e de intuição poética. *Distinguer pour unir* (1932) e *Humanisme intégral* (1936) são duas das suas muitas obras.

Marsílio de Pádua (ou Marsiglio, 1275/80-1342) Provavelmente educado em Pádua, Marsílio foi depois reitor da Universidade de Paris em 1313. Sua fama filosófica decorre de *Defensor pacis* (1324), um ataque devastador às pretensões papais ao poder temporal. Marsílio defendeu uma teoria aristotélica do Estado, adotando a ideia de que este deve estar ao serviço do bem-estar. O direito consiste, essencialmente, no poder coercivo do Estado necessário à promoção desse fim. O povo é, portanto, a única fonte legítima de autoridade política. As implicações positivistas e republicanas de tudo isso eram consideravelmente avançadas para a época, e em 1326 Marsílio teve de fugir para a corte de Luís da Baviera, sendo acusado de herege pelo papa João XXII.

Marx, Karl (1818-83) Fundador do comunismo revolucionário. Marx nasceu em Trier, estudou direito na Universidade de Bonn e depois história e filosofia em Berlim. A partir de 1841 trabalhou num jornal radical, o *Rheinische Zeitung*. Em 1843, Marx se casou e mudou-se para Paris, onde conheceu *Engels. Sua principal obra desse período é o texto hoje conhecido por *Manuscritos econômico-filosóficos de 1844*, publicado nos anos trinta do século XX. Naquela época, Marx começou a se distanciar dos jovens *hegelianos, à medida que estudava a obra dos economistas políticos ingleses Adam *Smith, David Ricardo (1772-1823) e James *Mill. Nos *Manuscritos*, Marx introduz o conceito central de *alienação, entrando em desacordo com a tradição da economia política, onde se considera a desigualdade um fato natural, não se conseguindo assim compreender sua origem social. Nas *Teses sobre Feuerbach* (escritas em 1845) e em *A ideologia alemã* (1846) inicia-se o interesse de Marx pelas diversas formas da sociedade humana e pela sua sucessão evolutiva, que, na sociedade, surge em resposta a "*contradições" ou tensões insolúveis que se dão entre as diferentes forças produtivas ou classes. Em 1848 Marx se fixou em Londres, onde completou o *Manifesto do Partido Comunista*, seu texto mais famoso. A concepção teórica de Marx relativa à sociedade humana e à sua economia encontrou seu monumento final nos três volumes de *O capital*, publicados em 1867, 1885 e 1893. *Ver também* infraestrutura e superestrutura; materialismo dialético; materialismo histórico; teoria do valor-trabalho.

marxismo Em termos teóricos, o marxismo é a adesão a pelo menos algumas das ideias centrais de *Marx. Entre elas contam-se, tipicamente, a percepção do mundo social pela categoria de classe, definida pelas relações com os processos econômicos e produtivos; a crença no desenvolvimento da sociedade além da fase capitalista através de uma revolução do proletariado; na economia, a *teoria do valor-trabalho; e, acima de tudo, a rejeição da *exploração que é inerente ao controle privado do processo produtivo. Na prática, o marxismo é um comprometimento com as classes exploradas e oprimidas, e com a revolução que deverá melhorar sua condição.

masculinidade *Ver* gênero (feminino/masculino).

Masham, Damaris (1658-1708) Filha de *Cudworth e muito amiga de *Locke, que viveu com ela e o marido no último período de sua vida, de 1691 a 1704, na casa que o casal tinha em Essex. Foi uma das primeiras defensoras da educação das mulheres, correspondeu-se com *Leibniz e escreveu *A Discourse Concerning the Love of God* (1696) e *Ocasional Thoughts in Reference to a Christian Life* (1694), um apelo às mulheres para que estudassem de maneira inteligente os fundamentos de sua crença religiosa.

matar Para a distinção entre matar e deixar morrer, *ver* doutrina dos atos/omissões. *Ver também* aborto; eutanásia; guerra justa; morte.

matemática, indução *Ver* indução matemática.

matéria O que ocupa espaço, possuindo tamanho, forma, massa e solidez (que pode ser o mesmo que impenetrabilidade) e que pode ser movido. Sua natureza foi, historicamente, um dos grandes temas da filosofia, mas agora é em grande parte tratada pela *filosofia da física. *Platão e *Aristóteles deixaram como legado uma classificação da matéria em quatro tipos (terra, ar, água e fogo), junto à ideia (não necessariamente defendida pelo próprio Aristóteles) de que todas essas quatro divisões refletiam diferentes formas assumidas por uma *matéria-prima, ou indiferenciada, a *hylê*. Em Aristóteles há também um quinto tipo de matéria (a *quintessência), que se encontra no mundo celestial e que confere aos objetos celestiais a propriedade da imutabilidade. Essa física foi substituída a partir do século XVII pela concepção clássica dos corpúsculos (*ver* corpuscularismo), que depois conduziu aos átomos modernos. A física moderna abandonou a imagem dos átomos inertes e sólidos, completamente separados das forças que existem entre eles. A descrição das partículas fundamentais realizada pela *mecânica quântica enfraquece a distinção entre a matéria e a sua energia, assim como entre as partículas e as forças que descrevem sua interação. Filosoficamente, contudo, a própria mecânica quântica é uma fonte considerável de perplexidades.

matéria-prima (lat., matéria primeira) A matéria-prima é a natureza comum indeterminada, que precisa de uma forma ou princípio específico que determine a substância que de fato existe no tempo. A matéria-prima relaciona-se com as formas específicas do mesmo modo como o que é potencial se relaciona com o que é efetivo. A matéria sem forma é indescritível, porque só sua forma produz as diferenças específicas pelas quais podemos nos referir a qualquer substância. O conceito foi desenvolvido no pensamento *aristotélico e *escolástico para com ele se descreverem as mudanças do mundo físico. Considere-se como uma substância (uma laranja, um corpo vivo) pode mudar para outra (uma laranjeira, terra); tem de existir algo que seja comum ao estado original e ao estado posterior, porque de outro modo um não poderia mudar para o outro, já que nesse caso o primeiro deixaria de existir, sendo inteiramente substituído por uma outra coisa. No século XVII o conceito foi um dos principais alvos dos proponentes da nova concepção científica ou *corpuscular, como *Boyle e *Locke. Locke, talvez ironicamente, foi atacado por *Berkeley por sua adesão a uma noção paralela de *substância. *Ver também* hilemorfismo; matéria.

materialismo Perspectiva que sustenta que o mundo é inteiramente composto de matéria. Os filósofos hoje preferem o termo *fisicalismo, visto que a física mostrou que a própria matéria se decompõe em força e energia, sendo aquela apenas um entre outros habitantes fisicamente respeitáveis do universo. Em sentido filosófico, a história do materialismo remonta ao *atomismo grego e emerge na época moderna no *Leviatã* de *Hobbes e nas obras de *La Mettrie. Opõe-se ao *dualismo mente-corpo, mas não tem qualquer relação com o desejo excessivo de bens ou de riqueza, o que constitui um significado diferente do termo. *Ver* *também* materialismo de estados centrais; materialismo dialético; materialismo histórico.

materialismo de estados centrais Uma filosofia da mente que identifica os acontecimentos mentais com acontecimentos físicos que ocorrem no *cérebro e no sistema nervoso central. É, portanto, uma forma de *fisicalismo. As duas formas mais conhecidas são a teoria da identidade espécime-espécime e a teoria da *identidade tipo-tipo.

materialismo dialético Traço filosófico dominante do *marxismo, onde se combina o *materialismo, concebido como uma filosofia da natureza e uma ciência englobantes, com a noção *hegeliana de dialética, imaginada como uma força histórica que conduz os acontecimentos para uma resolução progressiva das *contradições que caracterizam cada época histórica. Essa combinação foi talvez completamente desenvolvida pela primeira vez por *Engels no *Anti-Dühring* (1878). O próprio pensamento humano procura espelhar o caráter uniforme mas contraditório da realidade externa. Na interpretação de Plekhanov e de *Lenin, o materialismo dialético implica que a natureza do mundo coincide com os ideais da revolução. A crença precipitada de que a própria história garante a vitória de nossa causa ou de nosso partido tornou-se uma das consolações mais sedutoras da filosofia.

materialismo histórico Concepção *marxista clássica da história. É descrita por *Engels, na introdução da obra *Do socialismo utópico ao socialismo científico,* como a procura "da causa última e da grande força que faz mover todos os acontecimentos históricos importantes no desenvolvimento econômico da sociedade, nas mudanças dos modos de produção e de troca, na consequente divisão da sociedade em classes distintas e na luta das classes que se opõem". Marx e Engels descrevem o materialismo histórico como uma hipótese científica e empírica, mas na verdade trata-se de um quadro de referência para as explicações históricas, devendo por isso ser apreciado sobretudo pela luz unificadora que lança e pelo sucesso do programa de pesquisa que produz. Segundo o materialismo histórico, as mudanças nas forças produtivas de uma sociedade conduzem a conflitos sociais, e as formas específicas de organização social refletem a estrutura subjacente dos meios de produção (*ver* infraestrutura e superestrutura). Um dos principais problemas para a compreensão do marxismo consiste em conseguir relacionar o materialismo histórico com o *historicismo (isto é, com a ideia de que a história tem um curso determinado e inevitável, e que os movimentos e objetivos que não estão de acordo com esse curso já são previamente destinados ao fracasso). Em princípio, o materialismo histórico não tem essa implicação, e o próprio Marx se encarregou de distanciar-se de qualquer interpretação *fatalista.

máxima De modo geral, qualquer regra ou preceito simples e fácil de memorizar: "não deixe para amanhã o que pode fazer hoje" etc. Tennyson fala de "um pequeno tesouro de máximas pregando ao coração das meninas" (Locksley Hall), e as máximas têm geralmente sido associadas a abordagens "populares" ou "infantis" da moral. Segundo *Kant, cada ação provém de um princípio subjetivo do máxima, de acordo com o qual é realizada. A primeira forma do *imperativo categórico afirma que se pode saber se uma ação é correta vendo se é possível, consistentemente, desejar que sua máxima seja uma lei universal.

maya (sânscr., o véu da ilusão) Forma de experiência do mundo que mascara a verdadeira unidade da realidade (*ver também atman; brahman*).

McTaggart, John McTaggart Ellis (1866-1925) *Idealista britânico. McTaggart nasceu em Londres e formou-se no Trinity College de Cambridge, onde permaneceu por toda sua vida profissional. Sua filosofia tomou como ponto de partida o *idealismo absoluto hegeliano, mas produziu uma combinação única entre a crença de que a realidade é, em última análise, espiritual, a crença na imortalidade da alma e numa relação direta de amor entre almas, estando tudo isto associado à negação da existência dos objetos materiais, do espaço e, o que é mais conhecido, do tempo. Hoje em dia, a demonstração de McTaggart de que as *séries-a são necessárias para o tempo, mas que envolvem uma contradição, é sua contribuição mais conhecida para a metafísica, sendo ainda tema central de discussão nessa área. *Studies in the Hegelian Dialectic* (1896) e os dois volumes de

The Nature of Existence (1921-27) são duas de suas obras.

mecânica quântica A teoria quântica, introduzida por Max Planck (1858-1947) em 1900, foi o primeiro afastamento sério em relação à mecânica newtoniana, envolvendo a suposição de que certas quantidades físicas só podem assumir valores discretos. Nas duas décadas seguintes foi aplicada com êxito a problemas físicos diferentes por *Einstein e pelo físico dinamarquês Niels Bohr (1885-1962). Foi ultrapassada pela mecânica quântica nos anos que se seguiram a 1924, quando o físico francês Louis de Broglie (1892-1987) introduziu a ideia de que uma partícula pode também ser vista como uma onda. A equação de ondas de Schrödinger relaciona as propriedades de um sistema com a função de onda: o quadrado da amplitude da onda é proporcional à probabilidade de uma partícula se encontrar numa posição especificada. A função de onda exprime a impossibilidade de definir simultaneamente a posição e a velocidade (ou quantidade de movimento) de uma partícula (*ver* princípio da incerteza de Heisenberg). As funções de onda, chamadas "funções-próprias", têm "valores-próprios" que descrevem estados estacionários do sistema.

Parte das dificuldades suscitadas pelas noções envolvidas reside no fato de um sistema poder estar num estado indeterminado num certo momento (caracterizado apenas pela probabilidade de um resultado para uma observação), "tornando-se" depois determinado ("o colapso do pacote de ondas"), quando se realiza uma observação (*ver também* experiência de pensamento de Einstein-Podolsky-Rosen; gato de Schrödinger). É como se nada existisse exceto uma potencialidade para uma observação ou uma onda de probabilidades antes de se realizar a observação, mas quando se realiza uma observação, a onda se transforma numa partícula. A dualidade onda-partícula aparentemente bloqueia qualquer maneira de conceber a realidade física em termos quânticos. Na famosa experiência das duas fendas, dispara-se um elétron contra um anteparo com duas fendas (como uma bola de tênis lançada contra uma parede com duas portas). Se colocarmos detectores em cada fenda, observamos que cada elétron que atravessa o anteparo passa por uma única fenda; mas quando tiramos os detectores, os elétrons se comportam como um fenômeno ondulatório, atravessando ambas as fendas e interferindo consigo mesmos. Considera-se habitualmente que uma partícula como um elétron tem sempre uma posição bem definida, mas sua natureza ondulatória faz com que a amplitude de suas ondas não seja em lado algum absolutamente zero (existe assim uma probabilidade finita para que ela passe, por efeito de "túnel", de uma posição para outra).

O sucesso inquestionável da mecânica quântica tem gerado um amplo debate filosófico sobre sua inteligibilidade máxima e suas implicações metafísicas. A dualidade onda-partícula afasta-se da maneira habitual de conceber as coisas no espaço; à dificuldade de entendê-la acrescenta-se, no domínio da mecânica quântica, a natureza probabilística dos estados fundamentais de um sistema. As opções filosóficas para a interpretação da mecânica quântica têm incluído (I) variantes da crença de que ela é, quando muito, uma descrição incompleta de uma realidade clássica subjacente mais bem comportada (Einstein), (II) a *interpretação de Copenhague, segundo a qual não existem quaisquer acontecimentos inobservados objetivos no mundo microfísico (Bohr e W.K. Heisenberg, 1901-76), (III) o ponto de vista "não causal" do colapso do pacote de ondas (J. von Neumann, 1903-57), e (IV) a interpretação dos "muitos universos" onde o tempo se bifurca perpetuamente em futuros inumeráveis, de tal modo que existem estados diferentes do mesmo sistema em universos paralelos diferentes (H. Everett).

Nos últimos anos, a proliferação de partículas subatômicas (só de quarks existem trinta e seis tipos, com seis sabores e três cores) tem disposto os cientistas a procurar uma unificação em várias direções. Uma abordagem possível é a teoria das cordas, na qual o mundo tetradimensional é concebido como o resultado do colapso de um mundo com dez dimensões, e as quatro forças físicas primárias (gravidade, eletromagnetismo e as forças nucleares fortes e fracas) são vistas como o resultado da quebra de uma força primária. Embora a aceitabilidade científica de teorias como essa seja um problema para a física, sua inteligibilidade elementar obviamente exige alguma reflexão filosófica. *Ver também* teorema de Bell.

mecanicismo Crença de que tudo pode ser explicado por teorias baseadas nas concepções seiscentistas de explicação científica, que usaram como *paradigma as leis quantitativas que regem a interação das partículas, em função das quais podem ser compreendidas, em última instância, as outras propriedades dos materiais (*ver* atomismo; concepção galileana do mundo; corpuscularismo). Em biologia, o mecanicismo é a tese hostil às causas finais (*ver* causas: materiais, formais, eficientes, finais) ou à *teleologia, segundo a qual os animais devem ser encarados como sistemas materiais. O *fisicalismo contemporâneo tem uma concepção mais sofisticada tanto da explicação científica como da possibilidade de sua reconciliação com uma explicação teleológica fundada na seleção natural.

média (matemática) O que ocupa uma posição intermediária. Na matemática, uma média aritmética de *n* quantidades é a sua soma dividida por *n*. A média geométrica de *n* quantidades é a *n*-ésima raiz do seu produto. A média harmônica é o recíproco da média aritmética de seus recíprocos. Em estatística, o valor médio de uma distribuição de uma *variável aleatória *x* é a média ponderada dos seus valores, sendo a ponderação de um valor f(*x*) a probabilidade do valor. A moda de uma distribuição é o valor mais frequente, e a mediana é o valor tal que a probabilidade de *x* ser menor ou maior do que esse valor é, para cada caso, 0,5 (ou tão próximo de 0,5 quanto a distribuição o permitir).

mediana *Ver* média (matemática).

mediania áurea *Ver* meio-termo.

medição Os conceitos fundamentais da teoria da medição são os seguintes: a quantidade a ser medida, uma determinação empírica para uma quantidade menor, igual ou maior, e depois uma regra que atribua valores numéricos às quantidades empiricamente determinadas. Quantidades diferentes são assim representadas por números diferentes. A regra tem de exigir processos para a atribuição dos mesmos numerais às mesmas coisas sob as mesmas condições, e tem de ser não degenerada, no sentido em que tem de permitir a possibilidade de se atribuir diferentes numerais a coisas diferentes, ou à mesma coisa sob condições diferentes. A regra define assim uma escala que vai do valor menor para o valor maior da grandeza. A escala de dureza de Mohs é uma ordenação dos minerais que vai do mais macio (talco, 1) ao mais duro (diamante, 10). Uma escala como essa não atribui qualquer sentido à afirmação de que um ponto da escala (ortoclásio, 6, por exemplo) possa ter o dobro da dureza de outro (calcita, 3), nem à questão de determinar se a diferença entre um par de valores da escala é a mesma do que a de outro par. Na terminologia de Brian Ellis, *Basic Concepts of Measurement* (1966), a escala de Mohs é apenas uma ordenação, ou uma escala ordinal. As características que só podem ser ordenadas recebem por vezes o nome de qualitativas, ou não métricas. Se, além disso, uma fórmula que estabeleça a equivalência ou diferença absoluta dos intervalos da escala puder ser interpretada, temos uma escala de intervalos; se esses intervalos puderem ser comparados temos uma escala ordinal de intervalos; e se a = nb puder ser interpretada, onde (a, b) são números da escala e n um número qualquer inteiro positivo, temos uma escala de proporção. As escalas de datas do calendário são escalas ordinais de intervalos, enquanto que as escalas comuns de massa, duração e tempo são escalas de proporção. A natureza e a objetividade da medição, a questão de determinar se a mesma quantidade pode ser medida por escalas que não são simples transformações de uma na outra (como o são as escalas de temperatura Celsius e Fahrenheit), e a natureza de considerações que regulam a escolha de escalas fundamentais para a medição de quantidades físicas, tais como a simplicidade matemática, são alguns dos problemas da filosofia da ciência. Em disciplinas específicas, como a economia, o problema de determinar se uma grandeza como a utilidade ou o bem-estar é puramente qualitativa, ou se é suscetível de uma medição mais estruturada, pode assumir uma grande importância. Do mesmo modo, as considerações filosóficas, científicas e pragmáticas afetam a procura das grandezas corretas a serem medidas para compreender complexos multidimensionais tais como a economia ou a sociedade.

megáricos *Ver* escola megárica.

Meinong, Alexius von (1853-1920) Psicólogo e filósofo austríaco. Meinong foi aluno de *Brentano na Universidade de Viena, e lecionou em Graz de 1882 até o fim da vida, onde fundou um laboratório de psicologia experimental. Na tradição de Brentano, seus interesses filosóficos provêm, em grande medida, dos problemas associados à fundamentação da psicologia. A doutrina mais famosa de Meinong deriva do problema da *intencionalidade, que o levou a aceitar a existência de coisas — como a montanha dourada — que podem ser objeto dos nossos pensamentos, embora na verdade não existam. Essa doutrina foi um dos alvos principais da teoria das descrições definidas de *Russell. Fazia, contudo, parte de uma complexa e interessante rede de conceitos da teoria do significado, e os estudiosos não são unânimes em dizer que a apreciação de Russell tenha sido justa. *Über Annahmen* (1907) e *Über Möglichkeit und Wahrscheinlichkeit* (1915) são algumas das obras de Meinong.

meiose Processo de divisão das células sexuais do qual resulta a formação dos gametas (óvulos ou espermatozoides). Na meiose o núcleo sofre duas divisões, mas os cromossomos são duplicados apenas uma vez, de modo que cada uma das quatro células-filhas possui apenas metade dos cromossomos da célula-mãe. Quando o óvulo e o espermatozoide se unem, cada um com uma metade dos cromossomos, dão origem a um óvulo fecundado com o número total de cromossomos. Essa é uma das principais causas da diferença entre os pais e a progenitura. Durante a meiose, os cromossomos originais podem se separar e se unir a outros que lhes estejam próximos, e esse processo (sobrecruzamento) também dá origem à variação genética. Na discussão filosófica sobre o *aborto sugere-se, por vezes, que só se tem uma entidade única potencialmente viva depois do processo de união, separando-se assim a moralidade do aborto da do controle da natalidade.

meio-termo Em muitos sistemas éticos o caminho correto é apresentado como aquele que alcança um meio-termo feliz. Não se desvia para um lado nem para o outro, representando antes a moderação, a harmonia, o equilíbrio e a capacidade de evitar os pontos fracos de ambos. A doutrina *aristotélica do meio-termo representa todas as virtudes como um equilíbrio entre os vícios do excesso e os do defeito. O homem que tudo teme é um covarde, mas o homem que nada teme é precipitado. O homem que se permite todos os prazeres é autocomplacente, mas o homem que não se permite nenhum é um bárbaro. Uma ideia parecida estava já presente no *Filebo* de *Platão e deriva de *Pitágoras. A doutrina é além disso muito importante para o *confucionismo. Nos *Analetos*, Confúcio descreve a vida harmoniosa como uma vida que evita os excessos e as faltas, e na qual a sabedoria é obtida tanto por idosos como por jovens, assim como por pessoas de todas as condições. K'ung Chi, o neto de Confúcio, escreveu uma obra intitulada *Chung Yung*, ou o meio do equilíbrio e da harmonia. A obra anônima *A doutrina do meio-termo* foi o texto básico para os exames da função pública na China, de 1313 a 1905. Na obra *budista *Sistema da via intermédia*, o princípio repudia tanto o ascetismo exagerado como o *hedonismo fácil. A expressão "áurea mediania" vem do poeta latino Horácio, cuja *aurea mediocritas* é descrita nas *Odes* 2.10.5.

melhor dos mundos possíveis, o A famosa ideia de *Leibniz, parodiada por *Voltaire em *Cândido*, segundo a qual o mundo existente é o melhor de todos os mundos possíveis: qualquer outro seria inconsistente com a onipotência e a benevolência do Criador.

melhor explicação, inferência a favor da *Ver* explicação.

Melisso de Samos (fl. 441-440 a.C.) Possivelmente o menos influente dos filósofos *eleatas, foi um bom comandante naval, já que sua frota derrotou os atenienses em 441 a.C. Foi duramente criticado por *Aristóteles (*Sophistici elenchi*, 167b e *Física*, 186 a6). Defendeu uma cosmologia comparável à de *Parmênides. Sustentou que a mudança é impossível, uma vez que toda mudança implica que algo se transforme em nada. Aquilo que existe deve assim ser eterno, espacialmente infinito e em última análise incorpóreo. É conhecido sobretudo por ter transformado o argumento contra o não-ser num argumento contra o vazio e a favor do **plenum* que, é claro, se encontra preenchido por algo incorpóreo.

meme Um meme é um objeto cultural, como a minissaia, os vírus de computador ou a crença em fantasmas. É suscetível de replicação ou transmissão, evoluindo ao longo desses processos de transmissão, parecendo assim ter vida própria. O termo foi introduzido pelo zoólogo Richard Dawkins em seu livro *The Selfish Gene* (1976); tem afinidades com os termos *gene (a unidade de seleção biológica), memória e *mimese ou imitação. Dawkins pensa que, dadas quaisquer entidades suscetíveis de replicação, podem ocorrer processos de evolução. Em teoria, o processo não requer que as entidades envolvidas estejam biologicamente definidas.

memória O poder da mente de pensar sobre o passado, que já não existe, suscita problemas psicológicos (empíricos) e também problemas filosóficos mais abstratos. O cientista quer saber o modo como o cérebro armazena as memórias, e se esse mecanismo é semelhante para os diferentes tipos de memória (por exemplo, a memória de curto prazo e de longo prazo). O filósofo fica particularmente intrigado com o poder representativo da memória: quando evoco a memória de um acontecimento, como consigo interpretá-la como uma representação do passado e não como um mero exercício da imaginação? Será que existe um "sentimento específico de passado"? Mas, se existir, não poderei então ter esse sentimento sem que consiga interpretá-lo como um sentimento do passado? Ou seja, será que há sempre uma representação presente, ou será a memória uma forma direta de relação com o passado? Se assim fosse, teríamos pelo menos uma justificação para a confiança que depositamos na memória. Mas não será possível, pelo menos logicamente, a hipótese cética de *Russell, segundo a qual a Terra poderia ter aparecido há cinco minutos, com uma população que se "lembra" de um passado completamente irreal? Se essa hipótese for plausível em termos lógicos, parece não ser possível resolver o problema de saber que não foi isso que de fato aconteceu.

menção/uso de palavras *Ver* uso/menção.

Mêncio (371-289 a.C.) (ocidentalização de Meng Tzu). O maior *confucionista. Mêncio nasceu em Shantung e foi aluno do neto de *Confúcio, Tzu Ssu. Tal como Confúcio, viajou bastante, tentando em vão persuadir os soberanos a melhorar seus comportamentos, antes de se retirar para escrever os sete livros que compõem *O livro de Mêncio*. Acrescentou ao confucionismo a doutrina da bondade original dos seres humanos, sendo assim a procura do estado perdido de virtude a finalidade da aprendizagem. A via da retidão opõe-se às considerações utilitaristas das vantagens e dos lucros. Em termos políticos, uma consequência de sua doutrina é que, uma vez que a bondade é inerente às pessoas, elas têm o direito de participar do governo e de se revoltarem contra os maus governos.

Mendelssohn, Moses (1729-86) O filósofo judeu alemão mais influente do século XVIII. Mendelssohn nasceu em Dessau e recebeu formação rabínica. É conhecido sobretudo por sua obra estética, que teve alguma influência sobre *Kant, embora sua demonstração da imortalidade da alma (a alma é simples, logo é indestrutível) seja um dos alvos mais famosos de Kant. Mendelssohn era amigo de *Lessing e, nos seus últimos anos de vida, envolveu-se na *Pantheismusstreit* (ou controvérsia panteísta), cujo objetivo aparente consistia em saber se Lessing era um espinosista inconfesso, acabando, no entanto, por arrastar todos os filósofos alemães importantes da época para as águas turvas da teleologia e da teologia.

Mênon, enigma ou paradoxo de *Ver* paradoxo da aprendizagem.

mentalidade Posse de uma mente, ou o tipo de mente que se possui.

mente-corpo *Ver* problema da mente-corpo.

mente, filosofia da *Ver* filosofia da mente.

mentir As discussões filosóficas sobre esse tema adotam um emprego da palavra de acordo com o qual uma mentira é a afirmação deliberada de uma falsidade, com o objetivo de enganar ou iludir um público. Dizer uma falsidade inadvertidamente, ou dizer uma falsidade sem saber que o público irá assim interpretar como verdadeiro algo que de fato não o é, ou proferir afirmações lisonjeiras quando o *dolo está fora de questão, não constituem, portanto, casos de mentira. A proibição de mentir em todas as circunstâncias (mesmo quando um homem louco com um machado nos pergunta onde nossos filhos estão dormindo) é um aspecto notório da ética de *Kant. Por outro lado, as teorias *consequencialistas e *utilitaristas são com frequência acusadas de não conseguirem explicar a gravidade peculiar da mentira, uma vez que certas mentiras têm poucas más consequências (se é que têm alguma).

mercadoria A mercadoria é a forma que um produto assume quando os meios materiais de existência estão organizados através de trocas. As mercadorias têm dois valores: seu uso imediato na satisfação de um desejo ou necessidade, e seu uso como veículos de troca. O dinheiro, ao permitir que bens diferentes possam ser equiparados no mercado, é um exemplo do segundo tipo de valor. O fetichismo da mercadoria é, no pensamento *marxista, o processo pelo qual os produtos do trabalho acabam por parecer possuir um valor independente, separado do trabalho das pessoas que os criaram. O papel desempenhado pelas mercadorias nos processos de troca não nos permite ver que seu valor deve derivar inteiramente do trabalho que as produz. Na análise de *Lukács, todas as relações humanas acabam por ser consideradas como mercadorias, uma espécie de falsa consciência característica da ideologia capitalista.

merecimento Termo que denota a ideia de que o modo como uma pessoa deve ser tratada depende de suas ações, ou de seu caráter: a felicidade em proporção à virtude, a infelicidade ao vício. Tratar as pessoas como merecem constitui assim o exercício da justiça. Entre alguns dos problemas postos por essa ideia contam-se a distinção entre merecimento moral e amoral e a questão de saber se as variações de tratamento têm um lugar fundamental na ética ou se devem ser justificadas, por exemplo, em termos consequencialistas. *Ver também* livre-arbítrio.

mereologia A lógica da relação entre as partes e o todo.

mérito Os méritos de uma pessoa são suas qualidades suscetíveis de admiração. Os méritos morais incluem, geralmente, *virtudes como a benevolência, a temperança, a justiça, a misericórdia etc. Os méritos não morais podem incluir a jovialidade, a inteligência, o vigor, a musicalidade etc. A base dessa distinção é pouco clara, sobretudo quando a ausência de um mérito moral é considerada um defeito, ao passo que a ausência de um mérito não moral indica apenas falta de sorte. Em *Kant, o mérito moral limita-se ao respeito pelo dever de conduzir a ação segundo o *imperativo categórico, sendo todos os outros méritos meros servos para esse fim. No outro extremo da escala, no pensamento grego e em *Hume, não há uma distinção estrita entre o mérito moral e o mérito não moral. *Ver também* merecimento; sorte moral.

Merleau-Ponty, Maurice (1908-61) Fenomenólogo francês. Iniciou sua atividade de professor no Collège de France em 1952. Sua obra principal, a *Phénoménologie de la perception* (1945), antecipa muitas das preocupações dos filósofos analíticos quanto à percepção. Merleau-Ponty enfatiza, em particular, que nossa experiência não constitui um domínio reservado e privado, mas antes um modo de ser-no-mundo; vivemos as nossas vidas inseridos no cerne perceptivo de um mundo humano ou *Lebenswelt*, irredutível à consciência pura ou privada. A obra de Merleau-Ponty parte da psicologia empírica e da tradição de *Husserl para explorar a relação experiencial que temos com o mundo. Seu livro é notável, em especial, por uma extensa e elucidativa descrição de nossa relação com nossos corpos quanto à percepção e à ação. *Ver também* corpo.

Mersenne, Marin (1588-1648) Figura central do século XVII francês, Mersenne estudou em La Flèche, tal como *Descartes, lecionando posteriormente em Nevers e Paris. Mersenne correspondeu-se com todos os grandes matemáticos e cientistas do seu tempo, e foi descrito por *Hobbes como "o polo à volta do qual orbitavam todas as estrelas do mundo da ciência". A preocupação filosófica principal de Mersenne era a refutação do *ceticismo pirronista, e a aceitação e interpretação correta do conhecimento científico e matemático. Sua atitude em relação à ciência e à matemática prenuncia o *instrumentalismo moderno, pois defendia que apesar de o pirronista ter razão ao afirmar que o conhecimento da realidade não pode ser alcançado, a ciência basta para servir como guia das nossas ações. *La Vérité des sciences contre les sceptiques ou pyrrhoniens* é uma das obras de Mersenne, que é também o autor dos 2.os e 6.os conjuntos de Objeções às *Meditações* de Descartes. Morreu nos braços de *Gassendi.

metaética Atividade de segunda ordem em que se investigam os conceitos e os métodos da ética. Na metaética não nos envolvemos diretamente nos problemas práticos (de "primeira ordem") que dizem respeito ao que devemos fazer e a como devemos nos comportar. A distinção tende a se desvanecer porque as diferenças nas concepções sobre a estrutura da ética em geral têm implicações para os problemas de primeira ordem, relativos à tomada de decisões.

metafísica Originalmente o título dos livros de *Aristóteles que se seguiram à *Física*, o termo aplica-se agora a qualquer investigação que levante questões sobre a realidade que estejam por detrás ou além das que podem ser tratadas pelos métodos da ciência. Um tópico controverso é, naturalmente, o de saber se existem tais questões ou se, pelo contrário, todos os textos de metafísica devem, na expressão de *Hume, ser "lançados às chamas, pois nada poderão conter senão sofismas e ilusões" (*Investigação sobre o entendimento humano,* XII, 3). Os exemplos tradicionais incluem questões sobre a mente e o corpo (*ver* problema da mente-corpo), a *substância e o acidente, os *acontecimentos, a *causalidade e as categorias de coisas que existem (*ver* ontologia). A crítica permanentemente feita à metafísica é a de que, na medida em que houver questões reais nessas áreas, o método científico normal constituirá a única abordagem possível a elas. A hostilidade à metafísica foi uma das bandeiras do *positivismo lógico, sobrevivendo ainda de maneira diferente no *naturalismo de autores como *Quine. A metafísica tende, portanto, a estar mais preocupada com os pressupostos do pensamento científico, ou do pensamento em geral, apesar de também aqui qualquer sugestão de que existe uma maneira intemporal de conduzir o pensamento encontrar forte oposição. *Strawson traçou uma distinção útil entre a metafísica descritiva, que se contenta em descrever o quadro conceitual básico com o qual o pensamento é (talvez numa certa ocasião) conduzido, e a metafísica revisionista, que tem por objetivo a crítica e a revisão de uma certa maneira infeliz de pensar. Apesar de podermos duvidar da possibilidade da metafísica revisionista, ela existe até hoje: o *eliminativismo na filosofia da mente e o desencanto *pós-modernista com a objetividade e a verdade são exemplos nítidos.

metafísica da presença Termo utilizado originalmente por *Heidegger para caracterizar o principal erro da metafísica ocidental. Segundo ele, a metafísica, de *Platão a *Nietzsche, postula um agente autônomo, que conhece e progride por si, para quem a natureza existe apenas na medida em que está presente, ou seja, na medida em que lhe é útil. Essa perspectiva metafísica impossibilita um respeito autêntico pela natureza e conduz à escravidão das sociedades de consumo da era da tecnologia. O termo foi adotado pelos críticos *pós-estruturalistas e pelos críticos literários, servindo-lhes para afirmar a existência de um ponto fixo privilegiado, no qual os significados das palavras estariam ancorados. Esse ponto poderia estar nas intenções do locutor ou do escritor, ou em outra ancoragem semântica, como na presença de uma ideia não linguística, ou na presença ostensiva de uma coisa. A principal perspectiva que se opõe a essa afirma que só existem textos ou, dito de outra forma, que qualquer tentativa de fixar o significado resulta unicamente na produção de mais textos, passíveis de uma pluralidade de interpretações. Essa posição tem algumas afinidades com a doutrina da *indeterminação da tradução radical, e com a discussão de *Wittgenstein das considerações sobre *seguir uma regra.

metáfora A mais importante figura de estilo, em que um assunto (por vezes chamado teor) é referido por um termo ou frase (o veículo) que não o descreve literalmente: o cogumelo nuclear, a luz da fé etc. Os problemas filosóficos relativos à metáfora incluem a questão de saber como se deve estabelecer a divisão entre o significado literal e o significado metafórico (*Nietzsche, por exemplo, considerava que a verdade literal não era mais que uma metáfora morta ou fossilizada); como conseguimos interpretar as metáforas com a rapidez e a certeza com que frequentemente conseguimos fazê-lo, e se as metáforas podem por si mesmas ser veículos de compreensão, ou se devem apenas ser vistas como meros remetentes para verdades e falsidades literais acerca do assunto em questão. Discussões filosóficas específicas podem também abordar a questão de se saber quão metafórica é uma expressão, como quando os filósofos falam dos fundamentos do conhecimento, das crenças na cabeça, da bondade de Deus ou de objetos abstratos. Numa metáfora mista, ou catacrese, a combinação de propriedades torna-se ilógica ou ridícula, embora a interpretação possa não falhar, como quando Hamlet pensa em pegar em armas contra um mar de adversidades.

meta-história A narrativa globalizante ou *grand récit* que atribui ordem e significado aos registros históricos. Encontra-se nas grandes filosofias da história de autores como *Marx, *Hegel ou *Spencer.

metalinguagem Linguagem na qual se fazem observações sobre outra linguagem. A linguagem de que se fala é a linguagem-objeto. A distinção foi feita por *Tarski, cuja reação aos *paradoxos semânticos consistiu em afirmar que nenhuma linguagem podia ser semanticamente completa, i.e., suscetível de dizer tudo o que há para dizer. Se tomarmos uma linguagem capaz de dizer muitas coisas, então, apesar disso, e sob pena de contradição, essa linguagem não pode dar uma *definição de verdade, definindo o seu próprio *predicado de verdade. Para discutir a verdade e a falsidade da primeira linguagem, ou linguagem-objeto, temos de ascender um nível, até a metalinguagem, subindo assim ao longo de uma hierarquia. O termo é abusivamente usado quando se diz que um discurso sobre outros discursos (e.g., o discurso da crítica literária) se exprime numa metalinguagem, quando na verdade não há qualquer razão para que esse discurso não se exprima na mesma linguagem que o original, tal como em geral acontece.

metalógica Uma teoria cujo assunto é um sistema logístico: *ver* metamatemática.

metamatemática A teoria das linguagens formais com poder suficiente para servir como linguagem da matemática. Num tratamento metamatemático formal, as próprias fórmulas que ocorrem na matemática (axiomas, teoremas e demonstrações) são tratadas como objetos matemáticos, estabelecendo-se teoremas sobre elas. Os grandes resultados metamatemáticos incluem o(s) *teorema(s) de Gödel e o *teorema de Church.

metameria Dois materiais coloridos são metâmeros, ou formam um par metamérico, quando coincidem na cor mas a luz que refletem é de diferente composição espectral, de modo que as superfícies terão cores variadas sob diversos ângulos de incidência da luz. A existência da metameria representa uma séria dificuldade para as teorias que tentam identificar a *cor das superfícies com a natureza física da luz refletida. Curiosamente, não há um fenômeno paralelo com o som, visto que sons diferentes compostos por diferentes níveis de energia em diferentes frequências são ouvidos de forma diferente.

metempsicose Transmigração das almas. Processo pelo qual, quando se morre, a alma passa a habitar um novo corpo. Essa doutrina tem grandes afinidades com a noção indiana de **samsara*, associando-se em especial, na tradição ocidental, a *Pitágoras e a *Empédocles; é frequentemente fundamentada fazendo apelo às recordações de vidas passadas.

metódica, dúvida *Ver* dúvida metódica.

método Uma vez que a filosofia consiste em grande parte na atividade de refletir sobre modos de pensamento, não é surpreendente que os seus próprios métodos estejam sujeitos a esse exame. Embora as diversas escolas tenham frequentemente defendido posições sobre a abordagem correta dos problemas filosóficos, a marcha da história não viu surgir qualquer consenso. O início do século XX foi dominado pela atenção filosófica à natureza da linguagem, de onde resultaram duas escolas: a *filosofia analítica e a *fenomenologia. O *positivismo lógico e a *filosofia linguística posterior sucederam à primeira, enquanto um tratamento mais histórico da natureza dos esquemas conceituais se transformou num dos legados da segunda. Hoje há um entusiasmo razoável por aquele tipo de "naturalismo" que vê a atividade filosófica como contínua com a da ciência, diferindo desta sobretudo pela natureza abstrata de seus problemas e de seus tópicos: *ver* epistemologia naturalizada. No entanto, os críticos dessa concepção duvidam que existam muitas semelhanças com a ciência na própria obra dos pensadores que apreciam essa autoimagem, que pode portanto acabar por se parecer mais com um exemplo de autoengano ou de inveja em relação à ciência. Os filósofos têm a tentação natural de tomar como modelo um dos paradigmas mais bem aceitos das disciplinas bem-sucedidas de seu tempo, sejam elas a matemática, a teologia, a história, a linguística ou a neurociência.

método axiomático *Ver* axioma.

método baconiano O método *indutivo defendido por Francis *Bacon, especialmente na parte II do *Novum organum*. A ciência tem o objetivo de estabelecer leis; em função deste objetivo, deve-se realizar uma enumeração exaustiva das manifestações de um fenômeno, a par do registro das suas variações e da ocorrência de casos negativos. Os resultados que daí emergem são depois testados por meio de experiências. Esse método é um precursor dos *métodos de Mill. Por vezes supõe-se, erroneamente, que o método baconiano se limita à simples enumeração de casos, selecionados de um modo mecânico, e às generalizações que daí decorrem.

método da concordância *Ver* métodos de Mill.

método da diferença *Ver* métodos de Mill.

método da dúvida *Ver* dúvida cartesiana.

método das variações concomitantes *Ver* métodos de Mill.

método hipotético-dedutivo Método associado sobretudo à filosofia da ciência que enfatiza os méritos da *falsificação. Na sua forma mais simples, propõe-se uma hipótese e deduzem-se dela certas consequências, que depois são testadas pelo confronto com a experiência. Se a hipótese for falsificada, aprendemos com a tentativa e ficamos em condições de produzir uma hipótese melhor. Se a hipótese não for falsificada, podemos tentar outros testes. Uma cisão filosófica suscitada por essa ideia verifica-se entre os seguidores radicais de *Popper, que negam que a probabilidade de uma teoria ser verdadeira aumente à medida que esta vai sobrevivendo aos testes, e aqueles que insistem que tem de ser assim, porque caso contrário seria irracional confiar nas hipóteses que sobreviveram até agora. (*Ver também* explicação; verossimilhança.) Outras críticas a esse método fazem notar que as teorias adquirem credibilidade de maneiras mais indiretas, e que na prática sempre se fazem hipóteses auxiliares ao se explorar consequências experimentais de uma teoria. *Ver também* tese de Duhem.

método logístico A abordagem a uma teoria científica, matemática ou outra, que a exibe como um sistema formal (*ver* sistema formal), tornando assim possível o tratamento formal de suas implicações, da sua compatibilidade com outras teorias e da independência lógica dos seus diferentes axiomas.

método maiêutico (do gr. *maieutikos*: o que age como uma parteira) O método maiêutico consiste em extrair ideias por meio de perguntas; a imagem é a de que as ideias já existem na mente "grávida" do sujeito, mas precisam de um "parto" para se tornarem manifestas.

método socrático Método de ensino em que o mestre não comunica qualquer informação, mas antes coloca uma sequência de perguntas e o aluno, respondendo-as, acabará por atingir o conhecimento desejado. A ironia socrática consiste na postura de ignorância assumida pelo mestre, que na verdade pode saber mais sobre o assunto do que deixa transparecer. *Ver também elenchus*; método maiêutico.

metodologia O estudo geral do método nos diversos domínios particulares de investigação: ciência, história, matemática, psicologia, filosofia, ética. Obviamente, qualquer um desses domínios pode ser abordado com maior ou menor êxito, e de uma maneira mais ou menos inteligente. Assim, é tentador considerar que se existe uma maneira de investigar que conduz à verdade, então existe uma maneira correta de investigar, que conduz à verdade de um modo logicamente seguro. A tarefa do filósofo de uma disciplina seria, assim, a de revelar seu método correto e a de desmascarar suas imitações. Embora esta crença esteja por detrás de muita da filosofia *positivista da ciência, hoje são poucos os filósofos que a defendem; ela deposita demasiada confiança na possibilidade de uma "filosofia primeira" puramente **a priori*, ou seja, de um ponto de vista que está além do ponto de vista daqueles que trabalham nas disciplinas particulares em causa, e a partir do qual os seus melhores resultados possam ser avaliados como bons ou maus. Esse ponto de vista apresenta-se hoje a muitos filósofos como uma fantasia. Uma tarefa mais modesta para a metodologia é investigar os métodos que de fato foram adotados em áreas diferentes nas diversas fases históricas da investigação, com o objetivo não tanto de criticar, mas de sistematizar os pressupostos de um domínio de investigação particular numa determinada época (*ver também* epistemologia naturalizada). Existe ainda um papel para as disputas metodológicas locais, que decorrem numa comunidade de investigadores de um fenômeno: uma das abordagens em disputa acusa a outra de não ser correta ou científica; mas, segundo a concepção moderna, a lógica e a filosofia não proporcionam um arsenal independente de armas para essas batalhas, que na verdade chegam mais a parecer tentativas políticas de se ascender numa disciplina.

métodos da inversão O cálculo matemático das probabilidades permite-nos derivar juízos de probabilidade a partir de outros. Por exemplo, se nos for dada a probabilidade de um acontecimento de um certo tipo que ocorre numa certa ocasião, podemos derivar a probabilidade de que a frequência desse acontecimento numa sucessão de ocasiões cai até um certo intervalo. Um método da inversão é uma tentativa de derivar as próprias probabilidades a partir unicamente de frequências ou acontecimentos observados. A possibilidade dos métodos da inversão é o tema da correspondência entre Jakob Bernoulli (1645-1705), que então se mostrava otimista em relação ao tema, mas não na obra *Ars conjectandi*, e *Leibniz, que era cético quanto ao método. O exemplo mais conhecido de um argumento que apela a métodos da inversão é a *regra da sucessão de *Laplace.

métodos de Mill (ou cânones) Os cinco princípios indutivos que, segundo J.S. *Mill, regulam a investigação científica, designadamente: (I) o método da concordância. Se duas manifestações de um fenômeno partilharem apenas uma característica, esta é sua causa ou seu efeito; (II) o método da diferença. Se uma manifestação em que um fenômeno ocorre e uma manifestação em que não ocorre diferem apenas numa outra característica, esta é a causa, ou uma parte necessária da causa do fenômeno, ou é o seu efeito; (III) o método conjugado da concordância e da diferença, que combina os dois anteriores; (IV) o método dos resíduos. Se subtrairmos de um fenômeno aquilo que já se sabe ser o efeito de alguns acontecimentos antecedentes, então o que resta é o resultado dos antecedentes restantes; (V) o método da variação concomitante. Os fenômenos que variam juntos estão conectados por uma relação causal. Embora os métodos cientificamente façam sentido, dependem de uma análise anterior dos fatores relevantes, e não são aplicáveis de imediato a casos onde a causalidade funciona de forma mais "holista", em virtude de um conjunto de fatores interligados.

métodos finitistas *Ver* finitismo.

métodos idiográficos/nomotéticos Distinção metodológica traçada pelo historiador Wilhelm Windelband (1848-1915). Um método idiográfico ocupa-se de fatos considerados individualmente, tal como na história ou na elaboração de mapas. Um método nomotético trata da formulação de leis gerais. Windelband pretendia mostrar que as ciências humanas, ou as *Geisteswissenschaften*, como a história, têm os seus próprios métodos e a sua própria disciplina, apesar de não serem semelhantes às ciências naturais. A questão de saber em que medida as disciplinas como a economia são idiográficas ou nomotéticas é controversa.

microcosmo *Ver* macrocosmo/microcosmo.

milagre (do lat., *miror*: eu admiro). *Agostinho propôs uma definição subjetiva de milagre: um milagre é "o que é obscuro ou parece anormal e transcende as expectativas ou a compreensão do observador". São, portanto, apenas os nossos hábitos mentais que nos impedem de ver todo o cosmo como o milagre que de fato é, tal como pareceria a alguém que adquirisse de repente o dom da visão. No período medieval, surge a ideia de que um milagre é algo especial, "contra consuetum cursum naturae" (contrário ao curso normal da natureza). O advento do conceito de *leis da natureza inflexíveis e mecânicas, no século XVII, preparou o terreno para a análise decisiva de *Hume em seu famoso ensaio "Dos milagres" (1750): "Um milagre pode ser rigorosamente definido como a transgressão de uma lei da natureza resultante de uma volição específica da Divindade ou da interposição de um agente invisível." Hume argumenta que nunca é razoável acreditar na ocorrência de um acontecimento desse tipo unicamente com base em testemunhos humanos, pelo menos quando esses testemunhos estão sendo usados para apoiar um sistema religioso: é que um milagre tem de contradizer o curso normal dos acontecimentos, ao passo que a desonestidade e o disparate humanos (que é o tipo de coisa que dá origem a relatos falsos ou equivocados) constituem uma ocorrência natural frequente. Assim, a probabilidade de um relato resultar da desonestidade ou do disparate é sempre maior que a probabilidade de resultar de um acontecimento que não esteja de acordo com o curso normal dos acontecimentos. Logo, a desonestidade e o disparate proporcionam uma melhor explicação desse tipo de testemunho.

milenarismo Qualquer movimento religioso que preveja o colapso da ordem do mundo tal como a conhecemos e sua substituição pelo milênio, ou seja, por um período de justiça, igualdade, salvação etc. Os movimentos milenaristas são vistos como um exemplo extremo do uso da religião como um "escape", como uma reação à tensão social e à *anomia resultante. Podemos encontrá-los no cristianismo, no islamismo e nos cultos da Melanésia.

milésios *Ver* escola milésia.

Mill, James (1773-1836) Filósofo, economista e erudito escocês. Nasceu em Forfar e estudou na Universidade de Edimburgo. Trabalhando em Londres primeiro como jornalista independente e depois para Companhia das Índias Orientais, Mill tornou-se amigo de *Bentham e veio a ser um membro importante dos "*radicais filosóficos", o grupo progressista e predominantemente utilitarista do qual também faziam parte John *Austin e o economista David Ricardo (1772-1823). Embora a maior parte de sua obra seja uma aplicação dos princípios utilitaristas a assuntos práticos como a educação, a liberdade de imprensa e a administração, Mill produziu também *An Analysis of the Phenomena of the Human Mind* (1829), uma versão elaborada da psicologia *associacionista de *Hume e *Hartley. O associacionismo é uma perspectiva em filosofia da mente apropriada para acompanhar o utilitarismo, visto que significa que a tarefa do educador é fazer com que o estudante venha a associar o prazer privado com o progresso do bem-estar público. Apesar da grande preocupação que Mill tinha pela educação, a maneira como educou seu filho J.S. *Mill é geralmente considerada excessivamente rigorosa.

Mill, John Stuart (1806-73) Filósofo e economista inglês, é o pensador liberal mais influente do século XIX. Filho de James *Mill, John Stuart recebeu uma educação particular intensiva, a qual o iniciou no grego com três anos de idade e no latim (bem como em seis dos diálogos de Platão) com oito anos (o próprio Mill comenta que o *Teeteto* talvez tenha sido um pouco demais para ele). Viveu sua adolescência imerso nos interesses filosóficos e políticos de seu pai, até que um colapso nervoso, aos vinte anos de idade, o conduziu a uma reavaliação e a uma moderação de sua posição *benthamiana. Daí em diante, influenciado por *Saint-Simon e outros, Mill defendeu uma apreciação mais sofisticada da influência das forças históricas na formação das ideias das pessoas e uma perspectiva menos cínica sobre as forças de reação. A partir de 1831 sua amizade com Harriet Taylor, uma senhora casada, foi determinante para sua vida; em 1849, após a morte do marido dela, eles se casaram. Harriet Taylor morreu em 1858, em Avignon. A natureza de sua influência no pensamento de Mill é interessante e complexa.

Na filosofia em geral, Mill era um *empirista cujo objetivo consistia em construir um sistema de conhecimento empírico genuíno, para uso tanto nas questões sociais e morais como na ciência. Com esse fim em vista, começou por resgatar a doutrina das suas reminiscências céticas *humeanas. Sua principal discussão acerca dos fundamentos do conhecimento e da inferência está patente na obra *System of Logic* (1843), cujos seis livros tratam da inferência dedutiva em geral, do conhecimento matemático, da indução (*ver* métodos de Mill), da observação, da abstração e classificação, das falácias e finalmente das ciências sociais, políticas e morais. Sua distinção entre *conotação e denotação, e entre *termos gerais e termos singulares influenciaram a semântica posterior de *Frege (que, contudo, rejeitou inteiramente sua concepção empirista "vulgar e de mau gosto" da aritmética), enquanto que sua obra sobre a indução constitui ainda o fundamento das metodologias de descoberta de leis causais. Como se pode apreciar numa de suas últimas obras, *Examination of Sir William Hamilton's Philosophy* (1865), o projeto de Mill pertence ao que mais tarde viria a ser batizado como *epistemologia naturalizada: a tentativa de compreender as operações mentais como o resultado da ação de leis conhecidas da psicologia sobre os dados da experiência.

Na ética, Mill é conhecido sobretudo por suas obras *Utilitarismo* (1861, na *Fraser's Magazine*, 1863 numa publicação separada) e *Da liberdade* (1859). Cada uma delas é um clássico em seu gênero, embora o *Utilitarismo* padeça de uma tensão vitoriana, pela sua combinação de hedonismo com distinções de qualidade entre os prazeres, bem como pela difícil mistura entre elementos de utilitarismo dos atos e utilitarismo das regras (*ver* utilitarismo). Foi o principal alvo de todos os críticos posteriores do utilitarismo, e especialmente dos idealistas *Green e *Bradley. *Da liberdade* é a defesa clássica do princípio da liberdade de pensamento e de discussão, argumentando que o "único fim pelo qual a humanidade está autorizada, individual ou coletivamente, a interferir na liberdade de ação de qualquer um dos seus é a sua própria proteção". Entre outras obras, Mill escreveu os *Principles of Political Economy* (1848) e *Subjection of Women* (1861, publicado em 1869).

mimamsa (sânscr., investigação) Uma das seis escolas ortodoxas (**darshanas*) da filosofia hindu, e a que dá mais importância à interpretação dos textos dos *Vedas enquanto sistema ritual. O fundamentalismo da *mimamsa* inclui uma tese reverencial e não convencional acerca da natureza do significado da língua sânscrita das escrituras. Nessa escola, como em algumas teologias modernas, o ritual e o culto tornam-se fins em si mesmos, de tal modo que, em comparação, o próprio divino fica obliterado. Tal como os Vedas, a *mimamsa* concebe o céu não tanto como uma libertação dos ciclos da vida, o que acontece em outras escolas indianas, mas como um objetivo positivo.

mimese (gr., imitação) Conceito-chave na conturbada relação de *Platão com a atividade artística. O artista que produz imitações das coisas é aparentemente uma espécie de falsário, no melhor dos casos, dedicado apenas à representação das aparências e não da própria realidade (*República*, livro X). O artista é portanto um colaborador da **eikasia*: as coisas já são imitações das suas *formas, e as imitações das imitações nos afastam consideravelmente do conhecimento. Platão não atribuiu ao artista um papel significativo na tarefa de nos proporcionar o contato com a forma da *beleza, ou com a beleza em si.

minimalismo Uma teoria minimalista de um termo ou de um conceito rejeita a ideia de que estes constituam um objeto substancial para uma teoria. Por exemplo, uma teoria minimalista da verdade sustenta que não há qualquer problema geral acerca do que torna verdadeiras as proposições ou as frases; uma teoria minimalista do valor defende que não há nada de útil a ser dito sobre valores e atribuições de valor. As posições minimalistas surgem quando a esperança de alcançar uma metateoria substancial acerca de um termo é aparentemente frágil. Elas se harmonizam, assim, com as suspeitas em relação a uma "filosofia primeira" — a possibilidade de existir um ponto de vista que esteja acima e além de nosso envolvimento em alguns aspectos de nossas atividades, e de onde essas atividades possam ser revistas e descritas. Associa-se frequentemente o minimalismo aos aspectos antiteóricos das últimas obras de *Wittgenstein; o minimalismo foi também acusado de ser um disfarce para a falência ou incapacidade filosóficas. *Ver também* irrealismo; quietismo; verdade como descitação; verdade como redundância.

misticismo Crença na união com a natureza divina através da contemplação extasiada, e no poder do acesso espiritual a domínios de conhecimento que estão vedados ao pensamento comum. Esse termo também se aplica, depreciativamente, a teorias que aceitam a existência de qualidades ocultas ou poderes para os quais não se pode oferecer qualquer explicação empírica ou racional.

mistura de trabalho *Ver* propriedade.

mito da caverna Não é exatamente um mito, mas a figura ou alegoria apresentada por Platão no livro VII 514-518 da *República* para mostrar os níveis em que nossas naturezas podem ser iluminadas ou não. No primeiro nível estão prisioneiros, amarrados de tal maneira que conseguem perceber apenas sombras na parede da caverna. São sombras de objetos artificiais, e a luz vem de uma fogueira. Para eles, a realidade é constituída apenas pelas sombras desses objetos artificiais. Mas, se um prisioneiro se soltar das amarras, poderá voltar-se e ver, primeiro, os próprios objetos artificiais, depois o fogo, seguindo-se então o mundo real e, por fim, o Sol. Cada estágio dessa ascensão será difícil e estranho e, no fim, o indivíduo iluminado será incapaz de comunicar seu conhecimento aos prisioneiros que ficaram na caverna. Platão diz que a ascensão descrita simboliza a viagem da alma até o inteligível (as *formas), identificado com aquilo que é verdadeiramente real. Esse mito pode ser interpretado apenas como um convite a que reflitamos com cuidado em vez de confiarmos nas aparências das coisas; mas é também muitas vezes usado como convite aberto à crença em estados de conhecimento esotéricos e místicos. *Ver também* mito da linha; *eikasia*; neoplatonismo.

mito da linha Alegoria dos estágios de compreensão exposta na *República* de Platão (VI. 509-11), imediatamente antes da famosa Alegoria da caverna (*ver* mito da caverna). Ao fundo está o mundo das imagens, conhecido apenas pela **eikasia*. Os objetos dos sentidos são conhecidos pela **pistis* ou opinião; os objetos matemáticos e científicos pela **dianoia* ou raciocínio; e, no topo, as *formas são conhecidas pela **noêsis*.

mito de Er Parábola final da *República* de *Platão, na qual o guerreiro Er, morto em batalha, regressa para explicar a natureza da vida depois da morte, e a importância que por isso a sabedoria e a justiça têm para a saúde da alma a longo prazo. As vidas futuras das almas sem corpo são atribuídas no fuso da necessidade.

mito do dado Expressão adotada por *Sellars para designar o ponto de vista, hoje amplamente rejeitado, de que a experiência sensorial nos dá certezas peculiares, apropriadas para servir de fundamento a todo o conhecimento empírico e à ciência. *Ver* dados sensoriais; fundacionalismo; proposições protocolares.

modalidade A modalidade de uma proposição é a maneira pela qual ela é verdadeira ou falsa. A divisão mais importante é entre as proposições verdadeiras por necessidade e as que são verdadeiras tal como as coisas são: proposições necessárias por oposição às contingentes. Outros qualificadores por vezes denominados modais incluem os indicadores de tempo "será o caso que *p*" ou "foi o caso que *p*", e há afinidades entre os indicadores *deônticos "deve ser o caso que *p*" ou "é permissível que *p*", e as modalidades lógicas. *Ver também* lógica modal.

modelo Um modelo de um conjunto de frases é uma *interpretação em que todas as frases são verdadeiras.

modelo (ciência) Representação de um sistema por outro, usualmente mais familiar, cujo funcionamento se supõe ser análogo ao do primeiro. Assim se pode modelar o comportamento das ondas sonoras a partir das ondas na água, ou o comportamento de um gás a partir do comportamento de um volume que contém bolas de bilhar em movimento. Apesar de ninguém duvidar que os modelos têm um papel heurístico útil em ciência, há um debate intenso acerca de saber se uma boa explicação de um dado fenômeno precisa de um modelo, ou se uma estrutura organizada de leis a partir das quais este possa ser deduzido é suficiente em termos de explicação científica. Tal debate foi iniciado por *Duhem na obra *The Aim and Structure of Physical Theory* (1906), na qual atacou a grosseira imaginação pictórica dos físicos britânicos, contrastando-a com as estruturas dedutivas puras da ciência.

modelo da cobertura por leis *Ver* explicação.

modo (I) Na teoria do *silogismo, chamam-se modos de uma figura às formas válidas dessa figura. (II) Na filosofia da linguagem, o modo de uma frase (indicativo, imperativo, conjuntivo etc.) é uma característica cuja representação mais indicada é problemática. O ponto de vista mais comum é o de que o modo indica a força de uma elocução, e não uma característica que afete seu sentido; assim, pode-se considerar que "feche a porta!" e "a porta está fechada" têm um mesmo conteúdo comum, apresentando-o no entanto de maneira diferente e com objetivos diferentes. *Ver também* frástico/nêustico.

modo (ontologia) Termo usado na filosofia *escolástica para designar uma determinação, ou uma realização do ser em teoria numa forma específica. Na era moderna o termo torna-se proeminente com *Locke (*Essay*, II. 12). Os modos são introduzidos como um tipo de ideia complexa, e estabelece-se uma distinção entre modos simples, que são "combinações diferentes da mesma ideia simples" (Locke aponta os números, como uma dúzia ou uma vintena), e modos mistos, que são "compostos de ideias simples de diversos tipos, reunidas para fazer uma ideia complexa" (Locke aponta a beleza e o roubo). Mais tarde, as qualidades fundamentais (o espaço, o tempo e os sentidos) são descritas como modos simples, e os modos mistos tornam-se "ideias dispersas e independentes, agrupadas pela mente": mais uma vez, os exemplos típicos são as ideias relacionadas com a ação, e as categorias morais e legais. A noção subjacente é a de que nestas áreas podemos misturar as ideias para fazer definições que estejam de acordo com os nossos objetivos, ao passo que encontrar as palavras certas na ciência é uma questão de detectar os tipos de substâncias que, com suas essências diferentes, existem de forma independente. Em *Berkeley e em *Hume não existe qualquer distinção entre modos e qualidades. Para *Espinosa existe uma distinção fundamental entre a substância e os seus modos: os objetos comuns são, na verdade, modos de uma única substância real, identificada quer com o universo, quer com Deus.

modo formal/modo material de falar Distinção que assumiu grande importância na obra de *Carnap, em especial em seu *Logical Syntax of Language* (1934). No modo material de falar, o tópico são os objetos e suas relações; no modo formal, fala-se da própria linguagem. Essa distinção corresponde, portanto, à distinção entre *uso e menção. Mas, para Carnap, o contexto em que essa distinção aparece é a "frase quase sintática", na qual as características que aparentam ser propriedades de objetos têm na verdade um caráter sintático. Assim, "cinco é um número" é a versão em modo material do que, no modo formal, pode ser expresso como "'cinco' é um numeral". Ao mostrar-se que a afirmação é de natureza basicamente sintática, dissipa-se a ilusão de estarmos perante uma verdade lógica ou metafísica profunda. Estas ideias ilustram a crença de Carnap de que a lógica da ciência não é de fato senão a sintaxe da linguagem da ciência. A técnica de falar sobre as frases em vez de falar daquilo a que as frases se referem é algumas vezes denominada ascensão semântica. Correspondentemente, a descida semântica é a passagem de uma asserção acerca de como se usa um certo fragmento de linguagem para o próprio uso desse fragmento de linguagem: a mudança de "'cinco' é um numeral" para "cinco é um número". Embora muitos autores considerem a ascensão e a descida semânticas como técnicas que podem ser usadas livremente, outros estão preocupados com as mudanças de significado que elas implicam. Há uma diferença notável, por exemplo, entre conceder que seja uma questão de convenção que "cinco" é um numeral e considerar uma questão de convenção que cinco é um número. *Ver também* verdade como descitação.

módulo Em matemática, diz-se que dois números são congruentes módulo n quando diferem por um múltiplo de n. Por exemplo, 40 é congruente com 24 e 32 módulo 8. No *Word and Object* de *Quine o módulo de um estímulo é a sua duração, e dois estímulos podem ser equivalentes módulo uma certa duração, mas não módulo outra duração. Outros usos do termo têm de ser compreendidos, se possível, em função do contexto.

modus ponens Abreviação comum de *modus ponendo ponens*, a regra de inferência que nos permite passar de p e $p \rightarrow q$ para q.

modus tollendo ponens Um argumento da forma p ou q, não p, logo q.

modus tollens Abreviação comum de *modus tollendo tollens*, a regra de inferência que nos permite passar de não q e $p \rightarrow q$ para não p.

Moisés ben Maimon *Ver* Maimônides.

moksha (sânscr., libertação) Libertação do ciclo da existência (**samsara*), frequentemente identificada com um estado de conhecimento em que o mundo fenomênico e suas preocupações são afastados, dando lugar a uma identificação mística com o fundamento último e imutável de todas as coisas.

molecularismo *Ver* frase.

molinismo *Ver scientia media.*

mônada Conceito desenvolvido por *Leibniz, em cuja filosofia as mônadas são as verdadeiras unidades e por isso as únicas substâncias verdadeiras. As mônadas não têm extensão, sendo entidades mentais suscetíveis de percepções e estados apetitivos, embora cada uma delas seja autossuficiente e se desenvolva sem qualquer relação com outras mônadas (*ver* harmonia preestabelecida). Sua autossuficiência é frequentemente enfatizada na afirmação de que as mônadas "não têm janelas". Os fundamentos da doutrina encontram-se na tese segundo a qual as relações têm de ser explicadas em última instância pela natureza categorial, não-relacional, das coisas. *Ver também* Conway.

monádico Um predicado é monádico se exige apenas um termo singular para fazer uma frase: "... é mortal" é monádico. Os predicados monádicos contrastam com predicados n-ádicos (predicados relacionais) que exigem que n lugares sejam preenchidos, sendo n > 1. O cálculo de predicados monádicos é um fragmento de todo o *cálculo de predicados, restringido de maneira a só lidar com predicados monádicos.

monadologia Título de uma das obras de Leibniz e nome dado a sistemas que adotem o conceito básico de *mônada.

monismo O monismo vê um onde o *dualismo vê dois. O fisicalismo é a doutrina que defende que tudo que existe é físico, e é um monismo aquilo que contrasta com o dualismo da mente-corpo; o *idealismo absoluto é a doutrina que sustenta que a única realidade consiste em modificações do Absoluto. *Parmênides e *Espinosa acreditavam que havia razões filosóficas para supor que só poderia existir um gênero de coisa real e autossuficiente. *Ver também* monismo neutro.

monismo anômalo Doutrina da filosofia da mente associada a *Davidson. No influente artigo "Mental Events" (1970), Davidson perguntou como se poderiam tornar consistentes as três proposições seguintes: (I) os acontecimentos mentais causam acontecimentos físicos; (II) onde há causalidade há regularidades legiformes; (III) não há regularidades legiformes que liguem o mental e o físico. A solução de Davidson consistiu em identificar os acontecimentos mentais com acontecimentos físicos (por isso, o *monismo), negando, no entanto, que classificar acontecimentos como mentais nos dê uma descrição suscetível de desenvolver generalizações legiformes (daí o anômalo, ou não legiforme). Alguns críticos afirmaram que, nessa perspectiva, o fato de um acontecimento físico se encaixar em uma descrição mental não tem qualquer relação sobre seus poderes causais, visto que estes só estariam presentes em virtude da natureza puramente física do acontecimento e que, desse modo, o poder causal do mental não é de fato salvaguardado pela combinação com o físico. Por sua vez, essa acusação foi rebatida pelos defensores da posição de Davidson, que argumentaram que o fato de não existirem leis formuladas em termos de furacões e de sua ação em nada ofende os poderes causais dos furacões.

monismo neutro Doutrina proposta por *James no ensaio "Does Consciousness Exist?" (1904, reeditado em *Essays in Radical Empiricism*, 1912), segundo a qual a natureza é constituída por um certo tipo de substância indeterminada, que em si mesma não é física nem mental, mas que pode ter aspectos ou atributos físicos e mentais. *Russell adotou essa doutrina por um breve período.

monofisismo Doutrina segundo a qual a pessoa de Jesus Cristo teve uma única natureza, divina, e não duas naturezas, humana e divina. É tema de disputa entre as igrejas copta e abissínia, que aceitam a doutrina, e o catolicismo, que a nega em favor do difisismo, a doutrina das duas naturezas.

monoteísmo A crença num único Deus. Nem sempre é fácil contar deuses. *Ver* politeísmo.

Montaigne, Michel Eyquem de (1533-92) Ensaista francês. O pai do *ceticismo na França e na Europa moderna, Montaigne nasceu perto de Bordeaux. Fez carreira na vida pública antes de se aposentar em 1571, apesar de ter continuado a desempenhar um papel importante na política, em nome do protestante Henri de Navarre, tendo sido também presidente da câmara de Bordeaux em 1581. Como convinha a alguém profundamente envolvido na agitação civil e religiosa da época, Montaigne não tinha em grande consideração as faculdades e as conquistas da humanidade. Sua atitude encontrou uma ampla confirmação na obra de *Sexto Empírico, cujo mote, "Que sais-je?" ("Que sei eu?"), foi adotado por Montaigne. Sua fama deriva de seus *Essais* (1580, traduzidos para o inglês em 1603 e que Shakespeare possivelmente conheceu), que revelam uma sagacidade apaixonante e humana, e uma personalidade filosófica autoconsciente. Seu ensaio filosófico mais famoso, a "Apologia de Raimond Sebond", é um compêndio exemplar de argumentos céticos, e exerceu uma forte influência na geração seguinte de filósofos franceses (*ver* Descartes; Foucher; Gassendi; Mersenne). Na sua "Apologia" defende Sebond, um teólogo menor em todos os outros aspectos que procura mostrar como a fé cristã pode ser estabelecida à luz da razão, através do dispositivo inesperado que consiste em admitir que as razões que ele aduz para suas crenças são más, mas que apesar disso não são piores do que quaisquer outras razões humanas para a crença. Montaigne pode ser interpretado como um precursor de *Kant, que limita a razão para assim deixar espaço à fé, e também como um *Iluminista precoce.

Montesquieu, Charles-Louis de Secondat, barão de (1689-1755) Montesquieu nasceu em Bordeaux como membro da aristocracia, e desenvolveu uma intensa admiração pela Revolução Inglesa de 1688 e pelos ideais constitucionalistas de tolerância e liberdade a ela associados, a que *Locke em especial deu voz. Na sua versão, contudo, eles significam um reforço dos antigos privilégios da aristocracia contra o poder cada vez mais intrusivo da monarquia francesa. A própria vida de Montesquieu, que envolveu um casamento aparentemente calculista, um forte interesse pela ascensão social e uma avareza pouquíssimo aristocrática, é de alguma maneira um reflexo do caráter oportunista que essa doutrina parece ter. Sua obra-prima *De l'esprit des lois* (1748) introduziu um traço *positivista na discussão das leis das nações, que era até então terreno para vários tipos de deduções teológicas e racionalistas. Montesquieu atribui o sistema legal dos diferentes países a acasos externos, como a geografia e o comércio. Por isso *Durkheim reconheceu-o como o fundador da sociologia moderna (embora conexões semelhantes tivessem sido feitas por Jean Bodin, 1530-96). Em questões religiosas, Montesquieu defendeu um deísmo vago e tolerante, mas sua suposta conversão no leito de morte, atestada por um jesuíta irlandês oportunista, foi amplamente divulgada.

Monty Hall *Ver* problema de Monty Hall.

Moore, George Edward (1873-1958) Filósofo britânico e um dos fundadores da *filosofia analítica. Moore estudou na Universidade de Cambridge, no Trinity College. Foi professor-adjunto em Cambridge desde 1911, professor de 1925 a 1939 e diretor da revista filosófica *Mind* de 1921 a 1947. Iniciou-se na filosofia sob a influência do *idealismo absoluto, mas nos últimos anos do século XIX, juntamente com *Russell, acabou por romper com essa tradição, adotando diversos tipos de realismo, caracterizados pela admissão da possibilidade de relacionar as mentes com os fatos, considerados como independentes delas. Moore foi um dos fundadores da *filosofia analítica e um de seus praticantes mais dotados. Ficou famoso com a obra *Principia ethica* (1903), na qual responsabiliza (um pouco injustamente) os filósofos morais anteriores pela *falácia naturalista, defendendo o ponto de vista de que o bem é uma qualidade simples e insuscetível de análise, a qual, felizmente, conhecemos por intuição. Essa intuição permite-nos ver que as coisas boas da vida são totalidades que consistem nos prazeres da estética, do amor e da amizade. Essa doutrina teve grande influência (de um modo que Moore provavelmente teria lamentado) no grupo de Bloomsbury. O sucesso dos *Principia ethica* foi em parte devido à preocupação de formular os problemas com uma precisão inédita e aos consequentes ganhos cognitivos; e foi justamente essa força moral de Moore, assim como sua consistência filosófica, que exerceram uma profunda e estimulante influência em todos os que se moviam à sua volta, entre eles *Russell e *Wittgenstein. Suas obras da maturidade são famosas pela defesa do senso comum.

Nesta fase, Moore acreditava que quando uma doutrina filosófica entrava em conflito com o senso comum, era mais provável que a argumentação que a fundamentava tivesse falhado em algum ponto do que o senso comum (esse argumento faz lembrar o argumento de *Hume contra a crença em *milagres). Embora tenha tido grande influência na filosofia anglo-americana da primeira metade do século XX, confia-se hoje em dia bastante menos no método de análise com o qual ele é identificado. Algumas das outras obras de Moore são: *Ethics* (1912), *Philosophical Studies* (1922), *Some Main Problems of Philosophy* (1953) e *Philosophical Papers* (1959, publicado postumamente).

moral Embora a moral das pessoas e sua *ética acabem por ser a mesma coisa, há um uso do termo que restringe a moral aos sistemas como o de *Kant, baseado em noções como o dever, a obrigação e princípios de conduta, reservando a ética para a perspectiva mais *aristotélica do raciocínio prático, baseada na noção de virtude, e que de modo geral evita a separação das considerações "morais" de outras considerações práticas. Os problemas exegéticos são complexos, uma vez que alguns comentadores apresentam um Kant mais aristotélico, e um Aristóteles mais interessado na esfera específica da responsabilidade e do dever, ao contrário do que sugere o simples contraste.

moral centrada no agente Em ética, a perspectiva de que a situação pessoal dos agentes, juntamente com seus projetos e desejos pessoais, dá origem a restrições e objetivos morais genuínos. A ideia se opõe ao aspecto imparcial, impessoal ou público típico do pensamento moral tradicional, (de que é exemplo o *utilitarismo), que procura minimizar a perspectiva do agente em favor de um ponto de vista geral, de um *observador ideal, ou de uma soma objetiva de todas as utilidades. *Ver também* estoicismo; universalizabilidade.

moral do senhor e do escravo Estágio na evolução da consciência moral e política descrito na *Fenomenologia do espírito* de *Hegel, com grande impacto em muitas teorias posteriores da liberdade e da história. Ao sair do *estado de natureza há um "momento" de consciência em que uma parte escraviza a outra. O escravo, envolvido na produção e em atividade, está consciente das finalidades da sua vida, ao passo que o senhor se recolhe num estado de lazer e consumo sem sentido. Nenhum deles pode dar ao outro o reconhecimento necessário para que uma pessoa possa ter valor aos seus próprios olhos. Uma primeira resposta a esse impasse é o recuo para o *estoicismo e daí para a "consciência infeliz" da religião. Contudo, o escravo consegue atingir pelo menos um estado de autoconsciência através de sua atividade. A liberdade interior assim adquirida permite a derrubada do senhor e o ciclo *dialético regressa até que um "momento" mais alto, kantiano, é atingido, quando o respeito de uns pelos outros resultar do processo.

More, Henry (1614-87) Filósofo e teólogo inglês e membro destacado dos *platônicos de Cambridge. Formou-se no Christ's College e aí permaneceu até sua *Fellowship* lhe ter sido atribuída em 1639. Estava imerso num platonismo cristão renascentista, no qual se relaciona o indivíduo com Deus através de uma ascensão moral e mística. Encontrou no combate à concepção científica do mundo, então emergente, o seu objetivo principal. Embora de início tenha sido receptivo à filosofia de *Descartes, acabou por se opor à ela veementemente. Teve uma grande influência nos elementos teológicos do pensamento de *Newton.

More, Thomas (1477/78-1535) Advogado, escritor e santo inglês. More nasceu e estudou em Londres. Desfrutou de uma carreira brilhante na advocacia, que lhe deixou tempo livre para poder realizar estudos literários e políticos. Tornou-se chanceler em 1529, mas deixou o cargo em 1532 e viveu durante algum tempo em retiro. A recusa de More, por uma questão de princípios, de fazer juramento de impugnação à autoridade do papa, depois do divórcio de Henrique VIII e de Catarina em 1534, levou à sua execução um ano mais tarde. Filosoficamente, é conhecido como amigo de *Erasmo e como figura-chave do Renascimento inglês, mas também como autor de *Utopia* (1516), uma descrição da busca por um ideal político que tenha um sistema nacional de educação, que seja *comunista e que cultive a tolerância religiosa.

morfema Unidade mínima da *gramática. Formas livres de morfemas são as que podem ocorrer como palavras separadas. Formas dependentes são itens, como os prefixos e os sufixos, que têm de ser reconhecidos como componentes da estrutura gramatical. A morfologia estuda os morfemas e inclui também o estudo da flexão e das unidades lexicais.

morte Uma vez que a morte é o fim da vida, não podemos ter experiência dela, nem pode ser um mal, nem objeto de medo. Pelo menos foi assim que argumentaram muitos filósofos, nomeadamente *Epicuro e *Lucrécio. Uma primeira consideração tem sido a simetria entre o estado de estar morto e o estado de ainda não existir. Por outro lado, a morte é de fato temida, e concebida como um mal (mesmo que seja instantânea: não é o processo de morrer que faz diferença). A alternativa, a *imortalidade, soa melhor até chegarmos aos pormenores, altura em que pode começar a parecer insuportável (*ver* caso de Makropoulos). A gestão da morte é um dos tópicos da *bioética.

morte com dignidade Uma das expressões favoritas do movimento ético que se opõe ao pressuposto de que o âmbito da autoridade dos médicos compreende a decisão de manter os doentes vivos, independentemente de seus desejos manifestos, ou dos desejos que manifestariam se tivessem consciência de sua situação.

morte de Deus A afirmação de que Deus morreu, mas de que devemos destruir sua sombra, ocorre pela primeira vez na *Gaia ciência*, III. 108, de *Nietzsche, que nos fala de um louco que aclama a morte de Deus, e a transformação das igrejas em tumbas e sepulcros de Deus como a maior conquista da humanidade. Mas as pessoas não ouvem o louco, porque "esse feito está ainda mais afastado delas do que as mais distantes estrelas — e no entanto, foram elas que o fizeram".

motor imóvel Aquilo que, estando imóvel, inicia o movimento. Na primeira das *cinco vias de *Tomás de Aquino argumenta-se a favor da existência de uma tal entidade. Pode parecer uma versão do *argumento da primeira causa, na qual Deus se assemelha a uma locomotiva que dá início às manobras com os vagões que lhe estão ligados, mas na tradição *aristotélica e medieval o argumento é diferente. A natureza, para os gregos, caracteriza-se por um **nisus*, uma tendência para pôr em ação o que está em potência; a mudança é conduzida por uma espécie de esforço ou direção que aponta para uma finalidade; uma ação ética à distância. O processo de mudança ou de devir só é inteligível se a finalidade agir sobre o mundo. Essa finalidade inicia o movimento porque é a sua causa final (*ver* causas: materiais, formais, eficientes, finais): o movimento natural, tal como o das limalhas de ferro em direção ao ímã, é análogo aos impulsos dos agentes (na verdade, ainda hoje dizemos igualmente que as limalhas são atraídas pelo ímã e que o homem é atraído pela mulher). O único motor imóvel é o que tem uma atividade autossuficiente (autoconsciente) e, logo, não é impelido a mover-se pela necessidade de pôr em ação qualquer potência. De alguma maneira, ele é idêntico às formas que pensa, e os movimentos naturais são inspirados pela atração que as coisas naturais têm por si. Desse modo, o **primum mobile*, a esfera mais afastada dos céus, é a que melhor imita a natureza autossuficiente de Deus através de sua rotação esférica e perfeita. Neste sistema é o amor que, de forma literal, faz o mundo girar. Infelizmente, no entanto, o motor imóvel, ao estar fechado por completo em si mesmo, não pode agir sobre o mundo, nem possui qualquer consciência dele, e este aspecto da doutrina foi formalmente condenado em 1277. *Ver também* neoplatonismo.

movimento *Ver* espaço-tempo; paradoxos de Zenão.

movimento newtoniano *Ver* leis do movimento de Newton.

mudança Os problemas centrais da filosofia da mudança são a relação da mudança com o *tempo e a relação de ambos conosco. Apesar de a mudança ser um elemento fundamental do mundo percepcionado, sua estranheza constitui um tema permanente, tanto na filosofia ocidental como na oriental: o inquieto mundo cotidiano das coisas e dos acontecimentos em constante mutação tem de ser encarado como irreal, contrastando com uma realidade imutável mais fundamental. A primeira expressão desse tema na tradição ocidental dá-se com *Parmênides. Os argumentos de *Zenão de Eleia contra o movimento costumam ser interpretados como uma defesa parcial do monismo parmenídeo. A reação surgiu com *Heráclito, cuja perspectiva do mundo como fluxo eterno encontrava no entanto algo de contraditório nessa noção: "entramos e não entramos no mesmo rio; somos e não somos". A ideia de que há uma contradição na noção de mudança foi defendida por *McTaggart (*ver* séries-a), no início do século, que acreditava ainda que a realidade tem de ser concebida como essencialmente estática, sendo a mudança aparente um produto de uma perspectiva mental. A ideia de que o mundo em mudança e decadência é um reflexo de um mundo imutável e incorruptível ocupa um lugar central na metafísica cristã, e exprime-se na doutrina kantiana que afirma que o tempo é unicamente a forma do sentido interno, imposta pela mente. No *idealismo absoluto, em especial em *Bradley, há a mesma ideia de que a mudança é contraditória e, por consequência, irreal: o Absoluto é imutável. Essa noção pode tornar-se mais atraente se se tiver em conta que qualquer explicação científica da mudança se constitui a partir da descoberta do funcionamento de uma lei inalterável, ou de uma quantidade que permaneça inalterada pela mudança, de tal modo que a explicação da mudança se constitui sempre através da descoberta do que não muda. O problema metafísico da mudança consiste em conseguirmos nos libertar da ideia de que cada momento é uma novidade absoluta, como se fosse criado *ex nihilo*, conseguindo conceber que os acontecimentos ou processos têm uma realidade genuinamente histórica, que de fato se desenvolve e se estende ao longo do tempo, em vez de imaginá-los como algo que é constituído de átomos temporais discretos. Um avanço nessa direção pode ser a consideração de que o tempo em si não é um receptáculo infinito no qual se localizam os acontecimentos discretos, mas antes uma espécie de *construção lógica, feita a partir do fluxo de acontecimentos. *Leibniz defendia essa perspectiva relacional sobre o tempo, que era tema de discussão entre ele e *Clarke, discípulo absolutista de *Newton.

mudança Cambridge Uma coisa muda num sentido associado a *Russell (e daí a Cambridge) se satisfaz numa ocasião uma descrição que não satisfaz em outra ocasião. No entanto, algumas dessas mudanças são "apenas" mudanças Cambridge: se uma pessoa ultrapassa minha altura, então eu satisfaço num certo momento a descrição de ser tão alto quanto essa pessoa, e não satisfaço essa descrição em outro momento. Por isso, pelo critério Cambridge, eu mudei, mas não precisei passar por uma mudança sólida ou substancial, porque posso ter ficado exatamente com a mesma altura. O termo foi introduzido por P.T. Geach (*Logic Matters*, 1972); uma aplicação possível para essa noção é a de tornar a natureza imutável (substancial) de Deus compatível com suas relações mutáveis (meramente Cambridge) com o mundo temporal.

mulheres na filosofia *Ver* feminismo.

Müller-Lyer, ilusão de *Ver* ilusão de Müller-Lyer.

mundo exterior O mundo cotidiano dos lugares e coisas que percebemos, por onde nos movemos e sobre o qual agimos. O termo "exterior" sugere — equivocamente, na opinião de muitos filósofos — que este mundo é separado do mundo da mente, de modo que uma coisa é nossa experiência imediata, e outra é a questão da natureza do mundo do qual temos experiência. É comum chamar essa perspectiva de uma imagem *cartesiana da mente, e foi alvo de críticas por parte de muitos epistemólogos, em especial a partir de meados do século XX. *Ver também* experiência; percepção.

mundo sensível O mundo tal como é para nós: o mundo das cores, gostos e sons, como o dos objetos com relações geométricas e mecânicas. *Ver* imagem manifesta; qualidades primárias/secundárias.

mundos possíveis Noção fundamental na exploração semântica, ou em termos de *teoria dos modelos, da *lógica modal. Um mundo possível é aqui considerado um estado de coisas completo, ou um no qual todas as proposições sob consideração têm um valor de verdade determinado. Uma proposição *p* é necessária ($\Box p$) *se é verdadeira em todos os mundos possíveis, possível* ($\Diamond p$) *se é verdadeira em algum mundo possível, e impossível se em nenhum é verdadeira. Podem-se definir várias relações entre os mundos possíveis. Por exemplo, para dispormos de um modelo que possa tratar os problemas resultantes da reiteração de operadores modais, tal como saber se* $\Box p$ implica $\Box\Box p$,

**Kripke definiu uma relação de acessibilidade entre mundos, o que lhe permitiu transformar essa questão no problema de saber se é verdade que, se uma proposição é verdadeira em todos os mundos possíveis acessíveis a partir deste, então é verdadeira em todos os mundos possíveis acessíveis a partir de todos os mundos que são acessíveis a partir deste. Para oferecer uma teoria sobre as *contrafactuais, David *Lewis usou uma relação de semelhança, de maneira que uma condicional contrafactual "Se p* fosse verdadeira, *q* seria verdadeira" pode ser encarada como verdadeira se *q* for verdadeira em todos aqueles mundos possíveis mais semelhantes ao nosso nos quais *p* é verdadeira.

Apesar de a utilidade dos modelos de mundos possíveis na exploração da lógica modal ser indubitável, tem-se debatido intensamente se a noção é apropriada em termos filosóficos, vindo à superfície o mesmo tipo de posições típicas que na *filosofia da matemática: o *platonismo, que defende a realidade dos mundos possíveis (*ver* realismo modal), formas de construtivismo (*ver* demonstração/definição construtiva), que defendem que os criamos, e o *formalismo, que encara a noção como nada mais além de um instrumento útil para a lógica.

Murdoch, Iris Jean (1919-) Filósofa e romancista inglesa. Nascida em Dublin, estudou no Sommerville College de Oxford, tornando-se membro do corpo docente do St. Anne's College de Oxford em 1948. É conhecida sobretudo como romancista, mas a primeira obra filosófica que publicou — *Sartre, Romantic Rationalist* — data de 1953, tendo-se seguido, entre outras, *The Sovereignty of Good* (1970) e *Methaphysics and Morals* (1992). Tal como em grande parte de seus romances, sua principal preocupação filosófica é explorar o papel do pensamento religioso e da moralidade como baluartes *platônicos na luta contra um mundo aparentemente fragmentado e destituído de sentido.

música das esferas *Ver* harmonia das esferas.

mutabilidade *Ver* mudança.

Mutakallimun *Ver kalam.*

mutatis mutandis (lat.) "Mudando o que tem de ser mudado"; isto é, com as alterações necessárias.

mutuamente exclusiva/conjuntamente exaustiva *Ver* exclusiva/exaustiva.

N

nada A não existência de todas as coisas; um conceito que pode ser assustador, fascinante ou simplesmente rejeitado como produto da confusão lógica que consiste em tratar o termo "nada" como uma expressão referencial e não como um *quantificador. Essa confusão leva os ingênuos a pensar que uma frase como "nada está à nossa volta" se refere a um tipo de coisa que está à nossa volta, quando na verdade ela nega apenas que o predicado "está à nossa volta" tenha aplicação. As intuições que levaram alguns filósofos e teólogos, em especial *Heidegger, a falar da experiência do nada não advém propriamente da experiência de nada, mas antes da frustração de uma expectativa quanto à presença de uma coisa numa certa altura do tempo. Isso pode acontecer em casos bastante triviais, como quando descobrimos que o móvel que esperávamos ver, como de costume, no canto da sala, desapareceu. A diferença entre os *existencialistas e os *filósofos analíticos quanto a esse assunto é que, ao passo que os primeiros temem o nada, os segundos pensam que nada há a recear. Um conjunto completamente diferente de considerações é suscitada pela descrição de certas ações em termos de nada se fazer: nada dizer pode ser uma admissão de culpa e nada fazer pode, em alguns casos, equivaler a matar (*ver* doutrina dos atos/omissões; problema do trem). Outros problemas importantes têm a ver com a conceitualização do *espaço e do *tempo vazios.

Nagarjuna (c.II d.C.) Um dos principais filósofos do *budismo, fundador da escola **madhyamika*. Pouco se sabe de sua vida, embora seu nome derive de *naga*, uma serpente, símbolo do conhecimento oculto. Nagarjuna afirmava que o mundo múltiplo das aparências depende da existência de oposições, mas estas surgem de discriminações falsas e fúteis. São relativas, e portanto irreais. Da rejeição de todas as oposições (caminho do meio, ou *madhyamika*) resulta que a verdade real só pode ser encontrada na vacuidade, ou num mundo completamente caracterizado de forma negativa. As oito negações são: nenhuma eliminação, nenhuma produção, nenhuma destruição, nenhuma eternidade, nenhuma unidade, nenhuma multiplicidade, nenhuma chegada, nenhuma partida. Os ensinamentos de Nagarjuna assemelham-se aos dos *monistas da tradição ocidental, como *Parmênides e *Bradley.

Nagel, Ernest (1901-85) Filósofo da ciência. Nagel nasceu em Novemesto, na antiga Tchecoslováquia, emigrou para os EUA em 1911 e foi professor em Colúmbia durante mais de quarenta anos. Sua obra mais conhecida consiste numa das últimas grandes discussões *empiristas e positivistas sobre a natureza das explicações científicas: *The Structure of Science* (1961).

Nagel, Thomas (1937-) Filósofo político e moral norte-americano. Nagel nasceu na ex-Iugoslávia e estudou em Cornell, Oxford e Harvard. Ensinou em Princeton de 1966 a 1980, e depois disso na Universidade de Nova York. Sua obra concentra-se na natureza da motivação moral e na possibilidade de uma teoria racional da adesão moral e política, tendo estimulado significativamente o interesse nas abordagens realistas e *kantianas a esses assuntos. Um dos ensaios mais discutidos na moderna filosofia da mente tem sido seu "What is it Like to Be a Bat?", onde argumenta que na experiência existe um aspecto subjetivo irredutível que não pode ser apreendido pelos métodos objetivos das ciências naturais, ou por filosofias do tipo do *funcionalismo, que se limitam a esses métodos. Suas obras incluem *The Possibility of Altruism* (1970), *Mortal Questions* (1979), *The*

View from Nowhere (1986), *What Does It All Mean?* (1987) e *Equality and Partiality* (1991).

não cognitivismo Título comum, mas potencialmente enganador, para se referir às teorias *projetivistas, *expressivistas, *emotivistas ou *prescritivistas da ética. Um estado de espírito é não cognitivo se não envolve cognição ou conhecimento de espécie alguma. Um bom exemplo seria uma sensação como as *cócegas, ou um estado de espírito como o júbilo. As doutrinas expressivistas negam que os comprometimentos éticos representem aspectos dos seus objetos; em vez disso, exprimem atitudes dos seus detentores. Assim, supõe-se, nada há de ético para ser conhecido, pois o conhecimento visa detectar ou representar verdades independentes acerca das coisas. Isso justifica que se rotule essas doutrinas como não cognitivistas. Mas a questão de saber se essas perspectivas são compatíveis com as pretensões comuns ao conhecimento ético ou se podem explicá-lo não deve ser avaliada precipitadamente. Quando alguém afirma que sabe que matar inocentes é errado, pode ser interpretado de modo bastante compreensivo por um expressivista; resumidamente, para um expressivista essa pessoa sustenta a atitude de condenar a morte de inocentes, e está confiante de que nenhuma evolução positiva da sua natureza poderá abalá-la. *Ver também* quase realismo.

não contradição, lei da Princípio da lógica que afirma não ser o caso que ($p \wedge$ não p). A *contradição é o ponto final da lógica: se podemos derivar uma contradição a partir de um conjunto de premissas, então pelo menos uma delas é falsa (*ver reductio ad absurdum*). Uma resposta possível para a questão de saber o que há de tão mau assim em relação às contradições consiste em fazer notar que uma contradição não pode ser verdadeira (em termos clássicos, se um membro p de uma *conjunção é verdadeiro, então não p é falso, e vice-versa, de maneira que ambos não podem ser verdadeiros simultaneamente; *ver também* negação). Outra resposta possível é que de uma contradição podemos derivar seja o que for, o que é verdade nos sistemas de lógica clássica. *Ver dialetheia*; paradoxos da implicação estrita.

não euclidiana, geometria *Ver* geometria.

não-ser Muitas vezes tido como uma desgraça, mas que felizmente *nada afeta.

não valorativo Uma preocupação central na metodologia das ciências sociais consiste em saber até que ponto é possível ou desejável que elas sejam "não valorativas". A exigência de que têm de ser não valorativas (al., *wertfrei*) está associada a *Weber: o problema diz respeito à possibilidade de apresentar descrições esclarecedoras, ou úteis, dos fenômenos sociais que não expressem os valores do autor. Se isso não puder ser feito, levanta-se a questão da objetividade das ciências sociais e de sua dessemelhança em relação às outras ciências.

natural, categoria *Ver* categoria natural.

naturalismo De modo muito geral, trata-se de uma simpatia pela perspectiva segundo a qual em última análise nada resiste às explicações obtidas através dos métodos característicos das ciências naturais. Um naturalista opõe-se, por exemplo, ao *dualismo mente-corpo, uma vez que deixa o lado mental das coisas fora do alcance das explicações biológicas ou físicas; opõe-se a que se vejam os números ou os conceitos como habitantes reais, ainda que não físicos, do mundo; e recusa que se tomem deveres e direitos morais reais como aspectos absolutos e autônomos da ordem natural. O problema central do naturalismo é definir em que consiste uma compatibilização satisfatória das ciências eleitas com os elementos que, aparentemente, não têm lugar nelas. O *instrumentalismo, o *reducionismo e o *eliminativismo, bem como várias outras sugestões antirrealistas (*ver* realismo/antirrealismo), são algumas das alternativas. O termo naturalismo é às vezes usado para referir versões específicas dessas perspectivas em áreas determinadas: *Moore, por exemplo, definiu o naturalismo em ética como a doutrina segundo a qual os predicados morais exprimem de fato o mesmo que os predicados das ciências naturais empíricas. Essa sugestão é provavelmente insustentável, mas à medida que ganham crédito outras formas de conciliar a ética com a perspectiva de que os seres humanos são apenas partes da natureza, estas passam a ter o título de perspectivas naturalistas da ética. *Ver também* natureza.

naturalismo ético A tentativa de colocar as propriedades éticas e o pensamento ético no mundo natural. Na forma discutida e supostamente refutada por *Moore, é a concepção segundo a qual o significado de um predicado ético ("... é bom") é idêntico ao de um predicado que mostre os aspectos em virtude dos quais um objeto é bom (e.g., "... é aquilo que cria felicidade", caso nos situemos num modelo *utilitarista). Moore ataca essa concepção através do *argumento da questão em aberto. Em outras posições que se declaram naturalistas pode-se abandonar essa exigência sobre a identidade de significado, mas de qualquer modo sustenta-se que as propriedades éticas são idênticas a propriedades naturais, da mesma maneira que afirmamos que a água é H_2O, mesmo que os dois termos tenham um significado diferente. Num sentido mais amplo, o naturalismo inclui qualquer crença que sustente que a natureza do pensamento ético é exaustivamente compreendida em termos das propensões naturais dos seres humanos, excluindo assim as intuições misteriosas, as operações da consciência ou a ajuda divina.

natureza Um conceito indefinidamente mutável, que se altera à medida que muda nossa concepção científica do mundo. Compreendemos melhor o que o termo quer dizer se percebermos que assinala um contraste com algo que não é considerado como parte da natureza. O conceito se aplica a espécies individuais (faz parte da natureza do ouro ser denso, e faz parte da natureza dos cães serem amigáveis) e também ao mundo natural como um todo. O sentido em que esse conceito se aplica a categorias remete-nos imediatamente para o domínio dos ideais éticos e estéticos: uma coisa deve realizar sua natureza, o natural é o que é bom que uma coisa se torne, é natural para os homens serem saudáveis e bípedes; e um afastamento dessas características é uma infelicidade ou uma deformidade. A associação do que é natural com o que é bom que uma coisa se torne é visível em *Platão e é uma ideia central na filosofia da natureza de *Aristóteles. Infelizmente, neste sentido, o ponto mais elevado da natureza é o cidadão adulto masculino e todo o resto a que chamaríamos mundo natural (onde se incluem as mulheres, os escravos, as crianças e as outras espécies) não fazem propriamente parte dele.

No entanto, a natureza em geral tanto pode funcionar como uma fonte de ideais como opor-se a eles: nesse sentido, contrasta-se a natureza decaída com uma suposta realização celeste das *formas. Poderia-se esperar que a *concepção galileana do mundo tivesse esvaziado a natureza do seu conteúdo ético, mas o termo raramente perde sua força normativa, e a crença em leis naturais universais produziu seu próprio conjunto de ideais. No século XVIII, por exemplo, um pintor ou um escritor podia ser elogiado por ser natural, e entre as qualidades a exibir contava-se a abordagem de assuntos normais ("universais") com simplicidade, parcimônia, regularidade e harmonia. Mais tarde, a natureza transformou-se num símbolo igualmente forte de irregularidade, imprevisibilidade e fértil diversidade, mas também esteve associada ao progresso e à transformação (*ver* idealismo absoluto; romantismo). Entre aquilo que se contrasta com a natureza contam-se: (I) o que é deformado ou grotesco, o que não consegue atingir sua forma ou função própria, ou apenas o que estatisticamente não é comum ou familiar; (II) o sobrenatural, ou seja, o mundo dos deuses e das forças invisíveis; (III) o mundo da racionalidade e da inteligência, concebido como algo que se distingue da ordem física e biológica; (IV) o manufaturado e artificial, ou seja, o produto da intervenção humana; (V) relacionado com isso, o mundo da *convenção e do artifício.

As diferentes concepções de natureza continuam a ter associações éticas: a ideia de "natureza cruel", por exemplo, serve muitas vezes de desculpa para relações pessoais e políticas agressivas, e a ideia de que certas características fazem parte da natureza da mulher é tomada como justificativa para a existência de expectativas sociais diferenciadas. Aqui o termo abrange um conjunto particular de estereótipos, sendo alvo adequado de muitos textos *feministas. *Ver também* darwinismo; ética do meio ambiente; lei natural; *Naturphilosophie*; sociobiologia.

natureza humana Tópico fundamental da ética, objeto de vários tratamentos diferentes, sendo sua disparidade responsável pela existência de concepções da vida humana tão diferentes como a dos gregos clássicos e a do cristianismo. Uma das preocupações da filosofia do *Iluminismo era descobrir uma mesma natureza humana sob as diferenças superficiais, devidas à cultura e à sociedade. O núcleo comum haveria de conter, em grau suficiente, uma simpatia natural pelos outros, a benevolência, a percepção do egoísmo e a capacidade de aprovar instituições justas, de modo a constituir um fundamento para uma ética puramente secular. Essa esperança foi desfeita pela concepção *hegeliana dos seres humanos como algo que possui uma natureza moldada apenas pelas suas circunstâncias históricas e sociais. Contudo, essa esperança reaparece depois em um nível superior com a consideração de que temos naturezas que nos permitem fazer certos acordos políticos e sociais sob os quais evoluímos, e que nos impedem de fazer outros. *Ver* essencialismo; sociobiologia.

natureza, leis da *Ver* leis da natureza.

Naturphilosophie Estudo da história natural com uma orientação filosófica que se desenvolveu na Alemanha no final do século XVIII e na primeira metade do século XIX. Seus expoentes foram figuras como *Herder, *Goethe, *Schelling, *Hegel e anatomistas como Lorenz Oken (1779-1851). Esse gênero de estudos buscou em *Kant (e, como precursor, em *Aristóteles) a ideia de progresso e de *teleologia no desenvolvimento das espécies e dos animais, mas deu menos importância às tentativas de Kant para limitar as pretensões da razão humana. O resultado era uma mistura de observações botânicas e biológicas com teorias metafísicas não convencionais, encarando a natureza como uma hierarquia de ordens que culminava na espécie humana. *Ver também* idealismo absoluto; romantismo.

navalha de Ockham Célebre princípio de *Ockham segundo o qual *entia non sunt multiplicanda praeter necessitatem*: as entidades não devem ser multiplicadas sem necessidade. É lema de muitas filosofias *nominalistas e *reducionistas.

necessidade Uma proposição é necessária se não poderia ter sido falsa. Podemos contemplar várias possibilidades que descrevem como as coisas poderiam ter sido mas não são; se uma proposição for verdadeira em todas essas possibilidades, então é verdadeira em todos os *mundos possíveis, ou necessariamente verdadeira. *Ver também* lógica modal; modalidade; verdades necessárias/contingentes.

A explicação fundamental da necessidade de uma proposição é controversa, e há até quem duvide que essa categoria seja um auxiliar útil para o pensamento (*ver* Quine). Uma classe relativamente clara de proposições necessárias seriam as analíticas (*ver* analítico/sintético), uma vez que parecem ser "trivialmente" verdadeiras. Mas as verdades aparentemente sintéticas e necessárias levantam problemas substantivos: a proposição que afirma que todos os números têm um sucessor, e a proposição que afirma que nada pode parecer inteiramente vermelho e verde ao mesmo tempo, são alguns dos exemplos clássicos. A possibilidade de verdades sintéticas **a priori* é o problema básico enfrentado por *Kant na *Crítica da razão pura*. As teorias *convencionalistas sugerem que consideremos certas proposições como necessárias por convenção linguística. Outras teorias sublinham o bloqueamento imaginativo que enfrentamos ao tentar imaginar a possibilidade de tais proposições serem verdadeiras. Uma categoria que tem despertado particular interesse é a das proposições "metafisicamente necessárias", mas que em nenhum sentido são **a priori*: a proposição que afirma que o calor num gás é o movimento das moléculas, ou a proposição que afirma que a água é H_2O, por exemplo.

Um conjunto muito diferente de problemas filosóficos surge também com a ideia de um desenrolar necessário dos acontecimentos no tempo; em muitas filosofias, a marcha dos acontecimentos é vista como inexorável, ou preestabelecida, o que se considera ter consequências para a maneira como reagimos ao problema da escolha, ou como concebemos o que já aconteceu. *Ver também* leis da natureza; livre-arbítrio. O conjunto de considerações centradas no *argumento cosmológico procura mostrar que se tudo existe contingentemente, então algo tem de existir por necessidade.

negação A negação de uma proposição é sua contradição: em termos clássicos, aquela proposição que é verdadeira quando a outra é falsa, e falsa quando a outra é verdadeira. O sinal ¬ (para alternativas *ver* o Apêndice) exprime uma *função de verdade, definida na tabela:

p	$\neg p$
V	F
F	V

Uma proposição pode ser contradita de outras maneiras, além da afirmação de sua negação estrita. Por exemplo, "isso é vermelho" é contradita por "isso é verde", uma vez que ambas as frases não podem ser simultaneamente verdadeiras. Mas podem ser ambas falsas, sendo que uma não é a negação direta da outra. *Ver* contrária; quadrado da oposição.

negação do antecedente Argumentar invalidamente que dadas duas premissas, se *p* então *q* e não *p*, se pode inferir *q*. "Se ela está no Rio de Janeiro, então está no Sudeste; não está no Rio de Janeiro, logo está no Sudeste."

negação do consequente Argumentar validamente que dada uma premissa da forma se *p* então *q* e uma da forma não *q*, podemos inferir não *p*. "Se a perna está quebrada isso vai doer em você; não lhe doeu; logo, a perna não está quebrada."

negação dupla O resultado de negar a negação de uma proposição. No *cálculo proposicional clássico, *¬¬p é equivalente a p. Na *lógica intuicionista isso não se verifica: não podemos inferir p* de *¬¬p.*

negar Rejeitar. *Frege argumentou de maneira convincente que não se pode distinguir a atividade de negar da atividade de afirmar, mas que, pelo contrário, negar uma proposição é afirmar que é falsa, ou afirmar sua *negação.

negativa, proposição *Ver* proposições afirmativas e negativas.

neoconfucionismo Escola de filosofia chinesa que desenvolveu o pensamento de *Confúcio a partir do período Sung (960-1279). Acrescenta à ética confucionista a discussão metafísica de conceitos como **chi*, **li* e **yin/yang*, que não foram desenvolvidos na obra do próprio Confúcio.

neokantismo Termo geral para qualquer doutrina de metafísica ou ética que deva sua inspiração a *Kant, mas que se refere em particular a algumas correntes deste gênero proeminentes na Alemanha entre 1870 e 1920. A divisa "retorno a Kant" foi pronunciada por Kuno Fischer (1824-1907) em 1860, parcialmente como reação ao *naturalismo preponderante do tempo, opondo-se ainda à *ética evolucionista que começava a ganhar terreno e a propagar mitos de *determinismo biológico e de superioridade racial. A tendência geral era separar o humano das ciências naturais (*ver* Dilthey; *verstehen*) e reduzir a ênfase no *numênico, interpretando-se assim *Kant como uma versão mais *positivista de empirismo e racionalismo. O neokantismo exerceu especial influência no pensamento social de *Durkheim e *Weber.

neopitagorismo Ressurgimento dos interesses místicos e numerológicos de *Pitágoras, fundidos com elementos de *Platão e de outros filósofos gregos, que ocorreu em centros mediterrânicos no século I a.C. Segundo Cícero, o fundador da escola foi um filósofo romano, Nigídio Fígulo. Essa corrente de pensamento contribuiu para o *platonismo médio e para a subsequente ascensão do *neoplatonismo.

neoplatonismo Fusão da filosofia de *Platão com doutrinas clássicas religiosas, pitagóricas e outras, originada por *Plotino em suas *Enéades*. Plotino concebia o universo como uma emanação ou fulguração do Uno, o Bem onipresente e transcendental derivado do *Parmênides* de Platão. O Uno dá lugar ao domínio do **nous* (ideias, inteligência), que por sua vez dá lugar à alma, ou almas, algumas das quais descem aos corpos (enquanto outras permanecem celestiais). (*Ver* Plotino *para pormenores*). *Porfírio adicionou elementos aristotélicos a essa concepção. A escola de Atenas desenvolveu o neoplatonismo numa direção teológica, porém anticristã, destacando-se sobretudo a obra de *Proclo, no século V. Em Alexandria, contudo, surgiu uma mistura de elementos neoplatônicos e cristãos, cuja forma mais desenvolvida se encontra em *Boécio. O neoplatonismo teve uma influência profunda na filosofia medieval e renascentista (*ver*, por exemplo, Dante), da mesma forma que alguns elementos de Plotino também se encontram presentes na tradição da *cabala. Contudo, o Deus dos neoplatônicos acaba por ser excessivamente distante em relação ao mundo para poder servir de forma satisfatória como Deus do judaísmo, do cristianismo ou do islamismo. O Deus neoplatônico é como um lago que, sendo a fonte de um rio, está no entanto separado dele pelas quedas d'água intermediárias; não é acessível pela oração, não se interessa nem remotamente pelo que se passa abaixo dele, e sequer toma conhecimento disso. Um dos problemas principais do início da filosofia escolástica foi a definição e defesa de um conceito de Deus que, apesar de ser completamente autossuficiente, não fosse de todo absorto em si mesmo. *Ver também* motor imóvel.

neotaoísmo Forma de *taoísmo que floresceu na China durante os séculos III e IV. A relação entre o recolhimento pessoal na natureza característico do *taoísmo e a ética mais social e política do *confucionismo foi um dos interesses principais do neotaoísmo.

neotomismo Movimento que teve como ponto de partida a encíclica *Aeterni Patris* do papa Leão XIII em 1879, que confirmava o estatuto de *Tomás de Aquino como guardião da teologia católica ortodoxa. Entre os filósofos que pertencem a essa tradição estão o acadêmico francês Étienne Gilson (1884-1978) e *Maritain.

nestorianismo Doutrina defendida por Nestório, que ocupou Constantinopla em 428, segundo a qual Cristo consistiu em duas pessoas distintas, uma divina e uma humana. Foi condenada em favor da doutrina de que Cristo foi uma única pessoa, simultaneamente divina e humana. *Ver também homoousion*; monofisismo.

Neurath, barco de *Ver* barco de Neurath.

Neurath, Otto (1882-1945) Filósofo austríaco e pensador social. Neurath, um socialista e erudito, foi um dos membros mais influentes do Círculo de Viena (*ver* positivismo lógico). Seus artigos na revista *Erkenntnis* (especialmente seu "Protokollsätze", de 1932) foram importantes para afastar o Círculo da tentativa de encontrar os fundamentos do conhecimento na experiência sensorial não interpretada, e para promover uma epistemologia mais fisicalista e *holista. Segundo Neurath, o fisicalismo é uma doutrina linguística promissora para uma unificação desejável das linguagens das diversas ciências. Neurath foi em grande medida o autor do primeiro manifesto do Círculo de Viena, em 1929. *Ver também* barco de Neurath.

neurociências Termo geral para o conjunto de estudos que procuram compreender o *cérebro e suas funções.

neurolinguística Estudo conjunto das áreas do cérebro úteis à competência linguística e da luz que lançam sobre as estruturas dessa capacidade.

nêustico *Ver* frástico/nêustico.

Newton, Isaac (1642-1727) Matemático e físico britânico, e uma das fontes principais da concepção científica clássica do mundo. O homem a quem *Hume chamou "o maior e mais raro dos gênios que já surgiu para honrar e instruir a espécie humana" nasceu em Lincolnshire e estudou no Trinity College de Cambridge. Geralmente suas grandes descobertas matemáticas são situadas entre 1665 e 1666, quando estava isolado em Lincolnshire e a universidade estava fechada devido à peste. Em 1669 tornou-se professor de matemática. Sua grande obra, *Philosophiae naturalis principia mathematica* ("Princípios matemáticos da filosofia natural", à qual costuma-se referir por *Principia*), foi publicada em 1687. Em 1696 foi-lhe atribuído o cargo de administrador da Casa da Moeda, onde supervisionou a reforma do sistema monetário (segundo *Voltaire, isso aconteceu porque o tesoureiro, lorde Halifax, estava apaixonado pela sobrinha de Newton).

Ao longo de sua carreira, Newton se envolveu em várias controvérsias e manteve correspondência científica. Sua afirmação muito citada, "Se vi mais longe foi porque estava nos ombros de gigantes", ocorre numa carta conciliadora dirigida a Robert Hooke (1635-1703), secretário da Royal Society, sobre questões de prioridade na realização de descobertas ópticas (intencionalmente ou não, Newton estava de fato reproduzindo a afirmação que Bernard de Chartres fez em 1120: "Somos anões que estão nos ombros de gigantes"). A disputa com *Leibniz sobre a invenção do cálculo é sua querela mais conhecida, e certamente a menos edificante. O próprio Newton escolheu a comissão da Royal Society que julgou a questão da prioridade, e depois escreveu o relatório, o *Commercium epistolicum*, atribuindo a si mesmo a vitória. Embora tenha sido o pai da "idade da razão", Newton interessava-se por alquimia, profecias, sabedoria gnóstica e teologia (seus manuscritos contêm cerca de 1.300.000 palavras sobre assuntos bíblicos, tal como as *Observations upon the Prophecies of Daniel, and the Apocalypse of St. John*, 1733).

A influência filosófica dos *Principia* foi incalculável e, desde o *Ensaio* de *Locke, os filósofos encontraram na obra de Newton um novo paradigma do método científico, mas não ficaram inteiramente esclarecidos sobre os diferentes papéis que a razão e a observação desempenhavam nessa estrutura. Embora sua contribuição para a concepção científica do mundo tenha sido enorme, Newton argumentou na nota geral do fim do Livro III dos *Principia* que "é inconcebível que meras causas mecânicas possam ter dado origem a tantos movimentos regulares" e que, portanto, suas descobertas apontavam para as operações de Deus, "cuja revelação a partir dos fenômenos pertence certamente à filosofia natural". Newton confessa que não estava "em condições de descobrir a causa das propriedades da gravidade a partir dos fenômenos": *hypotheses non fingo* (não faço hipóteses). Foi *Hume quem sustentou que aquilo que Newton fez, ou seja, descrever os acontecimentos naturais segundo padrões e ordens com a forma de leis, é a única coisa que a investigação científica pode alcançar. *Ver também* ação a distância; campo.

nexo causal (do lat., *nectere*: ligar) A ligação ou vínculo entre a causa e seu efeito. Os *céticos antigos, os *ocasionalistas e o famoso *Hume sustentaram que nenhum vínculo desse gênero é perceptível ou imaginável: podemos ver que os acontecimentos ocorrem sucessivamente, mas não podemos ver que isso tem de ser assim, nem podemos formar qualquer noção sobre conexões necessárias. A ideia de que a causalidade consiste na conjunção de acontecimentos discretos através de vínculos é altamente problemática: o que vincula o acontecimento a seu vínculo? Deve o vínculo ser concebido como um terceiro elemento? Qual é a relação temporal entre o primeiro acontecimento, o vínculo e o acontecimento seguinte?

Nicolau de Cusa (1401-64) Cardeal alemão e bispo de Brixen. Em sua principal obra, *De docta ignorantia* ("Da douta ignorância", 1440), Nicolau expõe uma "teologia negativa", na qual uma concepção *neoplatônica do cosmo torna sua natureza inteiramente incognoscível. Também está associado à doutrina da "concordância dos contrários", um ataque à lei *aristotélica da não contradição que foi historicamente influente. Em cosmologia, foi um dos primeiros pensadores a negar a teoria geocêntrica do universo, e a afirmar a natureza ilimitada do espaço.

Nietzsche, Friedrich (1844-1900) Nietzsche nasceu na Prússia, filho de um pastor luterano que morreu louco quatro anos depois, e viveu sua infância com a mãe, a irmã, a avó e duas tias solteiras. Em 1858 entrou para um internato e, apesar de sua saúde frágil, continuou a estudar teologia e filologia clássica na Universidade de Bonn, mudando-se depois para Leipzig, onde foi influenciado por *Kant, *Schopenhauer e pelo compositor Richard Wagner. Um ano no exército, em 1868, foi encurtado por motivos de saúde, mas sua distinção intelectual era tal que foi escolhido para a cadeira de filologia na Basileia, embora na época tivesse apenas vinte e quatro anos de idade, e não possuísse nenhuma das qualificações formais habitualmente exigidas (Leipzig atribuiu-lhe de bom grado o seu doutoramento sem exigir qualquer exame ou tese). Em seu primeiro livro, *Die Geburt der Tragödie aus dem Geiste der Musik* (*O nascimento da tragédia*, 1872). Nietzsche apresenta a famosa distinção entre os espíritos *apolíneo e dionisíaco na vida e no pensamento gregos. Essa obra é, entre outras coisas, um desafio à resignação budista de Schopenhauer, já que a criação de uma resposta apolínea aos terrores de Dioniso é algo positivo, ativo e heroico, e não algo apático e passivo. Os textos seguintes de Nietzsche, de 1873 a 1876, são as quatro "Meditações extemporâneas". A última delas é especialmente significativa por assinalar a ruptura de Nietzsche com Richard Wagner, que se deu em parte devido ao nacionalismo e antissemitismo do segundo, em parte porque Nietzsche considerava que a ópera *Parsifal* era saturada de cristianismo e também porque Wagner não apreciava a atração do próprio Nietzsche pelo *Iluminismo francês. Em 1879, Nietzsche abandonou a universidade devido à fragilidade crônica de sua saúde e, vivendo com uma pensão modesta, dedicou o resto de seu tempo à escrita. *Humano, demasiado humano* (1878-80) foi o primeiro dos seus livros aforísticos, ao qual se seguiram *Vermischte Meinungen und Sprüche* (1879) e *Der Wanderer und sein Schatten* (1880, *O andarilho e sua sombra*). *Morgenröte. Gedanken über die moralischen Vorurteile* (1881, *Aurora*, e *Die fröhliche Wissenschaft* (1882, *A gaia* *ciência*), iniciaram a investigação crucial do autodomínio, das relações entre a razão e o poder e da revelação das lutas inconscientes pelo poder que produzem a verdadeira energia para a aparente renúncia do asceta e do mártir. Foi durante esse período que a relação fracassada de Nietzsche com Lou Salomé originou uma crise emocional. *Also sprach Zarathustra* (1883-85, *Assim falou Zaratustra*) assinala a recuperação dessa crise, e é frequentemente vista como a obra-prima de Nietzsche. Seguiram-se *Jenseits von Gut und Böse* (1887, *Além do bem e do mal*), *Zur Genealogy der Moral* (1887, *A genealogia da moral*) e outras obras menores. Em 1889, Nietzsche, incapaz de suportar o espetáculo de um cavalo sendo chicoteado, desmaiou numa rua de Turim; esteve clinicamente louco durante os últimos anos de sua vida. Acredita-se, de modo geral, que durante os anos que antecederam (e sucederam) sua morte, Elizabeth Förster Nietzsche, sua irmã (que era uma espécie de enfermeira e protetora), desempenhou um papel crucial na adulteração da influência que Nietzsche exerceu na vida alemã.

Nietzsche foi imbatível como o mais perspicaz e poderoso crítico do clima moral do século XIX (e do que dele resta no nosso século). Sua investigação sobre as motivações inconscientes antecipou *Freud. Nietzsche destaca-se por ter enfatizado a "vontade de poder" como o fundamento da natureza humana, o "ressentimento" que surge quando lhe é negada sua base ativa e as corrupções da natureza humana encorajadas pelas religiões que, como o cristianismo, se alimentam desse ressentimento. No entanto, o ser humano poderoso que escapa a tudo isso, o "**Übermensch*", não é a "besta loura" do *fascismo posterior; é um ser humano que dominou as paixões, que se elevou do fluxo sem sentido e que deu um estilo criativo a seu caráter. Os espíritos livres de Nietzsche identificam-se por sua atitude alegre perante o *eterno retorno; Nietzsche costuma apresentar o artista criativo, e não o guerreiro, como seu melhor exemplo, mas subsiste o fato inquietante de ele aparentemente não ter deixado quaisquer palavras para condenar as bestas predadoras que mostram seu melhor estilo ao exercer um poder, a todos os títulos repulsivo, sobre os outros. Este problema é agravado pela misoginia que Nietzsche com frequência exprimia, embora nestes assuntos a interpretação de seus textos multifacetados e irônicos nem sempre seja linear. Do mesmo modo, o antissemitismo encontrado em sua obra é contrabalançado por uma denúncia igualmente veemente do mesmo, e por uma reprovação igual ou maior da mentalidade alemã de sua época.

A influência atual de Nietzsche parte não só da sua valorização da vontade, mas, sobretudo, do seu ceticismo sobre as noções de fato e de verdade. Nietzsche antecipou, em particular, muitas das doutrinas centrais do *pós-modernismo: uma atitude estética perante o mundo, na qual este é visto como um "texto"; a negação dos fatos; a negação das essências; a valorização da pluralidade de interpretações e do eu fragmentado; e também uma desvalorização da razão e uma politização do discurso. Todas essas doutrinas tiveram de esperar para serem redescobertas no final do século XX. Nietzsche tem também a vantagem incomparável sobre seus seguidores de ser um escritor com um excelente estilo, refletindo-se seu *perspectivismo na atraente combinação de uma plêiade de artifícios literários — humor, ironia, exagero, aforismos, versos, diálogo, paródia — com os quais investiga a vida e a história humanas.

nihil in intellectu nisi prius in sensu (lat., nada há no intelecto que não tenha previamente estado nos sentidos) Princípio orientador do *empirismo e aceito, numa de suas formas, por *Aristóteles, *Tomás de Aquino, *Locke, *Berkeley e *Hume. *Leibniz, no entanto, acrescentou *nisi intellectus ipse* (exceto o próprio intelecto), abrindo, assim, caminho à posição de *Kant, segundo a qual as formas da razão constituem uma estrutura inata que condiciona a natureza da própria experiência.

niilismo Teoria que promove o estado em que não se acredita em nada, ou de não se ter comprometimentos ou objetivos. O termo é incorretamente usado para caracterizar todas as pessoas que não partilham uma fé específica ou um conjunto determinado de valores absolutos.

nirvana No *budismo, nirvana é o estado perfeito, ou de beatitude, caracterizado pelo desaparecimento dos desejos e paixões e pela superação da existência separada do eu.

nisus (lat., diligência, impulso, esforço) Um dos elementos centrais na teoria da natureza de *Aristóteles, rejeitado no Renascimento, é a ideia de que a mudança e o movimento devem ser vistos como a operação de um *nisus*, ou de um princípio semelhante aos anseios, aspirações, ou desejos, que leva as coisas a evoluírem em direção àquilo para que foram concebidas. *Ver* motor imóvel; teleologia.

noema Termo utilizado por *Husserl de forma um tanto confusa. Os elementos *noéticos de um ato intencional (tais como ver ou planejar) são aqueles que lhe dão sentido; que transformam os dados sensoriais inertes, ou hiléticos, em algo com significado. *Noemata* são os elementos que fazem esta conversão. "A casa-como-intencionada", "a árvore-como-percebida" e até "o noemático 'objeto no como'", são algumas das explicações do próprio Husserl. Ainda que os comentadores tenham sugerido várias interpretações, não há razão consensual para pensar que existe algo que corresponda a esses termos.

noêsis (gr., inteligência, pensamento) Para *Platão, era o tipo de conhecimento mais elevado, imediatamente acima do conhecimento matemático. A sabedoria obtida apenas por aqueles que compreendem a natureza ou as *formas do conhecimento, da justiça ou do bem. *Ver* mito da caverna; mito da linha.

noético (do gr., *noetós*: intelectual, da mente) Aquilo que é do, ou que pertence ao intelecto ou mente; que se caracteriza pela atividade intelectual. Por vezes, designam-se depreciativamente por "raios noéticos" as misteriosas ligações entre as mentes e os fatos, as quais permitem que nos referiramos a eles e que os conheçamos. *Ver também hylê*; noema.

nome logicamente próprio Nos textos de *Russell do período entre 1905 e 1918, um nome logicamente próprio é um termo cujo verdadeiro papel lógico é se referir a um objeto. Uma série de considerações levaram Russell a acreditar que os nomes comuns funcionam de maneira diferente, como *descrições definidas disfarçadas, e que só os itens com os quais temos contato direto podiam ser verdadeiramente nomeados. Esses seriam itens apresentados na experiência corrente. Um nome logicamente próprio é um rótulo para um tal item. Não existem, no entanto, muitos tipos de itens desses, uma vez que só relativamente poucos tipos de itens podem ser descritos como elementos da experiência imediata. Neles incluem-se o eu (talvez), o tempo presente, os dados dos sentidos e os universais. *Ver também* atomismo lógico.

nome próprio *Ver* nome logicamente próprio; referência.

nômico Que resulta de uma lei. Uma necessidade nomotética é uma necessidade que tem a forma de uma lei.

nominalismo (lat., pertencente a um nome) Posição que sustenta que as coisas denominadas pelo mesmo termo nada têm em comum exceto isso; o que todas as cadeiras têm em comum é serem chamadas de "cadeiras". Essa doutrina é habitualmente associada à tese de que tudo que existe são individuais particulares, não existindo portanto "*universais". As classificações comuns que usamos resumem-se a *flatus vocis*, a sopros da voz. O nominalismo foi sugerido por *Boécio e é um dos elementos mais importantes da filosofia de *Ockham. No entanto, é difícil enunciar essa doutrina de modo peremptório, porque se as cadeiras podem partilhar a característica de se chamarem "cadeiras", então também deverão poder partilhar outras características. A questão não deveria ser colocada em termos de quantas características em comum existem, mas sim em que consiste ter uma característica em comum e se a linguagem desempenha um papel fundamental na criação desse fenômeno. O nominalismo é uma versão extrema da noção sempre atraente de que as características comuns das coisas são uma espécie de criação das ideias e reações humanas. *Ver também* conceitualismo.

nomológica Legiforme (*ver* leis da natureza). Uma conexão nomológica é uma conexão legiforme que surge como uma contingência bruta que não é explicada por outros elementos de uma teoria científica.

nomotético Que diz respeito à elaboração de leis; legislativo. *Ver* métodos idiográficos/nomotéticos.

non sequitur (lat., não se segue) Um argumento no qual a conclusão não se *segue das premissas.

norma Uma norma é uma regra ou um modelo definido de comportamento, cujo não cumprimento sujeita uma pessoa a um certo tipo de censura. Neste sentido, há normas gramaticais e normas de etiqueta, tal como normas morais. De fato, quase todos os aspectos do comportamento humano são, até certo ponto, governados por normas. A natureza das normas, a origem de sua autoridade e a forma que devem assumir têm um lugar de destaque em qualquer teoria ética ou do direito, assim como na filosofia da linguagem, e têm igualmente um papel predominante, no mínimo, na distinção entre as ciências humanas, ou *Geisteswissenchaften*, e as ciências naturais. *Ver também* seguir uma regra.

notação lâmbda Um termo como "o seno de 60º" ou "o pai de Hegel" refere-se a um número ou a uma pessoa. Mas ambos incluem o termo "o seno de ..." ou "o pai de ...". "O seno de *x*" ou "o pai de *y*" representam uma *função que refere, respectivamente, um número ou uma pessoa para valores particulares de *x* e *y*. Se desejarmos referir a própria função, adota-se a notação (λx)(seno de *x*) ou (λy.)(pai de *y*). Chama-se cálculo lâmbda a um *cálculo lógico com regras que envolvem o uso desses termos.

notação lógica *Ver* Apêndice.

notação polonesa Notação lógica concebida pelo lógico polonês Jan Łukasiewicz (1878-1956) que torna desnecessários os parênteses como indicadores do *escopo ou alcance de cada conectivo lógico. Os functores proposicionais são N para $\neg$ (negação); K para $\wedge$ (conjunção); A para $\vee$ (disjunção); C para $\rightarrow$ (implicação); e E para $\leftrightarrow$ (equivalência). Cada conectivo precede os símbolos aos quais se aplica, e uma vez que há um número finito destes, não podem existir ambiguidades de escopo. Assim, CK*pqr* lê-se como ($p \wedge q) \rightarrow r$. A fórmula $p \wedge (q \rightarrow r)$ seria K*p*C*qr*. Os quantificadores escrevem-se como πxF*x* e ΣxF*x*, respectivamente, para ($\forall x$)F*x* e ($\exists x$)F*x*. Apesar de ser intelectualmente sofisticada, a notação polonesa é difícil de ler sem prática e, em geral, não é usada.

nous (gr., mente) Razão e, em especial, a faculdade de apreensão intelectual, distinta do mero conhecimento empírico. Para *Platão, o *nous* é a qualidade que permite apreender as *formas. *Aristóteles distinguiu o *nous pathetikos* (razão passiva) do *nous* mais elevado, o aspecto imortal da alma que está para a *nous pathetikos* como a forma está para a matéria.

novo enigma da indução *Ver* paradoxo de Goodman.

novo realismo Reação que ocorreu no início do século XX contra o *idealismo e a metafísica *hegeliana dominantes. Na Inglaterra, encontra-se associada especialmente a *Russell e *Moore. F. J. Woodbridge (1867-1940) e R.B. Perry (1876-1957) são alguns dos filósofos norte-americanos que definiram a si mesmos como novos realistas. Essa concepção tendia a retirar qualquer estatuto especial à mente e conduziu ao *behaviorismo. *Ver também* realismo crítico.

n-tuplo ordenado Uma generalização da noção de um *par ordenado para sequências de n objetos. O n-tuplo ordenado $<x_1 \ldots xn>$ pode ser tratado como $<x_1 \ldots x_{n-1}> x_{n>}$, i.e., o par ordenado que tem os primeiros n-1 objetos como primeiros membros e o objeto n como segundo membro.

nulibismo (lat., sem lugar) Doutrina segundo a qual os espíritos não têm extensão espacial. O termo foi cunhado por Henry *More.

número Termo associado especialmente a *Kant; denota as coisas tal como são em si mesmas, o que se opõe às coisas tal como são para nós, que podem ser conhecidas através dos sentidos (*fenômenos). O que é numênico está além das formas do espaço, do tempo e da causalidade, que são impostas pela mente, sendo por isso incognoscível. Numa certa perspectiva, Kant encontra-se fechado numa concepção de "dois mundos", de tal modo que o mundo numênico se assemelha ao Deus de *Berkeley, já que a ele se deve o mundo fenomênico, mas difere deste porque nada podemos saber sobre sua natureza. Em outra perspectiva, a distinção reflete simplesmente o fato de Kant ter compreendido que todo conhecimento é conhecimento que resulta de um certo ponto de vista, de tal modo que o númeno corresponde à ideia fraudulenta daquilo que seria apreendido por um ser sem qualquer ponto de vista. Não é claro como poderemos querer dizer algo através do termo, da perspectiva do próprio Kant, mas este supõe que precisamos postular uma realidade numênica e, especialmente, um eu numênico, como condição do *livre-arbítrio humano, já que o eu fenomênico se encontra demasiado determinado em suas ações.

numeração de Gödel Processo pelo qual um número único pode ser associado a uma fórmula de um sistema lógico. Isso é um passo essencial para realizar o objetivo da metamatemática, ou seja, que as demonstrações de um sistema devem ser elas próprias tratadas como objetos matemáticos. Através da numeração de Gõdel, os enunciados da metalinguagem sobre demonstrações e teoremas podem ser traduzidos em enunciados aritméticos.

numerável/não numerável Um conjunto numerável é um conjunto que tem a mesma *cardinalidade dos números naturais. Um conjunto infinito é não numerável se tem uma cardinalidade maior que essa. O teorema de *Cantor demonstra a existência desses conjuntos. Um conjunto finito tem uma cardinalidade menor do que os números naturais, e o conjunto enumerável (ou contável) ou é numerável ou é finito.

numericamente idênticas *Ver* identidade qualitativa.

número Os números naturais são 0, 1, 2, 3... Os inteiros são ...-3, -2, -1, 0, 1, 2, 3... Os racionais, como se deduz pela designação, identificam quocientes: qualquer número que possa ser representado por a/b, onde a e b são inteiros e b $\neq$ 0 (em outras palavras, valores de x que possam ser a solução de uma equação do tipo bx – a = 0, onde a e b são inteiros). Os números reais incluem os números racionais mas também números como $\sqrt{2}$ e π, que não são racionais. Os reais podem ser concebidos como pontos numa linha, estando os inteiros dispostos na linha em intervalos de amplitude idêntica. Todos os números reais podem ser representados por decimais infinitos. Há mais reais que racionais (*teorema de Cantor) e há várias maneiras rigorosas de definir o conjunto dos reais. (*Ver também* corte de Dedekind; diagonalização). Os números transfinitos medem o tamanho dos conjuntos infinitos. O primeiro número transfinito é o alefe-zero, que se escreve $\aleph_0$ e que é o cardinal do conjunto dos números naturais. (*Ver também* hipótese do *contínuo.) Os números cardinais medem o tamanho dos conjuntos: o cardinal de um conjunto é o número dos seus elementos. Os números ordinais medem o comprimento de uma boa ordem (*ver* relação de ordem). Nos casos finitos, não há diferença entre os dois, visto que aí uma ordem é maior unicamente se tiver mais membros, mas nos casos transfinitos as duas noções têm aplicação diferente. Assim, os números naturais podem ser ordenados da maneira usual: 0, 1, 2, 3, 4... A extensão desta ordem é ω. No entanto, há outras maneiras de ordená-los que os segmentam em diferentes sucessões infinitas como 1, 3, 5... e 0, 2, 4, 6... Embora esta ordem contenha os mesmos elementos que a outra, não há uma correspondência biunívoca preservadora de ordem entre os membros das duas ordens, tendo esta uma extensão maior, designadamente 2ω.

número algébrico Um *número real que é a raiz de uma equação polinomial. Todos os números racionais são algébricos (são todos raízes de equações bx = a, em que a e b são números inteiros). Os reais que não são algébricos chamamse números transcendentais.

número cardinal Um objeto associado a uma classe de conjuntos eqüipotentes, isto é, conjuntos que podem ser postos entre si numa *correspondência biunívoca. Intuitivamente, o número que mede o tamanho de um conjunto, contando os seus elementos.

número irracional Um *número real que não é racional.

número limite Na teoria dos *números ordinais, um ordinal limite é um ordinal x tal que não existe o maior ordinal menor do que x. O primeiro ordinal limite é ω, o ordinal que mede o comprimento da ordem usual dos números naturais.

número natural *Ver* número.

número transcendental *Ver* número algébrico.

números, lei dos grandes *Ver* teorema de Bernoulli.

nyaya (sânscr., análise lógica) Uma das seis escolas hindus ortodoxas (**darshanas*). A escola *nyaya* (ou *nyaya-vaisheshika*, quando se alia à metafísica hindu da natureza) concentra-se no nosso conhecimento da realidade. A percepção, a inferência, a analogia e o testemunho são apontados como os quatro modos de conhecer as coisas. Em geral, a escola *nyaya* tende para uma metafísica realista, antecipando muitos problemas ocidentais que só surgiram mais tarde, como por exemplo o problema da distinção entre as percepções verdadeiras e as enganosas, o problema da *indução e o da natureza do conhecimento por testemunho. O texto mais antigo dessa escola é o *Nyaya-sutra,* que data do século II d.C. e que se tornou tema de comentário no período seguinte. Por volta de 1200, formou-se a escola da nova lógica, ou *navyanyaya*, em grande parte por influência da obra do lógico Gangesa, e a escola passou a orientar-se por preocupações mais formais, abandonando as epistemológicas.

O

objetivismo (ética) Qualquer concepção em que se afirme o status objetivo dos comprometimentos éticos, em oposição às *teorias do erro, ao *ceticismo e ao *relativismo. O problema central é encontrar a fonte da objetividade pretendida.

objetos da percepção Termo para designar os itens de um campo da percepção, partilhando as perigosas tendências dos *dados dos sentidos. *Ver também* experiência; percepção.

objetos vagos Habitualmente, onde acaba a montanha e começa o vale é algo de indefinido. Será então a montanha um objeto vago, ou serão todos os objetos precisos em si mesmos, sendo sua vagueza um artefato que resulta da forma como os escolhemos?

obrigação Uma ação que um agente tem de fazer. *Ver* dever; ética deontológica.

obscenidade Diz-se que uma representação ou exposição, em especial do corpo humano ou de parte dele, é obscena quando o representa abstraindo-se de emoções e comprometimentos humanos, mas não de forma completamente objetiva (como nos livros de medicina); o corpo ou uma parte do corpo é reduzido a veículo de um mero apetite ou função (em geral sexual, mas pode ser a exposição obscena de violência, do ato de comer ou de outra função). Segundo essa definição, a arte erótica, em que a paixão ocupa um lugar de destaque, nunca é obscena; já a *pornografia pode sê-lo.

observador ideal Perspectiva segundo a qual aquilo que for aprovado por um observador benevolente, imparcial e onisciente constitui o que é melhor do ponto de vista moral. A motivação por trás da perspectiva consiste em combinar a ideia de que o bem é o que é aprovado ou escolhido com o reconhecimento de que, devido a imperfeições tais como a ausência de compaixão, parcialidade para com os amigos e família ou ignorância, nós, sendo como somos, podemos de fato escolher ou aprovar o que é mau. A solução consiste em idealizar o sujeito cuja aprovação determina o padrão. Muitas vezes associa-se Adam *Smith a essa perspectiva, embora sua própria posição seja na verdade mais complexa (*ver* espectador imparcial).

obversa Na lógica tradicional, a obversa de uma proposição é uma proposição que lhe é logicamente equivalente, obtida a partir da primeira por obversão. A obversão transforma, para cada uma das quatro formas básicas (*ver* silogismo): (I) Todos os A são B, em Nenhum A é não B; (II) Nenhum A é B, em Todos os A são não B; (III) Alguns A são B, em Alguns A não são não B; (IV) Alguns A não são B, em Alguns A são não B.

ocasionalismo A concepção que circunscreve a eficácia causal unicamente à ação de Deus. Os acontecimentos do mundo são simples ocasiões em que Deus age de modo a dar origem aos acontecimentos que normalmente os acompanham, e que são concebidos como seus efeitos. Embora essa posição seja em especial associada a *Malebranche, é muito mais antiga; muitos dos *Mutakallimun* (*ver kalam*) da filosofia islâmica do século IX reservaram a causalidade eficiente a Deus, e *Al-Ghazali transmitiu essa doutrina ao mundo medieval, onde encontrou a oposição de *Tomás de Aquino, por exemplo. A doutrina também tem afinidades com algumas das primeiras críticas à causalidade empírica, encontradas na escola **samkhya* da filosofia indiana e, mais tarde, com as famosas críticas associadas a *Hume. Na filosofia da mente, a dificuldade de conceber como a mente e o corpo podem interagir sugere que devemos imaginá-los antes como dois sistemas que funcionam paralelamente: quando arranho meu dedo, isso não causa dor, mas existe uma harmonia entre o mental e o físico (talvez devida a Deus) que garante que existirá uma dor simultânea; quando formo uma intenção e depois ajo, a mesma benevolência garante que minha ação condiz com minha intenção. Essa teoria nunca teve grande popularidade, e muitos filósofos diriam que sua aplicação ao problema da mente-corpo resultou de uma interpretação distorcida do *dualismo cartesiano.

Ockham, Guilherme de (c.1285-1349) Teólogo e filósofo inglês. A primeira data da vida de Ockham positivamente identificada é 1306, ano em que foi ordenado como subdiácono. Ingressou na ordem dos franciscanos e lecionou sobre as *Sentenças* de Pedro Lombardo de 1317 a 1319, em Oxford. Ockham foi impedido de passar a mestre em teologia por um certo Peter Lutterell, um "tomista excessivamente zeloso" que o acusou de heresia perante a universidade e o Papa. Em 1328, suas relações com o papado deterioraram-se ainda mais quando defendeu, a favor dos franciscanos e contra o papado, a doutrina de que Jesus e os discípulos não possuíam qualquer propriedade, vendo-se assim forçados a refugiar-se junto ao imperador Luís da Baviera. Pensa-se que morreu de peste negra, no decurso de tentativas de reconciliação com o papado.

Ockham ficou famoso como líder dos nominalistas, pensadores que negavam a realidade dos *universais, ou seja, das propriedades reais distintas e da natureza separada das coisas que as possuem. É verdade que Ockham sustentou que tudo que existe fora da mente é singular, mas concedeu que a mente possui um poder de conhecimento por abstração (e.g., Livro II das *Sentenças*, questão 15), por isso sua posição está mais próxima de uma forma de *conceitualismo. Com o abandono do *realismo acerca dos universais deixou de lado também a epistemologia que postula o conhecimento das espécies inteligíveis, baseando sua epistemologia no conhecimento intuitivo das coisas particulares e singulares, e na abstração posterior. A escrupulosa atenção que Ockham dedicou à natureza da linguagem e à lógica, assim como sua doutrina da abstração, fazem dele um precursor do empirismo britânico ulterior. As obras principais de Ockham são *Os quatro livros das sentenças*, escrito por volta de 1323, *Suma de lógica* (antes de 1329) e *Quodlibeta septem* (antes de 1333).

Ockham, navalha de *Ver* navalha de Ockham.

oito vias De acordo com a última das *quatro nobres verdades do budismo, as oito vias são a chave para nos libertarmos do sofrimento. As oito vias são (I) a visão correta e perfeita das quatro nobres verdades e da natureza do eu (**atman*); (II) a decisão perfeita a favor da renúncia e da **ahimsa*; (III) o discurso perfeito, i.e., que evita a mentira e a calúnia; (IV) a conduta perfeita; (V) o modo de vida perfeito, i.e., que evita profissões nocivas; (VI) o esforço perfeito; (VII) a atenção ou o controle perfeitos do pensamento; e (VIII) a concentração perfeita ou o alcance do ideal contemplativo. As oito vias não constituem uma progressão linear, mas uma separação dos diferentes elementos necessários para viver uma vida livre de sofrimento.

Om Mani Padme Hum *Ver* mantra.

ômega-consistente Um sistema de primeira ordem K é ω-consistente se para todas as fórmulas bem-formadas $A(x)$, se $\vdash A(n)$ para todos os números naturais n, então não se verifica que $\vdash (\exists x) \neg Ax$.

omissões *Ver* doutrina dos atos/omissões.

onipresença A capacidade de Deus de estar presente em todos os lugares ao mesmo tempo.

onisciência A propriedade de conhecer tudo. Na tradição filosófica, o problema consiste em conciliar a ideia ortodoxa de que Deus conhece tudo com a ausência de uma *predeterminação ou, em outras palavras, com a ideia de que enquanto o passado está estabelecido, o futuro de algum modo permanece "em aberto". Pareceu a muitos pensadores que, se Deus já sabe o que vai acontecer amanhã, então a responsabilidade e o *livre-arbítrio humanos só podem ser ilusórios.

onomástica Ramo da *semântica que estuda a etimologia dos nomes próprios.

ôntico Variante de ontológico: descreve uma tese em *ontologia.

ontologia Termo derivado da palavra grega que significa "ser", mas usado desde o século XVII para denominar o ramo da *metafísica que diz respeito àquilo que existe. Além do *argumento ontológico, foram apresentados muitos argumentos **a priori* para estabelecer que o mundo tem de conter coisas de um tipo ou de outro: coisas simples, coisas não extensas, substâncias eternas, seres necessários e assim por diante. Esses argumentos dependem, muitas vezes, de uma ou outra versão do *princípio da razão suficiente. *Kant é o grande opositor da ideia de que a razão, por si só, pode nos informar, em detalhes, que tipos de coisas existem necessariamente e, logo, que tipos de coisas existem de fato. No século XX, *Heidegger é muitas vezes considerado como sendo sobretudo um ontólogo. O princípio *quineano do compromisso ontológico diz que ser é ser o valor de uma *variável ligada; esse princípio não nos diz que coisas existem, mas apenas como se determina que coisas uma teoria diz que existem: estas são as coisas onde as variáveis tomam valores numa apresentação formal, adequadamente regimentada, da teoria. De modo característico, os filósofos costumam acusar-se uns aos outros de *reificações injustificadas, e ao longo da história da filosofia a existência de praticamente todos os tipos de coisas já foi considerada, em uma ou outra ocasião, uma ilusão resultante de um erro ontológico.

ônus da prova Se numa dada situação existe a pressuposição razoável de que algo é verdadeiro, diz-se de quem procura provar o oposto que lhe cabe o ônus da prova. Grande parte das manobras filosóficas resume-se à tentativa de escapar ao ônus da prova.

opacidade e transparência *Ver* referencialmente opaco/transparente.

operação Uma operação sobre um conjunto C é uma *função que associa um certo número de elementos de C com um dado elemento, que é seu resultado. Se o resultado é sempre um elemento de C, então C é fechado sob essa operação. Uma operação n-ária (unitária, binária etc.) associa n elementos de C ao elemento que é o resultado. Uma operação poliádica pode tomar conjuntos de diferentes tamanhos como argumentos.

operação binária Uma *função com dois argumentos. A adição é uma função binária, i.e., $x + y$ é uma função que calcula, a partir dos dois números x, y, um terceiro que é sua soma.

operação n-ária *Ver* operação.

operacionalismo (ou operacionismo) Filosofia da ciência *reducionista e *positivista particularmente associada a *Bridgman. Segundo o operacionalismo, as proposições sobre as entidades teóricas (como as partículas) são proposições disfarçadas sobre as experiências que resultam de operações científicas definidas. Os termos teóricos que não são definíveis dessa maneira devem ser evitados. O operacionalismo foi apoiado pela extraordinária importância da constatação feita por *Einstein de que o significado de uma noção como a de simultaneidade absoluta não pode ser senão aquele que podemos medir através de sinais que se propagam com uma velocidade finita. No entanto, o operacionalismo é equivalente ao empirismo radical, que sustenta que as entidades teóricas são *construções lógicas realizadas a partir da experiência. Hoje supõe-se frequentemente que isso é insustentável, e que é necessário manter um hiato lógico entre teorias e dados empíricos.

operador Um termo que assinala uma *operação. Uma operação é uma *função, e assim expressões como "raiz quadrada" ou "$\wedge$" são alguns dos operadores. Os *quantificadores são também conhecidos como operadores, tal como expressões como $(\iota x)\ldots$, ou $(\mu x)\ldots$, que nos dão, a partir do predicado Fx, o único F, ou o menor F, respectivamente.

operador frásico Qualquer *operador que toma uma frase como argumento, e que em geral tem como resultado outra frase.

operador iota Termo que pode ser prefixado a uma *variável, resultando numa expressão que denota uma entidade que satisfaz uma certa condição. A partir do predicado F*x*, forma-se assim (ι*x*)F*x*, que denota aquela única coisa que é um F, se existir.

opostos *Ver* conceitos polares.

opressão Imposição injustificável de um fardo a alguém ou a um grupo, mediante a interferência nos seus poderes, interesses ou oportunidades. A opressão pode ser deliberada ou o resultado não-intencional da organização social; sua natureza pode ser identificada, ou pode passar despercebida mesmo aos oprimidos. *Ver também* exploração; poder (social).

ordem linear/parcial *Ver* relação de ordem.

ordinal *Ver* número.

orfismo Culto místico religioso e filosófico grego derivado do mito de Orfeu. Envolvia histórias de criação, reencarnação, e punição depois da morte, tendo exercido uma grande influência sobre *Pitágoras e *Platão. Os mistérios de Elêusis constituíam a iniciação ao orfismo.

organicismo Doutrina segundo a qual as estruturas orgânicas são apenas o resultado de a matéria ter a propriedade inerente de se adaptar às circunstâncias. Essa teoria teve uma vida breve porque se opõe ao *darwinismo e ao *vitalismo.

Organon (gr., instrumento) Nome tradicionalmente dado ao conjunto das obras lógicas de *Aristóteles: *Categorias; Da interpretação; Primeiros analíticos; Segundos analíticos; Tópicos* e *refutações sofísticas*. O título reflete a ideia *peripatética segundo a qual a lógica não era uma parte da filosofia, mas antes um instrumento para toda e qualquer investigação. Em *Kant, um *organon* é um sistema de princípios através dos quais se pode alcançar o conhecimento.

Orígenes (c.185-c.254) Um dos primeiros teólogos cristãos. Orígenes produziu uma edição elaborada do Velho Testamento, o *Hexapla*, na qual se apresentam lado a lado o hebraico, o hebraico transliterado em grego e quatro versões gregas. Sua obra *De principiis* abrange diversos tópicos a partir de uma perspectiva em que se procura reconciliar a filosofia de *Platão com o cristianismo (pensa-se geralmente que Orígenes, o Platônico, e Orígenes, o Cristão — que por vezes se distinguem — foram a mesma pessoa). Orígenes privilegiou uma abordagem alegórica da Bíblia, e defendeu a preexistência das almas, a unidade do Deus Pai (e a divindade menor do Filho) e a criação original de todos os espíritos em estado de igualdade. Também admitiu que no fim todos podem ser salvos, um ponto de vista que chocou particularmente são Jerônimo: "Orígenes ensina-nos que, após muitos séculos e de uma restauração de todas as coisas, Gabriel estará no mesmo estado que o demônio, Paulo estará como Caifás e as virgens como as prostitutas." Seus pontos de vista foram condenados em 400, e novamente em 553, no segundo concílio de Constantinopla, para não deixar dúvidas.

Ortega y Gasset, José (1883-1955) Filósofo e ensaísta espanhol. Ortega y Gasset nasceu em Madri e foi educado por jesuítas antes de estudar na Alemanha. Ensinou metafísica em Madri de 1910 a 1936, período em que suas atividades republicanas o obrigaram a deixar a Espanha e ir para a Argentina e depois para Portugal. Deixou escassa obra filosófica de caráter acadêmico, mas exerceu uma grande influência na modernização da vida intelectual espanhola através dos artigos que escreveu para os jornais e por sua docência. Em suas *Meditaciones del Quijote* (de 1914), Ortega procura um caminho intermediário entre o *idealismo, que privilegia demasiado a mente, e o *realismo, que privilegia em excesso os objetos, encontrando-o na prioridade da vida, ou no composto hegeliano do eu-com-as-coisas. Cada vida é um ponto de vista sobre o universo; a verdade é, portanto, plural, pois nenhum ponto de vista esgota a verdade. Uma vida é um drama, que é escolhido à maneira existencialista. Apesar de seu republicanismo, Ortega y Gasset não tinha muito respeito pelo modo de pensar do povo, imobilizado por um empirismo preguiçoso típico do senso comum. Os primeiros princípios, de aspecto aristocrático, de um *Platão ou de um *Descartes, devem ser adotados com entusiasmo por sua proficuidade; só um plebeu como *Aristóteles poderia querer fundamentá-los na experiência sensível. *La Rebelión de las masas* (1930) e *En torno a Galileu* (1933) são algumas das suas obras.

ortodoxa (gr., opinião correta) Termo que, hoje em dia, denota não tanto a opinião correta ou verdadeira, mas a opinião geralmente defendida.

ostensão diferida *Ver* definição ostensiva.

otimismo e pessimismo O termo "otimismo" foi usado pela primeira vez (em inglês) em 1759, numa referência à obra de *Leibniz. Atribui-se a *Coleridge o primeiro uso do termo "pessimismo", em 1795. A expressão mais conhecida e certamente mais sombria do pessimismo pertence ao dramaturgo grego Sófocles: "O melhor de tudo era não nascer mas, uma vez que se viu a luz, o melhor é voltar para onde se veio o mais depressa possível" (*Édipo em Colono*). Entre as filosofias otimistas incluem-se o *platonismo, com o papel regulador atribuído à forma do bem, o *aristotelismo, com sua percepção da harmonia da natureza e da prossecução dos fins, o *epicurismo, que nega o mal da morte e o *estoicismo, que nega também o mal da dor. O cristianismo pode se apresentar em ambas as versões: os filósofos têm se preocupado sobretudo com o projeto otimista de reconciliar a excelência divina com o mal aparentemente existente. O resultado mais famoso desse exercício (*teodiceia) foi a visão *panglossiana de Leibniz, satirizada por *Voltaire em *Cândido*. Contudo, o cristianismo também oferece uma versão pessimista, com sua ênfase no *pecado, no pecado original, na verosimilhança da condenação predeterminada e na conveniência da angústia e da culpa. A religião oriental mais intimamente identificada com o pessimismo é o *budismo, onde as *oito vias constituem um treino na renúncia ao desejo e no completo retiro do mundo. Essa atitude também é expressa por *Schopenhauer e torna-se comum no século XX. Numa teoria filosófica, outros elementos podem ser afetados pelo temperamento otimista ou pessimista, como acontece com a suscetibilidade ao *ceticismo (pessimista) ou ao *realismo (otimista). *Ver também* apatia; mansos e duros de espírito.

ou p ou q, que em geral se escreve $p \vee q$, é a proposição que é verdadeira exceto se p e q forem ambas falsas. Às vezes chamada de disjunção inclusiva, já que é verdadeira quando p e q são ambas verdadeiras. Distingue-se da disjunção exclusiva, que é avaliada como falsa exceto quando uma e uma só das proposições p, q, é verdadeira.

ouden mallon (gr., nada mais) Lema ou brado de guerra do *ceticismo grego; significa que por causa do igual poder de argumentos opostos se chegou a um estado de **epochê* ou equílibrio mental.

ousia (gr., substância, entidade, ser, essência, natureza) A *categoria mais elevada em *Aristóteles; aquela que seleciona tópicos básicos unificados. *Ver* ser, substância, substrato.

outras mentes Desde *Descartes tornou-se comum (mas sem dúvida erroneamente) conceber o conhecimento de minha própria mente como algo particularmente indubitável, e mesmo como fundamento de meu conhecimento das outras coisas. Uma vez adotada essa orientação, as outras coisas tornam-se um tanto problemáticas. Contudo, mesmo que o conhecimento das outras coisas seja de algum modo protegido, a crença de que entre elas existem algumas que têm mentes como a minha é uma crença teórica adicional cujos fundamentos podem muito rapidamente parecer precários. A maneira tradicional de argumentar a favor da existência de outras mentes é por *analogia. Os críticos se queixam que isso envolve uma generalização a partir de um caso único (o meu), e a suposição bastante extravagante de que todas as coisas que me forem semelhantes fisicamente também se assemelham a mim mentalmente. Pressupõe, da mesma forma, que posso dar um sentido à própria noção de consciência de outrem, quando na perspectiva cartesiana do mundo não há explicação alguma sobre como posso ter adquirido uma tal ideia. Perspectivas epistemológicas de caráter mais social e público veem o conhecimento de minha mente como algo que em si mesmo depende do conhecimento do mundo e, na verdade, do conhecimento das mentes de outras pessoas, tal como são exibidas em seus comportamentos e linguagens. *Ver também* linguagem privada.

Owen, Robert (1771-1858) Reformista social galês. Owen é conhecido principalmente como militante contra os abusos da revolução industrial, bem como pela fábrica-modelo de algodão que montou em New Lanark. Na filosofia política, foi um dos primeiros defensores da posse comunitária dos meios de produção por parte de cooperativas de trabalhadores, em vez do Estado. Ver sindicalismo.

P

pagar na mesma moeda Uma estratégia em teoria dos jogos para a qual Robert Axelrod, em seu *The Evolution of Cooperation* (1984), chamou a atenção dos filósofos. A questão consiste em saber o que fazer para maximizar os ganhos, numa interação que consiste numa sequência ampliada de *dilemas dos prisioneiros. O programa que ganhou a primeira competição entre as estratégias para resolver este problema tinha as seguintes características: cooperava sempre, a não ser que na vez imediatamente precedente o seu oponente não tivesse cooperado, caso em que também ele não cooperava. A estratégia era simultaneamente boa — porque nunca dava origem a um ciclo de não cooperação —, e generosa — uma vez que só punia cada não cooperação uma única vez. O êxito da estratégia parece fornecer alguma justificação às regras sociais parcialmente retributivas e pode explicar a tendência moral comum para as favorecer. Contudo, a investigação posterior mostrou que pagar na mesma moeda só é uma boa estratégia em certas circunstâncias.

Paine, Thomas (1737-1809) Pensador e ativista político inglês. Paine nasceu em Thetford, Norfolk, e emigrou para os Estados Unidos em 1774, onde conheceu *Franklin. Seu panfleto *Common Sense* (1776) foi a primeira reivindicação pública da independência norte-americana. *The Rights of Man* (1791-92) foi uma resposta a *Reflections on the Revolution in France* de *Burke, na qual Paine afirma os princípios *lockeanos básicos da democracia e da liberdade, contra o ataque conservador de Burke à revolução. Paine teve um breve sucesso na França, mas foi por pouco que escapou à guilhotina (salvação que atribuiu à divina providência), voltando depois para os Estados Unidos, onde morreu num relativo esquecimento.

Paley, William (1743-1805) Teólogo e filósofo moral inglês, conhecido por duas contribuições para a teologia natural. A primeira, na sua *Natural Theology* (1802), é uma defesa fundamentada do *argumento do desígnio a favor da existência de Deus. Paley utiliza em abundância a biologia e a anatomia para convencer o leitor de que os organismos naturais são como instrumentos ou máquinas, sendo, de forma inquestionável, o produto de um desígnio inteligente. O argumento já tinha sido intelectualmente delineado nos *Diálogos* de *Hume, e costuma-se pensar que o surgimento da teoria da *evolução acabou por dissolver sua força residual. Paley é também conhecido por sua obra imensamente bem-sucedida, *A View on the Evidences of Christianity* (1794), uma tentativa de resposta ao argumento de Hume segundo o qual, na esfera dos *milagres religiosos, a credibilidade das testemunhas é sempre menor que a probabilidade do milagre que elas afirmam ter testemunhado.

pampsiquismo A posição que sustenta que todas as partes da matéria implicam consciência, ou então a visão mais holista segundo a qual o mundo inteiro "não é mais do que o véu de um reino infinito de vida mental" (*Lotze). O mundo, ou a natureza, produz criaturas vivas, e, em conformidade, deveria ele mesmo ser concebido como um organismo vivo e animado, que pode literalmente descrever-se como possuidor de razão, emoção e de uma "alma do mundo". A tese de que o homem é um microcosmo, ou uma pequena versão do cosmo que pode, portanto, ser compreendido em termos *antropomórficos, é tema essencial da filosofia grega; foi posteriormente transmitida à Idade Média através do *neoplatonismo, e muitos filósofos a adotaram, entre eles *Leibniz, *Schopenhauer e *Schelling. Sua versão moderna mais inteligível é talvez a posição que defende, por razões ecológicas, que deveríamos conceber o mundo como um organismo complexo (às vezes denominado de modo um tanto pedante, Gaia) cuja unidade é tão frágil quanto a de qualquer ser vivo.

Panécio de Rodes (185-109 a.C.) Panécio foi o mestre da **stoa,* de 129 a.C. até sua morte. Foi companheiro do general Cipião Emiliano, acompanhando-o em suas viagens ao Oriente. Suas teorias eram sobretudo éticas, diluindo o *estoicismo em um *aristotelismo suficiente para torná-lo adequado ao mundo romano em que vivia. Da mesma maneira que valorizamos as virtudes estoicas da determinação e da justiça, deveríamos ambicionar alguns dos traços mais magnificentes próprios do *homem magnânimo. Panécio defendeu também a perspectiva, que nos é familiar, de que há várias *personae*, ou personagens, que cada um deveria desenvolver, e segundo a qual há regras éticas diferentes para papéis diferentes. Sua obra influenciou *Cícero.

panglossiano Ridiculamente otimista. O Dr. Pangloss é o personagem de *Cândido*, a sátira de *Voltaire, que personifica a perspectiva de *Leibniz segundo a qual este é o melhor dos mundos possíveis.

panteísmo A concepção de que Deus está em tudo, ou de que Deus e o universo são um. O mais conhecido sistema panteísta da filosofia moderna é o de *Espinosa, embora a retórica panteísta tenha florescido no século XIX, na obra de *Emerson, por exemplo.

Pantheismusstreit *Ver* Lessing; Mendelssohn.

par ordenado Um objeto associado a um conjunto de dois objetos numa certa ordem. Assim, o par ordenado <a, b> não é idêntico ao par ordenado <b, a>, tal como numa fila o automóvel verde estar na frente do vermelho não é a mesma coisa que o contrário. Na teoria dos conjuntos, os pares ordenados não podem ser identificados com o conjunto dos seus membros, uma vez que {a, b} = {b, a}, que é precisamente o que não queremos. O problema é encontrar conjuntos com a propriedade <a, b> ≠ <b, a>, se a ≠ b, e com a propriedade a = u e b = v, se <a, b> = <u, v>. Uma solução possível é a de Kazimierz Kuratowski (n. 1896), que identifica o par ordenado <a, b> com o conjunto {{a}, {a,b}}. Esta é a definição geralmente usada hoje em dia. *Ver também* produto cartesiano.

Paracelso (1493/94-1541) Philippus Aureolus Theophrastus Bombastus von Hohenheim nasceu na Suíça. Exerceu a alquimia e a medicina, e deixou tratados *panteístas e *hilozoicos influenciados pela *cabala e por outras fontes *gnósticas e ocultistas.

paradigma Na filosofia da ciência essa noção é associada à influente obra de *Kuhn, *The Structure of Scientific Revolutions* (1962). Kuhn propõe que certos estudos científicos, como os *Principia* de Newton ou o *New System of Chemical Philosophy* (1808), de John Dalton, sejam encarados como algo que fornece um conjunto aberto de recursos — um quadro conceitual, resultados e processos — no interior do qual se estrutura a atividade científica subsequente. A ciência normal funciona dentro deste quadro ou paradigma. Um paradigma não impõe uma perspectiva rígida ou mecânica, podendo ser entendido com maior ou menor criatividade e flexibilidade. Esse conceito teve grande influência na superação da concepção positivista da ciência, vista como um conjunto abstrato de proposições, estruturado lógica e racionalmente. O ponto de vista de Kuhn sublinha a situação histórica concreta de uma ciência no espaço dos problemas e das perspectivas herdadas de avanços anteriores. Um paradigma é estabelecido apenas em períodos de ciência revolucionária, surgindo tipicamente em resposta a uma acumulação de anomalias e dificuldades que não podem ser resolvidas no paradigma vigente.

paradoxo Um paradoxo surge quando um conjunto de premissas aparentemente inquestionáveis origina conclusões inaceitáveis ou contraditórias. A resolução de um paradoxo implica mostrar que há um erro escondido nas premissas, ou que o raciocínio é incorreto, ou que a conclusão aparentemente inaceitável pode, afinal, ser tolerada. Os paradoxos desempenham, portanto, um papel importante na filosofia, visto que a existência de um paradoxo não resolvido mostra que há algo nos nossos raciocínios ou nos nossos conceitos que não compreendemos. Famílias famosas de paradoxos são, por exemplo, a dos *paradoxos semânticos e a dos *paradoxos de Zenão. No início do século XX, o *paradoxo de Russell e outros paradoxos da teoria dos conjuntos levaram a uma completa reformulação dos fundamentos da teoria dos conjuntos; por outro lado, o *paradoxo sorites deu origem à investigação da semântica da *vagueza e às *lógicas difusas.

paradoxo da aprendizagem No *Mênon*, um dos diálogos de *Platão, é um dos problemas a que a doutrina da **anamnêsis* pretende responder. Se não compreendemos algo, então não podemos começar a aprendê-lo, já que não conhecemos o suficiente para sabermos como começar. Essa concepção implausível é espelhada nas filosofias da linguagem que veem a criança como um "pequeno linguista", que tem de traduzir a linguagem que o rodeia para um meio original que seja pelo menos tão rico em recursos conceituais quanto a linguagem a ser aprendida. *Ver* linguagem do pensamento.

paradoxo da caixa de Bertrand Há três caixas, uma com duas moedas de ouro, uma com uma moeda de ouro e outra de prata, e outra com duas de prata. Uma moeda, aleatoriamente retirada, é de ouro. Qual é a probabilidade de a outra moeda da mesma caixa ser de ouro? A moeda veio da primeira caixa ou da segunda. Não há qualquer razão para se preferir uma delas, por isso essa probabilidade deve ser de um meio. Mas a moeda retirada ou foi a primeira da primeira caixa, ou a segunda da primeira caixa, ou a única moeda de ouro da segunda caixa. Em duas dessas três possibilidades a outra moeda da mesma caixa é de ouro, e assim a probabilidade é de 2/3.

paradoxo da calibragem Alguém que preveja acontecimentos mediante uma probabilidade (como os meteorologistas, por exemplo) pode ser mais ou menos calibrado no seguinte sentido: consideremos a sequência de dias para os quais um meteorologista preveja chuvas com uma probabilidade de 0,1. Pode ser que chova em 0,1 desses dias, ou em mais, ou em menos. Se a frequência de chuva nesses dias corresponder à probabilidade que ele oferece, para cada probabilidade, então o meteorologista está perfeitamente calibrado. Isso constituiria um feito notável e seria por demais irracional que alguém tivesse tal confiança em suas capacidades para esperar conseguir um feito assim. Mas existe um teorema gerador de um paradoxo (descoberto em 1962 por Pratt, um especialista em estatística de Harvard e redescoberto por Dawid em Londres), que diz que um agente que tenha uma opinião acerca de sua própria calibragem tem de atribuir probabilidade 1 (correspondente à certeza) à proposição de que ele próprio está perfeitamente calibrado, sob pena de ter de aceitar um conjunto incoerente de probabilidades. Essa situação é análoga à do *paradoxo do prefácio, em que a modéstia conduz à inconsistência.

paradoxo da democracia O problema (não um verdadeiro paradoxo) com que se depara um cidadão democrata que reconheça ao povo o direito de implantar uma decisão majoritária com a qual esse cidadão discorda. O problema pode gerar um *dilema moral, embora na prática tenhamos poucas dificuldades em conciliar as duas forças opostas.

paradoxo da dicotomia Nome alternativo para o paradoxo do estádio. *Ver* paradoxos de Zenão.

paradoxo da flecha imóvel *Ver* paradoxos de Zenão.

paradoxo da heterologicalidade *Ver* paradoxo de Grelling.

paradoxo da implicação estrita Segue-se da definição de *implicação estrita que uma proposição necessária (i.e., necessariamente verdadeira) é estritamente implicada por qualquer proposição, e que uma proposição impossível (i.e., necessariamente falsa) implica qualquer proposição. Se a implicação estrita corresponde a "*q* segue-se de *p*", então isso significa que uma proposição necessária se segue de tudo, e que tudo se segue de uma proposição impossível. Isso é problemático se quisermos distinguir entre argumentos válidos e inválidos com conclusões necessárias ou premissas impossíveis.

paradoxo da informação ideal Paradoxo da *teoria da confirmação. Suponhamos que se atribui a uma hipótese uma probabilidade significativamente baixa ou alta, dado um certo conjunto de informação. Em princípio, seria possível encontrar mais informação que confirmasse essa atribuição. Mas que diferença faz essa nova informação? Por um lado, a probabilidade, baixa ou alta, mantém-se a mesma; por outro, essa informação parece, intuitivamente, tornar a confiança na hipótese mais irracional, i.e., diminuir sua probabilidade, se esta já for baixa, ou então tornar a confiança na hipótese melhor justificada, i.e., aumentar sua probabilidade, se esta já for alta. O problema é que a informação *adicional* que confirme uma atribuição probabilística baixa ou alta já existente produz aparentemente como que o efeito de informação favorável a uma probabilidade ainda mais baixa ou ainda mais alta.

paradoxo da loteria Suponhamos que exista uma loteria com uma grande quantidade de bilhetes. Nesse caso, em relação a qualquer bilhete particular, é racional acreditar que esse bilhete não vai ganhar. Se é racional sustentar-se duas crenças separadamente, deve também ser racional sustentar sua conjunção. Mas se reunirmos todas as crenças relativas a bilhetes particulares, sabendo que consideramos cada um dos bilhetes, isso é equivalente a acreditar que nenhum dos bilhetes vai ganhar, o que é irracional. A estrutura deste paradoxo é semelhante à do *paradoxo do prefácio.

paradoxo da onipotência (I) Não é um verdadeiro paradoxo, mas um termo relativo às dificuldades que se colocam ao livre-arbítrio num universo governado por um ser todo-poderoso que, por ter esse atributo, aparentemente anteviu nossas más ações e é conivente com elas, parecendo até tê-las propiciado. (*Ver* defesa do livre-arbítrio.) (II) O problema trivial de determinar se Deus, que pode fazer tudo, pode criar uma pedra tão pesada que não a consiga levantar. Se não a pode criar, então não é onipotente (porque até criaturas tão fracas como nós podem criar coisas que não conseguem levantar), mas se a pode criar, então também não é onipotente, já que ao criá-la estaria originando algo que não poderia fazer (levantar o que tinha criado). Na solução habitual desse paradoxo, admite-se que a onipotência de Deus não se estende à realização do que é logicamente impossível, e faz-se notar que para Ele (mas não para nós) é logicamente impossível que exista uma pedra assim.

paradoxo da previsão Um professor e sua turma sabem que o último dia do período letivo é uma sexta-feira. Uma semana antes desse dia, o professor comunica à turma que até o fim do período haverá uma prova surpresa: os alunos não saberão na véspera que o exame será no dia seguinte. Aparentemente, o professor poderá aplicar o exame. Mas o aluno mais inteligente formula o seguinte argumento: o exame não pode ser na última sexta-feira, pois se fosse nesse dia saberíamos, no final da quinta-feira anterior, que o exame teria de ser no dia seguinte. O intervalo de tempo que o professor tem para fazer o exame, portanto, termina na quinta-feira. Mas então saberemos no final da quarta-feira anterior (uma vez que a sexta-feira já foi excluída) que o exame tem de ser na quinta-feira. Isso contradiz de novo a condição. Por isso o professor não pode esperar até quinta-feira. Através de um raciocínio similar podemos mostrar que não existe dia algum em que a prova possa ser aplicada.

paradoxo da prova surpresa *Ver* paradoxo da previsão.

paradoxo das classes *Ver* paradoxo de Russell.

paradoxo de Allais Um paradoxo da teoria da decisão. Suponhamos que lhe oferecem duas apostas:

Aposta 1: 500 reais com a probabilidade 1

Aposta 2: 2.500 reais com a probabilidade de 0,1; 500 reais com a probabilidade 0,89; 0 reais, com a probabilidade de 0,01.

Muitas pessoas escolheriam a primeira opção. Agora imaginemos que lhe oferecem outras duas apostas:

Aposta 3: 500 reais com a probabilidade 0,11; 0 reais com a probabilidade 0,89

Aposta 4: 2.500 reais com a probabilidade 0,1; 0 reais com a probablidade 0,9

Muitas pessoas optariam pela segunda. O problema é que esse par de preferências não é consistente com qualquer função de *utilidade (U). É que na primeira escolha temos a situação em que

U(500 reais) > 0,1 U(2.500 reais)
+ 0,89 U(500 reais) + 0,01 U(0 reais)

e na segunda temos a situação em que

0,1 U(2.500 reais) + 0,9 U(0 reais)
>0,11 U(500 reais) + 0,89 U(0 reais)

o que nos dá uma inconsistência: pela primeira equação temos

0,11 U(500 reais) - 0,01 U(0 reais) >
0,1 U(2.500 reais)

mas pela segunda a desigualdade é invertida.

Embora esse paradoxo possa ser usado para atacar o *princípio da coisa certa, uma estratégia diferente consiste em "educar" as escolhas de modo a que, caso se prefira genuinamente a aposta 1 à aposta 2, aprenda-se a inverter a intuição inicial de considerar a aposta 4 uma escolha melhor que a aposta 3.

paradoxo de Berry As expressões de uma linguagem que admite referência a números podem ser ordenadas alfabeticamente e em função do comprimento. Existe um certo conjunto de inteiros nomeados pelas expressões que não ultrapassam um dado comprimento. Em particular, existe o menor inteiro que não pode exprimir-se através de expressões com menos de quarenta sílabas. Porém, a expressão "o menor inteiro que não pode exprimir-se através de expressões com menos de quarenta sílabas" exprime esse número e contém menos de quarenta sílabas. O paradoxo de Berry pertence à família do *paradoxo do mentiroso e de outros *paradoxos semânticos do gênero.

paradoxo de Bertrand Paradoxo descrito no *Calcul des probabilités* (1889), do probabilista francês J. Bertrand (1822-1900). Qual é a probabilidade de uma linha traçada aleatoriamente num círculo ser mais longa que o lado de um triângulo equilátero cujos três ângulos tocam o círculo? É mais longa se seu ponto central estiver mais perto da circunferência do que do centro do raio que a divide em duas, e por isso a probabilidade é de ½. Se mantivermos fixa uma das extremidades da linha, esta será maior se o ângulo em que foi traçada estiver dentro do arco de 60° do triângulo, e por isso a probabilidade é de 1/3. Ou será mais longa ainda se seu ponto central estiver na área do círculo interior que tem metade do raio do original; e uma vez que esse círculo ocupa um quarto da área do círculo original, a probabilidade é de ¼. Bertrand usou esse paradoxo para mostrar que há mais que apenas uma única maneira correta de aplicar o *princípio da indiferença a esses casos.

paradoxo de Burali-Forti O primeiro paradoxo a ser descoberto na teoria dos conjuntos moderna. A todos os conjuntos bem-ordenados é atribuído um número ordinal. Estes ordinais podem ser comparados: de quaisquer dois se pode dizer que são iguais, ou que um é menor e o outro maior. Eles formam, por sua vez, um conjunto bem-ordenado. O ordinal desse conjunto tem de ser maior que qualquer ordinal que pertença ao conjunto. Digamos que C seja o conjunto de todos os ordinais. Uma vez que é um conjunto bem-ordenado, tem um número ordinal, ω, que tem de ser maior do que qualquer elemento do conjunto. Mas C era o conjunto de todos os ordinais, e tem de incluir ω.

paradoxo de Cantor Contradição que surge se compararmos pelo tamanho o conjunto de todos os conjuntos e o seu próprio *conjunto-potência. Pelo *teorema de Cantor o conjunto-potência tem de ser maior (conter mais elementos). Mas ele próprio é um subconjunto do conjunto de todos os conjuntos, e por isso não pode ser maior. O paradoxo mostra que a coleção de todos os conjuntos não pode ser ela própria um objeto da teoria dos conjuntos.

paradoxo de Curry Este paradoxo é gerado por uma condicional:

(C) Se (C) é verdadeira, então *p*

onde *p* é uma proposição escolhida de forma arbitrária — por exemplo, uma que seja manifestamente falsa. Em termos clássicos, podemos agora argumentar do seguinte modo: suponha-se que (C) é verdadeira. Mas, se (C) é verdadeira, então *p*. Logo, tem-se *p*, por **modus ponens*. Assim, pela regra da *demonstração condicional, podemos inferir

(Q) Se (C) é verdadeira, então *p*

Isto é, obtivemos (C), e portanto (C) é verdadeira. Ora, visto que concluímos que (C) é verdadeira e que temos (Q), podemos inferir *p* por *modus ponens*. Ou seja, demonstramos uma proposição arbitrária recorrendo exclusivamente à lógica. Esse paradoxo é algumas vezes atribuído aos matemáticos Kleene e Rosser, e por vezes conhecido como paradoxo de Löb. É digno de nota por resultar de uma autorreferência viciosa, mas que não envolve negação. *Ver também* paradoxos semânticos.

paradoxo de Forrester *Ver* paradoxo do assassínio delicado.

paradoxo de Goodman O problema clássico da *indução é muitas vezes expresso como o problema de encontrar uma razão para esperar que a natureza seja uniforme. Em *Fact, Fiction and Forecast* (1954), *Goodman mostrou que além disso precisamos de alguma razão para preferir umas uniformidades a outras, pois sem tal seleção a uniformidade da natureza é vã. Sendo assim, suponha-se que todas as esmeraldas examinadas até hoje são verdes. A uniformidade nos levaria a esperar que as esmeraldas futuras serão igualmente verdes. Mas agora definimos o predicado verzul: *x* é verzul se e somente se *x* é examinado antes do tempo T e é verde, ou *x* é examinado depois de T e é azul. Seja T um instante próximo do presente. Então, se as novas esmeraldas examinadas forem como as anteriores a respeito de serem verzuis, serão azuis. É verdade que preferimos o azul como base para a previsão do verzul; mas por quê? Goodman argumentou que apesar de seu novo predicado parecer espúrio e de envolver ele próprio uma referência a uma diferença, este é apenas um juízo estreito ou relativo à linguagem que estamos usando, não existindo qualquer padrão de semelhança independente da linguagem ao qual possamos apelar. Outros filósofos não se deixaram convencer por esse grau de relativismo linguístico. No entanto, é claro que a possibilidade desses predicados "dobrados" levanta um obstáculo decisivo face às abordagens puramente lógicas e sintáticas dos problemas da confirmação (*ver* teoria da confirmação).

paradoxo de Grelling Algumas palavras referem-se a si mesmas: a palavra "curta" é curta, e a palavra "comum" é comum. Outras palavras não: a palavra "longa" não é longa, e a palavra "banana" não é uma banana. Estas últimas são palavras heterológicas. Agora levanta-se a pergunta: a própria palavra "heterológica" é heterológica? É se não o for, e não é, se o for. Este é um paradoxo da família dos *paradoxos semânticos.

paradoxo de Hempel A *indução enumerativa permite que uma generalização adequada seja confirmada por seus exemplares. Assim, a observação de um ou outro corvo negro deverá confirmar a generalização que afirma que todos os corvos são negros. É claro, por outro lado, que se certos dados confirmam uma hipótese, então confirmam qualquer hipótese que lhe seja logicamente equivalente. Ora, "todas as coisas não negras são não corvos" é logicamente equivalente a "todos os corvos são negros", tendo como exemplares coisas como sapatos brancos. Portanto, a observação de um sapato branco deveria confirmar que todas as coisas não negras são não corvos, e, logo, que todos os corvos são negros. Mas tal observação é, do ponto de vista intuitivo, completamente irrelevante para essa hipótese. Esse paradoxo depende (I) do *critério de Nicod e (II) do princípio de que tudo que confirma uma hipótese também confirma quaisquer hipóteses que lhe sejam logicamente equivalentes. A restrição dos tipos de generalização que podem ser confirmadas pelos seus exemplares, a negação do princípio de que tudo que confirma uma hipótese também confirma qualquer hipótese logicamente equivalente a ela e a aceitação da conclusão de que a observação mencionada é, de fato, relevante, embora de um modo muito fraco, são algumas das soluções possíveis do paradoxo. Essa última solução (a do próprio Hempel) faz notar que se o número de coisas envolvidas ou a informação contextual fossem diferentes, poderíamos muito bem aceitar que algo que não fosse nem A nem B confirmasse que todos os A são B. Contudo, o paradoxo obriga a uma maior investigação sobre a razão de ser do critério de Nicod.

paradoxo de König Também conhecido por paradoxo de Zermelo-König. Há uma pluralidade não numerável de números reais, mas só uma pluralidade numerável deles é definível por métodos finitos. Dada a demonstração de Zermelo segundo a qual os reais podem ser bem-ordenados, o conjunto dos reais que não são definíveis por meios finitos tem de ter um membro que seja o primeiro. Mas isto é, em si mesma, uma definição finita desse real. O paradoxo é similar ao *paradoxo de Richard e ao *paradoxo de Berry, apesar de o próprio König ter pensado que ele constituía afinal a demonstração de que os reais não podem ser bem-ordenados.

paradoxo de Newcomb O leitor está diante de duas caixas. Numa consegue ver 1.000 reais mas na outra não consegue ver nada. Pode levar cada uma delas ou as duas. Dizem a você que um Ente Supremo já colocou 100.000 reais na caixa fechada se Ele previu que você iria levar apenas essa caixa. Caso contrário, Ele não colocou nada ali. Além disso, as coisas aconteceram sempre assim: aqueles que levaram a caixa fechada encontram 100.000 reais, mas aqueles que levaram as duas ficaram apenas com 1.000. Sendo assim, você levaria as duas caixas ou apenas a fechada? O argumento para levar as duas é que o Ente Supremo já fez o que decidiu fazer. Seja o que for que Ele tenha feito, o leitor obtém 1.000 reais mais o conteúdo da caixa fechada, caso leve as duas, pelo que esta escolha domina as outras (*ver* dominância). O argumento para escolher apenas a caixa fechada é o de que as pessoas que fazem essa escolha são as que acabam ficando ricas.

paradoxo de Richard Um conjunto de números S pode ser definido como se segue: escreva-se em ordem alfabética todas as permutações de pares de letras do alfabeto, seguida de todos os triplos, e assim por diante (contando o espaço e a pontuação como letras). Risque-se todas as combinações que não se referem a um número. S é a sequência cujos membros são U_1, o primeiro número referido pela permutação, U_2, o segundo, e assim por diante. Isto é, S contém todos os números definíveis por um número finito de palavras. Considere-se então a seguinte frase: "Seja p o dígito no n-ésimo lugar do n-ésimo número em S, e forme-se um número que tenha p + 1 no seu n-ésimo lugar se p não é 8 nem 9, e 0 no caso contrário." Então, essa expressão refere-se a um número, N, que não pode estar na sequência S, uma vez que difere em algum ponto de todo e qualquer membro dessa sequência. Difere do n-ésimo membro de S no n-ésimo lugar. No entanto, a frase entre aspas é uma das permutações que ocorre na lista original que define os membros de S: N foi definido por um número finito de palavras, tendo por isso de estar na sequência S. Esse paradoxo pertence à família dos *paradoxos semânticos, em particular ao *paradoxo do mentiroso. O argumento que gera o paradoxo é um argumento de *diagonalização.

paradoxo de Russell O mais famoso dos paradoxos da *teoria dos conjuntos, descoberto por *Russell em 1901. Algumas classes são membros de si mesmas: a classe de todos os objetos abstratos, por exemplo, é um objeto abstrato. Outras não: a classe dos burros não é, ela própria, um burro. Considere-se agora a classe de todas as classes que não são membros de si mesmas. Esta classe é um membro de si mesma? Se é, então não é; e se não é, então é.

Este paradoxo tem uma estrutura semelhante à outros menos complexos, tais como o *paradoxo do barbeiro. Mas é difícil dizer por que não há uma classe como essa. Aparentemente, tem de haver uma restrição sobre os tipos de definição que se pode usar para definir classes, mas a dificuldade está em encontrar um princípio independente que justifique essa restrição. *Ver também* definições impredicativas; teoria dos tipos.

paradoxo de São Petersburgo Paradoxo da teoria das probabilidades publicado por Daniel Bernoulli em 1730 nos *Commentarii* da Academia de São Petersburgo. Uma pessoa lhe oferece a seguinte oportunidade: ela lançará uma moeda não viciada; se sair cara no primeiro lançamento, lhe pagará cem reais; se não sair cara até o segundo lançamento, duzentos reais, e assim por diante, duplicando sempre a aposta cada vez que não sai cara em mais um lançamento. O jogo acaba quando sair cara pela primeira vez. Qual seria o montante razoável a pagar por essa oportunidade? A resposta incrível é: um montante infinito. Isso porque a sua expectativa de ganhar é dada pela série $\frac{1}{2} + (2 \times \frac{1}{4}) + (4 \times \frac{1}{8}) + ...$, que tem uma soma infinita. Esta pequena oferta aparentemente vale mais que toda a riqueza do mundo. No entanto, ninguém em seu juízo perfeito daria muito por ela. O paradoxo tem sido tomado como a demonstração da incoerência de incluir utilidades infinitas na teoria da decisão. Uma vez incluídas, passa a valer a pena apostar qualquer soma finita em qualquer hipótese indefinidamente pequena de um lucro infinito. Se for especificado que o jogo de São Petersburgo tem de parar quando, por exemplo, o lucro alcançar o montante da dívida pública, então o cálculo do montante que você deveria pagar para entrar no jogo torna-se bastante razoável: se a dívida pública for, por exemplo, de 2^n reais, o montante justo a pagar para entrar no jogo é de ½n reais, e não mais do que isso.

paradoxo de Simpson Não se trata de um verdadeiro *paradoxo, mas de uma possibilidade inesperada proporcionada pela aplicação de princípios estatísticos, segundo a qual algo que é válido para um subconjunto da população pode não ser válido para toda a população. Por exemplo, em cada uma das faculdades de uma universidade, a taxa de rejeição dos homens pode ser mais alta que a das mulheres e, contudo, a taxa geral de rejeição das mulheres pode ser mais alta que a dos homens. Isso pode acontecer se as mulheres se candidatarem em maior número àquelas faculdades em que é mais difícil entrar e, portanto, tiverem, na totalidade, taxas de rejeição mais altas.

paradoxo de Skolem Leopold Löwenheim (1878-1948), em 1915, e Thoralf Skolem (1887-1963), em 1920, mostraram que qualquer conjunto *numerável de frases que tenham um *modelo infinito têm um modelo infinito numerável. A teoria dos números reais pode ser axiomatizada numa teoria com um conjunto numerável de frases. No entanto, nessa teoria, é demonstrável que o conjunto dos reais é maior que o infinito numerável (*ver* teorema de Cantor). O paradoxo é muitas vezes encarado como relativamente superficial, uma vez que a interpretação atribuída às frases da teoria quando lhes é dado um modelo numerável não é a sua interpretação "intuitiva", segundo a qual essas frases implicam que o conjunto dos reais tem uma natureza não numerável. No entanto, isso levanta a questão de saber como se estabelece a interpretação intuitiva. Se a interpretação intuitiva for estabelecida por condições que possam ser expressas num número numerável de frases, estas podem ser acrescentadas à lista original, de maneira que ficamos assim com uma teoria que continua sujeita ao mesmo resultado.

paradoxo de Tertuliano (ou *dictum*) *Ver credo quia absurdum est.*

paradoxo de Zermelo-König *Ver* paradoxo de König.

paradoxo do assassínio delicado Também conhecido como paradoxo de Forrester. Esse paradoxo demonstra que, se você assassinar alguém, então não faz mais que cumprir seu dever. Isso porque se se assassinar uma pessoa, então deve-se assassiná-la delicadamente. Mas, se se tem o dever de assassiná-la delicadamente, então tem-se o dever de a assassinar. Logo, se se assassinar alguém, então tem-se o dever de assassinar essa pessoa.

paradoxo do barbeiro Há um barbeiro numa pequena cidade que faz a barba de todas e apenas das pessoas que não barbeiam a si próprias. Quem faz a barba do barbeiro? Se ele barbeia a si próprio, então não barbeia a si próprio, mas se não barbeia a si próprio, então barbeia a si próprio. O paradoxo é, na verdade, apenas uma demonstração de que tal barbeiro não existe, ou, em outras palavras, de que a condição é inconsistente. *Ver também* paradoxo de Russell.

paradoxo do careca *Ver* paradoxo sorites.

paradoxo do estádio *Ver* paradoxos de Zenão.

paradoxo do hedonismo O paradoxo (Joseph *Butler, Sermão XI, parágrafo 1.9; *Sidgwick, *The Methods of Ethics*, 7ªed., p.136-403) segundo o qual os agentes que procuram deliberadamente maximizar seus próprios prazeres têm maior probabilidade de não conseguirem fazê-lo do que aqueles que se importam com outras coisas e com outras pessoas, para benefício destas. *Ver também* autoderrota; dilema dos prisioneiros.

paradoxo do mentiroso Paradoxo supostamente descoberto por *Epimênides. Há vários paradoxos que pertencem à família do paradoxo do mentiroso. O exemplo mais simples é a frase "Esta frase é falsa", que tem de ser falsa se for verdadeira, e verdadeira se for falsa. Uma sugestão de solução é afirmar que a frase não diz nada; mas as frases que nada dizem não são, no mínimo, verdadeiras. Nesse caso consideramos a frase "Esta frase não é verdadeira", que, se nada diz, não é verdadeira, e, logo, é verdadeira (esse tipo de raciocínio às vezes é chamado de paradoxo fortalecido do mentiroso). Outras versões do paradoxo do mentiroso introduzem pares de frases, como uma inscrição na parte da frente de uma camiseta que afirma "A frase na parte de trás desta camiseta é falsa", e outra na parte de trás que afirma "A frase na parte da frente desta camiseta é verdadeira". É claro que, tomadas isoladamente, ambas as frases são bem-formadas, e, se não fosse pelo que a outra afirma, poderiam ter dito algo verdadeiro. Por isso, qualquer tentativa para afastar o paradoxo afirmando-se que as frases envolvidas não têm significado irá enfrentar problemas. *Ver também* paradoxos semânticos.

paradoxo do monte *Ver* paradoxo sorites.

paradoxo do perdão Se só as pessoas que merecem perdão devem ser perdoadas, então o perdão ou é injustificado, no caso de a pessoa não o merecer, ou é irrelevante, uma vez que se a pessoa merece perdão não há nada a perdoar. Logo, é impossível justificar o perdão para verdadeiras transgressões. No entanto, o perdão dos transgressores é frequentemente pedido e concedido, e em alguns sistemas éticos chega a ser exigido que perdoemos os transgressores.

paradoxo do prefácio Um autor afirma várias coisas $p_1 \ldots p_n$ ao longo de um livro. No prefácio ele declara saber, o que é bem razoável, que o livro contém erros, fato que lamenta. Mas uma vez que sabe que $p_1 \ldots p_n$ é o conjunto de coisas que afirma, o autor parece agora se contradizer ao aceitar cada uma das proposições $p_1 \ldots p_n$ e a proposição que afirma que pelo menos uma delas é falsa. Isso é como afirmar que João e Maria são altos; que João e Maria são as únicas pessoas na sala; e que há alguém na sala que não é alto. A estrutura é similar ao *paradoxo da loteria.

paradoxo do relógio Também conhecido por paradoxo dos gêmeos ou dos dois relógios. É um paradoxo aparente da *teoria da relatividade geral e restrita. Na teoria da relatividade restrita, o efeito da dilatação do tempo tem como resultado que, dados dois relógios em repouso em *referenciais de inércia diferentes, cada um deles observa o outro ficar atrasado. Alega-se que isso tem a seguinte consequência: se considerarmos um universo com dois relógios adjacentes onde cada um está em repouso em relação ao outro, e se depois os separarmos e posteriormente os reunirmos, então cada um deles estará mais atrasado que o outro depois desse acontecimento (i.e., cada um deles mostrará que decorreu menos tempo), o que é uma contradição. Nesse argumento sustenta-se que num universo onde não há objetos independentes que proporcionem um sistema de referência, não existe qualquer fato que indique qual relógio devemos considerar como tendo se movido. O erro do raciocínio é que, se um relógio parte para uma viagem, então não existe qualquer referencial de inércia onde este esteja em repouso durante todo o intervalo — precisa acelerar para partir e acelerar para voltar. Qualquer relógio que faça isso mostrará, na verdade, que decorreu menos tempo quando é colocado junto a um outro relógio sem qualquer história de aceleração, porque isso é um efeito físico que resulta da aceleração no que diz respeito ao espaço. No entanto, o paradoxo do relógio mostra-nos que essa aceleração real não é *superveniente em relação às propriedades simétricas dos dois relógios, no universo onde estes são apenas massas constituintes.

Como consequência das mudanças de velocidade, o envelhecimento assimétrico é uma decorrência empírica da teoria geral da relatividade que está bem confirmada. Na teoria geral da relatividade, o espaço envolve um campo dinâmico criado pela massa gravitacional, e o movimento que lhe é relativo é um estado físico que tem as suas próprias consequências.

paradoxo dos blocos em movimento *Ver* paradoxos de Zenão.

paradoxo dos corvos *Ver* paradoxo de Hempel.

paradoxo dos eleitores Um problema (não propriamente um paradoxo) da determinação da preferência de uma maioria, publicado por Edward John Nanson (1850-1936) em *Transactions and Proceedings of the Royal Society of Victoria*, 1882, e antecipado por *Condorcet. Suponhamos que três cidadãos A, B e C, votam para classificar hierarquicamente três programas políticos x, y e z. Os resultados são: A: $x > y > z$; B: $y > z > x$; C: $z > x > y$. Desse modo, dois cidadãos (uma maioria) preferem x a y, e dois (uma maioria) preferem y a z, mas uma maioria também prefere z a x. Cada eleitor é coerente, mas a "escolha social" é inconsistente, o que ilustra a dificuldade de extrair uma escolha social a partir de preferências individuais. *Ver também* teorema de Arrow.

paradoxo dos gêmeos *Ver* paradoxo do relógio.

paradoxo dos grãos de milho Uma das versões do *paradoxo sorites, ainda que esteja associada ao *paradoxo de Zenão, visto que diz respeito à criação de uma quantidade finita a partir de exemplos suficientes de "nada". Um único grão de milho não faz qualquer ruído quando cai; e para qualquer número n, n.0 = 0. Mas a queda de um número finito de grãos de milho, ou em outras palavras, uma multiplicação desses ruídos zero, provoca um ruído finito discernível.

paradoxo dos três prisioneiros Imagine que três prisioneiros, José, Beatriz e o leitor, estão na infeliz situação de saberem que dois deles serão executados de manhã. Durante a noite, o leitor pergunta ao guarda se ele pode lhe dizer o nome de um dos dois prisioneiros que serão executados. "Está bem", responde o guarda, "um deles é o José." De um certo ponto de vista, isso é uma boa notícia: sabe-se agora que ou José e Beatriz serão executados, ou José e o leitor o serão, o que significa que as suas chances de ser executado diminuíram de ⅔ para ½. Mas, vista de outra forma, a informação do guarda não é significativa: o leitor já sabia que o guarda podia dizer, na verdade, que era um dos outros dois, e as suas chances de não ser executado são iguais, quer ele diga que será José, quer ele diga que será Beatriz. O paradoxo tem uma certa afinidade com o *problema de Monty Hall: valeria a pena poder trocar com Beatriz, depois da informação do guarda, o que sugere que as chances do leitor ser executado continuam, afinal, a ser de ⅔.

paradoxo socrático Mais do que a um paradoxo, no sentido estrito, a expressão se refere a uma de duas conclusões surpreendentes e inaceitáveis, traçadas a partir dos diálogos socráticos de *Platão: (I) a espantosa consequência da associação que *Sócrates estabelece entre conhecimento e virtude, segundo a qual ninguém age mal sabendo que está agindo mal; (II) o ponto de vista de que ninguém conhece o significado de um termo quando o usa, a não ser que possa oferecer uma definição explícita. Embora às vezes se chame esse ponto de vista de falácia socrática, pode-se defender que essa interpretação viola o *princípio de caridade, pois Sócrates não se preocupava unicamente com o significado, mas com noções como as de justiça ou de razão, para as quais a nossa incapacidade de oferecer princípios pode muito bem refletir ignorância e confusão. Sobre o primeiro ponto, *ver* acrasia.

paradoxo sorites Um grão de areia não é um monte. E, para qualquer número n, se n grãos de areia não são um monte, então a adição de mais um grão não faz deles um monte. Mas nesse caso nunca poderemos obter um monte, visto que cada grão que acrescentarmos é tão suscetível de dar origem a um monte quanto o anterior. Esse é um paradoxo importante porque revela a existência de uma tensão entre a lógica clássica e o raciocínio matemático, por um lado, e os predicados "vagos" da linguagem natural, por outro. A tentativa de abandonar a segunda premissa (a indutiva), a introdução de "graus de verdade" e a substituição da lógica clássica pela *lógica difusa são algumas das soluções apresentadas.

paradoxos da autorreferência *Ver* paradoxos semânticos.

paradoxos da confirmação *Ver* paradoxo de Goodman; paradoxo de Hempel.

paradoxos da implicação material A *função de verdade correspondente à implicação material produz uma proposição $p \rightarrow q$ que é sempre verdadeira exceto no caso em que p for verdadeira e *q* falsa. Também é bastante semelhante às proposições *condicionais da forma "se *p* então q ". Mas sempre que *p* é falsa, $p \rightarrow q$ é verdadeira, e sempre que *q* é verdadeira, $p \rightarrow q$ é também verdadeira. Assim, "se o Palácio de Buckingham fica na França, então Londres fica na Inglaterra" é verdadeira (tem uma consequente verdadeira) e "se a Lua é feita de queijo, então é feita de ketchup" é também verdadeira (tem uma antecedente falsa). Esse "paradoxo" não é genuíno, embora ponha em causa a identificação das condicionais das linguagens naturais com a implicação material.

paradoxos de Zenão Os argumentos de *Zenão de Eleia contra o movimento originaram uma crise no pensamento grego. São apresentados como quatro argumentos na forma de *paradoxos: (1) o estádio, ou paradoxo da dicotomia; (2) Aquiles e a tartaruga; (3) a flecha imóvel e (4) as fileiras em movimento.

1. Suponha-se que um corredor precisa de ir de uma linha de partida P para um ponto de chegada M. Para fazer isso precisa primeiro viajar para o ponto médio, N, e só então para M. Mas, se K é o ponto médio de PN, ele precisa antes viajar até K, e assim sucessivamente ad infinitum (Zenão: "o que foi dito uma vez pode ser sempre repetido"). Mas é impossível perfazer um número infinito de tarefas num espaço de tempo finito. Por conseguinte, o corredor não pode completar (ou iniciar) sua viagem.
2. Aquiles aposta uma corrida com a tartaruga, que parte com um avanço de n metros. Suponha-se que a tartaruga tem um décimo da velocidade de Aquiles. Quando Aquiles alcançar o ponto de partida da tartaruga, a tartaruga encontra-se n/10 metros à sua frente. Quando Aquiles alcançar esse ponto, a tartaruga encontra-se n/100 metros à sua frente e assim sucessivamente *ad infinitum*, e assim Aquiles não consegue alcançar a tartaruga.
3. Uma flecha não pode se mover em um local onde não esteja, tampouco pode se deslocar no local em que está. Mas uma flecha voadora encontra-se sempre no lugar onde está. Ou seja, em qualquer instante está em repouso. Mas, se em nenhum instante se move, então está sempre em repouso.
4. Imagine-se três blocos iguais, A, B e C, de comprimento I, com A e C deslocando-se em direções opostas, passando por B à mesma velocidade. Nesse caso, A leva um certo tempo t para percorrer o comprimento de B, mas metade do tempo para percorrer o comprimento de C. Mas como têm o mesmo comprimento (I), A leva tanto t como t/2 para percorrer a distância I.

Essas são as formas mais simples dos argumentos. Foram sugeridas diversas versões quanto à forma como Zenão os teria defendido (para uma delas, *ver* trilema de Bayle). Uma abordagem moderna pode mostrar-se inclinada a rejeitá-los como superficiais, dado que estamos hoje familiarizados com as ideias matemáticas: (a) de que uma série infinita pode ter uma soma finita, o que talvez possa livrar-nos de (1) e (2); e (b) de que a velocidade num dado ponto ou instante é algo que não existe de fato, já que a velocidade se define em relação a intervalos de tempo e de distância, o que parece afastar (3). O quarto paradoxo é aparentemente uma mera brincadeira, a menos que Zenão considerasse I como a menor unidade de distância (um *quantum* de espaço) e que tanto A como C se deslocavam de forma a percorrer o menor espaço no menor intervalo de tempo. Pensando assim, encontra-se uma contradição, pois A passa C em metade do intervalo de tempo aceito como sendo o menor.

A resposta puramente matemática funciona apenas se tivermos um fundamento satisfatório não apenas para a aritmética da infinitude, mas também para a medição do espaço e do tempo através dela. A importância real dos paradoxos está relacionada aos problemas que suscita quanto a esse fundamento. Por exemplo, o terceiro paradoxo sugere que, se estivermos satisfeitos com a concepção de uma linha como algo constituído por pontos sem extensão, e do tempo como algo constituído por instantes que não ocupam qualquer tempo, então o movimento é uma sucessão de estados de repouso. A dificuldade de usar o fato de uma série infinita poder ter um soma finita como solução suficiente dos paradoxos tem sido colocada em evidência ao considerar-se uma lâmpada programada para estar acesa durante meio minuto, apagada um quarto de minuto, acesa um oitavo... No final do minuto ela está acesa ou apagada? Nenhuma das respostas é matematicamente aceitável, pois não existe o último membro da série. Por isso parece que não pode existir uma lâmpada assim; no entanto, ela parece ser também um modelo preciso da viagem completa de Aquiles.

paradoxos lógicos Paradoxos como o *paradoxo de Russell, no qual não há nenhum uso de termos *semânticos, são por vezes descritos como puramente lógicos, em oposição aos *paradoxos semânticos.

paradoxos semânticos Na linha de *Ramsey e do matemático italiano G. Peano (1858-1932), tem sido habitual distinguir os paradoxos lógicos que dependem das noções (semânticas) de referência ou de verdade — tais como o *paradoxo do mentiroso e afins, o *paradoxo de Berry, o *paradoxo de Richards etc. —, dos paradoxos puramente lógicos, em que essas noções não se encontram envolvidas — como o *paradoxo de Russell, o *paradoxo de Cantor e o *paradoxo de Burali-Forti. Paradoxos do primeiro tipo parecem depender de um elemento de autorreferência, em que uma frase fala de si mesma ou em que uma expressão exprime algo definido por um conjunto de expressões do qual ela faz parte. É fácil sentir que esse elemento é responsável pelas contradições, embora a autorreferência, por si mesma, frequentemente seja benigna (a frase "Todas as frases do português devem ter um verbo" inclui-se sem problemas no domínio das frases acerca das quais ela própria está falando): daí que a dificuldade consista em estabelecer uma condição que exclua apenas a autorreferência patológica. Os paradoxos do segundo tipo precisam, portanto, de um tratamento diferente. Embora essa distinção seja conveniente ao permitir que a *teoria dos conjuntos evite os paradoxos do segundo tipo através de expedientes técnicos, mesmo quando não existe solução para os paradoxos semânticos, ela pode levar no entanto a que se ignorem as semelhanças entre as duas famílias de paradoxos. Existe ainda a possibilidade de nossa compreensão do paradoxo de Russell permanecer imperfeita enquanto não existir uma solução aceitável para os paradoxos semânticos.

paralelismo psicofísico *Ver* ocasionalismo.

paralogismo De uma maneira geral, qualquer *falácia ou erro de raciocínio. Em *Kant, os quatro paralogismos da razão pura pretendem mostrar (I) que a alma é uma substância; (II) que é simples, e não um agregado; (III) que é um e o mesmo sujeito em tempos diferentes; e (IV) que só tem consciência de si mesma, tendo consciência das outras coisas apenas como representações. Estes são exemplos de raciocínios que estão além dos limites da experiência possível e que resultam (especialmente em *Descartes e nos *racionalistas) de uma interpretação incorreta do que é dado pelo "eu penso". *Gassendi e *Lichtenberg, em especial, já haviam acusado Descartes dessa interpretação incorreta, mas é a Kant que se atribui o argumento definitivo.

paranormal Os fenômenos paranormais são aqueles supostamente atribuídos a poderes da mente que estão além dos normais, como a *telepatia, a *psicocinesia, a *precognição e a sobrevivência à morte corpórea. A psicologia paranormal, também conhecida como investigação psíquica, tenta conceber cientificamente esses fenômenos e teorizar sobre sua natureza. Alguns filósofos, como *Glanvill, *Sidgwick, *James e *Broad interessaram-se por essa área de pesquisa.

parapsicologia Estudo de fenômenos tidos como *paranormais. Também conhecida como investigação psíquica.

paratáctica A construção paratáctica é, em gramática, aquela em que elementos de estatuto idêntico estão ligados pela pronúncia, pela justaposição ou pela pontuação. Contrasta com a construção hipotáctica, na qual se assinala a subordinação de um elemento a outro. A teoria paratáctica do discurso indireto proposta por *Davidson sugere que a construção "Górgias disse que nada existe" deve ser entendida como equivalente a duas elocuções: "nada existe" e "Górgias disse-o-mesmo que", na qual dizer-o-mesmo significa que Górgias disse algo equivalente, e "que" identifica a elocução anterior. Esta última característica é controversa, especialmente em relação a contextos reiterados. Suponha-se que afirmo a verdade "Aristóteles disse que Górgias disse que nada existe". Neste caso não posso apresentar Aristóteles como o autor de uma elocução que afirma algo sobre a relação de Górgias com a minha elocução de "nada existe", que ocorre no fim no meu comentário, uma vez que esta última elocução está fora do alcance de Aristóteles, que não pode por isso comentar a relação de Górgias com ela. Em termos gramaticais, uma análise na qual este problema é enfrentado fazendo-se o demonstrativo identificar um objeto abstrato, tal como uma afirmação ou uma proposição, seria ainda paratáctica.

semelhança de família Fenômeno destacado na obra tardia de *Wittgenstein, segundo o qual os objetos denotados por um termo podem estar conjuntamente ligados, não por uma propriedade comum, mas por uma rede de semelhanças, como as pessoas cujas faces partilham características típicas de uma família.

parcimônia, lei da Nome alternativo para *navalha de Ockham ou, de modo mais geral, para qualquer princípio metodológico que nos aconselhe a supor que a natureza usa os meios mais simples possíveis para chegar a um dado fim.

Parfit, Derek (1942-) Filósofo inglês. Parfit nasceu na China e estudou no Balliol College de Oxford. Em 1967 obteve uma bolsa de estudos no All Souls College de Oxford, tendo a partir daí exercido sua atividade em Oxford, na Universidade de Nova York e em Harvard. Os interesses de Parfit situam-se nas questões metafísicas que têm significado moral e emocional. Seu livro *Reasons and Persons* (1984) é uma exploração profícua de problemas morais e metafísicos relativos à natureza do eu, à sua identidade ao longo do tempo e ao impacto da nossa metafísica do eu nos problemas da ação humana e da ética.

Parmênides de Eleia (n. c.515 a.C.) Provavelmente o mais importante dos *pré-socráticos. Em seu poema *Da natureza*, uma deusa ensina-lhe que a realidade tem necessariamente de ser, ou de não ser, ou ao mesmo tempo ser e não ser, o que é impossível. Dada a primeira opção, pode-se deduzir que o que é real tem de ser incriado, imperecível, indivisível, perfeito e imóvel. Esta concepção, o Uno de Parmênides, opõe-se de maneira óbvia às aparências relativas e ilusórias das coisas, que surgem apenas através da oposição entre a Luz e a Noite, duas formas igualmente irreais.

No legado de Parmênides encontra-se uma consciência profunda do conflito entre a razão e a experiência, e da natureza potencialmente ilusória da segunda. Se, como disse *Whitehead, a filosofia ocidental é uma série de notas de rodapé a *Platão, podemos acrescentar que Platão é muitas vezes uma série de comentários a Parmênides; pelo menos, é evidente que a oposição entre o mundo perceptível e mutável e o mundo inteligível, imutável e eterno tem alimentado desde então a filosofia. Os argumentos de *Zenão contra a realidade do movimento são habitualmente interpretados como uma parte da defesa do sistema de Parmênides, embora seja provável que o próprio Zenão não tenha se deixado convencer nem pelo *monismo, nem pelo pluralismo.

parole *Ver langue/parole.*

parônimo Expressão usada por *Aristóteles para designar termos que não referem substâncias de forma direta, mas apenas indiretamente, em virtude de terem a ver com qualidades acidentais, que pertencem às substâncias. "Cor" e "justiça" se referem a qualidades, mas "colorido" e "justo" descrevem coisas através dessas qualidades, e por isso são parônimos, indicando substâncias de forma derivada.

particular egocêntrico Termo que denota uma expressão *espécime-reflexiva, aquilo que se denomina mais comumente como uma expressão *indexical.

particulares Um particular é uma coisa única, contrastando com qualidades ou *universais, ou com agregados de coisas.

Pascal, Blaise (1623-62) Matemático, físico e filósofo francês. Pascal era um prodígio da matemática e publicou suas descobertas sobre a teoria das seções cônicas aos dezesseis anos. Em 1642 inventou a primeira máquina de calcular utilizável; os seus estudos matemáticos e experimentais sobre o barômetro proporcionam-nos um modelo da ciência e da metodologia de meados do século XVII. Sua famosa correspondência com Pierre Fermat criou a base da teoria moderna das probabilidades. A família de Pascal esteve associada aos jansenistas de *Port-Royal, onde sua irmã era freira. Após uma experiência religiosa profunda em 1654, Pascal concentrou sua atenção na filosofia e na teologia. Suas *Lettres provinciales* são uma defesa de *Arnauld contra seus opositores jesuítas, mas, apesar de seus esforços, os dois conventos de Port-Royal foram fechados em 1661. *De l'esprit* *géométrique* contém a filosofia científica e metodológica de Pascal, enquanto que *Pensées* (1670) é um clássico consagrado da literatura devota. Ambos foram publicados postumamente, e o último, que existe apenas em fragmentos, só teve uma edição definitiva em 1952. Devido ao seu ceticismo preponderante, que esteve associado, no entanto, a uma fé profunda, Pascal tem sido comparado a *Kierkegaard como um exemplo importante de convicção religiosa baseada mais na fé e num comprometimento existencial do que na razão. Como *Berkeley, Pascal tinha uma preocupação profunda pelos pobres e fundou o primeiro serviço de transportes públicos, oferecendo seus lucros a instituições de caridade.

passado *Ver* séries-a de tempo; memória.

paternalismo Governar como um pai bem-intencionado. O aspecto criticável é o fato de tradicionalmente o pai ter o direito e, na verdade, o dever, de indeferir as preferências dos filhos em nome dos interesses reais ou verdadeiros destes que podem não ter maturidade suficiente para avaliá-los. (O paternalismo, neste sentido, não é específico do gênero masculino; poderia dizer-se igualmente maternalismo, uma vez que às mães cabem direitos e deveres semelhantes.) Certas formas paternalistas de proteção (doações, caridade, providenciar comodidades e instituições de apoio) muitas vezes tiveram a função de esconder relações de dominação entre os capitalistas e seus trabalhadores, por exemplo, ou entre maridos e mulheres, ou entre colonialistas e povos colonizados. Mas *ver também* Ulisses (sereias).

patife esperto Personagem introduzido por *Hume (*Investigação sobre os princípios da moral*, Seç. 9, Parte 2), que cumpre as regras gerais da justiça e da honestidade, mas que aproveita sempre que pode todas as exceções, quando isso o beneficia. Muitas perspectivas da ética implicam que haja algo de irracional nesse comportamento, procurando mostrar que está próximo da autocontradição. O próprio Hume, com muita sensatez, encara o personagem como simplesmente odioso.

pato-coelho Figura de ambiguidade visual originalmente usada pelo psicólogo J. Jastrow e publicada em seu livro *Fact and Fable in Psychology*

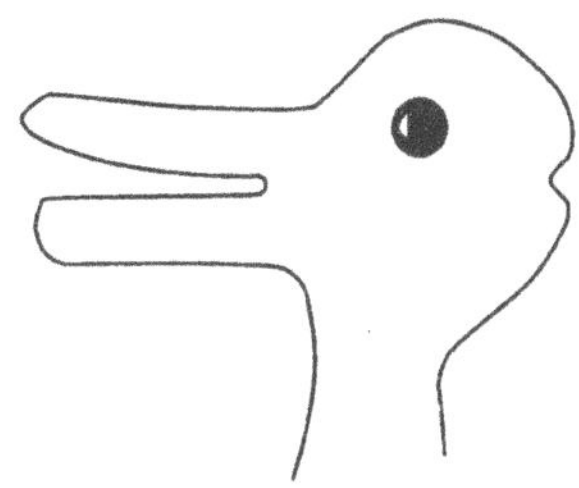

(1900). A figura é discutida por *Wittgenstein nas *Investigações filosóficas*, Parte II, seç. XI.

patriarquia Governo de uma família, igreja ou sociedade pelos pais. Inicialmente, aplicava-se o termo "patriarca" aos fundadores das tribos de Israel; depois tornou-se uma designação honorífica dos bispos da Igreja e, mais tarde, a designação oficial das chefias das igrejas orientais.

patrística Estudo da obra dos professores, ou Santos Padres, da Igreja católica, que viveram entre o primeiro e o nono século depois de Cristo.

pavloviano, condicionamento *Ver* condicionamento.

pecado Categoria moral que, por sugerir a desobediência, a depravação, o mal, a infâmia e a *perversidade está além do conceito de má ação. O pecado exige assim a expiação, a penitência e a humilhação. A abjeção e a falta de *amor-próprio implicadas por essa constelação de ideias destacam a importância da redenção, constituindo assim um reforço significativo do poder daqueles que afirmam saber como proporcioná-la. *Ver também* inferno; pecado original; predestinação; sete pecados capitais.

pecado original O estado de *pecado que acometeu os seres humanos desde a Queda. A ideia de que temos razões de sobra para nos sentirmos envergonhados unicamente por estarmos vivos é uma das doutrinas éticas menos atraentes, mas é também uma das componentes principais de qualquer variedade do cristianismo, já que sem ela a doutrina da *expiação perde sua razão de ser. O modo preciso como se transmitiu a culpa de Adão a todos nós tem, naturalmente, ocupado os teólogos. Para *Agostinho, essa transmissão surge como uma consequência da reprodução sexual e da *concupiscência que a acompanha. Para *Tomás de Aquino, não é tanto o pecado que é transmitido, mas a perda da capacidade sobrenatural de controlar os apetites inferiores através da razão. O pecado original é funcionalmente necessário para dramatizar a importância da redenção e das práticas religiosas que a facilitam. *Ver também* traducianismo.

pecados capitais, sete *Ver* sete pecados capitais.

Peirce, Charles Sanders (1839-1914) Filósofo norte-americano da ciência e da linguagem. Charles era filho do distinto matemático de Harvard, Benjamin Peirce, e aprendeu a desconfiar dos raciocínios metafísicos em favor de uma mentalidade investigativa. Licenciou-se em Harvard em 1859 e, embora tenha dado várias conferências na Universidade Johns Hopkins de 1879 a 1884, quase nunca lecionou. Seu emprego principal foi na U.S. Coast and Geodesic Survey. Peirce completou apenas uma grande obra em sua vida (*The Grand Logic*), mas escreveu muitas conferências, ensaios e artigos, reimpressos em *Collected Papers* (oito volumes, 1931-35). Embora tenha aspirado a deixar um sistema filosófico completo, seu interesse por muitos aspectos diferentes da ciência e da filosofia impediram-no de fazer isso. O próprio Peirce descreveu seus textos como "um mero sumário muito abstrato, um grande emaranhado de fios". Mesmo assim, Peirce tem uma importância permanente como figura fundadora do *pragmatismo americano, expresso talvez da melhor maneira no seu ensaio "How to Make our Ideas Clear" (1878), no qual propõe o famoso *dictum*: "a opinião que está destinada a encontrar o consenso último de todos os que investigam é o que 'verdade' quer dizer, e o objeto representado nessa opinião é o real". Peirce fez também investigações pioneiras na lógica das relações e na lógica das *funções de verdade, e descobriu independentemente os *quantificadores, pouco depois de *Frege. Suas investigações sobre a probabilidade e a indução contêm versões da *teoria frequencista das probabilidades, e a primeira sugestão de uma *vindicação do processo de *indução. Surpreendentemente, talvez, a perspectiva científica de Peirce e sua oposição ao racionalismo coexistem com uma admiração por *Duns Scotus e com uma perspectiva *escolástica dos problemas da realidade e da ontologia. *Ver também* pragmatismo.

pelagianismo Pelagio foi um clérigo galês, ativo em Roma, no Norte da África e no Oriente Médio no início do século V. Negou a transmissão do *pecado original e que o batismo seja necessário para que dele nos possamos libertar. Defendeu a concepção de que o homem pode dar os primeiros passos em direção à sua própria salvação sem o auxílio da graça divina, e foi um dos alvos principais de *Agostinho, que fez com que sua doutrina fosse declarada herética em 416. A disputa continuou, mas a declaração foi confirmada no Concílio de Éfeso em 431.

pensamento É comum pensar que as pessoas se caracterizam por sua racionalidade, e que o sinal mais evidente da mesma é nossa capacidade de pensar. O pensamento é o ensaio mental do que vamos dizer, ou do que vamos fazer. Nem todo pensamento é verbal, uma vez que todos os jogadores de xadrez, compositores e pintores pensam, mas não há qualquer razão *a priori* para pensar que suas deliberações mentais têm uma forma mais verbal do que as suas ações. É uma tentação permanente conceber essa atividade em termos da presença na mente de elementos de uma linguagem qualquer, ou outro meio que represente aspectos do mundo (*ver* ideias; linguagem do pensamento). No entanto, o modelo foi acusado de ser insuficiente, nomeadamente por *Wittgenstein, uma vez que nenhuma presença como essa poderia garantir que dela fosse feito um bom uso. Além disso, tal presença interior parece desnecessária, uma vez que em princípio poderia haver um resultado inteligente sem ela. *Ver também* pensamento dos animais.

pensamento dos animais Na filosofia da mente, bem como na ética, as reflexões sobre os animais suscitam problemas específicos e relevantes. Se os outros animais são diferentes dos seres humanos, como essa diferença deve ser caracterizada? Será que os animais pensam e raciocinam? Terão eles pensamentos e crenças? Em filósofos tão diferentes como *Aristóteles e *Kant, a posse da razão separa os humanos dos animais e só ela possibilita a entrada na comunidade moral.

Para *Descartes, os animais são meras máquinas e não têm consciência nem sentimentos. Na Antiguidade, a racionalidade dos animais é defendida com o exemplo do cão de Crisipo. Este animal, ao seguir a pista de uma presa, chega a uma encruzilhada com três saídas e, após ter farejado duas delas e não conseguindo encontrar-lhe o rastro, segue pela terceira sem parar para farejar, raciocinando, segundo *Sexto Empírico, desta forma: "O animal poderia ter ido por esta estrada, por aquela estrada ou pela outra estrada; mas não foi nem por esta nem por aquela, logo foi pela outra." O "silogismo do cão" foi discutido por muitos escritores, visto que na cosmologia *estoica os animais deveriam ocupar, na grande *cadeia do ser, um lugar qualquer abaixo dos seres humanos, únicos agentes racionais terrestres. *Fílon de Alexandria escreveu um diálogo em que tentava mostrar, contra *Alexandre de Afrodísias, que o comportamento do cão não denunciava racionalidade, e que ele se limitava a seguir o cheiro; como resposta, Alexandre faz o animal saltar para dentro de um poço de uma mina, onde o cheiro não teria permanecido. *Plutarco concorda com Fílon. *Tomás de Aquino discute o exemplo do cão (*Summa theologiae*) e, de modo geral, o pensamento escolástico era bastante favorável à inteligência dos animais — na época medieval não era raro que os animais fossem a julgamento por vários tipos de delito. Na época moderna, *Montaigne usa o cão para nos lembrar a fragilidade da razão humana; *Rorarius dedicou-se a provar que as bestas são não apenas racionais como fazem melhor uso da razão que as pessoas. James I da Inglaterra defende o cão silogístico e Henry *Moore e *Gassendi discutem o tema com Descartes. *Hume defende francamente a cognição animal, mas com o aparecimento da tese de que a linguagem é a manifestação essencial do mental, o silêncio dos animais começou a pesar bastante contra eles e os pensamentos são-lhes completamente negados por *Davidson, por exemplo.

Nos retratos de filósofos frequentemente aparecem cães porque sua constância e fidelidade são um símbolo do que se precisa na procura da sabedoria. *Ver também* instinto.

pensamento lateral Termo popular para uma abordagem criativa e imaginativa da solução de problemas, que muda a percepção e a concepção que temos de um problema, contrastando-as, supostamente, com o pensamento "linear" ou "lógico". O contraste é enganador, uma vez que a *lógica não nos diz como pensar, mas apenas como evitar as inconsistências. *Ver também* leis do pensamento.

per accidens (lat., por acidente) No pensamento *escolástico o que é *per accidens* pertence a uma substância de maneira mais ou menos fortuita, contrastando com o que é *per se*, ou por si mesmo, i.e., com o que resulta de sua natureza interna ou essencial. Em outra acepção, também no pensamento escolástico, o que é intencionado é *per se*, ao passo que o resultado não intencionado de uma ação é *per accidens*. *Ver também* princípio do efeito duplo.

per genus et differentiam (lat., pelo gênero e diferença) Um padrão aristotélico de definição que consiste na citação de um gênero ao qual um termo pertence, seguido da diferença que distingue sua espécie e que assim o localiza no interior do gênero. O exemplo clássico é a definição dos seres humanos como animais racionais.

per se notum (lat., conhecido por si mesmo) Expressão usada na filosofia *escolástica para o que é autoevidente: aquilo que tem uma natureza tal que saber o que é, i.e., compreender a proposição em causa, é perceber que esta é verdadeira. *Ver também* analítico/sintético.

percepção Tópico filosófico fundamental tanto por seu lugar central em qualquer teoria do conhecimento como em qualquer teoria da consciência. Nesta área a filosofia se vê em dificuldades face a um certo número de propriedades que se acredita serem verdadeiras acerca da percepção: (I) a percepção nos fornece o conhecimento do mundo que nos rodeia; (II) estamos conscientes desse mundo por estarmos conscientes das suas "qualidades sensíveis": as cores, os sons, os sabores, os cheiros, o calor que sentimos e as formas e posições dos objetos que nos rodeiam; (III) esta consciência efetua-se através de canais de informação altamente complexos, tais como os três diferentes tipos de células cromossensíveis dos olhos, ou os canais do ouvido que interpretam as cadências da pressão do ar como frequências de som; (IV) seguem-se codificações neurofisiológicas dessa informação ainda mais complexas, e, por fim, as funções cerebrais superiores permitem-nos interpretar a informação assim recebida. (Grande parte dessa complexidade foi revelada pelas dificuldades em escrever programas que permitam que os computadores reconheçam aspectos visuais muito simples). O problema é evitar pensar que existe um eu central, fantasmagórico e consciente, ao qual é fornecida informação, do mesmo modo que se fornece informação a uma tela através de uma câmara de televisão remota. Se esse modelo for adotado, a experiência se parecerá com um *véu que se interpõe entre nós e o mundo, e os objetos da percepção direta serão semelhantes a itens privados num teatro interior ou num **sensorium*. A dificuldade de evitar esse modelo é especialmente premente quando levamos em consideração qualidades secundárias (*ver* qualidades primárias/secundárias) como a cor, o som, o tato e o sabor, que facilmente podem ser vistas como algo que tem uma existência apenas privada a quem as percebe, como acontece com as sensações de dor; chamar esses hipotéticos itens de *dados dos sentidos ou *objetos da percepção só agrava essa tendência. Uma vez adotado esse modelo, a primeira propriedade, a de que a percepção nos dá o conhecimento do mundo à nossa volta, fica imediatamente ameaçada, pois parecerá haver uma conexão muito tênue entre os itens da experiência imediata e uma realidade independente qualquer. O *ceticismo e o *idealismo são algumas das reações a este problema.

Uma perspectiva mais feliz é sustentar que as complexidades de (III) e de (IV) explicam como *podemos* ter contato direto com o mundo, em vez de sugerirem que, no melhor dos casos, o contato que temos é indireto. Frisa-se que as percepções não são como as sensações, precisamente porque têm um conteúdo, ou uma natureza que remete para fora. Perceber é estar consciente do mundo como algo que é desta ou daquela maneira, e não sofrer uma mera modificação nas sensações. No entanto, este realismo direto tem de poder ser sustentado face aos fatores (neurofisiológicos e outros) indiscutivelmente pessoais que determinam o modo como percebemos. Uma outra abordagem dessas questões pergunta por que razão é útil estarmos conscientes do que percebemos quando outros aspectos do nosso funcionamento operam com informação que determina respostas sem que disso tenhamos consciência e sem a nossa intervenção. Uma solução para estes problemas nos proporcionaria a esperança de fazer da consciência uma parte do mundo natural, em vez de a tomarmos como um estranho extra opcional.

percepção extrassensorial *Ver* paranormal.

percepção, teoria representativa da *Ver* teoria representativa da percepção.

perdão Perdoar alguém é renunciar ao ressentimento, à ira ou a outras reações justificadas por algo que essa pessoa tenha feito. Isso levanta um problema filosófico: essa pessoa é tratada de forma melhor do que ela merece; mas como pode exigir-se, ou mesmo como permitir-se, tratar alguém de uma maneira que não merece? *Agostinho aconselhava-nos a detestar o pecado, mas não o pecador, o que também indica uma atitude objetiva ou impessoal para com o pecador, como se o caráter do agente estivesse apenas acidentalmente ligado ao caráter detestável de suas ações; mas argumentou-se, nomeadamente *Strawson, que esta posição objetiva é inconsistente com o reconhecimento total dos outros, como pessoas.

perfeccionismo Posição ética segundo a qual a finalidade da vida consiste em tentar atingir um ideal perfeito de caráter e de conduta. Essa perspectiva foi sustentada pelos *estoicos, mas também surge nas escrituras cristãs, uma vez que Jesus exigia a perfeição daqueles que o seguiam. Um "conselho de aperfeiçoamento" é o caminho para atingir o ideal. No entanto, a moral comum, assim como alguns autores cristãos posteriores, reconhecem que, além desses conselhos, precisamos de regras cuja aplicação seja de caráter mais prático, e cuja obediência seja mais uma questão de dever do que de aperfeiçoamento próprio.

perfectibilidade A ideia da perfectibilidade do homem surge no século XVIII, com a atenuação das barreiras teológicas que reservavam tal propriedade apenas a Deus. Para autores *Iluministas como *Condorcet e *Godwin, a perfectibilidade torna-se uma tendência suscetível de ser de fato realizada na história humana. Antes de *Kant, tanto *Rousseau como o pensador escocês Lord Monboddo (1714-99) anteviram a perfectibilidade como a capacidade para o progresso moral e para a autolegislação humana. O século XIX representou o apogeu da crença na perfectibilidade, sob a influência de *Saint-Simon e, depois, de *Kant, *Hegel, *Comte e *Marx. Com a teoria da *evolução foi possível ver a história econômica e cultural como um progresso, uma adaptação crescente desde os estados primitivos e não desenvolvidos até o ideal potencial, associado à liberdade e à autorrealização da humanidade. Este otimismo, frequentemente aliado a uma confiança ilimitada na melhoria da condição humana mediante o avanço da ciência, não sobreviveu ao desgaste do século XX. *Ver também* darwinismo; ética evolucionista; idealismo absoluto; pós-modernismo; progresso.

perfeição Uma tradição filosófica e teológica poderosa, porém complexa, associa a realidade, a perfeição, a ausência de mudança ou a eternidade e a autossuficiência. Um ser perfeito é o mais real; existe um afastamento da perfeição se algo que pode ser real não o é. Deste modo, um ser perfeito nada tem em potência que não esteja realizado e não sofre qualquer mudança. O mal é reduzido a uma mera insuficiência, a uma ausência ou à falta de algo positivo: a criminalidade é a falta de uma potência genuína que não está em ato e tudo o que está em ato é bom. Essa linha de pensamento é pelo menos tão antiga quanto *Parmênides e os *eleatas. Baseia-se na associação entre a perfeição e a autossuficiência, já que o real não pode depender do menos real. Seus resultados são visíveis na ética de *Platão e de *Aristóteles, e foram cruciais para a criação de um clima de pensamento propício ao *argumento ontológico, ao *argumento cosmológico e ao *argumento dos graus de perfeição favoráveis à existência de Deus. *Ver também* cadeia do ser; cinco vias; princípio da plenitude.

performance (ing., desempenho) *Ver* competência/desempenho.

perítropo (gr., *peri-tropeo*, dar a volta) Estratégia usada por *Platão (*Teeteto*, 171 a) para se opor ao relativismo de *Protágoras. Protágoras sustenta a doutrina segundo a qual tudo que pareça verdadeiro a uma pessoa é verdadeiro para essa pessoa; logo, ele tem de aceitar que aqueles que acreditam que a doutrina de Protágoras é falsa têm razão: a falsidade da doutrina de Protágoras é verdade para eles. Tornou-se uma forma de argumento típica, usada por *Epicuro e por *Sexto Empírico. *Ver também* efeito de Ismael.

permanência/persistência Terminologia introduzida por Mark Johnston, filósofo australiano do século XX, para esclarecer um antigo contraste e descrita por David *Lewis em *The Plurality of Worlds* (1986). Uma coisa persiste se e somente se existe ao longo do tempo assumindo partes temporais diferentes, ou estágios, em tempos diferentes, ainda que nenhuma dessas partes esteja completamente presente em mais do que um tempo. Inversamente, uma coisa permanece se, e somente se, existe ao longo do tempo, estando completamente presente em mais do que um momento temporal. A persistência corresponde ao modo como uma peça dura no tempo: o 1º ato não está presente quando do 2º ato. A questão consiste então em saber se será melhor conceber os objetos comuns como persistentes ou como permanentes.

O problema é antigo, pois muitos filósofos sentiram-se tentados a conceber a duração dos corpos, especialmente em movimento, como uma sucessão de novas entidades ou como recriações em diferentes lugares. *Leibniz expõe esta doutrina de modo especialmente claro numa carta à princesa Sofia: "A duração das coisas ou a multidão dos estados momentâneos é a coleção de uma infinidade de impulsos de Deus, em que cada impulso, a cada instante, é a criação ou a reprodução de tudo, sem que, estritamente falando, haja uma passagem contínua de um estado para o seguinte."

permutabilidade Na teoria das probabilidades subjetiva ou *personalista tem de se encontrar um substituto para a noção aparentemente objetiva ou *realista de uma probabilidade desconhecida, como, por exemplo, a probabilidade de um lançamento de uma moeda em que sai cara. O substituto personalista para a noção, desenvolvida por *de Finetti, encara o acontecimento como um membro de uma sequência de lançamentos, que são por sua vez entendidos como algo que tem a propriedade segundo a qual qualquer subconjunto de *n* lançamentos de acontecimentos que sejam cara dependem unicamente de *n*. Encarar assim uma sequência é encarar os seus elementos como permutáveis, fornecendo um substituto personalista para a noção clássica de uma sequência de acontecimentos independentes que têm em comum uma probabilidade desconhecida.

perseidade A condição em que uma coisa age por si, ou pela sua própria natureza interna. Supõe se que Deus possa ser descrito como *per se esse*, isto é, como algo que existe por si, pela sua própria necessidade interna. *Tomás de Aquino defendia a doutrina segundo a qual "*quod est per se, semper est prius eo quod est per aliud*": aquilo que é *per se* é sempre anterior àquilo que depende de outra coisa. Essa noção forma o pano de fundo do *argumento cosmológico e do *argumento ontológico.

persistência *Ver* permanência/persistência.

personalismo A filosofia das probabilidades introduzida por *Ramsey e *de Finetti, e desenvolvida pelo estatístico americano L.J. Savage na obra *Foundations of Statistics* (1954). O personalismo rejeita que as probabilidades estejam "lá fora", esperando para serem descobertas, e encara as atribuições de probabilidades a acontecimentos como expressões puramente pessoais do grau de confiança que devemos ter quanto à ocorrência de um acontecimento. Dizer que um acontecimento é 50% provável é unicamente uma expressão da, ou uma adesão à, estratégia de apostar nesse acontecimento em partes iguais. A cotação das apostas, contudo, tem de ser coerente, no sentido de ser conforme à matemática das probabilidades, uma vez que se um agente compra e vende apostas sem obedecer às suas leis (por exemplo, porque atribui uma probabilidade elevada simultaneamente a um acontecimento *a*, e ao seu complementar, não *a*) pode ser colocado numa posição em que perde, aconteça o que acontecer. Essa limitação é conhecida como a que evita o *livro holandês. A convergência de cotações iniciais de apostas arbitrariamente diferentes numa probabilidade estável ("objetiva") é o resultado da pressão da informação, que força um agente que procura ser coerente ao longo do tempo a condicionar (*ver* probabilidade condicional), ou modificar os seus juízos probabilísticos de uma maneira consistente com uma qualquer versão do *teorema de Bayes. (*Ver também* permutabilidade; teorema da representação.)

Numa acepção mais antiga, o personalismo é a ênfase teísta na existência da personalidade divina, ou qualquer filosofia que defenda que a pessoa individual, ou o pensador, é o ponto de partida da teoria.

perspectivismo Concepção segundo a qual toda verdade só o é a partir, ou no interior, de uma perspectiva particular. Essa perspectiva pode ser um ponto de vista humano geral, produzido por coisas como a natureza do nosso aparelho sensorial, ou pode ser concebido como algo determinado pela cultura, pela história, pela linguagem, pela classe ou pelo sexo. Já que podem existir muitas perspectivas, existem também famílias diferentes de verdades. O termo é frequentemente aplicado à filosofia de *Nietzsche. *Ver também* ceticismo; relativismo.

perversidade A tese ou o *paradoxo socrático de que ninguém faz o mal voluntariamente é posta em causa em alguns sistemas morais nos quais a perversidade é universal (*ver* pecado original) e, em outros, pelo menos ocasional. A perversidade é frequentemente assimilada à perda de controle (*ver* acrasia), sustentando-se que o controle restabeleceria o poder da razão sobre quaisquer paixões rebeldes ou vis. No século XX, assistiu-se a uma inversão que, remontando a *Sade e *Nietzsche, exalta de forma romântica a liberdade que pretensamente derivaria do desprezo pela (ou transcendência da) ética normal, encarada como um sistema externo de repressão da conduta.

PES Percepção extrassensorial. *Ver* paranormal.

pessimismo *Ver* otimismo/pessimismo.

pessoa Um dos problemas fundamentais da metafísica consiste em saber o que é ser uma pessoa. A resposta deve explicar certos fenômenos centrais associados à propriedade de ser uma pessoa: racionalidade, domínio de linguagem, consciência de si, controle e capacidade para agir, e valor moral ou direito a ser respeitado, estão entre as características de destaque que têm sido consideradas típicas das pessoas, em contraste com outras formas de vida. Em *Locke, "pessoa" é um termo *forense, que se aplica por razões morais ("a agentes suscetíveis de lei, felicidade e miséria", *Essay*, II. 27). Uma perspectiva *dualista encara uma pessoa como uma amálgama de uma mente e de um corpo essencialmente separados, o que levanta o problema de reinventar sua unidade na pessoa viva (*ver* ocasionalismo; problema da mente-corpo). As teorias monistas, como a da obra *Individuals* (1959), de *Strawson, lidam com um conceito primitivo acerca do que é uma pessoa, como uma unidade suscetível de ser descrita em termos corporais ou mentais. Hoje em dia há uma analogia popular com as descrições, compatíveis entre si, do suporte lógico (*software) e do suporte físico (*hardware) de um computador (*ver* funcionalismo).

pessoa eidética Uma pessoa com a capacidade de formar *imagens eidéticas.

petição de princípio Processo que consiste em supor como verdadeiro justamente o que está em discussão. Embora seja comum acusar as pessoas de a cometerem, não há uma definição lógica dos tipos de argumentos que incorrem em petição de princípio. No sentido mais lato da expressão, seria possível considerar qualquer argumento *válido como incorrendo numa petição de princípio, uma vez que suas premissas já "contêm" a conclusão. No entanto, os argumentos válidos podem fazer, e de fato fazem, com que as pessoas razoáveis aceitem suas conclusões. A melhor definição é a de que um argumento incorre em petição de princípio se contiver uma premissa ou dedução que não seria aceita por qualquer pessoa razoável que já estivesse inicialmente inclinada a negar a conclusão.

petitio principii (lat.) *petição de princípio.

phenomena bene fundata (lat., fenômeno bem-fundamentado) Expressão especialmente associada a *Leibniz. As percepções ou *phenomena* criadas pelas *mônadas são mais ou menos confusas. Mas algumas correspondem a substâncias compostas, ou mônadas conectadas por uma corrente substancial. Estas são as *phenomena bene fundata* que dão origem ao que chamamos informação sobre um mundo exterior. As percepções de objetos comuns, ou até mesmo do arco-íris, se enquadram nessa classe, ao contrário dos sonhos e das alucinações.

philosophes Os filósofos setecentistas franceses do *Iluminismo: *Rousseau, *Condillac, *Voltaire e os outros enciclopedistas. *Ver Enciclopédia.*

phronêsis (gr., inteligência, prudência) Sabedoria prática, ou conhecimento das finalidades próprias da vida, que *Aristóteles distingue do conhecimento teórico e do simples raciocínio instrumental, ou perícia, sendo em si mesma uma condição necessária e suficiente da virtude.

physis *Ver* filosofia da física.

Pico della Mirandola, Giovanni (1463-94) Filósofo e acadêmico renascentista. Depois de estudar fontes árabes e judaicas, Pico empreendeu a defesa de novecentos teses numa disputa pública em Roma. Infelizmente, sete foram condenadas como não ortodoxas e seis foram declaradas duvidosas. Quando Pico empreendeu a defesa destas, o papa Inocêncio VIII condenou todas as novecentas. Pico fugiu para França, mas acabou por instalar-se em Florença, sob a proteção dos Médici. Exerceu uma influência importante no pensamento do Renascimento, quer devido à sua defesa da liberdade e dignidade dos seres humanos, quer por ter usado o pensamento filosófico de várias fontes e tradições diferentes.

pietismo Um movimento religioso da Igreja luterana. Corresponde também a qualquer atitude perante a religião que privilegie a devoção e a *fé em detrimento da razão e do uso dos dados dos sentidos. *Ver também* fideísmo.

Pirro de Élida (c.365-275 a.C.) Fundador do *ceticismo grego. Pirro era pintor, mas depois seguiu Anaxarco até a Pérsia, integrado na caravana de Alexandre o Grande. Aí, diz a tradição, foi influenciado pelos gimno-sofistas (que coincidiam talvez com os *jainistas) ou pelos magos (*zoroastrianos); em todo caso, voltou à sua cidade nativa de Élida, onde viveu muito respeitavelmente — embora na pobreza — com a irmã, que era parteira. Não deixou obra escrita. Sabe-se que seu modo de vida estava associado à ideia de que as atividades e ambições humanas eram vãs e de que a humanidade sofria de uma insensatez infantil, mas a partir daqui há duas interpretações divergentes. De acordo com uma delas, reproduzida por *Diógenes Laércio e seguida por *Hume, o pirronismo implicava uma recusa sobre-humana em aceitar o testemunho dos sentidos, com consequências como a de Pirro precisar de proteção constante para não cair em precipícios e a de se recusar a reconhecer Anaxarco quando este ficou preso em um pântano. A outra interpretação, mais verossímil, adotada por *Montaigne, por exemplo, associa-o às correntes principais do ceticismo antigo, descrevendo-o como alguém que aceita os fenômenos ou a aparência das coisas, a moral e os costumes da sociedade em que se vive, recusando porém qualquer especulação supérflua. Não parece provável que Pirro fosse um dialético ou que tivesse feito uso do arsenal cético, que viria a ser mais tarde a arma dos *Acadêmicos contra os *estoicos. No entanto, são-lhe atribuídas a técnica cética da *isosthenia*, i.e., o confronto de opiniões opostas; a **epochê*, i.e., a suspensão da opinião; a **aphasia*, i.e., o silêncio; e a **ataraxia*, i.e., a tranquilidade como objetivo último.

Pitágoras (n. c.570 a.C.) Filho de Mnesarco de Samos, emigrou por volta de 531 a.C. para Crotona, no sul da Itália, onde fundou uma comunidade religiosa, mas foi forçado a exilar-se e morreu em Metaponto. A inclusão nessa comunidade implicava a autodisciplina, o silêncio e a observância de vários tabus, especialmente contra a ingestão de carne e sementes. Pitágoras ensinou a doutrina da *metempsicose, ou do ciclo da reencarnação, e supunha-se que conseguia recordar existências anteriores. A alma, que tem a sua própria divindade e pode ter existido como animal ou planta, pode, no entanto, atingir a libertação através de uma dedicação religiosa ao estudo, podendo depois reunir-se à alma-mundo universal. Atribui-se habitualmente a Pitágoras, mas de forma duvidosa, a descoberta da base da acústica e das proporções numéricas que suportam a escala musical, o que teria assim iniciado a interpretação aritmética da natureza. Esse sucesso tremendo inspirou a concepção de que todo o cosmo deve poder ser explicado em termos de *harmonia* ou de números. Esse ponto de vista representa uma extraordinária ruptura com a tentativa *milésia de fundar a física numa concepção de uma certa matéria-prima, base indiferenciada partilhada por todas as coisas, e concentra-se antes na forma, implicando que as naturezas físicas recebem um fundamento inteligível em diferentes estruturas geométricas. Essa perspectiva encontra-se vulgarizada na doutrina, habitualmente atribuída a Pitágoras, segundo a qual todas as coisas são números. No entanto, a associação de qualidades abstratas com números atingiu níveis fantásticos com as conexões ocultas entre, por exemplo, a justiça e o número quatro, e com os sentidos místicos atribuídos em especial ao número dez. Cosmologicamente, Pitágoras explicou a origem do universo em termos matemáticos, como a imposição de um limite ao ilimitado através de uma espécie de introdução de uma unidade. *Filolau, o primeiro cosmólogo que, ao que se sabe, compreendeu que a Terra é um planeta em movimento, foi um dos seguidores de Pitágoras. É também plausível que os pitagóricos tenham descoberto a irracionalidade da raiz quadrada de dois: *ver* Hípaso de Metaponto. *Ver também* harmonia das esferas.

Platão (c.429-347 a.C.) Platão nasceu em Atenas numa família aristocrática. Conta ele na *Carta* VII (que, se for genuína, constitui parte de sua autobiografia) que o espetáculo da política de sua época o fez concluir que só os filósofos estavam preparados para governar. Depois da morte de *Sócrates em 399, viajou bastante. Durante esse período fez sua primeira viagem à Sicília, tendo-se envolvido significativamente na vida política interna daquela ilha; os céticos quanto à autenticidade da *Carta VII* supõem que se trata de uma falsificação, concebida para apoiar o partido da oposição de Díon contra o tirano Dionísio II. Ao todo, Platão visitou a Sicília pelo menos três vezes, tendo muitas dessas visitas sido ricamente subsidiadas por Dionísio. Depois de regressar da Sicília, começou o ensino formal no que depois se transformou na *Academia. Os pormenores da vida de Platão são supreendentemente esparsos, em parte por causa do preconceito ateniense contra a referência a contemporâneos em obras literárias; *Aristóteles, por exemplo, apesar de ter sido estudante da Academia durante cerca de vinte anos, não nos oferece qualquer informação sobre a vida de Platão. Em resultado disso, a datação de sua obra tem de ser estabelecida com base em indícios internos, constituindo tema de controvérsia acadêmica.

A fama de *Platão repousa em seus diálogos, que foram todos preservados. Estes são habitualmente divididos em três períodos. *Hippias Menor*, *Laques*, *Cármides*, *Íon*, *Protágoras*, *Eutifron*, *Apologia*, *Críton*, *Górgias*, *Mênon*, *Crátilo* e o duvidoso *Hippias maior*. *Lísis*, *Menéxeno* e *Eutidemo* são do primeiro período; *Fédon*, *Filebo*, *Banquete*, *República* e *Teeteto* são do período médio; e ao terceiro período pertencem *Crítias*, *Parmênides*, *Fedro*, *Sofista*, *Político*, *Timeu* e as *Leis*. Os diálogos do primeiro período estabelecem a figura de *Sócrates como alguém que interroga sem cessar, abalando implacavelmente as falsas pretensões ao conhecimento dos seus contemporâneos. O método elêntico (*ver elenchos*) pretende ter por objetivo abrir a possibilidade de estabelecer uma justa apreciação da virtude, mas os resultados são mais negativos do que positivos. Quando Sócrates pergunta "O que é *x*?" (a virtude, a justiça, a amizade etc.), é sempre retratado como alguém que afasta meros exemplos de *x* em favor da busca da essência ou *forma de *x*, ou daquilo que faz as coisas serem *x*. Os diálogos do segundo período passam a ocupar-se dos pressupostos filosóficos desta noção de forma, possivelmente em resposta a algumas pressões exercidas sobre Platão no sentido de mostrar que o método dialético era algo mais do que um jogo. As obras desse período não são propriamente diálogos, e não exibem o método socrático. Essa mudança pode estar relacionada com a crença de Platão de que os jovens não deviam ser expostos a solventes assim tão drásticos (o método de ensino da Academia proibia que os estudantes com menos de trinta anos praticassem tais exercícios).

É nos diálogos do período médio que se defendem as doutrinas geralmente classificadas como *platônicas, e suas doutrinas positivas não fazem concessões. As *formas são um conceito central. São independentes, reais, divinas, invisíveis e imutáveis; partilham as características das coisas das quais são formas, mas são igualmente as suas causas (logo, não são simplesmente propriedades comuns, ou *universais). Entre elas, a forma do Bem tem um papel único, sendo esta o objetivo quase divino da apreensão mística, que só pode ser atingido, se é que o pode, no final da peregrinação filosófica. A apreensão das formas constitui o conhecimento (**noêsis*), ao passo que a crença no mundo cotidiano e mutável é na melhor das hipóteses opinião (*doxa*). O conhecimento é a recordação do contato que tivemos com as formas antes de nossas almas imortais ficarem prisioneiras nos corpos (*ver anamnese*; beleza). A *República* desenvolve a conhecida comparação entre a justiça e a ordem, na alma, e no Estado; a famosa alegoria da caverna (*ver* mito da caverna) introduz a doutrina segundo a qual só os que apreendem a forma do bem estão preparados para governar.

O *Parmênides* e o *Teeteto* são os últimos diálogos do segundo período, ou os primeiros do terceiro; o primeiro contém críticas suficientemente devastadoras à doutrina das formas para levantar dúvidas às últimas doutrinas de Platão. O segundo diálogo é uma investigação brilhante do conceito de conhecimento, introduzindo o tratamento clássico, que conta ainda com muita aceitação, segundo o qual o conhecimento é uma crença verdadeira com um **logos*, ou certificação racional. Nas obras do terceiro período, em especial no último e maior diálogo, as *Leis*, Platão volta ao tema da república ideal de forma mais sóbria, tendo a piedade cívica e a religião um papel que retira à filosofia grande parte do seu fardo educativo. O *Timeu* é especialmente interessante como tratado científico, cuja cosmologia teve repercussões no *neoplatonismo da era cristã. Platão é em geral considerado o inventor da discussão filosófica tal como a conhecemos, e muitos filósofos defendem que a profundidade e o alcance do seu pensamento nunca foram ultrapassados.

platonismo Ideia, retirada sobretudo dos diálogos do segundo período de *Platão, segundo a qual os objetos abstratos, como os da matemática, ou conceitos como os de número ou de justiça, são entidades reais, independentes, intemporais e objetivas. Os números estão para a investigação matemática como os países estão para a investigação geográfica, e os conceitos têm uma relação semelhante com os diversos domínios de estudo, tais como a filosofia e o direito, que investigam a sua natureza. *Ver também* formas.

platonismo médio O último diretor da Academia de Atenas foi Fílon de Larissa, que continuou de forma substancial a tradição cética de *Arcesilau e *Carnéades. Por volta de 88 a.C., a Academia foi se dispersando, à medida que os filósofos deixavam Atenas e iam para Roma, fugindo dos avanços de Mitrídates. Foi nessa época que se deu o célebre rompimento de *Antíoco de Áscalon com as doutrinas de Fílon (registrado no diálogo *Luculus*, de Cícero), instigando um regresso à "Velha Academia", ou, em outras palavras, à confiança na filosofia como ciência positiva, um sistema inspirado em *Platão. O próprio Antíoco tinha extremas simpatias pelo *estoicismo. Públio Nigídio Fígulo (98-45 a.C.) e Eudoro de Alexandria (fl. c.25 a.C.) introduziram novos elementos, tais como a ênfase na transcendência e na natureza imaterial de Deus, o interesse na numerologia mística pitagórica e a tentativa de erigir uma hierarquia divina da realidade. A introdução de novos elementos continuou com a reconciliação das obras pagãs e judaicas, operada por *Fílon de Alexandria. O momento histórico caracterizava-se então por um tom conservador, que levava os filósofos a olharem para o passado e a tentarem provar a unidade essencial de diferentes escolas filosóficas, florescendo também muitas formas de ocultismo e misticismo. *Plutarco foi um dos platônicos médios mais proeminentes, mas a orientação geral foi partilhada por muitas figuras menores, das quais o último, *Amônio Sacas, foi o professor de *Plotino, com o qual uma nova e poderosa síntese, ou desvio, nasceu: o *neoplatonismo.

platônicos de Cambridge Um pequeno grupo de pensadores de meados do século XVII sediado em Cambridge. *Cudworth, Henry *More e *Whichcote foram alguns de seus membros; a ascensão do "entusiasmo" pela Igreja Baixa anglicana, a influência crescente do sistema de *Hobbes, onde Deus não tem lugar, e o decréscimo do prestígio da lógica e ciência aristotélicas, foram algumas das questões que discutiram. Encontraram a solução para estes problemas numa confiança reforçada em temas derivados de *Platão, onde se incluem uma simpatia geral pelo misticismo e, especialmente, a crença de que a ética repousa em cânones absolutos sobre o bem e o mal, discerníveis pela razão e independentes da revelação divina.

plenum Concepção do espaço segundo a qual este é inteiramente preenchido por matéria.

Plotino (c.205-70 d.C.) Fundador do *neoplatonismo. Plotino nasceu no Egito. Depois de ter estudado com o professor alexandrino *Amônio Sacas, partiu para a Pérsia em busca da sabedoria, mas acabou por fugir para Antióquia e para Roma em 244. Sob a proteção do imperador Galieno, Plotino fundou uma escola de filosofia; morreu de lepra pouco depois da morte de Galieno, possivelmente numa espécie de exílio político. Suas obras dignas de nota são as *Enéades*, escritas entre 253 e 270, e compiladas pelo seu aluno *Porfírio (chamam-se "Enéades" a partir da palavra grega *ennea*, nove, porque cada um dos seus seis livros contém nove seções).

Segundo a largamente desacreditada *Carta II* atribuída a *Platão, Plotino divide o domínio das coisas inteligíveis em três: o Uno, a Inteligência ou **nous* e a Alma. O Uno é o objeto de culto e desejo absolutamente transcendental e incognoscível. O mundo da inteligência é o mundo das ideias e dos conceitos, concebidos no entanto como ideias na mente do Uno e também como o domínio do número. Por último, abaixo da inteligência está a alma, incorpórea, substancial, imortal e suscetível de transmigração (*ver* metempsicose). (Ainda abaixo das almas, estão os habitantes da Natureza, mas estes podem ser tão negativos que podem chegar a não participar sequer na existência.) Algumas das almas, mas não todas, afundam-se nos corpos terrestres, o que é mau. Todavia, o mundo concebido como um todo é também um organismo vivo, ou um exemplo da Alma una. A doutrina de Plotino mais característica é talvez a de que o Uno "emana" ou extravasa, como o Sol emana a luz, para criar o domínio da Inteligência, e que esta, por sua vez, emana o mundo da alma, ainda que seja obscuro se esta emanação é um alegre ato procriativo do princípio criativo superior, ou se é um tipo de traição e queda conspurcadora do inferior. Em qualquer caso, o inferior recebe sua forma ou marca pela contemplação do superior. É também como reflexos da Alma cósmica una que as almas individuais existem, mas seu objetivo tem de ser dirigir a sua contemplação para o topo da hierarquia, até conseguirem obter a luz e a vitalidade pela absorção contemplativa no Uno. *Ver também* neoplatonismo.

pluralidade de causas A doutrina, proposta pela primeira vez por J.S. *Mill, segundo a qual o mesmo fenômeno pode ter muitas causas diferentes. Num certo sentido isso é trivialmente verdadeiro: o mesmo tipo de acontecimento (e.g., a morte) pode ser causado por muitas doenças diferentes, por acidentes etc. Não se segue daí que um exemplo particular, um espécime de um tipo (a morte de Henrique VIII, por exemplo), tenha muitas causas e não apenas um acontecimento ou estado como causa, embora possa ser útil pensar que existiram muitos fatores importantes.

pluralismo A tolerância generalizada para com diferentes tipos de coisas, ou, mais especificamente, para com descrições do mundo diferentes e talvez incomensuráveis (*ver* comensurável), sem que se considere nenhuma delas mais fundamental que qualquer das outras. O pluralismo é muitas vezes atribuído ao último *Wittgenstein, com o relevo que dá aos diferentes *jogos de linguagem e formas de vida. É também uma doutrina central da teoria literária *pós-estruturalista, onde frequentemente se combina com o *relativismo e com uma suspeição generalizada da noção de "a verdade". Por vezes, esta é a doutrina relativamente inócua segundo a qual não há maneira de afirmar uma única ou a única verdade acerca de um assunto qualquer; em outras, pode ser a doutrina mais sinistra de que nenhuma perspectiva é verdadeira ou de que todas são igualmente verdadeiras.

Plutarco (c.50-c.120) Escritor grego e platônico médio. Nasceu em Queroneia, na Beócia, estudou em Atenas e foi para Roma, regressando depois para passar as últimas décadas de sua vida como sacerdote em Delfos. Sua obra mais famosa, as *Vidas*, pretende ilustrar os papéis da virtude e do vício nas carreiras dos grandes homens, tendo exercido uma forte influência sobre Shakespeare, assim como em outros autores renascentistas. Suas obras filosóficas manifestam o transcendentalismo piedoso do *platonismo médio. As opiniões quanto às capacidades de Plutarco como filósofo diferem. Distancia-se do platonismo ortodoxo ao reconhecer a força positiva do mal no mundo (*ver* maniqueísmo; zoroastrismo), mas antecipa igualmente *Plotino ao procurar encontrar um princípio supremo unificado e simples no cume da hierarquia da realidade.

pneuma (gr., sopro) No pensamento grego, sobretudo no *estoico, é o espírito, a força ou o fogo criador que infunde o corpo dos seres humanos.

pneumatologia Termo usado por *D'Alembert no *Discours préliminaire de l'encyclopédie* para designar o estudo das almas e dos espíritos, entre eles os de Deus e os dos anjos.

poder (social) O poder de um indivíduo ou instituição é a capacidade de este conseguir algo, quer seja por direito, por controle ou por influência. O poder é a capacidade de se mobilizar forças econômicas, sociais ou políticas para obter um certo resultado, e pode ser medido pela probabilidade de esse resultado ser obtido em face dos diversos tipos de obstáculos ou oposição enfrentados. Não é essencial à sua definição que o resultado seja conscientemente procurado pelo agente: o poder pode ser exercido na ignorância de sua existência ou efeitos, embora, claro, seja frequentemente exercido de forma deliberada. Contudo, de acordo com o ponto de vista de alguns autores, dentre os quais se destaca *Foucault, todas as relações sociais são sistemas de poder: o poder fundamental não é exercido por indivíduos, encontrando-se antes disperso, como um aspecto impessoal da sociedade, e manifesta-se em particular sob a forma de vigilância, regulação ou disciplina, que adaptam os seres humanos à estrutura social envolvente. O poder da sociedade não se encontra limitado à sua capacidade de impedir as pessoas de fazerem coisas; inclui o controle da autodefinição e da forma de vida preferida dos seus membros. Uma das principais preocupações da teoria política é determinar quando o exercício do poder é legítimo, o que é frequentemente colocado em termos do problema da distinção entre *autoridade e poder. *Ver também* exploração; opressão.

Poincaré, Jules Henri (1854-1912) Filósofo e matemático francês. O interesse filosófico principal de Poincaré deteve-se no caráter lógico e formal das teorias das ciências físicas. Poincaré é conhecido sobretudo pela discussão do estatuto científico da geometria, em *La Science e l'hypothèse* (1902). Os axiomas da geometria não são analíticos, nem enunciam propriedades fundamentais do espaço; são antes *convenções que governam a descrição do espaço, e sua adoção rege-se pela utilidade para promover fins descritivos. No entanto, o convencionalismo de Poincaré em relação à geometria desenvolveu-se sobre o pano de fundo de um *realismo geral sobre os objetos de investigação científica. Poincaré insistiu sempre na possibilidade de haver boas razões para se adotar um conjunto de convenções em vez de outro. Nos posteriores *Dernières pensées* (1912), Poincaré ataca o programa *logicista de *Frege e de *Russell, negando que a matemática possa ser reduzida à lógica, argumentando ainda que para se derivarem as propriedades dos números é sempre necessária uma intuição complementar.

poliádico Numa das acepções, é um termo que designa uma *função ou um *predicado que tem mais de um argumento. Por vezes, uma função ou um predicado são poliádicos se for uma função que pode ter um número variável de argumentos, ou um predicado relacional que pode relacionar um número variável de coisas. "a, b... n são irmãos" pode ser verdadeiro para um número variável de pessoas, tal como "o mais velho de a, b... n".

polissemia A associação de uma palavra a vários significados. Se esses significados forem muito diferentes as palavras são *homônimas, mas com frequência há um conjunto de usos que envolvem *analogias (um homem correto, uma prosa correta), o que sugere que não podemos nos limitar a distinguir sentidos distintos.

politeísmo A crença em, ou a adoração de, muitos deuses. Não é fácil contar deuses e por isso nem sempre é óbvio se uma religião aparentemente politeísta, como o hinduísmo, o é de fato, ou se os objetos de adoração que parecem diferentes devem ser concebidos como manifestações de um único Deus.

pons asinorum A ponte dos asnos. Diz-se que é difícil fazer um asno atravessar uma ponte. Na matemática, o termo se aplica ao problema retirado do primeiro livro de Euclides, segundo o qual se dois lados de um triângulo são iguais, então os ângulos opostos a esses lados também são iguais. A lógica silogística tem a sua própria *pons asinorum*: o **inventio medii*.

Popper, Karl Raimund (1902-1994) Filósofo da ciência. Popper nasceu e se formou em Viena, partilhando com os *positivistas lógicos o interesse pelos fundamentos e metodologia das ciências naturais. Após um período na Nova Zelândia, ingressou na London School of Economics, onde se tornou professor de lógica e método científico em 1949. Ficou famoso com seu primeiro livro *Logik der Forschung* (1935), no qual destrói as tentativas tradicionais de fundamentar o método científico no apoio que a experiência proporciona às generalizações e às teorias adequadamente construídas. Acentuando as dificuldades que o problema da *indução põe a qualquer método desse gênero, Popper propõe como alternativa uma epistemologia que parte da formação arrojada e imaginativa de hipóteses. Estas enfrentam o tribunal da experiência, que tem o poder de falsificá-las mas não de confirmá-las (*ver* falsificabilidade; falsificação). Uma hipótese que sobreviva a tentativas de refutação pode ser provisoriamente aceita como "corroborada", mas jamais se pode atribuir-lhe uma probabilidade.

Esse ponto de vista tornou-se extremamente popular entre os cientistas, que reconheceram o valor que Popper dá à teorização imaginativa e à refutação paciente, reagindo com satisfação à ideia redentora de que apresentar uma teoria que seja depois refutada não é um defeito, mas uma virtude. Os filósofos têm sido mais cautelosos, fazendo notar que algo parecido com a *indução parece estar envolvido quando depositamos confiança em teorias bem corroboradas. Ninguém faz uma viagem de avião só porque a conjectura de que ele se sustenta no ar é imaginativa e arrojada. Contudo, muitos pensadores aceitam, no essencial, a solução popperiana para o problema da demarcação entre a verdadeira ciência e as suas imitações — isto é, que a primeira apresenta teorias genuinamente falsificáveis, ao passo que as segundas não. Embora o conceito de falsificação seja mais complexo do que Popper pensava no início, sua tese congrega as objeções que muitas pessoas têm a ideologias como a *psicanálise e o *marxismo.

A influente obra *The Open Society and Its Enemies* (1945) e *The Poverty of Historicism* (1957), onde atacou o ponto de vista de que há leis históricas fundamentais que tornam inevitável o progresso, são algumas das obras de Popper de caráter social e histórico. Na primeira, Popper ataca esta crença, que associa ao totalitarismo antiliberal que encontra em *Platão, *Hegel e *Marx, embora não seja claro que sua leitura desses filósofos faça justiça às rigorosas restrições éticas que eles colocam aos sistemas políticos racionais que exploram. Popper associa a virtude política, tal como a virtude científica, à possibilidade da livre investigação, apenas sujeita a restrições que minimizem a possibilidade da aceitação de maus sistemas.

população A maior parte do pensamento ético pressupõe uma população fixa e estuda matérias como a distribuição dos recursos nesse contexto. Se a população constituir ela mesma matéria de decisão, então surgem mais problemas. Serão os números importantes em si, sendo um mundo melhor se mais pessoas vivem vidas com uma felicidade real? Ou importa apenas o nível médio de bem-estar? Se uma mãe concebe um feto de maneira tal que sabe ser provável dar origem a uma criança deficiente quando poderia ter agido de modo diferente e evitado o risco, por que motivo agiu mal? Ninguém estaria melhor se tivesse agido de outro modo, pois a única criança que de fato existe não teria existido. Essas e outras questões são exploradas de modo sutil em *Reasons and Persons* (1984) de Parfit. *Ver também* Malthus.

pôr entre parênteses Expressão usada por *Husserl para descrever o processo em que se suspende a interpretação natural de uma experiência de modo a considerar apenas a sua fenomenologia ou natureza intrínseca. Também conhecido como **epochê*.

por quê? Muitas *explicações são respostas a um "por quê?"; uma concepção possível do que é uma boa explicação consiste em afirmar que a única característica que as explicações têm em comum é justamente o fato de serem respostas a um "por quê?", colocado por uma certa pessoa numa certa situação.

Porfírio (c.232-305) Erudito sírio, discípulo e editor de *Plotino. Porfírio escreveu também comentários sobre *Platão e sobre *Aristóteles. Sua obra mais importante foi *Isagoge* ou *Introdução às categorias* de Aristóteles, que foi responsável pela formulação clássica do problema dos *universais, tal como ele ocupou o espírito de *Boécio e da filosofia medieval posterior. No início da *Isagoge*, Porfírio pergunta: "Os gêneros e as espécies subsistem por si mesmos, ou existem apenas na mente? Se subsistem por si mesmos, são corpóreos ou incorpóreos? Se são incorpóreos, existem separados das substâncias sensíveis, ou conjuntamente com elas?" A árvore de Porfírio é o método de classificação pela dicotomia: **per genus et differentiam*. Porfírio distinguiu-se sobretudo como divulgador de obras alheias. Até mesmo seu maior editor crítico e comentador moderno, J. Bidez, confessa em *Vie de Porphyry* (1913) que em toda a obra que nos chegou de Porfírio "não existe um único pensamento ou imagem que possa afirmar-se com certeza ser sua".

pornografia A definição é controversa: de um modo geral, trata-se de uma representação ou exibição *obscena, especialmente da sexualidade humana, produzida para proporcionar uma ocasião favorável à fantasia. A condição de a representação dever ser obscena distingue, em princípio, a pornografia da arte erótica. Os problemas jurídicos surgem porque embora algumas fantasias humanas possam ser inocentes e prazerosas, outras são prazerosas para alguns sem serem inocentes, e encorajá-las acarreta a representação de diferentes setores da comunidade (especialmente mulheres e crianças) de formas degradantes e humilhantes, como vítimas de violência etc. Quando isso acontece, há um argumento a favor da censura, baseado no direito desses grupos à igualdade de tratamento. Esse argumento distingue-se de um desagrado moralista genérico pelas matérias em questão, bem como do contestado argumento *consequencialista segundo o qual a existência desse material ajuda a promover a violência. É controverso até que ponto outros valores são infringidos por essa censura.

Port-Royal Mosteiro cisterciense que abrigou a seita jansenista na França. Em 1662, *Arnauld e Pierre Nicole (1625-95) publicaram *La Logique, ou l'árt de penser*, muitas vezes chamada lógica de Port-Royal. Essa obra exprimia impaciência para com a lógica aristotélica ou escolástica tradicionais e simpatia para com os movimentos intelectuais modernos, particularmente a metodologia de Descartes das ideias "claras e distintas", bem como suas inclinações geométricas e racionalistas quanto à investigação da natureza. Como jansenistas, os membros do movimento de Port-Royal acreditavam na predestinação e na completa impossibilidade de as palavras, orações ou ações alterarem o destino predeterminado de cada um de nós para o céu ou para o inferno. O tragediógrafo Racine era de família jansenista, e o historiador e crítico C.-A. Sainte-Beuve (1804-69) perdeu a fé (compreensivelmente, talvez) ao escrever a história do mosteiro.

pós-estruturalismo Variante do *pós-modernismo definida pela reação contra o estruturalismo francês e associada a autores como *Derrida, *Foucault e *Kristeva. Embora adote o ponto de vista de *Saussure de que as palavras adquirem seu significado através das relações que têm umas com as outras e não das relações que têm com a realidade extralinguística, o pós-estruturalismo acrescenta-lhe o interesse pelas suas origens nas relações de poder ou no inconsciente. Não partilha, porém, o ponto de vista estruturalista de que o inconsciente ou as formas de organização social obedecem, elas próprias, a leis estruturais que podem ser descobertas. Pelo contrário, retoma a hostilidade de *Nietzsche à redução dos fenômenos humanos a generalizações legiformes, identificando esse tipo de teorias com os fundamentos filosóficos de sistemas deterministas como o *marxismo; em vez delas, os pós-estruturalistas celebram o informe, o subjetivo e o espontâneo. Apoiando-se em grande medida na dissolução psicanalítica do eu, o pós-estruturalismo é uma das manifestações da atitude cética típica do pós-modernismo, particularmente pela sua recusa de conceitos como os de objetividade, realidade e verdade.

posição escorregadia Estamos numa posição escorregadia quando os argumentos que acabamos de aceitar contra um determinado ponto de vista parecem também aplicar-se ao nosso próprio ponto de vista, forçando-nos, talvez de forma gradual, a aceitar uma conclusão que inicialmente recusávamos. Muitos argumentos contra posições de compromisso em política e em ética tentam retratá-las como posições instáveis entre o extremo que rejeitaram e o outro extremo, com que não desejam se comprometer.

posição original Posição definida tendo em vista a reflexão sobre a justiça em *A Theory of Justice*, de *Rawls (1971). Na teoria contratualista de Rawls, uma estrutura social só é justa se puder ser escolhida, num contrato, por agentes racionais hipotéticos que se tenham "despido" de alianças e interesses particulares, mas que retenham as necessidades e dependências humanas básicas. Esta ideia dramatiza o conceito de imparcialidade, implícito na noção de justiça, uma vez que na posição original ninguém pode ceder a pedidos especiais ou a preconceitos a favor de um grupo (é como efetuar uma distribuição justa de um bolo mediante a separação entre os que o partem e os que escolhem as fatias que desejam). O próprio Rawls chamou essa concepção de "justiça como equidade". *Ver também* princípio da diferença; véu da ignorância.

Posidônio de Apameia (c.135-51 a.C.) Filósofo e erudito *estoico, exerceu grande influência sobre *Cícero (que frequentou sua escola), Estrabão, *Sêneca e Pompeios. Do que se sabe de suas doutrinas filosóficas, poucas contêm algo que lhes seja específico, mas mantinha uma perspectiva universalista e imperialista da história, cujos contornos eram determinados por uma combinação de deveres políticos e religiosos. Ele próprio era ativo em política e igualmente importante como naturalista, matemático e historiador.

positivismo A filosofia de *Comte, que sustenta que a única forma de conhecimento, ou a mais elevada, é a descrição de fenômenos sensoriais. Comte afirmava que existiam três estágios nas crenças humanas: o teológico, o metafísico e, por fim, o positivo, assim chamado por se limitar ao que é positivamente dado, evitando toda especulação. A posição de Comte é uma versão do *empirismo tradicional, mas sem as tendências *idealistas e *céticas que essa posição costuma atrair. Em suas próprias obras, perpassa uma crença e um otimismo no alcance da ciência e nos benefícios de uma sociologia verdadeiramente científica. No século XIX, o positivismo associou-se também à teoria evolucionista e a qualquer tratamento resolutamente *naturalista das atividades humanas. A filosofia de *Mach e o *positivismo lógico são alguns dos seus descendentes. Em relação ao positivismo no direito *ver* filosofia do direito.

positivismo legal *Ver* filosofia do direito.

positivismo lógico Também conhecido como empirismo lógico e empirismo científico; as ideias e o ponto de vista em relação à filosofia associados ao Círculo de Viena. Este grupo foi fundado por *Schlick em 1924 e acabou na prática com sua morte em 1936 e com a dispersão dos intelectuais austríacos então ocorrida. G. Bergman, *Carnap, H. Feigl (1902-88), *Neurath e *Waismann foram alguns de seus membros. *Wittgenstein não era um membro efetivo do Círculo, apesar de manter um contato próximo com o seu trabalho, reunindo-se regularmente com o grupo de 1927 a 1929 e continuando depois disso em contato com Schlick e Waismann. O interesse central do Círculo de Viena era a unidade da ciência e o delineamento correto do método científico. A ideia era que isso acabaria por funcionar como uma solução final das disputas dos metafísicos. A tarefa da filosofia construtiva tornou-se a análise da estrutura das teorias e da linguagem científica. O movimento pode ser encarado como um desenvolvimento das doutrinas *empiristas e *sensacionistas anteriores, realizado à luz de uma melhor compreensão da metodologia da ciência empírica e do poder muito superior da lógica formal, que permitia agora a definição de abstrações e a descrição das estruturas das inferências permissíveis. A combinação foi em certo sentido prenunciada por *Russell, cuja lógica, e cujo conceito de *construção lógica, desempenharam um papel significativo nas doutrinas do movimento. A doutrina mais característica do positivismo lógico era o *princípio da verificação, ou a negação de significado literal ou cognitivo a qualquer proposição que não fosse verificável: "O significado de uma proposição é o seu método de verificação." O movimento tornou-se conhecido no mundo de língua inglesa quando *Ayer publicou *Language, Truth, and Logic* em 1936 e manteve algum impulso, especialmente na filosofia da ciência, depois que Carnap e Feigl emigraram para os Estados Unidos. A partir de 1930, o movimento transformou a revista *Erkenntnis* na revista da ciência unificada.

O positivismo lógico se retraiu em função de um conjunto de pressões. Em primeiro lugar, partilhava os problemas tradicionais do *empirismo radical, ao tentar descrever de forma satisfatória a base do conhecimento na experiência (*ver* proposições protocolares). Em segundo lugar, dependia da existência de uma lógica para a ciência, ou, em outras palavras, de uma *teoria da confirmação com uma autoridade inquestionável — no entanto, nunca se encontrou tal estrutura e ainda menos uma base para sua autoridade. Esses dois problemas impediram uma formulação rigorosa do princípio da verificação e persuadiram gradualmente os filósofos da ciência de que existia uma relação mais *holista e menos formal entre as frases teóricas e as observações que as sustentavam. Quando se admitiu que essa relação era indireta, as desprezadas teses da metafísica começaram a parecer que poderiam, outra vez, tornar-se respeitáveis. Finalmente, apesar de o positivismo lógico admitir que a ciência contém proposições encaradas como logicamente *necessárias, seu próprio tratamento do estatuto dessas proposições (o *convencionalismo) mostrou-se amplamente inaceitável, e o estatuto de suas afirmações sobre a base do significado nas sensações pareceu, por consequência duvidoso. Contudo, sua influência persiste na desconfiança generalizada em proposições para as quais não existam *critérios ou condições de assertibilidade: o *dictum* de Wittgenstein (o significado é o uso) tem sido frequentemente adotado como um convite menos imediato para trabalhar respeitando-se os limites do princípio da verificação.

pós-modernismo Na cultura em geral o pós-modernismo está associado à alegre aceitação do imediato, a um estilo superficial, à citação e à paródia deliberadas (embora esses elementos também se encontrem na literatura modernista, como a de James Joyce) e à celebração do irônico, do efêmero e do irrelevante. É frequentemente tomado como uma reação contra a confiança sisuda e ingênua no progresso e na verdade ou objetividade científicas. Do ponto de vista filosófico, por conseguinte, implica uma suspeita em relação às *grands récits* da modernidade: as justificações de grande envergadura da sociedade ocidental e a confiança no progresso desta sociedade, encontradas em *Kant, *Hegel ou *Marx, ou resultantes de visões *utópicas da perfeição obtida através da evolução, da melhoria das condições sociais, da educação e da expansão da ciência. Nos seus aspectos *pós-estruturalistas, o pós-modernismo inclui a negação da existência de significados estáveis, da correspondência entre a linguagem e o mundo e de realidades, verdades ou fatos que devam ser fixados como objetos de investigação.

Essa tendência foi antecipada, e talvez expressa da forma mais brilhante, por *Nietzsche, cujo *perspectivismo é visto como uma técnica filosófica que consegue enfraquecer o pressuposto de que o conhecimento objetivo pode ser alcançado. A objetividade se mostra como um disfarce para o poder ou a autoridade nos meios acadêmicos e muitas vezes como o último bastião de um privilégio dos brancos do sexo masculino. O pensamento lógico e racional é apresentado como uma imposição de dicotomias suspeitas ao fluxo de acontecimentos. Os pós-modernistas dividem-se quanto às consequências dessas descobertas, deparando-se com o antigo problema dos *céticos acerca de como pensar e agir à luz de sua própria doutrina. Enquanto para alguns a destruição da objetividade parece ser o caminho para se chegar a um radicalismo político libertador, para outros isso vem permitir pontos de vista nada libertadores, como a negação de que tenham existido (objetivamente) acontecimentos como a Segunda Guerra Mundial ou o Holocausto, e para outros ainda, como *Rorty (*Contingency, Irony and Solidarity*, 1989) essa destruição permite o recolhimento de cada um de nós numa atitude estética, irônica, desapegada e jovial quanto às nossas próprias crenças e quanto ao curso dos acontecimentos. Esse recolhimento tem sido criticado por ser socialmente irresponsável (e, em última instância, muito reacionário). A estrutura ideológica do pós-modernismo, traçada por exemplo em *A condição pós-moderna* (1984), de Jean-François Lyotard (1924-), parece depender de uma rejeição arrogante do êxito da ciência na procura da melhoria da condição humana, de um exagero quanto à falibilidade das tentativas de obter conhecimentos nas disciplinas humanas e da ignorância de uma verdade banal: apesar de a lei e a história humanas não permitirem uma descrição final, permitem no entanto descrições mais ou menos precisas, tal como não é possível traçar um mapa único de um território, o que não impede a existência de mapas mais precisos que outros.

possibilidade *Ver* necessidade.

post hoc ergo propter hoc (lat., depois disso, logo por causa disso) *Falácia que consiste em argumentar que um acontecimento foi causado por outro só porque aconteceu depois deste.

postulado Uma *suposição ou um *axioma.

postulados de Peano Os postulados isolados por Dedekind (1831-1916) e formulados pelo matemático italiano G. Peano (1858-1932), que definem a série dos números como a série de sucessores do número zero. Informalmente, os postulados são os seguintes: (I) zero é um número; (II) zero não é o sucessor de qualquer número; (III) o sucessor de qualquer número é um número; (IV) não existem dois números diferentes com o mesmo sucessor; e (V) se zero tem uma propriedade, e se sempre que um número tiver uma propriedade o seu sucessor também a tiver, então todos os números têm essa propriedade. O quinto é o postulado que justifica a indução matemática: assegura que a série é fechada, no sentido em que coisa alguma além do zero e dos seus sucessores podem ser números.

Qualquer série que satisfaça tal conjunto de axiomas pode ser concebida como algo que constitui a sequência dos números naturais. Alguns dos candidatos da *teoria dos conjuntos são os números de Zermelo, em que o conjunto vazio é o zero e o sucessor de cada número é o seu *conjunto singular, e os números de von Neumann, em que cada número é o conjunto de todos os números menores.

postulados de significado Termo usado por *Carnap como uma proposta de explicação da *analiticidade. A ideia é que podemos estabelecer uma conexão lógica (x é solteiro → x não é casado) como um postulado que regula os dois predicados "solteiro" e "casado"; a analiticidade da frase "Nenhum solteiro é casado" é então exibida como uma consequência lógica de uma convenção que adotamos. *Quine e outros filósofos atacaram esse ponto de vista, afirmando que ele pressupõe que as verdades centrais ou óbvias alcançam o status de convenções quando não há qualquer razão para que o façam, e que ele não consegue dar uma caracterização geral da necessidade, uma vez que exige uma caracterização independente do status da lógica.

potencial O adjetivo "potencial" encerra uma armadilha lógica. Um x potencial, ou em potência, não é um tipo de x mas, quando muito, uma coisa de um tipo diferente que é suscetível de se transformar num x (assim, por exemplo, a destruição de um x potencial não é o mesmo que a destruição de um x atual). Em termos *aristotélicos, a potência é o poder de mudar para estados diferentes. Na biologia, a natureza deste poder foi um problema central até a descoberta de "instruções" para o desenvolvimento nas moléculas de ADN. A diferença entre ato e potência resulta também num dos problemas enigmáticos suscitados pela *mecânica quântica. Segundo essa teoria, uma partícula como um elétron ou um fóton deixa-se descrever exaustivamente através de um conjunto de potências com diferentes probabilidades de se realizarem, até o momento em que o observamos, altura em que se reconhece como atual apenas uma dessas potencialidades. *Ver* gato de Schrödinger.

pour-soi *Ver* ser em-si/para-si.

praedicabilia (lat., o que pode ser atribuído) As coisas que podem ser ditas sobre um objeto. Em *Aristóteles, há quatro famílias: definição, *gênero, **proprium* e *acidente. No pensamento *escolástico há cinco: gênero, espécie, *differentia*, *proprium* e acidente.

praedicamenta As dez *categorias diferenciadas por *Aristóteles.

pragmática A parte da teoria dos signos, ou *semiótica, referente à relação entre os locutores e os signos que eles usam. O estudo dos princípios que regem as contribuições conversacionais apropriadas denomina-se pragmática geral; a pragmática aplicada trata de tipos especiais de interação linguística, como as entrevistas e a produção de discursos. Um tratamento pragmático de uma característica do uso de uma língua explicará essa característica por meio de princípios gerais que determinam o que é uma elocução apropriada, e não por meio de uma regra semântica. Por exemplo, a diferença entre "ela teve um bebê e casou" e "ela casou e teve um bebê" seria tratada semanticamente se fosse atribuída ao significado do termo "e", mas seria tratada pragmaticamente se fosse atribuída ao princípio geral segundo o qual as pessoas relatam os acontecimentos consoante a ordem pela qual supõem que eles se deram. *Ver também* implicatura.

pragmaticismo Termo adotado sem sucesso por *Peirce para *pragmatismo, tentando distinguir sua versão da de *James e de outros contemporâneos seus. Peirce procurou tornar claro que era ele, e não James, quem propunha esta máxima: "Considere os efeitos que possam *concebivelmente* ter as implicações práticas que o leitor *concebe* que os objetos de sua *concepção* têm. Então a sua *concepção* desses efeitos constitui toda a sua *concepção* do objeto" (primeiro parágrafo, "Issues of Pragmaticism", 1905).

pragmatismo Filosofia do significado e da verdade estreitamente associada a *Peirce e a *James. Apesar de ter conhecido diversas formulações por parte desses dois autores, o essencial do pragmatismo consiste na crença de que o significado de uma doutrina é idêntico aos efeitos práticos que resultam de sua adoção. Peirce via numa frase teórica uma forma confusa de pensamento, cujo significado consiste apenas numa máxima prática que lhe corresponde (a qual nos diz o que fazer numa dada circunstância). Para James esta posição conduziu a uma teoria da verdade, caracterizada por permitir que as crenças, como por exemplo a crença em Deus, sejam verdadeiras se "funcionarem satisfatoriamente, no sentido mais amplo do termo". Na perspectiva de James, quase todas as crenças poderão ser respeitáveis, e até mesmo verdadeiras, desde que funcionem (mas este funcionar não é uma questão simples para James). As consequências aparentemente subjetivistas que daqui decorrem foram atacadas com firmeza por *Russell, *Moore e outros filósofos no princípio do século XX; isto levou a uma divisão dentro do pragmatismo entre aqueles, como *Dewey, cuja concepção humanista da prática permanece inspirada pela ciência, e a via mais idealista, seguida em particular pelo escritor inglês F.C.S. Schiller (1864-1937), em que se adota a doutrina de que nossos esforços cognitivos e as necessidades humanas transformam de fato a realidade que procuramos descrever. James escreve frequentemente como se simpatizasse com essa posição. Por exemplo, em *The Meaning of Truth* (1909), p.189, James considera a hipótese de as outras pessoas não terem mentes (hipótese dramatizada pela ideia sexista de uma "amante mecânica", ou mulher estúpida), fazendo notar que essa hipótese não funcionaria porque não satisfaria as nossas (i.e., dos homens) aspirações egoístas ao reconhecimento e admiração pelos outros. O aspecto perturbador é a sugestão de que é isso que faz com que seja verdade que as outras pessoas (do sexo feminino) tenham mentes.

A concepção da verdade de Peirce é que a verdade é aquilo que processos (adequados) de investigação tenderiam a aceitar se fossem levados até um limite ideal. Os pragmatistas modernos como *Rorty e, em algumas obras, *Putnam, têm tentado frequentemente dispensar uma explicação da verdade (*ver* minimalismo), concentrando-se, como talvez James devesse ter feito, na natureza da crença e nas suas relações com a atitude, a emoção e as necessidades humanas. A motivação central do pragmatismo é a ideia de que a crença, na verdade, tem de ter uma conexão estreita com o sucesso na ação. Uma forma de cimentar esta posição encontra-se na noção de que a seleção natural, por via do processo de adaptação, deve ter nos levado a ser criaturas cognitivas porque as crenças produzem efeitos: funcionam. O pragmatismo pode ser encontrado na doutrina de *Kant do primado da razão prática sobre a razão pura e continua a desempenhar um papel de grande importância na teoria do significado e da verdade. *Ver também* aposta de Pascal; filosofia da ciência; instrumentalismo; positivismo lógico; vontade de acreditar.

pramana (sânscr., medida) Padrão ou norma de raciocínio, ou critério de verdade. A percepção, a inferência, o testemunho, a analogia, a implicação (em sentido mais lato do que inferência) e a interessante categoria de "percepção negativa", através da qual nossos sentidos nos dão uma fímbria do conhecimento do que não está presente no mundo sensível, tal como do que está presente, são algumas das raízes ou fundamentos do conhecimento que podem ser identificados. Diferentes escolas de pensamento hindu aceitaram ou rejeitaram de formas diferentes estes métodos. A escola **mimamsa* aceita todos eles; a escola *ioga aceita apenas a percepção, a inferência e o testemunho; o *budismo e a escola **vaisheshika* só aceitam a percepção e a inferência; e a escola **carvaka* aceita apenas a percepção.

práxis Termo em uso desde *Aristóteles, para quem a práxis é uma das três atividades básicas dos seres humanos (as outras são a *theoria*, ou teoria, e a *poiêsis*, ou produção artística). Em Aristóteles, a práxis inclui a ação voluntária que procura alcançar objetivos, embora, por vezes, também inclua aquelas que em si mesmas fazem parte do fim visado, i.e., as ações realizadas em função de si mesmas. Em *Kant, a práxis consiste na aplicação de uma teoria a casos encontrados na experiência, mas consiste também no pensamento eticamente significativo ou na razão prática, isto é, na reflexão sobre o que deve ser e não sobre o que é. Kant, ao situar a prática acima da teoria, influenciou o pensamento posterior de *Fichte, *Schelling e *Hegel, mas é em *Marx que o conceito se torna central, no novo ideal filosófico de transformar o mundo por meio da atividade revolucionária. A subordinação da teoria à prática relaciona-se com a incapacidade da razão para resolver contradições, que são removidas através do progresso dialético da história. A práxis relaciona-se também com a atividade livre, autêntica e autoconsciente, que se opõe ao trabalho *alienado que é exigido pelo capitalismo. *Ver também* falsa consciência.

prazer Um conceito surpreendentemente complexo, ainda que fundamental para qualquer análise da motivação humana e animal. Talvez a teoria mais simples sobre o prazer seja a que o trata como algo que está no mesmo nível da dor: uma sensação corpórea, mas de um gênero positivo, ao passo que a dor é de um gênero negativo. Isto, no entanto, não explica os casos em que temos prazer ao executar uma atividade ou em receber uma notícia, quando nenhuma sensação agradável está presente de modo evidente. Como *Aristóteles fez notar, não podemos dizer que o prazer que tiramos da execução de uma atividade seja um tipo de sensação que poderia, em princípio, ter sido obtida a partir de qualquer outra atividade: pelo contrário, o prazer forma um complemento da atividade "tal como o florescimento no caso da juventude" (*Ética a Nicômaco*, X, 4). Além disso, o fato de uma sensação ser agradável ou não é aparentemente contingente, em função de outros desejos e interesses. O prazer parece antes uma qualidade da consciência, intimamente relacionado ao contentamento ou à felicidade, mais do que a qualquer outro elemento da experiência consciente. O prazer tem muitas vezes sido apresentado como a finalidade de toda a ação porque é o que de fato nos motiva ou porque há uma contradição latente na ideia de uma ação que não seja assim motivada (*ver* hedonismo). O ideal de grande parte da filosofia econômica e social seria contabilizar os prazeres, com o objetivo de construir um *cálculo da felicidade para ser usado na teoria da escolha social. Mas o prazer mostra-se admiravelmente impermeável a tal tratamento. Ainda que possamos fazer juízos comparativos grosseiros (as férias deste ano deram-nos mais prazer que as do ano passado, quando choveu), o tema parece ser intrinsecamente resistente a tratamentos quantitativos. Perguntas como se se tem mais prazer com a pintura ou com a música, com o descanso ou com o trabalho, parecem logo perder sentido. *Ver também* epicurismo; hedonismo; medição; utilidade.

precognição Capacidade *paranormal para antever acontecimentos antes de estes acontecerem e antes de haver os indícios normais de que vão acontecer. Poucos filósofos acreditam que tais poderes existam, mas a questão de saber se é possível que possam existir levanta questões profundas acerca do *tempo, da *causalidade e da fixidez (ou não) do futuro.

predestinação Doutrina segundo a qual algumas pessoas já nascem selecionadas para a salvação ou para a condenação, que não podem evitar, mesmo através das boas ações nesta vida. Para *Agostinho, é um mistério divino que Deus, na Sua justiça perfeita, faça uma seleção aparentemente gratuita dos eleitos. O *calvinismo é a forma de crença cristã que destaca o pensamento paralelo segundo o qual Ele fez uma seleção similar dos condenados: "A outros escolheu Ele para a condenação eterna, segundo o conselho da sua santa vontade, a mais livre e a mais justa" (*A confissão de Westminster*, 1648).

predeterminação A ideia de que os acontecimentos estão antecipadamente estabelecidos e de que a aparente natureza aberta do futuro, oposta à natureza fixa do passado, na verdade é ilusória. Essa concepção pode surgir de uma reflexão sobre o *determinismo, da crença teológica segundo a qual Deus prevê o futuro (que deste modo é já em certo sentido um fato), do ponto de vista segundo o qual as pessoas com poderes psíquicos podem fazer o mesmo, da mera lógica (*ver* batalha naval) ou da crença de que o tempo é em essência ilusório (*ver* séries-a de tempo). *Ver também* predestinação.

predicação Predicar algo de uma coisa ou coisas é descrevê-la ou descrevê-las como tendo uma certa propriedade ou como estando numa certa relação. É tentador pensar que os próprios predicados são nomes de propriedades ou *universais, caso em que uma frase não parece ser mais do que uma sucessão de nomes, ou uma lista, em vez de ser a expressão de uma proposição. *Ver também* argumento do terceiro homem; conceito e objeto; universais.

predicado Um predicado é uma expressão que se pode ligar com um ou mais *termos singulares para constituir uma frase. Um predicado exprime uma condição que as entidades referidas podem satisfazer, caso em que a frase é verdadeira. Por esta razão, um predicado pode ser tomado como uma *função de coisas para frases ou até para valores de verdade. Embora a lógica moderna estabeleça uma distinção clara entre predicados e termos, os quais estão no lugar de coisas, na lógica tradicional isso não acontece. Na teoria do *silogismo, o sujeito e o predicado são tomados como elementos gramaticalmente intersubstituíveis, como em "Todos os A são B, todos os B são C, logo todos os A são C", em que o termo B é um predicado na primeira ocorrência mas um sujeito na segunda. O tratamento moderno recusa em absoluto essa estrutura sujeito-predicado, vendo-a como uma *quantificação que envolve dois predicados: $(\forall x)(Ax \rightarrow Bx)$. As letras A, B..., ou mais usualmente F, G..., são letras predicativas, encontradas nas frases onde os predicados deveriam estar quando se considera a *forma lógica dos argumentos.

predicado binário *Ver* predicado n-ário.

predicado de verdade O predicado "é verdadeiro", concebido como algo que se aplica às frases de uma linguagem natural ou artificial.

predicado n-ário Um predicado tomado como uma *frase aberta que requer que n variáveis sejam ligadas ou substituídas por uma expressão referencial para constituir um frase fechada. Assim "*x* é filha de *y*" é um predicado binário que pode ser transformado numa frase através da substituição por nomes: Maria é filha de Joana; ou por um nome e uma quantificação que ligue uma das variáveis: $(\exists x)$ Maria é a filha de *x*; ou pela ligação de ambas as variáveis: $(\exists x)(\exists y)$ x é filha de *y*.

predicado unário *Ver* predicado n-ário.

predicativa *Ver* definição impredicativa.

predicáveis *Ver praedicabilia.*

premissa Uma premissa de um *argumento é uma das proposições de cujo conjunto se deriva a conclusão. Uma premissa suprimida é uma premissa que, na verdade, é necessária para que a conclusão se siga, mas que não foi explicitamente declarada.

premissa maior/menor *Ver* silogismo.

presciência Capacidade de predizer acontecimentos antes de estes ocorrerem. Tradicionalmente, a presciência de Deus, aparentemente garantida por sua onisciência, levanta sérios problemas tanto quanto ao caráter fixo do futuro como à possibilidade de este coexistir com o nosso *livre-arbítrio.

prescritivismo Perspectiva da teoria moral especialmente associada a *Hare, que identifica o comprometimento moral com o ato de dar ou aceitar uma ordem. O modelo da diferença entre opiniões morais é, então, a prescrição de ordens opostas, e a inconsistência no pensamento moral é identificada com a prescrição de ordens que não podem ser todas obedecidas. Na perspectiva de Hare, os juízos éticos diferem de simples prescrições pelo comprometimento de universalidade que materializam: assim, ao passo que posso ordenar-lhe que fume e a outra pessoa que não fume, se adotar o tom ético e lhe disser que não deve fumar, comprometo-me a supor que qualquer outra pessoa que esteja numa posição semelhante, quanto aos aspectos relevantes, não deve fumar. O desenvolvimento posterior desta ideia por Hare aproxima-o do *utilitarismo, encarado como o nível crítico do pensamento moral, e disfarçado na vida cotidiana pelos comprometimentos mais comuns e menos sistemáticos que tendemos a fazer. Os críticos têm se concentrado sobre várias diferenças supostamente existentes entre o comprometimento moral e a ordem, sendo um dos problemas referidos o de que embora a aceitação de uma ordem pareça ser equivalente à disposição para obedecê-la, a aceitação de um veredicto ético é, infelizmente, consistente com a recusa em lhe estar sujeito. A crença de que o utilitarismo está de alguma maneira implícito na lógica dos conceitos morais tem também sido vigorosamente contestada. *Ver também* acrasia; ética da virtude; integridade; moral centrada no agente.

presença *Ver* metafísica da presença.

presente especioso Termo que se deve a E.R. Clay, mas que foi divulgado por *James, para descrever a tese segundo a qual apesar de o presente ser em si mesmo "pontiforme", ou um mero ponto entre o passado e o futuro, ainda assim, na experiência comum, alguns acontecimentos prévios ainda nos estão presentes quando apreendemos acontecimentos posteriores. Só assim, pensou-se na época, poderia ser compreendida a experiência de ouvir uma melodia como melodia, ou de ver o movimento como movimento real: só se as notas passadas ou a posição passada ainda estivessem, de algum modo, presentes na mente, a percepção poderia ser a de uma sequência como melodia ou a de um objeto em movimento. Esta doutrina foi criticada de imediato, argumentando-se que pelo seu prognóstico estaríamos tendo a experiência de ouvir não uma melodia, mas um bloco compacto de som em que se teriam comprimido todas as notas, anteriores e posteriores; paralelamente, nossa percepção do movimento seria a de um objeto com uma cauda constituída por todas as suas posições anteriores, como um cometa.

pré-socráticos Embora o termo devesse se referir a qualquer filósofo grego que tenha vivido entre c.600 a.C. e c.400 a.C., após a morte de Sócrates, costuma ser utilizado sobretudo para aqueles pensadores que procuraram cosmologias sistemáticas e estavam primariamente interessados na natureza da realidade física. O termo exclui, assim, os *sofistas. As escolas proeminentes com esses interesses foram a *escola milésia ou jônica, a *eleata, a *pitagórica e a *atomista pós-eleata, assim como *Empédocles e *Heráclito. Os interesses dos pré-socráticos foram tão científicos como puramente filosóficos: a natureza das substâncias físicas, o número de categorias últimas das coisas, a existência do vazio, a natureza da mudança temporal (*ver* paradoxos de Zenão) e o curso da natureza cósmica. Entre os pré-socráticos contam-se os primeiros atomistas (*Leucipo e *Demócrito) e aquele que provavelmente foi o primeiro pensador que explicou de forma correta a causa dos eclipses solares e lunares: *Anaxágoras.

pressuposição De um ponto de vista informal, é qualquer premissa ou enquadramento conceitual subjacente que foi suprimido mas que é necessário para tornar um argumento válido ou uma posição defensável. Mais formalmente, uma pressuposição tem sido definida como uma proposição cuja verdade é necessária para a verdade ou para a falsidade de outra afirmação. Assim, se *p* pressupõe *q*, *q* tem de ser verdadeira para *p* ser verdadeira ou falsa. Na teoria do conhecimento de *Collingwood, quaisquer proposições suscetíveis de serem verdadeiras ou falsas dependem de um conjunto de "pressuposições absolutas", que não estão propriamente em condições de admitir a verdade ou a falsidade, dado que um sistema de pensamento não tem qualquer maneira de abordar tal questão (uma ideia similar veio a ser veiculada mais tarde por *Wittgenstein em sua obra *Da certeza*).

*Strawson sugeriu, em oposição à teoria das *descrições definidas de *Russell, que a frase "existe um rei da França" é uma pressuposição de "o rei da França é careca", não sendo esta última verdadeira nem falsa se não existir um rei da França. Não está de todo claro, contudo, se a ideia consiste em afirmar que não se faz nesse caso qualquer afirmação, ou se se faz uma afirmação que contudo não é verdadeira nem falsa. A primeira opção preserva a lógica clássica, já que podemos continuar a dizer que qualquer afirmação é verdadeira ou falsa, mas a segunda opção não, uma vez que na lógica clássica a lei da *bivalência é válida, o que assegura que nada é jamais pressuposto para que uma proposição qualquer seja verdadeira ou falsa. A introdução de pressuposições significa, portanto, ou que se admite um terceiro valor de verdade, "entre" a verdade e a falsidade, ou que a lógica clássica é preservada, sendo nesse caso impossível determinar, sem se saber mais acerca das regras de formação da linguagem, se uma certa frase exprime uma proposição que é candidata à verdade ou falsidade. Cada uma das sugestões tem seus custos, mas hoje é relativamente consensual que, pelo menos nos casos que envolvem descrições definidas, exemplos como o que foi apresentado são tratados de forma igualmente correta, quando a assunção de existência falha, se tomarmos toda a frase como falsa.

pressuposto estratônico O pressuposto expresso por *Estratão de Lâmpsaco, segundo o qual não é o ateu que tem o ônus da prova, mas antes aqueles que querem sustentar a existência de uma divindade com um certo conjunto de atributos.

previsibilidade *Ver* caos; determinismo; indução; paradoxo de Goodman.

Price, Richard (1723-91) Sacerdote galês heterodoxo, filósofo moral e atuário. A obra *A Review of the Principal Questions in Morals* (1758) é uma defesa tardia do racionalismo em filosofia moral, contra a *teoria do sentido moral de *Hutcheson e contra a tentativa de *Hume de fundar a moral nas paixões. Price argumenta que a opinião moral é mais parecida com a compreensão da natureza das coisas do que a mera reação a elas, e tenta relacionar a moral com uma apreciação da natureza eterna e imutável das ações. Na mesma obra, Price ensaia também uma resposta ao ceticismo de Hume quanto aos *milagres. Embora sua obra não seja considerada excepcional, Price teve uma influência considerável na cultura política e filosófica do seu tempo. Foi amigo de Benjamin *Franklin, escreveu um importante opúsculo defendendo o movimento norte-americano a favor da independência e foi alvo dos ataques de *Burke por ter feito uma defesa semelhante da Revolução Francesa. Também escreveu sobre problemas atuariais e sobre a necessidade de tomar medidas para extinguir a dívida pública.

prima facie (retidão, obrigação) (lat., à primeira vista) Segundo o emprego do termo por David Ross (1877-1940), são obrigações genuínas que podem, no entanto, entrar em conflito com outras e, por vezes, serem suplantadas por elas. Uma obrigação de comparecer a um encontro marcado pode ceder perante a obrigação de dar conta de uma emergência, caso em que *prima facie* era correto comparecer ao encontro, mas já não após a consideração de todos os fatores envolvidos. A escolha de Ross é talvez infeliz, ao sugerir uma preocupação meramente *epistemológica, como se numa segunda observação ou reconsideração a obrigação se mostrasse ilusória, enquanto que ele próprio acreditava que ambas as obrigações conflitantes são reais, mesmo quando se tem de escolher uma em detrimento da outra. Segundo a prática mais moderna, a designação "obrigação *pro tanto*" é preferível: uma obrigação dado este ou aquele aspecto da situação mas, uma vez mais, suspendendo o veredicto geral. Em qualquer dos casos, a dificuldade de uma ética *deontológica consiste em explicar como as obrigações estão hierarquizadas, sem envolver considerações desnecessárias de *utilidade.

primeiro motor *Ver* motor imóvel.

primeiros princípios Os princípios que estão na base de uma investigação. Os primeiros princípios de uma fase de investigação têm o péssimo hábito de ser rejeitados em outras fases. *Ver a priori*; axioma; *datum*.

primum mobile (lat., o primeiro em movimento) Na cosmologia aristotélica, é a primeira ou mais externa esfera dos céus. A rotação perfeita e esférica desta esfera é diretamente ativada pelo amor de Deus; seu movimento é tão semelhante à vida de Deus quanto possível. *Ver* motor imóvel.

princípio antrópico Um princípio controverso que permite explicar uma determinada característica do universo observável, defendendo que se essa característica não existisse nós não estaríamos aqui tecendo considerações sobre ela. Por exemplo, se perguntarmos por qual razão o universo começou há qualquer coisa como cem milhões de anos, o princípio antrópico permite aceitar a resposta que afirma ser este o tempo necessário para que a complexidade física, química e biológica se desenvolva, de maneira a conduzir à existência de pessoas que conseguem calcular a idade do universo e de se colocar esta mesma questão (compare com: Por que sempre vejo estradas quando dirijo meu carro?). O princípio antrópico forte postula muitos universos diferentes com diferentes estruturas, diferentes constantes fundamentais e diferentes histórias. Mas só os universos como o nosso permitem que nós existamos, daí que a resposta à pergunta sobre qual a razão pela qual existem as várias características deste universo, é, uma vez mais, que só estamos aqui por causa delas. Para os céticos, o princípio antrópico forte ofende o princípio da *navalha de Ockham, uma vez que faz proliferar os universos e serve para impedir o pedido razoável de explicações mais substanciais.

princípio causal Princípio segundo o qual todos os acontecimentos têm uma causa.

princípio da bivalência *Ver* bivalência, lei da.

princípio da coisa certa Princípio usado na *teoria dos jogos e na *teoria da decisão, também denominado "hipótese de independência forte". Diz que, se o resultado x e o resultado x' são indiferentes em si mesmos, então, para qualquer resultado y, a probabilidade de uma combinação de x com y tem de ser indiferente em relação à probabilidade combinada de x' com y. Negar este princípio é uma das respostas possíveis ao *paradoxo de Allais.

princípio da concreção Na filosofia de *Whitehead, é o princípio que leva as coisas a atualizarem suas formas, ou a emergirem e avançarem para formas mais complexas.

princípio da diferença O princípio escolhido por pessoas racionais sob o *véu da ignorância, na obra *A Theory of Justice,* de *Rawls. O princípio requer que os benefícios e obrigações sociais sejam atribuídos de maneira que a posição dos menos favorecidos seja tão boa quanto possível. *Ver também* posição original.

princípio da incerteza de Heisenberg Princípio da *mecânica quântica que associa as propriedades físicas aos pares, de tal modo que ambas não podem ser medidas conjuntamente com mais do que um certo grau de precisão. Se A e V formam um desses pares (chamado de par conjugado) então $\Delta A \Delta V > k$, sendo k uma constante e ΔA e ΔV variações nos valores experimentais das grandezas A e V. O exemplo da equação melhor conhecido relaciona a posição e a velocidade de um elétron: $\Delta p \Delta x > k$, sendo k a constante de Planck. Este é o princípio da incerteza de Heisenberg. *Ver também* experiência de pensamento de Einstein-Podolsky-Rosen; teorema de Bell.

princípio da indiferença Princípio batizado, porém rejeitado, por *Keynes, segundo o qual se não existe qualquer razão conhecida para afirmar uma em detrimento de outra entre duas alternativas, então ambas têm uma probabilidade igual relativamente ao nosso conhecimento. Sem restrições, este princípio conduz a contradições. Por exemplo, se nada sabemos sobre a nacionalidade de uma pessoa, podemos sustentar que a probabilidade de ela ser inglesa ou francesa é igual à probabilidade de ser escocesa ou francesa, e à probabilidade de ser britânica ou francesa. No entanto, segundo as duas primeiras asserções, a probabilidade de essa pessoa vir da Grã-Bretanha tem de ser pelo menos o dobro da probabilidade de vir da França. *Ver também* paradoxo de Bertrand.

princípio da maior felicidade O ponto de vista de que a ação moralmente correta "procura a maior felicidade para o maior número" foi pela primeira vez formulado por *Hutcheson (1725, segundo tratado da *Investigação sobre a origem das nossas ideias de beleza e virtude*, III.8). No entanto, esta perspectiva está especialmente associada a *Bentham e é uma noção central do *utilitarismo clássico. O princípio precisa ser fortemente interpretado, uma vez que seu simples enunciado nada nos diz sobre a distribuição da felicidade, nem sobre a resolução de reinvindicações conflituosas, tampouco, é claro, sobre as maneiras de situar e comparar a felicidade.

princípio da não contradição *Ver* não contradição, lei da.

princípio da perfeição O princípio associado a *Leibniz e parodiado por *Voltaire em *Cândido*, segundo o qual este é o melhor dos mundos possíveis. Se Deus não tivesse criado o melhor mundo possível isso implicaria um defeito. *Ver também* panglossiano, princípio da plenitude.

princípio da plenitude Nome atribuído pelo historiador das ideias norte-americano A.O. Lovejoy (1873-1962) a um princípio que ele detectou em grande parte do pensamento grego e medieval, segundo o qual a existência e a abundância da criação devem ser tão grandes quanto a possibilidade da existência, para poder assim estar à altura de uma fonte infinita e inesgotável. Se uma fonte como essa teve uma razão para pôr em ação uma potência qualquer, e nós sabemos que assim é porque existe um mundo atual, então teria uma razão para atualizar qualquer potência consistente com a sua natureza. A não existência de algo que poderia ter existido demonstraria uma mesquinhez, ou "inveja", no princípio criador que lhe teria dado origem. O princípio inspirou muitas versões da concepção de que existe uma grande *cadeia do ser, que se prolonga desde o verme invisível mais inferior ao mais superior dos serafins (porque o princípio também nos assegura a existência de criaturas que estão entre nós e Deus); inspirou também a concepção otimista, ainda presente nos séculos XVIII e XIX, segundo a qual a alma se elevará, ou pelo menos poderá fazê-lo, através de um progresso perpétuo dos graus de *perfeição (uma ideia eficazmente criticada pelo americano Samuel *Johnson por dar origem a uma versão do paradoxo de *Zenão). *Ver também* Dante, neoplatonismo, paradoxos de Zenão.

princípio da razão insuficiente *Ver* princípio da indiferença.

princípio da razão suficiente Princípio habitualmente associado a *Leibniz (para quem era fundamental), embora esteja presente na fase inicial do pensamento medieval, sobretudo em *Abelardo. É por vezes descrito como o princípio segundo o qual nada pode ser como é sem que haja uma razão para isso. No entanto, essa razão tem de ser de um tipo particularmente forte: terá de fundamentar os fatos contingentes em necessidades e, em particular, na razão que um ser onipotente e perfeito teria tido para *atualizar uma possibilidade em vez de outra. A doutrina relacional do *espaço, de Leibniz, é uma das consequências do princípio, já que se o espaço fosse uma caixa infinita não existiria qualquer razão para que o mundo estivesse num ponto e não em outro, e Deus, ao colocá-lo num certo ponto, violaria o princípio. Em Abelardo, como em Leibniz, o princípio acaba por reforçar o reconhecimento de que o mundo atual é o melhor dos mundos possíveis, já que qualquer outro mundo seria inconsistente com o poder criador que atualiza as possibilidades.

princípio da recusa de lemas falsos Princípio formulado pelo filósofo norte-americano contemporâneo Gilbert Harman em resposta aos *exemplos de Gettier, na teoria do conhecimento. Nesses casos, uma pessoa tem justificação para acreditar em algo verdadeiro, mas não tem conhecimento, uma vez que a verdade está de algum modo incorretamente relacionada com os dados disponíveis. Harman sugeriu que a relação incorreta reside no fato de a cadeia de raciocínio da pessoa conter um passo falso. Argumenta-se, porém, que podem construir-se casos semelhantes nos quais não intervêm passos falsos.

princípio da utilidade *Ver* utilitarismo.

princípio da variedade independente limitada No *Treatise on Probability* (1921, cap. 22) de *Keynes, é o princípio necessário para a tentativa de desenvolver uma lógica das *probabilidades. Assegura-nos que "os objetos no campo, aos quais se estendem as nossas generalizações, não têm um número infinito de qualidades independentes, ou, em outras palavras, que as suas características, por mais numerosas que sejam, formam grupos de conexão invariável, que são finitos em número". O princípio é necessário para que os métodos indutivos (como os *métodos de Mill) possam dar-nos conclusões fidedignas; em termos mais restritos, é preciso que exista uma probabilidade finita de que um objeto sobre o qual procuramos generalizar não seja infinitamente complexo da maneira que ele próprio exclui. Keynes estava bem consciente da natureza manifestamente metafísica deste princípio, que não é verificável.

princípio da verificação (ou da verificabilidade) Princípio central do *positivismo lógico, que afirma que o significado de uma afirmação é o seu método de verificação. Frases que aparentemente exprimem proposições mas que não admitem qualquer verificação (como as da metafísica e da teologia) são por isso destituídas de significado, ou pelo menos não conseguem apresentar teses com significado cognitivo, suscetíveis de verdade e falsidade. Este princípio requer uma confiança no conhecimento daquilo em que consiste uma verificação, e tende a coexistir com uma concepção razoavelmente simples de cada pensamento como respondendo a experiências individuais. Para se evitar simplificações indesejáveis, abandonou-se neste princípio o requisito da verificação forte ou conclusiva como condição de significado, e admitiram-se métodos de verificação indiretos e inconclusivos. No entanto, as concepções mais complexas e *holistas da linguagem e da relação desta com o mundo sugerem um conjunto mais flexível de relações possíveis, onde as frases que individualmente não são verificáveis acabam, no entanto, por ter um uso numa rede global de crenças ou teorias que por si mesma explica a experiência.

princípio de caridade Princípio destacado sobretudo por *Davidson como algo que rege a interpretação dos outros. Em várias das suas versões, o princípio impõe ao intérprete uma maximização da verdade ou a racionalidade daquilo que o sujeito diz. Para Davidson, segue-se que não faz sentido conceber sistemas de pensamento em que a maior parte das proposições são falsas, pelo que o princípio acaba surpreendentemente por constituir uma defesa contra o *ceticismo. *Ver também* princípio de humanidade.

princípio de cooperação Convenção sugerida por *Grice, segundo a qual os participantes numa conversa são levados a respeitar finalidades ou direções comuns durante as interações linguísticas. Intervenções feitas sem o respeito por tal convenção sujeitam-se a ser rejeitadas apesar de não serem falsas: algo que é verdadeiro mas que é inútil ou despropositado pode suscitar incompreensão ou mesmo rejeição. Por isso, não podemos jamais inferir do fato de que não seria apropriado dizer determinada coisa em dada circunstância que, caso a disséssemos, essa coisa seria falsa. Esta inferência foi feita com frequência no quadro da filosofia da *linguagem comum. Por exemplo, foi defendido que, dado não ser normal dizermos "*parece* haver um celeiro ali" quando sem dúvida *existe* um celeiro ali, se segue, nestas circunstâncias, que é falso que pareça existir ali um celeiro.

princípio de humanidade Um princípio com a mesma função do *princípio de caridade, mas que sugere que regulemos nossos processos de interpretação pela maximização do âmbito no qual vemos o sujeito como humanamente razoável, em vez do âmbito no qual o vemos como estando certo.

princípio de Hume O princípio segundo o qual o número de coisas que têm a propriedade F é igual ao número de coisas que têm a propriedade G, se, e somente se, houver uma *correspondência biunívoca entre as que são F e as que são G. A atribuição deste princípio a *Hume decorre do

Tratado, I. 3. 1: "Quando dois números são combinados de tal maneira que a cada unidade que constitui um deles corresponde sempre uma unidade que constitui o outro, classificamo-os como iguais; e é por lhe faltar um tal padrão de igualdade de extensão que a geometria dificilmente pode ser considerada uma ciência perfeita e infalível."

princípio de individuação Também conhecido como *critério de identidade. É o princípio que, associado a um tipo de coisa, nos diz quando temos uma ou duas dessas coisas. Assim, para contar palavras, é preciso saber se pressupomos que as variações de ortografia, de significado ou de etimologia nos dão duas palavras diferentes, ou se, pelo contrário, nos permitem considerar apenas uma palavra (*ver também* ambiguidade tipo-espécime). Também é preciso saber em que condições dois estágios ou manifestações podem ser corretamente tomados como manifestações ou estágios de uma só coisa do tipo em questão. Um princípio de individuação para nações nos dirá se uma nação pode sobreviver a mudanças de território, de governo, de origem dos habitantes, de língua etc. Uma atitude moderada defende que estes casos vão se resolvendo à medida que formos avançando, dependendo, portanto, das consequências das diferentes decisões tomadas, dispensando, aparentemente, princípios rígidos. A esta atitude moderada opôs-se *Quine, pelo menos no que diz respeito a linguagens apropriadas à expressão de fatos científicos genuínos, com a divisa "não há entidade sem identidade" ("Speaking of Objects", 1958).

princípio de Mach O princípio físico segundo o qual a inércia de um corpo num sistema é determinada pela distribuição da massa e da energia no resto do sistema.

princípio de Pareto Em termos de preferências, este é o princípio segundo o qual (I) se ninguém numa sociedade tem preferência em relação a duas alternativas, então a sociedade também não deve ter preferência quanto a essas alternativas; (II) se pelo menos um indívíduo prefere x a y e todos os indivíduos restantes veem x como sendo pelo menos tão bom como y, então a sociedade prefere x a y. Quando (II) é satisfeito, diz-se que x é pareteanamente melhor que y ou uma melhoria pareteana em relação a y. Uma escolha é pareteanamente ótima se não há qualquer alternativa que seja pareteanamente melhor, ou seja, se não há qualquer alternativa que todos os indivíduos achem que é pelo menos tão boa e em que pelo menos uma pessoa acha que é melhor. O princípio também pode ser formulado em termos de bem-estar em vez de preferências. A questão de o princípio de Pareto constituir ou não uma *função de bem-estar social depende claramente do grau de unanimidade entre os membros da sociedade. A grande vantagem da optimização pareteana consiste no fato de, na aplicação do princípio, não serem necessárias comparações interpessoais de utilidade. Este princípio evita, por conseguinte, os problemas relacionados com o fortalecimento das preferências. O ponto fraco da opção de basear as políticas neste princípio é o de que este tende a favorecer o *status quo*, uma vez que uma só discordância basta para impedir que uma mudança seja uma melhoria pareteana.

princípio do círculo vicioso Princípio proposto por *Poincaré e *Russell com o objetivo de resolver os paradoxos lógicos e semânticos. Este princípio não admite coleções (conjuntos) que contenham membros que só possam ser definidos por meio da coleção tomada como um todo. Trata-se, efetivamente, de excluir *definições impredicativas.

princípio do efeito duplo Princípio que tenta definir as condições em que uma ação com bons e maus resultados é moralmente permissível. Numa das versões, uma tal ação é permissível se (I) não é em si mesma errada; (II) a má consequência não é a que se pretende; (III) a boa consequência não é por si um resultado da má consequência e (IV) as duas consequências têm impactos semelhantes. Assim, por exemplo, posso bombardear uma fábrica inimiga justificadamente, apesar de prever a morte de civis nas suas proximidades, pois não tenho a intenção de provocá-las — ao passo que o bombardeamento intencional de civis não seria permissível. O princípio tem suas raízes na filosofia moral tomista (*ver* Tomás de Aquino). A aceitabilidade de provocar um aborto (matando o feto, em consequência) para evitar a morte da mãe é uma das suas aplicações. Todas as claúsulas da definição são altamente controversas, mas é sobretudo a segunda que dá origem a profundos problemas no que diz respeito à relação entre ação, consequência e intenção.

princípio do max-min Um princípio da *teoria da decisão que aconselha que, pelo menos em certas circunstâncias, a decisão correta é aquela que maximiza o resultado mínimo, i.e., aquela que torna o pior resultado tão bom quanto possível. O princípio é muitas vezes descrito como desfavorável ao risco. É um componente crucial na influente obra *A Theory of Justice* (1971) de *Rawls. *Ver também* princípio da diferença.

princípio do melhor *Ver* melhor dos mundos possíveis, o.

princípio do terceiro excluído *Ver* terceiro excluído, lei do.

princípio do um sobre muitos Princípio duvidosamente atribuído a *Platão com base em passagens da *República* e do *Parmênides.* Se contarmos muitas folhas, então, além das folhas, contamos uma coisa — a folha — que todas elas são. Sabemos isto separadamente, antes de podermos reconhecer ou contar as folhas individuais. Este princípio apresenta uma versão do problema dos *universais. Não parece fácil reconciliá-la com a posição geral de Platão, segundo a qual a existência de algumas *formas (e.g., de termos com opostos) é dada como mais certa do que outras, uma vez que se as formas são necessárias para qualquer tipo de classificação, deveríamos admiti-las para todas. *Ver também* terceiro homem.

princípio, petição de *Ver* petição de princípio.

princípios reguladores *Ver* constitutivo/regulador.

principium individuationis (lat.) *princípio de individuação.

privacidade (mente) Um dos mais óbvios e, no entanto, mais desconcertantes aspectos da mente é o fato de só eu ter acesso aos meus pensamentos e experiências; eu os possuo, mas os outros terão de interpretar de alguma maneira as minhas elocuções e ações para saber, ou adivinhar, quais são esses pensamentos e experiências. Os filósofos da mente festejaram e minimizaram a importância desta privacidade em partes iguais. Para minimizá-la, pode-se argumentar que aquilo que sei sobre mim e que os outros não sabem pode resumir-se unicamente às palavras que vou usar ou às ações que desejo realizar. Mas, nesse caso, não há um abismo metafísico profundo entre o que sei acerca de mim e o que os outros não sabem, pois é apenas uma questão de eu registrar com maior rapidez e exatidão, nos meus relatórios, o estado do meu próprio sistema. Não há qualquer conhecimento especial exibido numa tela interna especial; há apenas o desfecho natural das funções automonitoras do cérebro.

privacidade (social) Em teoria moral e política, a conduta privada é aquela que não diz respeito ao público e, em particular, à instituição pública legal. Paralelamente, a informação privada sobre uma pessoa seria aquela a que não pode haver direito de acesso público. O direito à privacidade está intimamente relacionado com o direito ao amor-próprio, estando as invasões da privacidade relacionadas com a vergonha e a indignidade. As teorias políticas *liberais empregam de modo essencial esta categoria ao determinar a esfera permissível do direito. O privado é a esfera da família, da casa, do gosto pessoal, do afeto. O público é o domínio de outras relações, como as relações institucionais e contratuais e as que são reconhecidas no direito. No entanto, é controverso se uma ação como o consumo de vários tipos de *pornografia, mesmo nas nossas próprias casas, pode ser corretamente vista como privada. A distinção entre o público e o privado é atacada por algumas feministas, que acreditam que a esfera do privado funciona como um encobrimento das áreas de ilimitada dominação masculina sobre as crianças e as mulheres. Mas a completa eliminação da distinção está demasiado associada à ideologia *fascista e *totalitária para que possa, em geral, ser recomendada.

pro tanto *Ver prima facie.*

probabilidade A matemática das probabilidades é perfeitamente compreendida. A probabilidade é uma função não negativa e aditiva de conjuntos, cujo valor máximo é a unidade. O mais difícil de compreender é a aplicação da noção formal ao mundo real. Uma das aplicações é estatística: quando podemos descrever tipos de acontecimentos (tais como o lançamento de uma moeda) e podemos medir a frequência de ocorrência de certos resultados (tais como sair cara no lançamento da moeda), então podemos começar a pensar na probabilidade desse tipo de resultado nesse tipo de acontecimento. Um dos tratamentos da probabilidade é portanto a *teoria frequencista das probabilidades, associada a *Venn e Richard von Mises (1883-1953), que identifica a probabilidade de um acontecimento com a frequência de sua ocorrência. Outra das aplicações é a descrição da hipótese como provável quando a informação favorece uma certa relação consigo. Se esta relação for concebida como algo com uma natureza puramente lógica, como nos estudos de *Keynes e *Carnap, as asserções probabilísticas não constituem medições empíricas de frequências, representando antes qualquer coisa como "implicações parciais" ou medições de possibilidades deixadas em aberto pela informação e pela hipótese. As teorias da *confirmação formais e as *teorias do escopo da probabilidade são desenvolvimentos desta ideia. O papel que os juízos de probabilidade têm na aferição da confiança com que mantemos várias expectativas é a terceira aplicação das probabilidades. O tratamento a que por vezes se chama subjetivismo, mas que é geralmente conhecido como *personalismo, e que está associado a *de Finetti e *Ramsey, encara os juízos de probabilidade como expressões do grau de confiança que um sujeito tem num acontecimento, ou num tipo de acontecimento, procurando descrever as restrições que regulam esses graus de confiança de forma tal que expliquem por que eles têm a forma matemática dos juízos de probabilidade (*ver* livro holandês; permutabilidade; teorema da representação). Para o personalismo, a probabilidade, ou o acaso, não é um fator objetivo ou real do mundo, mas antes um reflexo de nossos próprios estados mentais. Contudo, esses estados mentais precisam ser governados pelas frequências empíricas, de forma que o personalismo não é um convite ao pensamento desregrado.

probabilidade *a priori* A probabilidade atribuída a uma hipótese ou acontecimento antes de existir informação. No raciocínio *bayesiano, a probabilidade após a existência de informação (a probabilidade *a posteriori*) é uma função da probabilidade *a priori* e do grau com que a informação concorda com a hipótese, mas inversamente proporcional à probabilidade *a priori* da informação — em outras palavras, a informação que podemos esperar ter surgido em muitas hipóteses diferentes não confirmam qualquer delas especialmente bem. A terminologia é criticada por *de Fineti, que prefere falar de probabilidades iniciais e finais.

probabilidade como frequência *Ver* teoria frequencista das probabilidades.

probabilidade condicional Expressão que denota a *probabilidade de um acontecimento dado outro (ou na condição de outro acontecer). O processo de condicionalizar consiste em tomar o valor da probabilidade da ocorrência de um acontecimento a' depois de outro acontecimento *a* ter ocorrido como o valor que a probabilidade condicional de *a* sobre *a'* tinha antes de *a* ter ocorrido. As teorias *personalistas da probabilidade justificam este processo dizendo que ele é exigido pela coerência ao longo do tempo. O ponto de vista de que se trata de um processo essencial à formação e revisão de crenças racionais é típico da escola bayesiana de estatística. *Ver também* livro holandês; tese de Adam.

probabilismo A doutrina segundo a qual numa determinada área da ciência ou da ética podemos aderir a hipóteses com graus razoáveis de probabilidade, sem que estejamos em condições de obter conhecimento. O probabilismo enfrenta, por um lado, a concepção mais dogmática de que podemos atingir a certeza e, por outro, a concepção mais cética de que não é possível sequer atribuir probabilidades. *Ver também* falsificação; metodologia; teoria da confirmação.

problema da coordenação Situação em que os interesses dos agentes envolvidos coincidem e o objetivo consiste em procurar obter-se um resultado que satisfaça esses interesses. Informalmente, esta é uma situação em que cada pessoa está interessada em fazer algo que coincide com o que os outros também estão dispostos a fazer. Por exemplo, cada uma de duas pessoas pode estar interessada em encontrar-se com a outra para jantar e levanta-se o problema de nenhuma das duas saber em que parte da cidade a outra está. Ir para o único restaurante da cidade, na expectativa de que a outra pessoa pense o mesmo e que assim vá também para lá, poderia ser uma solução. O problema não será de tão fácil resolução caso existam vários restaurantes, ou caso um fator de competição tenha de ser levado em consideração: por exemplo, os meus interesses são melhor servidos por uma dada escolha (e.g., um restaurante perto de mim) e os seus por uma escolha diferente (um restaurante perto de onde você está). Formalmente, uma solução exige que se encontre um equilíbrio, ou seja, nenhum agente pode ter um resultado melhor se unilateralmente fizer algo diferente do que foi escolhido pelos outros. Um equilíbrio adequado é aquele que cada um dos agentes o prefere em relação a qualquer outro. Grande parte da atividade social, na qual talvez se deva incluir a invenção da linguagem e da sociedade, exige a resolução de problemas de coordenação. *Ver também* convenção; dilema dos prisioneiros; equilíbrio de Nash; teoria dos jogos.

problema da decisão O problema de encontrar um *algoritmo ou processo de decisão para decidir se uma fórmula bem-formada arbitrária de um sistema lógico é um teorema do sistema. Uma solução positiva é uma demonstração de que tal processo existe; uma solução negativa é uma demonstração de que tal processo não pode existir. As *tabelas de verdade fornecem um processo de decisão para o *cálculo proposicional, ao passo que o *teorema de Church é uma solução negativa para o *cálculo de predicados de primeira ordem com identidade.

problema da demarcação O problema de definir uma linha que separe a ciência genuína, que é testável por dados empíricos e por experiências científicas, da pseudociência, que não é. *Ver* falsificabilidade; Popper.

problema da indução *Ver* indução.

problema da mente-corpo Para muitas pessoas, compreender o lugar que a mente ocupa na natureza é o maior problema filosófico. É comum a concepção de que a mente é o último domínio que resiste inflexivelmente à compreensão científica. As opiniões dos filósofos divergem, na medida em que uns veem neste fato um motivo de regozijo e outros de escândalo. Na época moderna, a forma definitiva do problema da mente-corpo foi apresentada por *Descartes, ainda que o *dualismo por ele defendido seja muito mais antigo e frequente, estando de alguma forma presente sempre que há uma tradição filosófica ou religiosa que defenda a existência da alma separada do corpo. Ainda que a maioria das modernas filosofias da mente rejeite as imagens que nos levam a pensar que isso faz sentido, não há consenso quanto à melhor maneira de integrar a nossa compreensão das pessoas como portadoras de propriedades físicas, por um lado, e como possuidoras de vidas mentais, por outro. *Ver também* consciência; epifenomenismo; fisicalismo; funcionalismo; ocasionalismo; percepção.

problema da paragem O *problema de decisão fundamental na teoria da computação. Consiste em saber se existe um processo efetivo para verificar se uma determinada máquina de Turing acaba por parar face a um dado de entrada (*input*) arbitrário. A solução é que não existe tal processo. Daí segue-se que não pode existir um "verificador de programas" que, dado um programa qualquer e os seus dados de entrada, determine se esse programa termina.

problema de Gauguin Problema que resulta de as considerações éticas poderem, justificadamente, ser subservientes em relação a outras finalidades artísticas, culturais ou científicas, embora se assuma que, apesar de tudo, agir com retidão é mais importante do que qualquer outra finalidade. *Williams (*Moral Luck*, 1981) usa o pintor Gauguin como símbolo de alguém que age extraordinariamente mal (pelo menos para com sua família) por amor à arte e que, no seu caso, é justificado pelo sucesso a que chegou nessa esfera. *Ver também* sorte moral.

problema de Molyneux William Molyneux, um cirurgião irlandês, escreveu a *Locke: "Suponha-se um homem nascido cego, agora adulto, a quem se ensinou a distinguir um cubo de uma esfera do mesmo metal. Suponha-se agora que o cubo e a esfera foram colocados numa mesa e que a visão foi dada ao cego; pergunte se ele consegue saber qual é a esfera e qual é o cubo sem tocá-los." Molyneux, tal como Locke e *Berkeley, pensava que a resposta seria negativa. A investigação empírica não produziu muitas respostas definitivas, apesar de haver alguns indícios que mostram que nos casos em que uma boa imagem na retina é subitamente tornada possível (por exemplo, depois de um enxerto de córnea) pode ocorrer uma percepção visual imediata de objetos que o paciente conhece pelo tato. Pode, no entanto, levar meses até aprender a ver coisas que não foram conhecidas anteriormente pelo tato, assim como alguns objetos, tais como as sombras. Filosoficamente, a questão consiste em saber como devemos entender a relação entre o espaço visual e o espaço tátil. Em outras palavras, esta questão afeta a maneira como se entende a integração da informação fornecida pelos diferentes sentidos na construção do conhecimento perceptivo.

problema de Monty Hall Um problema da teoria da decisão associado a Monty Hall, apresentador de um programa de concursos na televisão norte-americana. São mostradas aos concorrentes três caixas que depois são escondidas por cortinas. Atrás de uma está um prêmio, e atrás das outras duas estão duas coisas sem valor. Os concorrentes escolhem uma caixa. Monty Hall (que sabe onde está o prêmio) afasta então uma das outras cortinas, mostrando uma coisa sem valor, e pergunta aos concorrentes se gostariam de optar pela terceira cortina ou se preferem manter a escolha inicial. Parece não haver razão alguma para mudar; no entanto, mudar duplica as probabilidades de ganhar: mantida a escolha inicial, a probabilidade é a que sempre foi, ou seja, 1/3; mas a terceira cortina tem uma probabilidade de 2/3 de conter o prêmio. Este problema foi motivo de um pequeno escândalo, quando vários distintos especialistas de estatística não conseguiam ver como aquilo podia ser verdade. É de fato verdade, porque há uma diferença significativa entre a cortina originalmente escolhida e a disponível: Monty Hall evitou esta e não aquela. A lógica do raciocínio é mais claramente visível com um número elevado de caixas. Se houvesse cem caixas e o leitor escolhesse uma, então quando Monty Hall tivesse aberto 98 delas com coisas sem valor, a probabilidade de que a última *e que ele não escolheu* escondesse o prêmio seria de 99%. *Ver também* paradoxo dos três prisioneiros.

problema do enquadramento Problema fundamental na investigação em inteligência artificial, identificado pela primeira vez por John McCarthy e Pat Hayes ("Some Philosophical Problems from the Standpoint of Artificial Intelligence", *Machine Intelligence*, 1969). Uma apreciação do mundo do ponto de vista do senso comum inclui muitíssimas restrições automáticas sobre a crença. Por exemplo, se uma proposição *p* é verdadeira numa dada ocasião e um acontecimento *a* ocorre, só em ocasiões posteriores sabemos se *a* é ou não relevante para a verdade de *p*. Ignoramos crenças que são claramente irrelevantes para nossos objetivos, mas não perdemos de vista mudanças significativas, apesar do *holismo da mudança, ou do fato de praticamente tudo poder afetar todo o resto. O problema do enquadramento é o de programar "axiomas de enquadramento" que reproduzam esta capacidade num dispositivo minimamente realista, o qual se supõe que imitaria a inteligência humana. *Ver também* competência narrativa; teste de Turing.

problema do mal O problema de reconciliar a imperfeição do mundo com a bondade de Deus. O problema tem duas formas. Numa delas é preciso determinar se é consistente afirmar que um criador onipotente, onisciente e perfeito possa ter feito um mundo onde a dor e o mal constituem uma parte proeminente da vida e, talvez, da vida depois da morte (*ver* inferno). Este é um problema puramente lógico, ao qual se responde com frequência — mas com alguma insensibilidade — apontando-se as coisas boas adicionais que a existência do mal torna possível (*ver também* defesa do livre-arbítrio). Na segunda forma, a versão mais rígida do problema, aceitam-se as hipóteses que salvam a posição teísta e pergunta-se se poderá ser razoável encarar a própria criação imperfeita como um indício da capacidade divina, i.e., perfeita, de criar. O segundo argumento, especialmente eficaz contra o *argumento do desígnio, foi desenvolvido por *Hume nos seus *Diálogos sobre a religião natural*: "Aqui", diz Fílon, o cético, "eu triunfo".

problema do trem Problema de ética apresentado pela filósofa inglesa Philippa Foot em seu artigo "The Problem of Abortion and the Doctrine of the Double Effect" (*Oxford Review*, 1967). Um vagão ou um trem desgovernado aproxima-se de uma bifurcação da linha. Num dos ramais está uma pessoa trabalhando e no outro estão cinco; o trem matará, com certeza, quem estiver no ramal que percorrer. Para a maior parte das pessoas, o maquinista deverá virar para o ramal que tem menos gente. Mas agora suponha-se que, entregue a si mesmo, o trem entrará pelo ramal que tem cinco pessoas e que o leitor, que estava passando pelo local, pode interferir, direcionando os vagões de modo que ele entre pelo outro ramal. É certo, obrigatório ou sequer admissível que o leitor faça isso, sendo então aparentemente responsável pela morte da pessoa que estava no outro ramal? Afinal, quem teria o leitor lesado se tivesse deixado o trem seguir seu curso normal? Esta situação é estruturalmente semelhante a outras nas quais um raciocínio *utilitarista parece levar à prática de um certo ato, ao passo que a integridade ou os princípios de uma pessoa podem contradizê-lo. *Ver também* doutrina dos atos/omissões; princípio do efeito duplo.

problemática Nos textos de *Althusser, é a estrutura ideológica ou o quadro de referência onde se colocam problemas particulares. A problemática pode envolver um conjunto encadeado de *pressupostos ou um espaço fechado que dissimula as opiniões corretas e apenas permite soluções preconcebidas.

processamento distribuído em paralelo *Ver* conexionismo.

processo Uma sequência de acontecimentos. Na filosofia dos processos de *Whitehead, o fato fundamental da cosmologia é o desdobramento de processos, concebidos não em termos de modificações de substâncias subjacentes, mas unidos por redes de relações e selecionados antecipadamente por Deus. Uma teoria da mente centrada em processos encara a unidade da mente não em função de uma substância subjacente (*ver* identidade pessoal), mas em termos da forma ou padrão relativamente permanente exibido pelos processos em contínua mutação, tal como uma onda mantém a sua forma apesar de ser constituída por diferentes volumes de água em diferentes momentos.

processo de decisão *Ver* algoritmo.

processo efetivo Um processo que produz uma solução para um problema em um número finito de passos. Termo alternativo para *algoritmo.

processo estocástico Um processo caracterizado pelos valores tomados por um conjunto de *variáveis aleatórias cujos valores mudam com o tempo. O comprimento de uma fila — em que há a probabilidade de alguém sair ou entrar dela num dado período de tempo, mas em que os acontecimentos efetivos das pessoas que saem e entram estão distribuídos aleatoriamente —, ou o tamanho de uma população, ou a quantidade de água num reservatório são alguns dos exemplos típicos.

Proclo (c.410-85) O último grande filósofo clássico (grego). Proclo foi aluno de Plutarco de Atenas. Foi um *neoplatônico sistemático, cujos *Elementos de teologia, Teologia platônica* e vários comentários influenciaram os filósofos cristãos posteriores, tais como *Dionísio o Pseudoareopagita e *Erígena.

produto cartesiano O produto cartesiano de dois conjuntos A e B (representado por A B) é o conjunto de todos os *pares ordenados cujo primeiro membro é um elemento de A e cujo segundo membro é um elemento de B.

produto lógico O produto lógico de duas proposições p, q é a sua *conjunção, $p \wedge q$. O produto lógico de dois conjuntos é a sua *intersecção.

programa de Hilbert Em 1900, num discurso famoso, o matemático David Hilbert (1862-1943) identificou 23 problemas proeminentes da matemática. O primeiro era a *hipótese do contínuo. O segundo era o problema da consistência da matemática. Este evoluiu para um programa de formalização do raciocínio matemático, com o objetivo de oferecer demonstrações *metamatemáticas de sua consistência. (É claro que não existe esperança de fornecer uma demonstração relativa da consistência da matemática clássica através de um *modelo num outro domínio. Qualquer domínio grande e complexo o bastante para fornecer tal modelo levantaria as mesmas dúvidas.) O programa terminou efetivamente com o *teorema de Gödel, de 1931, que mostrou que qualquer sistema forte o suficiente para fornecer uma demonstração da consistência da aritmética teria de fazer suposições lógicas e matemáticas pelo menos tão fortes quanto a própria aritmética, sendo assim igualmente uma vítima da inconsistência escondida.

progresso A crença de que as circunstâncias presentes constituem aperfeiçoamentos das anteriores. A ideia pode ser relativa apenas a certos aspectos, como o domínio do conhecimento científico ou o das capacidades morais dos seres humanos. Alternativamente, o aperfeiçoamento pode ser mais global, como na concepção do mundo de *Hegel, que vê a história como a corporização progressiva dos princípios racionais. O século XVIII (*Voltaire, *Condorcet, *Kant) viu o maior florescimento da crença no progresso, com a confiança de que uma Providência benevolente nos garantira a *perfectibilidade na terra, através do desenvolvimento crescente do conhecimento e da razão. No século XIX, a crença no progresso continuou a florescer, tendo *Comte e *Marx sido igualmente atraídos por ela. A teoria da evolução através da seleção natural acrescentou mais algum apoio (espúrio) à ideia, em obras de evolucionistas sociais como *Spencer. A natureza progressiva da investigação científica é provavelmente o exemplo mais admirável de que dispomos, embora mesmo este seja posto em dúvida por filosofias de pendor cético e relativista, que veem na ciência apenas uma história de revoluções. *Ver também* perfectibilidade.

projetibilidade Uma propriedade de predicados que determina o grau em que os casos ocorridos no passado podem ser tomados como guias dos casos futuros. O fato de que todas as vacas que observei até hoje serem quadrúpedes pode ser uma base razoável para prever que as vacas que observarei no futuro também serão quadrúpedes. Isso significa que o predicado de ser quadrúpede é projetável. O fato de todas as vacas em causa terem também vivido no final do século XX não é uma base razoável para prever que todas as vacas irão viver no final do século XX. *Ver também* entrincheiramento; paradoxo de Goodman.

projetivismo É um lugar-comum dizer que a beleza está nos olhos de quem a vê, mas, apesar disso, nos é útil falar da beleza das coisas e das pessoas como se fosse uma propriedade real e identificável delas. De igual modo, o projetivismo denota qualquer perspectiva que nos veja como projetando sobre o mundo o que são na verdade modificações nas nossas próprias mentes. O termo é muitas vezes associado à perspectiva acerca das sensações e, sobretudo, das *qualidades secundárias que se encontra em autores como *Hobbes (*De corpore*, 1655) e *Condillac (*Traité des sensations*, 1754). De acordo com esta perspectiva, quando concebemos o mundo como algo colorido ou barulhento, as sensações são deslocadas do seu lugar correto na mente. Outros exemplos desta ideia envolvem outras coisas além das sensações. Um deles é o de que toda contingência é uma projeção da nossa ignorância (*Espinosa); outro, de que a ordem causal dos acontecimentos é uma projeção da nossa confiança mental acerca do modo como estes se seguem uns aos outros (*Hume). Mas a aplicação mais comum da ideia encontra-se na ética e na estética, onde muitos autores têm defendido que o discurso sobre o valor ou a beleza das coisas é uma projeção das atitudes que tomamos face a elas, proveniente do prazer que tiramos delas.

É natural associar o projectivismo à noção de que é um erro falar e pensar como se o mundo contivesse as várias características com que o descrevemos, quando na realidade não as tem. No entanto, defende-se também a perspectiva de que não cometemos erro algum, mas que nos limitamos, ao contrário, a adotar uma expressão linguística eficiente de modos de pensar inevitáveis. *Ver também* expressivismo; quase realismo; teoria do erro.

prolepsis *Ver* Epicuro.

proletariado *Ver* burguesia/proletariado.

promessa A ação de prometer que se fará algo cria uma razão para agir no futuro. Mas quando o momento se aproxima, ao cumprir-se a promessa, parece que agimos por se ter feito algo no passado, mais do que com vista a realizar um objetivo no futuro. Fazer promessas constitui, assim, por dois motivos, um problema instigante do ponto de vista da teoria filosófica. Primeiro, há a questão da obrigação de cumprir uma promessa: como pode ela existir, dada sua natureza pretérita, e em que consistem a sua severidade e os seus limites? Em segundo lugar, há algo de peculiar quanto à origem das promessas, uma vez que parece à primeira vista que numa sociedade sem uma instituição deste gênero ela nunca viria a surgir. Isto seria assim devido ao fato de ser essencial à promessa que numa data posterior se possa vir a ter de renunciar aos próprios interesses para cumpri-la, estando o indivíduo que a faz em desvantagem relativa em comparação com o que não a faz. O problema é visto claramente por *Hobbes e é dramatizado na situação do *dilema dos prisioneiros, onde o fato de um prisioneiro prometer ao outro que não vai enganá-lo parece constituir uma jogada sem sentido, pois nenhuma palavra altera as penas e recompensas. A solução social consiste no fato de o bem comum ser melhor promovido pelas estratégias de tipo cooperativo, mediante a institucionalização da promessa, apesar do seu conflito potencial com os interesses individuais. *Ver também* contrato social; convenção.

propensão *Ver* disposição.

proposição Aquilo que é proposto ou declarado; o conteúdo de uma frase declarativa, suscetível de ser verdadeira ou falsa. Apreender uma proposição é compreender o que é dito, suposto, sugerido etc. A mesma proposição é expressa por quaisquer duas frases, da mesma ou de diferentes linguagens, que sejam sinônimas, ou corretamente intertraduzíveis (sendo a tradução, neste caso, avaliada independentemente do tom, do ritmo e de outras *implicaturas). A doutrina da indeterminação da tradução radical lança dúvidas sobre a objetividade deste teste, tendo alguns filósofos, em especial *Quine, concluído que não se pode fornecer quaisquer critérios respeitáveis de identidade para proposições. Para alguns filósofos, as proposições são os portadores primários de verdade e falsidade, sendo as frases verdadeiras ou falsas apenas de forma derivada, em virtude de exprimirem proposições verdadeiras ou falsas; mas para outros, as proposições são sombras duvidosas daquilo que é empiricamente dado: elocuções em contextos específicos. *Ver também* atitudes proposicionais.

proposição categórica Tradicionalmente, uma proposição que não é uma *condicional. Tal como com as *proposições afirmativas e negativas, a opinião moderna é cautelosa em relação à distinção, uma vez que o que parece categórico pode variar em função da escolha do vocabulário primitivo e da notação. Aparentemente, as proposições categóricas podem também acabar por revelar-se como condicionais disfarçadas: X é inteligente (categórica?) = se a X for dado um conjunto de tarefas, ele irá desempenhá-las melhor do que muitas outras pessoas (condicional?). O problema não é apenas de classificação, uma vez que se levantam questões profundamente metafísicas quando fatos que parecem categóricos, e portanto sólidos, acabam por parecer, por contraste, condicionais, ou puramente hipotéticos, ou potenciais. *Ver também* campo.

proposição existencial *Ver* quantificador.

proposição universal Uma proposição que afirme algo de todas as coisas que obedecem a uma certa condição. *Ver* quantificador.

proposições afirmativas e negativas De modo intuitivo, parece haver uma diferença entre afirmar "simplesmente" que algo se verifica e negar que algo não se verifica. Mas não há qualquer maneira lógica ou filosófica convincente de fazer essa distinção. A lógica moderna admite a existência frequente de uma equivalência entre asserções aparentemente afirmativas e asserções aparentemente negativas. Uma asserção é representada como afirmativa ou negativa em função da maneira como as coisas são formuladas e da lista disponível de termos: x não é casado pode ser expresso como x é solteiro; x não é culpado pode exprimir-se como x é inocente etc. Não $(p \wedge$ não $q)$ (negativa?) é equivalente a $p \rightarrow q$ (afirmativa?) e não não p (negativa?) é equivalente a p (afirmativa?).

proposições protocolares (al., *Protokollsätze*) As proposições básicas na análise do conhecimento do *positivismo lógico, concebidas como os elementos que comunicam o que nos é dado pela experiência simples e pré-teórica: o que está aqui, agora, para mim. A controvérsia central consistiu em determinar se era legítimo exprimi-las em termos de objetos públicos e das suas qualidades, ou se era possível encontrar um conteúdo menos comprometido, puramente fenomênico. A primeira opção faz com que seja difícil concebê-las como verdadeiramente básicas, enquanto que a segunda faz com que seja difícil ver como podem ser incorporadas na ciência objetiva. É comum pensar que, por causa do argumento da *linguagem privada, a controvérsia foi encerrada a favor de uma versão pública. Neste ponto, as dificuldades levaram os positivistas lógicos a abandonar também a noção de um fundamento epistemológico e a aproximar-se da teoria da *verdade como coerência. É amplamente aceito que tentar compreender a conexão entre o pensamento e a experiência através de frases básicas depende de um "*mito do dado" indefensável. *Ver também* fundacionalismo.

propriedade Na vida social, ter uma coisa como propriedade é ter o direito de usá-la. O uso pode implicar a exclusão do uso por outros, o consumo, a transferência, o empréstimo, a alteração, a destruição etc., pelo que pode apresentar vários graus. Não há razão para que todos estes usos sejam protegidos pela lei como um todo indivisível (por exemplo, o direito à propriedade de um terreno não tem de incluir o direito à exclusão do público ou à destruição do terreno, e a posse de um edifício pode nem mesmo incluir o direito a alterá-lo como se quiser, assim como o meu direito de usar uma arma pode não ser compatível com o direito de vendê-la a outra pessoa). A fundamentação dos direitos de propriedade individual é um dos principais problemas da teoria política. A ideia de *Locke, de que temos um direito natural àquilo com o qual "misturamos o nosso trabalho", o argumento *consequencialista de que sem esses direitos tudo seria pior e a perspectiva *hegeliana de que a liberdade individual só pode existir numa estrutura de direitos de propriedade, são algumas das sugestões avançadas. Uma vez mais, há diferenças de acordo com o tipo de propriedade em questão: a posse privada dos meios de produção de bens pode ser tratada de modo bastante diferente dos direitos privados ao seu consumo (*ver* Proudhon). A abolição da propriedade privada é um dos objetivos do *Manifesto do Partido Comunista* (*ver* Marx).

propriedade hereditária Uma propriedade é hereditária com respeito a uma relação R se, quando x tem a propriedade e Rxy, então y também tem a propriedade.

propriedades emergentes *Ver* superveniência.

propriedades não naturais Nome atribuído por *Moore às propriedades, especialmente de caráter ético, que não são naturais, i.e., que não são propriedades do tipo das mencionadas numa descrição científica e empírica do mundo. A existência dessas propriedades é contestada pelos *emotivistas e por outros *não cognitivistas, que nem sequer pensam em termos da existência de propriedades morais reais. Sua existência também é questionada pelos *naturalistas mais recentes, que procuram identificar as propriedades éticas com certos tipos de propriedades naturais. O problema da separação realizada por Moore entre propriedades naturais e não naturais é que esta parece deixá-lo sem qualquer maneira razoável de conhecer as propriedades do segundo tipo e, embora Moore tenha defendido um *intuicionismo ético, o termo "intuição" é visto por muitos filósofos como um simples rótulo para esta dificuldade. *Ver também* distinção fato/valor.

proprium Em *Aristóteles, é qualquer propriedade que pertence a todas as coisas de um certo tipo e só a elas, mas que não faz parte da sua essência. Ser a única criatura que usa roupa é *proprium* do ser humano.

prosódia Estudo do modo como as variações na entoação (altura, intensidade, tempo e ritmo) afetam o significado das elocuções.

Protágoras de Abdera (c.490-c.420 a.C.) O mais bem-sucedido dos *sofistas, cuja indiscutível importância é atestada por *Platão, *Aristóteles e *Sexto Empírico. Ensinou a virtude (**aretê*) em Atenas, foi amigo de Péricles e ficou encarregado de delinear o código das leis da colônia ateniense de Túrio. É famoso pela afirmação de que "o homem é a medida de todas as coisas": divisa *relativista cujo significado preciso é discutível porque, a não ser que conduza a um *idealismo subjetivo, como em *Berkeley, parece permitir que o mesmo objeto possua propriedades contraditórias quando uma pessoa o considera de uma maneira e outra o considera de uma maneira contraditória com a primeira (*ver* perítropo, mas *ver também* perspectivismo). Parece claro que Protágoras acreditava que as percepções sensoriais de cada pessoa são verdadeiras (para aquele que as tem), mas também acreditava que as doutrinas políticas e morais, às quais seu relativismo pode parecer adaptar-se especialmente bem, são suscetíveis de aperfeiçoamento e podem ser ensinadas. É bem possível que Protágoras tenha estabelecido em Atenas o método dialético, depois tornado famoso pelos diálogos socráticos de Platão.

prótase Termo antigo usado para denominar a antecedente de uma *condicional.

Proudhon, Pierre-Joseph (1809-65) Francês fundador do *anarquismo. Proudhon tornou-se famoso com *O que é a propriedade*? (1840). A definição célebre da *propriedade como roubo distorce, na verdade, o objetivo central da obra, que não é a abolição da propriedade privada, mas a necessidade de cada pessoa controlar os meios de produção que usa. Proudhon viu tanto o *comunismo como os direitos de propriedade ilimitados como estratégias para controlar as pessoas e destruir a igualdade. O caminho certo consiste numa rede de contratos livres que correspondam aos interesses de cada participante e tornem o governo coercivo desnecessário. O socialismo liberal ou libertário de Proudhon foi o principal contraponto à versão autoritária do *marxismo. Proudhon participou na revolução de 1848 e foi preso por causa dos ataques do seu jornal, *Le Représentant du peuple*, a Napoleão. *Les Confessions d'un révolutionnaire* (1849) é também uma das suas obras.

prova No uso contemporâneo, uma *demonstração logicamente *válida realizada a partir de axiomas ou de outras premissas aceitas. É extremamente importante saber que no período entre *Descartes e J.S. *Mill uma prova não é isso, mas uma cadeia de comparações "intuitivas" de ideias, através da qual se pode estabelecer, por meios puramente racionais, um princípio ou uma máxima. É neste sentido que *Locke acreditava que os princípios morais e teológicos são passíveis de prova, e que *Hume negava que o fossem, assim como negava que a investigação científica pudesse provar os seus resultados. *Ver também* demonstração; matéria de fato; relações de ideias.

Pseudo-Dionísio *Ver* Dionísio o Pseudoareopagita.

pseudoproposição Categoria usada pelos *positivistas lógicos segundo a qual uma proposição que tenha o objetivo de fazer uma asserção factual se revela imune à confirmação ou *infirmação através da experiência (*ver* teoria da confirmação). Assim, através do *princípio da verificação, desmascara-se a proposição como algo que não tem significado cognitivo.

psicanálise Método terapêutico das disfunções psicológicas introduzido por *Freud. Baseia-se na interpretação do que o paciente diz enquanto faz "associações livres", ou seja, quando descreve o que lhe vem à cabeça a propósito de assuntos sugeridos pelo terapeuta. A interpretação decorre de acordo com o esquema adotado pelo analista e revela ideias que dominam o inconsciente mas que antes eram rejeitadas pela mente consciente do sujeito. Do confronto entre o inconsciente e o consciente espera-se que surjam melhoras. À prática hoje em dia tão frequente do método psicanalítico não correspondem dados fidedignos sobre suas taxas de eficácia.

Filosoficamente, a mente inconsciente postulada pelos psicanalistas é controversa, uma vez que implica conceber uma mente dividida e aplicar um vocabulário mental (intenções, desejos, repressão) àquela parte da mente a que não temos acesso consciente. O problema é saber se isto resulta apenas da utilização de uma metáfora espacial inofensiva ou de um mal-entendido filosófico acerca das propriedades da mente. Outras reservas filosóficas acerca da psicanálise dizem respeito à natureza aparentemente arbitrária e infalsificável dos esquemas interpretativos empregados. Obras como *Foundations of Psychoanalysis* (1984), de Adolf Grünbaum, questionam eficazmente a base científica das interpretações psicanalíticas; além disso, descobriu-se que os terapeutas, entre eles o próprio Freud, foram responsáveis por muitas das descrições de recordações ou fantasias reprimidas que os pacientes foram induzidos a fazer, ou então descritos como tendo feito. No entanto, esses esquemas têm sido usados para explicar aspectos da vida humana que de outro modo permaneceriam problemáticos, especialmente os sonhos, os ritos, os mitos e a literatura; e alguns filósofos, sobretudo na França, viram na psicanálise o fundamento de todas as teorias acerca da natureza humana.

psicocinesia Capacidade *paranormal de mover coisas, além do próprio corpo, sem contato físico.

psicologia das faculdades mentais Teoria segundo a qual a mente se divide em capacidades ou faculdades isoladas, tais como a inteligência, a memória, a percepção etc. A noção de que estas faculdades estariam associadas a localizações espaciais distintas no cérebro deu origem à pseudociência da frenologia, que lia os relevos do crânio para determinar características psicológicas. A psicologia das faculdades mentais foi desacreditada pela evidente interação entre as capacidades, como a percepção e a memória; sucedeu-lhe, no entanto, a perspectiva, frequente nas *ciências cognitivas que afirma que as operações da mente e do cérebro podem ser decompostas em "módulos", de tal forma que podemos construir um modelo de um sistema complexo único como uma organização de subsistemas cooperantes. Mas, na perspectiva moderna, o pormenor é muito mais sutil: por exemplo, pode-se considerar que uma competência como o reconhecimento de fisionomias tem muitos componentes e que não envolve certamente apenas uma faculdade de "memória". Por vezes, o termo surge como descrição pejorativa da crença em certas distinções, como, por exemplo, entre o juízo e o sentimento, ou entre a crença e a atitude.

psicologia existencial Escola de psicologia que enfatiza a necessidade de compreender os pacientes através da apreensão da sua orientação total no mundo. Opõe-se assim ao reducionismo, *behaviorismo e a métodos científicos que objetivam os pacientes. A maior influência desta perspectiva se manifesta nas técnicas de psicoterapia.

psicologia popular Termo inicialmente depreciativo, mas muito utilizado hoje em dia para designar o processo de atribuição de pensamentos, crenças, intenções e significados (a palavra "popular" abrange mestres da compreensão humana como Shakespeare e Tolstói, assim como as demais pessoas). O termo decorre do mal-estar provocado pelo fato de os processos vulgares de atribuição não parecerem "científicos" e de as categorias neles usadas dificilmente se adequarem às categorias da ciência física (*ver* tese de Brentano). Muitas vezes, o termo suscita o contraste com um futuro presumível, em que haverá uma ciência cujos termos eclipsarão as categorias com que habitualmente descrevemos uns aos outros, talvez por ser mais abrangente, menos vaga e mais condizente com a compreensão científica de nós mesmos. *Ver também* eliminativismo; reducionismo.

psicológico, egoísmo *Ver* egoísmo.

psicológico, hedonismo *Ver* hedonismo.

psicologismo Na filosofia da lógica, o psicologismo é a perspectiva segundo a qual a lógica se baseia nas leis do pensamento, onde estas são as descrições dos processos através dos quais os seres humanos efetivamente pensam. A lógica torna-se não tanto uma disciplina normativa, que estabelece normas de verdade com as quais o pensamento deve conformar-se, mas uma construção baseada nos padrões aos quais o nosso pensamento se conforma realmente. O termo foi utilizado pela primeira vez por J.E. Erdmann em 1878, mas seu uso só se generalizou no final do século XIX. Sua definição exata tornou-se complicada por causa das várias teorias sobre a psicologia preponderantes nessa época. O psicologismo é um aliado natural do *naturalismo, por suspeitar em geral de qualquer domínio de proposições que estabeleçam relações lógicas intemporais. O grande oponente do psicologismo foi *Frege, cuja concepção do tema, no entanto, originou preocupações por se parecer com o *platonismo. O psicologismo ganhou outra vez popularidade com a redescoberta da *epistemologia naturalizada e com as tentativas de *Wittgenstein, na sua obra tardia, de encontrar uma maneira de basear a lógica e a matemática na história natural dos seres humanos.

psique (gr., espírito) Mente, espírito, princípio animador.

Pufendorf, Samuel von (1632-94) Teorizador do direito natural e historiador alemão. Pufendorf estudou em Leipzig e Iena, e foi nomeado professor de direito natural em Lund, na Suécia. Sua obra principal intitula-se *De jure naturae et gentium* (1672). Influenciado por *Descartes, por *Hobbes e pela revolução científica do século XVII, a ambição de Pufendorf era introduzir um novo tratamento "matemático" da ética e do direito, desvinculado dos suspeitos fundamentos aristotélicos dos *escolásticos. Sua concepção do direito natural, tal como a do seu contemporâneo *Locke, inclui princípios racionais e religiosos, tornando-a uma precursora parcial de alguns tratamentos mais resolutamente empiristas e políticos do *Iluminismo.

puro (I) Na terminologia de *Kant, uma coisa é pura quando nela nenhum elemento se mistura à experiência. O conhecimento é em geral constituído pelo que recebemos através das impressões e pelo que a nossa faculdade de conhecimento fornece por si mesma; o conhecimento é absolutamente puro se puder ser alcançado por completo **a priori*. A razão pura é a razão sem elementos empíricos ou práticos: é a razão que diz respeito às formas e não à substância do conhecimento. Um conceito ou uma *noção* puros opõem-se a um conceito empírico por ter a sua origem unicamente no entendimento e não na experiência. Os conceitos de tempo e de espaço, que têm aplicação na experiência, são alguns dos conceitos puros; mas há também noções puras que transcendem a possibilidade da experiência: Deus, o *livre-arbítrio e a *imortalidade. (II) Na *teoria dos conjuntos, um conjunto puro é um conjunto da hierarquia de Zermelo unicamente construído a partir do *conjunto vazio e de conjuntos de conjuntos (*ver* teoria dos conjuntos de Zermelo-Fraenkel).

purusa (sânscr., humanidade) Em particular, o Homem Cósmico, ou a fonte criativa. As divisões das ocupações na sociedade védica, e em última análise o sistema de castas indiano, corresponde às quatro partes do corpo sacrificado da *purusa*. O Deus sacrificado ou *demiurgo é um instrumento essencial da criação em muitas mitologias.

putativo Um F putativo é algo que é candidato a ser classificado como um F. Trata-se, portanto, de um *adjetivo pseudoqualificativo. Uma demonstração putativa é uma tentativa de demonstração, mas pode não ser realmente uma demonstração.

Putnam, Hilary (1926-) Filósofo norte-americano. Putnam nasceu em Chicago e estudou na Universidade da Pensilvânia e na Universidade da Califórnia em Los Angeles. Lecionou em Northwestern, em Princeton e no MIT, antes de se integrar à Universidade de Harvard, em 1965. Putnam é universalmente considerado um dos filósofos mais importantes da geração posterior a *Quine, apesar de, ao contrário deste, não representar um sistema ou um corpo doutrinal monolítico, tendo-se mostrado, nas obras mais recentes, generosamente disposto a mudar de ideias. As primeiras obras de Putnam centravam-se na filosofia da ciência, mas ultimamente seus interesses nas ciências humanas ganharam destaque. O seu *Reason, Truth, and History* (1981) marcou uma ruptura com o realismo científico, a favor de uma posição sutil a que ele chama realismo interno, inicialmente relacionado com uma teoria da *verdade como limite ideal. O realismo interno parece manter algumas afinidades com o verificacionismo, mas nas obras posteriores parece mais alinhado com o *minimalismo. Ultimamente, a preocupação de Putnam tem sido em grande parte negar qualquer assimetria séria entre a verdade e o conhecimento, tal como são alcançados nas ciências naturais, na moral e até na teologia. *Philosophy of Logic* (1971), *Representation and Reality* (1988) e *Renewing Philosophy* (1992) são algumas das suas obras; *Mathematics, Matter, and Method* (1975), *Mind, Language, and Reality* (1975) e *Realism and Reason* (1983) são algumas das coletâneas de seus artigos.

Q

quadrado da oposição Na lógica tradicional, o quadrado da oposição resume as relações lógicas que ocorrem entre as quatro formas de proposições da forma sujeito-predicado, conhecidas por A, E, I e O: todos os X são Y; nenhum X é Y; alguns X são Y; alguns X não são Y.

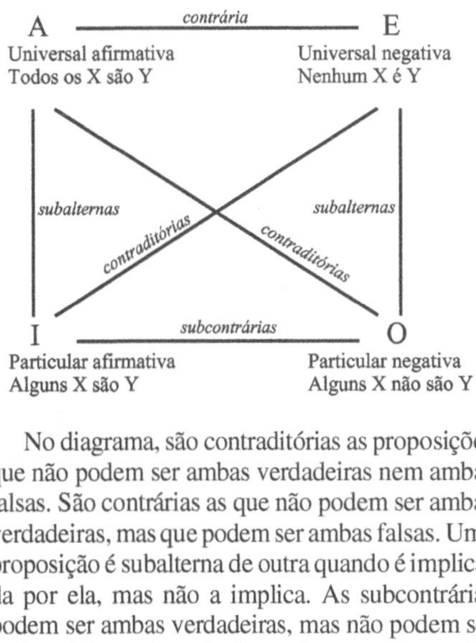

No diagrama, são contraditórias as proposições que não podem ser ambas verdadeiras nem ambas falsas. São contrárias as que não podem ser ambas verdadeiras, mas que podem ser ambas falsas. Uma proposição é subalterna de outra quando é implicada por ela, mas não a implica. As subcontrárias podem ser ambas verdadeiras, mas não podem ser ambas falsas. As relações, tal como foram indicadas, dependem da atribuição da implicação existencial a, por exemplo, "todos os X são Y". Na teoria moderna da quantificação, a generalização não implica que existam coisas que sejam X e, de fato, a proposição tem de ser verdadeira quando não existem quaisquer X (*ver* vacuidade).

quadrivium Os quatro estudos liberais — aritmética, música, geometria e astronomia — que, no programa universitário medieval, se seguiam ao **trivium* elementar.

quaestio (lat., questão) Uma das formas de escrever e discutir na filosofia *escolástica. Na *quaestio disputata* propõe-se uma tese, depois propõem-se argumentos a favor e contra a mesma, e depois resolve-se a questão, respondendo-se aos argumentos contra a tese.

qualia As qualidades sentidas ou fenomênicas associadas às experiências, tais como a sensação de uma dor, ou a audição de um som, ou a visão de uma cor. Saber como é ter uma experiência é conhecer as suas *qualia*. A ideia de que, antes de tudo, conhecemos as *qualia*, e que só indiretamente e por seu intermédio conhecemos as propriedades das coisas exteriores, é atacada no argumento da *linguagem privada de *Wittgenstein; mas as *qualia* são muitas vezes encaradas como o maior obstáculo às filosofias científicas da mente, tais como o *funcionalismo e o *fisicalismo. Os defensores dessas filosofias destacam que se as *qualia* são algo que está além dos fatos físicos e funcionais de um organismo, então têm um caráter que as torna incognoscível, não apenas de uma criatura para outra, mas mesmo no interior de uma consciência, pelo menos assim que desaparecerem no passado. Os *eliminativistas ("qualiafóbicos") acreditam que as maneiras de pensar que fazem as *qualia* parecer ao mesmo tempo tão importantes e tão elusivas estão totalmente erradas. *Ver também* acesso privilegiado; privacidade.

qualidade de vida *Ver* felicidade.

qualidades primárias/secundárias A divisão encontra-se especialmente associada ao surgimento da ciência moderna no século XVII, com o seu reconhecimento de que as propriedades explicativas fundamentais das coisas não são as qualidades a que a percepção tem acesso imediato, viz., as qualidades secundárias, ou seja, as qualidades sensoriais imediatas, onde se contam a *cor, o gosto, o cheiro, o som e as sensações de calor ou textura. As propriedades primárias estão menos vinculadas àquilo que nos é dado por um sentido particular, e entre elas contam-se a dimensão, a forma e o movimento dos objetos. Em *Boyle e em *Locke as qualidades primárias podem ser cientificamente estudadas, sendo qualidades essenciais de qualquer coisa material: a menor lista delas consiste na dimensão, na forma e na mobilidade, i.e., o estado de estar em repouso ou em movimento. Locke por vezes acrescenta o número, a solidez e a textura (sendo esta concebida como a estrutura de uma substância, ou a maneira pela qual ela é constituída por átomos). As qualidades secundárias permitem provocar modificações sensoriais específicas nos observadores. O próprio Locke identificou esta capacidade com as texturas dos objetos que, segundo a ciência *corpuscular de sua época, forneciam a base das capacidades causais de um objeto. A ideia de qualidades secundárias é nitidamente diferente destas capacidades, e delas não nos oferecem impressões exatas. Para *Descartes, este é o ponto de partida para a rejeição de qualquer tentativa de conceber o conhecimento dos objetos externos como algo proporcionado pelos sentidos, mas em Locke as nossas ideias das qualidades primárias oferecem-nos uma noção exata do que é a dimensão, a forma e a mobilidade. Na filosofia de língua inglesa, o primeiro grande descontentamento com a divisão foi apresentado por *Berkeley, cujo ataque se inspirou provavelmente em *Bayle, que por sua vez cita *Foucher. O pensamento contemporâneo continua a debater-se com as dificuldades de conceber cores, gostos, cheiros, calores e sons como propriedades reais ou objetivas das coisas, independentes de nós.

qualidades terciárias Qualidades ou capacidades que uma coisa tem em virtude de suas qualidades secundárias, tal como estas existem em virtude das qualidades primárias: uma flor atrai uma borboleta por causa da sua cor, ou o vinho é caro por causa do seu sabor. *Ver* qualidades primárias/secundárias.

quantificação substitucional Uma frase que contenha um *quantificador é habitualmente interpretada como algo que atribui valores à variável que contém. Isso contrasta com a interpretação substitucional, em que a variável é substituída por expressões, sendo o resultado avaliado conforme qualquer uma das substituições produz uma frase verdadeira. Os quantificadores substitucionais são frequentemente simbolizados por Σ e π. (Σx)(os lógicos são x) seria avaliada como verdadeira, interpretando o quantificador de forma substitucional, no caso de haver uma frase "os lógicos são…" que seja verdadeira.

quantificador Informalmente, um quantificador é uma expressão que assinala a quantidade de vezes que um predicado é satisfeito numa classe de coisas (i.e., num "domínio"). Assim, ao investigar uma classe de crianças e suas dietas, poderíamos descobrir que algumas comem bolos, ou que todas comem bolos, ou que nem todas comem bolos, ou que nenhuma come bolos. "Alguns" e "todos" são representados na lógica moderna por quantificadores. O ponto importante é que este tratamento afasta a ideia de que termos como "algo", "nada" e seus cognatos são uma espécie de nomes.

Os dois quantificadores da lógica clássica, que são interdefiníveis, são o quantificador existencial $(\exists x)\ldots x$, que se lê como a afirmação que algo é..., e o quantificador universal $(\forall x)\ldots x$, que se lê como a afirmação que todas as coisas são... As proposições existenciais, que afirmam que coisas de um certo tipo existem, são representadas pelo quantificador existencial. Os quantificadores de pluralidade "muitos..." e "poucos..." são menos comuns, podendo ainda definir-se quantificadores matemáticos, tais como "mais da metade..." e "exatamente um...".

Em termos mais formais, um quantificador liga uma *variável, transformando uma *frase aberta com n variáveis livres diferentes numa outra frase com n-1 variáveis livres diferentes (uma letra individual conta como uma só variável, apesar de poder ocorrer várias vezes numa fórmula). Quando não restam quaisquer variáveis livres temos uma frase fechada, i.e., uma frase que pode ser avaliada como verdadeira ou falsa num domínio. Por exemplo, a partir da frase aberta $Fx \wedge Gx$ podemos formar a frase fechada $(\exists x)(Fx \wedge Gx)$, que significa que algo é simultaneamente F e G. A única variável, *x*, está ligada nas duas ocorrências.

quarta dimensão Com a *teoria da relatividade tornou-se ortodoxo considerar o tempo junto às outras três dimensões espaciais, como uma quarta dimensão de um *espaço-tempo unificado. No final do século XIX, físicos como Helmholtz popularizaram a obra de Riemann que sugeria a possibilidade de existência de uma quarta dimensão espacial, na qual as coisas poderiam desaparecer para depois reaparecerem em outro lugar (*ver* contrapartes incongruentes). A ideia foi aceita por *teosofistas e pesquisadores de *parapsicologia. Foi analisada em *Flatland*, o clássico de 1884 de Edwin Abbot, e mencionada na obra de H.G. Wells e Oscar Wilde. Reapareceu na física ortodoxa na obra de Kaluza, que em 1919 mostrou que, quando o tensor métrico de Riemann é reescrito em cinco dimensões, pode-se produzir uma teoria unificada da gravidade e do eletromagnetismo. Atualmente estima-se que há dez dimensões. *Ver também* geometria.

quarto chinês (ou caixa chinesa) *Experiência de pensamento introduzida pelo filósofo americano J.R. Searle em "Minds, Brains and Programs" na revista *Behavioural and Brain Sciences* (1980). Suponhamos que sou trancado em um quarto e que me fornecem um grande conjunto de inscrições em chinês, apesar de eu nada saber de chinês. Recebo instruções em português para devolver determinados conjuntos de inscrições chinesas ("respostas") como resposta a outros conjuntos ("perguntas"). Faço isto manipulando inscrições não interpretadas de escrita chinesa, reconhecendo-as apenas por sua forma. Searle defende que, "no que diz respeito à língua chinesa, comporto-me unicamente como um computador; desempenho operações computacionais sobre elementos formalmente especificados". O objetivo da experiência de pensamento é sugerir que, neste caso, tenho tudo que a *inteligência artificial pode me dar mediante um programa; e, no entanto, é óbvio que não compreendo chinês. A conclusão visa minar a tese da "IA forte", segundo a qual os computadores apropriadamente programados têm compreensão, ou estados cognitivos, ou que os seus programas podem ajudar a explicar a cognição humana.

Esta experiência de pensamento tem sido muito criticada, de forma convincente, com base no fato de ser o sistema completo (e não apenas eu, no meio, enviando inscrições) que pode apropriadamente ser comparado a um computador programado, e também porque o programa de investigação da IA forte é suscetível de desenvolver meios para tornar os símbolos mais interativos quer com o meio ambiente quer com o comportamento da máquina, gerando estes conjuntamente um modelo mais apropriado do sujeito cognitivo. Em sua resposta, Searle insiste que tudo aquilo que se caracterize como sujeito de pensamentos tem de ter poderes causais apropriados, mas sugere também, surpreendentemente, que estes poderes exigem um suporte biológico ("*wetware*") e não apenas um suporte físico (*hardware).

quase memória Termo que se deve a *Parfit para designar o que resta da memória de um acontecimento se apagarmos a implicação que nos assegura que o que é lembrado aconteceu de fato. Quase lembrar seria então o estado partilhado por uma pessoa que se lembra de um acontecimento e por outra que esteja no mesmo estado psicológico, ainda que o acontecimento que parecem estar lembrando nunca tenha ocorrido. É discutível se é legítimo isolar um conceito como este, e se não será, afinal, parasitário em relação à noção comum de memória.

quase realismo Termo introduzido pelo filósofo inglês Simon Blackburn (1944-) para identificar uma posição que sustenta que um tratamento *expressivista ou *projetivista da ética pode explicar e dar um sentido legítimo do discurso aparentemente *realista no qual promovemos e debatemos opiniões morais. Isso se opõe aos filósofos que pensam que se o projetivismo for correto, as formas como comumente concebemos as verdades morais, ou o conhecimento, ou a independência dos fatos éticos em relação aos nossos sentimentos subjetivos, têm todas de ser erradas (*ver* teoria do erro), uma vez que refletem uma metafísica realista errada. O quase realista procura ganhar o direito de falar nestes termos numa base projetiva e fraca. A possibilidade do quase realismo complica a metodologia dos debates entre o *realismo e o antirrealismo em muitas áreas.

quatro humores Fluidos corporais cujo equilíbrio é essencial para o bem-estar, na teoria médica de *Galeno. São eles o sangue, a bílis (amarela), a fleuma e a melancolia (bílis negra).

quatro nobres verdades As quatro grandes verdades do *budismo. A primeira diz que toda existência é atormentada pelo sofrimento. A segunda verdade vê no desejo, na sede, na ânsia, as raízes do sofrimento, que prende os seres ao ciclo da existência (*samsara). A terceira afirma que através da eliminação do desejo se pode extinguir o sofrimento. A quarta verdade reconhece as *oito vias como um meio de eliminar o sofrimento e evitar o *samsara*.

questão de fato Para *Hume, os objetos do conhecimento dividem-se em questões de fato (basicamente conhecimento empírico proveniente das impressões) e relações de ideias. Este contraste é uma versão da distinção *a priori/a posteriori*, mas reflete a crença típica do século XVII e do início do século XVIII de que o conhecimento *a priori* é obtido através de cadeias cujos elos são comparações intuitivas de ideias. *Ver também* prova; relações de ideias.

questão em aberto *Ver* argumento da questão em aberto.

quididade (do lat., *quidditas*: o quê de uma coisa) A *essência real ou a natureza de uma coisa; o que a faz ser o tipo de coisa que é (por vezes oposta à *ecceidade, que a faz ser o indivíduo particular que é). O quê de uma coisa é assim um *universal, no sentido em que muitos particulares diferentes podem partilhar as mesmas propriedades essenciais. O conhecimento qüiditativo seria o conhecimento da essência real ou da natureza de uma coisa; segundo a tradição teológica dominante, não podemos ter um conhecimento qüiditativo de Deus; na melhor das hipóteses, podemos saber coisas sobre Ele ou Ela de uma maneira *tópico-neutral. *Ver também* abstração; universais.

quietismo Na teologia, é a doutrina que condena todo o empenho humano e o envolvimento com o mundo, favorecendo-se antes a contemplação passiva e devota. Na filosofia, é a doutrina associada a *Wittgenstein, segundo a qual não existe um ponto de vista para se atingir o objetivo tradicional da filosofia de encontrar uma teoria sobre um conceito (como a verdade, ou a experiência). *Ver* minimalismo.

quiliógono (do gr., *chilioi*: mil + *gonia*: ângulo) Uma figura plana fechada com mil ângulos internos (que por isso é quase indiscernível de um círculo). O quilianismo, uma forma de *milenarismo, é a doutrina segundo a qual Cristo regressará e reinará por mil anos.

quimera Uma fantasia extravagante. Na mitologia grega, um monstro que cuspia fogo e que tinha cabeça de leão, corpo de cabra e cauda de serpente.

Quine, Willard van Orman (1908-) O filósofo norte-americano mais influente da segunda metade do século XX. Quine nasceu em Akron, Ohio, de ascendência holandesa e da ilha de Man, na costa da Irlanda. Após frequentar o Oberlin College, fez pós-graduação em Harvard, obtendo o grau de doutor em 1932 com uma tese em que desenvolve e refina o sistema de lógica dos *Principia mathematica* de Russell e Whitehead. Uma bolsa de estudos e um ano no exterior pôs Quine em contato com o Círculo de Viena (*ver* positivismo lógico), com *Carnap, em Praga, e com *Tarski, em Varsóvia. Após seu regresso a Harvard, Quine tornou-se assistente, em 1936, e professor associado, em 1941. Depois da Segunda Guerra, durante a qual trabalhou nos serviços secretos da Marinha, Quine tornou-se professor catedrático de Harvard em 1948, marcando o resto de sua carreira com muitas viagens e conferências proferidas fora dos Estados Unidos.

A atenção de Quine começou por incidir sobre a lógica matemática, da qual resultaram as obras *A System of Logistic* (1943), *Mathematical Logic* (1940) e *Methods of Logic* (1950). Foi com a publicação do conjunto de ensaios que compõem o livro *From a Logical Point of View* (1953) que sua importância filosófica se tornou amplamente reconhecida. Seu célebre ataque à distinção *analítico/sintético anunciou uma mudança profunda nas formas de encarar a linguagem provenientes do positivismo lógico e uma reapreciação das dificuldades de fornecer uma base empírica sólida para as teses sobre a *convenção, o *significado e a *sinonímia. O estudo destes problemas foi dominado pela obra de Quine. Sua reputação consolidou-se com *Word and Object* (1960), no qual a *indeterminação da tradução radical assume, pela primeira vez, o papel principal. Neste e em muitos outros ensaios e livros posteriores, Quine adota uma perspectiva impiedosa sobre a natureza da linguagem com a qual atribuímos pensamentos e crenças a nós mesmos e aos outros. Estes "idiomas intensionais" resistem a ser facilmente incorporados na concepção científica do mundo, e Quine reage com ceticismo em relação a eles; é verdade que Quine não sanciona o *eliminativismo, mas toma os idiomas intensionais como idiomas de segunda categoria, impróprios para descrever fatos estritos e literais. Por motivos semelhantes, Quine exprimiu sistematicamente suspeitas quanto à justeza lógica e filosófica de apelar às possibilidades lógicas e aos *mundos possíveis. Só as linguagens da matemática e da ciência são bem-comportadas e apropriadas para a descrição literal e verdadeira do mundo. As entidades às quais as nossas teorias se referem têm de ser seriamente encaradas em nossas ontologias: apesar de empirista, Quine supõe, assim, que os objetos abstratos da teoria dos conjuntos são exigidos pela ciência e que portanto existem. Na teoria do conhecimento, Quine está associado à perspectiva *holista da verificação (*ver também* tese de Duhem), concebendo um corpo de conhecimento em termos de uma teia cuja periferia está em contato com a experiência, mas que em cada ponto está conectada a outros pontos por uma rede de relações. Quine é também conhecido pela perspectiva segundo a qual a epistemologia deveria ser naturalizada, ou conduzida segundo um espírito científico, sendo o objeto da investigação a relação existente nos seres humanos entre os dados de entrada (*inputs*) da experiência e os dados de saída (*outputs*) da crença. Apesar de as abordagens de Quine dos grandes problemas da filosofia terem sido atacadas por denunciarem um *cientismo ilegítimo e, por vezes, um *behaviorismo, a clareza da sua visão e o âmbito da sua obra fizeram dele o maior centro de interesse da lógica, semântica e epistemologia anglo-americana dos últimos quarenta anos. Além das obras já citadas, sua bibliografia inclui *The Ways of Paradox and Other Essays* (1966), *Ontological Relativity and Other Essays* (1969), *Philosophy of Logic* (1970), *The Roots of Reference* (1974) e *The Time of My Life: An Autobiography* (1985).

quintessência (lat., a quinta essência) Em *Aristóteles, o quinto elemento, distinto da terra, do fogo, do ar e da água, imune à mudança e à deterioração, encontrado somente nos corpos celestes.

R

raciocínio Qualquer processo de tirar uma conclusão de um conjunto de premissas pode ser chamado de processo de raciocínio. Se a conclusão é sobre o que fazer, o processo chama-se raciocínio prático; caso contrário, chama-se raciocínio puro ou teórico. É evidente que tais processos podem ser bons ou maus: se são bons, as premissas sustentam ou até *derivam a conclusão; se são maus, as premissas não a sustentam. A *lógica formal estuda os casos em que se tiram conclusões válidas a partir de premissas. Mas só um pequeno fragmento do raciocínio humano é claramente da forma que os lógicos identificam. Em parte, estamos interessados em tirar conclusões que "vão além" das nossas premissas, o que não acontece com as conclusões dos argumentos logicamente válidos (*ver* abdução; indução). Em parte, também, não podemos esquecer que o raciocínio é um processo dinâmico; e que o que a um lógico parece uma contradição estática pode ser a substituição sensata de um conjunto de suposições por outro, à medida que o processo se desenvolve. Além disso, quando raciocinamos usamos um conjunto de suposições de senso comum sobre o que é provável ou não (*ver* competência narrativa; problema do enquadramento). Uma das tarefas dos projetos de raciocínio automático é imitar em programas de computador este uso informal do conhecimento do mundo.

raciocínio circular *Ver* círculo vicioso.

raciocínio instrumental Raciocínio que procura adaptar meios a fins; é uma função característica da razão. A afirmação controversa a este respeito, associada a *Hume e a *Weber, é a de que essa razão instrumental ou técnica esgota o papel da razão no domínio prático. Nesta perspectiva, as questões dos fins não estão sujeitas à razão, mas, pelo contrário, são questões não racionais de emoção ou de desejo. A razão não pode, portanto, decidir entre fins incompatíveis, mas apenas dizer-nos como atingi-los. Para muitos, a identificação da razão com o raciocínio instrumental é um sintoma das sociedades industriais e técnicas. *Ver também* desencantamento; direito natural, teoria do.

racional, número *Ver* número.

racionalidade Fragmentos de comportamentos, crenças, argumentos, políticas e outros exercícios da mente humana podem todos ser descritos como racionais. Aceitar uma coisa como racional é aceitá-la como algo que faz sentido, ou que é apropriado, ou necessário, ou que está de acordo com um objetivo reconhecido, tal como chegar à verdade ou alcançar o bem. Apesar de se pensar frequentemente que é a capacidade de raciocinar que distingue os seres humanos dos outros animais, há menos consenso sobre a natureza desta capacidade: não se sabe, por exemplo, se ela exige uma linguagem (*ver também* pensamento dos animais). Alguns filósofos (como *Platão e *Aristóteles) acharam que o exercício da razão é uma parte substancial do bem supremo para os seres humanos. Outros (como *Kant e *Hegel) acharam que o exercício da razão é a maneira pela qual as pessoas agem livremente, contrastando a ação racional com a ação determinada por paixões incontroladas. Alguns filósofos, como *Hume, limitam severamente o âmbito da racionalidade, deixando-a caracterizar o raciocínio matemático e lógico, mas não permitindo que ela esteja subjacente aos processos empíricos normais de formação de crenças, nem lhe concedendo um papel importante no raciocínio prático, nem na deliberação ética e estética. A conhecida afirmação de Hume, no *Tratado*, de que "a razão é a escrava das paixões e não pode aspirar a nenhuma outra função exceto servi-las e obedecê-las" é o reverso deliberado da imagem platônica da razão (o cocheiro) que domina as muito desregradas paixões (os cavalos).

racionalismo Qualquer filosofia que enfatize o papel da razão, que nesta perspectiva garante a aquisição e a justificação do conhecimento sem auxílio. A preferência pela razão em detrimento da experiência sensorial como fonte de conhecimento começou com os *eleatas e teve um papel central no *platonismo. Seu desenvolvimento moderno mais significativo foi a crença do século XVII segundo a qual o paradigma do conhecimento era a intuição intelectual e não sensorial que Deus teria de todas as coisas, e da qual os seres humanos teriam experiência no seu contato com a matemática. Os racionalistas do continente europeu, nomeadamente *Descartes, *Leibniz e *Espinosa, com frequência são contrastados com os empiristas britânicos (*Locke, *Berkeley e *Hume), mas esta oposição simplifica exageradamente uma realidade mais complexa. Por exemplo, vale a pena notar que Descartes aprova até certo ponto a investigação empírica e que Locke partilha, em certa medida, a concepção racionalista segundo a qual o verdadeiro conhecimento é uma espécie de intuição intelectual. Apesar da autoridade de *Kant, a história subsequente da filosofia tendeu a minimizar ou até a negar a possibilidade de conhecimento **a priori*; logo, as formas de racionalismo que dependiam dessa categoria também entraram em declínio. Contudo, a ideia de que a mente surge já com categorias pré-formadas que determinam a estrutura da nossa linguagem e as maneiras como pensamos sobreviveu na obra de linguistas influenciados por *Chomsky. O termo racionalismo é também usado de maneira mais geral para denotar qualquer humanismo anticlerical e antiautoritário, mas infelizmente são os empiristas como Hume que são, neste outro sentido, racionalistas.

racismo A incapacidade ou a recusa em reconhecer os direitos, as necessidades, a dignidade ou o valor de pessoas de determinadas raças ou origens geográficas. De modo mais abrangente, a depreciação de vários traços de caráter ou de inteligência por serem "típicos" de certos povos.

Radhakrishnan, Sarvepalli (1888-1975) Filósofo e estadista indiano. Radhakrishnan nasceu no sul da Índia e foi catedrático de filosofia em várias universidades antes de se tornar professor de ética e religiões orientais em Oxford e de ser presidente da Índia. Sua obra filosófica é uma interpretação e defesa de um *hinduísmo modernizado, baseado nos *Vedas, e inspira-se essencialmente na escola de *shankara. Contudo, Radhakrishnan conseguiu preservar o conceito de um deus pessoal, frequentemente rejeitado pela teologia indiana, e também o conceito de um eu pessoal único. Suas obras são mais conhecidas por seu ecletismo e apelo à tolerância religiosa do que pela originalidade filosófica, e incluem *Indian Philosophy* (1923-27), em dois volumes, e *Eastern Tradition and Western Thought* (1939).

radicais filosóficos Grupo liberal que, sob a orientação de *Bentham, teve uma influência decisiva na vida filosófica e política da Grã-Bretanha da primeira metade do século XIX. Entre eles incluem-se James *Mill, o economista David Ricardo (1772-1823) e, mais tarde, J.S. *Mill.

Ramsey, Frank Plumpton (1903-30) Matemático e filósofo de Cambridge, Ramsey fez contribuições importantes para a lógica matemática, para a teoria das probabilidades, para a filosofia da ciência (*ver* frase de Ramsey) e para a economia. Mostrou que a distinção entre os paradoxos semânticos (tais como o *paradoxo do mentiroso) e o *paradoxo de Russell tornava desnecessária a teoria dos tipos ramificada dos *Principia mathematica* e o axioma da reducibilidade dela resultante. Grande parte da investigação de Ramsey teve por objetivo salvar a matemática clássica do *intuicionismo, a que ele chamava "a ameaça bolchevique de Brouwer e Weyl". Na teoria das probabilidades, foi o primeiro a mostrar como se poderia construir uma teoria *subjetivista com base em noções comportamentais precisas de *preferência* e *expectativa*. Na filosofia da linguagem, Ramsey foi um dos primeiros filósofos a aceitar uma teoria da *verdade como redundância, que combinou com um ponto de vista radical acerca da função de muitos tipos de proposições. Nem as generalizações, nem as proposições causais, nem as que tratam de probabilidades ou de ética descrevem fatos, tendo cada uma delas uma função específica na nossa economia intelectual. Ramsey foi um dos primeiros comentadores da obra do primeiro *Wittgenstein; foi a duradoura amizade dos dois que levou, em 1929, ao regresso de Wittgenstein a Cambridge e à filosofia.

rasura Nos textos *desconstrutivistas, uma palavra está sob rasura (fr., *sous rature*) se for necessário empregá-la, apesar de ter dúbia inteligibilidade. Este dispositivo é parecido com o processo de escrever uma palavra entre aspas para indicar que sua utilização é suspeita; por exemplo, o conceito de "substância" de Locke.

Rawls, John (1921-) Filósofo moral e político norte-americano. Rawls nasceu em Baltimore e estudou em Harvard e Oxford. Após lecionar em Princeton e Cornell, entrou para Harvard em 1959. *A Theory of Justice* (1971), sua principal obra, revitalizou o estudo do pensamento político na filosofia anglo-americana e tem sido um ponto de referência para todas as discussões posteriores. Nela, Rawls analisa as instituições básicas de uma sociedade que poderiam ter sido escolhidas por pessoas racionais sob condições que assegurassem a imparcialidade. Estas condições são dramatizadas numa posição original, caracterizada de tal modo que é como se os participantes efetuassem um contrato acerca de uma estrutura social básica, por detrás de um *véu de ignorância que os torna incapazes de usar considerações egoístas ou considerações favoráveis a determinados tipos de pessoas. Rawls argumenta que tanto uma arquitetura básica das liberdades como uma preocupação pelos menos favorecidos caracterizariam qualquer sociedade que se pudesse escolher racionalmente. Para mais pormenores *ver* posição original; princípio da diferença.

razão *Ver* racionalidade.

razão insuficiente *Ver* princípio da indiferença.

razão prática Na acepção mais geral, corresponde a qualquer raciocínio em que se procure atingir uma conclusão sobre o que fazer. Em um sentido mais específico, corresponde à tentativa *aristotélica de analisar este processo através do *silogismo prático. *Ver também phronêsis.*

razão suficiente *Ver* princípio da razão suficiente.

razões/causas Quando agimos por uma razão ela é uma causa da nossa ação? A *explicação de uma ação, através da indicação da razão pela qual esta foi realizada é um tipo de explicação causal? A concepção que nega isso aponta a existência de uma relação lógica entre uma ação e sua razão: afirma-se que uma ação não o seria se não adquirisse sua identidade a partir do seu lugar no plano intencional do agente (seria apenas um exemplo de um comportamento, inexplicável por quaisquer razões). Razões e ações não são os acontecimentos "soltos e separados" entre os quais se registram relações causais. Na concepção contrária, apresentada por *Davidson no seu influente artigo "Actions, reasons, and causes" (1963), sustenta-se que a existência de uma razão é um acontecimento mental e, a não ser que esse acontecimento esteja causalmente conectado com a ação, não podemos dizer que essa seja a razão pela qual a ação foi realizada. As ações podem ser realizadas por uma razão e não por outra, e a razão que as explica é aquela que foi causalmente eficaz, suscitando a ação.

real O termo é usado de forma mais clara quando qualifica outro adjetivo: um *x* real pode ser contrastado, por exemplo, com um *x* falso, com um *x* que falhou ou com um *x* aproximado. Considerar algo real sem qualificação é supor que esse algo faz parte do mundo *atual. *Reificar algo é supor que, numa doutrina qualquer, estamos comprometidos com a ideia de que esse algo é uma coisa. O erro principal que se comete ao conceber a realidade e a existência é imaginar o irreal como um domínio separado de coisas, talvez injustamente privadas dos benefícios da existência. *Ver* existência; nada; quantificador; realismo/antirrealismo; ser.

real, essência *Ver* essência.

real, número *Ver* número.

realidade Aquilo que existe. A questão de saber o que existe constitui a disputa entre *realistas e antirrealistas. Incluem-se ou não os números, as possibilidades, o futuro, o passado, as outras mentes, as cores, os sabores, o mundo exterior, a mente tal como a matéria, ou a matéria tal como a experiência?

realismo/antirrealismo A oposição típica entre aqueles que afirmam e aqueles que negam a existência real de certo tipo de coisa, ou de um certo tipo de fato ou de estados de coisas. Praticamente todas as áreas do discurso podem constituir o foco desta disputa: o mundo exterior, o passado e o futuro, as outras mentes, os objetos matemáticos, as possibilidades, os universais e as propriedades morais e estéticas são alguns exemplos. Um realista sobre um assunto A pode sustentar (I) que os tipos de coisas descritas por A existem; (II) que sua existência é independente de nós, ou que não são objetos produzidos pela nossa mente, linguagem ou esquema conceitual; (III) que as afirmações que fazemos em A não são *redutíveis a outros tipos de afirmações que possam afinal revelar ser acerca de outra coisa que não A; (IV) que as afirmações que fazemos em A têm *condições de verdade, constituindo descrições inequívocas de aspectos do mundo, sendo verdadeiras ou falsas em função dos fatos do mundo; (V) que conseguimos obter verdades acerca de A, e que é apropriado acreditar completamente no que afirmamos em A. As diversas oposições ao realismo concentram-se em um ou outro desses enunciados. Os *eliminativistas pensam que o modo A de falar deve ser rejeitado. Os céticos ou negam (I) ou negam que tenhamos o direito de afirmar (I). Os *idealistas e os *conceitualistas negam (II), os *reducionistas negam (III), ao passo que os *instrumentalistas e os *projetivistas negam (IV). Os *empiristas construtivos negam (V). Outras combinações são possíveis, e em muitas áreas há pouco consenso sobre como deve construir-se uma disputa realismo/antirrealismo. Uma reação possível é afirmar que o realismo procura "olhar por cima do seu ombro", i.e., que acredita que não só podemos fazer ou abstermo-nos de fazer afirmações em A, como podemos interpretar filosoficamente o que estamos fazendo quando proferimos tais afirmações — e os filósofos de tendência verificacionista (*ver* princípio da verificação) têm dúvidas quanto à possibilidade desse tipo de teorização metafísica. Se os verificacionistas tiverem razão, a controvérsia desaparece, o que é, aliás, defendido pelos *minimalistas. A questão de saber que método permite distinguir um realismo genuíno por isso é crucial.

Uma sugestão influente, associada a *Dummett e inspirada na crítica *intuicionista da matemática clássica, afirma que o uso irrestrito da lei da *bivalência é a marca característica do realismo. No entanto, essa ideia tem de enfrentar dois tipos de contraexemplos: apesar de *Tomás de Aquino ser um realista moral, sustentava que a realidade moral não era suficientemente estruturada de maneira a tornar todos os enunciados verdadeiros ou falsos, enquanto *Kant acreditava que podíamos muito bem usar a lei da bivalência na matemática precisamente porque esta era apenas uma construção nossa. O próprio realismo pode ser subdividido: Kant, por exemplo, combina o realismo empírico (segundo o qual o realista tem razão no mundo fenomênico — os objetos circundantes existem realmente e são independentes de nós e de nossos estados mentais) com o idealismo transcendental (o mundo fenomênico como um todo reflete a estrutura que lhe foi imposta pela atividade de nossas mentes ao torná-lo inteligível para nós). Na filosofia moderna, a oposição ortodoxa ao realismo tem sido mantida por filósofos como *Goodman, impressionados com o modo como percebemos o mundo através de lentes conceituais e linguísticas construídas por nós mesmos.

realismo crítico Qualquer doutrina que reconcilie a natureza objetiva, real e independente do mundo (*realismo) com a devida apreciação da dependência mental a que estão sujeitas as experiências sensoriais pelas quais tomamos conhecimento dele (por isso se diz crítico). No realismo crítico, ao contrário do realismo ingênuo, a mente só conhece o mundo por um meio ou veículo de percepção e pensamento; o problema é explicar essa relação que se estabelece entre o meio e o que ele representa. Esta posição está especialmente associada a R.W. Sellars (1880-1973), cujo *Critical Realism* (1916) foi em parte uma reação contra o realismo supostamente simplista de *Russell e *Moore. Em 1920, alguns filósofos, entre eles A.O. Lovejoy (1873-1962) e

*Santayana, escreveram artigos para a coletânea *Essays in Critical Realism*, que constituiu o manifesto dessa escola.

realismo ingênuo O realismo direto é a concepção de que na experiência sensorial percebemos os objetos do mundo exterior. Esta é a concepção natural das pessoas (e dos filósofos, quando estes não estão trabalhando), mas é ingênua até conseguir explicar como a experiência pode mudar enquanto as coisas não mudam, como a ilusão é possível, como podem as cores e os sons ser concebidos como propriedades de coisas independentes de nós, e assim por diante.

realismo legal *Ver* filosofia do direito.

realismo modal Doutrina defendida por David *Lewis segundo a qual os diferentes *mundos possíveis devem ser vistos como algo que existe exatamente da mesma maneira que este mundo, o mundo *atual. Pensar em termos de possibilidades é pensar em mundos reais onde as coisas são diferentes. Essa doutrina tem sido criticada por tornar impossível compreender por que razão é bom salvar uma criança prestes a se afogar, uma vez que continua a existir um mundo possível no qual essa criança, ou a sua contraparte (*ver* teoria das contrapartes), se afoga; e, do ponto de vista do universo, deveria ser indiferente qual desses mundos é o atual. Os críticos também acusam essa posição de não conseguir ajustar-se nem a uma teoria coerente sobre a maneira como conhecemos os mundos possíveis, nem a uma teoria coerente que explique por que estamos interessados neles; mas Lewis nega que exista qualquer outra maneira defensável de interpretar as afirmações modais.

realismo moral Aplicação do *realismo aos juízos da ética e, entre outras coisas, aos valores, obrigações e direitos que são apresentados nas teorias éticas. A ideia principal é ver a verdade moral como algo fundado na natureza das coisas, e não nas reações humanas, subjetivas e variáveis, às coisas. Como acontece ao realismo em outras áreas, o realismo moral é suscetível de muitas formulações diferentes. Podemos dizer que, de uma maneira geral, o realismo tem a aspiração de proteger a objetividade dos juízos éticos (opondo-se ao *subjetivismo e ao *relativismo); pode equiparar as verdades morais às da matemática, pode ter a esperança de que elas tenham aprovação divina (*ver* dilema de Eutífron), ou vê-las como algo que é garantido pela natureza humana. *Ver também* naturalismo ético; projetivismo; quase-realismo.

realização variável As descrições de uma coisa em um certo nível podem ser verdadeiras em virtude de algumas das suas propriedades subjacentes, tal como a descrição de um computador que está executando tal e tal programa é verdadeira em virtude das configurações de seus circuitos. Mas pode acontecer que outras configurações em um nível inferior tenham o mesmo resultado; quando isso acontece diz-se que as propriedades de nível superior podem ser variavelmente realizadas pelas propriedades de nível inferior. Na filosofia da mente, é plausível pensar que os estados psicológicos de uma pessoa podem ser realizados por várias configurações diferentes no nível neuronal. Este aspecto é por vezes usado para defender a superioridade do *funcionalismo em relação às teorias que afirmam a identidade mente-cérebro (*ver* teoria identitativa da mente).

recíproca O mesmo que *conversa.

reciprocidade A prática de dar uma réplica apropriada a um benefício ou a um dano recebido de outra pessoa. O altruísmo recíproco é o sistema pelo qual um benefício recebido é retribuído com um benefício. Em diversas condições, os grupos que o praticarem vão se desenvolver melhor do que sob um sistema regulado pelo egoísmo desmedido.

recordação *Ver* memória.

réctico *Ver* ato de fala.

recursivo Um processo que é aplicado uma vez, para ser depois aplicado ao resultado dessa aplicação, e assim por diante. Uma definição recursiva (ou definição por recorrência) define o resultado da operação sobre o número 0, sendo o resultado da operação sobre qualquer número $n + 1$, definido em termos do resultado da operação sobre n; assim, a operação fica definida para todos os números (a noção pode ser ampliada de maneira a descrever o mesmo processo em qualquer conjunto bem-ordenado). Por exemplo, fazendo *n'* denotar o sucessor de *n*, a multiplicação pode ser assim definida: a × 0 = 0; a × b' = (a × b) + a.

Na matemática, uma função é recursiva primitiva se é definível por recursão e substituição a partir de certas funções básicas. Estas são em geral a função sucessor, a função zero (a função cujo valor é zero para qualquer argumento), as funções de projeção (que extraem o i-ésimo membro de qualquer n-tuplo ordenado), e as funções constantes (que devolvem o mesmo número como valor de quaisquer argumentos).

Uma função é recursiva geral (ou recursiva) se pode ser definida por meio de funções recursivas primitivas e da minimização ou do operador μ. Este operador define uma função resultante, h, de acordo com o esquema seguinte, a partir de uma função f dada:

$$[h(x_1 \ldots x n) = [\text{o menor } y \text{ para o qual } f(x_1 \ldots x n, y) = 0]]$$

sendo o operador indefinido se não existir tal *y*.

Um conjunto é recursivamente enumerável se existe uma função recursiva que enumera os seus membros, i.e., se eles podem ser ordenados como f(0), f(1), f(2)... em que f é uma função recursiva geral. Se tanto o conjunto como seu complemento podem ser assim ordenados, o conjunto é recursivo geral, ou recursivo. A importância dessa noção consiste no fato de corresponder à propriedade de ser solucionável, ou efetivamente computável. Suponhamos, por exemplo, que os teoremas de um sistema formam um conjunto recursivo; nesse caso, podemos descobrir se uma determinada fórmula é um teorema através da enumeração quer dos teoremas, quer dos não teoremas; e podemos ter a certeza de que num período de tempo finito a fórmula em causa aparecerá ou numa lista ou em outra, decidindo-se assim a questão com esse processo. De acordo com o *teorema de Church, o conjunto dos teoremas do cálculo de predicados não pode ser representado como um conjunto recursivo; logo, pela *tese de Church, o cálculo é insolucionável.

rede neuronial *Ver* conexionismo.

redefinição forte/fraca Termo introduzido por Paul Edwards, filósofo norte-americano do século XX, para designar a estratégia de redefinir um termo de uma forma mais ou menos restritiva, de modo que uma afirmação aparentemente falsa se torna verdadeira se for interpretada dessa nova forma. Numa redefinição forte restringe-se o critério de aplicação: "Não, ele não estava bêbado. Afinal, para se estar bêbado é preciso ficar em coma." Numa redefinição fraca afrouxa-se esse critério: "Estavas bêbado. Um único copo de vinho é suficiente para diminuir nossas faculdades." Edwards acreditava que as controvérsias filosóficas (e.g., sobre se um certo processo de formação de crenças é ou não razoável) são prejudicadas por mudanças dissimuladas na definição dos termos essenciais.

redução ao absurdo *Ver reductio ad absurdum.*

reducionismo Um reducionista defende que os fatos ou entidades aparentemente necessários para tornar verdadeiras as afirmações de uma certa área do discurso são dispensáveis e reformuláveis por meio de outros fatos ou entidades. O reducionismo é uma solução para o problema das relações entre as diferentes ciências. Podemos assim defender a redução da biologia à química, supondo que não existem quaisquer fatos distintamente biológicos, ou a redução da química à física, supondo que não existem quaisquer fatos distintamente químicos (*ver também* unidade da ciência). Em filosofia, entre as posições reducionistas, contam-se as seguintes: a crença de que só fatos sobre o comportamento tornam verdadeiras as descrições mentais (*behaviorismo); a crença de que fatos sobre a estrutura da experiência são o que tornam verdadeiras as afirmações sobre o mundo exterior (*fenomenismo); e a crença de que as afirmações sobre questões morais são, na verdade, afirmações sobre fatos naturais (*naturalismo). O reducionismo não é propriamente uma forma de *ceticismo (porque as afirmações na área reduzida podem ser verdadeiras e conhecidas como verdadeiras: na verdade, um dos objetivos da redução é, em geral, o de mostrar como isso acontece); também não é necessariamente uma forma de antirrealismo (*ver* realismo/antirrealismo), embora seja muitas vezes classificado desta maneira. As propostas reducionistas foram populares nos primeiros anos da *filosofia analítica, tendo sido desenvolvidas por autores como *Russell ou *Carnap sob a forma de programas de tradução das teses da ciência ou discurso visados, para teses do domínio ao qual as primeiras deviam ser reduzidas. O posterior reconhecimento do *holismo do significado e o fracasso aparente desses programas reducionistas, desviaram a atenção para outras maneiras de se obter os benefícios da redução sem se incorrer nos custos de oferecer as traduções prometidas. *Ver* superveniência.

reductio ad absurdum (lat., redução ao absurdo) O processo de raciocínio que deriva uma *contradição de um conjunto de suposições, concluindo que o conjunto como um todo é insustentável, de maneira que pelo menos uma das suposições tem de ser rejeitada. Formalmente, se {A1... An} $\vdash$ (B $\wedge$ $\neg$B), então {A_1... An-1} $\vdash$ $\neg$An.

reencarnação *Ver* metempsicose.

referência O exemplo mais básico de referência é a relação entre um nome e a pessoa ou objeto que ele nomeia. A tentativa de elucidar essa relação e a de perceber se outras relações semânticas — como, por exemplo, a que existe entre um predicado e a propriedade que ele exprime, ou a que existe entre uma descrição e aquilo que ela descreve, ou ainda a que existe entre mim e a palavra "eu" — são exemplos da mesma relação, ou de relações completamente diferentes, são alguns dos problemas filosóficos relacionados com a referência. Grande parte da investigação moderna sobre este assunto foi desencadeada pelo livro *Naming and Necessity* (1970), de *Kripke. Seria desejável, além disso, que soubéssemos se podemos nos referir a coisas como objetos abstratos, e como conduzir a discussão sobre um tal tema. Uma tese popular, que vem no rastro de *Frege, consiste em argumentar que a unidade fundamental de análise é a frase completa. A referência de um termo torna-se numa noção derivada: a referência é qualquer coisa que defina a contribuição do termo para as *condições de verdade de toda a frase, e mais nada precisa de ser dito sobre ela, visto que temos uma maneira de compreender a atribuição de significados ou condições de verdade a frases. Outras perspectivas procuram uma relação entre palavras e coisas que seja mais substancial, talvez causal ou determinada psicológica ou socialmente. *Ver também* denotação; descrição definida; nome logicamente próprio.

referencial de inércia Um sistema de referência para a medição do movimento, do espaço e do tempo. Um referencial de inércia (também conhecido por referencial newtoniano) é aquele onde um corpo que não está sujeito a forças se move em linha reta com velocidade constante. Na física newtoniana, as distâncias medidas em dois sistemas assim estão relacionadas pela "transformação de Galileu", $x' = x + vt$, onde x e x' são as distâncias de um ponto às origens dos dois referenciais, t é o instante em que as medidas se fazem e v é a velocidade relativa dos dois referenciais. A experiência de Michelson-Morley mostrou que a transformação de *Galileu não se aplica no que diz respeito à velocidade da luz, que é uma constante para todos os observadores. *Ver também* paradoxo do relógio; teoria da relatividade.

referencialmente opaco/transparente Uma distinção entre os contextos nos quais podem ocorrer expressões referenciais. Um contexto é referencialmente transparente se quaisquer um de dois termos que exprimam a mesma coisa podem ser nele substituídos **salva veritate*, i.e., sem alterar a verdade ou a falsidade do que é dito. Um contexto é referencialmente opaco quando isso não acontece. Assim, se o número de planetas é nove, então a frase "o número de planetas é ímpar" tem o mesmo valor de verdade que a frase "o número nove é ímpar"; mas a frase "necessariamente, o número de planetas é ímpar", ou a frase "*x* sabe que o número de planetas é ímpar", não têm de ter o mesmo valor de verdade que as frases "necessariamente, o número nove é ímpar", e "*x* sabe que o número nove é ímpar". Assim, ao passo que a expressão "... é ímpar" proporciona um contexto transparente, as expressões "necessariamente... é ímpar" e "*x* sabe que... é ímpar" já não o fazem. *Ver também* extensão/intensão.

referente O que é referido por uma expressão. *Ver* referência.

reflexiva Uma *relação é reflexiva num domínio se todos os objetos do domínio têm essa relação com eles mesmos: $(\forall x)Rxx$. A identidade e as relações construídas com base na identidade são reflexivas: todas as pessoas são da mesma altura, do mesmo peso etc., que elas mesmas.

refutar Infirmar. Trata-se de um *termo factivo; tentar infirmar uma coisa é argumentar contra ela ou rejeitá-la, mas isso não é ainda refutá-la.

regra da demonstração condicional A regra de um sistema dedutivo que afirma que se $A_1 \ldots A_n \vdash B$ então $A_1 \ldots A_{n-1} \vdash A_n \rightarrow B$.

regra da sucessão Princípio usado por *Laplace em seu *Essai philosophique sur les probabilités* (1814), mas batizado por *Venn, que significa a determinação da probabilidade da repetição de um acontecimento a partir da frequência da sua ocorrência num certo tipo de experiência. Este é um "método da inversão", i.e., um método que nos dá uma regra supostamente formal ou matemática para derivar probabilidades a partir de frequências observadas, e onde se afirma que, se um acontecimento ocorreu m vezes e não ocorreu n vezes sob certas condições, então a probabilidade da sua ocorrência quando essas condições se reunirem de novo é de m + 1/m + n + 2. Laplace usa o princípio para demonstrar que, dada a experiência da espécie humana, a probabilidade de o Sol nascer amanhã é de 1.826.214 para 1. Infelizmente, o mesmo raciocínio sugere que a probabilidade do Sol nascer todos os dias durante os próximos quatro mil anos não ultrapassa os 2/3. *De Morgan, *Lotze e o estatístico Karl Pearson aceitaram uma ou outra versão do princípio, mas *Boole, *Venn, J. Bertrand (1822-1900) e *Keynes o rejeitaram.

regra de inferência Lewis Carroll colocou um problema, ao estilo dos paradoxos de Zenão, acerca de como se poderia iniciar uma demonstração. Suponha-se que tenho as premissas (1) p e (2) $p \rightarrow q$. Posso inferir q? Ao que parece, só se estiver certo de que (3) $[p \wedge (p \rightarrow q)] \rightarrow q$. Posso então inferir q? Ao que parece, só se estiver certo de que (4) $\{p \wedge (p \rightarrow q) \wedge \{[p \wedge (p \rightarrow q)] \rightarrow q\}\} \rightarrow q$. Para cada novo axioma (N) preciso de um axioma seguinte (N+1) que me diz que o conjunto até esse ponto implica q, e a regressão nunca termina. A solução usual consiste em tratar um sistema como algo que contém não apenas axiomas, mas também regras de inferência, que permitem o movimento a partir dos axiomas. A regra **modus ponens* permite-nos passar das primeiras duas premissas para q. O quebra-cabeça de Carroll mostra que é essencial distinguir duas categorias teóricas, embora se possa escolher que teses se colocam em cada categoria.

regra de ouro Qualquer forma do ditado "não faça aos outros o que não quer que façam a ti". De uma forma ou de outra, encontra-se em quase todos os sistemas religiosos e éticos. A filosofia moral de *Kant centra-se no projeto de tornar uma versão desta regra obrigatória para os agentes racionais (*ver* imperativo categórico/hipotético). A regra é por vezes parodiada: "Faça aos outros aquilo que você gostaria que eles fizessem a si próprios."

regra/princípio Distinção feita na filosofia do direito entre as regras do direito tal como se encontram no corpo do direito estabelecido e os princípios mais gerais que poderão ter dado forma ao modo como as sentenças têm sido pronunciadas. Esses princípios podem ter uma origem ética ou política mais genérica. Uma afirmação controversa de *Dworkin é a de que os princípios fazem parte integral do próprio direito.

regras de formação As regras de formação de um *cálculo lógico ou linguagem formal determinam as sequências de expressões que contam como *fórmulas bem-formadas. Tipicamente, essas regras têm um caráter *recursivo, e contêm três tipos de cláusulas. Algumas regras definem uma classe de fórmulas *atômicas bem-formadas; outras regras permitem que fórmulas bem-formadas sejam construídas a partir de outras através de operações específicas. Finalmente, há uma condição de fecho, i.e., uma regra que afirma que qualquer coisa que não tenha sido gerada pelos dois tipos de regras anteriores não é permitida.

regras de transformação Em lógica, uma regra que nos autoriza a transformar uma expressão com uma forma em outra expressão com outra forma. A transformação de $\neg(p \wedge q)$ em $\neg p \vee \neg q$ é um exemplo das leis de *De Morgan.

regras reguladoras *Ver* constitutivo/regulativo.

regras, utilitarismo das *Ver* utilitarismo.

regressão Uma estratégia dá origem a uma regressão viciosa se o problema que tentava resolver continua a precisar do mesmo tratamento tanto após a estratégia ter sido aplicada como antes. Assim, uma definição é (em geral) viciosamente regressiva se o termo a ser definido ocorre de novo na definição. A definição "*x* é bom" = "*x* é algo que pensamos ser bom" é conflitante com a questão de saber o que a palavra "bom" está fazendo no lado direito da equação: o que estamos pensando acerca de *x*? Se aplicarmos de novo a definição, ficamos com "*x* é bom" = "*x* é algo que pensamos ser algo que pensamos ser..." e o processo continua sem parar. Uma regressão virtuosa é uma regressão que não envolve uma tal deficiência. Aceita-se que "é verdade que *p*" = "é verdade que é verdade que... que *p*", visto que não implica qualquer modificação preocupante no conteúdo do que é dito. Em muitos casos, discute-se se as regressões ao infinito são virtuosas ou viciosas, uma vez que tudo depende de ser ou não necessário reaplicar o processo. *Ver também* círculo vicioso.

regressão causal infinita *Ver* argumento da primeira causa.

Reichenbach, Hans (1891-1953) Filósofo da ciência e da teoria das probabilidades. Reichenbach nasceu em Hamburgo e exerceu sua atividade em Berlim até 1933, data em que deixou a Alemanha, indo primeiro para Istambul e depois para os Estados Unidos. Embora não fosse membro do Círculo de Viena, simpatizava com os ideais empiristas do *positivismo lógico, mas substituiu o ideal positivista da *redução por relações de probabilidade entre diversos estratos de teorias científicas. *Philosophie der Raum-Zeit-Lehre* (1928) e *Experience and Prediction* (1938) são algumas das suas obras mais influentes.

Reid, Thomas (1710-96) Filósofo escocês do senso comum. Reid nasceu perto de Aberdeen e estudou no Marischal College. Após um período como ministro presbiteriano, foi nomeado para o King's College de Aberdeen. Em 1764 passou a reger a cadeira de filosofia moral na Universidade de Glasgow. *Enquiry into the Human Mind on the Principles of Common Sense* (1764), *Essays on the Intellectual Powers of Man* (1785) e *Essays on the Active Powers of Man* (1788) são as três grandes obras de Reid, que foi o primeiro filósofo sério a atacar a confiança do *empirismo britânico nas "*ideias" como unidades satisfatórias para nelas fundar uma teoria do conhecimento e do significado. Encarava *Berkeley, e especialmente *Hume, como uma demonstração por **reductio ad absurdum* da tentativa de tratar o conhecimento através das ideias. No seu próprio tratamento, as sensações de qualidades primárias dos objetos falam-nos como se fossem palavras, fornecendo-nos "sinais naturais" das qualidades das coisas. A mente passa naturalmente de uma palavra para a consideração do que ela significa, e é de maneira semelhante que ela passa das suas próprias experiências para a consideração direta das qualidades que significam. Isso é assim com as "percepções originais" das qualidades primárias; as percepções das qualidades secundárias têm de ser adquiridas. O *insight* de Reid foi neste caso retomado no século XX pelas várias formas do *realismo direto. Isto permite-lhe defender o esquema conceitual básico do senso comum contra o que ele via como o *ceticismo corrosivo de Hume. Para Reid, tal como mais tarde para *Moore, os princípios básicos do senso comum não podem ser evitados nem abandonados, apesar de, se levantarmos o problema da sua verdade, não podermos senão apelar para a harmonia divina (Reid não estava assim tão longe de Hume como supunha). A influência de Reid persistiu na escola escocesa da filosofia do senso comum e os seus *insights* fenomenológicos continuam ainda hoje a atrair a atenção.

reificação Reificar é tratar como uma coisa *(res,* lat.). Afirmar que um filósofo está reificando é normalmente acusá-lo de se deixar enganar pela forma verbal, pensando que do fato de um nome ter um certo uso se segue que tem de existir algo que o nome exprime. Assim, os *platônicos são acusados de reificar os números ou os *universais. Acusam-se as pessoas de ter reificado erroneamente muitas coisas, entre elas conjuntos, coleções infinitas, coisas finitas, sensações, objetos físicos, o futuro, o passado, o possível ou a vontade dos seres humanos. A própria acusação não é completamente clara, e o erro que estes filósofos cometem pode ser mais bem formulado afirmando-se que eles tratam coisas de um tipo como se fossem coisas de outro tipo. *Ver também* ontologia; realismo/antirrealismo.

relação Filosoficamente, as relações são interessantes devido ao preconceito histórico, a que *Leibniz deu a expressão mais enérgica, que as vê como como algo que de alguma forma é "irreal", em contraste com as propriedades *monádicas intrínsecas das coisas. Uma maneira de exprimir essa ideia é afirmar que se todas as propriedades monádicas dos objetos de um domínio forem fixadas, as propriedades relacionais ficam determinadas (i.e., as relações são *supervenientes em relação às propriedades monádicas). No entanto, na lógica moderna e na ciência não há justificação para essa afirmação.

As noções centrais no tratamento lógico das relações são as seguintes. O domínio de uma relação é o conjunto de coisas que se encontram numa relação com algo. O conjunto imagem é o conjunto de coisas com as quais uma coisa se encontra em relação. O campo de uma relação é o conjunto de coisas que pertencem ao seu domínio ou ao seu conjunto imagem. Uma relação binária relaciona um elemento do seu domínio com um elemento do seu conjunto imagem: Rxy. Pode-se definir relações sobre um número de coisas maior do que duas: por exemplo, podemos definir Rxyz como a relação que se verifica entre três números quando $x + y = z$; e podemos avançar para relações definidas sobre n-tuplos de qualquer tamanho. Para efeitos formais e matemáticos, uma relação pode ser identificada com a classe de *pares ordenados (ou, em geral, *n-tuplos ordenados) que a satisfazem. Assim, a relação "ser pai de" torna-se o conjunto de todos os pares x, y, tais que x é o pai de y, a relação "ser maior que" torna-se o conjunto de todos os pares x, y, tais que x é maior que y, e assim por diante. As propriedades principais a levar em conta na teoria das relações são tratadas em verbetes próprios: *ver* antissimétrica; assimétrica; irreflexiva; reflexiva; relação de equivalência; relação de ordem; simétrica; transitiva.

relação ancestral Intuitivamente, uma relação que está para outra como "antepassado de" está para "progenitor de": um antepassado é um progenitor, ou então o progenitor de um progenitor, e assim por diante. A definição formal de relação ancestral deve-se a *Frege. Suponhamos, para simplificar, que y seja um antepassado de si próprio. Nesse caso os antepassados de y formam um conjunto que satisfaz duas condições: a primeira condição de que y seja um membro, e a condição de fecho segundo a qual todos os progenitores de membros são também membros. Assim, x é um antepassado de y se pertencer a todos os conjuntos que satisfaçam essas duas condições. Formalmente, isso pode ser formulado assim: $(\forall z)\ [(y \in z) \wedge (\forall u)(\forall w\ (u \in z \wedge \mathrm{P}wu \rightarrow w \in z) \rightarrow x \in z]$. Isso afirma que todas as classes z satisfazem esta condição: se y pertence a z e se temos a garantia que, dado qualquer objeto que pertença a z, os seus progenitores também pertencem, então x também pertence a z. É notável que essa definição só pode ser dada através da *quantificação sobre classes. Tendo *antepassado* sido assim definido, a relação ancestral de uma relação R é aquela relação que está para R como *antepassado* está para *progenitor*. Por exemplo, a classe dos números maiores que um número dado é a ancestral da relação *sucessor*. *Ver também* postulados de *Peano.

relação de equivalência (ou classe) Uma *relação que seja transitiva, simétrica e reflexiva divide o seu universo em classes exclusivas de coisas. Dentro de cada classe, cada coisa está em relação com todo o resto, e nada está nessa relação com algo fora da classe. "Ser da mesma altura que" ou "ter o mesmo número de elementos que" são relações de equivalência que dividem o universo das pessoas em classes de pessoas igualmente altas e os conjuntos em diferentes classes, dependendo do número de membros que tiverem. A definição de uma classe de equivalência quanto a um ponto de uma escala é a operação fundamental no estabelecimento de qualquer tipo de medida de uma propriedade ou quantidade. Em lógica matemática, uma das primeiras definições de número cardinal (a de *Frege) foi a de uma classe de equivalência de classes equinuméricas.

relação de ordem Uma ordem parcial de um conjunto é uma relação que é transitiva, reflexiva e antissimétrica; isto é, (I) $x \leq y \wedge y \leq z \rightarrow x \leq z$; (II) $x \leq x$; (III) $x \leq y \wedge y \leq x \rightarrow x = y$. Se adicionarmos (IV) que pelo menos um dos $x \leq y$ e $y \leq x$ se verifica (a relação é conexa, ou todos os elementos do conjunto são comparáveis), então a ordem é uma ordem total ou linear (intuitivamente, os elementos podem ser dispostos numa linha reta); caso contrário, é uma ordem parcial. Uma ordem bem fundada é uma ordem tal que todos os subconjuntos não-vazios do conjunto contêm um elemento minimal, isto é, um elemento m tal que não há qualquer $x \neq m$ no conjunto tal que $x < m$. Uma boa ordem sobre um conjunto A é uma ordem linear com a propriedade que todos os subconjuntos não vazios de A têm um elemento minimal.

relações de ideias Termo usado por *Hume na primeira *Investigação* para o conhecimento **a priori*: "Todos os objetos da razão ou da investigação humanas podem ser naturalmente divididos em dois tipos, a saber, *relações de ideias* e *questões de fato*" (*Investigação sobre o entendimento humano*, IV). O termo reflete a crença de que qualquer coisa que possa ser conhecida *a priori* tem de ser interna à mente e por isso transparente para nós. *Ver também* prova; questão de fato.

relações internas/externas A doutrina de que todas as relações são internas era uma tese básica do *idealismo absoluto e um ponto central da crítica de *Moore e *Russell. É um tipo de *essencialismo, afirmando que se duas coisas estão numa certa relação, então não poderiam ser o que são se não o estivessem. Se, por exemplo, estou agora usando um chapéu, quando imaginamos uma situação possível que poderia ser adequadamente descrita como uma situação na qual eu não estou usando agora o chapéu, não estaríamos, estritamente falando, imaginando o chapéu e eu, mas apenas certos indivíduos diferentes (*ver também* teoria das contrapartes). Moore ("External and Internal Relations", *Proceedings of the Aristotelian Society*, 1919-20) acreditava que a doutrina dependia da falácia simples de inferir de "necessariamente, se estou usando um chapéu, então estou usando um chapéu" o seguinte: "se estou usando um chapéu, então estou necessariamente usando um chapéu". No entanto, é claro que à doutrina idealista subjaz uma combinação mais complexa de concepções, nomeadamente a doutrina *holista segundo a qual as propriedades dos indivíduos são em certo sentido secundárias em relação às propriedades de todo o universo no qual existem, junto com uma desconfiança epistemológica em separar o que é conhecido da mente que conhece. Essa combinação deu alguma motivação para defender que tudo adquire sua identidade unicamente como um aspecto de um todo *parmenídeo indivisível. A rejeição desta ideia a favor de uma concepção mais *atomista do mundo como uma pluralidade de indivíduos permite a existência de relações externas, que os indivíduos podem ter ou não, dependendo de circunstâncias contingentes.

relativismo A doutrina, permanentemente tentadora, que afirma que em pelo menos algumas áreas a própria verdade é relativa ao ponto de vista do sujeito ("a beleza está nos olhos de quem a vê"). A primeira formulação clássica é a doutrina do sofista *Protágoras segundo a qual "o homem é a medida de todas as coisas". O relativismo pode ser uma doutrina global sobre todo o conhecimento, ou uma doutrina local sobre uma certa área (estética, ética ou juízos sobre qualidades secundárias, por exemplo). Os aspectos inerentes aos sujeitos que supostamente determinam o que é a verdade "para eles" podem incluir o contexto histórico, cultural, social, linguístico, psicológico ou ainda a própria constituição sensorial. O relativismo é uma tentativa de tomar estas contingências em consideração, ao formular a relação entre o sujeito de uma crença e a crença sustentada. Pode ser encarado como uma forma de evitar o *ceticismo que se segue quase inevitavelmente quando uma concepção absoluta da verdade se combina com o reconhecimento das diversas maneiras, contingentes e com diferentes fundamentos, de emitir juízos.

O relativismo costuma ser rejeitado com base no fato de ser essencial à ideia de crença ou juízo a existência de padrões que têm de ser satisfeitos, independentemente da propensão de seja quem for para os aceitar. A incapacidade para aceitar tais padrões acaba por paralisar todo o pensamento. Relativistas sofisticados como *James (que descreveu o pragmatismo como uma forma de relativismo), respondem que as atribuições de verdade ou falsidade podem ser feitas de maneira disciplinada dentro de um determinado quadro conceitual, ainda que este seja contingente, e que a "pressão circundante da experiência" é tudo o que precisamos e podemos ter como "garantia contra o pensamento licencioso" (*The Meaning of Truth*, 1909). O problema central do relativismo é o de lhe dar uma formulação coerente, fazendo da doutrina algo mais que a afirmação banal de que pessoas diferentemente situadas podem emitir juízos diferentes, e algo menos do que a falsidade de afirmar que qualquer uma de duas perspectivas contraditórias pode ser verdadeira. Grande parte do pensamento *pós-modernista pode ser entendido como uma celebração, de alguma maneira despreocupada, do relativismo. *Ver também* perspectivismo.

relativismo linguístico *Ver* hipótese de Sapir-Whorf.

reminiscência *Ver* anamnese.

representacionalismo Genericamente, é a doutrina que defende que a mente (ou, por vezes, o cérebro) opera com representações das coisas e das propriedades das coisas que percebemos ou em que pensamos. Na filosofia da percepção essa perspectiva está sobretudo associada a *Malebranche e *Locke que, sustentando que a mente é o receptáculo das ideias, defenderam que "das nossas ideias reais, algumas são adequadas, outras são inadequadas. Aquelas a que chamo adequadas representam de maneira perfeita os arquétipos dos quais a mente supõe ter extraído essas ideias; arquétipos esses que a mente pretende serem representados pelas ideias e aos quais se referem as ideias" (Locke, *Ensaio* II. 31). Os problemas dessa doutrina foram impiedosamente apontados por *Arnauld e por *Foucher, que criticaram Malebranche, e por *Berkeley, que criticou Locke. O problema fundamental é o fato de a mente "supor" que as suas ideias representam outras coisas, mas não ter acesso a elas a não ser pela formação de outra ideia; a dificuldade é compreender como poderá a mente sair do mundo das representações, ou, em outras palavras, como poderão as representações ser dirigidas para fora de si mesmas, adquirindo, deste modo, um conteúdo genuíno. Na filosofia recente, a analogia entre a mente e um computador sugere, por um lado, que a mente, ou o cérebro, manipula símbolos, concebidos à semelhança das instruções de um programa, e, por outro, que esses símbolos são representações de aspectos do mundo. Mas é então que reaparece a dificuldade apontada por Berkeley: o computador programado comporta-se exatamente da mesma maneira, não sabendo se o símbolo "$" se refere a uma unidade monetária ou a qualquer outra coisa. Os elementos do programa de uma máquina são identificados de forma puramente sintática, de maneira que as operações efetivas do sistema se processam sem qualquer referência a qualquer interpretação desses elementos (*ver* sintaxe). Portanto, segundo os críticos, neste modelo não se consegue ver a mente como algo que está ocupado com as propriedades representacionais dos símbolos. O cerne da questão é às vezes formulado dizendo-se que, segundo essa teoria, a mente torna-se mais um dispositivo sintático do que um dispositivo semântico.

res cogitans (lat., coisa pensante) A famosa resposta dada por *Descartes à pergunta "que sou eu?" tal como esta ocorre depois da *dúvida metódica o ter deixado unicamente com a proposição "penso, logo existo".

restrição Uma proposta para resolver o problema do *livre-arbítrio e do *determinismo propõe que distingamos entre a ação que resulta de uma causa, o que, se o determinismo for verdadeiro, acontece sempre, e a ação constrangida, i.e., quando existem restrições às nossas opções. A sugestão é de que, ao contrário da restrição, a causalidade não interfere com a liberdade, não devendo por isso ser encarada como uma espécie de constrangimento.

restrição mental Expressão que qualifica um ato mental que consiste em acrescentar uma restrição ao que se disse, ou em explorar uma ambiguidade no que se disse, ou em jurar em privado que não se está sendo sincero naquilo que se está dizendo, como quando as crianças cruzam os dedos das mãos para anular uma promessa que estão fazendo. Alguns *casuístas argumentaram, pouco convincentemente, que a adição privada de uma reserva desse tipo pode tornar aceitável aquilo que de outro modo seria classificável como uma mentira. *Hume respondeu, à maneira decidida escocesa, que esta ideia podia servir em questões de salvação, mas não serve de certeza em questões da vida corrente.

resíduos, método dos *Ver* métodos de Mill.

responsabilidade Socialmente, as responsabilidades das pessoas constituem aquelas coisas pelas quais têm de responder. Não cumprir uma responsabilidade sujeita as pessoas a censuras ou a punições. Um emprego, profissão ou papel social é parcialmente definido em termos das responsabilidades que envolve. A ampliação da responsabilidade não apenas a si mesmo mas também aos outros é tema central da teoria política e da ética ("Devo eu zelar pelo meu irmão?"). A compreensão da natureza da nossa eventual responsabilidade pelos nossos pensamentos, naturezas e ações é o principal problema de qualquer teoria da ação. *Ver* *livre-arbítrio.

ressurreição O que ocorre quando uma pessoa regressa à vida depois da sua morte corpórea, seja com o seu corpo original ou com um corpo novo. Esse conceito suscita sérios problemas de *identidade pessoal. *Ver também* metempsicose.

retórica A arte da utilização da linguagem para persuadir ou influenciar os outros. Embora a retórica se encontre aparentemente em oposição ao ideal filosófico da procura exata da verdade, a conciliação dos dois surgiu por vezes como algo desejável, sobretudo para *Cícero. Se se entender a filosofia como uma questão de argumentação mais do que de doutrina, como entendiam os *céticos da Academia, então a retórica é relativa ao bom uso da argumentação. O desenvolvimento dessa arte era uma área de estudos importante nas universidades medievais e começou a recuperar terreno com a perspectiva, largamente partilhada no final do século XX, de que todos os discursos e todas as argumentações contêm um núcleo político e persuasivo.

retorno, eterno *Ver* eterno retorno.

retributiva, justiça *Ver* justiça retributiva.

retrocausalidade *Ver* causalidade invertida.

retroprevisão A hipótese de que um determinado acontecimento ocorreu no passado, ao contrário da previsão de que um determinado acontecimento ocorrerá no futuro. Uma retroprevisão bem-sucedida pode confirmar uma teoria exatamente na medida em que uma previsão bemsucedida pode fazê-lo.

revogável Passível de ser alterado por acontecimentos posteriores. Em direito, uma sentença é revogável se um tribunal de instância superior puder revê-la. Uma *proposição é revogável se houver a possibilidade de dados posteriores colocarem em dúvida sua verdade.

revolução Qualquer grande transformação social e política suscetível de substituir as instituições e relações sociais anteriores e de iniciar novas relações de poder e de autoridade. As revoluções podem ou não ser violentas, progressistas, resultar de conflito de classes, iniciadas por agentes revolucionários, ou inevitáveis. *Ver também* Bakunin; Lenin; Marx. Para revoluções científicas *ver* concepção galileana do mundo; Kuhn; paradigma.

revolução copernicana *Copérnico fez do movimento celeste observado algo que decorre dos movimentos efetivos do observador. No Prefácio da *Crítica da razão pura* (2.ª ed., B XVI), *Kant usa esta ideia como uma analogia para descrever como o progresso na metafísica exige que se atribua a ordem aparente do mundo (temporal, espacial e causal) à estrutura da mente perceptiva.

Ricoeur, Paul (1913-) Existencialista, teólogo, filósofo e crítico literário francês. Nasceu em Valence, formando-se nas tradições *existencialista e *fenomenológica. Foi capturado durante a Segunda Guerra Mundial, familiarizando-se então com a obra de *Husserl, *Heidegger e *Jaspers. Em 1948, Ricoeur obteve o posto de professor em Estrasburgo e a partir de 1957 foi professor na Universidade de Paris X, de Nanterre, e entre suas viagens ao estrangeiro conta-se uma estadia na Universidade de Chicago. Como é típico da tradição francesa, a obra de Ricoeur é bastante abrangente e de difícil compreensão, embora contenha uma louvável ênfase na humildade necessária à procura da verdade. Suas obras incluem a série sob o título geral *Philosophie de la volonté*: vol. I, *Le Volontaire et l'involontaire* (1950) vol. II, *Finitude et culpabilité,* parte I, *L'Homme faillible* e a parte II, *La Symbolique du mal.*

riso Rimos de coisas que têm graça, mas também rimos exultantemente, quando temos sucesso, ou amargamente, quando fracassamos, ou do inesperado, ou até do que é típico. Rimos, mas não em todas as circunstâncias — quando estamos alegres, nervosos, constrangidos ou apenas porque nos fizeram *cócegas. A diversidade das causas e dos objetos do riso e a ausência de uma explicação óbvia da sua função não desencorajou os pensadores. *Hobbes pensava que a paixão do riso era uma "glória súbita que nasce de uma concepção súbita de algo que em nós é superior" (*A natureza humana*, IX. 12). *Hutcheson escreveu contra o egoísmo contido nessa explicação ("Reflections on Laughter", *Dublin Journal*, 1725), identificando o humor, em vez disso, com a percepção de uma incongruência, embora não tenha apresentado quaisquer dados que mostrassem que a incongruência é uma condição necessária ou suficiente da comicidade. *Bain (*The Emotions and the Will*, 1859) identifica o ridículo com "a degradação de uma pessoa ou interesse detentores de dignidade, em circunstâncias que não provocam qualquer outra emoção forte". *Kant (*Crítica da faculdade do juízo*, 1790) enfatiza o elemento de inesperado, considerando o riso "uma afecção resultante do fato de uma expectativa forte ser de repente reduzida a nada". Este ponto de vista é desenvolvido por *Schopenhauer que, mais uma vez, identifica a incongruência como algo que está na base do riso. Mas, como nos lembra a perspectiva de Hobbes e de Bain, não é apenas o insulto à razão que é divertido; muita vezes, é também o insulto às outras pessoas. No seu livro *Le Rire: essai sur la signification du comique* (1900), antecipando talvez os comediantes Jacques Tati e Charlie Chaplin, *Bergson descreve a comédia como uma defesa contra as qualidades automáticas e desconexas que ofendem a espontaneidade essencial da vida.

A capacidade de aproveitar uma ocasião para fazer humor tem, evidentemente, uma função social: relaciona-se com a diversão e com a detecção e dissipação de conflitos potenciais, mas pode também dar origem à marginalização agressiva de pessoas e de grupos, pela recusa em levá-los a sério pela troça e ridicularização.

romantismo Movimento que arrebatou a cultura europeia, e por consequência também a norte-americana, entre 1775 e 1830, apesar de ter sido prenunciado por alguns elementos culturais do século XVIII (culto ao antigo, os romances sentimentais, o gosto pelo *sublime e pelo pitoresco, e acima de tudo o engrandecimento da natureza e do sentimento de *Rousseau, em detrimento da civilização e do intelecto). O romantismo foi parcialmente uma reação contra a racionalidade rígida do *Iluminismo, com a sua arte oficial, estática e neoclássica, a favor do subjetivo, do imaginativo e do emocional, do inspirador e do heroico. Na filosofia, os românticos tiraram de *Kant a ênfase no *livre-arbítrio e a doutrina da espiritualidade última da realidade, sendo a própria natureza um espelho da alma humana. Em *Schelling, a natureza torna-se um espírito criativo cuja aspiração é a autorrealização cada vez mais completa. O conhecimento da natureza deste espírito (o Absoluto) não pode ser adquirido por meios racionais e analíticos, mas unicamente por uma absorção emocional e intuitiva, no seio desse processo de autorrealização. A inocência espontânea da criança (e da infância da humanidade) é corrompida pela separação intelectual da natureza, mas a história individual, tal como a história humana, pode ultrapassar essa separação através de um processo em espiral no qual se reconquista a unidade perdida, apesar de clarificada e melhorada pela jornada. A arte romântica é assim essencialmente movimento, representada em buscas, jornadas e peregrinações, cujo objetivo é o regresso a um lar ou refúgio perdido. Os principais responsáveis pela transmissão do romantismo filosófico alemão na Inglaterra foram *Coleridge e de *Staël. Apesar de ser um movimento com uma importância cultural mais geral, o romantismo dispôs dos mesmos recursos intelectuais e emocionais que o *idealismo alemão, culminando aliás na filosofia de *Hegel e no *idealismo absoluto.

Rorarius, Hieronymus (1485-1556) Núncio papal da corte de Ferdinando da Hungria. É conhecido unicamente por causa do verbete com seu nome no *Dictionnaire historique et critique*, o qual contém a discussão seminal de *Bayle da filosofia de *Leibniz. O pretexto oficial é o fato de Rorarius ter sustentado que as bestas fazem melhor uso da razão que os homens (*ver também* pensamento dos animais). Isso conduz Bayle a uma longa discussão sobre a natureza da alma e, finalmente, sobre a *harmonia preestabelecida.

Rorty, Richard (1931-) Filósofo e crítico norte-americano. Estudou em Chicago e Yale e, desde 1982, é professor de Humanidades na Universidade da Virgínia. É muito conhecido como o filósofo analítico que se voltou contra aquilo que considera as categorias tradicionais de interesse nessa tradição — verdade, conhecimento, objetividade — substituindo-as por uma versão *pós-modernista muito própria do *pragmatismo, associada a autores como *Heidegger e *Gadamer, onde tais tópicos foram banidos. Tendo ultrapassado tais interesses, o intelectual liberal assume uma atitude irônica e distanciada, mesmo em relação às suas convicções fundamentais; a vida intelectual transforma-se numa espécie de conversa diletante; seus críticos acham que o *quietismo político ou o *conservadorismo sugeridos por esta posição são preocupantes. *Philosophy and the Mirror of Nature* (1979) e *Contingency, Irony and Solidarity* (1989) são algumas das suas influentes obras.

rosa-cruzismo Não se pretendia que as obras de Jean Valentin Andreae (1589-1674), relatando as histórias de um tal Christian Rosenkreuz e as suas incursões na alquimia, na astrologia e na *cabala, fossem levadas a sério. Mas as sociedades secretas devotadas ao oculto descobriram nelas uma fonte útil. Francis *Bacon, *Leibniz e *Newton são alguns dos filósofos e cientistas que podem ter tido conexões rosa-cruzes.

Rousseau, Jean-Jacques (1712-78) Nascido em Genebra, filho de mãe instruída que morreu uma semana após o seu nascimento e de pai artesão, Rousseau aprendeu a estimar o ideal cívico da antiga república romana. Seu pai esteve exilado devido a um duelo, e Rousseau foi criado com um primo até chegar à idade em que devia iniciar-se como aprendiz de gravador. Achando esta situação intolerável, deixou Genebra, e em Turim foi aceito pela Igreja católica. Na Saboia, serviu na casa da baronesa de Warens, cuja reputação era um tanto duvidosa; só depois de se ter tornado preceptor da família do abade de Mably, Rousseau conheceu os filósofos do Iluminismo francês, entre os quais o irmão de Mably, *Condillac. Em Paris, fez amizade com *Diderot. Um ano em Veneza foi o suficiente para ser dispensado do serviço do embaixador, o conde de Montaigu, devido ao seu comportamento, geralmente insuportável. De volta a Paris, tornou-se secretário de um abastado arrematador de impostos chamado Dupin e começou a poder gozar de uma agradável vida literária no majestoso castelo de Chenonceaux, onde escreveu várias contribuições para a **Enciclopédia*.

Em 1749, o ensaio premiado de Rousseau para a Academia de Dijon (*Discour sur les sciences et les arts*, 1751, conhecido como o *Primeiro discurso*) divulgou sua súbita descoberta de que as artes e as ciências não contribuíram nem para a virtude nem para a felicidade dos seres humanos, muito pelo contrário: trouxeram apenas ruína e corrupção. O *romantismo implícito dessa concepção manifestou-se uma vez mais na prolongada controvérsia com o compositor Rameau acerca da verdadeira natureza da música. Enquanto para Rameau a música era acadêmica, cerebral, cartesiana e conservadora em sua organização e sofisticação, para Rousseau era melódica, flexível, inspirada pela emoção e democrática. Em 1753, Rousseau entrou novamente na competição de Dijon, desta vez sem sucesso (*Discours sur l'origine et les fondements de l'inégalité parmi les hommes*, 1755, geralmente conhecido como *Segundo discurso*). Este ensaio argumentava que os males da condição humana derivam da sociedade, e que no estado de natureza a vida é livre e independente, saudável, feliz e inocente. As pessoas são naturalmente dotadas de sentimentos de piedade (que vão enfraquecendo à medida que a razão se desenvolve, separando as pessoas da natureza e de si próprias). A concepção menos idílica do estado de natureza, familiar a filósofos como *Hobbes, é, segundo Rousseau, bastante inadequada: eles "falam do homem selvagem e imitam o homem civilizado". É apenas com a passagem (de certa maneira inexplicável) deste idílio pastoral para a sociedade que os seres humanos deixam o mundo do "bom selvagem", encaminhando-se para a infelicidade e para o vício. Quando uma condição social é induzida, e se dá a ruptura com a natureza, então, pelos motivos que Hobbes aponta, um sistema de direito tem de surgir; no entanto, nessa fase do seu pensamento, Rousseau não alimenta quaisquer ilusões acerca da justiça ou objetividade desse sistema: trata-se, para ele, de uma fraude imposta pelos ricos aos pobres. De modo análogo, enquanto que na natureza o sexo é simples, o amor é um dispositivo artificial pelo qual as fêmeas manipulam os homens para ganhar o abrigo e a proteção de que precisam por causa de seu estado dependente e domesticado.

Contudo, é possível um certo tipo de redenção da organização política, e o pessimismo de Rousseau é moderado pelo seu elogio da cidade de Genebra como "democracia equilibrada" (regressou a esta cidade após concluir o seu ensaio e ficou desiludido, como era aliás previsível). Em *Du contrat social* (1762), Rousseau retoma a defesa dos ideais democráticos republicanos inspirados em Esparta e centrados na ideia de liberdade como participação ativa na política e na legislação. Tal como uma pessoa é livre na medida em que prescreve para si mesma suas regras de vida, também uma sociedade civil é uma unidade orgânica singular com uma única vontade: a "*volonté générale*" ou vontade geral. O *Contrato social* é sensível às diferentes condições das diversas sociedades e aos diferentes tipos de organizações legais, políticas e sociais que estas possam exigir. Inaugurou uma nova era nos estudos antropológicos e comparativos das sociedades humanas, reagindo contra a assunção estática clássica da uniformidade humana mais característica do Iluminismo. De volta ao campo, em 1756, Rousseau iniciou seu romance *La Nouvelle Héloïse* e apaixonou-se por sua vizinha Sophie d'Houdetot. Reconvertido então ao *calvinismo, Rousseau defendeu também o fechamento do teatro que existia em Genebra, na sua *Carta a m. D'Alembert acerca do teatro* — o que pareceu surpreendente, uma vez que ele próprio escreveu óperas e peças teatrais. Rousseau subscreve certas versões do *argumento do desígnio e até do *motor imóvel, em *A profissão de fé de um vigário saboiano*, uma refutação do deísmo ou do ateísmo de *Voltaire e do materialismo dos *philosophes* do *Iluminismo. Contudo, de acordo com a sua filosofia da natureza, a verdadeira fé religiosa é mais uma questão de coração do que de intelecto. A natureza e a inocência são geralmente corrompidas pela educação, e em *Émile, ou de l'éducation*, (1762) Rousseau propõe um sistema melhor, privilegiando os sentidos e a saúde física, em prejuízo do intelecto, desencorajando os livros e apreciando o "adormecimento do intelecto". *Emílio* foi imediatamente proibido. Rousseau fugiu para Neuchâtel, na Suíça (Genebra também tinha proibido *Emílio* e o *Contrato social*), onde o pastor local inflamou a população contra ele. Passou seus últimos anos com saúde mental dúbia, viajando por vários lugares, entre eles a Inglaterra, onde uma breve estada terminou com uma querela paranoica com *Hume. Mas estes anos produziram *Les Confessions* (1782-89), uma autobiografia inovadora por enfrentar os elementos mesquinhos e vergonhosos da vida humana.

A enorme influência de Rousseau resulta do fato de ter sido o primeiro verdadeiro filósofo do *romantismo. Nele se encontram, pela primeira vez, muitos dos temas que vieram a dominar a vida intelectual dos cem anos seguintes: a unidade perdida da humanidade com a natureza, a elevação do sentimento e da inocência com a respectiva despromoção do intelecto, uma concepção dinâmica da história humana e dos seus diferentes estágios e a fé na teleologia e na possibilidade de reaver uma liberdade perdida.

Royce, Josiah (1855-1916) O principal *idealista absoluto norte-americano. Royce estudou sob a direção de *Lotze na Alemanha e ensinou em Harvard a partir de 1892. Foi amigo de *James e provavelmente representa muito do que este rejeitava no seu *pragmatismo. As obras de Royce incluem *Religious Aspects of Philosophy* (1885) e *The World and the Individual* (1901).

Russell, Bertrand Arthur William (1872-1970) Filósofo inglês. Russell nasceu em uma família liberal e aristocrática que descendia do primeiro-ministro John Russell, recebeu seus estudos em casa e, a partir de 1890, no Trinity College de Cambridge, onde estudou matemática. Desde cedo, e especialmente após conhecer o matemático G. Peano (1848-1932), em 1900, seus interesses concentraram-se nos fundamentos da matemática. *The Principles of Mathematics* foi publicado em 1902, um ano depois da descoberta do *paradoxo de Russell. Após um período de reflexão em torno do problema, Russell propôs a teoria das *descrições definidas e a *teoria dos tipos, elementos centrais da sua solução do paradoxo. De 1907 a 1910, trabalhou em colaboração com *Whitehead durante dez a doze horas por dia, oito meses por ano, nos *Principia mathematica* (publicados em três volumes, de 1910 a 1913). Durante esse período, lançou as bases de uma vida de intelectual radical, ativo e liberal, começando com uma candidatura sufragista ao parlamento. Durante a Primeira Guerra Mundial, foi preso por seis meses por publicar uma declaração segundo a qual os soldados norte-americanos seriam usados na Grã-Bretanha para combater os grevistas, "uma ocupação a que estavam habituados no seu próprio país".

Depois da guerra, Russell visitou a Rússia e viveu durante uma temporada na China. Nos anos 20, suas principais obras filosóficas foram *The Analysis of Mind* (1921) e *The Analysis of Matter* (1927), embora tivesse também publicado um grande número de obras populares e semipopulares sobre temas morais e sociais. Fundou e dirigiu uma escola, mas de 1938 a 1944 ensinou em várias universidades americanas, entre as quais a de Chicago e a Universidade da Califórnia em Los Angeles. A City University de Nova York o recusou, argumentando que suas obras eram "devassas, libidinosas, luxuriosas, venéreas, erotomaníacas, afrodisíacas, irreverentes, mesquinhas, falsas e destituídas de fibra moral". Durante a Segunda Guerra Mundial, escreveu a *History of Western Philosophy* (1945). *Human Knowledge: its Scope and Limits* (1948) é o último livro importante de Russell em filosofia, mas nessa época ele era já um símbolo mundialmente famoso da filosofia e do seu potencial radical. Recebeu o prêmio Nobel de literatura em 1950 e passou o resto da vida lutando ativamente pelo desarmamento nuclear como patriarca incontestado do mundo acadêmico progressista.

Considera-se, em geral, que a filosofia de Russell atingiu seu apogeu nas duas primeiras décadas do século XX. Sua fecunda investigação sobre os fundamentos da matemática foi acompanhada por um trabalho lúcido acerca da verdade e de sua base empírica; a teoria das descrições definidas proporcionou os fundamentos lógicos para uma epistemologia baseada na distinção entre o conhecimento por *contato e o conhecimento por descrição, embora em geral se considere problemático o papel restrito que Russell atribui ao primeiro. Quando publicou *Our Knowledge of the External World* (1914), Russell estava convencido de que a filosofia científica exigia que se analisassem muitos dos objetos de crença como "*construções lógicas" ou "ficções lógicas", e o programa de análise inaugurado por essa tese dominou, posteriormente, a filosofia do *atomismo lógico e foi, depois disso, uma influência determinante na obra de *Carnap e dos *positivistas lógicos. Em *The Analysis of Mind*, Russell trata a própria mente, de um modo que faz lembrar *Hume, como não mais do que uma coleção de percepções ou dados sensoriais neutros que constituem o fluxo da experiência consciente e que, considerados de outro ponto de vista, constituem também o mundo exterior (*monismo neutro). No início de sua carreira, Russell tinha se contentado em ampliar o seu realismo aos *universais, mas a obra *An Inquiry into Meaning and Truth* (1940) representa um ponto de vista mais empirista acerca do problema.

Considerado na sua perspectiva filosófica geral, Russell era não só um realista como também — provavelmente em sua oposição constante à natureza monolítica do *idealismo absoluto — um pluralista e um fundacionalista, preocupado em conciliar os recursos da lógica moderna com um empirismo básico. Tinha pouca simpatia por qualquer movimento que se afastasse dessas ideias como, por exemplo, aquele que nasceu das últimas obras de *Wittgenstein. Russell era um excelente contador de histórias e, além de suas obras filosóficas, escreveu também a divertida *Autobiography* (1967-69) em três volumes.

Ryle, Gilbert (1900-76) Filósofo e classicista inglês. Nasceu em Brighton, estudou em Oxford e, depois de ensinar na Christ Church de 1924 a 1945, tornou-se professor em Oxford. Seus interesses iniciais centravam-se na tradição fenomenológica de *Husserl e *Heidegger. Mas, a partir dos anos 30, absorveu a influência do segundo *Wittgenstein, tornando-se um adepto feroz do gênero de preocupação com a linguagem exigido por Wittgenstein e por J.L. *Austin. Seu *The Concept of Mind* (1949) é um ataque sistemático à filosofia da mente *cartesiana, ou, como ele diz, ao dogma do "fantasma na máquina". O behaviorismo que propõe em sua substituição é um pouco árido demais; no entanto, Ryle deu uma significativa contribuição na preparação do caminho para desenvolvimentos posteriores, como o *funcionalismo. O brio e a verve de sua obra são pouco usuais na filosofia analítica, sobressaindo também em *Dilemmas* (1953) e em *Plato's Progress* (1966).

S

Saadya ben Josef (882-942) Pai da filosofia judaica medieval. Saadya nasceu no Egito e estudou em seu país de origem e na Palestina. Em 928 foi eleito reitor da Academia Rabínica de Sura, perto de Bagdá, mas, por estar excessivamente envolvido nas disputas sectárias de então, esteve exilado por uns tempos antes de ter sido finalmente reinvestido. Sua obra filosófica principal é o *Livro das doutrinas e crenças*, que foi escrito segundo o modelo das obras dos teólogos islâmicos, sendo no entanto baseado nas escrituras judaicas e não naquelas. Saadya defende o conhecimento humano contra os ataques do ceticismo, e tenta demonstrar a criação do mundo. Sua divisão dos mandamentos da *Torá* em dois grupos, os que são racionais e os que são tradicionais ou revelados, foi mais tarde rejeitada por *Maimônides.

saccade (fr. arcaico, estremecer constante das velas) Os movimentos bruscos normais e as breves fixações do olho. O fato de o olho normalmente estar em movimento constante ajuda a refutar a ideia de que este funcionaria como uma lente que produz uma imagem interna que seria examinada por nós.

Sade, Donatien Alphonse, marquês de (1740-1814) Pornógrafo e louco francês. O seu niilismo, tal como sua obsessão com a psicopatologia da luxúria violenta e desenfreada, renderam-lhe um papel simbólico notável no pensamento de autores como *Foucault, o pensador francês Gilles Deleuze (1925-95) e outros que se interessam pela questão do desejo sexual e da sua relação com o *poder político. *Ver também* perversidade.

saduceísmo Seita judaica contemporânea de Cristo que rejeitava a ressurreição do corpo e a existência de espíritos. No século XVII, o termo saduceus era usado pelos ortodoxos para qualificar os que negavam a existência de fantasmas, bruxas etc., e que por isso se encontravam no perigoso caminho do ateísmo. *Ver também* Glanvill.

Saint-Simon, Claude-Henri de Rouvroy (1760-1825) Fundador do socialismo e filósofo social francês. Depois de uma atividade política considerável durante a Revolução Francesa, Saint-Simon fundou o jornal *L'Industrie*. Sua experiência na revolução levou-o a perceber que, para se produzirem mudanças duradouras para melhor, o otimismo geral do *Iluminismo precisava de uma compreensão mais profunda das condições históricas e sociais da sociedade. Saint-Simon foi o primeiro a ver que o que provocou a ruína do sistema feudal e da concepção eclesiástica do mundo foi o conflito de classes baseado na economia. Seu alvo específico foi a classe dos burocratas, parasitas e esbanjadores inúteis, desfavoravelmente comparados com as pessoas trabalhadoras, em cujas mãos o futuro podia e deveria residir. Saint-Simon exerceu uma influência fecunda sobre *Comte (que foi seu secretário) e, acima de tudo, sobre *Marx.

Salomão Ibn Gabirol *Ver* Ibn Gabirol.

salva veritate (lat., ressalvando a verdade) Duas expressões são intersubstituíveis *salva veritate* se o resultado de substituir uma pela outra preserva sempre o valor de verdade de qualquer frase em que ocorram. Se a linguagem for suficientemente poderosa para exprimir distinções sutis, então isso funcionará como um critério de identidade de significado. Mas se a linguagem em causa admitir apenas os tipos de contexto representados no *cálculo de predicados, podemos apenas concluir que as duas expressões têm a mesma *extensão.

samkhya (*sankhya*) Das seis filosofias hindus "ortodoxas" (*darshanas*), a *samkhya* é a mais antiga, sendo atribuída ao sábio Kapila (c. VII a.C.). Sua metafísica baseia-se numa análise sutil da *causalidade, segundo a qual os efeitos são vistos como preexistentes em suas causas (tanto esta doutrina, *satkaryavada*, como a sua negação, *asatkaryavada*, são criticadas pela escola **vedanta* e pelo *budismo, em nome de uma rejeição *parmenideana da própria mudança). A *samkhya* critica o conceito de causalidade como sucessão regular de acontecimentos ou, na verdade, como qualquer relação entre acontecimentos ou estados de coisas; defende, em vez disso, a ideia de um desenrolar do cosmo como um processo único e unificado, em que cada estado traz já em germe os que lhe seguirão. Esta filosofia reconhece duas realidades: a *purusha*, cuja essência é a consciência, e a *prakriti*, princípio imutável, inconsciente e eterno que é a causa do mundo. O verdadeiro eu está separado do corpo, mas o sofrimento é provocado pela falta de discriminação entre o verdadeiro eu e o não-eu. Essa falha pode ser corrigida por meio de um longo treino de *ioga e de meditação sobre a natureza transcendental e eterna do verdadeiro eu.

samsara Nas filosofias hindu e *budista, é a "servidão da vida, morte e renascimento": o ciclo de nascimentos e renascimentos ditado pelo *karma. A libertação só será atingida através do verdadeiro conhecimento que implica uma disciplina austera. *Ver* oito vias; quatro nobres verdades.

Sanai, Hakim (c.1046-1141) Autor de *Hadiqa* ou Jardim Murado da Verdade: o primeiro épico místico do *sufismo.

Santayana, George (1863-1952) Homem de letras e filósofo. Nasceu em Madri, mas sua mãe emigrou para os EUA; em Harvard, foi aluno de *James que descreveu sua dissertação de doutoramento sobre *Lotze como "o exemplo perfeito da degenerescência" (Santayana, por sua vez, descreveu a obra *Varieties of Religious Experience,* de James, como "degradante"). Apesar disso, Santayana lecionou em Harvard até 1912, quando regressou à Europa. Nas suas primeiras obras, como em *The Sense of Beauty* (1896) e nos cinco volumes de *The Life of Reason* (1905-06) segue um método naturalista e psicológico; mais tarde, porém (na sua obra de quatro volumes *Realms of Being*, 1927-40), desenvolveu uma combinação idiossincrática de *platonismo com *materialismo. É conhecido tanto pelas suas obras de literatura e crítica como por suas contribuições para a filosofia.

Sartre, Jean-Paul (1905-80) Filósofo, romancista e o principal intelectual francês de sua época. Nasceu em Paris e estudou na École Normale Supérieure. A partir de 1933 estudou na Alemanha com *Husserl e *Heidegger. Seu primeiro romance, *La Nausée*, foi publicado em 1938. *L'Imaginaire* (1940) situa-se na área da psicologia fenomenológica. Foi durante algum tempo prisioneiro dos alemães, e passou os anos da guerra em Paris, onde publicou, em 1943, sua obra filosófica mais importante, *L'Être et le néant.* A conferência intitulada *L'Existencialisme est un humanisme* (1946) consolidou seu status como o mais importante filósofo *existencialista francês. As preocupações de Sartre eram sobretudo políticas, e tornou-se um símbolo de tudo que era vigoroso, mas também complexo, no pensamento de esquerda francês da sua época. Embora fosse *marxista, mantinha relações tensas com o partido comunista. Fundou a revista *Les Temps Modernes* com Simone de *Beauvoir e *Merleau-Ponty, onde se discutiam questões políticas e ideológicas, e em 1951 tentou fundar o seu próprio partido político.

A filosofia de Sartre ocupa-se exclusivamente da natureza da vida humana e das estruturas da consciência. Em consequência, tanto se exprime nos seus romances e peças como em suas obras acadêmicas mais ortodoxas. Como antepassada imediata tem a tradição fenomenológica dos seus mestres, e o modo mais simples de ver Sartre é dizer que procurava rebater as críticas do idealismo à *fenomenologia. O agente não é um espectador do mundo; é antes, como tudo que faz parte do mundo, constituído por atos intencionais e pela consciência. O eu assim constituído está historicamente situado, mas é apesar disso um agente cujo modo próprio de se situar no mundo torna possíveis a responsabilidade e a emoção. A responsabilidade é, no entanto, um peso que muitas vezes não conseguimos suportar, resultando a *má-fé da negação da autoria das nossas ações, que as vê antes como reações forçadas a situações que não criamos. Sartre identifica, assim, a natureza essencial da existência humana com a capacidade de escolher — embora a escolha, sendo incompatível tanto com o determinismo como com a existência de uma lei moral *kantiana, acarrete uma síntese da consciência (o ser para-si) com o objetivo (o *ser em-si), síntese essa que será sempre instável. A natureza instável e continuamente desintegradora do *livre-arbítrio dá origem à angústia. As obras "ontológicas" de Sartre (entre elas *L'Être et le néant*) tentam extrair consequências das suas teses para a natureza da consciência e do juízo. Para Sartre, nossa capacidade de produzir juízos negativos é um dos enigmas fundamentais da consciência. Tal como Heidegger, Sartre tomou a opção "ontológica" de relacionar isso com a natureza do não-ser, opção que o diferencia decisivamente da tradição anglo-americana da lógica moderna (*ver* nada; quantificador; ser; variável). A investigação de Sartre acerca das outras mentes ilustra, em contraste com isso, a força da perspectiva psicológica, visível em sua análise detalhada de certas experiências, como a de estar sob o olhar de outra pessoa, e no modo como as relaciona com as escolhas daí resultantes. A obra de Sartre é conhecida por sua dificuldade; mas, emocionalmente, não há dúvida de que sua mensagem foi eficaz nos anos sombrios do pós-guerra, quando o centro das atenções da vida política francesa eram as questões de responsabilidade e de sua negação.

sarvastivada Doutrina *budista segundo a qual tudo existe: aquilo que já houve, aquilo que há agora e aquilo que está para ser.

satisfatória Uma solução para um problema é satisfatória se funciona, embora não exista qualquer razão especial para pensar que ela é a melhor solução ou que é aquela que maximiza a *utilidade esperada. As estratégias satisfatórias contentam-se com aquilo que funciona, sem se esforçar muito na procura por possíveis soluções melhores.

satisfazível Um conjunto de frases é satisfazível num domínio se lhes puder ser atribuída uma *interpretação nesse domínio que as torna verdadeiras. *Ver* teoria dos modelos.

Saussure, Ferdinand de (1857-1913) Linguista suíço, geralmente considerado o pai da linguística estrutural e do *estruturalismo, na acepção mais geral do termo. Saussure identifica o estudo da linguística com o estudo das relações sincrônicas da **langue*, contrastando com a **parole*, i.e., os aspectos estruturais e comuns da linguagem responsáveis pelo seu uso como meio de comunicação. Os signos, que, para Saussure, são combinações do significante com o significado (qualquer coisa como um conceito ou conteúdo de pensamento, mais do que uma coisa representada), são "sistemas de diferenças": um signo tem o valor que tem em virtude do lugar que ocupa num complexo onde seriam possíveis outras alternativas. Citando a sua famosa frase, "há apenas diferenças". Uma palavra tem seu lugar numa frase ou em outro fragmento de discurso (as suas relações "sintagmáticas"), mas tem também relações de "associação" com outras palavras da sua família (os termos que podem ser listados como seus substitutos parciais num dicionário de sinônimos, por exemplo). Saussure traduz para o seu próprio vocabulário muitas das distinções da semântica e da filosofia da linguagem analíticas (*ver* competência/desempenho; holismo; *Sinn/Bedeutung*). Suas aulas foram coligidas e publicadas em 1916 sob o título *Cours de linguistique gênérale.*

Schelling Friedrich Wilhelm Joseph von (1775-1854) O principal filósofo do *romantismo alemão. Nasceu em Leonberg e estudou em Tübingen, onde foi contemporâneo de *Hegel e do poeta Friedrich Hölderlin. Shelling tornou-se professor em Iena em 1798, e durante alguns anos colaborou com *Fichte. Em 1803 casou com Caroline, divorciada de August Schlegel, de cuja filha (falecida, possivelmente devido às tentativas medicinais de Schelling) tinha sido noivo. De acordo com o espírito do romantismo, as primeiras obras de Schelling, em especial o *System des transzendentalen Idealismus* (1800), coloca a ênfase na força, na autoconsciência, no espírito dinâmico e aberto inerente a todas as coisas, e na realização moral de ideais inatingíveis. Schelling põe sua paixão sobretudo na ênfase da arte e da estética: é apenas na arte que a abstração é posta de lado, a natureza e a história se reconciliam e se atinge a completa autoconsciência. A "filosofia da identidade", expressa em *Vorlesungen über die Methode des akademischen Studiums* (1803), defende a identidade absoluta entre a natureza e a inteligência, o que conhece e o que é conhecido, estabelecendo uma transição entre *Kant e Fichte, por um lado, e Hegel, por outro. Depois da morte de Caroline, em 1809, Schelling não voltou a publicar, centrando, no entanto, sua atenção na mitologia e na religião. Na fase final de sua vida, deu voz a uma filosofia mística, pessoal e soturna, identificada, como tal, como precursora do *existencialismo.

Schiller, Johann Cristoph Friedrich (1759-1805) Poeta e erudito alemão, conhecido na filosofia sobretudo por sua influente insistência na importância da estética. Enquanto *Kant havia identificado a liberdade com o exercício da razão, para Schiller o impulso estético é um elemento fundamental da natureza humana, cuja expressão e desenvolvimento próprios são em si mesmos o ponto no qual os mundos fenomênico e numênico de Kant se fundem, constituindo assim o exercício supremo da liberdade humana (a estética está também relacionada com as atividades lúdicas, que são fins em si mesmas). Schiller adotou o *idealismo da escola alemã da época (*ver* Fichte; Schelling) e desempenhou um papel importante ao associar o movimento literário do *romantismo aos temas filosóficos do período. Schiller desenvolveu sua concepção de estética dentro de uma perspectiva geral da epistemologia que sublinha o modo como os diferentes temperamentos e caráteres das pessoas influenciam suas interpretações do mundo. O artista ingênuo ou clássico, em particular, está subordinado ao material, ao passo que o artista sentimental ou romântico o domina. As obras filosóficas mais importantes de Schiller são *Briefe über die ästhetische Erziehung des Menschen* (1794-95), e *Über naive und sentimentalische Dichtung* (1795).

Schleiermacher, Friedrich Ernst Daniel (1768-1834) *Idealista absoluto e teólogo alemão. Nasceu em Breslau, estudou na Univeridade de Halle e exerceu sua atividade sobretudo em Berlim. Sua filosofia contém já muitos dos temas do idealismo absoluto inicial. Em teologia, destacou-se por associar a religião não com a tentativa de alcançar o conhecimento do transcendente — que, tal como Kant, considerava impossível —, mas com emoções como o sentimento piedoso da dependência absoluta. Sua obra de juventude *Über die Religion. Reden an die Gebildeten unter ihren Verächtern* (1799) foi um sucesso imediato no ambiente repressivo da Prússia de seu tempo (*ver também* Kant). Seguiram-se outras obras teológicas monumentais, embora suas traduções para a língua alemã dos diálogos de *Platão tenham também se tornado um marco na erudição do século XIX. Atribui-se geralmente a Schleiermacher a distinção de ter sido o primeiro filósofo alemão a refletir seriamente sobre questões de *hermenêutica, influenciando sucessores nessa tradição, tais como *Weber e *Dilthey.

Schopenhauer, Arthur (1788-1860) Filósofo alemão. Schopenhauer nasceu em Danzig numa família rica, anglófila e cosmopolita, estudou na França e na Inglaterra, e era fluente em várias línguas clássicas e europeias. Inicialmente destinado a ser um homem de negócios, só pôde entrar para a universidade depois da morte de seu pai. Entrou para a Universidade de Göttingen em 1809 para estudar medicina, mas seus interesses se voltaram para a filosofia, e em 1811 estudou durante algum tempo em Berlim, onde ganhou uma profunda aversão a *Fichte e a *Schleiermacher. Recebeu seu doutoramento com o que acabou por ser a obra *Über die vierfache Wurzel des Satzes vom zureichenden Grunde* (1813). As quatro raízes são a causalidade ou o devir, o conhecer, o ser e o agir. Diz-se que sua mãe, com quem suas relações eram péssimas, comentou que um livro intitulado *A raiz quádrupla* se destinava, presumivelmente, aos farmacêuticos. Sua principal obra, *Die Welt als Wille und Vorstellung* (*O mundo como vontade e representação*, 1818) não teve sucesso de início, mas proporcionou-lhe um lugar de assistente em Berlim, onde lecionou, como se sabe, ao mesmo tempo que *Hegel, que estava então no apogeu de sua fama; Schopenhauer considerava-o um sofista e um charlatão. Não tendo conseguido afastar Hegel, Schopenhauer deixou de ensinar, retirando-se finalmente da vida pública em 1831. Viveu em Frankfurt, publicou várias obras, mas só se tornou amplamente conhecido com seus dois volumes de aforismos de 1851, *Parerga und Paralipomena* (aproximadamente: comentários e omissões). Apesar de seu famoso pessimismo, Schopenhauer teve uma vida moderadamente egoísta e não de todo reclusa, e parece ter sido condescendente com algumas paixões: jantava bem no Englischer Hof, tinha casos amorosos, era famoso por suas conversas brilhantes e espirituosas, e lia o jornal londrino *The Times* todos os dias. Era muito nervoso e instável. Tinha de pagar uma pensão trimestral a uma costureira idosa que ele havia atirado de cima de uma escada, incapacitando-a para sempre (e em cuja certidão de óbito, que o libertou de sua obrigação, Schopenhauer escreveu a seguinte nota: "*obit anus, abit onus*", a velha está morta, acaba o encargo). Atingiu uma fama considerável na última década da sua vida.

Schopenhauer reteve de *Kant a distinção entre fenômeno e númeno mas, ao contrário da maioria dos seguidores de Kant, fixou-se na "coisa em si" e, seguindo a linha de Kant, identificou-a com a vontade. A vontade permanece assim fora do espaço e do tempo, e toda razão e conhecimento estão subordinados a ela. Só pela contemplação estética podemos fugir dela. Schopenhauer alia de forma evidente esta doutrina a um pessimismo extremo, porque a obediência aos ditames da vontade conduz apenas à ilusão e ao sofrimento. Admirador dos *Upanixades e da filosofia *budista da resignação, Schopenhauer exalta uma espécie de extinção como o último objetivo de uma vida boa. Na verdade, não é inteiramente claro por que o suicídio literal não é a melhor solução. *Nietzsche (*Ecce homo*, "Para além do bem e do mal", seç.2) afirma que, tal como Platão e o cristianismo, Schopenhauer não precisa ser refutado: a figura dionisíaca apropriadamente ativa sente desde logo sua decomposição.

Embora a atitude de Schopenhauer perante o mundo tenha influenciado muitos autores, geralmente seu fascínio pelo desespero tem parecido um pouco forçado. No entanto, sua compreensão da subserviência da mente em relação à vida do organismo, e de como os impulsos e os desejos são suprimidos e distorcidos assinala uma antecipação significativa da doutrina *psicanalítica. Foi um dos poucos filósofos que *Wittgenstein leu e admirou.

scientia media (lat., conhecimento médio) A maneira especial que Deus tem de conhecer a verdade sobre os acontecimentos futuros, com a qual se pretende reconciliar seu conhecimento presente desses acontecimentos com a possibilidade de estes dependerem de escolhas abertas e reais. A ideia central é que existe um ato simultâneo no qual Deus dá a graça e o indivíduo a aceita livremente, e não uma doação anterior da graça que determine a sua aceitação. O conceito foi elaborado na *Concordia* de Luís de Molina (1535-1600) e foi a causa de uma intensa controvérsia com os seguidores de *Tomás de Aquino, que defendiam que a eficácia da graça divina não pode depender de nós. *Ver também* onisciência.

scotismo Sistema de filosofia escolástica criado por *Duns Scotus.

se *Ver* condicionais.

secundárias, qualidades *Ver* qualidades primárias/secundárias.

secundum quid (lat., segundo o qual) Abreviatura de **a dicto simpliciter ad dictum secundum quid*.

seguir-se (B segue-se de A) A virtude essencial de um argumento válido é o fato de a *conclusão se seguir das premissas ou, o que é equivalente, de as premissas *derivarem a conclusão. Isso é interpretado normalmente, embora não de forma unânime, como querendo dizer que num argumento válido é impossível que as premissas sejam verdadeiras e a conclusão falsa. *Ver também* demonstração; implicação estrita; lógica; validade.

seguir uma regra, considerações sobre Considerações discutidas por *Wittgenstein nas *Investigações filosóficas*, §§147-202, sobre nossa concepção daquilo em que consiste nosso uso de um fragmento de linguagem ser governado pela sua compreensão, por um significado ou por uma regra de uso. Há diferentes interpretações dessas passagens, mas de um modo geral concorda-se que nelas Wittgenstein se opõe à concepção de que apreendemos um "fato superlativo": um conjunto de trilhos lógicos que prescreveriam como deveríamos usar um termo em qualquer um de um número indefinido de casos com que ainda não nos deparamos. A consideração deflacionária que Wittgenstein parece querer contrapor consiste em afirmar que não há um uso do termo *e* a regra (princípio, *forma, *universal ou *ideia) referida: há apenas o uso. Uma das interpretações mais influentes é a de *Kripke, que defende que

Wittgenstein está empenhado num diálogo cético, segundo o qual os fatos que podemos supostamente oferecer não conseguem desempenhar o papel da regra que estaríamos seguindo, de tal modo que o juízo de que estaríamos seguindo esta ou aquela regra parece não corresponder a qualquer fato, ou não ter condições de verdade. É duvidoso que Wittgenstein aceitasse essa descrição da sua conclusão, mas o objetivo poderá ser uma reavalição semelhante daquilo em que consiste, afinal, aplicar um conceito, ou pensar ou emitir um juízo.

seleção natural *Ver* darwinismo.

Sellars, Wilfrid (1912-89) Sellars, filho do filósofo Roy Wood Sellars (1880-1973), estudou em Michigan e, depois de algum tempo em Buffalo e Oxford, completou seu doutoramento em Harvard. Ensinou em Iowa, Minnesota e Yale, mas a partir de 1963 estabeleceu-se em Pittsburgh. Seus primeiros textos representam uma combinação da *filosofia analítica com o *positivismo lógico e, em colaboração com outros, fundou o jornal *Philosophical Studies* para que funcionasse como um veículo desta perspectiva, editando também obras influentes que tornaram esses métodos acessíveis aos filósofos norte-americanos (*Readings in Philosophical Analysis*, 1949, e *Readings in Ethical Theory*, 1952). A obra do próprio Sellars gira em torno das dificuldades para conciliar a imagem científica do homem e do seu mundo com a *imagem manifesta, que é a concepção natural que fazemos de nós próprios como seres em contato com intenções, significados, cores e outros aspectos irrecusáveis do mundo humano. Sua reputação foi estabelecida com "Empiricism and the Philosophy of Mind" (1956), seu artigo mais influente, que foi possivelmente o texto que introduziu o *funcionalismo na filosofia da mente (*ver também* uso de palavras). Neste e em muitos outros artigos, Sellars investigou a natureza do pensamento e da experiência, defendendo uma concepção de pensamento como uma espécie de discurso interior e, acima de tudo, atacando o *mito do dado em todas as suas formas. Para Sellars, todos os acontecimentos intencionais vivem no "espaço das razões", isto é, mesmo a experiência aparentemente pura é um conceito teórico, ou seja, um tipo de reflexão dos nossos pensamentos sobre o mundo e sobre a autoridade que concedemos aos diversos tipos de informações recolhidas. Segue-se que não existe qualquer experiência que possa desempenhar o papel exigido pelo *fundacionalismo na teoria do conhecimento. *Science, Perception and Reality* (1963), *Philosophical Perspectives* (1967) e *Essays in Philosophy and its History* (1974) são algumas coletâneas de seus artigos.

semântica Um dos três ramos em que a *semiótica é usualmente dividida: o estudo do significado das palavras e da relação entre os signos e os objetos a que eles são aplicáveis. Em desenvolvimentos formais, é fornecida uma semântica para uma linguagem formal (*ver* sistema formal) quando são especificados uma *interpretação ou um *modelo. Contudo, uma linguagem natural já se apresenta interpretada, e o problema semântico não é o da especificação mas o da compreensão da relação entre termos de várias categorias (nomes, descrições, predicados, advérbios...) e os seus significados. Uma proposta influente é a de que esta relação se compreende melhor se se tentar fornecer uma *definição de verdade para a linguagem, a qual implica fornecer uma descrição completa dos efeitos sistemáticos que diversos tipos de termos e estruturas têm nas *condições de verdade das frases em que ocorrem.

semântica de situações Abordagem da *semântica que se afasta da tradição *fregeana ortodoxa ao identificar estados de coisas com aquilo que as frases expressam. Esta abordagem precisa evitar o argumento conhecido como Frege-Church, através do qual os semanticistas, na linha de Frege, procuram demonstrar que a referência de todas as frases verdadeiras é a mesma: o valor de verdade Verdadeiro.

semântica procedimental Perspectiva da *semântica que encara a compreensão em termos de um conjunto de processos para se decidir se termos se aplicam a coisas ou para decidir quais os valores de verdade de proposições dadas. A ideia é confluente com uma perspectiva verificacionista (*ver* princípio da verificação) do significado e também com a perspectiva geral de que o significado deve estar ligado à prática.

semiologia *Ver* semiótica.

semiótica O estudo geral dos sistemas simbólicos, entre eles a linguagem. A disciplina é tradicionalmente dividida em três áreas: a *sintaxe, o estudo abstrato dos signos e de suas inter-relações; a *semântica, o estudo da relação entre os signos e os objetos a que se aplicam; e a *pragmática, o estudo das relações entre os que utilizam o sistema e o próprio sistema (C.W. Morris, *Foundations of the Theory of Signs*, 1938). A tradição semiótica que segue *Saussure é algumas vezes denominada semiologia. O termo pode causar confusão, visto que na obra de *Kristeva é usado para denominar os efluxos não racionais do elemento infantil do eu.

sempiternidade A *eternidade, concebida como a totalidade de um passado e de um futuro infinitos, onde os acontecimentos estão contidos numa matriz, como moscas no âmbar.

Sêneca, Lúcio Aneu (4 a.C.-65 d.C.) Estadista romano e vigoroso divulgador do *estoicismo. Seus principais escritos éticos são as *Epistolae morales* ("Cartas morais"), uma das primeiras explorações literárias da forma epistolar. Teve uma carreira turbulenta, que incluiu sua expulsão para a Córsega por adultério com Júlia Lívila, sobrinha do imperador Claúdio. Seu suicídio forçado constituiu um modelo influente do estoicismo na prática.

sensa As coisas que são sentidas; os *dados dos sentidos.

sensação As sensações são coisas como *cócegas, comichões, dores, frio ou calor etc. A ocorrência de sensações constitui a modificação fundamental da *consciência e enfrenta os mesmos problemas que este conceito. Concebe-se habitualmente a ocorrência de sensações como um acontecimento interno primitivo de que apenas o seu possuidor tem consciência. Distinguem-se as sensações dos pensamentos e das percepções, que têm um *conteúdo, embora a relação entre as ocorrências simples que constituem as sensações e estes estados cognitivos seja motivo de intenso debate. O argumento da *linguagem privada de *Wittgenstein é uma tentativa de destruir a ideia de que o conhecimento das nossas próprias sensações é privado, infalível e um fundamento para o resto do nosso conhecimento. *Ver também* percepção; *qualia*.

sensacionismo O ponto de vista associado a *Mach segundo o qual as sensações e seus padrões de ocorrência constituem os únicos dados e a única *ontologia que podemos compreender. Essa abordagem é uma versão extrema da ênfase colocada pelo *empirismo na prioridade da experiência ou das "percepções". Partilha as ambições e os problemas do *fenomenismo.

sensibilia As coisas que são sentidas; os objetos imediatos da percepção sensível.

sensibilidade Um modo de sentir. A sensibilidade estética ou ética de uma pessoa pode ser descrita mostrando que tipos de situações geram diferentes tipos de resposta estética ou ética. O culto da sensibilidade característico de meados do século XVIII glorificou uma atitude perante a vida plena de emoção, como no caso do romancista Samuel Richardson e dos filósofos *Rousseau e *Goethe. *Ver também* romantismo.

senso comum Nos primeiros textos da época moderna (e.g., *Descartes), é a faculdade responsável pela coordenação do que nos é fornecido pelos diversos sentidos. Assim, os objetos do senso comum são os "sensíveis comuns", i.e., as qualidades que podem ser detectadas por mais de um sentido, como a extensão e o movimento. Mais tarde, o termo perde qualquer significado específico, acabando por se referir apenas aos juízos inflexíveis que não cedem ao *ceticismo e que não se encontram demasiado contaminados pelas teorias. Nesse sentido, admite-se que o senso comum faz parte das pessoas antes de estas se tornarem demasiado filosóficas. *Ryle sugeriu uma vez que *Locke inventou o senso comum e *Russell acrescentou que, a partir de então, só os ingleses o tiveram. O termo tornou-se proeminente na filosofia após *Moore ter sustentado, em "A Defense of Common Sense", que nenhum argumento filosófico que vise estabelecer o *ceticismo poderia ser mais certo que suas convicções de senso comum. O conhecimento de que Moore tinha uma mão era para ele mais certo do que qualquer cadeia de argumentos ou de premissas filosóficas que pretendessem mostrar o contrário.

sensorium Local no cérebro onde se dão as sensações; "teatro interno" da mente, numa concepção *cartesiana. O termo aparece na obra de *Boécio, mas torna-se comum no século XVII e está especialmente associado a *Newton, que afirmava que o mundo era o *sensorium* de Deus.

sentido comum *Ver* senso comum.

sentido da vida Para quase todas as pessoas é importante pensar que suas vidas têm uma finalidade, mas estas podem ser várias: a finalidade da vida de uma pessoa pode ser atingir um certo tipo de objetivo, o de outra pessoa pode ser atingir outro tipo muito diferente de objetivo. Não tem de haver uma coisa única que seja a finalidade de todas as vidas. (Compare: "todas as pessoas têm uma mãe" *versus* "há alguém que é a mãe de todas as pessoas". *Ver* falácia da inversão dos quantificadores.) De forma idêntica, para muitas pessoas é suficiente que a cada momento exista uma finalidade para o que estão fazendo, sem que todos os momentos sejam orientados pela mesma finalidade e sem que o próprio padrão total tenha qualquer objetivo. A perspectiva que afirma que fomos colocados no mundo com uma finalidade, como acontece quando somos colocados no exército, é característica de muitas atitudes religiosas. Essa atitude conduz à *má-fé, quando a aparente certeza sobre a verdadeira finalidade não deixa as pessoas verem outras possibilidades e oportunidades.

sentido e referência *Ver Sinn/Bedeutung.*

sentido moral *Ver* teoria do sentido moral.

sentimentalismo (I) Em ética, a posição especialmente associada a *Shaftesbury, *Hutcheson e *Hume, que vê a ética como algo fundamentado em sentimentos humanos, de que a compaixão é um exemplo. Em particular, foi definida em contraste com a perspectiva segundo a qual a ética é uma dádiva da razão ou da revelação. (II) O culto emocionalmente extravagante e superficial dos sentimentos.

sentimento *Ver* emoção; expressão; percepção; sensação.

sequência *Ver* n-tuplo ordenado.

ser Tudo o que é real e nada do que é irreal pertencem ao domínio do Ser. Mas sobre tudo que é real não é possível dizer muitas coisas interessantes, especialmente sem sair do escritório do filósofo, não sendo por isso evidente que possa existir qualquer coisa como o estudo do Ser, sem mais qualificações. No entanto, esse conceito ocupa um lugar central na filosofia, de *Parmênides a *Heidegger. A questão central "por que há algo e não nada?" suscitou uma reflexão lógica sobre a questão de saber em que consiste a exemplificação de um *universal, assim como uma longa história de tentativas para explicar a existência contingente através de um fundamento necessário. Desde *Platão que, tradicionalmente, este fundamento é algo autossuficiente, perfeito, imutável e eterno, que se identifica com o Bem ou Deus, mas cuja relação com o mundo cotidiano permanece obscura (*ver* argumento cosmológico; argumento ontológico; princípio da plenitude). A lógica moderna oferece pouco conforto a estas especulações e suscita a suspeita de que a questão de saber por que há algo em vez de nada ou é mal-formada ou não oferece quaisquer ganhos cognitivos, uma vez que qualquer resposta irá sempre levantar a mesma questão. Um erro central nesta área é tratar o Ser como um nome que identifica um conteúdo particularmente profundo. Esse erro é paralelo ao de tratar o *Nada como um nome de uma coisa particular, que provoca talvez horror ou medo. O tratamento lógico moderno dessas questões através de *quantificadores e *variáveis proporciona uma defesa contra esses e outros erros. A parte menos abstrata do estudo do ser diz respeito aos tipos de coisas cuja existência somos forçados a reconhecer: entidades abstratas, possibilidades, números etc. Controvérsias quanto à sua realidade são o tema da *ontologia.

ser em-si/para-si Um contraste típico da filosofia de *Husserl e de *Heidegger e crucial na obra de *Sartre *O ser e o nada*. Ser para-si (*pour-soi*) é o modo de existência da consciência, o qual consiste na sua própria atividade e na sua natureza intencional; o ser em-si (*en-soi*) é o ser autossuficiente, irregular e contingente das coisas comuns. Esse contraste tem algumas afinidades com a distinção de Kant entre a perspectiva do agir e da liberdade, e a da consciência do mundo fenomênico comum.

séries-a de tempo Expressão criada por *McTaggart para a ordenação de acontecimentos em função do passado, presente e futuro. Na demonstração de McTaggart da irrealidade do tempo argumenta-se, em primeiro lugar, que esta ordenação é essencial para se captar a natureza do tempo (*ver* séries-b de tempo), e, em segundo lugar, que isso envolve uma contradição, já que pertencer ao passado, ao presente e ao futuro são propriedades incompatíveis; no entanto, os acontecimentos têm de ter as três propriedades: qualquer acontecimento terá de acabar por pertencer ao futuro, ao presente e ao passado. Pensa-se por vezes que isso não é mais contraditório do que uma casa estar simultaneamente perto (de mim) e longe (de outra pessoa). Mas o cerne da crítica de McTaggart é a afirmação de que as distinções entre tempos verbais pertencem a uma ou outra perspectiva mutável, parecendo, no entanto, inadequado pensar que a própria realidade é essencialmente perspectivista.

séries-b de tempo A ordenação de acontecimentos segundo sua anterioridade ou posterioridade, sem qualquer referência à sua inclusão no passado, presente ou futuro. *Ver* séries-a de tempo.

seta do tempo Contrariamente ao espaço, o tempo, tal como o apreendemos, tem uma direção. Existe uma assimetria entre o passado (que está estabelecido) e o futuro (que ainda não existe). O que dá ao tempo sua direção é a seta do tempo. Há cinco aspectos relativos a essa direção: (I) de acordo com a segunda *lei da termodinâmica, a desordem (*entropia) aumenta do passado para o futuro; (II) o universo está se expandindo no tempo; (III) a eficiência causal funciona só numa direção do tempo, já que os acontecimentos futuros não podem influenciar os acontecimentos passados (*ver* causalidade invertida); (IV) recordamo-nos de acontecimentos passados, enquanto que não nos recordamos de acontecimentos futuros; e (V) não podemos alterar o passado do mesmo modo como podemos alterar o futuro. Uma compreensão completa do tempo nos permitiria relacionar esses cinco aspectos da seta do tempo e saber se eles são necessariamente verdadeiros, ou se são apenas consequências de outras contingências. *Ver* séries-a de tempo; tempo.

sete pecados capitais Soberba, avareza, inveja, gula, ira, *acídia (negligência) e luxúria. São pecados "capitais", porque abrem caminho a outros vícios. *Tomás de Aquino atribui essa lista a Gregório o Grande.

sexismo Incapacidade ou recusa de reconhecer os direitos, necessidades, dignidade ou valor de pessoas de um certo sexo ou *gênero (masculino/feminino). Em termos mais gerais, significa a depreciação de vários traços de caráter ou de inteligência como "típicos" de um gênero, masculino ou feminino. *Ver também* feminismo.

sexo As dificuldades que a tradição ocidental tem tido com o desejo sexual têm uma formulação espetacular nas palavras de *Kant: "Tomado em si, [o amor sexual] é uma degradação da natureza humana, pois mal uma pessoa se torne objeto do apetite de outra, todas as motivações de relacionamento moral param de funcionar, porque enquanto objeto de apetite por parte de outra, uma pessoa torna-se uma coisa e pode ser tratada e usada como tal por todos" (*Lições sobre ética*). Kant parece estar descrevendo um estupro em grupo em vez do amor sexual, embora ache que a única e frágil fuga ao destino de se ser "jogado fora como se joga um limão que foi sugado" é uma relação contratual baseada no casamento, apesar de ele próprio não ter experimentado essa solução (nem o sexo, provavelmente). Em *Platão, o desejo sexual é um bem, embora seja apenas o primeiro passo numa progressão para a perfeição (*ver* amor; beleza; Dante). Os movimentos culturais através dos quais a perspectiva platônica degenerou no *calvinismo de Kant incluem a repugnância crescente em relação a uma existência meramente material, por oposição à existência espiritual, e a convicção de são Paulo e de santo *Agostinho de que o *pecado original se encontra de algum modo associado ao desejo sexual (*ver* concupiscência).

*Hobbes exprimiu uma visão mais otimista do assunto do que Kant: "O apetite a que os homens chamam *luxúria*... é um prazer sensual, mas não é apenas isso; existe nele também um deleite da mente uma vez que consiste em dois apetites juntos, o de agradar e o de ser agradado. E o deleite que os homens têm em deleitar não é sensual, mas um prazer ou alegria da mente que consiste em imaginar o poder que têm de agradar" (*Natureza humana*, IX. 10). Nesta área, as profecias tendem a se *autorrealizar: é previsível que, se nos colocarmos ao lado de Kant, nossas relações de caráter sexual se tornem muito piores do que se compreendermos Hobbes. O poder da tradição do *pecado é ainda visível no número de obras, a maior parte das vezes segundo uma perspectiva *feminista, que levam muito a sério a posição de Kant, em oposição às abordagens derivadas de Platão ou de Hobbes.

Sexto Empírico (fl. c.200 a.C.) Médico e autor das obras mais notáveis que sobreviveram do *ceticismo antigo. Sexto Empírico era um grego que possivelmente passou algum tempo em Roma e em Alexandria, mas pouco se sabe de sua vida, inclusive onde nasceu e morreu. Suas obras dividem-se entre as *Hipóteses pirrônicas* e *Adversus mathematicos* (contra os professores ou dogmáticos). Essas obras constituem a principal compilação do ceticismo grego. Sexto defende uma posição *pirrônica, segundo a qual até a dialética, que enfraquece a "razão enganosa", deve, ela própria, ser encarada como frívola: em sua famosa metáfora, funciona como um purgante, que expele a si próprio com a doença que cura. Seu ceticismo confina-se aos *adêla*, ou mundo teórico além da experiência. Fundamental para sua filosofia é a distinção entre os sinais "indicativos", usados inadequadamente como algo que aponta para coisas que estão fora do alcance da experiência, e os "comemorativos" ou reminiscentes, tomados como sintomas de outros sinais, e que são legítimos. A distinção antecipa as dificuldades dos *empiristas britânicos em compreender como as ideias podem representar qualquer coisa que não outras ideias. As obras de Sexto Empírico abordam muitos dos temas centrais destes seus sucessores, entre eles a distinção entre *qualidades primárias e secundárias, e uma perspectiva acerca da *causalidade, semelhante à de *Hume. O objetivo do ceticismo consiste em mostrar que ao longo da vida devemos encarar as aparências por si mesmas, sendo a virtude do cético a imperturbabilidade (**ataraxia*) com que enfrenta o fato de isto ser tudo o que podemos fazer. *Ver também* Carnéades; Enesidemo; Pirro.

Shaftesbury, conde de (Anthony Ashley Cooper, 1671-1713) Filósofo moral britânico. Seu avô foi protetor de *Locke e, ao ficar com Shaftesbury a seu cargo (uma vez que seu pai era incapaz: um "boçal", segundo o poeta Dryden), confiou a Locke grande parte da educação do neto. Shaftesbury tinha saúde frágil, o que o encorajou a trocar a vida política pela literária, e morreu em Nápoles, onde procurava escapar aos rigores do clima britânico. Sua obra *Characteristics of Men, Manners, Opinions, and Times* é uma coletânea de seus escritos elegantes e cheios de estilo. Seu principal legado filosófico é a "Inquiry Concerning Virtue" (compilada em *Characteristics* mas concluído em 1699), que contém a primeira ocorrência da expressão "sentido moral", mais tarde explorada por *Hutcheson. Foi acusado de *deísta por defensores do cristianismo contemporâneos seus, entre eles *Berkeley. Sua reputação variou durante sua vida: era muito admirado pelo pensador escocês lord Monboddo (1714-99) e por *Diderot, mas visto como um declamador exagerado por *Mandeville. Contudo, *Leibniz disse que tinha encontrado praticamente toda a sua *Teodiceia* em *Characteristics*, embora apresentada de modo mais agradável.

Shankara (c.788-820) Filósofo indiano, nascido em Kerala. Shankara é reconhecido como líder do renascimento hindu depois do período *budista e como fundador de ordens religiosas inspiradas no modelo budista. Teve uma vida peripatética e escreveu vários tratados, entre eles um comentário sobre o *Brama-sutra* ("aforismos do poder"), do século IV, e outro sobre os *Vedas. Filosoficamente, defendia a doutrina do **advaita* ou não dualismo, tendo afinidades com o budismo e com o *idealismo.

shunyata (sânscr., vacuidade, vazio) Conceito filosófico central no *hinduísmo e *budismo, denotando a falta de substância ou de realidade independente dos elementos do mundo fenomênico. A experiência desse vazio é uma parte necessária da iluminação religiosa e filosófica.

Sidgwick, Henry (1838-1900) Filósofo inglês. Sidgwick encarnou a quintessência da figura vitoriana tardia de Cambridge. Foi membro do corpo docente do Trinity College entre 1859 e 1869 (época em que abdicou do cargo, pois suas dúvidas religiosas implicavam que já não poderia concordar com os Trinta e Nove Artigos) e professor de filosofia moral entre 1883 e 1900. Sidgwick foi um defensor da educação das mulheres, e ele e sua mulher Eleanor Balfour foram os principais fundadores do Newnham College, do qual ela se tornou diretora em 1892. Sidgwick foi também o pilar da Society for Psychical Research. Sua obra mais importante é a monumental *Methods of Ethics* (1874). Os métodos da ética são, em primeiro lugar, os do senso comum intuitivo, que toma a perfeição como sua finalidade e se apoia numa variedade de princípios morais autoevidentes; em segundo, o método de calcular o interesse-próprio; e, em terceiro, o do utilitarismo em geral. A obra é geralmente considerada uma exposição clássica dos diferentes tipos de argumentos éticos. Em particular, Sidgwick antecipou *Moore ao negar que os termos éticos sejam suscetíveis de definição. Contudo, acabou por ser incapaz de reconciliar as exigências do interesse-próprio com as da ética (*ver* patife esperto), de maneira que o relacionamento entre as exigências éticas e as restantes exigências permanece problemático para este autor.

Sigério de Brabant (fl. c.1270) O líder reconhecido daqueles que interpretaram *Aristóteles pelos olhos de *Averróis, na Paris do século XIII. *Dante coloca-o no círculo dos homens sábios do seu Paraíso, sendo o seu elogio cantado por *Tomás de Aquino, o que é enigmático para os comentadores, uma vez que os averroístas estavam entre aqueles a quem Tomás de Aquino se opunha. Sigério mostra-se perfeitamente consciente da natureza não aristotélica da noção de existência de Tomás de Aquino. *Da necessidade e contingência das causas* foi seu principal tratado, acusado em 1227 de negar o livre-arbítrio.

significado Qualquer coisa que torna aquilo que de outro modo seriam simples sons e inscrições em instrumentos de comunicação e compreensão. O problema filosófico consiste em desmistificar esse poder e em relacioná-lo com o que sabemos de nós e do mundo. Algumas das contribuições para esse estudo são a teoria dos *atos de fala, a investigação da comunicação e da relação entre palavras e *ideias e a investigação da relação entre as palavras e o mundo. (Em relação a problemas particulares *ver* conteúdo; ideia; indeterminação da tradução; inescrutabilidade da referência; filosofia da linguagem; predicação; referência; seguir uma regra; semântica; tradução e os tópicos referidos nos verbetes associados com a lógica: forma lógica; linguagem logicamente perfeita; nome logicamente próprio.) A perda de confiança na determinação do significado ("toda descodificação é uma codificação") é um elemento comum às incertezas *pós-modernistas na teoria da crítica literária e à tradição analítica que segue autores como *Quine.

significado cognitivo O aspecto cognitivo do significado de uma frase, concebido como o seu conteúdo, ou o que é estritamente dito, abstraído do *tom, do *significado emotivo ou de outras *implicaturas geradas, por exemplo, pela escolha de palavras. O aspecto cognitivo é o que tem de ser compreendido para se saber o que tornaria uma frase verdadeira ou falsa: é frequentemente identificado com as *condições de verdade da frase.

significado descritivo Pode parecer plausível dividir o significado de algumas expressões em duas componentes: a componente descritiva e a componente avaliativa. Afirmar que uma pessoa é corajosa ou moderada consiste, por um lado, em descrever essa pessoa e, por outro, em oferecer também uma avaliação positiva da pessoa que está sendo descrita. Essa análise bipartida é, no entanto, controversa, em parte porque se revela difícil isolar o significado descritivo na ausência da avaliação e, em parte, porque é frequente um dos dois lados parecer não se encontrar determinado como parte do significado convencional da expressão, mas sim em virtude de um consenso moral. *Ver também* termos densos.

significado emotivo O significado emotivo de uma expressão é a atitude, ou outro estado emocional, que é convencionalmente tomada como aquilo que seu uso normal exprime. Assim, uma expressão pejorativa exprime convencionalmente um certo gênero de desprezo ou hostilidade em relação a um certo grupo de pessoas. Expressões como "boa!" ou "uau!" não têm senão uma função emotiva, mas muitas das expressões através das quais exprimimos aprovação ou desaprovação têm também componentes descritivos (*ver* significado descritivo). *Ver também* termos densos.

significado, teoria causal do Perspectiva segundo a qual o elo entre as palavras e o mundo, através do qual as palavras significam o que significam, é uma cadeia causal. A teoria é apresentada na obra *Naming and Necessity*, de *Kripke, para o caso especial dos nomes próprios. Uma maneira plausível de conceber o elo entre o nome "Platão" e o filósofo Platão é defender que houve um ato original de designar o filósofo com um termo que é um antepassado da palavra que usamos e que há um elo que preserva a referência que é causalmente responsável pelo nosso uso presente do termo. Mesmo nesse caso há dificuldades em saber o que faz com que um elo preserve a referência; e uma generalização da teoria a outros tipos de termos, tais como os que designam *categorias naturais, não é direta.

significado, teoria ideativa do Ponto de vista segundo o qual o significado de produções linguísticas depende das ideias que elas exprimem. *Ver* filosofia da linguagem; ideia; significado.

significado, teoria pictórica do Tese contida no *Tractatus logico-philosophicus* de *Wittgenstein segundo a qual uma frase tem de partilhar uma forma pictórica com os estados de coisas que descreve. Wittgenstein ficara impressionado pelo modo como um modelo de um acidente de trânsito, por exemplo, podia ser usado para representar um acontecimento real; e a teoria pictórica do significado toma justamente a relação entre modelo e situação como a relação semântica fundamental. As condições associadas a essa ideia exigem que os elementos do modelo correspondam aos elementos da situação e que haja uma identidade entre a estrutura do modelo e a da situação.

signo/símbolo Distinção estabelecida por *Peirce. Um signo de uma coisa ou estado de coisas é qualquer sintoma, vestígio ou aviso dessa coisa que pode ser usado para se inferir que ela está presente. Podemos produzir signos de tal modo que, por exemplo, uma figura numa lata seja um signo do seu conteúdo. Peirce descreveu os símbolos como sendo signos artificiais. Mas trata-se de um erro, pois os símbolos não são tipicamente usados para inferir a presença das coisas que simbolizam, mas para representar essas coisas na sua ausência, ou para exprimir intenções ou evocar pensamentos e emoções centradas nelas. O estudo dessa diferença encontra-se no centro da *filosofia da linguagem.

silogismo Um silogismo (ou melhor, um silogismo categórico) é a inferência de uma proposição a partir de duas premissas. Por exemplo: todos os cavalos têm cauda; todas as coisas que têm cauda são quadrúpedes; logo, todos os cavalos são quadrúpedes. Cada premissa tem um termo em comum com a conclusão e um termo em comum com a outra premissa. Chama-se termo médio ao termo que não ocorre na conclusão. A premissa maior do silogismo é a premissa que contém o predicado da conclusão (o termo maior), e a premissa menor contém o seu sujeito (o termo menor). Desse modo, a primeira premissa do exemplo é a premissa menor, a segunda é a premissa maior e "ter cauda" é o termo médio. Distinguem-se quatro tipos de proposições nos raciocínios silogísticos: tipo A — universais afirmativas (todos os homens são mortais); tipo I — particulares afirmativas (alguns homens são doentes); tipo E — universais negativas (nenhum homem é honesto); tipo O — particulares negativas (alguns homens não são advogados). Isso permite a classificação dos silogismos segundo a forma das premissas e das conclusões (*ver também* quadrado da oposição). Classificam-se também os silogismos segundo sua figura, ou seja, pelo lugar que o termo médio ocupa nas premissas. A conclusão tem sempre a forma sujeito-predicado (S-P) e M é o termo médio. As quatro figuras estão ilustradas no diagrama:

Figura 1	**Figura 2**	**Figura 3**	**Figura 4**
M-P	**P-M**	**M-P**	**P-M**
S-M	**S-M**	**M-S**	**M-S**
S-P	**S-P**	**S-P**	**S-P**

O exemplo dado é um silogismo da primeira figura. A mnemônica, através de nomes com vogais que indicam as formas A, E, I e O, ajuda os estudantes a recordar as formas válidas, conhecidas por modos do silogismo. Os silogismos válidos da primeira figura são os Barbara (AAA), Celarent (EAE), Darii (AII) e Ferio (EIO); os da segunda figura são os Cesare, Camestres, Festino e Baroco; os da terceira são os Darapti, Disamis, Datisi, Felapton, Bocardo e Ferison; os da quarta são os Bramantip, Camenes, Dimaris, Fesapo e

Fresison. Existem regras para se converter uma forma para outra e qualquer silogismo válido pode ser convertido num silogismo da primeira figura. Outro conjunto de regras diz respeito à distribuição dos termos. Numa formulação um tanto imprecisa, podemos dizer que um termo está *distribuído quando se aplica a tudo o que cai sob seu domínio. Testamos isso verificando se a proposição que contém o termo permanece verdadeira se o termo for qualificado. Deste modo, "todos os homens são mortais" distribui o termo "homens", porque implica que todos os homens cegos são mortais; "alguns animais não são úteis" não distribui "animal" porque não implica que alguns animais domésticos não são úteis. Um silogismo só pode ser válido se o termo médio estiver distribuído pelo menos uma vez e qualquer termo que esteja distribuído na conclusão tem de estar distribuído na premissa correspondente. Embora a teoria silogística tenha dominado a lógica até o século XIX, nunca teve um grande alcance, pois só consegue lidar com um número relativamente pequeno de formas válidas de argumentos. Existiram posteriormente algumas tentativas de aumentar o poder do raciocínio silogístico mas, em geral, este foi eclipsado pela teoria moderna da *quantificação (*ver também* cálculo de predicados), que proporciona um maior poder expressivo com menos complexidade.

silogismo prático *Aristóteles parece ter pensado que os raciocínios práticos podem ser representados na forma de um silogismo, mas as passagens são fragmentárias e não são inteiramente consistentes. Numa versão possível, a primeira premissa daria a um tipo de ação ou resultado uma característica desejável; a segunda, identificaria um exemplo e a conclusão seria uma ação ou uma relação prática próxima de uma ação. Por exemplo: "Todos os alimentos que contêm vitamina C são saudáveis; esta laranja contém vitamina C; logo, vou comê-la!" Em outros silogismos estabelece-se um objetivo e um meio para o atingir: "Preciso de uma roupa; uma capa é uma roupa; logo, tenho de ter uma capa!" No entanto, é claro que esta não é uma forma válida geral de raciocínio, porque não há qualquer erro lógico se aceitarmos as premissas e não tivermos qualquer inclinação para comer a laranja ou obter a capa. A ideia de que a conclusão de um argumento é qualquer coisa como uma ação não é imediatamente inteligível, especialmente porque as ações dizem respeito a situações específicas e as conclusões dos silogismos não se aplicam ao específico.

símbolo incompleto Termo usado por *Russell para se referir às *descrições definidas e a outras expressões que têm a característica de não poderem ser definidas isoladamente, mas apenas por meio da análise de qualquer frase completa da qual façam parte.

simétrica Uma *relação é simétrica quando se tem Ryx sempre que se tem Rxy. Por exemplo, se uma pessoa x tem os mesmo pais que y, então y também tem os mesmos pais que x.

simpatia Capacidade de partilhar os sentimentos e interesses de outra pessoa com essa pessoa, acompanhando-a no prazer de suas alegrias e na dor de seus desgostos. A simpatia é para *Hume o fundamento de uma atenção mais imparcial ao bem-estar humano, e é um recurso decisivo da teoria ética de Adam *Smith.

simulação Perspectiva segundo a qual a compreensão dos outros não é obtida pelo uso tácito de uma "teoria" que nos permita inferir quais os pensamentos ou intenções que explicam suas ações, mas através do processo de reviver a situação "na sua própria pele", ou a partir do seu ponto de vista, compreendendo assim o que eles experimentaram e pensaram e o que, por conseguinte, exprimiram. A compreensão dos outros é obtida quando nós mesmos podemos decidir como eles decidiram e ouvir suas vozes como se fossem as nossas. Esta sugestão é um desenvolvimento moderno da tradição da **verstehen* associada a *Dilthey, *Weber e *Collingwood. *Ver também* teoria-teoria.

sinal de asserção O sinal $\vdash$ foi usado por *Frege para preceder as frases que estão sendo afirmadas como verdadeiras, que se distinguem das frases que estão envolvidas num processo qualquer de raciocínio, mas que não são elas mesmas afirmadas como verdadeiras. Este uso foi substituído na lógica moderna pelo uso do mesmo sinal para denotar a relação de demonstrabilidade dentro de um sistema. $\{A_1 \ldots A_n\} \vdash B$ significa que B pode demonstrar-se a partir das premissas $\{A_1 \ldots A_n\}$. $\vdash$ B significa que B pode demonstrar-se sem quaisquer premissas, i.e., que é um *teorema do sistema.

sincategoremático Tradicionalmente, um termo categoremático é qualquer termo que, isolado, forma um elemento com sentido de uma proposição, enquanto que os termos sincategoremáticos precisam de outros para formar uma unidade com sentido. É possível dar uma definição mais precisa para uma linguagem formal, na qual essa distinção corresponde aproximadamente às expressões a que se atribuem objetos, funções e relações na interpretação de uma fórmula, e às expressões a que não se atribui tal. Os parênteses em "(3 + 4) × 2", por exemplo, não são interpretados como algo que se referira a alguma coisa quando esta expressão é avaliada, embora desempenhem um papel importante na determinação de como ela pode ser apreciada. No entanto, a lógica moderna atribui uma interpretação a termos como "e" e "não", que são tradicionalmente sincategoremáticos. A distinção fica enfraquecida nas teorias pós-*fregeanas do significado, que tendem a fazer da *frase a menor unidade linguística com significado, descrevendo-se o significado das palavras em função de sua contribuição para o significado das frases.

sincretismo Um movimento que tem o objetivo de estabelecer uma harmonia entre posições filosóficas ou teológicas aparentemente opostas.

sindérese Suposta capacidade natural ou inata da mente para conhecer os primeiros princípios da ética e do raciocínio moral. Embora introduzida por *Aristóteles, o termo chegou-nos através de são Jerônimo cuja *sintilla conscientiae* (cintilação da consciência) foi um conceito popular na primeira escolástica. No entanto, está associado sobretudo a *Tomás de Aquino, enquanto apreensão infalível, natural, simples e imediata dos primeiros princípios morais. Contrasta com a *consciência, que está mais concentrada sobre os casos particulares do bem e do mal, e que pode cometer erros.

sindicalismo Movimento que procura transferir o controle dos meios de produção para associações de trabalhadores, em vez de para o Estado. Na França oitocentista, o movimento estava relacionado com o *anarquismo (constituindo o anarcossindicalismo), uma vez que ambos os movimentos desconfiavam tanto da posse privada dos meios de produção como da centralização do poder estatal. *Ver também* Owen; Proudhon.

sinestesia Confusão entre os sentidos, como a que ocorre quando se tem uma experiência cromática de notas musicais.

singularidade Em cosmologia, o ponto no qual nossos cálculos comuns fracassam porque certas quantidades físicas se tornam infinitas: por exemplo, o "acontecimento", no início do Big Bang, no qual, segundo algumas teorias, a densidade da matéria e a curvatura do espaço-tempo eram infinitos.

Sinn/Bedeutung (al., sentido/referência ou significado) Em seu famoso artigo "Über Sinn und Bedeutung" ("Sobre o sentido e a referência", 1892), *Frege contrastou o sentido (*Sinn*) de uma expressão com a sua referência (*Bedeutung*). Duas expressões podem ter a mesma referência, mas apresentá-la de maneiras diferentes, sendo este modo de apresentação justamente o sentido da expressão. Assim, "Alceu Amoroso Lima" e "Tristão de Atayde" referem-se à mesma pessoa, mas pode ser uma novidade para alguém vir a saber que a pessoa que conhece pelo primeiro nome é a mesma que conhece pelo segundo. Isso se deve, segundo Frege, ao fato de ambos os termos estarem associados a diferentes modos de apresentação de uma única pessoa. É o sentido das expressões que determina o pensamento expresso por uma frase em que ocorram, ao passo que a referência determina sua verdade ou falsidade. Duas condições impostas sobre a noção de sentido são: (I) se duas expressões têm o mesmo sentido, não é, em princípio, possível desconhecer que elas têm a mesma referência; (II) além disso, os sentidos devem ser públicos e objetivos, tal como os pensamentos o são para Frege. Tem-se mostrado difícil formular uma concepção de sentido que satisfaça as duas condições. A adoção de uma teoria semântica bipartida desse tipo foi atacada por *Russell em "On Denoting" (1905), mas as teorias do significado são geralmente baseadas em uma ou outra versão dessa distinção. *Ver também* extensão/intensão.

sinônimo Duas palavras são sinônimas quando significam a mesma coisa. Paralelamente, duas expressões ou frases são sinônimas quando querem dizer o mesmo. O critério habitual é o de que o significado tem de ser preservado quando substituímos uma pela outra. Dois termos podem ser cognitivamente sinônimos apesar de associados a *tons diferentes, além de que a escolha de um sinônimo em vez de outro pode dar origem a *implicaturas, não resultando estas, no entanto, de quaisquer diferenças no que está de fato sendo dito. Contudo, a enorme dificuldade dos tradutores em encontrar sinônimos entre as diferentes línguas ilustra o problema de saber exatamente o que faz parte do significado dos termos. Do ponto de vista filosófico, a sinonímia foi crucial para a metodologia da tradição da *filosofia analítica, cujo objetivo de elucidar a estrutura dos nossos conceitos só é realista se soubermos se o que se elucida é de fato a estrutura do conceito original e não uma reconstrução ou um conceito completamente diferente. Saber isso implica, por sua vez, poder avaliar se o *analisans,* ou seja, a expressão que analisa, é de fato sinônima com o *analisandum,* ou seja, a expressão a ser analisada. Embora sempre se tenha reconhecido problemas nessa relação, foi *Quine quem primeiro lançou um ataque eficaz contra a noção de sinonímia, em seu extraordinariamente influente artigo "Two Dogmas of Empiricism" (1951). Quine acusa o ideal de sinonímia de implicar uma divisão clara entre aquilo que consideramos que resulta da convenção linguística e aquilo que consideramos que resulta de verdades geralmente conhecidas acerca do mundo, mas que na prática esta divisão não pode ser defendida. A questão de saber se "mudamos o significado" de um termo quando passamos a acreditar em algo de novo sobre aquilo a que se refere é, em geral, insolúvel e improfícua. A abrangência da crítica de Quine é, no entanto, problemática. Parece essencial à compreensão da linguagem e, especialmente, à crença de que a lógica se aplica à linguagem, que os termos tenham o mesmo significado em duas ocorrências diferentes, de modo que pelo menos em alguns casos a noção de sinonímia tem de ter aplicação. Um meio-termo seria dizer que a noção de sinonímia tem aplicação quando, nas nossas práticas interpretativas concretas, recusamos considerar a possibilidade de uma mudança de significado; contudo, quando essa possibilidade surge, o modo como resolvemos o problema pode estar sujeito a um alto grau de indeterminação. *Ver também* indeterminação da tradução.

sintaxe A sintaxe de uma linguagem é a sua gramática, ou seja, a forma como as expressões dessa linguagem podem ser postas em conjunto para formar frases. Um estudo sintático é aquele que não se ocupa do significado das frases, mas sim dos aspectos puramente formais da combinação de palavras numa linguagem. No estudo das linguagens formais (*ver* cálculo lógico) a noção de uma *fórmula bem-formada é puramente sintática, tal como o é também a noção de *demonstração, dado que cada uma delas é definida sem considerar a interpretação que se pretende que as frases da linguagem em questão tenham. (*Ver também* teoria dos modelos.) A linguística *chomskiana defende que a sintaxe de uma linguagem natural é tão complexa, sendo no entanto tão rapidamente apreendida pela criança que aprende, que é preciso postular-se uma gramática universal inata, ou uma disposição para selecionar apenas certas formas como gramaticais a partir de todas as que são teoricamente possíveis.

síntese O processo que reconcilia uma tese e uma antítese, ou o resultado de tal processo: *ver* materialismo dialético.

sintético *Ver* analítico/sintético.

sintoma Característica (de uma situação) empiricamente detectável e que constitui um sinal fidedigno de uma verdade ulterior. Por vezes, contrapõe-se a *critério, visto que sua relação como sinal com o fato ulterior é apenas contingente.

sistema de lógica Um sistema de lógica é qualquer tentativa de codificar as regras pelas quais as inferências válidas podem ser feitas. O resultado é um *cálculo lógico ou linguagem formal, no qual se dá um significado preciso à ideia de codificação.

sistema formal (ou teoria) Uma teoria cujas frases são *fórmulas bem-formadas de um *cálculo lógico, no qual os *axiomas ou as regras que governam seus termos particulares correspondem aos princípios da teoria formalizada. Diz-se assim que a teoria está estruturada ou que se exprime na linguagem de um cálculo, e.g., no *cálculo de predicados de primeira ordem. A *teoria dos conjuntos, a matemática, a mecânica e muitas outras ciências podem ser desenvolvidas formalmente, tornando assim possível uma análise lógica de questões como a independência dos vários axiomas e as relações entre várias teorias.

sistema logístico *Ver* cálculo lógico; logístico.

sistema ptolemaico O sistema astronômico geocêntrico dominante antes de *Copérnico. Ptolomeu foi astrônomo, matemático e geógrafo, e atingiu seu apogeu entre 127 e 148 d.C. em Alexandria. Sua obra-prima é conhecida por *Almagesto*, seu título árabe, e consiste num tratamento exaustivo do conhecimento astronômico em treze livros. Essa obra dominou a ciência astronômica em Bizâncio, no mundo islâmico e na Europa medieval. Ptolomeu reconhece suas dívidas para com Apolônio e Hiparco de Rodes, e seus textos são uma fonte importante para a história da astronomia.

Embora a astronomia ptolemaica fosse uma estrutura matemática magnífica, durante muito tempo adequada em termos observacionais (até o século XVI) e não fosse marcadamente mais complexa que a sua rival copernicana, tinha como base uma série de hipóteses **ad hoc*, transformando-se por isso num símbolo de qualquer teoria que seja desnecessariamente complexa.

Sittlichkeit (al., moralidade, vida ética) Em *Hegel, é um modo de estar no mundo: um certo envolvimento na vida ética e política de uma época.

Smart, J.J.C. (1920-) Filósofo australiano nascido em Cambridge. Smart emigrou da Inglaterra para a Austrália em 1950, tendo depois lecionado em várias universidades, entre elas a Australian National University. Em filosofia geral, Smart é um importante *realista e *materialista científico, enquanto que em ética sua defesa firme do *utilitarismo tem proporcionado pontos de referência tanto para seus defensores como para seus críticos. *Philosophy and Scientific Realism* (1963), *Utilitarianism: For and Against* (com Bernard *Williams, 1973), e *Essays Metaphysical and Moral* (1987) são alguns de seus livros.

Smith, Adam (1723-90) Filósofo e economista escocês. Embora seja mais conhecido como economista, Smith era um erudito, teorizador da sociedade e filósofo moral eminente. Nasceu em Kirkcaldy e estudou na Universidade de Glasgow e no Balliol College de Oxford; residiu em Edimburgo e tornou-se amigo de *Hume e de seu círculo, entre 1748 e 1751, ano em que foi nomeado professor de lógica na Universidade de Glasgow. No ano seguinte mudou para a cadeira de filosofia moral. Com a publicação de *The Theory of Moral Sentiments* (1759) recebeu o mecenato do duque de Buccleuch, o que lhe permitiu abdicar de seu cargo de professor na universidade, dedicando-se a partir de então à pesquisa. Investigação sobre a natureza e as causas da riqueza das nações foi publicado em 1776. A filosofia moral de Smith difere da de *Hutcheson e da de Hume pelo relevo que dá às virtudes *estoicas, em particular o autocontrole. O homem de virtude perfeita de Smith "junta ao mais perfeito controle dos seus próprios sentimentos originais e egoístas a mais apurada sensibilidade aos sentimentos dos outros, sejam originais ou afins aos seus" (Teoria dos sentimentos morais, II. 3. 34). Seu sistema depende do mecanismo da simpatia, que resulta de uma apreciação intelectual ou moral da situação em que alguém se encontra e que provoca um sentimento de solidariedade ou sensação análoga no espectador atento. O "*espectador imparcial" é introduzido como explicação do funcionamento da consciência: é uma interiorização do olhar dos outros, pela qual imagino o que sentiria, se não tivesse uma perspectiva preconceituosa e distorcida das minhas próprias ações. O espectador imparcial funciona como o "tribunal no interior do peito" cuja autoridade deriva da censura do mundo mas que, apesar de tudo, tem o poder de vencer os juízos dos outros (III. 2. 31).

A "mão invisível", que deu fama a Smith, aparece pela primeira vez como expressão fixa num ensaio que escreveu sobre a história da astronomia. Reaparece em *Teoria dos sentimentos morais*, IV. 1. 11. Apesar da sua cupidez e rapacidade insaciáveis, os ricos são de fato incapazes de consumir muito mais do que as outras pessoas e, assim, são levados pela mão invisível a fazer "aproximadamente a mesma distribuição das necessidades da vida do que aquela que teria sido feita, tivesse a Terra sido dividida em porções iguais entre todos os seus habitantes". Na *Riqueza das nações* a ênfase está menos na igual distribuição e mais na promoção do bem comum que resulta da busca do interesse-próprio (*ver também* Mandeville). Em economia, Smith apresenta a análise pioneira da estrutura de uma economia em funcionamento e a primeira discussão dos benefícios da "divisão do trabalho". Seu otimismo generalizado acerca dos resultados econômicos dos livres mercados tem-lhe dado, nos círculos políticos *libertários, um prestígio que Smith poderia no entanto não acolher com satisfação, dada a sua opinião negativa sobre os motivos que levam à atividade econômica (*ver* vaidade). De fato, na Parte v da sua obra, ele acha que devem ser oferecidos serviços públicos, pagos pelos impostos, nas áreas em que os mecanismos de mercado falham e argumenta que o Estado cumpre um papel vital ao providenciar serviços de educação para os pobres, tanto para aliviar a "mutilação mental" que resulta das condições de trabalho industriais, como para lhes permitir que se tornem melhores trabalhadores e cidadãos.

sobredeterminação Um acontecimento é sobredeterminado se for antecedido por mais de um acontecimento, sendo qualquer um deles *condição suficiente para que aquele ocorra. Por analogia, diz-se que uma conclusão é sobredeterminada se puder ser demonstrada por qualquer uma entre várias maneiras independentes. O conceito é utilizado por *Freud para descrever a possibilidade de os sonhos terem múltiplas causas e interpretações.

sobrejeção *Ver* função (lógica).

sobrevivência e imortalidade *Ver* imortalidade.

socialismo Sistema político em que os (principais) meios de produção não estão em mãos privadas ou institucionais, mas sob controle social. Tipicamente, isto é visto como um aspecto do interesse mais geral pela igualdade de direitos das pessoas no que diz respeito a vários benefícios (saúde, educação), e do interesse na limitação das desigualdades de riqueza e de poder produzidas pelos mecanismos não regulados das forças de mercado. O socialismo evita as implicações totalitárias do *comunismo e funciona nas constituições democráticas liberais.

sociedade Grupo de pessoas unificado por um conjunto de relações normativas características e sistemáticas, pelas quais se entende que as ações de um membro são dignas de respostas características por parte dos outros. Fazer parte da mesma sociedade é estar sujeito a estas *normas de interação.

sociedade aberta/sociedade fechada Oposição traçada nos famosos livros de *Popper, especialmente em *The Open Society and It's Enemies* (1945). As sociedades abertas são aquelas em que as ações dos indivíduos podem ser livremente apreciadas, controladas e sujeitas à crítica num debate liberal e democrático. Mudam assim através de uma "engenharia social gradativa". Numa sociedade fechada, estes processos normais de mudança são dirigidos pelas estruturas ineficazes dos governos *totalitários.

sociobiologia Disciplina acadêmica conhecida especialmente através da obra de Edward O. Wilson, que introduziu o termo em seu livro *Sociobiology: the New Synthesis* (1975). Esta abordagem do comportamento humano baseia-se na premissa de que todo comportamento social tem uma base biológica, e procura compreender essa base em termos da codificação genética de características que são então selecionadas através da história evolutiva. O problema filosófico que daí se origina é essencialmente metodológico: encontrar critérios para identificar os aspectos que possam desta maneira ser explicados com utilidade e encontrar critérios para dar conta de várias histórias genéticas que possam proporcionar explicações úteis. Entre os aspectos que são propostos para esse tipo de explicação estão coisas como o domínio masculino, a promiscuidade masculina *versus* a fidelidade feminina, as propensões para a solidariedade e para outras emoções e o *altruísmo limitado característico dos seres humanos. Esta estratégia já demonstrou ser desnecessariamente polêmica, sendo os seus proponentes acusados de ignorar a influência dos fatores ambientais e sociais na determinação das características das pessoas (chegando ao limite da tolice, por exemplo, ao postular um "gene para a pobreza"). Contudo, não há necessidade de a abordagem cometer tais erros, uma vez que o aspecto explicado sociobiologicamente pode conectar-se com o meio ambiente: por exemplo, pode ser uma propensão para desenvolver um certo aspecto num certo meio social (ou mesmo uma propensão para desenvolver propensões...). O problema principal consiste em separar as explicações genuínas das **just so stories* especulativas, que podem ou não identificar mecanismos efetivamente seletivos. *Ver também* ética evolucionista; filosofia da biologia.

sociologia do conhecimento Estudo dos fatores sociais que envolvem o aparecimento de sistemas de crença ou as modificações que se dão nesses sistemas através de mudanças de teoria, de experiências e da aceitação de diferentes *paradigmas de explicação. Procura-se explicar, entre outras coisas, as oscilações de popularidade de certas linhas de investigação e os mecanismos que apoiam o desenvolvimento de algumas teorias em detrimento de outras. Como fatores sociais podem contar-se a situação social e as ambições dos pesquisadores. Este estudo se combina com a área mais geral da história das ideias. Torna-se mais controverso do que o justificado, se se tiver em conta que estas explicações são necessariamente céticas e relativistas, competindo com a explicação do progresso científico como uma descoberta constante da verdade.

Sócrates (c.470-399 a.C.) Sócrates, a figura simpática e irritante dos primeiros diálogos de *Platão, representou o ponto de mudança da filosofia grega, no qual a reflexão autocrítica sobre a natureza dos conceitos e do raciocínio emergiu como uma das preocupações principais, a par da especulação e investigação cosmológicas. Não se consegue distinguir facilmente o Sócrates histórico da personagem platônica, e são poucas as outras fontes sobre a vida e as doutrinas de Sócrates (*Xenofonte é uma delas). Serviu como soldado na guerra do Peloponeso e casou com Xantipa, de quem teve três filhos. Tinha uma constituição forte, uma grande resistência e era completamente indiferente à riqueza e à luxúria.

Por ter subordinado todas as outras ocupações a uma vida dedicada à procura da sabedoria é o exemplo inquestionável (de que raramente alguém se aproxima) do modo de vida apropriado para um filósofo. Permanece como o modelo de um grande professor, mas não é certo que tenha tido qualquer coisa como uma escola formal. Supõe-se frequentemente que sua amizade com alguns dos partidos aristocráticos de Atenas explica o fato de ter sido levado a tribunal, sob a acusação de ter introduzido novos deuses e de corromper a juventude. Platão, no *Críton* e no *Fédon*, diz-nos como Sócrates, por inspiração, recusou violar as leis de Atenas e fugir durante os trinta dias que separaram o seu julgamento da execução e como os amigos saudaram a firmeza com que enfrentou a morte. Embora sua competência no método dialético e inquiridor esteja fora de questão, as contribuições positivas e as doutrinas que lhe devem ser atribuídas constituem tema de debate. As opiniões divergem entre os que lhe atribuem muitas das doutrinas positivas de Platão e os que negam que Sócrates tenha tido doutrinas próprias, com a exceção da adesão ao método dialético rigoroso, como instrumento para distinguir a verdade do erro. Todas as escolas gregas de filosofia afirmaram dever muito a Sócrates, exceto os *epicuristas, que o detestavam intensamente, chamando-lhe "o bufão ateniense".

Sofia, eleitora de Hannover (1630-1714) Filha de Frederico V e de Elizabeth Stuart (filha de James I da Inglaterra), Sofia era mãe de George I da Inglaterra. Sua irmã era *Elizabeth da Boêmia e também ela foi uma acadêmica distinta. É conhecida em filosofia como amiga íntima e mecenas de *Leibniz, cujo emprego principal era no tribunal de Hannover.

sofisma *Falácia.

sofisma preguiçoso Alcunha para a linha de pensamento que leva ao *fatalismo e à consequente paralisia da ação.

sofistas Apesar de o termo ser empregado, originalmente, em relação aos homens sábios, foi aplicado por *Platão a vários professores que desaprovava, entre eles *Protágoras, *Górgias, Trasímaco e Hípias de Élida. Platão trata-os em geral como charlatães que falavam unicamente para alcançar a vitória, ganhando dinheiro com o ensino dessa técnica. Na verdade, a atitude geral dos sofistas não parece ter sido muito diferente da de *Sócrates, mantendo ambos uma posição razoavelmente cética em relação às cosmologias especulativas, tais como as dos *eleatas, e uma insistência também razoável no estudo dos fundamentos da moral e da epistemologia.

software (ing., suporte lógico) Termo usado para as instruções ou programas executados por um computador, o que se opõe ao *hardware ou suporte físico que permite à máquina seguir essas instruções. A comparação de uma descrição psicológica de uma pessoa com o software de uma máquina é explorada no *funcionalismo.

solipsismo A crença de que, além de nós, só existem as nossas experiências. O solipsismo é a consequência extrema de se acreditar que o conhecimento deve estar fundado em estados de experiência interiores e pessoais, e de não se conseguir encontrar uma ponte pela qual esses estados nos deem a conhecer alguma coisa que esteja além deles. O solipsismo do momento presente estende este *ceticismo aos nossos próprios estados passados, de tal modo que tudo o que resta é o eu presente. *Russell conta-nos que conheceu uma mulher que se dizia solipsista e que estava espantada por não existirem mais pessoas como ela.

solipsismo metodológico A concepção de que no estudo dos processos cognitivos estes devem ser considerados abstraindo-se do ambiente em que o sujeito se encontra. O motivo mais forte para essa sugestão reside na comparação entre o processamento cognitivo e o processo de seguir um programa de computador. Qualquer interpretação que os elementos de um programa possam ter no mundo exterior (como o fato de o símbolo $ corresponder a uma unidade monetária) é irrelevante para a execução do programa. A doutrina também pode ser motivada pela ideia de que os estados psicológicos de uma pessoa têm de ser *supervenientes em relação aos estados do seu cérebro e em relação a nada mais. É certo que o ambiente afeta o estado do cérebro, mas depois é apenas esse estado que cria e fixa a psicologia resultante. Esta linha de pensamento tem sido severamente desafiada, especialmente nos debates sobre o *conteúdo lato e restrito.

solo numero (lat., só em número) *Leibniz negava que duas coisas pudessem ser diferentes *solo numero*: para quaisquer duas coisas distintas, tem de existir uma propriedade que uma tem e a outra não. *Ver* identidade dos indiscerníveis.

som O objeto imediato da nossa percepção auditiva, ainda que o modo pelo qual ouvimos sons seja afetado por fatores como seu contexto ou nossa própria experiência e compreensão musical. Os sons enfrentam os mesmos problemas que as qualidades secundárias: será que a queda isolada de uma árvore numa floresta provoca algum som? *Ver* qualidades primárias/secundárias.

soma lógica A soma lógica de duas proposições p, q, é a sua *disjunção, $p \vee q$. A soma lógica de dois conjuntos é a sua *união.

soma mereológica A soma mereológica de dois elementos é o todo que consiste em ambos, independentemente da sua distância, seja ela espacial ou de outro tipo. A noção não é a mesma do que a do *conjunto cujos membros são esse par de objetos: uma soma mereológica de dois objetos espaciais é em si um objeto espacial maior, enquanto que um conjunto não o é. *Ver também* mereologia.

somático Corpóreo: nossa natureza somática é nossa natureza corpórea.

sonda da intuição Termo pejorativo que designa uma *experiência de pensamento, em particular uma experiência que procura sustentar uma ideia através de uma analogia superficialmente convincente, mas que é, de um modo mais fundamental, duvidosa. Por exemplo, podemos comparar todas as ações humanas ao comportamento mecânico dos insetos de forma a minar qualquer noção de liberdade, sem nos determos naqueles aspectos em que o comportamento humano é flexível e adaptável.

sonhos Os sonhos não são a mera sucessão de imagens visuais, mas sim experiências resultantes de se viver num mundo de acontecimentos, ações e emoções. A crença, muito difundida, na importância dos sonhos quer como profecias ou mensagens divinas, quer como indicadores particularmente valiosos de verdades psicológicas, como defendem as obras de *Freud e *Jung, tem pouca base empírica. Embora os sonhos tenham uma natureza e um conteúdo parasitários em relação à experiência normal, uma vez que as coisas que fazem parte dos nossos sonhos são pessoas e objetos de um tipo que nos é familiar, filosoficamente os sonhos têm sido uma imagem bastante conveniente da possibilidade de uma disparidade total entre as experiências que um sujeito tem e o modo como as coisas são no mundo real. Constituem, assim, uma metáfora central em epistemologia. Uma das primeiras questões filosóficas é, por vezes, posta da seguinte maneira: "Como sei que não estou agora, ou sempre, sonhando?" (*ver* dúvida metódica). Os sonhos constituem também um teste para os filósofos que tentam negar a realidade da experiência privada, acessível apenas ao sujeito.

sôphrosynê (gr., autodomínio, temperança, prudência) Uma das virtudes cardeais, que consiste num estado harmonioso de controle racional sobre os próprios desejos. Em *Aristóteles, uma pessoa com temperança é aquela que pode se abster dos apetites, ou colocá-los no lugar certo, sem um esforço severo da vontade. A pessoa que precisa forçar a vontade não tem temperança e tem de ser continente (*ver akolasia*; acrasia).

Sorel, Georges (1847-1922) Engenheiro, filósofo e sociólogo francês. Sorel é conhecido principalmente pela obra *Réflexions sur la violence* (1908). Ele argumenta que não pode deplorar-se a violência dos que se opõem ao Estado (ele próprio não era estranho à violência da guerra e da coerção legal) sem se compreender a situação e os objetivos daqueles que a usam. Talvez a parte mais escandalosa da doutrina tenha sido o reconhecimento de Sorel de que a violência pode ser igualmente usada contra aqueles que, parecendo simpatizar com um movimento, o levam a colaborar com o sistema que procura derrubar. Sorel também se deu conta do papel central do mito e da imagem na criação de um núcleo dramático para as emoções políticas: os mitos são o produto de forças sociais vigorosas e vivas, que podem transformar as sociedades de maneiras que são necessárias para a criação da sua própria verdade. Embora Sorel fosse um pensador de *esquerda, seu desdém pelo liberalismo democrático teve os seus reflexos imediatos nos regimes *fascistas, violentos e inspirados pelo mito do século XX.

sorte moral Fenômeno investigado particularmente por Bernard *Williams e por Thomas *Nagel. Na tradição *kantiana, o valor moral de alguém depende apenas da qualidade da sua vontade, sendo assim independente de circunstâncias externas. Mas a reflexão mostra que nossas avaliações comuns acerca de pessoas podem depender em grande medida de aspectos exteriores, ou mesmo casuais. Por exemplo, pode ser por acaso que o fato de eu estar dirigindo tenha como consequência um acidente; no entanto, me sentirei pior comigo mesmo e serei julgado mais severamente pelos outros se isso acontecer. Pode ser por sorte que eu me veja (ou não) em circunstâncias em que se revela minha fraqueza, mas se me vir nessa situação serei julgado com maior severidade do que o seria se isso não acontecesse. Paralelamente, aqueles que têm o benefício da boa sorte verão seu caráter ser avaliado em grau mais elevado do que uma vítima de infortúnio não menos merecedora. Em certas culturas (por exemplo, a das sagas islandesas), ter boa sorte era um mérito ou virtude, relacionada com a sabedoria ou com a força. *Ver também* problema de Gauguin.

Spencer, Herbert (1820-1903) Filósofo da evolução inglês. Spencer, filho de pais metodistas, nasceu em Derby, recebeu uma formação dispersa e foi sobretudo um autodidata. Seu individualismo precoce está patente na história que conta como, tendo sido encaminhado aos treze anos para a escola de Somerset, aos cuidados de um tio, o pequeno Spencer fugiu e regressou a Derby passados três dias, depois de ter caminhado 77 quilômetros no primeiro dia, 75 no segundo e cerca de 32 no terceiro, com pouca comida e sem dormir. Envolveu-se na política radical e a partir de 1848 trabalhou na revista *The Economist*. Tornou-se conhecido nos círculos literários e por pouco não foi um pretendente da romancista George Eliot. À medida que sua saúde se tornava cada vez mais precária, ia vivendo de pequenas heranças e, mais tarde, dos lucros consideráveis de suas obras. Sua primeira grande obra foi o livro *Social Statics* (1851), que defende um *libertarismo político extremo. *The Principles of Psychology* foi publicado em 1855 e, em 1861, surgiu *Education*, uma obra muito influente que defende o desenvolvimento natural da inteligência, a criação do interesse pelas coisas aprazíveis e a importância da ciência nos currículos escolares. Em 1857 começou a delinear um vasto sistema filosófico que, após *Darwin ter publicado *A origem das espécies*, se transformou num esquema para uma síntese de todo o conhecimento humano baseada nos princípios da evolução. Aos seus *First Principles* (1862) seguiram-se volumes, durante os anos seguintes, sobre os princípios da biologia, da psicologia (que reformulou a obra anterior com o mesmo título), da sociologia e da ética. Embora tenha atraído uma significativa adesão do público e atingido a condição de sábio, sua obra especulativa não perdurou e já no seu tempo surgiram vozes dissidentes. T.H. Huxley afirmou que a definição de tragédia de Spencer era uma dedução assassinada por um fato; *Carlyle chamou-lhe um vazio perfeito, *James mostrou-se surpreendido por metade da Inglaterra querer sepultá-lo na Abadia de Westminster e falou da "sua monotonia de realejo" e de "todo o seu grosseiro sistema, que parece ter sido construído com tábuas partidas" (*Pragmatism*, p.39).

Spengler, Oswald (1880-1936) Historiador e filósofo da história alemão. Spengler estudou em várias universidades e obteve seu doutoramento com uma tese sobre *Heráclito. Sua fama repousa inteiramente na obra *Der Untergang das Abendlandes* (1918), cujo pessimismo profético captou o estado de espírito da Alemanha do pós-guerra de 1914-18. Spengler via a história não como uma progressão linar, mas como o florescimento de um número de culturas (nove ou dez) contidas em si mesmas, cada qual com um cunho espiritual característico ou uma concepção do espaço em que se é suposto agir. A obra foi importante por romper decisivamente com o conceito *hegeliano da história como um processo governado pela razão. Em vez desta, as metáforas de Spengler são biológicas: as culturas passam por um processo endógeno de crescimento, atravessam suas estações e sucumbem. Não há leis historicamente inteligíveis neste processo. Suas especulações têm sido amplamente criticadas por ignorarem a interação de culturas e os pensamentos e intenções dos agentes envolvidos neste processo.

sse Abreviatura comum para "se e somente se".

Staël, Anne-Louise-Germaine Necker, madame de (1766-1817) Escritora francesa. Madame de Staël era filha do financista Jacques Necker e tornou-se uma das grandes *salonistes*, cuja carreira política, filosófica e literária esteve intimamente associada ao *romantismo. Exilou-se após o pai ter caído em desgraça durante a Revolução Francesa e novamente em 1804 por causa de Napoleão, voltando a Paris em 1814. Sua principal obra filosófica foi *De l'influence des passions sur le bonheur des individuels et des nations* (1796), na qual desenvolve o tema da conexão inseparável entre o pensamento e o sentimento. Seu livro *De l'Allemagne* (1813) foi um instrumento importante para apresentar o romantismo alemão aos franceses e aos ingleses.

stipendium peccati mors est Lat., a recompensa do pecado é a morte.

stoa (gr., pórtico) Refere-se especificamente à *stoa poikilê*, o pórtico decorado com pinturas onde inicialmente ensinavam os *estoicos.

Strawson, Peter Frederick (1919-) Filósofo inglês. Nasceu em Londres e estudou no St. John's College de Oxford. Strawson lecionou no University College de Oxford a partir de 1948 e tornou-se professor de metafísica em 1968. Estudou inicialmente lógica e filosofia da linguagem, em profunda consonância com o espírito da tradição da filosofia da *linguagem comum, em voga na época. A este período pertence seu célebre ataque à teoria das *descrições definidas de *Russell (*ver* pressuposição). Em 1959, seu *Individuals* assinalou o retorno a preocupações mais metafísicas. Sua reputação consolidou-se com *The Bounds of Sense* (1966), uma magnífica viagem pela metafísica de *Kant, com inúmeros artigos sobre epistemologia, liberdade, naturalismo e ceticismo. Em geral, Strawson representa a defesa da *imagem manifesta, ou seja, do modo como vulgarmente se encara o mundo. Mesmo quanto a questões como a do *livre-arbítrio, Strawson é cético em relação à capacidade das teorias científicas provocarem mudanças no esquema conceitual vulgar.

Sturm und Drang (al., tempestade e impulso) Primeira reação *romântica na Alemanha à calma clássica do *Iluminismo. O movimento, liderado por figuras como *Herder, *Goethe e *Schiller, afirmava o valor do gênio, do turbilhão emocional e do entusiasmo criativo. O nome do movimento foi retirado de uma peça de Maximilian Klinger.

Suárez, Francisco (1548-1617) Um grande filósofo *escolástico e teólogo jesuíta. Suárez nasceu em Granada e tornou-se jesuíta em 1564. Sua principal obra é *Disputationes metaphysicae* ("Disputas metafísicas", 1597), apesar de suas obras ocuparem 28 volumes na edição parisiense de 1856. É frequentemente colocado ao lado de *Tomás de Aquino como o maior pensador escolástico e é o expoente principal do pensamento doutrinário dos jesuítas; seus trabalhos foram muito estudados pelos grandes filósofos do século XVII, e sua obra sobre a lei divina, natural e humana, influenciou *Grotius. Suas últimas palavras foram: "Nunca pensei que morrer fosse tão agradável."

subalterna *Ver* silogismo.

subconsciente *Ver* inconsciente; psicanálise.

subcontrárias *Ver* silogismo.

subdeterminação (das teorias) A tese da subdeterminação das teorias pelos dados afirma que haverá sempre mais que uma teoria consistente com qualquer corpo de dados dos sentidos. Uma versão mais forte dessa tese afirma que isso seria verdade mesmo que nos dados fossem incluídos todos os dados dos sentidos possíveis. Se essas teses tiverem uma forma puramente lógica, não estão fazendo mais do que sustentar que os dados não implicam que só uma teoria seja a teoria verdadeira, e isso será verdade desde que o conteúdo da teoria não seja uma mera consequência dos dados. Uma versão ainda mais forte (subdeterminação metodológica) defende que mesmo que adicionemos a todos os dados possíveis os melhores cânones da explicação científica (como a simplicidade e o bom senso indutivo), isto ainda não produzirá uma teoria que seja a única e a melhor escolha. Formulada dessa maneira, a tese é frequentemente citada na defesa de teorias da ciência socioconstrutivistas e *relativistas, e requer que se tenha confiança na distinção entre teoria e dados empíricos (*ver* subordinação teórica), na nossa capacidade de compreensão do que poderia ser uma teoria realmente adequada a todos os dados empíricos e, por último, na nossa capacidade de distinguir teorias genuinamente diferentes de diferentes formulações da mesma teoria.

subjetivismo (probabilidade) *Ver* personalismo.

subjetivismo ingênuo Nas teorias éticas, concepção segundo a qual quando uma pessoa faz um juízo moral sobre um assunto está estrita e literalmente a descrever os seus próprios sentimentos sobre o assunto. Essa perspectiva tem a seguinte desvantagem: se o orador é sincero, então tudo o que for dito por ele é verdadeiro, isto é, se quando eu digo que o liberalismo é bom estou apenas descrevendo meus sentimentos sobre o liberalismo, então, desde que eu sinta que o liberalismo é bom, o que eu disser será verdadeiro. Esta confusão entre sinceridade e verdade é evitada por análises mais sutis do discurso moral: *ver* expressivismo; projetivismo.

subjetivismo/objetivismo Uma das principais polaridades em torno das quais gira grande parte da *epistemologia e, especialmente, da teoria da ética. O ponto de vista de que algumas opiniões são subjetivas remonta pelo menos aos *sofistas; e o modo como a opinião varia de acordo com, por exemplo, a maneira de ser, a situação e a perspectiva subjetivas é tema constante no *ceticismo grego (*ver* Enesidemo; Pirro; Sexto Empírico). A discrepância entre a fonte subjetiva dos juízos, numa dada área, e sua aparência objetiva ou o modo como, aparentemente, fazem afirmações independentes dessa fonte subjetiva, suscetíveis de serem correta ou incorretamente compreendidas, é a força motriz das *teorias do erro e do *eliminativismo. O *antropocentrismo moderado e alguns tipos de *projetivismo são algumas das tentativas de reconciliar os dois aspectos. *Ver também* realismo/antirrealismo.

sublime Conceito profundamente engastado na *estética setecentista, mas que deriva do tratado de retórica de Longino, do século I, *Do sublime*. O sublime é grandioso, temível e nobre, e tem por objetivo despertar sentimentos majestosos e de orgulho, bem como de temor e, por vezes, de terror. Na teoria estética de *Kant o sublime "eleva a alma acima do nível do lugar-comum vulgar". Experimentamos os vastos espetáculos da natureza como "absolutamente grandiosos" e de uma força e poder irresistíveis. Essa percepção é temerosa, mas ao vencer este medo e ao olhar como pequenas "aquelas coisas que habitualmente nos solicitam", estimulamos nosso sentido de liberdade moral. Assim, transformamos a experiência da fragilidade e da impotência numa experiência da nossa verdadeira liberdade moral interior, à medida que a mente triunfa sobre a natureza; e é este triunfo da razão que é verdadeiramente sublime. Kant, assim, situa de forma paradoxal nosso sentido do sublime na consciência de nós mesmos como algo que transcende a natureza, em vez de o colocar na consciência de nós próprios como uma parte sua, frágil e insignificante. A maioria dos alpinistas e navegadores discorda. *Ver também* ética do meio ambiente.

subordinação teórica Um enunciado está teoricamente subordinado se seus termos só fazem sentido à luz de um conjunto de princípios teóricos. O juízo segundo o qual um elétron foi emitido, por exemplo, está mais fortemente subordinado à teoria do que o juízo de que uma imagem branca apareceu na tela. No entanto, é comum acreditar que todos os enunciados são teoricamente subordinados, e que nenhum tem o status atribuído pelos *positivistas lógicos às *proposições protocolares ou básicas, isto é, que nenhum enunciado pode nos oferecer um relato teoricamente neutro de uma experiência pura. *Ver também* mito do dado.

subsistência A existência, mas de um tipo bastante obscuro, própria dos *universais, personagens ficcionais e outras entidades insubstanciais. O termo está associado a *Meinong, mas a ideia de ser possível distinguir variedades de existência tem sido um dos alvos favoritos dos lógicos modernos. *Ver também* descrição definida.

substância (do lat., *sub*: sob + *stare*: estar, aquilo que está sob) Muitas tendências e disputas filosóficas relacionam-se com ideias associadas a esse termo. A substância de uma coisa pode ser: (I) a sua essência, ou seja, aquilo que faz dela aquilo que é. Isto implica que a substância de uma coisa seja aquilo que permanece ao longo de todas as mudanças nas suas propriedades. Em *Aristóteles, (*Metafísica* Z, VII) esta essência é mais do que matéria: é a unidade da matéria com a forma; (II) aquilo que pode existir por si e não requer um sujeito para existir, tal como as propriedades necessitam dos objetos de que são propriedades; (III) em consequência, aquilo que tem propriedades. A substância é, então, o sujeito da predicação, aquilo acerca do qual coisas são ditas, contrastando com as coisas que são ditas dela. Nas duas últimas acepções, a substância opõe-se às modificações como a quantidade, a qualidade, as relações etc. É difícil distinguir este conjunto de ideias da noção duvidosa de um *substrato, algo distinto de qualquer das suas propriedades e portanto insuscetível de caracterização. No pensamento empirista, a noção de substância tende a desaparecer para dar lugar às qualidades sensíveis das coisas; nesse caso a ideia daquilo que lhes subjaz é substituída pela noção, de caráter empírico, da sua coocorrência regular. Mas isto é, por sua vez, problemático, visto que só faz sentido falar da coocorrência de *exemplos* de qualidades e não da coocorrência das próprias qualidades. De modo que continuamos com o problema de explicar em que consiste uma qualidade ser exemplificada.

A metafísica inspirada na ciência moderna tende a rejeitar o conceito de substância em favor de conceitos como os de *campo ou *processo, que parecem proporcionar melhores exemplos de categorias físicas fundamentais.

substrato O lado oculto e sombrio da *substância. O que suporta as propriedades, ao contrário das próprias propriedades, concebidas como algo indescritível "que não sabemos o que é", visto que qualquer caracterização sua menciona apenas uma das propriedades com as quais a contrastamos. *Berkeley, talvez injustamente, acusa *Locke de sustentar que essa ideia é inteligível, quando, segundo ele, não o é.

suficiente, condição *Ver* condição necessária/suficiente.

sufismo Por volta de 800 o termo *sufi* (da palavra persa para lã bruta, que denota um tipo de vestuário) foi aplicado aos místicos islâmicos que adotaram práticas ascéticas como um meio de atingir a união com Deus. Os filósofos *Al-Ghazali e *Al-Farabi praticaram o sufismo e contribuíram para suas doutrinas místicas.

sui generis Lat., de um gênero próprio.

suicídio Morte intencional de si mesmo. As definições mais amplas podem incluir o martírio e o sacrifício. Definições mais restritas podem ser motivadas pelo pensamento de que esses casos são frequentemente nobres e heroicos, enquanto que o suicídio é em geral objeto de proibição moral. Essa proibição era hesitante no início da tradição cristã e pouco usual em outras culturas, onde o suicídio em várias circunstâncias pode estar institucionalmente consagrado. A proibição se fortaleceu na Idade Média e tornou-se tópico de disputa entre pensadores *Iluministas, em particular *Hume, e conservadores, como *Kant. O suicídio foi moda na era *romântica, mas diagnosticou-se, no século XX, ou como doença psicológica (*Freud), ou como resultado da pressão das condições sociais (*Durkheim). Uma percepção crescente do modo intolerável como a profissão médica gere a morte, sobretudo nos EUA, tem suscitado movimentos pela morte com dignidade, apoiados por médicos simpáticos à causa e por grupos de autoajuda. *Ver também* eutanásia.

sujeito *Ver* ego; eu.

sujeitos lógicos Os sujeitos lógicos de uma frase são qualquer coisa que seja referida pelas expressões *referenciais numa frase cuja forma de superfície exiba corretamente a sua *forma lógica.

summum bonum O máximo bem; o que é um *fim em si. A natureza desse estado preocupou tanto autores antigos como autores cristãos (*ver agathon*), embora *Hobbes tenha tido, provavelmente, a última palavra sobre o assunto: "Mas no que diz respeito a uma finalidade *máxima*, na qual os filósofos antigos situaram a *felicidade*, disputando infindavelmente acerca do caminho para a atingir, não há tal coisa neste mundo, nem caminho para lá chegar, tal como não existe caminho para a Utopia; pois enquanto vivemos, temos desejos, e o desejo pressupõe uma finalidade ulterior."

super-homem *Ver Übermensch.*

super-rogatório Atos que não são "exigidos", situando-se além do dever, como, por exemplo, atos de excepcional bondade e heroísmo. A categoria é interessante porque muitas teorias éticas não a aceitam: por exemplo, para um *utilitarista direto, ou uma ação maximiza a felicidade, caso em que deve ser realizada, ou não, caso em que não deve ser realizada. A teologia protestante também rejeitou a categoria, uma vez que na teologia católica o excedente moral que resultasse dos atos de santidade era propriedade da Igreja e, como tal, podia ser comprado e vendido.

superveniência Termo introduzido por *Hare para descrever como as propriedades éticas se relacionam a outras propriedades, psicológicas ou naturais, das coisas. As propriedades de um tipo, F, são supervenientes em relação às de outro tipo, G, quando as coisas são F em virtude de serem G. Deste modo, uma pessoa não pode apenas ser boa: ela tem de ser boa em virtude da posse de outras propriedades, como coragem ou bondade. Uma propriedade superveniente relaciona-se com as qualidades subjacentes pelo menos desta maneira: se uma coisa possui as propriedades subjacentes e é F, então qualquer outra coisa com as mesmas propriedades subjacentes deve partilhar a mesma propriedade resultante F. Por vezes, faz-se uma distinção entre a superveniência fraca, onde isto se verifica unicamente no que diz respeito às coisas atuais, e superveniência forte, que se aplica a todas as coisas possíveis.

Esta noção é explorada em muitas áreas: é plausível, por exemplo, que as propriedades biológicas sejam supervenientes em relação às químicas, que as propriedades mentais sejam supervenientes em relação às físicas, que os poderes e propriedades *disposicionais sejam supervenientes em relação às propriedades categóricas, e assim por diante. Uma das promessas que esta noção alimenta é a de podermos compreender a relação que ocorre entre diferentes níveis de descrições, sem que se tente a redução de uma área a outra (*ver* reducionismo). O valor desta promessa depende de uma boa compreensão da própria noção de superveniência. Se for um fato metafísico obscuro e inexplicável que os F se relacionam deste modo com os G, então a superveniência, em vez de solucionar os problemas relativos à compreensão das várias áreas, acaba por herdá-los. *Ver também* realização variável.

suporte físico *Ver* hardware/software.

suporte lógico *Ver* software.

suposição Uma *proposição é tratada como uma suposição quando esta é acrescentada a um conjunto de *premissas de um *argumento. A conclusão torna-se assim condicional, dependente dessa suposição, a menos que esta possa ser descartada, ou que se mostre desnecessária, no decorrer do argumento.

suposto Algo que se apresenta como um ponto de partida ou como uma *suposição fecunda, não sendo necessário que se dê por conhecida sua verdade.

suppositio Termo medieval que designa o sujeito de uma proposição, ou então aquilo a que o termo geral que está na posição de sujeito se refere. Na doutrina medieval os termos gerais de um *silogismo referem-se a coisas e são gramaticalmente intersubstituíveis, estando ligados, numa proposição categórica (ou da forma sujeito-predicado), pela *cópula. Isso suscita o problema de saber a que coisas é que se referem e que relação é que tem de ser estabelecida entre as coisas a que se referem para que a frase seja verdadeira. Se também se supuser que, para uma frase ser verdadeira, os termos têm de se referir à mesma coisa, então a questão torna-se extremamente complexa; e, de fato, a doutrina da *suppositio* acabou por adotar distinções como as da *suppositio* formal, material, pessoal, determinada e outras.

supremo Um número é um *majorante* de um conjunto S de números se todos os membros do conjunto forem menores ou iguais a si, e é o *supremo* (ou menor dos majorantes) de S se não existir número algum que seja menor do que ele que também seja majorante de S. Não é trivial que todos os conjuntos de números reais que têm um majorante tenham também um supremo. Se invertermos a ordem, tomando "maior ou igual a" em vez de "menor ou igual a", obtemos o conceito dual de *ínfimo* (ou maior dos *minorantes*).

suscetível de verdade Uma frase é suscetível de ser verdadeira se há um contexto no qual poderia ser proferida (com o mesmo significado) de forma a exprimir uma proposição verdadeira ou falsa. As perguntas, as ordens e, o que é mais controverso, as frases paradoxais da forma do *paradoxo do mentiroso ("esta frase é falsa") não são suscetíveis de ser verdadeiras; nem as frases cuja função aparente é afirmar algo (como "você não vai fumar"), mas que podem, pelo contrário, ser vistas como algo que exprime prescrições ou atitudes e não como algo cujo objetivo é a falsidade ou a verdade. *Ver* expressivismo; prescritivismo.

Swedenborg, Emmanuel (1688-1772) Filósofo natural, teólogo e místico sueco. Swedenborg nasceu numa família eclesiástica proeminente e estudou em Uppsala. Enquanto trabalhava na Companhia das Minas entre 1716 e 1747 fez várias descobertas científicas, sendo considerado um dos fundadores da cristalografia. Contudo, tendo se convencido que tinha tido um contato direto com o mundo espiritual, demitiu-se e começou a lecionar, criando uma nova igreja ou comunidade com aqueles que seguiam suas doutrinas. Sua filosofia é uma mistura de *pampsiquismo, *panteísmo e *teosofia.

T

tabela de verdade *Ver* função de verdade.

tabula rasa (lat., tábua ou ardósia vazia) Termo usado pelos *escolásticos, e.g., *Tomás de Aquino (*Summa*, Ia 79. 2), para expressar o estado de uma mente em que nenhuma sensação tenha sido impressa. É frequentemente usado para descrever a tese análoga de *Locke segundo a qual não há *ideias inatas. *Ver também nihil in intellectu nisi prius in sensu.*

tácito (conhecimento, consentimento, comunicação) Um estado de alguém ou de uma relação entre duas pessoas que não está expresso, ou do qual as pessoas envolvidas podem até não estar conscientes, mas que pode ser inferido de suas outras capacidades e atividades. Pode-se descrever um agente suscetível de produzir um número infinito de frases de uma língua como alguém que tem um conhecimento tácito da gramática dessa língua. *Locke descreve uma pessoa que permaneça voluntariamente no domínio de jurisdição de um Estado como alguém que deu um assentimento tácito às suas leis. A comunicação tácita é o reconhecimento não verbalizado (implícito) da posição dos outros que leva à adoção de estratégias para a atividade comum (*ver* convenção). Esta ideia reflete o fato de as pessoas se comportarem frequentemente "como se" fossem detentoras do conhecimento descrito ou tivessem dado assentimento a algo ou comunicado acerca de um certo tópico. Mas a atribuição, a partir daqui, de uma realidade psicológica ao que é tácito é problemática: por exemplo, *Hume criticou a aplicação política que Locke fez do conceito com o argumento de que o sujeito não tem, tipicamente, outro lugar para onde possa ir e, portanto, não está exatamente comportando-se como se estivesse dando assentimento à autoridade do Estado, mas antes como se estivesse tentando tirar o melhor partido de uma situação com que possivelmente discorda.

Tagore, Rabindranath (1861-1941) Filósofo e poeta indiano. Tagore nasceu em Calcutá e estudou em Londres, tornando-se nas primeiras décadas do século XX uma das figuras internacionais mais conhecidas do mundo intelectual. Ganhou o Prêmio Nobel de literatura em 1913 e foi armado cavaleiro em 1915. Suas obras filosóficas tratam de temas religiosos e éticos, e tendem a procurar unir e sintetizar o que há de melhor em posições aparentemente opostas, sobretudo nas tradições do Oriente e do Ocidente. Sua obra mais conhecida é provavelmente *The Religion of Man*, constituída pelas conferências Hibbert de Oxford, publicadas em 1931.

Tales de Mileto (fl. 585 a.C.) Um dos sete sábios da Grécia antiga, considerado por *Aristóteles o fundador da ciência física, ou seja, o primeiro grego a procurar a substância última das coisas, tendo-a identificado com a água. Estudou muitas matérias, supõe-se que previu o eclipse solar de 28 de Maio de 585 a.C. e que introduziu o estudo da *geometria na Grécia. Aparentemente, acreditou numa variante qualquer de *hilozoísmo e de *pampsiquismo, mas as afirmações realizadas na Antiguidade tardia sobre suas doutrinas e descobertas não são consideradas fidedignas.

tantra (sânscr., teia, texto contínuo) Texto sagrado do *budismo tibetano e também de outras formas de budismo. Muitos tantras dizem respeito ao equilíbrio entre Shiva e Shakti, os princípios masculino e feminino, e constituem a base de várias práticas de meditação.

tao (chin., a via) A fonte e o princípio da ordem cósmica. O constante fluxo da força vital (**chi*) em permanente mutação. Enquanto princípio cósmico, o *tao* tem algumas semelhanças com o **logos*, apesar de ser profundo, obscuro, difícil de compreender e de não poder ser expresso em palavras. O *tao* da humanidade e o do universo são um único e é nele que se encontra a chave para uma existência humana harmoniosa e de completa satisfação. A "via tranquila" do *taoísmo consiste em estar sintonizado com a natureza e com o universo. No *confucionismo o *tao* é a via para a lei moral, o percurso pelo qual se alcança uma existência moral plena.

taoísmo Filosofia fundada por *Lao-tsé e expressa no livro por vezes denominado pelo mesmo nome, mas também conhecido como *Tao Te Ching* ("Clássico da Via"), uma combinação de misticismo, reflexão filosófica e poesia. Ao contrário do *confucionismo, o taoísmo enfatiza a unidade da humanidade com o universo. É a perda dessa unidade que é responsável pelo desejo, pela competição e pelas tentativas malsucedidas de regular os conflitos resultantes por meio da ética e das leis morais (*ver também* Rousseau). Lao-tsé considerava que "A doutrina da virtude só surge quando o *tao* está perdido". Como filosofia prática, o taoísmo baseia-se assim na supressão do desejo a favor da simplicidade e tranquilidade naturais.

tarô Conjunto de 22 cartas ilustradas com que se joga o antigo jogo *tarot* ou *tarok*; é igualmente popular como meio de adivinhação do futuro.

Tarski, Alfred (1901/2-83) Tarski nasceu e estudou em Varsóvia, mas foi para os Estados Unidos em 1939. Ensinou em Harvard, mudando-se para a Universidade da Califórnia em Berkeley em 1942. Foi em 1930 que começou sua investigação pioneira acerca do conceito de verdade nas linguagens formalizadas, que culminou em 1933 no célebre artigo com esse título ("The Concept of Truth in Formalized Languages") (*ver também* convenção T; teorias da verdade). Juntamente com Abraham Robinson (1918-74), criou a teoria matemática dos *modelos. Sua investigação sobre os sistemas axiomáticos solucionáveis e insolucionáveis fez dele um pioneiro das ciências da computação; no decurso de sua carreira de matemático publicou mais de trezentos livros e artigos, sobre assuntos que vão desde a teoria dos conjuntos à geometria e à álgebra. A obra lógica de Tarski é bem ilustrada pelo volume *A Decision Method for Elementary Algebra and Geometry* (1948); em filosofia, a obra que melhor o representa é a coletânea *Logic, Semantics and Metamathematics* (1956).

tautologia Tecnicamente, uma fórmula do *cálculo proposicional que é verdadeira qualquer que seja o valor de verdade atribuído às variáveis proposicionais que nela ocorram. (Uma tautologia é, portanto, válida, i.e., verdadeira em todas as *interpretações.) Em contextos mais informais, considera-se que uma tautologia é uma proposição que "nada diz" ou que meramente repete uma definição.

te (chin., virtude, poder) No *taoísmo, *te* é a virtude ou o princípio individual inerente a uma coisa, a energia interior que a liga ao universo.

technê (gr., perícia ou arte) Conhecimento de como fazer e produzir coisas.

Teeteto (c.414-c.369 a.C.) Amigo de Platão e matemático que deu seu nome a um dos mais importantes diálogos de Platão. Supõe-se que contribuiu para a teoria dos irracionais de *Euclides, Livro X, e para a geometria dos sólidos do Livro XIII.

Teilhard de Chardin, Pierre (1881-1955) Jesuíta francês, paleontólogo e filósofo da natureza. Sua principal obra, *Le Phénomène humain* (completada em 1946, publicada em 1955) expõe uma síntese da ciência com a religião, onde se concebe o universo como um sistema que se desenvolve de uma fase para outra em direção a formas de consciência mais elevadas, com o objetivo de uma eventual unidade com Deus. Esta visão tem raízes filosóficas em *Bergson. Embora tenha sido influente no seu tempo, suas pretensões à respeitabilidade racional foram demolidas pelo biólogo Peter Medawar na revista *Mind*, em 1961.

teísmo Crença na existência de Deus. O teísmo é também a condição patológica causada por se beber chá em excesso, mas este é um sentido diferente da palavra, um caso de *homonímia. *Ver também* deísmo; monoteísmo; politeísmo e outros assuntos da *filosofia da religião.

telecinesia O movimento de objetos através de meios supostamente *paranormais.

teleofuncionalismo Corrente do *funcionalismo que lhe acrescenta a referência à *teleologia, habitualmente concebida e analisada em termos de seleção natural. A ideia principal é que podemos conceber os estados mentais não só em termos de suas relações causais reais e efetivas mas também em função do papel que "presumivelmente" desempenham numa estrutura causal global, em que "o papel que *presumivelmente* desempenham" é dado pelo fim adaptativo que satisfizerem.

teleologia (gr., *telos*, fim) O estudo dos fins ou desígnios das coisas. A ideia de que existe algo que é o fim ou finalidade da vida é proeminente na concepção aristotélica da *natureza (e da ética) e, mais tarde, na tradição cristã. A teoria da evolução pela seleção natural permite que se especule sobre a função a que as coisas particulares estão adaptadas e, assim, permite asserções sobre o desígnio que a *adaptação serve, sem que haja qualquer compromisso com a ideia de um arquiteto que tenha originado as funções para servir um desígnio e sem que se tenha a crença anticientífica de que a utilidade futura de uma característica produz de algum modo a sua existência por meio de uma espécie de *causalidade invertida. Chama-se por vezes teleonomia à teleologia que está livre dessas implicações. A teleologia de uma característica pode ter implicações metafísicas: podemos sugerir (o que é controverso) que nossa visão espacial existe para enfrentar com sucesso um mundo espacial, ao passo que a visão cromática pode não existir para enfrentar com sucesso um mundo cromático, mas antes por ser adequada à hábil localização de superfícies pelas mudanças de luz. Esta seria uma maneira de defender uma distinção entre *qualidades primárias e secundárias.

telepatia Suposta capacidade de transmitir ou receber pensamentos diretamente para a mente de outra pessoa sem qualquer interação causal normal.

teletransporte Modo ficcional de transporte pelo qual uma pessoa é "desmaterializada" num lugar, emergindo depois em outro. A *experiência de pensamento de imaginar casos desse tipo tem sua importância na filosofia da *identidade pessoal, visto que se concedermos que o teletransporte não implica contradição, então parece que pensamos que nossa identidade é potencialmente distinta da continuidade corpórea.

telos (gr., fim ou finalidade) *Ver aretê*; natureza; teleologia.

temor *Ver* alienação; *Angst*.

tempo A natureza do tempo tem sido um dos maiores problemas filosóficos desde a Antiguidade. Concebemos bem o tempo quando o concebemos como um fluxo? Se é esse o caso, o tempo flui do futuro para o passado, mantendo-nos como barcos presos no meio de um rio? Ou flui do passado para o futuro, transportando-nos com ele? E pode fluir mais depressa ou mais devagar? Essas questões parecem suficientemente difíceis (ou absurdas) para nos encorajar a rejeitar a metáfora do fluxo do tempo. Mas se não concebermos o tempo como um fluxo, como poderemos imaginar sua passagem? O que distingue o presente do passado e do futuro, se é que há alguma distinção objetiva (*ver* séries-a)? O que dá ao tempo a sua direção — o que explica a assimetria entre o passado e o futuro? Faz algum sentido falar de uma existência intemporal, ou só faz sentido falar da existência no tempo? É o tempo infinitamente divisível, ou será que pode ter uma estrutura granular, existindo assim o menor pedaço ou fração de tempo? Muitas dessas questões foram colocadas pela primeira vez na *Física* de *Aristóteles sob a forma de paradoxos ou problemas sobre a própria existência do tempo. Um deles é que o tempo não pode existir, já que nenhuma das suas partes existe (o instante presente, por não ter duração, não pode contar como uma parte do tempo). Um outro problema surge ao perguntarmos quando o instante presente deixa de existir, porque qualquer resposta envolve uma contradição: não deixa de existir no presente, porque enquanto existe não deixa de existir; não deixa de existir no momento seguinte, porque na continuidade temporal não existe o momento seguinte (do mesmo modo que não há uma fração seguinte a uma qualquer fração dada); não deixa de existir num momento posterior, porque aí já deixou de existir. No entanto, não podemos conceber o instante presente como algo que existe continuamente, porque nesse caso aquilo que aconteceu há dez mil anos seria simultâneo com o que acontece hoje. Os enigmas de Aristóteles e os *paradoxos de Zenão sobre o tempo e o espaço suscitaram soluções atomistas, nas quais se defendeu a estrutura granular do tempo. Diodoro de Cronos (fl. c.300 a.C.) e *Epicuro foram alguns dos partidários do atomismo, mas encontraram a oposição dos *estoicos; os argumentos de ambas as partes foram usados por *Sexto Empírico de forma muito útil para os céticos. Uma solução fundamentalmente idealista, na qual se permite a existência de tempos diferentes como objetos de contemplação simultânea, foi proposta por *Agostinho nas *Confissões*, Livro 11, e é visível em *Leibniz, *Berkeley, *Kant e *Bergson. Entre outros problemas embaraçosos está o de determinar se o tempo pode ter um início e o de saber se pode existir um tempo sem acontecimentos que nele decorram. *Ver também* espaço-tempo; teoria da relatividade.

teodiceia A parte da teologia em que se procura defender a bondade e a onipotência de Deus perante o mal e o sofrimento que existem no mundo. *Ver* defesa do livre-arbítrio; problema do mal.

Teofrasto (c.370-c.288 a.C.) Discípulo e colaborador de *Aristóteles e seu sucessor na liderança dos *peripatéticos. Embora tenha sido um professor influente e um autor enérgico, sobreviveram poucas de suas obras. Sua filosofia afastou-se de Aristóteles, numa direção sobretudo empirista, e também por ser cético em relação às extravagâncias aristotélicas da concepção *teleológica da natureza. Todavia, prosseguiu a ciência e a sistematização aristotélicas. Seu tratado sobre as *Opiniões dos físicos* foi, posteriormente, a fonte principal do conhecimento sobre os *pré-socráticos.

teologia da crise *Ver* Barth.

teologia natural Doutrinas sobre Deus que estão ao alcance dos processos de raciocínio naturais, opondo-se às que exigem o apoio da revelação. Os ateus e os agnósticos negam que existam tais doutrinas, e os teólogos protestantes também, destacando as limitações das fracas faculdades humanas e a necessidade especial da graça divina. *Ver também* deísmo.

teologia positiva *Ver* direito positivo/teologia positiva.

teologia revelada Teologia que diz respeito a doutrinas que não são conhecidas ou compreendidas unicamente pela razão, mas que podem ser conhecidas ou compreendidas através da concessão especial de uma revelação divina, e.g., através de encarnação ou da transmissão do conhecimento bíblico.

teorema Algo demonstrado num sistema lógico ou *cálculo lógico. Formalmente: a última linha de uma *demonstração.

teorema da compacidade Teorema que afirma que qualquer coleção de *fórmulas bem-formadas de uma linguagem tem um *modelo, se todos os subconjuntos finitos da coleção têm um modelo.

teorema da dedução O teorema demonstrável para alguns sistemas de lógica que afirma que se uma conclusão C pode ser demonstrada a partir de um conjunto de premissas $A_1 \ldots A_n$, então há uma demonstração de $A_n \rightarrow C$ a partir de $A_1 \ldots A_{n-1}$.

teorema da representação A demonstração oferecida por *de Finetti que afirma que do requisito que assevera que os graus de confiança de uma pessoa em diferentes proposições devem ser coerentes, no sentido de evitar a possibilidade de um *livro holandês, se pode derivar que as crenças dessa pessoa correspondem à quantificação clássica do cálculo das *probabilidades.

teorema de Arrow O mais famoso teorema da lógica da escolha social ou da votação. O teorema (corretamente designado como teorema geral da possibilidade) mostra a impossibilidade de uma *função de bem-estar social que satisfaça algumas condições bastante fracas, que são essencialmente as seguintes: (I) tem de funcionar para qualquer conjunto possível de hierarquizações individuais de alternativas; (II) tem de satisfazer o *princípio de Pareto, segundo o qual se todos os indivíduos preferem *x* a *y* então a sociedade tem de preferir *x* a *y*; (III) para qualquer subconjunto de alternativas, apenas as preferências dos indivíduos relativamente às alternativas constantes do conjunto de alternativas devem ser tomadas em consideração; e (IV) não ditadura: não existe qualquer indivíduo cujas preferências ditem as preferências da sociedade. O *paradoxo dos eleitores é um exemplo simples do tipo de problemas relacionados.

teorema de Bayes Teorema da teoria das probabilidades. Thomas Bayes (1702-61) foi um clérigo inglês, cujo *An Essay Towards Solving a Problem in the Doctrine of Chances* surge em dois artigos apresentados por *Price em memória de Bayes (após sua morte) na revista *Philosophical Transactions*, em 1763 e 1764. Bayes ofereceu um resultado que permite obter a probabilidade de numa única tentativa um acontecimento se situar num certo intervalo, dado o número de vezes em que o acontecimento ocorreu e o número de vezes em que não ocorreu. Mas a forma pela qual este teorema é conhecido é como uma expressão para a probabilidade *a posteriori* de uma hipótese (i.e., a sua probabilidade após obtenção de informação). Esta probabilidade é um produto (I) da sua probabilidade anterior à informação ou probabilidade *a priori* e (II) da probabilidade da informação ser como é, dada a hipótese, dividida pela probabilidade *a priori* da informação (que muitas vezes se exprime como a probabilidade da informação considerada à luz de todas as diferentes hipóteses possíveis). Na teoria estatística, os bayesianos acreditam que este teorema é fundamental para a atribuição de probabilidades a hipóteses. Os não-bayesianos acreditam que a aplicação deste teorema é extremamente limitada, referindo-se muitas vezes à natureza abstrata e artificial das probabilidades *a priori* exigidas pelo teorema. *Ver também* personalismo.

teorema de Bell No teorema da interconexão, demonstrado pelo físico John Bell em 1964, afirma-se que nenhum modelo local da realidade pode fazer justiça aos fatos do comportamento *quântico. Num modelo local da realidade as conexões causais propagam-se através de sinais que viajam a uma velocidade inferior à da luz. Bell mostrou que a mecânica quântica descreve correlações que não podem ser explicadas por um modelo local. No teorema coloca-se sob consideração uma montagem que é uma variação da *experiência de pensamento de Einstein-Podolsky-Rosen e demonstra-se que, se a realidade fosse local, deveríamos esperar que certas medições definidas acarretassem uma certa desigualdade (a desigualdade de Bell). No entanto, os resultados experimentais são diferentes, o que sugere um conflito com a teoria da relatividade, que parece exigir a localidade. As interpretações divergem no que diz respeito à realidade do conflito: talvez devamos afirmar, por exemplo, que as correlações são fatos brutos sem explicação.

teorema de Bernoulli Denominação usada na teoria das probabilidades para a "lei dos grandes números", demonstrada por Jakob Bernoulli (1654-1705). O teorema proporciona o vínculo mais bem conhecido entre a probabilidade e a frequência da ocorrência de acontecimentos numa série de ensaios, sendo assim fundamental para a epistemologia da probabilidade. Bernoulli mostrou que, se temos uma sequência de n ensaios, onde cada resultado r tem uma probabilidade p, então o número de vezes mais provável em que o acontecimento ocorre é pn (ou o número inteiro mais aproximado). Além disso, para qualquer número pequeno e, a probabilidade de que a frequência da ocorrência se situe no intervalo $np \pm e$ aumenta com n e aproxima-se de 1 à medida que n se aproxima do infinito.

teorema de Cantor Teorema fundamental da teoria dos conjuntos, demonstrado por *Cantor em 1891. Divide-se usualmente em duas partes. O teorema de Cantor diz que o conjunto dos números reais não é *numerável. O teorema do conjunto-potência mostra que o *conjunto-potência de qualquer conjunto é sempre maior que o conjunto original. Cantor demonstrou ambos os resultados através da *diagonalização. *Ver também continuum*; número; teoria dos conjuntos.

teorema de Church Teorema desenvolvido pelo matemático e filósofo americano Alonzo Church (1903-95) que afirma que os teoremas do cálculo de *predicados não formam um conjunto recursivo. Dada a *tese de Church, isso significa que não existem processos de decisão, ou algoritmos, para decidir se uma fórmula arbitrária do *cálculo de predicados de primeira ordem é um teorema do cálculo.

teorema de Craig Um teorema da lógica matemática que se diz ter implicações para a filosofia da ciência. O lógico William Craig, de Berkeley, mostrou que se dividirmos o vocabulário de um sistema formal em dois grupos (por exemplo: os termos teóricos T e os termos observacionais O), então, dado um sistema Γ completamente formalizado (*ver* sistema formal) e um conjunto S de consequências que contenha apenas termos do vocabulário O, existe também um sistema Ω, expresso no vocabulário de O, que é suficientemente forte para conseguir derivar o mesmo conjunto S de consequências. O teorema é puramente formal, uma vez que Γ e Ω se limitam a separar as fórmulas em dois grupos: as desejadas, que contêm como termos não lógicos um único tipo de vocabulário, e as outras. O teorema pode encorajar a ideia de que os termos teóricos de uma teoria científica são em princípio dispensáveis, uma vez que as mesmas consequências podem ser derivadas sem eles. Contudo, o processo que Craig de fato usou não oferece qualquer processo efetivo de dispensar termos teóricos durante o processo de conceber e projetar as premissas a partir das quais o conjunto S se segue. Neste sentido, Ω continua parasitário em relação a Γ.

teorema de Gödel *Ver* teorema(s) de Gödel.

teorema de Skolem-Löwenheim Qualquer classe de fórmulas bem-formadas do *cálculo de predicados que tenha um *modelo, tem um modelo com um domínio contável (*ver* numerável). *Ver também* paradoxo de Skolem.

teorema(s) de Gödel O primeiro teorema da incompletude de *Gödel afirma que para qualquer sistema lógico consistente *S* que possa exprimir a aritmética, têm de existir frases que são verdadeiras na interpretação standard de *S*, mas que não são demonstráveis. Além disso, se *S* for *ômega-consistente então existem frases tais que nem elas nem suas negações são demonstráveis. O segundo teorema afirma que nenhum desses sistemas pode ser suficientemente poderoso para demonstrar sua própria consistência.

Esses resultados, publicados em 1931 ("Über formal unentscheidbare Sätze der *Principia Mathematica* und verwandter Systeme I"; trad. "Acerca de proposições formalmente indecidíveis nos *Principia mathematica* e sistemas relacionados"), determinaram os limites dos métodos puramente formais em matemática e marcaram em particular o fim do *programa de Hilbert. A maneira como Gödel demonstrou seu primeiro resultado tem um significado filosófico adicional. Gödel definiu uma fórmula *P* que, apesar de indemonstrável, se vê que é verdadeira, dada a maneira como é construída. A moral da história é que a verdade ultrapassa de certa maneira a demonstrabilidade, pelo menos quando é considerada em termos formais.

Gödel codificou as fórmulas lógicas em números, de maneira que a um enunciado na metateoria sobre a demonstrabilidade corresponde, por essa codificação, um enunciado simples de matemática elementar. O formalismo da aritmética contém assim frases que, consideradas do ponto de vista da codificação, exprimem proposições da sua própria metamatemática. A fórmula *P* é uma dessas frases: exprime, se a interpretarmos através da codificação, a sua indemonstrabilidade. O argumento de Gödel é, assim, um caso particular de uma *diagonalização, mantendo uma forte analogia com os exemplos dos *paradoxos semânticos. É por isso muito importante notar que todos os métodos usados por Gödel são perfeitamente rigorosos.

O argumento de Gödel e seus resultados possibilitaram um tratamento perfeitamente rigoroso da noção de *função computável, assim como a compreensão moderna do alcance e dos limites da computação e da possibilidade ou não de existirem programas suscetíveis de testar a consistência e a completude.

teoria adverbial Uma teoria adverbial da percepção toma a *ambiguidade ato-objeto da experiência como ponto de partida para conceber a percepção em termos de ação. O objeto da percepção surge, assim, não como um verdadeiro objeto, mas como um advérbio que descreve como a ação é executada. Deste modo, em vez de "Vejo uma mancha azul", teríamos "Vejo azulmente", que descreve como ocorre o processo ou a atividade de ver. É frequente objetar-se que os advérbios a que seria preciso recorrer se tornam demasiado complexos e artificiosos: "Vejo uma mancha azul à direita de uma mancha vermelha" ficaria qualquer coisa como "Vejo vermelho-à-direita-azulmente", sendo difícil ver como poderíamos dar sentido ao advérbio complexo envolvido sem mencionar sub-repticiamente as manchas de cor.

teoria *boo-hooray* (ing.) Nome pejorativo para a teoria *emotivista da ética.

teoria causal da percepção (ou da memória) Posição que defende que perceber um objeto é estar numa relação causal apropriada com ele, ou que recordar um acontecimento é situar-se numa relação causal semelhante à da sua ocorrência original. A ideia geral é amplamente aceita, mas verifica-se que é difícil identificar com exatidão que tipo de relação conta como uma relação causal apropriada, pois as *cadeias causais desviantes podem ligar-nos a coisas que, todavia, não percebemos nem recordamos.

teoria causal do conhecimento/justificação O ponto de vista segundo o qual um agente sabe que algo se verifica quando existe uma conexão causal apropriada entre o fato de isso ser o caso e a crença do agente. O exemplo mais claro é a percepção direta, onde o fato de haver uma cadeira no quarto causa meu estado visual de ver que há uma cadeira, causando assim meu conhecimento de que há uma cadeira no quarto. A identificação da relação apropriada, de maneira a ampliar a ideia a casos menos diretos, sobretudo àqueles que envolvem coisas aparentemente não causais, como os objetos abstratos, é uma das dificuldades dessa teoria. A teoria tem também de acomodar exemplos onde pode haver uma conexão causal, mas onde seria pouco razoável o agente acreditar na sua existência. *Ver também* cadeia causal desviante.

teoria crítica Designação aplicada, de forma específica, à tendência filosófica característica da *escola de Frankfurt. Esta escola descende filosoficamente de *Hegel e de *Marx, e considera as imperfeições sociais e culturais como carências de racionalidade, comparando-as com um ideal para o qual o progresso da razão tenderia — progresso que se concretiza nas organizações sociais puras e não distorcidas. A teoria crítica procede dialeticamente, isto é, por meio da procura de "*contradições" em organizações sociais onde, por exemplo, certos grupos são sistematicamente excluídos da área do poder ou do livre acesso à informação que estrutura o debate racional (*ver também* Habermas).

De forma mais genérica, a expressão "teoria crítica" pode descrever qualquer tentativa de compreensão das práticas da crítica, da interpretação e da elucidação histórica da intervenção social, incluindo a escrita. Uma acrescida autoconsciência sobre o papel do crítico e das diferentes circunstâncias sociais e históricas que influem na comunicação e na *tradução é típica do *pós-modernismo, e esse tópico foi expresso, literariamente, de várias formas. É, no entanto, duvidoso que as reflexões daí resultantes sejam sempre críticas ou teóricas em qualquer acepção desses termos reconhecida na *filosofia da ciência. *Ver também* Derrida; Foucault.

teoria da atribuição Teoria que procura explorar os princípios que regulam o modo como as pessoas atribuem comportamentos a causas externas, circunstâncias sociais ou fatores de personalidade.

teoria da caixa preta A compreensão de algo inteiramente através de sua função. Essa concepção deixa-nos o problema de saber qual é o mecanismo que permite o desempenho dessa função, já que esse algo é considerado como uma caixa preta, onde tudo aquilo que o faz funcionar é invisível. Numa teoria da caixa preta aplicada à ciência, por exemplo, considera-se uma teoria científica unicamente como um formalismo, ou como um simples dispositivo para produzir previsões a partir de dados empíricos. Numa teoria da caixa preta aplicada à mente, diríamos que compreendemos a mente de uma forma exaustiva quando sabemos quais são os dados de entrada (*inputs*) que nela produzem os seus dados de saída (*outputs*).

teoria da confirmação Teoria sobre o problema de saber em que medida certos dados apoiam uma teoria. Uma teoria da confirmação inteiramente formalizada estabeleceria o grau de confiança que um investigador racional pode ter numa teoria perante um conjunto de dados. *Leibniz é o precursor da teoria da confirmação porque acreditou que todas as controvérsias poderiam ser resolvidas numa linguagem científica logicamente transparente. No século XX, um dos objetivos principais dos *positivistas lógicos foi conseguir uma teoria da confirmação inteiramente formal, já que sem ela o conceito central de verificação (*ver* princípio da verificação) através de dados empíricos não adquire um carácter científico. Devem-se a *Carnap os desenvolvimentos principais dessa teoria, que culminaram na obra *The Logical Foundations of Probability* (1950). A ideia de Carnap era que a medida necessária seria a proporção do conjunto de estados de coisas logicamente possíveis que são consistentes com a teoria e com os dados, comparado com o conjunto dos estados de coisas que são consistentes apenas com os dados (*ver também* teoria do escopo da probabilidade). Exige-se assim que possamos medir o "domínio" de possibilidades consistentes com a teoria e com os dados e que o comparemos com o "domínio" que é consistente apenas com os dados. Um dos obstáculos que este projeto enfrenta é o fato de os dados disponíveis abrangerem apenas um domínio finito, ao passo que as hipóteses científicas podem abranger um domínio infinito. Além disso, a confirmação varia em função da linguagem em que a ciência se apresenta, e o programa de Carnap encontra dificuldades em separar os dados que, pela sua diversidade, confirmam genuinamente uma teoria, dos dados menos significativos, que resultam da repetição da mesma experiência. A confirmação também se mostrou suscetível de gerar paradoxos delicados (*ver* paradoxo de Goodman; paradoxo de Hempel). Por fim, os juízos científicos parecem depender de fatores intangíveis, tais como o confronto de teorias rivais, acabando a maior parte dos autores por salientar o sentido historicamente situado do que parece plausível, próprio da cultura científica de um certo momento histórico. *Ver também* princípio da variedade independente limitada.

teoria da decisão A teoria acerca daquelas escolhas que são feitas quando cada opção está associada a um risco, ou seja, a uma expectativa de perda ou ganho, onde a expectativa é uma função da *probabilidade de um resultado e do ganho ou perda totais envolvidos. *Ver* dominância; utilidade esperada.

teoria da demonstração O estudo das relações de dedutibilidade entre frases num *cálculo lógico. A dedutibilidade é definida de maneira puramente sintática, isto é, sem referência à *interpretação intencionada do cálculo. *Ver também* teoria dos modelos.

teoria da despossessão Teoria do eu que rejeita o modelo de um possuidor único e unificado da multiplicidade de experiências, defendendo habitualmente uma certa versão de uma *teoria do feixe. *Ver também atman*; identidade pessoal.

teoria da informação A teoria da medida de informação na qual o conteúdo informativo de um acontecimento é medido por sua improbabilidade estatística.

teoria da mente ou do eu como feixe *Ver* teoria do feixe.

teoria da quantificação A teoria lógica das inferências que envolvem *quantificadores, normalmente referida como *cálculo de predicados.

teoria da relatividade Os pressupostos de que depende a teoria da relatividade restrita (1905) de *Einstein são: (I) todos os sistemas inerciais são equivalentes para a descrição de todos os fenômenos físicos; e (II) a velocidade da luz no espaço vazio é constante para qualquer observador, seja qual for o movimento do observador ou da fonte de luz. (Embora o segundo pressuposto possa parecer plausível à luz da experiência de Michelson-Morley de 1887, na qual não se conseguiu encontrar qualquer alteração na velocidade da luz quando esta foi medida no sentido de translação da Terra e quando essa foi medida perpendicularmente à sua translação, parece provável que Einstein não tenha sido influenciado pela experiência, e pode nem sequer ter conhecido o resultado.) Como consequência do segundo postulado, um observador, por mais depressa que viaje, nunca poderá alcançar um raio de luz, nem vê-lo estacionário: por mais que sua velocidade se aproxime da velocidade da luz, esta mantém ainda assim a mesma velocidade em relação a esse observador. Como consequência, o espaço, o tempo e a massa tornam-se relativos ao observador. Medições de quantidades num referencial de inércia em movimento em relação ao nosso próprio sistema revelam relógios mais lentos, comprimentos contraídos e massas mais pesadas, aumentando o efeito à medida que a velocidade relativa dos sistemas se aproxima da velocidade da luz. Acontecimentos considerados simultâneos quando medidos num desses sistemas não serão simultâneos quando medidos do outro sistema: o tempo e o espaço perdem assim sua identidade separada e tornam-se partes de um único *espaço-tempo. A teoria restrita tem também como consequência a famosa equivalência entre a energia e a massa ($E = mc^2$).

A teoria geral da relatividade de Einstein (1916) diz respeito aos sistemas não inerciais, i.e., àqueles que estão em aceleração em relação uns aos outros. A ideia principal é que as leis do movimento num sistema acelerado são equivalentes às de um campo gravitacional. A teoria não considera a gravidade como uma força newtoniana que age à distância de uma forma desconhecida, mas como uma propriedade métrica de um contínuo espaço-temporal que é curvo na presença de matéria. A gravidade pode ser concebida como um campo descrito pelo tensor métrico (*ver* geometria) em qualquer ponto. A analogia clássica que se estabelece é a de uma pedra colocada em cima de uma cama. Se lançarmos uma esfera ao longo da cama, ela será desviada para a pedra não por uma força misteriosa, mas pela deformação do espaço, i.e., pela depressão que existe no lençol em torno da pedra. Curiosamente, a teoria geral dá algum crédito a uma versão da teoria newtoniana do espaço absoluto (*ver* teoria do espaço absoluto), na medida em que o espaço em si é visto como algo com propriedades métricas próprias (*ver também* paradoxo do relógio). A procura de uma teoria de campos unificada é a tentativa de mostrar que, tal como a gravidade pode ser explicada em termos de uma consequência da natureza do espaço-tempo, o mesmo se pode fazer em relação às outras três forças físicas fundamentais: as forças nucleares fortes e fracas e a força eletromagnética (*ver também* filosofia da física). A teoria da relatividade é o desafio mais radical à concepção de "senso comum" do espaço e do tempo, segundo a qual esses são em essência distintos, sendo o tempo um fluxo absolutamente linear onde os acontecimentos se fixam através de relações objetivas.

teoria das contrapartes Ponto de vista defendido por David *Lewis segundo o qual em mundos possíveis diferentes não existem entidades idênticas e as afirmações que parecem exigir que existam são avaliadas em função de uma contraparte existente em outros mundos. Assim, "se João tivesse tocado no fio, teria sido eletrocutado" será uma frase verdadeira se, num mundo possível como o nosso em todos os aspectos, exceto no fato de João ter tocado no fio, João foi eletrocutado. Mas a ocorrência de "João" nesta análise já não se refere a João, mas antes a uma contraparte do João que tocou no fio. Esta doutrina tem algumas semelhanças com a tese — de natureza metafísica — de *Leibniz segundo a qual se alguém tivesse quaisquer atributos diferentes daqueles que tem, já não seria a mesma pessoa. Leibniz acreditava que, quando pergunto o que teria acontecido se Pedro não tivesse negado Cristo, estou perguntando o que teria acontecido se Pedro não tivesse sido Pedro, uma vez que negar Cristo faz parte do conceito de *Pedro*. No entanto, Leibniz admitia que se pudesse entender o nome "Pedro" como algo que quer dizer "o que está envolvido naqueles atributos [de Pedro] dos quais a negação de Cristo não se segue". Um argumento controverso contra a teoria das contrapartes, associado a *Kripke, pergunta por que havia de ser importante para João não ter tocado no fio, se tudo o que se pode dizer ao João é que se ele lhe tivesse tocado, uma contraparte sua teria sido eletrocutada.

teoria das descrições *Ver* descrição definida.

teoria das emoções de James-Lange Teoria inicialmente publicada por *James, na revista *Mind*, em 1884, e pelo psicólogo holandês C.G. Lange (1834-1900), em 1885, segundo a qual uma *emoção não é tanto a causa de respostas corporais e viscerais, mas antes a própria percepção destas reações específicas.

teoria do escopo da probabilidade Na teoria do escopo da probabilidade sustenta-se que a probabilidade de uma proposição, relativa a uma dada informação, é uma proporção do escopo de possibilidades sob as quais a proposição é verdadeira comparada com o escopo total de possibilidades permitido pela informação. Essa teoria foi criada por *Laplace e tem guiado a *teoria da confirmação, como por exemplo na obra de *Carnap. A dificuldade desta teoria consiste em identificar conjuntos de possibilidades de um modo que sua medida seja possível. Laplace apelou ao *princípio da indiferença, supondo que as possibilidades têm uma probabilidade igual a não ser que existam razões para as distinguir. No entanto, um uso irrestrito deste princípio introduz a inconsistência (*ver* paradoxo de Bertrand). Considerar diversas possibilidades como igualmente prováveis pode ser visto como algo que depende de escolhas lógicas ou metafísicas, como na concepção de *Keynes, ou de escolhas semânticas, como na obra de Carnap. Em qualquer caso, é difícil encontrar uma fonte objetiva que autorize essas escolhas, e essa é uma das dificuldades principais que a formalização da teoria da confirmação enfrenta.

teoria do aspecto duplo Posição segundo a qual, em vez de concebermos a mente e o corpo como coisas cujas relações recíprocas se tornam por isso problemáticas, deveríamos antes admitir que o sujeito uno, a pessoa, pode ser indiferentemente descrito em termos mentais ou físicos, que denotariam assim diferentes aspectos da mesma entidade. Esta posição é uma alternativa atraente ao *dualismo cartesiano; mas, apesar de tudo, enfrenta a dificuldade de evitar um dualismo de propriedades não menos incômodo, com problemas semelhantes acerca de saber como interagiriam essas diferentes propriedades.

teoria do desaparecimento Qualquer teoria que ao tentar dar conta de certo fenômeno acaba por ter como consequência a inexistência desse fenômeno. Muitas teorias da mente são acusadas desse defeito. Por exemplo, uma teoria que trate a questão do que é pensar através do exame do que consiste a atribuição de pensamentos a alguém por parte de um intérprete, pode se deparar com uma *regressão viciosa ao tentar dar conta daquilo em que consiste o pensamento do intérprete. *Ver também* eliminativismo.

teoria do erro Expressão devida ao filósofo do século XX J.L. Mackie e ilustrativa da teoria segundo a qual o pensamento vulgar num certo domínio está de tal modo influenciado por teses filosóficas erradas que ele próprio também erra. Mackie acreditava que o pensamento moral vulgar implica a crença de que há coisas com a propriedade objetiva e racionalmente irrecusável de "deverem ser feitas", mas também que esta crença é insustentável. Uma teoria do erro opõe-se de forma direta ao ponto de vista de *Wittgenstein de que a linguagem vulgar está perfeitamente bem tal como está, sendo apenas o pensamento filosófico sobre ela que origina a confusão. O problema principal que uma teoria do erro tem de enfrentar é o de explicar como pode o nosso pensamento ser regenerado de maneira a sermos libertados do erro. Uma das sugestões é o *eliminativismo radical, que nos aconselha a abandonar completamente a área em questão; outras soluções, menos radicais, defenderiam diversas operações de eliminação. *Ver também* quase realismo.

teoria do espaço absoluto Teoria segundo a qual o espaço é em si uma espécie de receptáculo, de maneira que os objetos têm uma posição, movimento ou aceleração em relação ao próprio espaço, e não unicamente em relação a si mesmos. Na famosa *experiência de pensamento do "balde", *Newton notou que quando a água gira sobre si mesma num balde parado forma um remoinho, subindo pelas paredes do balde, o que não acontece se for a água que estiver parada e o balde girando sobre si mesmo. Newton concluiu que para explicar essa assimetria temos de assumir não apenas o movimento relativo entre objetos, mas também o movimento absoluto com respeito ao espaço. A noção mais forte de movimento absoluto envolve a ideia de espaço como uma coisa existente com pontos que persistem no tempo. O movimento absoluto é então a mudança de posição com respeito a estes pontos. Contudo, para explicar os efeitos inerciais, tais como os efeitos da experiência do balde, basta uma noção mais fraca de espaço absoluto, relativo ao qual existe aceleração, mas em relação ao qual os diferentes movimentos inerciais são todos relativos.

teoria do feixe Posição, especialmente associada a *Hume, mas antecipada pelo *budismo, segundo a qual não há qualquer razão para pensarmos em termos de um eu singular e unificado que possui várias experiências ou estados; só temos acesso à sucessão desses estados. O eu que persiste ao longo do tempo é assim uma ficção, ou uma quimera da imaginação. No entanto, Hume admitiu não estar satisfeito com a sua própria explicação do assunto (*Treatise*, Apêndice 1). O problema é que a ideia de um eu determinado, que sobrevive às mudanças normais da experiência e da personalidade que se dão ao longo da vida, parece ser extraordinamente metafísica. Mas, se a evitarmos, parece que ficamos apenas com as próprias experiências, sem noção alguma da sua unidade numa vida ou, como se diz por vezes, sem ideia alguma da corda que ata o feixe. Uma metáfora tentadora é afirmar que um eu é "construído" a partir de experiências individuais, talvez como um foco fictício da narrativa que uma pessoa é inclinada a fazer da sua própria vida. O problema desta noção é que as experiências são, individualmente, demasiado pequenas para "construir" seja o que for, e tudo que é suscetível de qualquer construção parece ser, precisamente, o tipo de sujeito inteligente e organizador da experiência que se perdeu quando se abandonou a posição metafísica. *Ver também atman*; identidade pessoal.

teoria do sentido moral Perspectiva, associada sobretudo a *Hutcheson, de que possuímos um sentido moral parcialmente idêntico aos outros sentidos, que nos predispõe para as aprovações e desaprovações que sentimos. O "sentido" em questão tem de distinguir-se de todo e qualquer exercício da racionalidade, mas parece diferir da visão e da audição pelo fato de seu resultado ser uma atitude: é mais como o sentido de humor ou de equilíbrio. Hutcheson fazia parte da escola "sentimentalista" iniciada por *Shaftesbury e contrária a racionalistas como *Price e *Clarke. Embora *Hume se refira ao sentido moral de modo aprovativo, desenvolve a sua própria versão da moral como algo baseado nas paixões, sem usar de todo o conceito, antecipando assim Adam *Smith, que achava desnecessário postular a existência de outro sentido. Em vez disso, a moral é explicada pelo funcionamento normal de outros sentimentos, tais como a *simpatia, que são regulados por vários mecanismos.

teoria do valor-trabalho Em economia, a teoria de que o valor de uma *mercadoria reflete a quantidade de trabalho envolvida em sua produção. Embora parcialmente defendida por *Pufendorf, *Hutcheson, Adam *Smith e David Ricardo (1772-1823), é hoje sustentada, principalmente, por economistas *marxistas, uma vez que nega ao capital qualquer papel produtivo significativo.

teoria dos conjuntos A teoria dos conjuntos moderna foi inspirada em larga medida por *Cantor, cuja demonstração de que o conjunto dos números reais não poderia ser colocado numa *correspondência biunívoca com o conjunto dos números naturais abriu o caminho para a hierarquia cumulativa dos conjuntos e para o estudo dos números transfinitos. A primeira axiomatização correta da teoria foi realizada por Ernst Zermelo (1871-1953) em 1908. A axiomatização deu origem a uma intensa polêmica acerca da natureza da hierarquia cumulativa dos conjuntos, da legitimidade do *axioma da escolha e do tratamento correto dos paradoxos que se encontram no centro das concepções ingênuas dos conjuntos, dos quais o mais conhecido é o *paradoxo de Russell. A teoria dos conjuntos clássica usa a axiomatização de Zermelo expandida com o *axioma da substituição que se deve a A. A. Fraenkel (1891-1965). Mostrou-se que esta teoria é equivalente à concepção "iterativa" natural, desde que seja construída a partir do *conjunto vazio e que permita apenas a constituição de conjuntos de conjuntos, gerando assim toda a hierarquia cumulativa de conjuntos. Do ponto de vista filosófico, a teoria dos conjuntos é central porque os conjuntos são os objetos matemáticos mais puros e porque se sabe que o resto da matemática pode ser formulada no quadro da teoria dos conjuntos (pelo que os números, as relações e as funções podem todos ser entendidos como conjuntos). Tópicos particulares no quadro da teoria dos conjuntos têm seus verbetes próprios neste dicionário.

teoria dos conjuntos de Zermelo-Fraenkel A primeira axiomatização rigorosa da *teoria dos conjuntos foi apresentada por Ernst Zermelo (1871-1953) em 1908, e a sua extensão, devida a A.A. Fraenkel (1891-1965), que lhe acrescenta o *axioma da substituição, é conhecida como ZF. Se lhe acrescentarmos o *axioma da escolha, obtemos a teoria conhecida como ZFC (de *choice*, escolha). Para outros axiomas da teoria dos conjuntos, *ver* axioma da escolha; axioma da extensionalidade; conjunto-potência; união.

teoria dos eflúvios Teoria *pré-socrática segundo a qual a percepção é um fenômeno em que os objetos emitem um certo padrão de si mesmos, padrão esse que ao deparar com um eflúvio correspondente vindo do corpo humano, suscita a percepção. Posteriormente, *Epicuro afirmou que os eflúvios entram no corpo através de "poros". *Ver eidola.*

teoria dos jogos A teoria matemática que estuda as situações em que dois ou mais jogadores estão em posição de tomar decisões (i.e., podem optar por pelo menos duas estratégias), onde o resultado do jogo depende de todas as estratégias e onde cada jogador tem um conjunto de preferências, definíveis a partir dos resultados possíveis. *Ver também* convenção; dilema do prisioneiro; equilíbrio de Nash.

teoria dos modelos A utilização de *modelos para testar a *consistência de um sistema *axiomático é anterior à lógica moderna. A interpretação algébrica que *Descartes fez da geometria *euclidiana proporciona uma maneira de mostrar que se a teoria dos números reais é consistente, então a geometria também o é. Correspondências desse tipo foram feitas por diversos matemáticos no século XIX para mostrar, por exemplo, que se a geometria euclidiana é consistente, então há várias geometrias não euclidianas que também o são. A teoria dos modelos é o estudo geral deste tipo de método: o estudo das *interpretações dos sistemas formais. A *teoria da demonstração estuda as relações de dedutibilidade entre as fórmulas de um sistema. Mas, uma vez definida a noção de interpretação, podemos perguntar se um dado sistema formal satisfaz certas condições. Por exemplo, pode certo sistema derivar a partir de certas fórmulas que são verdadeiras numa certa interpretação, outras fórmulas que são falsas nessa interpretação? E se uma frase é verdadeira em todas as interpretações, será que é também um teorema do sistema? Podemos definir o conceito de validade (uma fórmula é válida se é verdadeira em todas as interpretações) e de consequência semântica (uma fórmula B é uma consequência semântica de um conjunto de fórmulas, i.e., $\{A_1 \ldots An\} \models B$, se é verdadeira em todas as interpretações em que as fórmulas desse conjunto forem verdadeiras). As questões centrais acerca de um *cálculo lógico, serão, então, as de saber se todos e só os teoremas são válidos e se $\{A_1 \ldots A_n\} \models B$ se, e somente se, $\{A_1 \ldots A_n\} \vdash B$. Estas são as questões da adequação e da completude de um sistema formal. No cálculo proposicional, esta questão pode ser formulada em termos de saber se a teoria da demonstração desse cálculo aceita como teoremas todas e apenas as *tautologias. Há muitas axiomatizações do cálculo proposicional que são consistentes e completas (*ver* completude). *Gödel demonstrou em 1929 que o cálculo de predicados de primeira ordem é completo: qualquer fórmula verdadeira em todas as interpretações é um teorema desse cálculo.

teoria dos tipos A reação de *Russell ao paradoxo que ele próprio tinha detectado acerca da classe de todas as classes que não são membros de si mesmas (*ver* paradoxo de Russell) foi sugerir que a definição estava incorretamente formulada devido ao fato de conter a noção ilegítima de "todas as classes". Se as entidades de uma teoria forem classificadas de acordo com uma hierarquia, com indivíduos no nível mais baixo, conjuntos de indivíduos no seguinte, conjuntos de conjuntos no seguinte, e se forem introduzidas restrições contra a possibilidade de haver conjuntos que contenham membros de tipos diferentes, então o paradoxo não pode ser formulado.

Quando Russell publicou esta solução foi também influenciado pela reação construtivista de *Poincaré às contradições da *teoria dos conjuntos, que sugeria que, para qualquer aplicação do *axioma da compreensão, $(\exists y)\,[(\forall x)(x \text{ « } y \leftrightarrow Fx)]$, a variável x não pode ter como valores entidades que incluam o conjunto y. Se incluírem, ficamos com uma *definição impredicativa, infringindo assim o *princípio do círculo vicioso. Para impedir isso, Russell dividiu os predicados em ordens, de novo com restrições quanto à sua boa formação. O resultado dessa operação chama-se teoria dos tipos ramificada. Infelizmente, revelou-se ser impossível construir a matemática clássica no seio da teoria ramificada, o que forçou Russell a introduzir o *axioma da reducibilidade, cujo efeito consiste em anular a hierarquia dos predicados.

Embora a teoria não ramificada ou simples tenha motivado muita investigação posterior, qualquer teoria dos tipos sofre de uma duplicação contraintuitiva. Assim, para Russell existe não um, mas um número infinito de números 2, uma vez que em cada um dos níveis da hierarquia há o conjunto de todos os conjuntos que têm dois elementos. Afirma-se ainda que certas expressões, necessárias em cada nível de tipos, como "=", são sistematicamente ambíguas e, em algumas versões, há mesmo um número infinito de símbolos de identidade.

A consistência relativa da teoria dos tipos foi demonstrada na *teoria dos conjuntos de Zermelo-Fraenkel, mostrando-se assim também que esta última é mais forte que a primeira. Hoje em dia, poucos lógicos acreditam que existam razões para impor restrições de tipos aos sistemas formais que melhor representam o raciocínio matemático e o raciocínio relativo à teoria dos conjuntos.

teoria formal *Ver* sistema formal.

teoria frequencista das probabilidades Teoria desenvolvida por Richard von Mises (1883-1953), na obra *Probability, Statistics and Truth* (1957; primeira edição alemã, 1928), segundo a qual a probabilidade de um acontecimento numa situação pode ser definida em termos da frequência da ocorrência de acontecimentos do mesmo tipo, numa população hipotética de repetições da mesma situação. A teoria dá a relação mais simples entre as probabilidades e a informação das frequências nas quais elas se baseiam. Contudo, a teoria precisa definir o tipo relevante de acontecimento, a situação e a população hipotética: se esta última for infinita, então tem de se definir uma noção qualquer de limite, e a probabilidade torna-se sensível ao modo de ordenação dos resultados da série. A teoria não se aplica facilmente a acontecimentos singulares, tais como a probabilidade de um certo cavalo ganhar uma determinada corrida, uma vez que nenhum "tipo" único de acontecimento pode ser definido, do qual este seja um caso. Em outras palavras, não há uma só maneira de especificar o que contaria como uma repetição da mesma situação para poder construir frequências. A teoria enfrenta também o problema de não ser claro que o limite possa dar o que realmente queremos dos juízos de probabilidade: este conceito é em si uma construção não empírica — o alvo do famoso comentário de *Keynes de que a longo prazo estaremos todos mortos.

teoria identitativa da mente Mais conhecida por *fisicalismo, é a teoria segundo a qual os acontecimentos mentais são idênticos aos acontecimentos físicos. Historicamente, a filosofia da identidade, associada a *Schelling, sustenta que o espírito e a natureza são em essência o mesmo, sendo ambos aspectos do absoluto. Em termos mais gerais, qualquer *monismo é a expressão da identidade de algo que pode parecer ser vários tipos de coisas.

teoria identitativa da predicação (ou verdade) Teoria formulada por *Bradley, de acordo com a qual não há distinção entre uma proposição verdadeira e o fato que a torna verdadeira. Esta ideia é o resultado, por um lado, da crença de Bradley de que apenas um todo universal pode realmente ser verdadeiro (não há verdade parcial) e, por outro, da sua recusa, de caráter idealista, da distinção entre o sujeito cognitivo e aquilo que ele conhece.

teoria lógica *Ver* lógica.

teoria ramificada dos tipos *Ver* teoria dos tipos.

teoria representativa da percepção Tese segundo a qual a percepção deve ser concebida em termos da presença de estados mentais (ou por vezes, de estados cerebrais) que representam características do mundo que está sendo percebido. A tese é bastante sedutora, mas há um problema: se só podemos ter acesso direto a estes estados, então não os podemos comparar com as características do mundo que supostamente representam; seria como comparar um retrato com a pessoa que está posando, mas em que o acesso a essa pessoa só se fizesse através do retrato. A teoria representativa da percepção é em geral atribuída a *Locke, que pensava que as nossas ideias representam as qualidades primárias dos corpos. *Berkeley acusou esta teoria de conduzir ao ceticismo em relação ao mundo exterior. A filosofia da percepção tem como preocupação fundamental a enorme dificuldade que envolve a ideia de um estado mental representativo. *Ver também* idealismo; qualidades primárias/secundárias; realismo; representacionalismo.

teoria semântica da verdade *Ver* verdade, teoria semântica da.

teoria subjetivista das probabilidades *Ver* personalismo.

teoria-teoria Tese que afirma que as atribuições habituais de intenções, crenças e significados a outras pessoas procedem através do uso tácito de uma teoria que nos permite construir essas interpretações como explicações das suas ações. Habitualmente, esta tese é defendida em conjunto com o *funcionalismo, segundo o qual os estados psicológicos são entidades teóricas identificadas por meio da rede dos seus efeitos e causas. A teoria-teoria tem diferentes implicações, dependendo da propriedade de teorias que está sendo salientada. As teorias podem ser concebidas de várias maneiras: como suscetíveis de formalização, como gerando previsões e explicações, como o resultado de um processo de teorização, como respondendo a dados empíricos que em princípio podem ser descritos sem elas, como podendo ser ultrapassadas por novas e melhores teorias etc. O problema principal com a concepção da nossa compreensão dos outros como o resultado de uma teorização é a inexistência de um meio no qual tal teoria possa exprimir-se, visto que a criança aprende simultaneamente o que se passa nas outras mentes e os significados dos termos da sua língua materna. *Ver também* linguagem do pensamento; simulação.

teorias da verdade Teorias que fornecem uma *definição de verdade para uma linguagem.

teosofia (gr., Deus + sabedoria) De forma geral, diz respeito apenas a sistemas panteístas e místicos, como o de *Swedenborg. A teosofia está particularmente associada ao sistema de madame Blavatsky (1831-91), que inclui a transmigração das almas, a fraternidade entre os homens, a negação de um Deus pessoal e de uma imortalidade pessoal, e a crença na *quarta dimensão.

ter de O termo principal com que exprimimos a *obrigação e o *dever, mas também a conclusão de raciocínios práticos menos complexos: "Se queremos beber qualquer coisa, temos de encontrar um café." *Ver também* ética; imperativo categórico/hipotético.

terceiro excluído, lei do Princípio lógico que afirma que ou *p* ou não *p*. Exclui casos intermediários, tais como proposições meio certas ou mais ou menos certas. O princípio que afirma de forma direta que cada proposição ou é verdadeira ou falsa chama-se, apropriadamente, princípio da *bivalência.

terceiro homem *Ver* argumento do terceiro homem.

termo Um termo singular é uma expressão que se *refere a um objeto. Nomes, *indexicais e *descrições definidas são alguns dos termos singulares; na *interpretação dos *cálculos lógicos, as *variáveis ligadas são também tratadas como termos singulares, ao serem-lhes atribuídos objetos na avaliação das frases em que ocorrem. Os termos gerais são aquelas expressões que, acrescentadas a termos singulares, formam frases: os *predicados. Na teoria tradicional do *silogismo não se faz esta distinção, incluindo-se na classe dos termos todos os substantivos comuns que ocorrem nos padrões frásicos tratados pela teoria.

termo contável Termo que indica um tipo que pode ser contado; podemos contar os livros ou as mesas numa sala, mas não a substância ou a matéria. *Ver também* categorial; termo de massa.

termo de consecução cognitiva *Ver* termo factivo.

termo de massa Termo que classifica um tipo de substância (e.g., lã ou tabaco) e não um tipo de coisa (suéter, cigarro); contrasta-se geralmente com *termo contável.

termo distribuído *Ver* distribuído.

termo factivo Uma palavra cuja aplicação implica a verdade da oração subordinada, ou a obtenção de um certo resultado. Lembrar-me, saber, perceber ou ver que *p* implicam todos a verdade de *p*. Muitas palavras que descrevem nosso conhecimento de coisas pressupõem o êxito ou a consecução de algo. Só podemos conhecer o que é verdadeiro, lembrar-nos do que aconteceu ou ver o que está diante de nós. Temos de usar palavras diferentes para nos referirmos a ilusões de conhecimento, memória ou visão, o que sugere que a existência dessas pressuposições é uma espécie de característica básica dos termos correspondentes. Esta ideia é algumas vezes usada para questionar a inteligibilidade da dúvida cartesiana (*ver* dúvida metódica). *Ver também* factivo; pressuposição.

termo maior, médio, menor *Ver* silogismo.

termo singular *Ver* termo.

termos densos Termo adotado por *Williams para designar as expressões da ética que têm um conteúdo ao mesmo tempo descritivo e valorativo. Os epítetos racialmente depreciativos ou sexistas são os exemplos mais comuns, mas afirma-se com frequência que os termos que denotam *virtudes contêm igualmente ambos os tipos de sentido. A noção está muitas vezes associada à perspectiva de que estes termos são aprendidos como uma unidade, de maneira que os dois componentes não podem ser identificados separadamente, o que põe em causa a *distinção fato/valor.

termodinâmica *Ver* leis da termodinâmica.

terra-gêmea As *experiências mentais com terras-gêmeas são conduzidas quando se imagina um mundo possível idêntico ao atual em muitos ou em todos os aspectos fenomênicos, mas que difere deste num aspecto específico. Comparamos então a nossa própria situação com a de um gêmeo ou *Doppelgänger*. A história visa determinar se o nosso gêmeo ou *Doppelgänger* partilha conosco este ou aquele estado psicológico, argumentando-se que, se isso não acontece, o estado em questão envolve de forma essencial o mundo, i.e., que a sua identidade não depende apenas das circunstâncias fenomênicas. Posso pensar, por exemplo, em Homero, se é que ele existiu, e posso imaginar um gêmeo meu numa terra-gêmea que tem o mesmo contato com as mesmas histórias que eu tenho e que contempla a mesma palavra, "Homero", mas que não está dessa maneira pensando em Homero, pois Homero não é um habitante do mundo-gêmeo. *Ver também* conteúdo lato e restrito.

terrorismo Uso intencional da violência, particularmente com o objetivo de disseminar o medo generalizado com fins políticos. *Ver* Sorel.

tese *Ver* materialismo dialético.

tese de Adam Hipótese introduzida por Ernest Adam (*The Logic of Conditionals*, 1975, p.3), segundo a qual a *probabilidade de uma condicional indicativa da forma "se *p* se verifica, então *q* também se verifica" é uma probabilidade condicional; isto é, a probabilidade de "se *p* então *q*" deverá igualar a razão entre a probabilidade de ($p \wedge q$) e a de *p*.

tese de Brentano A tese proposta na obra de *Brentano, *Psychologie vom empirischen Standpunkt* (1874), segundo a qual o que distingue o mental do físico é a *intencionalidade ou o direcionamento dos estados mentais.

tese de Church A tese que afirma que todas as funções *efetivamente computáveis são recursivas gerais. Trata-se de uma tese e não de um *teorema, já que a noção de computabilidade efetiva é definida apenas intuitivamente, e não matematicamente. A tese é, em geral, aceita, uma vez que várias noções, entre elas a da *máquina de Turing ou computabilidade de Turing, coincidem na identificação destas duas classes de funções, e ninguém encontrou algo que seja intuitivamente efetivo e que não seja recursivo.

tese de Duhem Também conhecida por tese de *Quine-Duhem ou de *Duhem-Quine. Tese segundo a qual uma hipótese científica não pode ser testada isoladamente porque, para que dela se derivem consequências empíricas, serão sempre necessárias hipóteses auxiliares. A tese de Duhem implica que a refutação é um assunto mais complexo do que pode parecer. Por vezes, esta tese é concebida como o ponto de vista segundo o qual uma hipótese pode ser preservada perante quaisquer dados empíricos adversos, desde que estejamos preparados para fazer modificações em qualquer outro ponto do nosso sistema; na verdade, esta é uma tese mais forte, porque pode ser psicologicamente impossível fazer revisões consistentes num sistema de crenças para preservar, por exemplo, a hipótese de que há um hipopótamo num certo quarto, quando não se pode ver nenhum hipopótamo nesse quarto.

testabilidade A capacidade de uma teoria para efetuar previsões que podem ser testadas. As previsões ou refutam a teoria, ou, o que é mais controverso, a confirmam. *Ver* falsificabilidade.

teste de Turing Teste sugerido por Alan Turing (1912-54) em seu artigo "Computing Machinery and Intelligence" (*Mind*, 1950) para se decidir se uma máquina faz uma simulação adequada da mente humana. O teste é também conhecido por jogo da imitação. Uma pessoa e uma máquina comunicam-se com uma pessoa que faz perguntas, separada delas. Esta pessoa pode fazer perguntas com o intuito de distinguir o ser humano da máquina. A máquina passa no teste, ou ganha o jogo, se após um certo intervalo de tempo a pessoa que faz perguntas não conseguir distinguir a máquina do ser humano. Turing era otimista quanto à perspectiva de dentro de alguns anos virem a ser desenvolvidas máquinas de computação que ganhassem o jogo. Mas algumas dificuldades, como o *problema do enquadramento, mostraram que programar um mecanismo que ofereça uma imitação admissível das capacidades de raciocínio do senso comum e das capacidades humanas comuns é, afinal, muito mais difícil do que se esperava.

teurgia *Ver* filosofia da religião.

textura Conceito explicativo central na ciência natural *corpuscular de *Boyle e, mais tarde, de *Locke. Os corpos são conglomerados de corpúsculos, mas a maneira específica como os corpúsculos estão ligados forma a textura de um corpo, e explica suas propriedades do mesmo modo racionalmente satisfatório com que se explica, através das formas da chave e da fechadura, a propriedade que a primeira tem para se ajustar à segunda.

textura aberta Termo que se deve a *Waismann e que refere o fato de que por mais restritiva que seja nossa definição de uma expressão, existe sempre um conjunto de possibilidades (possivelmente remotas) sob as quais não haverá uma resposta correta para a questão de saber se a expressão pode ou não ser aplicada: é o que se chama a porosidade ou a textura aberta da expressão. Não é o mesmo que a *vagueza, visto que em situações reais a aplicação do termo pode ser bastante definida. Por exemplo, o termo "mãe" não é vago, mas sua textura aberta se evidencia se, através do avanço tecnológico, se tornarem patentes diferenças entre a mãe que produz o óvulo, a mãe que é portadora do feto até o fim da gravidez e a mãe que cria o bebê. Deste modo, é vã a questão de saber qual é a "verdadeira" mãe, visto que, nestas novas circunstâncias, o termo não está em condições de proporcionar uma decisão.

thêma (pl. *thêmata*) Termo *estoico para os princípios que permitem que se derive uma forma válida de argumento a partir de outra, em contraste com os esquemas, que permitem que se derivem frases a partir de outras frases.

Thoreau, Henry David (1817-62) Escritor e poeta norte-americano. Thoreau nasceu em Concord, Massachusetts, era amigo de *Emerson e estava, tal como ele, impregnado com as ideias do *transcendentalismo da Nova Inglaterra. No caso de Thoreau, estas ideias harmonizavam-se com um ascetismo natural e com sentimentos elevados. Apesar de seu desprezo geral pelo que chamava "a massa da humanidade", sua obra mais famosa, *Walden* (1854), é uma inspiração contínua para os movimentos que defendem o regresso à natureza. Thoreau cumpriu um dia de prisão por se recusar a pagar um imposto, argumentando que parte dele seria usado na guerra mexicana, promovendo assim a expansão da escravatura sulista. Seu registro dessa experiência, o ensaio "Civil Disobedience" (1849), tornou-se um modelo dos defensores posteriores da resistência passiva, nomeadamente Mahatma Gandi.

Tillich, Paul (1886-1965) Teólogo luterano alemão. Tillich fugiu para os EUA em 1933 e ensinou teologia na Union Theological Seminary de Harvard e em Chicago. Sua *Systematic Theology* em três volumes (1951-63) procura um "método de correlação" através do qual a revelação cristã responda aos problemas culturais contemporâneos. Tem um tom *existencialista, impregnado, no entanto, de uma psicologia *jungiana e de uma metafísica neoescolástica.

timarquia Governo de homens competentes e de valor, mas não de aristocratas, escolhidos por uma forma qualquer de aclamação pública.

Tímon de Fliunte (c.320-230 a.C.) Discípulo cético de *Pirro, conhecido sobretudo pelo estilo acerbo e satírico dos seus *Silloi* ou panfletos contra os filósofos "dogmáticos". Sua resposta concisa à ideia de que, apesar de os sentidos e de a razão não serem, cada um deles, dignos de confiança, talvez juntos possam colaborar, de forma a oferecer conhecimento, era: "Os pássaros de plumagem idêntica voam juntos."

tipo-espécime *Ver* ambiguidade tipo-espécime.

tipos *Ver* teoria dos tipos.

tiquismo (do gr., *tychê*: sorte ou acaso) Ponto de vista associado a *Peirce, para o qual o acaso é na verdade uma força do universo; mais recentemente, a tese de que as mutações casuais são a base da adaptação evolutiva.

todo *Ver* quantificador.

tolerância Abstermo-nos de agir contra o que reprovamos, contra o que nos é politicamente contrário ou contra o que é diferente de nós. A tolerância em matéria religiosa é um dos bastiões do Estado democrático moderno; neste aspecto, a *Carta sobre a tolerância* de *Locke (1689) é a autoridade fundamental, embora o próprio Locke excluísse os católicos de sua área de proteção, com a justificação de que a sua verdadeira fidelidade era para com a Igreja e não para com o governo. O problema filosófico central consiste em compreender como um princípio de tolerância pode coexistir com a convicção moral e religiosa genuína.

tom Aspecto do significado total de uma elocução identificado por *Frege como o *Beleuchtung* de uma elocução. Uma elocução pode ser feita de tal modo que consiga afetar as emoções de uma audiência: pode ser inquietante, excitante, triste ou arrebatadora. Duas elocuções podem, assim, partilhar um *conteúdo, mas diferir em tom, se o seu impacto afetivo for diferente. A tarefa de distinguir o tom do conteúdo estrito nem sempre é trivial, como acontece por exemplo no caso de um poema.

Tomás de Aquino, são (1225-74) Nascido no castelo de Roccasecca no reino de Nápoles, no sul de Itália, na família dos condes de Aquino, foi criado no mosteiro beneditino de Monte Cassino. Aos catorze anos foi enviado para a Universidade de Nápoles para completar seus estudos — uma das poucas universidades da época onde se estudava a totalidade da doutrina aristotélica. Lá sofreu a influência da ordem dominicana, à qual viria a aderir. Estudou em Paris e depois em Colônia com *Alberto Magno, voltando a Paris em 1251/2. Viveu então em Orvieto, depois em Roma, Viterbo, de novo em Paris e em Nápoles, escrevendo sempre e nunca deixando de participar nos debates doutrinais e filosóficos que iam surgindo. Suas obras incluem numerosos comentários e traduções de *Aristóteles, estudos teológicos e os dois textos fundamentais pelos quais é mais conhecido, a *Summa contra gentiles* ("Contra os erros dos infiéis") — um "manual" para missionários — e a *Summa theologiae*, iniciada em 1266 e universalmente reconhecida como o apogeu da teologia medieval sistemática.

No conjunto de suas obras, a maior preocupação de são Tomás é a defesa de um cristianismo "naturalista" ou aristotélico, em oposição não apenas aos céticos mas também à tendência preponderante da época de adotar um cristianismo de inspiração *neoplatônica, derivado em grande parte de santo *Agostinho e importado para o século XIII por autores como *Avicena. São Tomás discutiu o *ocasionalismo dos neoplatônicos, que reduz a humanidade ao status de espectadora da ordem do mundo, sendo toda a causalidade em última análise a expressão da vontade de Deus; tal como Aristóteles, são Tomás estava preocupado com a defesa da noção de um agente humano genuíno que fosse o autor responsável das suas próprias ações. O ser humano é um composto, mas não uma amálgama inexplicável de duas coisas, uma alma e um corpo que se parecem com um marinheiro no seu navio — uma ideia que, normalmente, se supõe que *Platão defendeu. Como Aristóteles, defendeu que não faz sentido perguntar se um ser humano é duas coisas (alma e corpo) ou só uma, tal como não faz sentido perguntar "se a cera e a forma que lhe é dada pelo selo são uma só coisa" (*De anima*, 412 b 6). Nesta analogia, a alma é a forma do corpo. A vida depois da morte é possível apenas porque a forma, em si mesma, não perece (pois perecer é perder a forma) e está portanto disponível para reativar um novo corpo. Não sou portanto eu que sobrevivo à morte corpórea, mas posso ressuscitar se o mesmo corpo for reanimado pela mesma forma. É preciso notar que, nessa perspectiva, uma pessoa não tem uma compreensão privilegiada de si mesma. Compreendemos a nós mesmos, como compreendemos todo o resto, pela experiência sensível e pela abstração, e o conhecimento dos princípios que regem nossas vidas é uma realização, e não um dado adquirido. Na teoria do conhecimento, defendeu a doutrina aristotélica de que conhecer implica uma semelhança entre o que conhece e o que é conhecido; a natureza corpórea dos seres humanos requer, portanto, que o conhecimento comece com a percepção sensorial. Esta limitação não se aplica a entes que estejam mais acima na *cadeia do ser, como os anjos.

No domínio da teologia, desenvolveu a distinção destacada por *Erígena entre a razão e a fé. Embora apresente demonstrações da existência de Deus (*ver* cinco vias), reconhece que há doutrinas, como, por exemplo, a da encarnação e a da natureza da Santíssima Trindade, conhecidas apenas por revelação, cuja aceitação é sobretudo uma questão de vontade moral. A essência de Deus é identificada com a sua existência, vista como ato puro. Deus é simples, não contendo qualquer potência. Mas não podemos adquirir qualquer conhecimento do que Deus é (da sua *quididade) e temos de nos contentar com descrições que se lhe aplicam parcialmente de modo analógo: o que Deus revela de Si próprio não é Ele próprio. Após um breve período, em 1277, em que várias das teorias de são Tomás foram condenadas, os dominicanos impuseram oficialmente os seus ensinamentos à ordem. Foi canonizado em 1323, tendo o papa João XXII resolvido o problema de sua vida não apresentar os milagres requeridos afirmando que cada questão a que ele respondeu tinha sido um *milagre. Sua síntese da filosofia aristotélica com a doutrina cristã veio a produzir os fundamentos doutrinários da Igreja católica.

tomismo A filosofia de *Tomás de Aquino e o seu desenvolvimento, especialmente na tradição católica. *Ver também* neotomismo.

tópico-neutral Expressão usada originalmente por *Ryle para fazer referência a termos que ocorrem em frases sobre qualquer tipo de assunto. As *constantes lógicas são o exemplo mais claro. Na obra posterior de *Smart, as expressões que se referem a coisas são tópico-neutrais se deixam em aberto a questão substancial de saber a que tipo de coisa se referem. "A pessoa que a matou" não é tópico-neutral, já que tem de ser satisfeita por uma pessoa, mas "seja quem for, ou o que for, que provocou o som" é, uma vez que o que se refere tanto pode ser o vento, como uma pessoa ou outra coisa qualquer. *Ver também* frase de Ramsey; qüididade.

totalitarismo Tipo de governo no qual todas as formas de associação privadas e institucionais estão sujeitas ao controle do Estado. Não há, assim, associações autônomas, nem qualquer distinção estabecida ou legalmente reconhecida entre o que é público e o que é privado. *Ver* privacidade (social).

traço de Sheffer *Peirce, em 1880, e o lógico americano H.M. Sheffer, em 1913, descobriram que as *funções de verdade da lógica elementar podiam ser todas definidas a partir de uma única função. Se se definir $p|q$ como querendo dizer nem p nem q, $p|p$ é equivalente a não p, $(p|q)|(p|q)$ é equivalente a $p|q$, e assim por diante. O símbolo que representa esta função de verdade é o traço de Sheffer: $p|q$ é verdadeira apenas quando p é falsa e q é falsa. Um sistema funcionalmente completo pode também ser construído a partir de um único símbolo que represente a função que é verdadeira quando p for falsa ou q for falsa.

tradução A identificação de uma expressão de uma língua que tenha o mesmo significado que a de outra. Na medida em que diferentes línguas refletem diferentes histórias sociais e culturais, e também devido ao *holismo do significado, assim como às diferentes associações e *tom das diversas palavras, a tradução é talvez um ideal de que podemos nos aproximar, mas nunca verdadeiramente alcançar. A tese da *indeterminação da tradução radical vai além desta ideia ao defender que traduções radicalmente diferentes podem ser igualmente corretas, negando assim a possibilidade de determinar o significado da expressão original. *Ver também* hipótese de Sapir-Whorf.

tradução radical O mesmo processo que a *interpretação radical, mas este termo sugere de forma mais saliente que o processo deve ser visto inteiramente em termos de tradução, uma vez que, em princípio, uma língua pode ser compreendida, mesmo enquanto segunda língua, sem ser traduzida para uma outra. *Ver também* indeterminação da tradução.

traducianismo Teoria segundo a qual a alma de uma criança lhe é transmitida pelos seus pais, juntamente com o *pecado original. Essa doutrina evita o problema levantado pela hipótese de Deus criar uma alma nova para todas as pessoas, caso em que seria melhor criá-las livres de pecado. *Ver* criacionismo.

transavaloração dos valores Termo usado por *Nietzsche em relação ao processo de superação dos decadentes e corruptos princípios éticos predominantes.

transcendental Um assunto ou um problema é transcendental se sua resolução não depende apenas da lógica ou da matemática, e se está além do alcance da experiência sensível e do uso apropriado de teorias empiricamente testáveis. As questões religiosas, assim como as questões suscitadas por problemas metafísicos, como o do *ceticismo ou do *fisicalismo, são alguns dos problemas transcendentais. As atitudes filosóficas perante esses problemas vão do fascínio à negação peremptória da sua existência. *Ver também* analítica transcendental; argumento transcendental; idealismo transcendental; positivismo lógico.

transcendental, analítica *Ver* analítica transcendental.

transcendental assinalado Expressão pejorativa usada em alguns textos *pós-estruturalistas para denominar um ponto fixo externo, objetivo e independente da linguagem, que fixa a referência ou o significado. Estes pontos, argumenta-se, não podem desempenhar qualquer papel na interpretação dos textos: sua introdução apenas amplia o texto. Assim, se as intenções de um autor ou legislador são utilizadas para se interpretar um texto ou uma lei, temos de enfrentar o problema de que suas intenções podem apenas ser conhecidas, mesmo que seja para eles próprios, sob a forma de outras produções linguísticas. Não podemos sair do domínio textual: toda descodificação é uma codificação. A expressão não se adapta muito bem ao que pretende designar, visto que induz a crença de que, à exceção das palavras, tudo é *transcendental; mas, de fato, os objetos comuns são tão pouco empiricamente identificáveis como as próprias palavras.

transcendentalismo da Nova Inglaterra Movimento cuja figura principal era *Emerson, girando principalmente em torno do "Clube Transcendental", formado em Boston, em 1836. Foi muito influenciado pelo *idealismo e pelo *romantismo alemães e tendeu ao *panteísmo, ao *misticismo e a um exultante otimismo genérico acerca do progresso do espírito. A autoconfiança e a vida simples e comunal estavam associadas à doutrina segundo a qual a alma é em si mesma um microcosmo que reflete o mundo no seu todo. *The Dial* era a revista trimestral do clube. *Thoreau, W.E. Channing (1817-1901) e Bronson Alcott (1799-1888) eram alguns dos outros membros do movimento.

transitiva Uma *relação é transitiva se sempre que Rxy e Ryz, então Rxz. Por exemplo, se x é mais alto que y, e y é mais alto que z, então x é mais alto que z.

transmigração das almas *Ver* metempsicose.

transparente *Ver* referencialmente opaco/transparente.

transplantes cerebrais Gênero de *experiência de pensamento frequentemente usada para desestabilizar nossas teorias da *identidade pessoal. Duas pessoas, A e B, entram num aparelho que troca seus cérebros e, quando saem, A (ou a pessoa que se parece com A e com o antigo corpo de A) tem o cérebro de B e vice-versa. Qual das pessoas é agora A? A pessoa que é parecida com a antiga A, ou a pessoa controlada pelo cérebro da antiga A, possuindo assim as memórias e a personalidade da antiga A? Existem variantes dessa experiência, e reações a ela incluem veredictos peremptórios a favor de cada um dos candidatos, mas também a recusa da situação, por não ser abrangida pela nossa noção comum de identidade, ou por violar inadequadamente os fatos da possibilidade neurofisiológica e científica.

transposição Termo usado por vezes em lógica para a *transformação usualmente conhecida por contraposição, em que de $(p \rightarrow q)$ podemos derivar $(\neg q \rightarrow \neg p)$.

transubstanciação Na doutrina cristã, a conversão da substância do pão e do vinho na substância do corpo de Cristo, embora sua aparência se mantenha inalterada. A distinção entre *substância e *acidente que esta ideia implica constituiu um dos estímulos principais para o pensamento metafísico *escolástico.

trilema de Bayle No famoso artigo sobre *Zenão de Eleia do seu *Dictionnaire historique et critique*, Bayle coloca-nos perante um Zenão moderno que nega o movimento argumentando contra a existência da extensão espacial. Existem três teorias possíveis sobre a extensão espacial: (I) o espaço é constituído por pontos matemáticos; (II) o espaço é "granular", sendo constituído por átomos finitos; (III) o espaço é constituído por partes que são divisíveis *in infinitum*. Estas três teorias esgotam todas as possibilidades, mas nenhuma é defensável. Na primeira, exige-se que uma quantidade de coisas sem extensão possa vir a formar uma extensão, o que é absurdo. A segunda nos proíbe de reconhecer partes nos átomos, como as extremidades esquerda e direita, mas temos de fazê-lo. A terceira teoria, *aristotélica, esconde-se de forma inadequada na noção de um infinito puramente potencial, esquecendo-se que a extensão espacial (assim como a temporal) é atual; esquece-se também que o espaço é contínuo, i.e., que suas partes se tocam reciprocamente, ao passo que existe um número infinito de outros elementos entre quaisquer dois elementos de uma série infinita do tipo proposto. Nenhum dos dois elementos se tocam, da mesma maneira que nenhuma das duas frações "se seguem" uma à outra. Pode usar-se um tratamento moderno dos paradoxos, de caráter matemático (e.g., Adolf Grünbaum, *Philosophy of Space and Time*, 1963), para mostrar que a primeira opção é defensável, já que, uma vez que é definida em termos de teoria dos conjuntos, a soma de qualquer número finito ou infinito de pontos sem dimensão não tem necessariamente de ser zero. Podemos atribuir uma extensão zero aos conjuntos-unidade de pontos, e diferentes extensões finitas às uniões ou somas desses conjuntos que formem um intervalo finito. No entanto, esta solução exige que estejamos satisfeitos (I) com a coordenação dos pontos fundamentais do espaço com os conjuntos de pontos da teoria e (II) com a maneira pela qual o espaço se torna passível de ser descrito nestes termos, ou, em outras palavras, pode parecer que não estamos respondendo ao problema ontológico que Bayle (ou Zenão) está colocando. *Kant faz da divisibilidade do espaço o assunto da segunda *antinomia, formando também este tema uma parte crucial do seu argumento *idealista segundo o qual somos nós que organizamos a experiência espacialmente, e não o mundo que é constituído por uma diversidade espacial. *Ver também* paradoxos de Zenão.

trivium As três artes liberais elementares nas universidades medievais: gramática, retórica e lógica.

tropo (I) Na filosofia clássica é um tipo particular de argumento, como os dez tropos de *Enesidemo. (II) Num uso que segue a linha dos estudos de D.C. Williams (1899-1983), um tropo é a exemplificação de um *universal num certo tempo e lugar, um "particular abstrato" que alguns filósofos encaram como fundamental para a ontologia.

Trotter, Catherine *Ver* Cockburn.

U

Übermensch O "super-homem" ou ser "sobre-humano" da concepção ética de *Nietzsche. O *Übermensch* transcende as fronteiras estabelecidas pelos credos, classes e nacionalidades; transcende a própria natureza humana e mantém uma superioridade nobre perante as convenções e proibições normais da vida social. Embora Nietzsche associe esta personagem com a virtude aristotélica, sua concepção é essencialmente *romântica, ao passo que a de *Aristóteles não. A ideia de transfigurar a liberdade encontra ecos mais pessimistas na doutrina *existencialista, segundo a qual a existência precede a essência. *Ver também* vontade de poder.

Ulisses (sereias) Na *Odisseia*, XII. 39. 184, Homero relata o modo como Ulisses se amarrou a um mastro para poder ouvir as canções das sereias, sem, no entanto, imitar todos os outros marinheiros que, ao fazê-lo, foram compelidos a seguir o som, naufragando e perecendo. O mito constitui tema central de debate acerca do *paternalismo e da relação entre as inclinações mais fortes e as mais fracas, ou entre a razão e o desejo (para um exemplo impressionante, *ver* Demócrito). Embora as sereias sejam popularmente representadas como ninfas vitorianas um tanto misteriosas, devemos ter em mente que nas primeiras representações da lenda as sereias são masculinas e barbadas: representam poderes alienantes quase divinos, cuja força devemos conhecer, mas contra os quais temos de nos prevenir.

união A união de dois conjuntos é o conjunto das coisas que são membros de algum deles. Formalmente, $x \in S \cup R$ sse $x \in S \vee x \in R$. Contudo, a união de um único conjunto, $\cup A$, é a união de todos os seus subconjuntos, ou seja $x \in \cup A$ sse $(\exists S)(S \in A \wedge x \in S)$. Isto relaciona-se com a noção anterior dado o fato de que $\cup \{S, R\} = S \cup R$.

união hipostática A união substancial entre a natureza divina e humana na pessoa única de Jesus Cristo. Esta crença é uma doutrina formal da Igreja cristã. *Ver também* nestorianismo.

unidade da ciência A doutrina segundo a qual as ciências particulares — biologia, química, geologia, economia, psicologia — podem ser reduzidas a uma ciência englobante. Geralmente, mas nem sempre, pensa-se que essa ciência é a física. A redução será acompanhada pela apresentação de uma "imagem" das ciências particulares na ciência universal, de modo que as leis das ciências particulares se apresentem como casos particulares da maneira universal como as coisas são. Esta ideia foi central no pensamento dos *positivistas lógicos sobre a ciência e ainda influencia muitos filósofos de tendência *fisicalista.

uniformidade causal, princípio da Uma combinação do princípio da *uniformidade da natureza com a ideia de que as leis da natureza são leis causais, que determinam quais os efeitos que cada acontecimento produz. *Russell defendeu que a natureza matemática das leis da física moderna nos mostra que a ciência precisa postular uma uniformidade da natureza, mas que as uniformidades não são captadas em termos causais.

uniformidade da natureza O princípio segundo o qual o passado será semelhante ao futuro: quando surgirem circunstâncias suficientemente semelhantes, efeitos semelhantes ocorrerão. De alguma forma, este princípio parece estar pressuposto tanto nas certezas da vida cotidiana como na confiança que depositamos nas previsões científicas. O problema da *indução consiste em sua justificação e sua formulação precisa. *Ver também* Hume; paradoxo de Goodman.

universais Um universal é uma propriedade ou uma *relação que pode ser exemplificada por um número de coisas particulares diferentes: cada coisa branca é um exemplar ou um espécime da propriedade da brancura, e cada coisa quadrada é um exemplar da propriedade de ser quadrado. As coisas abrangidas por um universal são assim semelhantes em alguns aspectos. Algumas das questões gerais que se colocam sobre os universais são as seguintes: Os universais são descobertos ou inventados? Como devemos conceber algo que por si mesmo não tem qualquer posição espacial, mas que está exemplificado em muitos tempos e lugares? Em que consiste a relação de exemplificação? Podemos analisar em termos de semelhança o fato de várias coisas partilharem a mesma propriedade? Como tem a mente a percepção de uma propriedade geral, assim como de um seu exemplo particular? Algumas das perspectivas sobre os universais são as seguintes: o *platonismo, ou a posição segundo a qual os universais existem independentemente das coisas (*ante rem*); a crença *aristotélica de que os universais existem nas coisas (*in re*), mas não independentemente delas; o *conceitualismo, ou o ponto de vista de que os universais refletem a propensão da mente para agrupar as coisas (*post rem*, ou abstraídos das coisas); o *nominalismo, ou o ponto de vista de que um universal é apenas um sopro vocal (*flatus vocis*), i.e., que partilhar um universal não é senão poder ser descrito pela mesma palavra; finalmente, há a suspeita geral de que todo este tema resulta de uma *reificação enganadora, que nos faz cair na armadilha de conceber duas categorias de coisas (os particulares e os universais por eles exemplificados) em vez de se conceber apenas particulares. No entanto, uma teoria dos universais é vital em muitas áreas: nossa atitude perante o conhecimento e a ciência, por exemplo, depende de saber se as categorias naturais são concebidas como algo que é descoberto ou como algo que é inventado, e o problema da *indução torna-se ainda mais intratável se pensarmos que as semelhanças que projetamos têm apenas um status convencional ou nominalista. O problema dos universais foi um dos grandes temas de controvérsia na filosofia medieval: *ver* Boécio; Ockham; Porfírio. *Ver também* formas.

universal concreto Uma concepção central na filosofia de *Hegel, que garante a realidade das categorias. Uma categoria é uma síntese de duas abstrações opostas (e.g., o devir é uma síntese do ser e do não-ser), que por sua vez será um membro de um par de opostos. O progresso *dialético da história unifica ou supera cada par sob uma categoria ainda mais elevada. O único universal absolutamente concreto é a realidade como um todo: um sistema de pensamento englobante. Os *idealistas absolutos britânicos, como *Bosanquet e *Bradley, supunham que, se o universal concreto é substancial e real, deve ser identificado com coisas individuais.

universal, quantificador *Ver* quantificador, variável.

universalizabilidade Uma característica dos juízos morais: embora um juízo moral possa dizer respeito a um assunto particular numa situação particular, ele deve ser *superveniente em relação aos aspectos gerais da situação, que em princípio podem ocorrer em outros casos semelhantes. Quem fizer um juízo moral incorre assim na obrigação de considerar esses outros casos do mesmo modo. Este princípio é puramente formal, já que sua aplicação depende da determinação do que torna outros casos semelhantes: essa semelhança pode residir numa característica altamente abstrata ("dizer uma mentira") ou numa confluência de circunstâncias muito específicas. Embora exista um amplo acordo em torno da tese segundo a qual esta ideia capta um aspecto essencial do pensamento moral, já não há assim tanta certeza sobre a sua definição, nem sobre a fonte de sua autoridade, ou sobre sua importância para eliminar possíveis posições morais. *Hume vê na adoção de um ponto de vista comum um aspecto necessário da apreciação moral; Adam *Smith pensa que sua autoridade deriva de não gostarmos de não nos conseguirmos justificar a nós mesmos perante os outros; *Kant vê nesta ideia uma exigência da razão. *Hare tem sido o líder mais recente e resoluto dos que afirmam a importância da universalizabilidade na ética substantiva. *Ver também* imperativo categórico; observador ideal.

universo de discurso As coisas relativamente às quais os *quantificadores de uma teoria formal podem quantificar; podem ser pontos numa linha, conjuntos, objetos físicos, ou seja, o que for de que estivermos tratando. O universo de discurso pode formar, ou não, um conjunto: por exemplo, o universo de discurso da teoria dos conjuntos inclui qualquer conjunto, mas não há o conjunto de todos os conjuntos

unívoco Que tem um único significado; não ambíguo.

Upanixades (sânscr., *upanisad*, o ato de algo que se senta) A coletânea de versos filosóficos que concluem os *Vedas, constituindo o principal comentário filosófico original às escrituras hindus.

uso (de palavras) A divisa "o significado é o uso" está ligado à filosofia tardia de *Wittgenstein. Tem afinidades com as posições do *pragmatismo, para as quais o significado de um símbolo consiste no conjunto de práticas que acompanham a "aceitação do símbolo". A dificuldade está em caracterizar o uso de modo suficientemente geral: nada se ganha em relação às ideias tradicionais se se afirmar, por exemplo, que usar um predicado é referir um universal, ou que usar uma frase é exprimir uma proposição associada. *Sellars divide o uso em três partes: "regras de entrada", que descrevem os tipos de situação que justificam a aplicação de um termo; "regras de saída", que descrevem as consequências práticas de aceitar a aplicação de um termo; e regras de transformação que nos dão acesso a outras aplicações linguísticas que mantêm, por si mesmas, relações definidas com o termo.

uso/menção Distinção entre o uso de uma palavra, como "gato", para falar sobre gatos, e a menção dessa palavra, por exemplo ao afirmar que "gato" tem quatro letras. Essa distinção torna-se importante quando surge a possibilidade de confundir uso com menção; os filósofos muitas vezes gostam de pensar que aqueles que não partilham dos seus pontos de vista incorrem justamente nessa confusão. Muitos *positivistas lógicos partilhavam a crença de que aquilo que parecem ser observações fundamentais ou especialmente profundas acerca de coisas (cinco é um número; a matéria é necessariamente extensa) são de fato reflexos de convenções terminológicas ("cinco" refere-se a um número; "matéria" expressa o que ocupa regiões espaciais extensas). *Ver também* modo formal/modo material de falar.

utilidade Unidade básica de desejabilidade na generalidade das *teorias da decisão, das *teorias dos jogos e da economia. A dificuldade consiste em ter a certeza de que faz referência a algo suficientemente definido com que se possa trabalhar. Isso exige, por exemplo, que seja pelo menos possível fazer algumas comparações de utilidade ao longo de diferentes épocas e envolvendo diferentes pessoas. Alguns pressupostos mais fortes podem exigir que as utilidades possam ser ordenadas em várias escalas, ou somadas e manipuladas aritmeticamente (*ver* cálculo da felicidade; medição). Isto pode parecer envolver uma idealização irrefletida, uma vez que embora possamos achar que as férias deste ano foram melhores que as do ano passado, não é provável que pensemos que faz sentido dizer que foi duas vezes melhor, ou que gerou metade das unidades de felicidade que foram geradas, por exemplo, pelo consumo de chocolate durante uma vida inteira. As formulações mais prudentes preferem usar ordens de preferências: um resultado A tem maior utilidade que um resultado B (para o sujeito x) se, e somente se, x prefere A a B. As preferências revelam-se, por sua vez, através de escolhas reais ou idealizadas, garantindo assim uma certa respeitabilidade comportamental e científica. Uma vez mais, no entanto, a maior parte das tradições do pensamento ético reconhece a existência de outros objetivos na vida, mais valiosos e meritórios do que a mera satisfação de uma sequência arbitrária de preferências.

utilidade, cálculo da Ver cálculo da felicidade.

utilidade esperada Na *teoria da decisão, a utilidade esperada de um resultado é a utilidade que é atribuída à sua ocorrência, multiplicada pela *probabilidade da sua ocorrência. Este conceito central foi formulado pela primeira vez por Christian Huygens (1629-95).

utilitarismo Teoria ética proposta por *Bentham, por James e J.S. *Mill, por *Sidgwick e muitos outros, que responde a todas as questões (acerca do que fazer, o que admirar ou como viver) em termos da maximização da *utilidade ou da felicidade. Além de uma teoria ética, o utilitarismo é, de fato, a concepção de vida implícita na maior parte do planejamento político e econômico moderno, na medida em que supõe que a felicidade pode ser medida em termos econômicos. Na formulação da doutrina de J.S. Mill, "as ações são corretas proporcionalmente à sua tendência para promover a felicidade, erradas se tendem a promover o que é contrário à felicidade". Esta perspectiva constitui uma forma de *consequencialismo, em que as consequências relevantes são identificadas em termos de graus de felicidade. Diferentes concepções de felicidade separaram a versão de Mill, que reconhecia diferenças qualitativas entre os diferentes tipos de prazer ("é melhor um Sócrates insatisfeito do que um porco satisfeito"), da tentativa assumida de Bentham para reduzir todas as questões de felicidade à presença de prazer ou dor ("em igualdade de circunstâncias, o jogo de bola é tão bom quanto a poesia"). A versão de Bentham pretende tornar os conceitos básicos da ética suscetíveis de comparação e de medida (*ver* cálculo da felicidade; hedonismo), mas este objetivo não se encontra no sistema de Mill. Os críticos deste aspecto da doutrina também questionam se haverá alguma concepção da felicidade humana suficientemente distinta das concepções gerais da natureza da boa ação e do bom comportamento para poder funcionar como objetivo autônomo para a ação (*ver* ética da virtude; *eudaimonia*).

A doutrina que aplica diretamente o utilitarismo às ações, caracterizando uma determinada ação como correta se esta aumentar mais a felicidade do que outra é conhecida como utilitarismo direto ou utilitarismo dos atos. As versões indiretas aplicam-se, em primeiro lugar, a coisas como as instituições, os sistemas de regras de conduta ou as características humanas: estas são melhores se maximizam a felicidade, e as ações são julgadas apenas na medida em que são prescritas pelas instituições ou sistemas de regras, ou na medida em que sejam aquelas que seriam realizadas por uma pessoa com um caráter ótimo. As versões indiretas da doutrina dissolvem parte do problema resultante de ser improvável que saibamos, em ocasiões individuais, que ação irá, de fato, maximizar a felicidade; pois, mesmo que não o saibamos, podemos conhecer o impacto geral que têm as instituições, as regras e o caráter sobre a felicidade dos que são afetados por elas.

utilitarismo dos atos Versão do *utilitarismo especialmente associada a *Bentham, de acordo com a qual a medida do valor de um ato consiste no grau em que este aumenta a *utilidade ou felicidade geral. Um ato deve ser preferido a outros em função da maior felicidade que proporciona em comparação a eles. Uma ação é assim boa ou má proporcionalmente ao grau em que aumenta ou diminui a felicidade geral, comparado com o grau que poderia ter sido alcançado ao agir-se de modo diferente. O utilitarismo dos atos distingue-se não apenas por enfatizar a utilidade, mas pelo fato de cada ação individual ser o objeto primitivo da avaliação ética. Isso o distingue dos vários tipos de utilitarismo indireto, bem como dos sistemas éticos que dão prioridade ao dever ou à virtude pessoal.

utilitarismo indireto *Ver* utilitarismo.

utopia (gr., lugar que não existe) Uma utopia é um lugar ou estado de vida ideal. O termo provém da obra *Utopia* de Thomas *More (1516). As concepções acerca de comunidades e modos de vida ideais têm naturalmente dado forma a muitas propostas políticas, embora as concepções da *natureza humana que implicam sejam, de modo geral, muito simplistas. Daí o utopismo, ou seja, o aconselhamento e crítica da ação política à luz de sistemas supostamente ideais ou utopias. As *distopias tendem a ser imaginadas com maior vivacidade, tal como o Inferno é mais fácil de ser concebido que o Céu.

V

vacuidade Uma generalização como "todas as coisas F são coisas G" é representada na lógica formal pela fórmula quantificada "$(\forall x)(Fx \rightarrow Gx)$", que tem a propriedade de ser sempre verdadeira quando não há coisas que sejam F (tem o mesmo significado que "não há coisas F que não sejam G", o que é obviamente verdade quando não há quaisquer coisas F). Nesse caso, diz-se que a generalização é vacuamente verdadeira. A lógica tradicional adota um ponto de vista muito diferente sobre essas generalizações: ver quadrado da oposição.

vagueza Muitas frases são relativamente vagas, outras relativamente precisas. Um termo que fosse perfeitamente preciso não daria origem a casos de limites. Embora isso seja com frequência apresentado como um ideal teórico, não é nada claro se alguma linguagem que possa ser falada e aprendida pode satisfazer esse ideal. Na verdade, até mesmo as observações básicas ("isto é vermelho") admitem casos de limites (em tons alaranjados e púrpuras); e, mesmo quando se tem cuidado para tornar os termos o mais precisos possível, contingências imprevistas, novos tipos de descobertas e coisas com novas combinações de propriedades podem sempre apresentar casos difíceis cuja classificação não é clara. O melhor tratamento *semântico da vagueza não se encontra definido: as questões a resolver incluem o *paradoxo sorites e a questão de saber se a lógica clássica deve ser alterada no sentido de admitir graus de verdade, que correspondam a graus de vagueza.

vaidade Ter uma opinião excessivamente boa sobre nossos próprios feitos e qualidades. *Tomás de Aquino não faz uma distinção clara entre a vaidade e o orgulho, mas associa ambos ao desejo de distinção e importância. De acordo com Adam *Smith, a vaidade é "sempre fundada sobre a crença de que se é objeto de atenção e de aprovação". Tanto Tomás de Aquino como Smith consideram a vaidade o principal motivo da busca de riqueza e de fama (*Summa theologiae*, IaIIae 84; *The Theory of the Moral Sentiments*, I. 3. 2.). *Ver também* Mandeville; Veblen.

Vaihinger, Hans (1852-1933) Filósofo alemão. Formado em teologia em Tübingen, foi professor em Halle. É conhecido pelo seu "ficcionalismo", ou filosofia do "como se". Influenciado pela opinião de *Kant de que a mente se põe problemas que ela mesma é incapaz de resolver e pelo pessimismo de *Schopenhauer, Vaihinger negou a possibilidade de alcançar a verdade em muitas áreas. Em vez disso, o pensamento usa ficções ou ideias que se sabe serem falsas. Noções como as de Deus, imortalidade, liberdade, contrato social ou imaculada concepção podem ser "belas, sugestivas e úteis" apesar de sabermos que não podem aplicar-se à realidade. As teorias são úteis porque nos permitem enfrentar o que caso contrário seria a complexidade intratável das coisas. Esta doutrina tem alguma afinidade com o *pragmatismo, mas difere dele porque Vaihinger pensa que nossas teorias, apesar de úteis, são, no entanto, realmente falsas. A obra mais influente de Vaihinger foi *Die Philosophie des Als Ob* (1911).

vaisheshika (do sânscr., *visesa*: diferença) Uma das seis escolas ortodoxas de filosofia indiana. A *vaisheshika* preocupa-se com o que há, ou com as *categorias do ser. A *vaisheshika* é uma espécie de *atomismo, que sustenta que a base da realidade física consiste numa pluralidade de átomos infinitos. A escola indiana estava consciente do problema de compreender de que modo a combinação de *infinitesimais produz uma quantidade finita de matéria (*ver* trilema de Bayle). Filosoficamente, a *vaisheshika* está aliada à escola *nyaya*, complementando sua análise do conhecimento com uma teoria acerca da natureza das coisas que se conhece.

validade Em sua acepção primária, este termo distingue entre argumentos válidos e inválidos, consoante a conclusão se *segue ou não das premissas. As premissas e a conclusão não são, elas próprias, válidas ou inválidas, mas verdadeiras ou falsas. Na *teoria dos modelos diz-se que uma fórmula é válida quando é verdadeira em todas as interpretações.

Valla, Lorenzo (1405-57) Humanista renascentista italiano. Foi Valla quem pela primeira vez denunciou como fraudulento o documento que pretendia provar que o imperador Constantino tinha oferecido o império do Ocidente ao papa Silvestre, o que pretendia sustentar a soberania do papa sobre o poder secular. Um de seus tratados mais influentes foi *De voluptate* ("Do prazer"), em que contrastava os sistemas dos *estoicos, dos *epicuristas e da ética cristã. *De libero arbitrario* ("Do livre-arbítrio") discute o tratamento de *Boécio do *livre-arbítrio, argumentando que a presciência de Deus é compatível com o livre-arbítrio humano, o que, no entanto, não acontece com o seu poder. Valla foi também um dos primeiros críticos perspicazes da multiplicidade de *categorias e distinções escolásticas, e um dos primeiros autores a ver que a *existência não é um tipo de predicado.

valor Reconhecer um certo aspecto das coisas como um valor consiste em levá-lo em conta na tomada de decisões ou, em outras palavras, em estar inclinado a usá-lo como um elemento a ter em consideração na escolha e na orientação que damos a nós próprios e aos outros. Os que veem os valores como "subjetivos" consideram essa situação em termos de uma posição pessoal, adotada como uma espécie de escolha e imune ao argumento racional (embora, muitas vezes, e curiosamente, merecedora de um certo tipo de reverência e de respeito). Os que concebem os valores como algo objetivo supõem que por alguma razão — exigências da racionalidade, da natureza humana, de Deus ou de outra autoridade — a escolha pode ser orientada e corrigida a partir de um ponto de vista independente. *Ver também* dilema de Eutífron; projectivismo; relativismo; subjetivismo.

valor de uma função *Ver* função.

valor de verdade Na lógica clássica uma proposição pode ser verdadeira ou falsa. No primeiro caso, diz-se que assume o valor de verdade Verdadeiro, no segundo que assume o valor de verdade Falso. A ideia que está por detrás do termo consiste na analogia entre a atribuição de um destes valores a uma variável proposicional (tal como se faz quando se oferece uma *interpretação para uma fórmula do *cálculo proposicional) e a atribuição de um objeto como o valor de qualquer outra variável. As lógicas com valores de verdade intermediários são chamadas de *lógicas polivalentes.

valor designado O valor que uma fórmula *válida recebe numa certa *interpretação de um *cálculo lógico. *Ver* teoria dos modelos.

valor instrumental O valor que algo tem como meio para qualquer outra coisa.

valorativo Uma proposição ou comprometimento valorativo é o que atribui valor, ou o oposto, a uma coisa. A dificuldade filosófica consiste em descrever o que é específico desse tipo de atribuição. *Ver também* atitude; distinção fato/valor.

valores estéticos Aquelas características de uma obra que contribuem para o seu sucesso e importância como obra de arte, ou seja, as características em relação às quais seu valor ou beleza é *superveniente. Entre elas incluem-se a forma, o conteúdo, a integridade, a harmonia, a pureza e a adequação das obras. A estética filosófica demonstrou ser difícil definir estas características em termos úteis, específicos e objetivos. São, em todo caso, qualidades cuja apreensão nos agrada e satisfaz.

variáveis intervenientes Noção que é parte essencial da estrutura dedutiva de uma teoria científica, mas que não se refere a uma coisa ou a um aspecto reais das coisas. Uma variável interveniente pode não ter realidade física, mas organiza o pensamento sobre coisas que a têm.

variável (lógica) Uma noção fundamental da lógica moderna. Suponhamos que temos uma classe de objetos em que estamos interessados (um domínio) e começamos com uma frase simples, "Maria tem fome". A seguir eliminamos a referência à Maria, deixando um espaço que assinalamos com a letra *x*: "*x* tem fome". Ficamos com algo que não chega a ser uma frase (chama-se uma *frase aberta ou predicado). Podemos então "direcionar" a letra *x* para os membros do domínio, produzindo frases como aquela com que começamos. Neste processo, diz-se que a letra *x* funciona como uma variável que toma como valores os diferentes membros do domínio, um de cada vez. Podemos concluir o exercício com informação do seguinte tipo: a certa altura do processo, uma das frases é verdadeira; ou talvez todas as frases sejam verdadeiras. Esta informação não nos diz quem tem fome, mas diz-nos quantas vezes o predicado é satisfeito. A informação de que em pelo menos um caso o predicado F se aplica ao valor da variável representa-se como $(\exists x)$ F(x); a informação de que se aplica em todos os casos representa-se como $(\forall x)$ F(x). As expressões (∃...) e (∀...) são os *quantificadores existencial e universal. A força desta ideia só se torna visível quando consideramos quantificações múltiplas. Se começarmos com uma frase relacional, "João ama Maria" e eliminarmos ambos os nomes, assinalando os espaços em branco com variáveis diferentes, obtemos "*x* ama *y*". Podemos agora conceber informações de muitos tipos: todas as pessoas amam alguém: $(\forall x)$ $(\exists y)$ *x* ama *y*; alguém ama todas as pessoas: $(\exists x)$ $(\forall y)$ *x* ama *y*; e assim por diante. O estudo destas formas e das relações entre elas é a teoria da quantificação. O cálculo que formaliza sua lógica é o *cálculo de predicados.

variável aleatória Intuitivamente, uma variável, tal como a altura, que pode tomar vários valores numa certa população, de tal forma que algumas variáveis têm uma determinada *probabilidade de ocorrência, e outras têm uma probabilidade diferente (por exemplo, a probabilidade de uma pessoa ter 1,70 m de altura pode ser de um para dez, mas a probabilidade de ter 1,90 m pode ser apenas de um para cem). Na teoria das probabilidades, uma variável aleatória é uma *variável X que pode tomar qualquer valor de um domínio finito ou de um domínio infinitamente contável, cada qual com uma probabilidade. A distribuição de uma variável aleatória é o conjunto de pares (x_i, Prob X = x_i), que dão a probabilidade associada a cada valor no domínio. No exemplo, (1,70 m, 0,1) seria um membro da distribuição da variável aleatória da altura de uma população, se 10% da população medir 1,70 m.

variável ligada A *variável *x* é ligada se, numa determinada fórmula, cai sob o escopo de um *quantificador (na *lógica de primeira ordem, $(\forall x)$ ou $(\exists x)$). Intuitivamente, isto significa que ao avaliar uma fórmula em que *x* está ligada a um quantificador, o *predicado atribuído aos objetos *x* se aplica a todos esses objetos $(\forall x)$ ou apenas a alguns $(\exists x)$. Se uma variável não está ligada, é livre. Em $(\forall x)(Fx \rightarrow Gx)$ todas as variáveis estão ligadas. Em $(\forall x)(Fx \rightarrow Gx) \wedge Gx$, a última ocorrência da variável *x* é livre, o que faz com que a expressão seja uma *frase aberta ou um predicado. Para torná-la uma frase fechada é necessário (1) substituir a variável por uma constante ou um termo fechado que se refira a uma coisa, ou (2) estender o escopo do primeiro quantificador, ou (3) introduzir outro quantificador: $(\forall x)(Fx \rightarrow Gx) \wedge (\exists x)(Gx)$, por exemplo.

variável livre Uma *variável que não é ligada por um quantificador.

variável muda O mesmo que *variável ligada.

vazio A noção de espaço vazio (tal como a de tempo sem acontecimentos) revelou-se repugnante para *Parmênides e para os *estoicos e, muito mais tarde, mas por razões semelhantes, para *Descartes. Uma razão para não gostar da ideia pode basear-se na confusão entre a existência por hipótese paradoxal do *nada (pois nada é precisamente o que há no espaço vazio); mas outros acham contrário à Sua plenitude que Deus permita que nada exista onde poderia ter criado alguma coisa (*ver* princípio da plenitude). Outros problemas resultam da tentativa de conceber a passagem de força e informação através do vácuo. Na *mecânica quântica moderna, o espaço não é vazio, fervilhando, pelo contrário, de partículas latentes ou virtuais, prontas a ser alguma coisa se vários acontecimentos físicos ocorrerem. *Ver também* ação a distância; campo.

Veblen, Thorstein (1857-1929) Economista e sociólogo norte-americano. É conhecido na filosofia política e moral pela doutrina do consumo conspícuo, expressa em *The Theory of the Leisure Class* (1899). Veblen detectou naquilo, que, de outro modo, pareceria uma exibição gratuita de desperdício, uma necessidade fundamental de exibir o bem-estar financeiro, com o objetivo de manifestar o estatuto e a estabilidade, e de nos distinguirmos daqueles que são ligeiramente menos favorecidos. Veblen argumenta que o princípio é um universal humano, e que explica uma grande variedade de fenômenos sociais. Por exemplo, apreciamos um jardim bem aparado porque é sinal de trabalho excedente e de riqueza, ou empregamos um mordomo porque ter um homem ativo fazendo praticamente nada é mais meritório do que ter alguém que não poderia fazer muito mais. *Ver também* Mandeville; Smith; vaidade.

Vedas (sânscr., conhecimento, saber sagrado) Os Vedas são as escrituras provenientes do período védico (c.1500-700 a.C.), posterior à migração do povo ariano para o vale do Indo. As quatro coleções principais de textos são o *Rigveda* (o livro das orações e dos hinos), o *Yajurveda* (o livro das fórmulas de consagração), o *Samaveda* (o livro dos cânticos) e o *Atarveda* (um livro de encantamentos mágicos e especulação filosófica). O texto mais famoso é o *Rigveda* (versos de sabedoria). O componente filosófico dos Vedas está contido principalmente nas seções conclusivas, ou comentários explicativos, conhecidas como *Upanixades.

vedanta A escola de filosofia hindu interessada sobretudo em proteger a verdade literal dos *Upanixades, e por isso muito crítica em relação às tendências dualistas e realistas das outras escolas de filosofia indianas. O monismo mais puro (**advaita* ou não dualidade) só reconhece **brahman* (identificado com **atman*, tal como os Upanixades exigem), e está associado ao filósofo *Shamkara.

vegetarianismo A prática (e a teoria associada) de recusar comer a carne de animais mortos, que por vezes inclui a recusa em usar (*explorar) outros produtos animais, e.g., vestir artigos de pele. Os radicais, que se recusam a usar os produtos de animais vivos, como os ovos e o leite, são uma das posições mais intransigentes. Uma vez que é difícil fazer divisões dentro da ordem natural, isso leva a uma *posição escorregadia: por um lado, os vegetarianos acusam as pessoas que comem carne de não terem qualquer razão para evitar o canibalismo e, por outro, as pessoas que comem carne acusam os vegetarianos de não respeitarem a vida dos vegetais.

Venn, John (1834-1923) Lógico e especialista em teoria das probabilidades inglês. Nasceu em Hull e estudou em Gonville e no Caius College de Cambridge, do qual se tornou membro do corpo docente em 1857 e diretor em 1903. Sua obra *The Logic of Chance* (1867) é uma primeira exploração da *teoria frequencista das probabilidades. A primeira formulação bem-sucedida do tratamento algébrico da lógica, proposto pelo matemático *Boole, encontra-se na obra *Symbolic Logic* (1881), que exerceu uma enorme influência.

verdade como coerência, teoria da Perspectiva de que a verdade de uma proposição consiste em pertencer a um certo conjunto apropriadamente definido de outras proposições: um conjunto consistente, coerente e possivelmente ainda dotado de outras virtudes, desde que não sejam definidas em termos de verdade. Esta teoria, apesar de surpreendente à primeira vista, tem dois pontos fortes: (I) é verdade que testamos as crenças quanto à sua verdade à luz de outras crenças (entre elas crenças perceptivas); (II) não podemos sair do nosso melhor sistema de crenças, para ver como está ele se saindo em termos de sua correspondência com o mundo. Para muitos pensadores, o ponto fraco das teorias puras da coerência é não conseguirem incluir uma noção adequada acerca da maneira como os sistemas reais de crenças são suportados por pessoas com experiências perceptivas produzidas pelo seu meio ambiente. Para um defensor da coerência pura, a experiência só é relevante como fonte de crenças perceptivas, que tomam o seu lugar como parte do conjunto coerente ou incoerente de crenças. Isso não parece fazer justiça à nossa ideia de que a experiência tem um papel especial no controle dos nossos sistemas de crenças, mas os coerentistas têm contestado de diversas maneiras que isso é verdade. *Ver também* verdade como correspondência, teoria da.

verdade como correspondência, teoria da *Aristóteles disse que uma afirmação é verdadeira se diz do que é que é, e do que não é que não é (*Metafísica*, IV. 1011). Mas uma teoria da correspondência não é apenas a perspectiva segundo a qual a verdade consiste na correspondência com os *fatos, mas antes que é teoricamente interessante nos darmos conta disso. A afirmação de Aristóteles é, em si, uma banalidade inofensiva, comum a todas as teorias da verdade. Uma teoria da verdade como correspondência distingue-se por defender que as noções de correspondência e fato podem ser desenvolvidas o bastante para transformar a banalidade numa teoria interessante. Os adversários desta teoria defendem que tal coisa não é possível, sobretudo porque não temos acesso aos fatos independentemente das afirmações e crenças que mantemos. Não podemos olhar por cima dos nossos ombros para comparar as nossas crenças com uma realidade apreendida por outros meios que não essas crenças, ou outras, talvez. Não temos por isso um controle sobre as estruturas às quais as nossas crenças possam ou não corresponder. *Ver também* verdade como coerência; verdade como identidade; verdade como redundância; verdade, teoria pragmática da; verdade, teoria semântica da.

verdade como descitação, teoria da A formulação mais simples é a afirmação segundo a qual expressões da forma "S é verdadeira" significam o mesmo que expressões da forma S. Alguns filósofos não apreciam a ideia de identidade de significado; se ela for recusada, a tese é a de que as duas formas são equivalentes em qualquer dos sentidos relevantes do termo "equivalência". Isto é, tanto faz dizer que a frase "os cães ladram" é verdadeira, como dizer que os cães ladram. Na primeira representação do que se diz, a frase "os cães ladram" é mencionada, mas na última parece ser usada; logo, a afirmação de que as duas são equivalentes tem de ser cuidadosamente formulada e defendida. Aparentemente, uma pessoa pode saber que a frase "os cães ladram" é verdadeira, sem saber o seu significado (por exemplo, se encontrar tal frase numa lista de verdades conhecidas, apesar de não saber português), o que é diferente de saber que os cães ladram. As teorias descitacionistas apresentam-se geralmente como versões da teoria da *verdade como redundância.

verdade como limite ideal, teoria da Teoria da verdade como aquilo acerca do qual se concordaria no limite ideal da investigação. Esta perspectiva foi sugerida por *Peirce em seu ensaio "How to Make our Ideas Clear" (1868). Seu principal mérito consiste em conjugar a ideia de verdade como objetivo da investigação com a ideia das virtudes (simplicidade, abrangência) que caracterizam qualquer investigação. Contudo, carece de uma teoria adicional que explique o que faz dessas características virtudes, sem pressupor que estas propriedades funcionam como parteiras da verdade. Tem também o problema de não se descortinar uma determinação empírica que permita determinar se o limite ideal foi alcançado nem que permita saber se, na ausência desse critério, a noção de limite faz sentido.

verdade como redundância, teoria da Teoria introduzida por *Frege e *Ramsey, também conhecida como minimalismo ou teoria deflacionária da verdade. A tese essencial é a de que o predicado "... é verdadeira" não tem um sentido, i.e., não exprime qualquer conceito substantivo, profundo ou explicativo que deva ser um tópico de investigação filosófica. Há várias versões possíveis desta ideia básica, mas todas afirmam que (I) "é verdade que *p*" não diz mais nem menos que "*p*" (daí a redundância); (II) em contextos menos diretos, tais como "tudo que ele disse é verdadeiro", ou "todas as consequências lógicas de proposições verdadeiras são verdadeiras", o predicado funciona como um dispositivo que nos permite generalizar, em vez de funcionar como um adjetivo ou um predicado das coisas que ele disse, ou dos tipos de proposições que se seguem de proposições verdadeiras. Por exemplo, a segunda frase pode traduzir-se por "$(\forall p, q)[(p \wedge p \rightarrow q) \rightarrow q]$", onde não se usa a noção de verdade.

Há problemas técnicos nessa forma de interpretação de todos os usos da noção de verdade, mas em geral não se pensa que sejam intransponíveis. A teoria precisa fornecer uma explicação que invalide os usos aparentemente substantivos da noção, tais como "a ciência tem por objetivo a verdade", ou "a verdade é uma norma que regula o discurso". Na realidade, as obras *pós-modernistas defendem muitas vezes que temos de abandonar tais normas, juntamente com uma concepção "objetiva" já desacreditada da verdade. Mas talvez possamos ter as normas mesmo que a objetividade seja problemática, uma vez que podem ser enquadradas sem mencionar a verdade: a ciência quer que seja o caso que, sempre que a ciência afirma que *p*, então *p*; o discurso deve regular-se pelo princípio segundo o qual é errado afirmar *p* quando não *p*. *Ver também* verdade como descitação, teoria da.

verdade lógica Uma verdade que é um teorema de uma lógica ou que é *válida ou verdadeira em qualquer *interpretação do sistema lógico.

verdade, teoria identitativa da *Ver* teoria identitativa da predicação.

verdade, teoria pragmática da O ponto de vista, especialmente associado a *James, segundo o qual a verdade de uma afirmação pode ser definida em termos da *utilidade que há em aceitá-la. Apresentado desta forma tão simplificada, este ponto de vista torna-se alvo fácil de objeções, uma vez que há coisas que são falsas mas que pode ser útil aceitar e, de forma inversa, há coisas que são verdadeiras mas que pode ser prejudicial aceitar. No entanto, existem conexões profundas entre a precisão de um sistema de representação e a probabilidade de sucesso dos projetos e objetivos elaborados pelo seu detentor. A evolução de um sistema de representação, tanto perceptivo como linguístico, parece condenada a ligar o sucesso à adaptação evolutiva, ou à utilidade no seu sentido mais lato. A doutrina de *Wittgenstein de que o significado é o *uso partilha a ênfase pragmática na técnica e na prática como matriz no seio da qual o significado é possível. *Ver também* pragmatismo.

verdade, teoria semântica da Perspectiva segundo a qual, se se proporcionar uma definição de verdade para uma dada linguagem, obtém-se uma caracterização suficiente do seu conceito de verdade. Não há mais nada a ser escrito em termos filosóficos sobre a verdade em si ou sobre a verdade enquanto partilhada por várias linguagens. Este ponto de vista é semelhante ao da teoria da *verdade como descitação. *Ver também* verdade como redundância, teoria da.

verdadeiro/falso Os dois valores de verdade clássicos que uma afirmação, proposição ou frase podem tomar. Supõe-se na lógica clássica (com dois valores de verdade) que cada afirmação tem um destes valores e que nenhuma tem os dois. Assim, uma afirmação é falsa se, e somente se, não for verdadeira. A motivação para este esquema é a ideia de que a cada afirmação correspondem condições de verdade determinadas, i.e., modos como o mundo tem de ser para que a afirmação seja verdadeira; se estas condições se verificarem, a afirmação é verdadeira, e se não se verificarem é falsa. É claro que as afirmações podem ser feitas em contextos que as tornam felizes ou infelizes em outros aspectos (bem-educadas, enganadoras, pertinentes, espirituosas etc.), mas a veracidade é a principal noção normativa que rege a produção de uma afirmação, apesar de as considerações acerca da *vagueza poderem introduzir alguns matizes neste esquema em preto e branco. Sobre a questão de saber se a falsidade é a única maneira de uma afirmação não ser verdadeira, *ver* pressuposição. Sobre as teorias da verdade, *ver* verdade como coerência; verdade como correspondência; verdade como descitação; verdade como limite ideal; verdade como redundância; verdade, teoria semântica da; verdade, teoria identitativa da.

verdades necessárias/contingentes Uma verdade necessária é aquela que não poderia ser outra coisa. É uma verdade que é sempre verdadeira sob quaisquer circunstâncias. Uma verdade contingente é aquela que é verdadeira, mas que poderia ter sido falsa. Uma verdade necessária é a que tem de ser verdadeira; uma verdade contingente é a que acontece de ser verdadeira, ou que é verdadeira tal como as coisas são, mas que não tinha de ser verdadeira. Na expressão de *Leibniz, uma verdade necessária é verdadeira em todos os *mundos possíveis. Se estes forem todos os mundos que concordam com os princípios da lógica, por mais diferentes que sejam quanto a outros aspectos, então a verdade é logicamente necessária. Se os mundos possíveis abrangerem todos os mundos cuja metafísica seja possível, então a proposição é metafisicamente necessária. Se uma proposição só é verdadeira em todos os mundos que são fisicamente possíveis, então a proposição é verdadeira por necessidade física.

Um ímpeto filosófico permanente consiste em diagnosticar a contingência como uma forma de necessidade disfarçada (*Espinosa; Leibniz), apesar de, sobretudo no século XX, terem existido movimentos igualmente poderosos, associados em especial a *Quine, que negam a existência de verdades necessárias substanciais, tomando pelo contrário a necessidade como uma contingência disfarçada. *Ver também* analítico/sintético; *a priori/a posteriori*; Quine.

verzul *Ver* paradoxo de Goodman.

vergonha *Ver* culpa/vergonha.

verídica Verdadeira. Uma percepção verídica é aquela que representa as coisas tal como são, contrastando com uma percepção ilusória ou até mesmo delirante, que não o faz.

verificabilidade *Ver* princípio da verificação.

verificacionismo *Ver* princípio da verificação.

verofuncional Que se deixa captar por uma *função de verdade.

verossimilhança Grau com que uma hipótese se aproxima da verdade. A primeira abordagem dessa noção deve-se a *Popper, que a identifica com o grau com que uma teoria capta toda a verdade: uma teoria T é mais verossímil que uma teoria rival T' apenas no caso de T implicar mais verdades e menos falsidades que T'. No entanto, o desenvolvimento formal desta noção mostrou-se extremamente embaraçoso, especialmente porque a verossimilhança das teorias é suscetível de variar com as variações da linguagem em que estas se apresentam.

verstehen (al., compreender) Termo especialmente associado a *Dilthey e a *Weber, que denota nossa compreensão das atividades humanas. Na tradição da *verstehen*, essas atividades são compreendidas a partir de si mesmas, por meios que se opõem ao conhecimento de uma coisa através da observação objetiva ou da colocação numa rede de regularidades científicas (*ver* teoria-teoria). A diferença exata é controversa: numa das perspectivas sobre este problema afirma-se que compreender uma atitude humana é conhecer o que essa atitude nos traria, é "reviver" a vida mental da pessoa a ser compreendida através de um processo de empatia. Também é possível encontrar outras sugestões menos subjetivas. O problema de determinar se há um método científico distinto a ser usado nos contextos humanos, e se a *verstehen* é assim necessariamente o método das ciências sociais (oposto ao das ciências naturais), está ainda em aberto. *Ver também* teoria da simulação.

véu da aparência (ou da percepção) Termo pejorativo que designa qualquer modelo da percepção que considere os *dados dos sentidos como objetos diretos da experiência. Os dados dos sentidos visuais parecem assim constituir uma película fina e colorida que se interpõe entre nós e o mundo.

véu de ignorância Na obra de *Rawls, a descrição metafórica da barreira contra o uso de interesses parciais na determinação dos princípios da justiça. O véu de ignorância define a *posição original. É como se as partes em causa tivessem de fazer um contrato acerca das estruturas sociais básicas, definindo, por exemplo, as liberdades que sua sociedade permitirá e a estrutura econômica que irá aceitar, mas sem saber que papel elas próprias irão ocupar na sociedade. Um sistema social só satisfaz os requisitos da justiça se pudesse ter sido racionalmente escolhido, ou se puder ter constituído objeto de contrato, a partir de uma posição deste tipo. *Ver também* princípio da diferença.

Vico, Giambattista (1668-1744) Filósofo da história italiano. Nasceu em Nápoles e estudou com os jesuítas. A partir de 1699, deteve a pouco prestigiante cátedra de retórica na Universidade de Nápoles. A obra principal de Vico foi a *Scienza nova* (1725, reformulada nas edições posteriores de 1730 e 1744). Esta obra era em grande parte desconhecida no século XVIII, até ter sido adotada pelos pensadores do *romantismo alemão, que discutiram muitos dos temas que nela foram originalmente apresentados. Vico distanciou-se do *cartesianismo preponderante em sua época, sobretudo em dois aspectos. Em primeiro lugar, negou que *Descartes tivesse identificado corretamente as fontes da certeza e do conhecimento. Estas não podem ser encontradas através das "ideias claras e distintas", mas antes nas nossas próprias atividades e ações: um dos lemas de Vico era *verum factum* ("o verdadeiro e o feito são idênticos"). Portanto, a matemática, por exemplo, é certa apenas porque é uma construção humana. Em segundo lugar, Vico privilegiou o papel da física e da matemática, desprezando a possibilidade do conhecimento social e histórico. Produziu uma apreciação inteiramente original da sutileza com que um historiador deve enfrentar a tarefa de compreender as maneiras de pensar do passado. Esta compreensão tem de ter em conta, como dados a analisar, todos os mitos, línguas e tradições que tenham sido herdados, inclusive de outros períodos, que serão interpretados não em termos de uma ideia imutável da natureza humana universal, mas antes através de uma capacidade imaginativa para reaceder aos modos de consciência que representam. Vico é, assim, o antecessor de muitos autores posteriores da tradição da **verstehen*, como *Dilthey e *Collingwood.

Uma outra doutrina pioneira de Vico foi a de que a história humana passa por estágios relacionados e coerentes entre si, resultando num padrão de *corsi* e *ricorsi*, desenvolvimento e decadência. Num dado momento, a vida de uma sociedade manifestará uma unidade típica, da qual todos os seus aspectos, entre os quais a literatura, a língua, o direito, a arte, a política e a filosofia são expressões; mas estes períodos passarão sucessivamente por diversos estágios, até que o ciclo comece de novo. Quando analisamos retrospectivamente esta evolução, podemos ver que as instituições serviram funções diferentes daquelas para que foram criadas. Esta tese veio a fundamentar mais tarde a obra de *Hegel e de *Marx, embora o próprio Vico, que era católico, visse em todos os ciclos a ação condutora da providência.

vida *Ver* filosofia da biologia; vitalismo.

Vijnanavada *Ver yogacara.*

vindicação A abordagem pragmática ao problema da *indução, associada a *Reichenbach e a Herbert Feigl (1902-88), na qual se pretende mostrar não que as conclusões baseadas na indução serão verdadeiras, nem sequer que essas conclusões provavelmente serão verdadeiras, mas antes que não pode haver uma estratégia melhor para prever o futuro ou para generalizar a partir de dados empíricos: se algo funcionar, a indução também funcionará. Uma analogia comum neste contexto descreve um náufrago numa ilha deserta que tem a oportunidade de lançar à água uma garrafa com um pedido de salvamento: é possível que não se possa saber a probabilidade de essa ação ser bem-sucedida, mas pode-se saber que, se houver alguma ação bem-sucedida, será essa, sendo por esse motivo uma estratégia racional.

violência Ação que deteriora ou destrói aquilo a que se aplica. A violência estrutural é inerente a uma situação cujo resultado intencional ou não intencional é o dano ou a destruição, e relativamente ao qual os causadores da situação são indiferentes. Neste sentido, as minas de carvão ou a vida em família podem esconder uma violência estrutural. O principal pensador social a recomendar ou glorificar a violência como um meio político foi *Sorel.

virtude Uma virtude é um traço de caráter merecedor de admiração, tornando seu portador melhor, quer seja do ponto de vista moral ou intelectual, quer na conduta de matérias específicas. Tanto *Platão como *Aristóteles dedicaram muito tempo à procura da unidade das virtudes, ou ao modo como a correta posse de uma virtude requer a posse das outras. Outra preocupação central reside no modo como a posse da virtude, que poderia parecer obstruir o caminho do interesse-próprio, torna de fato possível o alcance da **eudaimonia*. Mas diferentes concepções da virtude moral e da sua relação com outras virtudes caracterizam o pensamento ético platônico, aristotélico, *estoico, cristão, *Iluminista, *romântico e o do século XX. Estas divisões refletem as preocupações centrais das respectivas épocas e as necessidades das culturas em que ganharam predominância: a humildade, a caridade, a resignação e a castidade do cristianismo teriam sido ininteligíveis como virtudes éticas para os gregos clássicos, tal como para nós é difícil ver a "magnificência" do *homem magnânimo de Aristóteles como um bem em si. *Tomás de Aquino procurou sínteses entre as concepções cristãs e gregas, mas a partir da emergência da benevolência generalizada como virtude principal foi impossível o retorno resoluto a uma concepção aristotélica. Para *Hume, uma virtude é um traço de caráter com o poder de produzir o amor ou o orgulho, ao ser "útil ou agradável" para os seus detentores e para aqueles que por ela são afetados. Para *Kant, a virtude é apenas um traço que pode funcionar como um auxiliar no cumprimento do dever, não tendo um valor ético independente, e para o *utilitarismo as virtudes são os traços de caráter que favorecem a procura da felicidade geral.

virtudes cardeais As virtudes cardeais platônicas são a coragem, a temperança, a sabedoria e a justiça.

virtudes morais *Ver* mérito; virtude.

visão cega Fenômeno em que o paciente não tem experiência visual consciente numa dada direção, embora funcione muito melhor do que as pessoas cegas em atividades que envolvam a localização espacial de objetos nessa área. Filosoficamente, esta síndrome ilustra as complexidades dos processos mentais que podem ocorrer em outros lugares abaixo do limiar da consciência.

vitalismo A doutrina segundo a qual existe um aspecto dos organismos vivos que impede que sua natureza seja inteiramente explicada em termos físicos ou químicos. Esse aspecto pode consistir na presença de uma outra "coisa" (como a alma), mas também pode residir simplesmente na emergência de relações ou princípios de organização especiais que surgem da complexidade dos organismos biológicos. Neste segundo gênero de doutrina, concebe-se a vida como uma espécie de fluido impetuoso (eletricidade animal, força vital) que tem de ser colocado num corpo inanimado para que este se torne vivo. *Aristóteles (*De anima* e *De generatione*) é a fonte principal de um vitalismo mais sofisticado, no qual se sustenta que a vida de um animal consiste na sua *psyche*, suscetível de fornecer um princípio de explicação que, através de um princípio de causalidade teleológico ou final (*ver* causas), determina o desenvolvimento morfológico de um organismo. No século XIX, *Bergson e o biólogo Hans Driesch (1867-1941) foram os dois grandes expoentes do vitalismo.

O vitalismo desapareceu devido ao avanço da genética molecular e à consequente compreensão do desenvolvimento dos organismos em termos da ciência normal. Por este motivo, existe um consenso entre filósofos e biólogos na afirmação de que o vitalismo não oferece qualquer princípio explicativo que seja necessário para as ciências biológicas. No entanto, ainda se levantam problemas quando se pretende compreender como se relacionam os diferentes níveis de descrição e explicação, como os da psicologia e os da biologia, ou os da biologia e os da química. *Ver também* superveniência.

volição Ato mental de querer ou tentar, cuja presença é por vezes concebida como algo que estabelece a diferença entre as ações intencionais ou voluntárias e o simples comportamento. A teoria que afirma a existência destes atos é problemática, e a ideia de que eles estabelecem a referida diferença é um exemplo de uma explicação de um fenômeno pela referência a outro que levanta exatamente o mesmo tipo de problemas, visto que é a natureza intencional ou voluntária do ato de volição que é agora preciso explicar. *Ver* regressão.

Voltaire (1694-1778) Homem de letras e filósofo francês. Voltaire nasceu com o nome François-Marie Arouet numa abastada família parisiense e estudou na escola jesuíta de Louis-le-Grand. Seus escritos satíricos conduziram-no a exílios na Holanda (1713) e na Inglaterra (1726-29: disse-se então que foi para Inglaterra poeta e voltou filósofo). Regressou à França e publicou as *Lettres philosophiques* (1734), cuja admiração pelo espírito liberal de Inglaterra o obrigou a afastar-se para a província para evitar a prisão. Durante os quinze anos seguintes viveu sobretudo na região do Lorraine na companhia da sábia madame de Châtelet. Depois de um período na Prússia, fixou-se, em 1755, num castelo perto de Genebra, onde publicou *Essai sur les moeurs et l'esprit des nations* (1756) e *Cândido, ou do otimismo* (1759), seguindo-se-lhes o igualmente satírico *Dictionnaire philosophique* (1764). A partir de então viveu na França, mas só voltou a Paris pouco antes de sua morte, para ser aclamado como o maior defensor do *Iluminismo e o orador a favor da liberdade e da tolerância mais corajoso da sua geração.

Filosoficamente, Voltaire absorveu a combinação de ciência, empirismo e reverência religiosa característica de *Newton e de *Locke. Embora tenha escrito apaixonadamente contra as especulações metafísicas de seus predecessores, sobretudo de *Leibniz, Voltaire estava disposto a refugiar-se na ignorância quanto à natureza da alma, por exemplo, ou quanto ao modo de reconciliar a existência do mal com a providência divina. Sendo ele próprio um *deísta, tornou-se famoso como um opositor implacável da religião cristã organizada, cujos efeitos maléficos eram demasiado visíveis no mundo do seu tempo ("aqueles que conseguem fazer-nos acreditar em coisas absurdas conseguem fazer-nos cometer atrocidades"). Embora seu brilho como filósofo não se equipare à sua eminência como homem de letras, poeta e dramaturgo, Voltaire continua a ser um exemplo privilegiado do filósofo como um humanista liberal politicamente ativo.

voluntarismo Em geral, qualquer posição que veja a razão e o intelecto como algo que é subserviente em relação à vontade; ou seja, qualquer posição favorável à afirmação de *Hume segundo a qual a razão é, e deve ser, a escrava das paixões. Na ética, o voluntarismo é a posição de que é a vontade, ou o desejo, que cria os valores, embora seja mais usual chamar-lhe *projetivismo ou *emotivismo. A posição teológica segundo a qual todos os valores são como são por terem sido escolhidos por Deus é também conhecida por esse nome. Ainda em teologia, o voluntarismo é um termo para designar a posição *fideísta segundo a qual é legítimo acreditar em coisas porque é legítimo querer fazê-lo. Esta posição encontra-se em *Pascal, *Kierkegaard e no pragmatista *James. Finalmente, o termo se aplica à metafísica abrangente de *Schopenhauer, que identifica uma vontade cega e todo-poderosa como estando na base de toda a natureza.

vontade Ter vontade consiste em poder desejar um resultado e ter o objetivo de realizá-lo. Supõe-se geralmente que a força de vontade ou a firmeza de intenções é uma coisa boa e que a fraqueza de vontade ou a *acrasia é uma coisa má. *Ver também* livre-arbítrio; volição; vontade boa.

vontade boa De acordo com *Kant, a vontade boa é o bem incondicional e intrínseco, independentemente daquilo que "efetua ou realiza" no mundo (*Fundamentação da metafísica dos costumes*, 1960). É a determinação de agir de acordo com a lei da autonomia, ou da liberdade, isto é, de acordo com a lei moral universal e independentemente do proveito egoísta. *Ver também* imperativo categórico/hipotético.

vontade de acreditar Termo adotado por *James numa palestra com o mesmo nome (1896) designando a doutrina, que associava ao *pragmatismo, segundo a qual aquilo em que acreditamos pode ser determinado não apenas pelos dados que temos a seu favor, mas também pela *utilidade dos estados de espírito resultantes. Torna-se assim legítimo acreditar no *livre-arbítrio ou em Deus, porque esses estados de espírito têm efeitos benéficos em quem acredita. A doutrina causou escândalo assim que surgiu. *Ver também* aposta de Pascal.

vontade de poder Segundo *Nietzsche, é o elemento fundamental da natureza humana. O poder em questão não consiste necessariamente no domínio sobre os outros, já que pode ser atingido na atividade criativa, estando associado à confiança em si mesmo e à independência. Quando essa vontade é frustrada, surgem mitos consoladores sob a forma de sistemas éticos doentios, nos quais se promovem "virtudes" como a caridade e a humildade, que na verdade são sublimações do ressentimento e da inveja.

vontade fraca *Ver* acrasia.

vontade geral (fr., *volonté générale*) Termo usado por *Rousseau para denotar a vontade da sociedade tal como se manifesta através das suas instituições políticas, contrastando com a "vontade de todos", que é a preferência dos seus membros nesta ou naquela ocasião. A distinção aplica-se quando uma constituição com que todos se comprometeram aprova uma legislação com que nem todos concordam (*ver* paradoxo da democracia). O cidadão é "forçado a ser livre" ao ser coagido a seguir a vontade geral.

vontade santa Na ética de *Kant, uma vontade santa se inclinaria espontaneamente a obedecer aos ditames da moral, não teria de lutar contra desejos e inclinações opostos tão fortes quanto ou contra a tendência humana inata para o mal. Essa perfeição moral (ao contrário de uma *vontade boa) não pode ser atingida pelos seres humanos.

vórtice *Ver* Descartes.

W

Waismann, Friedrich (1896-1959) Membro austríaco do Círculo de Viena. Waismann é conhecido sobretudo por sua defesa do *convencionalismo na lógica e na matemática, e por ter introduzido a noção de "porosidade" ou *textura aberta na filosofia da linguagem. Algumas das suas contribuições mais importantes são *Einführung in das mathematische Denken* (1936) e *The Principles of Linguistic Philosophy* (1965).

Wang Yang-Ming (1472-1529) O filósofo *neoconfucionista mais importante do período que corresponde à Idade Média ocidental. Wang Yang-Ming ensinava uma espécie de *pragmatismo, argumentando que o conhecimento e a ação são inseparáveis. Os ideais puramente contemplativos pressupõem uma separação entre a mente e o mundo, enquanto que ao eliminar o egoísmo e a obscuridade, e depois ao agir, a mente se une ao princípio (**li*) das coisas.

Watson, John Broadus (1878-1958) Psicólogo e fundador americano do *behaviorismo. Sua primeira obra importante, *Behavior: an Introduction to Comparative Psychology* (1914), estabeleceu os princípios do behaviorismo científico, rejeitando qualquer aliança com a introspecção, a consciência ou a intencionalidade, a favor da observação e da experiência laboratorial. Seu manual mais conhecido foi *Psychology from the Standpoint of a Behaviorist* (1919). Watson passou os anos que se seguiram a 1920 trabalhando em publicidade, o que foi talvez adequado, pois tornou-se famoso por defender uma abordagem anti-humanista, mecânica e emocionalmente árida da educação infantil.

Watsuji Tetsuro (1889-1960) Dramaturgo, historiador da cultura e filósofo moral japonês. A obra filosófica principal de Tetsuro é a *Ningengaku toshite no rinrigaku* ("A ética como antropologia"), escrita após 1931. Altamente influenciado por elementos *confucionistas e *budistas, e em oposição à ética individualista do Ocidente, adotou uma concepção comunal e social da vida moralmente correta, na qual o indivíduo é absorvido num todo maior.

Weber, Max (1864-1920) Sociólogo e filósofo alemão. Weber nasceu em Berlim, numa família liberal de juristas, e estudou direito e história do direito em diversas universidades. Teve uma breve carrreira acadêmica, como professor de economia, em Freiburg e Heidelberg, até se aposentar por motivos de saúde, em 1897. Filosoficamente, Weber é conhecido sobretudo por insistir na distinção entre fato e valor, e por insistir que a forma como as ciências sociais se conduzem deve ser isenta de valor. Além disso, Weber é conhecido por ter aderido à tradição da **verstehen* de *Dilthey. Quanto ao primeiro tema, Weber argumentava que as análises científicas, históricas ou filosóficas de um dado período nunca poderiam fornecer, por si sós, os critérios necessários para uma solução definitiva de questões de valor, entre elas as de natureza política. O cientista social deve distinguir rigorosamente aquilo que é daquilo que deve ser: a importância que Weber atribui a este princípio reflete as suas próprias preocupações quanto ao crescente poder de uma burocracia impessoal, que toma decisões valorativas baseando-se em critérios puramente "científicos" e tecnológicos. Quanto ao segundo tema, relacionado a esse, Weber afirmava que um estudo sociológico deve reconhecer que as ações têm sentido para os seus agentes, considerando que nenhuma perspectiva científica sobre esses agentes que ignore esta dimensão poderá ser adequada. O sociólogo deve conseguir se colocar na mente daqueles que estudam. Evita-se a subjetividade que isso parece envolver através da disciplina da descrição de "tipos ideais", que encarnem o espírito objetivo da burocracia, do *calvinismo, do *capitalismo etc. Weber sempre insistiu no fato de que nenhuma compreensão está completa se não incluir a dimensão religiosa, política e moral das atividades dos agentes humanos. Sua obra mais famosa, *Die protestantische Ethik und der Geist des Kapitalismus* (*A ética protestante e o espírito do capitalismo*, 1922), estabeleceu a ligação entre a ascensão do capitalismo e o desejo de ver no sucesso mundial um sinal da salvação predestinada. Weber percebeu que este tipo de estudo requer análises comparativas com outras culturas e épocas, e grande parte de sua obra é sobre este problema. *Wirtschaft und Gesellschaft* (1922) e a compilação de ensaios e artigos traduzidos em *The Methodology of the Social Sciences* (1949) são algumas das suas obras teóricas mais importantes.

Weil, Simone (1909-43) Mística francesa. Weil publicou apenas artigos e não existe uma interpretação definitiva de seu pensamento. Consagrou sua vida à privação, acabando por deixar-se morrer de fome como uma espécie de participação simbólica no sofrimento judeu da Segunda Guerra Mundial. Sua obra foi compilada em *Cahiers* (3 volumes, 1951-56,) e centra-se sobre a natureza afinal contraditória do pensamento racional e sobre a consequente necessidade de enveredar pelo misticismo, em que o eu se aniquila através da unificação com o amor divino.

Weltanschauung Al., uma visão geral do mundo; uma filosofia generalista.

Weltschmerz (al., dor do mundo) Pessimismo sentimental generalizado, muito em moda no *romantismo do século XVIII.

Wertfreiheit (al., liberdade de valor) *Ver* não-valorativo.

Whewell, William (1794-1866) Filósofo da ciência e erudito inglês, de quem o ensaísta Sydney Smith (1771-1845) afirmou: "A ciência é o seu ponto forte, a onisciência é o seu ponto fraco." Whewell foi membro vitalício do corpo docente do Trinity College de Cambridge. Sua filosofia da ciência pode ser vista como uma aplicação de *Kant à aventura científica, tal como foi concebida por *Newton e por Francis *Bacon. *The Philosophy of the Inductive Sciences* (1840) começa com a seguinte afirmação: "O homem é o intérprete da natureza, a ciência é a interpretação correta." Whewell analisa a elaboração das teorias científicas segundo a decomposição ou análise de fatos, a explicitação de concepções, ou seja, a tentativa de formular conceitos para sua aplicação aos fatos, e a coligação de fatos, pela qual estes e as concepções se unem para dar origem às proposições gerais de uma ciência (*ver também* consiliência). Vale a pena notar que para Whewell este processo exige uma verdadeira inventividade: não existe qualquer processo mecânico ou puramente lógico que garanta o sucesso científico. *History of the Inductive Sciences* (1837) é sua outra grande obra.

Whichcote, Benjamin (1609-83) Teólogo liberal inglês. Whichcote era o decano dos *platônicos de Cambridge, e foi um oponente influente do *calvinismo do seu tempo, graças à sua posição como reitor do King's College. Não publicou qualquer obra em vida, mas seu ensino enfatizava a reconciliação otimista da razão com a fé, o que é típico dos platônicos.

Whitehead, Alfred North (1861-1947) Matemático e filósofo inglês. Foi *tutor* de *Russell em Cambridge, onde era membro do corpo docente do Trinity College, de 1884 a 1910, quando se mudou para Londres, ocupando depois uma cátedra em Harvard, em 1924. Colaborou com Russell nos *Principia mathematica* (1910-13). Sua filosofia é uma tentativa de formular um sistema metafísico à luz da lógica e da ciência modernas. Whitehead tinha ficado impressionado com o conceito científico de fluxo ou *campo de força e de energia. Recusando quer o *atomismo próprio da concepção *newtoniana do mundo, quer o que resulta da análise de *Hume da experiência em percepções distintas, tentou analisar esses átomos em termos de conjuntos de processos mais latos que se sobrepõem. Seu "método da abstração vasta" consiste em definir um objeto, como por exemplo um ponto, em termos de volumes de espaço encadeados; do mesmo modo, os acontecimentos são vistos como processos encadeados. A ordenação geral dos processos do mundo é a natureza primordial de Deus, representada como o princípio de concreção, através do qual os processos reais têm lugar. *Enquiry Concerning the Principles of Natural Knowledge* (1919) e *The Concept of Nature* (1920) são consideravelmente mais acessíveis que o posterior *Process and Reality* (1929).

Williams, Bernard (1929-) Filósofo inglês. Williams nasceu em Essex, estudou no Balliol College de Oxford e foi membro do corpo docente do All Souls e do New College. Foi professor de filosofia em Cambridge entre 1967 e 1979 e reitor do King's College de Cambridge entre 1979 e 1987, quando aceitou uma cátedra em Berkeley, regressando em 1990 à cadeira de filosofia moral em Oxford. Williams é conhecido por defender uma posição sutilmente *relativista em filosofia moral, rejeitando as promessas *aristotélicas e *kantianas segundo as quais a virtude resulta do exercício das propensões racionais da mente. Também rejeita as teorias *expressivistas e *projetivistas, argumentando que, pelo contrário, se a ética se basear apenas em sensações e paixões contingentes não pode ser o que parece. Seu argumento de que a ética kantiana e o *utilitarismo põem uma tônica não natural nos interesses puramente impessoais, ignorando os projetos pessoais que necessariamente ocupam o horizonte próximo das vidas práticas das pessoas tem sido bastante influente (*ver também* estoicismo; integridade; moral centrada no agente; universalizabilidade). *Descartes: the Project of Pure Inquiry* (1978), *Ethics and the Limits of Philosophy* (1985) e *Shame and Necessity* (1993) são algumas das suas principais obras. *Problems of the Self* (1973) e *Moral Luck* (1981) são duas coletâneas de seus artigos.

Wisdom, Arthur John Terrence Dibben (1904-) Filósofo analítico e linguístico inglês. Estudou em Cambridge, para onde voltou em 1934 após uma temporada em St. Andrews e onde se tornou professor em 1952. Os estudos que desenvolveu até essa época são de tendência analítica, e as obras que melhor o representam são *Interpretation and Analysis in Relation to Bentham's Theory of Definition* (1931), e os cinco ensaios sobre "Logical Constructions" publicados na *Mind* entre 1931 e 1933. Já sob a influência de *Wittgenstein, veio a repudiar essa perspectiva; suas obras posteriores tentam explorar as semelhanças e as diferenças entre várias atitudes para com os problemas filosóficos, sendo a ênfase posta numa viagem discursiva sem fim, definida em torno de diferentes pontos de vista. Sua colectânea *Other Minds* (1952) é a mais eficaz abordagem desse problema a partir da nova perspectiva. Entre as suas demais obras está *Philosophy and Psychoanalysis* (1953).

Wittgenstein, Ludwig (1889-1951) Filósofo austríaco. Wittgenstein foi o caçula dos oito filhos de uma rica família vienense. A princípio estudou engenharia, primeiro na *Realschule* em Linz e depois em Berlim; em 1908 foi para Manchester, onde estudou aeronáutica. Ficou fascinado com a *filosofia da matemática, o que o levou a visitar *Frege em 1911, que o aconselhou a estudar em Cambridge, sob a orientação de *Russell. Até a Primeira Guerra Mundial estudou problemas acerca dos fundamentos da lógica e da matemática como protegido e colaborador de Russell. Durante a guerra, serviu no exército austríaco e acabou o manuscrito do que, em 1921, seria publicado como o *Tractatus logico-philosophicus*. Convencido de que tinha resolvido definitivamente todos os problemas solúveis da filosofia, abandonou o assunto e voltou para a Áustria, onde se tornou professor primário em escolas de zonas rurais. Em 1929, o contato com o Círculo de Viena, com o *intuicionismo matemático e, sobretudo, com *Ramsey, convenceram-no de que ainda havia alguma investigação a fazer, regressando então a Cambridge, onde se tornou professor em 1939. Durante a Segunda Guerra Mundial, Wittgenstein trabalhou como auxiliar de depósito no hospital de Guy, em Londres, e depois como assistente de laboratório em Newcastle. Abandonou a cátedra em 1947, morrendo de câncer em Cambridge. Wittgenstein foi sem dúvida a figura mais carismática da filosofia do século XX, vivendo e escrevendo com um poder e uma intensidade que frequentemente esmagavam e confundiam seus contemporâneos e seus leitores.

É habitual dividir a obra de Wittgenstein num primeiro período, que culmina com o *Tractatus*, e num período posterior que, começando em 1929, tem sua mais famosa expressão nas *Investigações filosóficas*, publicadas em 1953 (as doutrinas do período posterior não foram publicadas durante a vida de Wittgenstein, e foram recolhidas de cadernos de apontamentos e de notas para cursos e conferências). Os dois períodos são dominados por um forte interesse pela natureza da linguagem, pelo modo como ela representa o mundo e pelas implicações que estas questões têm para a lógica e para a matemática. Na obra da primeira fase, a linguagem é tratada de modo relativamente abstrato em relação às atividades dos seres humanos, mas no período posterior são reintroduzidas preocupações pela filosofia da mente, pela natureza da certeza e até pela ética. O primeiro período centra-se na teoria pictórica do *significado, segundo a qual uma frase representa um estado de coisas na medida em que é uma espécie de imagem ou modelo desse estado de coisas, contendo elementos que correspondem aos elementos do estado de coisas e uma estrutura ou forma que espelha a estrutura do estado de coisas que representa. Toda complexidade lógica é reduzida à complexidade lógica do *cálculo proposicional, e todas as proposições são *funções de verdade de proposições básicas ou atômicas. Uma vez que as proposições atômicas têm de ser logicamente independentes umas das outras, a natureza dos "átomos" a partir dos quais são construídas permanece obscura. Nessa época, para Russell, os átomos eram os elementos primitivos da experiência, mas ainda que o *Tractatus* tenha sido uma influência fundamental para o positivismo lógico (que também punha em destaque os elementos primitivos da experiência), não há razão para supor que Wittgenstein tenha feito a mesma identificação. Em seguida, o *Tractatus* rejeita que as frases cuja função não se adapte à sua concepção de representação (como as frases relativas à ética, ao significado ou ao eu) tenham significado cognitivo ou factual, terminando com a famosa afirmação segundo a qual o próprio *Tractatus* não tem significado. As doutrinas acerca da forma lógica estão entre as coisas que podem ser mostradas mas que não podem ser ditas: "Acerca daquilo de que não se pode falar, deve-se calar."

No último período, a ênfase desvia-se dramaticamente para as ações das pessoas e para o papel que as atividades linguísticas desempenham nas suas vidas. Assim, se no *Tractatus* a linguagem tem com o mundo uma relação formal e estática, no último período Wittgenstein enfatiza seu uso nos contextos das atividades sociais cotidianas, como ordenar, aconselhar, pedir, medir, contar, narrar, preocupar-se com os outros etc. Estas diferentes atividades são concebidas como "*jogos de linguagem", que em conjunto constituem uma forma de vida. Tipicamente, a filosofia ignora essa diversidade, distorcendo, com as suas generalizações e abstrações, a natureza real do seu tema: uma obra como o *Tractatus* é o resultado de se pensar que a linguagem tem de ser uma coisa ou outra, quando o método correto é olhar e ver o que ela é de fato. Quando se retira a atenção ao pormenor perde-se a verdadeira função das asserções e "a linguagem sai de férias". É portanto necessária uma cura para o impulso filosófico; precisa-se mais de uma terapia do que de uma teoria. Para nos curar do impulso de generalizar, a escrita de Wittgenstein não se apresenta sob a forma de argumentos lineares convencionais, desdobrando-se antes em analogias, aforismos, novas perspectivas e convites para olhar para velhos fenômenos sob nova ótica. Em tudo isto, Wittgenstein estava seguindo a tradição *fenomenológica de *Brentano e, sobretudo, de *Husserl, que anteciparam a necessidade de olhar em vez de pensar, i.e., dar mais atenção aos contornos dos fenômenos reais e menos aos preconceitos acerca do que eles têm de ser. Para esta tradição, a filosofia também não faz, estritamente falando, descoberta alguma, lembrando-nos antes o que encontramos quando dirigimos a nossa atenção para o que não nos é familiar.

A aplicação mais influente e mais forte dessas ideias foi na filosofia da mente. Aqui, Wittgenstein explora o papel que os relatos das introspecções, das sensações, das intenções ou das crenças desempenham de fato na nossa vida social, e o faz para minar a posição *cartesiana de que estes relatos funcionam para descrever o que se passa no teatro interno em que o sujeito é o único espectador solitário. As passagens que posteriormente se tornaram conhecidas como as considerações acerca de *seguir uma regra e o argumento da *linguagem privada são alguns dos tópicos fundamentais das filosofias contemporâneas da linguagem e da mente, ainda que sua interpretação exata seja objeto de infinita controvérsia.

Além do *Tractatus* e das *Investigações*, as compilações das obras de Wittgenstein publicadas postumamente incluem *Remarks on the Foundations of Mathematics* (1956), *The Blue and Brown Books* (1958), *Notebooks 1914-1916* (1961), *Philosophische Bemerkungen* (1964), *Zettel* (1967), *On Certainty* (1969).

Wolff, Christian (1679-1754) Principal discípulo e intérprete de *Leibniz. Wolff foi sobretudo um matemático, mas foi reconhecido como filósofo sistemático, defendendo que todas as doutrinas necessárias da metafísica podem ser derivadas a partir do *princípio da razão suficiente e do princípio de identidade (ou *lei de Leibniz). Em 1723 foi banido de sua universidade, Halle, devido à influência hostil dos *pietistas, mas voltou a ser convidado por Frederico II em 1740. Em 1743 tornou-se reitor da universidade. Na sua obra mais importante, *Philosophia prima sive ontologia* ("Filosofia primeira ou ontologia"), Wolff apresentou uma ontologia sistemática dentro da linha *escolástica, fundindo elementos dos sistemas de Leibniz e de *Descartes. Seu sistema foi muitíssimo influente na Alemanha até meados do século XIX. O professor de *Kant, Martin Knutzen, era um wolffiano, e só depois de ter ensinado o sistema de Wolff durante muitos anos é que o "sono dogmático" de *Kant foi abalado por *Hume.

Wollstonecraft, Mary (1759-97) *Feminista e radical inglesa. Em larga medida autodidata, Wollstonecraft publicou a obra *Thoughts on the Education of Daughters*, em 1787, depois do insucesso da escola inconformista que tinha fundado. Tornou-se membro de um grupo radical a que também pertenciam *Paine, *Godwin e o pintor Fuseli (1741-1825). Depois de um caso prolongado e infeliz com o americano Gilbert Imlay, casou-se em 1796 com William Godwin, de quem estava grávida, mas morreu dez dias depois de dar à luz sua filha Mary (mais tarde Mary Shelley, a autora de *Frankenstein*). Suas obras mais importantes foram *A Vindication of the Rigths of Men* (1790), uma resposta à reação conservadora de *Burke à Revolução Francesa, e a inovadora e revolucionária obra *A Vindication of the Rigths of Women* (1792), que desafia diretamente a pretensa inferioridade feminina defendida por *Rousseau. O feminismo de Mary Wollstonecraft estava profundamente enraizado numa filosofia social radical, inconformista e igualitária. Pode ter-se uma ideia da sua opinião acerca das virtudes masculinas pela descrição que fez de um corpo do exército como uma "cadeia de déspotas que, submetendo-se e tiranizando sem exercer a razão, se tornam pesos mortos de vício e leviandade para a comunidade". Entre outras obras, destacam-se *The Female Reader* (1789) e *History and Moral View of the Origins and Progress of the French Revolution* (1793).

Wyclif, John (c.1320-84) Filósofo e reformador escolástico. A obra principal de Wyclif, *Summa de ente*, é um conjunto de dois livros com seis tratados cada. Sua preocupação central era o problema dos *universais. Wyclif aceita um *realismo decidido, defendendo a posição platônica e agostiniana dos *universalia ante rem*, i.e., que os universais são lógica e temporalmente anteriores aos particulares. Os universais são a maneira pela qual Deus compreende as criaturas; uma coisa singular participa num universal como uma espécie de projeção da mente de Deus. Segue-se, por isso, que os universais não podem ser aniquilados. A doutrina de Wyclif foi condenada no Consílio de Constança. Politicamente, a crença de Wyclif na predestinação ameaçou retirar a razão de ser da igreja organizada do seu tempo, o que era uma consequência impopular, completada pela sua doutrina de que só os que eram dignos da graça divina podiam governar.

X

Xantipa (c.V a.C.) A mulher de *Sócrates.

Xenócrates da Calcedônia (séc. IV a.C.) Filósofo grego que dirigiu a *Academia de Atenas de 339 a 314 a.C. Gozava de uma excelente reputação em Atenas, mas parece ter sido menos impressionante como filósofo do que como dirigente.

Xenófanes de Cólofon (c.570-475 a.C.) Um dos primeiros filósofos *pré-socráticos. Xenófanes abandonou a Jônia aos vinte e cinco anos e viveu exilado, sobretudo na Sicília. *Platão o considerava o fundador dos *eleatas. Filosoficamente, é importante por sua crítica à religião antropomórfica de Hesíodo e Homero, e pela defesa de uma divindade única, eterna e espiritual. É também conhecido pelo ataque às virtudes convencionais do seu tempo, militares e atléticas, em prol das virtudes intelectuais. Como cético moderado, foi admirado como um ilustre precursor dos *céticos clássicos posteriores.

Xenofonte (c.428-c.354) General e historiador grego. É conhecido filosoficamente por um conjunto de obras em que procura reabilitar *Sócrates das várias acusações que conduziram à sua morte. O Sócrates que ele descreve é em geral um tipo mais razoável do que o de *Platão; por exemplo, em vez de abraçar o *paradoxo socrático da identificação da virtude com o conhecimento, mostra ter consciência de que pode ser necessário o treino dos sentimentos, de maneira a ter em mente, de forma vívida, o conhecimento do que se deve fazer nos momentos cruciais.

Y

yin/yang No pensamento chinês, as duas maiores forças, opostas mas complementares, que atuam no cosmo. O *yin* é o poder feminino, frio, sombrio e passivo; o *yang* representa a masculinidade, a luz e o calor. A Terra, a chuva, o macio, o mal, o negro, o pequeno e o par (números) são *yin*; o céu, a luz do Sol, o áspero, o bem, o branco, o grande e o ímpar são *yang*. A interação entre as duas forças constitui o **chi*, i.e., o princípio material que governa o universo. Seu equilíbrio é essencial à harmonia e à saúde. A escola *yin/yang* de filosofia chinesa, fundada possivelmente por Tsou-Yen (c.305-240 a.C.), é uma das primeiras tentativas de constituir uma cosmologia, e baseia-se na oposição *yin/yang* e na doutrina dos Cinco Elementos (metal, madeira, água, fogo e terra), que operavam em ciclos ordenados, produzindo a natureza e a história.

yogacara Escola *budista dos séculos III ou IV que nega a existência de qualquer realidade independente da consciência. Tal como *Berkeley, a escola reconhece a existência de uma consciência suprema, ou *Vijnana*, sendo por isso igualmente conhecida por *vijnanavada* ou escola *vijnana*. Essa consciência suprema funciona como uma espécie de depósito para as percepções. Por um processo de meditação podemos chegar à consciência da verdade, eliminando a distinção ilusória entre sujeito e objeto.

Z

Zaratustra *Ver* zoroastrismo.

zen (sânscr., *dhyana*, meditação, pronuncia-se tchan em chinês, zen em japonês) Variante do *budismo centrada na meditação sentada e na natureza silenciosa e sem palavras da iluminação. Reivindica raízes que começam com o próprio Buda, mas suas origens estão associadas ao Bodhidharma, um budista que chegou à China no século V e que depois, segundo se diz, esteve sentado durante nove anos olhando para uma parede. São usadas várias técnicas para recuperar a identidade com a natureza de Buda, entre elas gritar e bater. Fortalece-se a disciplina, ou *zazen*, por meio da concentração, sobre textos e problemas, chamada **koan*. Uma vez que o estado de iluminação não é comunicável, tem de ser visível na atitude radiante que o praticante consegue adotar em relação a todos os aspectos da vida.

Zenão de Cício (c.334-262 a.C.) Fundador do *estoicismo. Fenício nascido em Chipre, Zenão foi originalmente um aluno de *Crates, o *Cínico. Voltou-se para uma filosofia socrática, tendo desenvolvido gradualmente a metafísica, epistemologia e ética unificadas que constituem o sistema estoico.

Zenão de Eleia (n. c.490 a.C) Zenão, discípulo e principal defensor de *Parmênides, foi considerado por *Aristóteles o inventor da dialética. Seu único livro, do qual só restam fragmentos, continha muitos argumentos a favor da irrealidade do mundo pluralista em que julgamos viver. Entre esses, os mais famosos são os quatro argumentos contra o movimento, conhecidos por *paradoxos de Zenão, mas propôs também muitas outras *antinomias, mostrando que os objetos têm de ser simultaneamente em número limitado e ilimitado, semelhantes e dissemelhantes, unos e múltiplos, infinitamente pequenos e infinitamente grandes. Zenão é em geral descrito como um parmenídeo convicto, mas sua atitude perante as antinomias tem sido motivo de discussão.

zeugma (gr., junção) Figura de estilo na qual um termo se relaciona com dois outros numa frase. Isso pode não causar problemas ("ouçamos o povo e suas reivindicações"), mas pode também dar origem a uma silepse, caso em que o termo de ligação só é apropriado gramatical ou semanticamente para um dos termos ("ele foi para casa num táxi, lavado em lágrimas"). Numa contenda filosófica, um dos oponentes pode acusar o outro de defender uma tese baseada em zeugmas deste tipo, e.g., quando alguém defende que tanto vemos punhais reais como punhais ilusórios.

zigoto (do gr., *zygotos*: unido) Célula formada pela união de duas células reprodutoras ou, numa acepção mais geral, o organismo que se desenvolve a partir dessa célula. O zigoto é mencionado em debates sobre o *aborto como a "coisa" mais ínfima a que se pode fazer recuar a história de um indivíduo vivo.

zoroastrismo Religião indo-iraniana fundada por Zoroastro ou Zaratustra por volta do século VI a.C. O zoroastrismo, religião dominante na Pérsia até a ascensão do Islã, encontra-se hoje praticamente confinado à comunidade dos parses, em Bombaim. Suas escrituras são conhecidas por *Avesta*. No zoroastrismo defende-se uma doutrina dualista, na qual se opõe a força da luz e do bem do mundo (*Ahura-mazda*) à força das trevas e do mal (*Ahriman* ou *Angra Mainyu*). O mitraísmo e *maniqueísmo são algumas das suas ramificações. O zoroastrismo entrou na tradição ocidental ao influenciar o judaísmo e, mais tarde, o *platonismo médio.

Apêndice: Símbolos Lógicos

A leitura do simbolismo lógico assusta muito mais gente do que deveria. O próprio termo "lógica simbólica" parece aterrador, e a presença de mesmo uma pequena quantidade de simbolismo pode afastar muitos leitores de textos que, de outra forma, seriam perfeitamente legíveis. A explicação seguinte introduz o simbolismo usado neste dicionário e apresenta algumas das variações que podem ser encontradas em outras obras. Deve-se levar em conta que os termos técnicos usados neste apêndice são igualmente verbetes do dicionário, e que foram dadas referências cruzadas sempre que apropriado.

As letras minúsculas *p, q, r*..., em itálico, são usadas como *variáveis proposicionais. Isto significa que tomam o lugar de proposições ou afirmações. Alguns lógicos não gostam dessas categorias e preferem chamá-las de frases, ou variáveis de frases. Em qualquer caso, elas ocorrem onde uma frase pode ser substituída, tal como o *x* e o *y* da álgebra tomam lugar onde uma expressão para um número pode ser trocada por outra. Uma frase como "se alguém acredita que *p* e *q*, então acredita que *p*" diz que em qualquer circunstância em que alguém acredita numa conjunção (tal como "está chovendo e está ventando"), então essa pessoa acredita nas suas partes individuais (que está chovendo). Algumas variações incluem maiúsculas (P, Q...), ou maiúsculas em itálico (*P, Q*...).

Minúsculas em itálico da parte final do alfabeto (... *x, y, z*) são usadas como variáveis de objetos. Isso significa que elas tomam lugar onde uma referência a uma pessoa, uma coisa, ou um número pode ocorrer. Usando uma dessas variáveis, o exemplo acima pode ser formulado assim: "se *x* acredita que *p* e *q*, então *x* acredita que *p*", onde *x* toma o lugar de uma pessoa qualquer. Esta notação é virtualmente universal, apesar de a aparência tipográfica das variáveis poder apresentar-se de formas diversas.

Tal como no uso matemático comum, letras romanas minúsculas, especialmente n, k, j..., são usadas para referir números específicos num contexto. As letras do princípio do alfabeto (a, b, c...) são também constantes individuais, ou termos usados para referir coisas ou pessoas específicas num contexto. "Fa" significa que uma coisa específica, a, é F, e é por isso uma frase completa, verdadeira ou falsa conforme o caso. "F*x*", pelo contrário, não é uma frase completa, porque nada em particular é referido pela variável *x*.

Letras romanas maiúsculas (F, G, R) tomam o lugar de *predicados e expressões relacionais. Alguns exemplos particulares de predicados e relações são uniformes na lógica: por exemplo, a identidade (=), a não identidade (≠), maior e menor que (>, <) e outras relações matemáticas. A convenção usual determina que as letras predicativas ficam antes dos termos a que se aplicam. "Fn" significa que n é F; Rab significa que a está na relação R com b. Por vezes, essas relações binárias surgem como aRb.

As relações mais simples entre proposições estudadas na lógica são as *funções de verdade. Estas incluem:

Não. Não *p* é a negação de *p*. Em termos de lógica clássica, é a proposição que é falsa quando p é verdadeira, e vice-versa. Neste dicionário, escreve-se não p, onde o contexto é informal, e $\neg p$ *em contextos mais formais. Ambas significam exatamente o mesmo. Algumas variações incluem* $-p$ *e* $\sim p$.

E. p e q é a conjunção de duas proposições. É verdadeira se, e somente se, ambas são verdadeiras. Neste dicionário escreve-se $p \wedge q$. Algumas variações incluem $p.\ q$.

Ou. p ou q é a disjunção de duas proposições. É verdade se, e somente se, pelo menos uma delas é verdadeira. Neste dicionário escreve-se $p \vee q$, que é a notação canônica. Encontra-se por vezes a disjunção exclusiva, significando que só uma delas, p, q, é verdadeira, mas não ambas, e que se escreve $p \vee q$.

Implicação. A lógica estuda vários tipos de implicação. A mais simples chama-se *implicação material. Aqui escreve-se $p \rightarrow q$. A variação mais comum é $p \supset q$.

Equivalência. Se $p \rightarrow q$ e $q \rightarrow p$, então diz-se que p e q são equivalentes (têm o mesmo *valor de verdade). Informalmente, é comum exprimir-se como p sse q. Escreve-se $p \leftrightarrow q$. A alternativa mais frequente é $p \equiv q$.

Este é o conjunto básico de funções de verdade, nos termos das quais outras são usualmente definidas. No *cálculo de predicados estuda-se a estrutura interna das proposições, tal como as relações entre elas. As noções centrais são os dois *quantificadores:

O quantificador universal. Neste dicionário escreve-se $\forall$. $(\forall x)Fx$ significa que tudo é F. As variações que podem ser encontradas incluem $(Ax)Fx$ e $(x)Fx$.

O quantificador existencial. Neste dicionário escreve-se $\exists$. $(\exists x)Fx$ significa que algo é F. A principal variação que se pode encontrar é $(Ex)Fx$.

No cálculo de predicados pode-se definir quantificadores numéricos; e.g., $(\exists_{nx})(Fx)$ significa que existem n x tal que Fx. A variação principal é $(\exists! x)Fx$, que significa que existe exatamente um x tal que x é F.

É possível definir termos a partir de descrições definidas. Os exemplos que mais se encontram são $(\iota x)Fx$ (o único x que é F) e $(\mu x)Fx$ (o menor x que é F).

A *lógica modal estuda a noção de proposições necessárias e possíveis. A notação básica é:

Necessariamente p. Escreve-se $\Box p$. *A variação principal é Np.*

Possivelmente p. Escreve-se $\Diamond p$. *A variação principal é Mp.*

Na metateoria, ou teoria dos sistemas lógicos, as fórmulas e suas relações tornam-se o objeto de estudo. Neste dicionário, as maiúsculas romanas (A, B...) são variáveis de fórmulas, referindo-se $A_1 \ldots A_n$ a uma sequência de fórmulas. Em outras obras podem ser encontradas letras gregas de diversos tipos (α, β...). As principais relações que interessam são:

Há uma demonstração de B a partir de A. Escreve-se uniformemente $A \vdash B$.

B é verdadeira em todas as *interpretações nas quais A é verdadeira. Escreve-se uniformemente $A \models B$.

Na lógica tradicional, ou aristotélica, não existe o mesmo conjunto de noções. As frases são concebidas como sendo formadas por termos, tais como o sujeito, o predicado e o termo médio de um *silogismo. Para estes, usam-se neste dicionário letras conjuntos introduz um novo pequeno domínio de termos fundamentais:

{x: Fx} refere-se ao conjunto de coisas, x, que satisfazem a condição F. Um conjunto pode também ser referido ("extensionalmente") através da listagem exaustiva dos seus elementos: {a, b, c} é o conjunto cujos elementos são a, b e c.

O conjunto sem nenhum elemento, ou o conjunto vazio, escreve-se Ø. Uma variação mais antiga é Λ.

Os próprios conjuntos são denotados por letras maiúsculas romanas (S, T etc). Há muitas variações tipográficas possíveis.

∈ denota pertencimento a um conjunto. $x \in$ S significa que x pertence ao conjunto S.

$x \in$ {y: Gy} significa que x pertence ao conjunto de coisas que são G.

"..." refere-se a um *n-tuplo ordenado.

As principais noções usadas para construir conjuntos incluem:

**Interseção*. S ∩ R é o conjunto de coisas que pertencem simultaneamente a S e a R. A notação é uniforme.

**União*. S ∪ R é o conjunto de coisas que pertencem a S ou a R. Também esta notação é uniforme.

**Complemento*. $\overline{\mathrm{S}}$ é o conjunto de coisas que não pertencem a S.

**Produto cartesiano*. S × R é o conjunto de pares ordenados cujo primeiro membro pertence a S, e cujo segundo membro pertence a R.

Relações entre conjuntos incluem:

Subconjunto: S ⊆ R significa que todos os membros de S são membros de R (note-se que, para qualquer S, S ⊆ S).

Subconjunto próprio: S ⊂ R significa que S está incluído em R (é um subconjunto, mas não é idêntico a R).

A principal notação não canônica que pode ser encontrada é a *notação polonesa, explicada no respectivo verbete, tal como a *quantificação substitucional e sua notação.

Cronologia

Nesta cronologia, os acontecimentos "filosóficos" mencionados no dicionário surgem na segunda coluna, apresentando-se na terceira os acontecimentos culturais, científicos e políticos que os rodearam.

a.C.		
10 000		Pinturas rupestres de Lascaux
8000		A mais antiga cidade em Jericó
3500		A mais antiga escrita cuneiforme suméria que se conhece
2800		Antigo Império egípcio, período da Grande Esfinge
2500		Pirâmide de Quéops
1500	Começo do período védico na Índia	Stonehenge; cultura minoica e micênica
1000		David sobe ao trono como rei de Israel
900-800		A *Ilíada* e a *Odisseia*, atribuídas ao bardo Homero, tomam forma
776		Primeiros jogos olímpicos conhecidos
c.630	Zoroastro (m. c.553)	
c.610	Anaximandro (m. c.547); Tales de Mileto (m. c.545)	
600	Atividade de Esopo; florescimento do zoroastrismo na Pérsia; Lao-Tsé, fundador do taoísmo (m. ?)	
c.570	Protágoras (m. ?)	
c.563	Buda (m. 483)	
c.551	Confúcio (m. c.479)	
c.550	Heráclito (m. ?)	
521		Buda prega seu primeiro sermão num parque natural em Varanasi
c.515	Parmênides (m. ?)	
500	Anaxágoras (m. c.427)	Épico hindu *Ramayana*; nasce o escultor grego Fídias
496		Sófocles (m. 406)
c.493	Empédocles (m. c.433)	

490-449		Guerras gregas contra a Pérsia
c. 490	Zenão de Eleia, inventor da dialética (m. ?); Protágoras (m. c.420)	
480		Batalha de Salamina: os gregos destroem a frota persa
c.470	Sócrates (m. 399)	
462		Começa o período de Péricles em Atenas
c.460	Demócrito de Abdera (m. c.370)	Hipócrates, pai da medicina
450		Alcibíades (m. 404)
448-433		Reconstrução da Acrópole de Atenas
c.435	Aristipo de Cirene (m. c.350)	
433-404		Guerra do Peloponeso entre Atenas e Esparta
429	Platão (m. 347)	
423		*As nuvens*, peça de Aristófanes que satiriza Sócrates
c.400	Diógenes de Sínope (fundador do cinismo, m. 325)	Retirada dos Dez Mil, sob o comando de Xenófanes
387	Platão funda a Academia	
384	Aristóteles (m. 322)	
371	Mêncio (m. 289)	
c.365	Pirro (m. c.275), origem do ceticismo grego	
356		Alexandre Magno (m. 323)
343	Aristóteles ensina Alexandre Magno	
341	Epicuro (m. 270)	
335	Aristóteles funda a escola peripatética	
c.334	Zenão de Cício, fundador do estoicismo (m. 262)	
c.331	Cleantes (m. 232)	
327		Alexandre invade a Índia
c.323	*Elementos*, de Euclides	Início da dinastia ptolemaica no Egito.
c.316	Arcesilau (m. 242)	
287		Arquimedes (m. 212)
276		Eratóstenes (m. 194, o primeiro cientista que mediu a circunferência da Terra)
250	Arcesilau funda a Academia Média de Atenas	
c.214	Carnéades (m. 129)	
106	Cícero (m. 43)	

88/87	Fílon parte para Roma, pondo fim à Academia ateniense como instituição; origem do platonismo médio	
60	Poema *De rerum natura*, de Lucrécio	
55		César invade a Bretanha
44		Morte de Júlio César
c.4		Jesus Cristo (m. c.30)
c.2		*Ars amatoria*, de Ovídio
d.C.		
c.50	Plutarco (m. c.120)	
c.55	Epicteto (m. c.135)	
65		A mais antiga data possível de composição do primeiro Evangelho (são Marcos)
79		Destruição de Pompeia
c.100	Nascimento da escola *nyaya* de filosofia indiana	
121	Marco Aurélio (m. 180)	
c.175	*Meditações* de Marco Aurélio	
c.200	*fl.* de Sexto Empírico; *fl.* de Nagarjuna, na Índia	
c.205	Plotino, fundador do neoplatonismo (m. 270)	
c.285	*Comentários* de Porfírio às *Categorias* de Aristóteles	
313		Imperador Constantino decreta a tolerância à religião cristã
354	santo Agostinho	
410		Alarico saqueia Roma
411	*A cidade de Deus*, de santo Agostinho	
436		Os romanos abandonam a Bretanha
440	Escola de Alexandria	
c.475	Boécio (m. 524)	
476	Proclo torna-se diretor da Academia	Fim do Império Romano do Ocidente
529	Justiniano fecha as escolas pagãs	
532-37		Hagia Sofia é construída em Constantinopla
537		Data lendária da morte do rei Artur
570		Maomé, fundador do Islã (m. 632)
597		Começa a conversão da Inglaterra ao cristianismo

600		Notação decimal em uso na Índia; imprimem-se livros na China
622		Fuga de Maomé de Meca para Medina. Ano 1 do calendário muçulmano
c.788	Shankara (m. c.820)	
c.790		O sistema de numeração indiano, que inclui o zero, é conhecido no mundo árabe
c. 800		O sufismo, ou misticismo islâmico, torna-se influente
c.810	Erígena (m. c.877)	
828		*Almagesto,* de Ptolomeu, é traduzido para o árabe
c.870	Alfarrabi (m. 950)	
968		Fundação da Universidade de Córdoba
980	Avicena (m. 1037)	
1033	santo Anselmo (m. 1109)	
1059	Al-Ghazel (m. 1111)	
1079	Abelardo (m. 1142)	
1101	Heloísa (m. 1164)	
1116		Primeiras aulas em Oxford
1126	Averróis (m. 1198)	
1135	Maimônides (m. 1204)	
1170		Morte de Thomas Becket
1194-1260		Catedral de Chartres
c.1200	Alberto Magno (m. 1280)	
1214	Roger Bacon (m. 1292)	
1222		Gengis Khan invade a Rússia
1225	são Tomás (m. 1274)	
1231		Os dominicanos e os franciscanos chegam à Inglaterra
1265	Dante Alighieri (m. 1321)	
1272		Marco Polo começa sua viagem pela China (1272-95)
1273	*Summa theologica,* de são Tomás	
1277	Bispos de Paris e da Cantuária condenam as doutrinas "averroístas" que afirmam a autoridade da fé sobre a razão	
1285	Guilherme de Ockham (m. 1349)	
c.1295	Buridan (m. 1358)	

1307		Dante começa *La divina commedia* (1307-21)
1320	John Wyclif (m. 1384)	
1340		Geoffrey Chaucer (m. 1400)
1347		A peste negra arrasa a Europa
1400		Início da arte e arquitetura renascentistas na Itália
1452		Leonardo da Vinci (m. 1519)
1453		A Bíblia de Guttenberg é impressa em Mainz; os turcos conquistam Constantinopla
1466	Erasmo (m. 1536)	
1478	Thomas More (m. 1535)	
1483		Martinho Lutero (m. 1546)
1498		*A última ceia*, de Leonardo da Vinci
1504		*David*, de Michelangelo
1512	*O príncipe*, de Maquiavel	
1516	*A utopia*, de Thomas More	
1517		Martinho Lutero deposita suas 95 teses às portas da igreja de Wittenberg
1519		Os espanhóis chegam ao México
1533	Montaigne (m. 1592)	
1534		Henrique VIII da Inglaterra rompe com Roma; fundação da Ordem de Jesus
1535		Execução de Thomas More
1543	*De revolutionibus orbitum coelestium*, de Copérnico	
1546		Michelangelo inicia o acabamento da catedral de são Pedro
1558		*First Blast of the Trumpet Against de Monstrous Regiment of Women*, de John Knox
1561	Francis Bacon (m. 1626)	
1564	Galileu (m. 1642)	William Shakespeare (m. 1616)
1568		Gerardus Mercator introduz sua projeção cilíndrica para o desenho de mapas
1571	Johannes Kepler (m. 1630)	
1580	*Ensaios*, de Montaigne	
1588	Hobbes (m. 1679)	
1596	Descartes (m. 1650)	

1605-15		*Don Quixote*, de Cervantes
1607		Colonos ingleses fixam-se na América (Jamestown, Virgínia)
1611		Versão autorizada da Bíblia (a Bíblia do rei Jaime)
1612	Arnauld (m. 1694)	
1617	Cudworth, o mais destacado platônico de Cambridge (m. 1688)	
1623	Pascal (m. 1662)	*First Folio*, de Shakespeare
1625	*The Laws of War and Peace*, Grotius	
1628		*De Motu Cordis*, de William Hervey
1632	*Diálogo sobre os dois sistemas do mundo*, de Galileu; Locke (m. 1714); Espinosa (m. 1677)	
1633		Galileu é forçado pela Inquisição a negar a teoria copernicana
1635		Richelieu funda a Académie Française
1638	Malebranche (m. 1715)	
1641	*Meditações*, de Descartes	
1642		Guerra Civil inglesa
1646	Leibniz (m. 1716)	
1647	Pierre Bayle (m. 1706)	
1649		Execução de Carlos I
1651	*Leviatã*, de Hobbes	
1662		*The Book of Common Prayer*; fundação da Royal Society inglesa.
1667		*Paradise Lost*, de Milton
1674	*De la recherche de la vérité*, de Malebranche	
1675		Leibniz inventa o cálculo; Wren começa a catedral de São Paulo (1675-1710)
1685	George Berkeley (m. 1753)	Compositores: J.S. Bach (m. 1750); G.F. Handel (m. 1759); D. Scarlatti (m. 1757)
1687	*Principia*, de Newton	
1688		Posse de Guilherme de Orange
1689	*Ensaio*, de Locke; Montesquieu (m. 1755)	
1692	Joseph Butler (m. 1752)	São julgados e condenadas por bruxaria 19 mulheres e 1 homem em Salem, Massachusetts.

1694	Voltaire (m. 1778)	
1697	*Dicionário,* de Bayle	
1710	*Princípios*, de Berkeley; *Teodiceia,* de Leibniz; Reid (m. 1796)	
1711	Hume (m. 1776); Boscovich (m. 1787); Shaftsbury: *Characteristics*	
1712	Rousseau (m. 1778)	
1714	*Monadologia*, Leibniz	
1717	Jean D'Alembert (m. 1783)	
1719		*Robinson Crusoé*, Daniel Defoe
1724	Immanuel Kant (m. 1804)	
1725	*Nova Ciência,* de Vico	
1726		*As viagens de Gulliver*, de Jonathan Swift
1729	Burke (m. 1797)	*A paixão segundo São Mateus*, de Bach
1733-34	*Ensaio sobre o homem*, de Pope	
1739-40	*Tratado da natureza humana*, de Hume	
1743	Condorcet (m. 1794)	
1748	Jeremy Bentham (m. 1832); *Do espírito das leis*, de Montesquieu; a primeira *Investigação* de Hume, que inclui o ensaio sobre os milagres	
1751	*Investigação sobre os princípios da moral*, de Hume; Diderot publica o volume 1 da *Enciclopédia*	
1755		*Dictionary of English Language*, de Johnson; o terremoto de Lisboa abala o argumento do desígnio, ao ocorrer quando as igrejas estavam cheias e os bordéis vazios
1756	*A origem das nossas ideias do sublime e do belo*, de Burke	Wolfgang Amadeus Mozart (m. 1791)
1759	*Teoria dos sentimentos morais*, de Adam Smith; *Cândido*, de Voltaire	Schiller (m. 1805); *Tristam Shandy*, de Sterne (1759-67)
1762	*O contrato social*, de Rousseau	
1763	O teorema de Bayle é revelado à Royal Society por Richard Price	
1770	Hegel (m. 1831)	James Cook descobre a Austrália; William Wordsworth (m. 1850)
1774		*Os sofrimentos do jovem Werther*, de Goethe; nasce o romantismo

1776	*Inquérito sobre a natureza e as causas da riqueza das nações*, de Adam Smith	Declaração norte-americana de independência; primeiro volume de *Declínio e queda*, de Gibbon
1779	Publicação póstuma dos *Diálogos sobre a religião natural*, de Hume	Ponte de ferro de Abraham Darby, em Coalbrookdale, Shropshire
1781	*Crítica da razão pura*, de Kant	
1786		*As bodas de Fígaro*, de Mozart
1788	Schopenhauer (m. 1860)	
1789		Revolução Francesa; *A canção da inocência*, de William Blake
1790	*Reflexões sobre a revolução na França*, de Burke	
1791	*Os direitos do homem*, de Thomas Paine	*A vida de Samuel Johnson*, de Boswell
1792	*Vindicação dos direitos das mulheres*, de Mary Wollenstonecraft	
1795	Thomas Carlyle (m. 1881)	
1798	Auguste Comte (m. 1857)	*Ensaio sobre a população*, de Malthus
1802		Teoria atômica de John Dalton
1806	John Stuart Mill (m. 1873)	
1807	*A fenomenologia do espírito*, de Hegel	
1808		*Fausto*, de Goethe
1809		Charles Darwin (m. 1882)
1813	Kierkegaard (m. 1855); *Da Alemanha*, de Mme. de Staël, é publicado na Inglaterra, estimulando o romantismo alemão	*Crime e preconceito*, de Jane Austen
1814	Alexander Bakunin (m. 1876)	
1815		Derrota de Napoleão em Waterloo
1817		*Princípios de economia política*, de Ricardo
1818	Marx (m. 1883); *O mundo como vontade e representação*, de Schopenhauer	*Frankenstein*, de Mary Shelley
1824		Nona Sinfonia de Beethoven
1830		Ligação ferroviária entre Liverpool e Manchester
1834		Abolição da escravatura no Império Britânico
1837		Coroação da rainha Vitória; *A Revolução Francesa*, de Thomas Carlyle
1838	Brentano (m. 1917)	
1839	Peirce (m. 1914)	*Tales of Grotesque and Arabesque*, de Poe

1841		Apogeu do movimento de Oxford
1842	William James (m.1910)	
1843	*Sistema de lógica*, de Mill; *Temor e tremor*, de Kierkegaard.	*Pintores Modernos*, de Ruskin (1843-60)
1844	Nietzsche (m.1900)	
1845	*A condição da classe trabalhadora na Inglaterra*, de Engels	O líder do movimento de Oxford, John Henry Newman, converte-se ao catolicismo
1846	F.H. Bradley (m.1924)	
1847	*Análise matemática da lógica*, de Boole	
1848	Frege (m.1925); *Manifesto do Partido Comunista*	Revoluções em Paris, Viena, Veneza e Berlim
1850		Clausius formula a segunda lei da termodinâmica e a teoria cinética dos gases
1851		*Moby Dick*, de Herman Melville
1854	*Investigação sobre as leis do pensamento*, de Boole	*Sobre as hipóteses dos fundamentos da geometria*, de Georg Riemann
1856	Sigmund Freud (m.1939)	
1859	Henri Bergson (m.1941); Husserl (m.1938)	*A origem das espécies*, de Darwin
1861	*Utilitarismo*, de Mill	Guerra Civil americana (1861-65)
1862		Léon Foucault mede a velocidade da luz
1863-69		*Guerra e paz*, de Tolstoi
1865	Nasce o idealismo absoluto na Inglaterra	Abraham Lincoln é assassinado; a 13ª Emenda à Constituição dos EUA abole a escravatura; o monge Mendel formula as leis da hereditariedade; Whymper escala o Matterhorn
1866	Benedetto Croce (m.1952)	
1867	Primeiro volume do *Capital,* de Marx	
1870	Nasce o neokantismo na Alemanha	O Concílio do Vaticano formula a doutrina da infalibilidade papal; primeira encenação da obra *Die Walküre*, de Wagner; Lenin (m. 1924)
1872	Russell (m.1970); *Erewhon*, de Samuel Butler	
1873	Moore (m.1958)	*Da guerra*, de Clausewitz
1874	*Métodos da ética*, de Sidgwick	Primeira exposição impressionista, em Paris
1875	*Estudos éticos*, de Bradley	*Anna Karenina*, de Tolstoi
1876		Primeira audição completa do *Ring*, de Wagner, em Bayreuth

1879	*Begriffsschrift*, de Frege	São Tomás é confirmado como o principal teólogo católico ortodoxo; nasce o neotomismo
1883	*A ciência da mecânica*, de Mach; J.M. Keynes (m.1946)	
1884	*Grundlagen der Arithmetik*, de Frege	
1885	*Assim falou Zaratustra*, de Nietzsche	Karl Bens constrói o primeiro automóvel
1889	Wittgenstein (m.1951)	
1890		Última resistência dos índios americanos, em Wounded Knee, Dakota do Sul
1891	Teorema de Cantor; Rudolph Carnap (m.1970)	
1897		*O suicídio*, de Durkheim
1899	*The Theory of the Leisure Class*, de Veblen	*A interpretação dos sonhos*, de Freud
1900	Programa de Hilbert; *O riso*, de Bergson	
1901	Russell descobre o paradoxo com seu nome	
1903	*Principia ethica*, de Moore	
1905	Sartre (m. 1980); teoria das descrições definidas de Russell	Teoria da relatividade restrita de Einstein
1907	*Pragmatismo*, de William James	
1908	Quine; axiomatização da teoria dos conjuntos de Zermelo	
1910-13	*Principia mathematica*, de Russell e Whitehead	
1913		*À la recherche du temps perdu*, de Proust (1913-27)
1914	*Behaviour: An Introduction to Comparative Psychology*, de Watson	Primeira Guerra Mundial (1914-18)
1916	*Curso de linguística geral*, de Saussurre	Teoria geral da relatividade, de Einstein
1917		Rússia: Revolução de Outubro; instauração do governo comunista
1918	*O declínio do Ocidente*, de Spengler	
1920-30	Surge a Escola de Frankfurt	
1921	*Tractatus logico-philosophicus*, de Wittgenstein	
1922	*A ética protestante e o espírito do capitalismo*, de Weber	Exposição dadá em Paris; *The Waste Land*, de T.S. Eliot; *Toward a New Architecture*, de Le Corbusier; *Ulisses*, de James Joyce
1924	Fundação do Círculo de Viena e do positivismo lógico	Louis de Broglie desenvolve a mecânica quântica

1925		*Mein Kampf*, de Hitler; *O processo*, de Kafka
1927	*Ser e tempo*, de Heidegger	
1928		*O amante de lady Chaterley*, de D.H. Lawrence
1929	*Cadernos da prisão*, de Gramsci	O *crash* de Wall Street anuncia a grande depressão
1931	Teoremas de Gödel; *Meditações cartesianas*, de Husserl	
1932		*The Psychoanalysis of Children*, de Melanie Klein
1933	Ensaio de Tarski "O conceito de verdade nas linguagens formalizadas"	
1934	*A sintaxe lógica da linguagem*, de Carnap	
1935	*A lógica da descoberta científica*, de Popper	
1936	*Linguagem, verdade e lógica*, de Ayer	*General Theory*, de Keynes
1939-45		Segunda Guerra Mundial
1943	*O ser e o nada*, de Sartre	
1944		*A Theory of Games and Economic Behaviour*, de Von Neumann e Morgenstern
1945	*História da filosofia ocidental*, de Russell	
1948		Assassinato de Mahatma Gandhi
1949	*O segundo sexo*, de Simone de Beauvoir	
1950	O ensaio de Turing Computing Machinery and Intelligence, publicado na *Mind* inaugura a filosofia da inteligência artificial	*As estruturas elementares do parentesco*, de Lévi-Strauss
1951		*As origens do totalitarismo*, de Hannah Arendt
1952	*A linguagem da moral*, de Hare	
1953	*Investigações filosóficas*, de Wittgenstein	Crick e Watson constroem o modelo de dupla hélice do ADN
1954	*Fato, ficção e previsão*, de Goodman	
1957	*Estruturas sintáticas*, de Chomsky	
1959	*Individuals*, de Strawson, faz com que a metafísica seja outra vez respeitável na Grã-Bretanha	
1960	*Word and Object*, de Quine	

1962	*A estrutura das revoluções científicas*, de Kuhn, marca o início das correntes mais históricas e menos formais na filosofia da ciência	Estados Unidos entram na guerra do Vietnã (1962-73)
1963		Discurso de Martin Luther King, "I have a dream"; assassinato de J.F. Kennedy; *A mística feminina*, de Betty Friedan, galvaniza o feminismo nos Estados Unidos
1966		Revolução cultural na China
1969		A missão Apolo II pousa na Lua
1970		*The Female Eunuch*, de Germaine Greer
1971	*Uma teoria da justiça*, de Rawls, inaugura um interesse renovado pela filosofia política	
1980	*Naming and Necessity*, de Kripke	
1988		*Uma breve história do tempo*, de Stephen Hawking
1989		Demolição do Muro de Berlim; a falência geral do comunismo como sistema político no Leste Europeu dá lugar a uma era de conflitos nacionalistas

Glossário Inglês-Português

Neste glossário, publicado com o consentimento do autor, listam-se não apenas os termos cuja tradução para o português se procurou fixar, mas também outros termos que o leitor pode encontrar na literatura filosófica de língua inglesa, sem que, no entanto, saiba seu equivalente português — o que limitaria o uso deste dicionário. O glossário dá conta de equivalências de vocabulário técnico e não de equivalências linguísticas estritas.

acceptance — aceitação
acquaintance — *contato
acrolect — acroleto
actuality and potenciality — *ato e potência
act utilitarianism — *utilitarismo dos atos
aeviternity — *sempiternidade
after-image — *imagem residual
agent-causation — *causalidade do agente
AI — *IA
akoluthic — *acolutia
alienans — *adjetivo pseudoqualificativo
aliorelative relation — relação *irreflexiva
apodeitic — *apodítico
apodosis — *apódose
aseity — *aseidade
assertability — assertibilidade
avowals — *exteriorização

backwards causation — *causalidade invertida
basilect — basileto
belief — crença
boolean algebra — *álgebra de Boole
bundle theory — *teoria do feixe
burden of proof — *ônus da prova

cataphora — catáfora
categorial grammar — *gramática categorial
causation — *causalidade
central state materialism — *materialismo de estados centrais
claim-right — exigência
cognitive achievement word — termo de consecução cognitiva
coherentism — *coerentismo
commensurable — *comensurável
commitment — *comprometimento
compactness theorem — *teorema da compacidade
connectionism — *conexionismo
consent — *consentimento
conservantism — *conservadorismo
consilience — *consiliência
context-free grammar — gramática independente do contexto
co-ordinative definitions — *definições coordenadoras
coreferential — *correferencial
counterpart theory — teoria das *contrapartes
count-noun — *termo contável
covering law model — *modelo da cobertura por leis
crossing over — sobrecruzamento

deceit — *dolo
deconstruction — *desconstrução
defeasible — *revogável
definist fallacy — *falácia da definição

delusion — *delusão
demonstration — *prova
denoting phrase — *expressão denotativa
descriptive meaning — *significado descritivo
desert — *merecimento
differentia — *diferença específica
disconfirmation — *infirmação
domain — *domínio
dominance (decision theory) — *dominância (teoria da decisão)
dyslogistic — *dislogístico

economism — *economismo
efective procedure — *processo efetivo
egocentric predicament — *dificuldade egocêntrica
eigenfunction — função própria
eigenvalue — valor próprio
eightfold path — *oito vias
eliminativism — *eliminativismo
endurance/perdurance — *permanência/persistência
entailment — *derivabilidade
entrenchement — *entrincheiramento
equinumerous sets — *conjuntos eqüipotentes
equivalence class — classe de equivalência
erotetic — *erotemática
ESP — *PES
eudaimonism — *eudemonismo
eulogistic — *eulogístico
evidence — dados, indícios (em probabilidades: informação)
exaptation — exaptação
exchangeability — *permutabilidade
existential import — *implicação existencial
expected utility — *utilidade esperada
experience — *experiência
experiment — *experiência científica
explanation — *explicação
explication — *explanação

factive — *factivo
felicific calculus — *cálculo da felicidade
field theory — teoria de campo
finitary methods — *métodos finitistas
folk psychology — *psicologia popular
follow — *seguir-se
foundationalism — *fundacionalismo
frame problem — *problema do enquadramento
framework — enquadramento
frequency theory of probability — *teoria frequencista das probabilidades
free will — *livre-arbítrio
functional kind — *categoria funcional
fuzzy logic — *lógica difusa

ghost in the machine — *fantasma na máquina
great circles — geodésicas
greatest happiness principle — *princípio da maior felicidade

haecceity — *ecceidade
halting problem — *problema da paragem
*hardware — suporte físico
high/low redefinition — *redefinição forte/fraca
horns of dilemma — alternativas do dilema
Hume's fork — *dilema de Hume
hylozoism — *hilozoísmo

ideational theory of meaning — teoria ideativa do *significado
identity theory of mind — *teoria identitativa da mente
ideolect — *idioleto
idiographic methods — *métodos idiográficos
illocutionary act — *ato ilocutório
immunity right — imunidade
implicature — *implicatura

incongruent counterparts — *contrapartes incongruentes
indexical — *indexical
inertial frame — *referencial de inércia
infirmation — *desconfirmação
intentional stance — postura intencional
interval scale — escala de intervalos
intuition pump — *sonda da intuição
inverse methods — *métodos da inversão
intensive magnitude — *grandeza intensiva

labour theory of value — *teoria do valor-trabalho
lawlike — *legiforme
least upper bound — *supremo
lect — *leto
libertarianism (metaphysical) — *libertinismo
libertarianism (political) — *libertarismo
liberty-right — liberdade
locutionary act — *ato locutório

many-one function — função de muitos para um
many questions fallacy — *falácia das várias perguntas
many-sorted logic — *lógica multiespécie
many-valued logic — *lógica polivalente
mapping (function) — aplicação (função)
mass-noun — *termo de massa
matter of fact — *questão de fato
maximin principle — *princípio max-min
mean (ethical) — *meio-termo
meaning — *significado
means-ends reasoning — *raciocínio instrumental
measurement — *medida
mechanism — *mecanicismo
median — mediana
mereology — *mereologia
merit — *mérito
method of agreement — método da concordância
method of doubt — *dúvida metódica
metric tensor — tensor métrico
mnemic causation — *causalidade mnésica
monophysite — *monofisismo
moot — *litigiosa
multi-valued logic — *lógica polivalente

narrow content — conteúdo restrito
natural kind — *categoria natural
neural net — *rede neuronial
neustic — nêustico
no false lemmas principle — *princípio da recusa de lemas falsos
nomic — *nômico
nomological dangler — conexão nomológica
nomothetic — *nomotético
nonaptation — inaptação
non-standard analysis — análise não standard
no-ownership theory — *teoria da despossessão
noun phrase — sintagma nominal

one-one function — função injetora
one-to-one correspondence — correspondência biunívoca
operation letter — símbolo funcional
ordering relation — *relação de ordem
ordinal-interval scale — escala ordinal de intervalos
other minds — *outras mentes
other-regarding — *heterorrelativa

Pascal's wager — *aposta de Pascal
performance — desempenho
performative utterances — *elocuções performativas
peritrope — *perítropo
perlocutionary acts — *atos perlocutórios

perseity — *perseidade
phatic — fático
phoronomy — *foronomia
phrastic/neustic — *frástico/nêustico
picture theory of meaning — teoria pictórica do *significado
pleonotetic logic — *lógica pliotética
plurative logic — *lógica plurativa
power-right — poder
point particles — pontos materiais
posit — *suposto
posterior probability — probabilidade *a posteriori*
power set — *conjunto-potência
pragmatics — *pragmática
pragmatism — *pragmatismo
prediction — previsão
prior probability — *probabilidade *a priori*
procedural semantics — *semântica procedimental
projection function — função de projeção
proof — *demonstração
protasis — *prótase
protocol statements — *proposições protocolares
proxy function — *função de representação
pseudo-statement — *pseudoproposição

range (function) — imagem (função)
range (interpretation) — domínio de variação
range theory of probability — *teoria do escopo da probabilidade
ratio scale — escala de proporção
reduction sentence — *frase de redução
reflexive equilibrium — *equilíbrio recíproco
relevance logics — *lógicas relevantes
reliabilism — *fiabilismo
representationalism — *representacionalismo
retrodiction — *retroprevisão
rigid designator — *designador rígido

satisfiable — *satisfazível
scope — *escopo
self-deception — *autoengano
self-intimating — *autointimador
self-regarding — *autorrelativa
self-respect — *respeito-próprio
semantic engine — *dispositivo semântico
sense and reference — *sentido e referência
sense-data — *dados dos sentidos
sensible knave — *patife esperto
sentence — *frase
sentencial function — *função frásica
set-theoretic hierarchy — hierarquia cumulativa dos conjuntos
Sheffer's stroke — *traço de Sheffer
sign — sinal, signo
situation semantics — *semântica de situações
slippery slope — *posição escorregadia
soft determinism — *determinismo moderado
*software — suporte lógico
sortal — *categorial
soundness (of a formal system) — adequação (de um sistema formal)
statement — *afirmação, asserção, enunciado
sum set — *conjunto união
success word — *termo factivo
superstring theory — teoria das supercordas
supervenience — *superveniência
sure thing principle — *princípio da coisa certa
surjection — sobrejeção
synderesis (synteresis)— *sindérese

theory-laden — *subordinação teórica
thick terms — *termos densos
thisness — istidade

thought experiment — *experiência de pensamento
time-lag argument — *argumento do lapso de tempo
time-slice — *corte no tempo
tit for tat — *pagar na mesma moeda
tone — *tom
token — espécime
token reflexive — *espécime-reflexiva
topic-neutral — *tópico-neutral
trademark argument — *argumento da marca impressa
transcendental signified — *transcendental assinalado
trial (probability) — ensaio, lançamento
trolley problem — *problema do trem
truth-apt — *suscetível de verdade
two-way interactionism — *interacionismo reflexivo
type/token — tipo/espécime

unit set — *conjunto singular
universalizability — *universalizabilidade
upper bound — majorante
utter — proferir
utterance — elocução

vagueness — *vagueza
variable realization — *realização variável
vindication — *vindicação

warrant — garantia
warranted assertability — *assertibilidade garantida
wave equation — equação de onda
wave function — função de onda
wave packet — pacote de ondas
well-ordering — boa ordem
wickedness — *perversidade
wide and narrow content — *conteúdo lato e restrito
wishful thinking — raciocínio caprichoso

zoroastrianism — *zoroastrismo

ESTA OBRA FOI COMPOSTA POR TEXTOS & FORMAS EM TIMES NEW ROMAN
E IMPRESSA EM PROCESSO SOB DEMANDA PELA UM LIVRO SOBRE
PAPEL OFFSETE PARA A EDITORA SCHWARCZ A PARTIR DE 2024